公共图书馆篇

湖南省图书情报事业

（2009—2018）

段蓓虹 / 主编

王昕晗 邓文池 / 副主编

十年志

湖南师范大学出版社

·长沙·

图书在版编目（CIP）数据

湖南省图书情报事业十年志：2009—2018. 公共图书馆篇 / 段蓓虹主编. — 长沙：湖南师范大学出版社，2021.10
ISBN 978-7-5648-4347-2

Ⅰ．①湖… Ⅱ．①段… Ⅲ．①公共图书馆—概况—湖南—2009-2018 Ⅳ. ①G259.276.4

中国版本图书馆CIP数据核字(2021)第193659号

Hunan Sheng Tushu Qingbao Shiye Shi Nian Zhi（2009—2018）（Gonggong Tushuguan Pian）

湖南省图书情报事业十年志（2009—2018）（公共图书馆篇）

湖南省图书馆学会　组织编写
段蓓虹　　　　　主　编
王昕晗　邓文池　副主编

出　版　人｜吴真文
责任编辑｜孙雪姣
责任校对｜张晓芳
出版发行｜湖南师范大学出版社
　　　　　地址：长沙市岳麓山　邮编：410081
　　　　　电话：0731-88853867　88872751
　　　　　传真：0731-88872636
　　　　　网址：https://press.hunnu.edu.cn/
经　　销｜湖南省新华书店
印　　刷｜长沙印通印刷有限公司
开　　本｜787 mm×1092 mm　　1/16
印　　张｜41.75
字　　数｜921千字
版　　次｜2021年10月第1版
印　　次｜2021年10月第1次印刷
书　　号｜ISBN 978-7-5648-4347-2
定　　价｜220.00元

编辑委员会

主　编：段蓓虹

副主编：王昕晗　邓文池

编　委：（按姓氏笔画排列）

王　茜	王兰伟	王自洋	王智慧	车　红	宁学平	伍伟伟
刘忠平	孙　勇	李鹏举	李赛虹	沈艾飞	陈　柳	周　荣
胡　勇	唐志超	黄小平	蒋　洁	谢锡光	薛　天	薛　蓉

撰稿人：（按姓氏笔画排列）

于天喜	马　俊	丰　循	王　彬	王　誉	王安群	王贤珍
邓　镰	邓晓慧	石　宏	田　红	史小娟	宁　阳	宁一龙
宁建平	朱　敏	朱根源	任　卓	向　倩	向满华	刘　冬
刘　芹	刘　炜	刘　春	刘　娟	刘　锦	刘　璐	刘小花
刘文伟	刘炼红	刘洪琼	刘涤障	刘雪平	刘朝晖	刘湛涛
齐梦杰	羊　漾	汤庆隆	汤海清	阳湘婕	杜湘峰	李　洁
李　艳	李　瑶	李月明	李丽娟	李建军	李晓文	李曼婕
李鸿稳	杨　卫	杨　丹	杨　娟	杨少权	杨银岩	杨焕月
杨雅婷	肖艳丽	吴　威	吴红波	吴香花	吴晓利	旷　丹
何　媛	何国平	何容斌	余　军	张　伟	张　亮	张　鹏
张　毅	张小华	张小武	张生鸿	张昌荣	张婷婷	张新桃
陆　相	陈　红	陈　琳	陈代广	陈红艳	陈利华	陈伯良
林目清	尚　斌	易　晗	易　麟	罗　马	罗　景	罗光安
罗晓兰	金铁龙	周　理	周任飞	周华平	周晓燕	胡　珊
胡　颖	胡四红	胡学军	段翠翠	侯启高	饶再兴	姚　舜
姚秋实	姚海珊	姚照丰	贺志红	贾　盼	夏新勇	徐　志
徐建华	郭　坚	郭华丽	唐　静	唐　塈	唐勋民	唐爱琴
黄　珺	黄进文	黄艳芳	黄晓娟	龚　雪	龚晓路	盛尊民
梁海涛	彭举胜	彭著君	蒋　娟	覃汉军	粟志强	储守华
舒永忠	鲁　伟	曾　莉	曾　媛	曾　懿	曾昭斌	谢伟华
谢珂珂	谢曙平	雷建林	蔡　健	蔡　璐	谭宋艳	谭宝梅
熊　建	黎忠泽	颜弟花	潘菊英	薛　芳		

序　言

图书馆作为公共文化服务体系中的重要组成部分，在保存人类文化遗产、开展社会教育、传递科学信息、开发智力资源、提供文化娱乐等方面发挥着至关重要的作用。中华人民共和国从成立之初，就非常重视公共图书馆事业的发展，并在经费保障、人员配备、场地提供等方面做出了系统的制度设计，通过一系列顶层设计，确保了公共图书馆事业的稳步健康发展。湖南省公共图书馆事业正是在国家顶层设计的大背景下，一步一个脚印，取得一个又一个丰硕的成绩。

2009—2018 年，是湖南省公共图书馆事业在党和国家的正确领导下，取得突破性发展的关键十年；也是湖南省公共图书馆事业转变发展思路，积极吸收新理念、利用新技术，不断实现自我突破的关键十年；还是湖南省公共图书馆从业者不断探索尝试，积极开拓业务，辛勤工作实现创新发展的十年。

这十年，湖南省公共图书馆界积极推进制度建设和法治建设，在国家政策大背景下，在图书馆制度化建设、图书馆治理、图书馆标准化建设等方面都取得了显著进展。2011 年，文化部、财政部下发《关于推进全国美术馆公共图书馆文化馆（站）免费开放工作的意见》，中国公共图书馆全面走向免费开放时代，湖南省公共图书馆界积极利用免费开放契机，在服务升级、场馆利用、员工素质提升等多方面做了系统尝试，借此实现了事业发展的一次飞跃。2015年1月，中共中央办公厅、国务院办公厅印发《关于加快构建现代公共文化服务体系的意见》；2017年3月，《中华人民共和国公共文化服务保障法》正式实施；2018年1月，《中华人民共和国公共图书馆法》正式实施。湖南省积极推进配套实施办法的出台，并在制度、经费、人员等多方面按照国家规定给予了配套保障，相继出台《湖南省文化厅关于全面推进全省美术馆公共图书馆文化馆（站）免费开放工作的意见》《中共湖南省委办公厅湖南省人民政府办公厅关于加快构建现代公共文化服务体系的实施意见》《湖南省现代公共文化服务体系建设三年行动计划》等文件，湖南省公共图书馆事业发展由此迎来全新的发展契机。

这十年，湖南省公共图书馆在经费保障、馆舍建设、人员素质等方面都取得了长足进步。配合国家免费开放政策和构建公共文化服务体系的进程，各级公共图书馆经费都得到了较大幅度的提升。2018年，湖南省公共图书馆财政拨款达46738万元，比2009年增加35521万元，增幅316.7%，全省新增藏量购置费达6426万元。湖南省公共图书馆藏书总量3305万册，比2009年增加1466万册，增幅达79.7%。2018年，全省建成公共图书馆142个，与2009年相比新增22个，实现了县县都有图书馆。2018年，湖南省公共图书馆从业人员2110人，比2009年增加183人，人员学历结构不断优化，专业素质不断提升。随着现代信息技术的进步，湖南省县级以上公共图书馆均已引入图书馆自动化系统，实现了图书馆业务工作流程自动化和管理一体化。移动服务也在全省各大公共图书馆普遍开展，图书馆自动化、智能化的水平显著提高。

这十年，湖南省公共图书馆服务范围不断拓展、服务效能不断提升、服务方式不断创新，人民群众的文化获得感不断提升。2018年，湖南省公共图书馆读者流通总人次达2477.7万人次，比2009年增加1537.7万人次，增幅为163.59%；持证读者203万，比2009年增加133万，增幅为191.04%。除文献借阅外，全省公共图书馆广泛开展阅读推广活动、社会教育活动及参考咨询等服务。配合"三湘读书月"（2015年更名为"书香湖南"）活动，全省公共图书馆阅读推广活动逐步走向常态化、品牌化。其中，湖南图书馆"百姓课堂"和"湘图讲坛"，湖南省少年儿童图书馆"红读活动"，株洲市图书馆"你读书我买单"和"神农大讲坛"，郴州市图书馆"春苗书屋"，长沙市图书馆"百师千课"，衡阳市图书馆"雁城讲堂"等都产生了很强的品牌效应。十年间，公共图书馆的社会影响力不断增强。

总结经验，方可取得更大成绩。放眼未来，壮志当更高远。2018年，由湖南省图书馆学会主持，组织全省142所省、市、县公共图书馆和韶山毛泽东图书馆参与，编撰《湖南省图书情报事业十年志（2009—2018）（公共图书馆篇）》，历时三载，编纂成书。这部志书上续2010年出版的《湖南省公共图书馆事业志》，较为全面地记录了2009—2018年间湖南省公共图书馆业发展取得的新成就。《湖南省图书情报事业十年志（2009—2018）（公共图书馆篇）》力求客观公正地记述湖南省公共图书馆事业十年发展历程，展示新时代在党的正确领导下全省公共图书馆从业者共同奋斗取得的新成绩，并为今后全省公共图书馆事业进一步实现高质量发展提供借鉴参考。

"志之所趋，无远弗届。穷山距海，不能限也。"相信在党的正确领导下，在文旅融合的大背景下，全省公共图书馆人将开创新的辉煌，在建设文化强省的征程中贡献新的力量。

湖南图书馆理事会理事长　尚斌

二〇二一年八月

目　录

第六编　文件辑存 ·········· 554

第七编　湖南省公共图书馆大事记（2009—2018） ·········· 622

后记 ·········· 654

湖南省公共图书馆事业发展综述 (2009—2018)

2009 年至 2018 年，湖南省各级公共图书馆坚持社会主义先进文化的前进方向，立足于图书馆事业发展的新趋势，借助推动文化大发展大繁荣的政策背景，以《中华人民共和国公共图书馆法》《中华人民共和国公共文化服务保障法》为引领，以满足群众的文化需求为主线，不断加强并提升公共文化设施建设、文献资源建设，不断推进并完善公共文化服务体系建设，积极推进文化共享工程、数字图书馆推广工程及古籍保护工作的开展，大力倡导馆际及馆社的合作与交流，不断提升服务效能，持续提升服务品质，湖南省各级公共图书馆在文化保障中的作用日益彰显，图书馆事业实现了跨越式发展。2018 年，全省共有公共图书馆 142 个，其中省级图书馆 2 个，市级公共图书馆 19 个，县级公共图书馆 121 个，总建筑面积 49.65 万平方米；从业人员 2110 人，其中高级职称 152 人，中级职称 762 人；图书总藏量 3305 万册，有效借书证 203 万张，总流通 2477.7 万人次，书刊文献外借达 2275 万册次。

一、湖南省公共图书馆服务体系基本实现全覆盖

2018 年，湖南省拥有公共图书馆 142 个，实现了县县有图书馆，仅 3 个城市的区未设立公共图书馆：株洲市荷塘区、郴州市北湖区、常德市武陵区。与 2009 年相比，新增 22 个图书馆，其中市级馆 7 个，县级图书馆 15 个。新增的图书馆分别为株洲市少年儿童图书馆、株洲市芦淞区图书馆、株洲市天元区图书馆、株洲市石峰区图书馆、湘潭市岳塘区图书馆、岳阳市云溪区图书馆、岳阳市岳阳楼区图书馆、岳阳市君山区图书馆、衡阳市石鼓区图书馆、衡阳市雁峰区图书馆、衡阳市蒸湘区图书馆、郴州市图书馆、娄底市图书馆、邵阳市北塔区图书馆、邵阳市大祥区图书馆、邵阳市双清区图书馆、永州市图书馆、湘西自治州少年儿童图书馆、怀化市图书馆、怀化市中方县图书馆、张家界市图书馆、张家界市武陵源区图书馆。

为进一步延伸服务范围、方便公众享受公益文化服务，全省各公共图书馆以湘办发〔39号〕《关于加快构建现代公共文化服务体系的实施意见》为准则，不断完善服务体系建设，建立公共文化服务"总分馆"模式，搭建区域性服务网络，湖南省公共图书馆分馆数量达670个。长沙市建立了公共文化服务的"长沙模式"，以长沙市图书馆为总馆、区县（市）图书馆为中心馆、乡镇（街道）图书馆和村（社区）图书馆为分馆的总分馆体系，实现馆际间资源共享、协同采编、统一检索并通过一卡通实现通借通还。株洲市建立了以"市图书馆为中心馆，9个县市区图书馆为总馆，各乡镇（街道）文化服务中心、机关图书馆（室）等为分馆，142个流通点和16个24小时智能书屋"为框架的"总分馆"服务模式，总分馆之间采用RFID技术和自助借还设施实现了"全公益、零门槛"通借通还服务。

二、公共图书馆队伍不断壮大，馆员素质持续提升

湖南省公共图书馆队伍发生了很大的变化，具体表现为以下几个方面。①人员数量稳定增长。湖南省公共图书馆从业人员由2009年的1927人增至2018年的2110人，增加183人。②人员素质不断提高。自事业单位人事制度改革推行以来，湖南省公共图书馆通过社会公开招聘引进人才，大量高学历人才进入图书馆工作，为湖南省公共图书馆的发展增添了新的活力，如湖南图书馆大学及以上学历人员233人，占比99%；硕士及以上学历50人，占比21%。另外，通过举办全省图书馆基础业务培训班、古籍编目与保护培训班、公共图书馆馆长研修班等多种形式的培训，提升了从业人员的素质。③类型逐步多元化。通过内部培养与外部补充相结合的方式实现员工队伍的多元化，图书馆向社会广纳一批热心文化事业的志愿者服务社会大众。如2018年湖南图书馆注册志愿者达2.2万人；长沙市图书馆注册志愿者达2725人；株洲市图书馆注册志愿者达2000人，志愿者服务团队14个。

三、公共图书馆馆藏规模持续增加，数字资源比例持续上升

2018年，湖南省公共图书馆图书总藏量3305万册，比2009年增加1466万册，增幅为79.7%，馆藏资源发生了很大变化。①馆藏资源结构发生变化。随着互联网、计算机等新兴技术的发展，馆藏资源结构发生很大变化，数字资源快速增长。湖南图书馆、湖南省少年儿童图书馆、长沙市图书馆等多所图书馆购买中国知网、读秀、维普期刊等数字资源，类型涵盖图书、报纸、期刊等，以适应读者阅读需求，如湖南图书馆纸质期刊订购由2500余种降至500余种，其余2000余种通过数字期刊进行补充。②地方文献资源覆盖率不断提升。2018年，作为中国图书馆学会学术研究委员会地方文献研究专业委员会的湖南图书馆，通过民间征集、社会捐赠、采购、接收出版社呈缴样书等多种途径，共收集地方文献

19万册。地方特色数据库的建设亦在不断加强，如2018年湖南图书馆建成6个特色资源库，包括《湖南地方戏剧资源库》《湖南红色记忆资源库》《湖南近代人物资源库》《湖南古村镇古民居资源库》《湖南非物质文化遗产资源库》《湖南少数民族风情资源库》，湘潭市搭建《齐白石文献研究专题资源库》，衡阳市搭建《王船山著作联合目录与文献数据库》《衡阳抗战文献数据库》等特色数据库。

四、免费开放工作全面推进

2011年1月26日，文化部、财政部联合下发《关于推进全国美术馆、公共图书馆、文化馆（站）免费开放工作的意见》，要求到2011年年底，全国所有公共图书馆、文化馆（站）实现无障碍、零门槛进入，公共空间设施场地全部免费开放，所提供的基本服务项目全部免费。为实现这一目标，省文化厅及时制订推进美术馆、公共图书馆、文化馆（站）免费开放工作计划，湖南图书馆、湖南省少年儿童图书馆自2011年7月1日起实施免费开放，湖南各市（州）、县（市、区）公共图书馆均在2011年10月1日之前陆续实行无障碍、零门槛进入，实现了基本服务的全面免费开放。湖南省财政厅积极落实免费开放经费保障政策，加大对各级公共图书馆的投入，2018年，湖南省公共图书馆财政拨款达46738万元，比2009年增加35521万元，增幅316.7%，全省新增藏量购置费达6426万元。

免费开放政策的出台，极大提高了民众参与公共文化生活的积极性，加快了图书馆事业发展的步伐，湖南省公共图书馆服务效能大幅提升。2018年，湖南省公共图书馆读者流通总人次达2477.7万人次，比2009年增加1537.7万人次，增幅为163.59；持证读者203万，比2009年增加133万；各类活动参与人次达518.9万。读者的增加及图书馆服务效能的提升，进一步促进各地图书馆馆舍面积的扩大及功能空间的升级，如长沙市图书馆、长沙县图书馆、宁乡市图书馆、韶山市图书馆、湘乡市图书馆、邵阳市松坡图书馆、祁阳陶铸图书馆、怀化市图书馆、辰溪县图书馆、麻阳苗族自治县图书馆、永顺县图书馆等新馆落成并相继投入使用。2018年，湖南省公共图书馆的建筑面积达49.65万平方米，比2009年增加20万平方米。

五、参考咨询服务不断深化，助力党政机关立法决策

2012年，湖南图书馆向政协湖南省十届五次会议提供信息服务，开了湖南省公共图书馆面向党政机关决策提供常规信息服务的先河。湖南图书馆、株洲市图书馆、衡阳市图书馆等积极推动党政决策服务向研究性和专题化发展，不断提高决策服务的品质。①编印信息产品，搭建资源保障平台。湖南图书馆搭建"立法决策服务平台"和"党政机关信息服务平台"，编制《互联网涉湘舆情》《外省经验摘编》《外媒看湖南》等信息产品，为

党政机关决策提供资源保障。常德市图书馆每年定期编印 4 期《决策信息》，为党政决策提供参考。②提供"两会"信息支撑服务。2012 年至 2018 年，湖南图书馆连续 7 年为湖南省"两会"提供信息服务，为与会的代表委员提供"两会"热点专题、电子书刊触摸阅读、现场专题咨询等形式多样的信息服务。2018 年，衡阳市图书馆和株洲市图书馆组织开展"两会"信息服务工作，分别为当地与会代表和委员履职提供文献信息支持。

六、对外交流合作日趋活跃，行业影响力逐步扩大

为提升图书馆行业的整体发展水平，湖南省公共图书馆之间及与国际、国内各图书情报机构的联系日益密切，通过参与和举办学术及工作会议、开展文化活动及人员互访等方式深化交流与合作。2009 年至 2018 年，湖南省公共图书馆联合高校等科研文化机构共举办 9 场国内外学术专业交流会议，其中 2011 年举办的中美图书馆员专业交流项目和 2014 年联合青树教育基金会共同举办的第六届信息技术与教育国际学术研讨会均为国际学术交流会议，提高了湖南省公共图书馆的国际影响力。组建省内外多领域协作平台，2012 年，湖南、湖北、江西三省公共图书馆联合组建湘鄂赣三省联盟。2013 年，安徽省公共图书馆加入湘鄂赣三省联盟，共同组建湘鄂赣皖四省联盟，实现资源、业务及人员之间的合作共享。2015 年，湖南图书馆联合长沙市图书馆、株洲市图书馆等省内 14 家市州图书馆建立参考咨询联盟与讲座联盟。联合高校、情报所等科研文化机构搭建湖南省文献信息资源共建共享协作平台，开展文献传递服务，加强公共图书馆与高校图书馆及科研系统的协作，2018 年，成员馆达 12 家，共解答读者咨询 16.94 万条，传递文献 32.43 万篇。

七、新媒体新技术广泛应用，自动化智能化显著提升

湖南省县级以上公共图书馆均引入图书馆自动化系统，实现图书馆业务工作及流程的自动化、一体化管理。另外，随着移动互联网、智能手机、数字电视等新技术的涌现，各地积极引进 RFID（无线射频识别）技术，建设自助还书机、自助图书馆、智能书屋，如湖南图书馆、湖南省少年儿童图书馆、长沙市图书馆、岳阳市图书馆等建立 24 小时自助图书馆。与之相应的图书馆新媒体服务应运而生，湖南省各地图书馆积极探索新媒体服务，湖南图书馆、全省大部分市级图书馆、部分县级图书馆皆开通微博、微信平台，并提供书目检索、活动推送、线上图书馆等服务。以手机、平板电脑、电子阅读器等为终端的移动服务在全省各大公共图书馆普遍开展，图书馆自动化、智能化的水平显著提高。2017 年，湖南图书馆基于微信平台，研发国内首个数字阅读平台，为全省乃至全国图书馆阅读推广模式的创新提供了新视角。

八、阅读推广活动精彩纷呈，活动品牌建设持续加强

在国家全民阅读文化战略背景下，在文化强省战略指导下，各级公共图书馆积极开展各类阅读推广活动。2018 年，湖南省各类阅读推广活动达 8235 场次。活动形式多样，内容丰富，影响广泛。如自 2009 年开始，湖南将每年的 11 月定为"三湘读书月"（2015 年更名为"书香湖南"），从 2009 年至 2018 年，800 万余名少年儿童参与了系列读书活动，共评选出 225 名三湘少儿阅读之星及 608 名阅读优秀个人。阅读推广活动逐步走向常态化、品牌化。湖南图书馆"百姓课堂"和"湘图讲坛"，湖南省少年儿童图书馆"红读活动"，株洲市图书馆"你读书我买单"和"神农大讲坛"，郴州市图书馆"春苗书屋"，长沙市图书馆"百师千课"，衡阳市图书馆"雁城讲堂"等都产生了很强的品牌效应。湖南图书馆、湖南省少年儿童图书馆、长沙市图书馆、株洲市图书馆、郴州市图书馆共 5 家单位被中国图书馆学会评为全民阅读示范基地。

九、各项工程建设有序推进，数字供给能力不断提高

自各项文化惠民工程启动以来，中央和地方财政积极落实财政保障制度，每年下拨专项经费，支持各项工程的开展，2009 年至 2018 年中央财政累计拨款 7669 万元，湖南省财政累计拨款 1000 万元。为规范有序地推进文化信息资源共享工程、数字图书馆推广工程、公共电子阅览室计划、古籍保护工程等文化惠民工程的开展，全国文化信息资源共享工程湖南省级分中心（以下简称省级分中心）制定了系列标准规范，如《全国文化信息资源共享工程湖南省县级支中心管理暂行办法》《全国文化信息资源共享工程湖南省乡镇（街道）、村（社区）基层服务点管理暂行办法》《湖南省公共数字文化工程资源建设项目规范》等。

湖南图书馆会同全省各级图书馆、各级文化工程分中心，从群众文化需求出发，建立了完善的服务体系，形成了丰富的文化资源，取得了一定的服务成效。已建成 1 个省级分中心、14 个市级支中心、123 个县支中心和 3600 多个乡镇、街道、社区基层文化中心的服务网络模式，打通公共文化服务的"最后一公里"。省级分中心已建成 10 个特色资源库、7 部文化专题片、9 部微视频、1 部音频资源，其数字资源累计达 35.68TB，建成了一批具有湖湘特色和一定影响力的资源成果。全省 14 个市州公共电子阅览室数量达 2259 个，计算机设备 5410 台，注册用户 3.02 万。

依托中华古籍保护计划，积极有序地开展古籍保护工作，2018 年，全省 65 家单位完成古籍收藏普查工作，提交数据 8 万余条，305 部古籍入选五批《国家珍贵古籍名录》，湖南图书馆获"全国古籍保护重点单位"称号。

十、坚持不懈开展深入调研，助力行业事业蓬勃发展

自 2005 年 7 月，由北京大学信息传播研究所和湖南图书馆、衡阳市图书馆组织的衡阳调研开展以来，通过五年一回访，持续不断线，衡阳调研已成为我国图书馆领域"以小调研发现大问题"的典范。2010 年的调研成果"人吃楼"为 2011 年出台的免费开放政策提供了依据。2015 年，由衡阳调研队及四省联盟调研团队（湖南、湖北、江西、安徽四省公共图书馆）组成的调研组，对中部四省及衡阳地区进行了回访，调研发现了公共文化"中部洼地"现象，并通过全国人大常委会第二十一次专题讲座汇报给了国家最高立法决策机关，使调研报告真正发挥决策参考及政策支撑作用，助推图书馆事业的发展。基于"中部洼地"现象，2016 年，湖南图书馆联合图书情报领域专家及全国图书馆业务实践者共同探讨中部崛起的路径与方法，并形成《促进中部地区公共图书馆发展长沙共识》，助推全国公共图书馆事业均衡化发展。

2009 年至 2018 年，在文化强国、文化强省战略下，在国家文化软实力不断提升、公共文化服务体系及文化法制不断健全的良好环境下，湖南省公共图书馆经历了一个全面发展的十年，各级公共图书馆积极进取，奋力推进全省公共图书馆事业的发展。未来，各级公共图书馆要把握发展的新机遇，积极应对新的挑战，以新理念、新路径谋划事业发展，以公众需求为导向，明确目标，攻坚克难，推进湖南省公共图书馆事业迈上新的台阶。

省级公共图书馆

湖南图书馆

2009年至2018年，是湖南省加快实施文化强省战略、推动湖南文化大发展大繁荣、基本建成公共文化服务体系的重要阶段，也是湖南图书馆历史发展中的一个重要时期。湖南图书馆以"文化办馆、服务立馆、科研兴馆、人才强馆"为办馆宗旨，全面落实免费开放政策，改革湖南图书馆法人治理结构，在促进湖湘文化繁荣、弘扬优秀民族文化、普及科学文化知识、撒播现代文明成果、提升民众道德文化品质、推动社会和谐进步中发挥了重要的作用。

湖南图书馆是全省馆藏规模最大的公共图书馆，2018年，馆藏文献485.5万册（件），数字资源总量250TB。2009年至2018年，调整馆舍布局，提质改造基础设施，增设文化休闲吧、自动售货机、24小时自助图书馆、未成年阅览室及弘文书屋、国学堂。2018年，湖南图书馆持证读者28.17万人，网站数字资源访问量1390万人次。十年间，湖南图书馆搭建了官方微博、微信公众平台，开设百姓课堂、外国语文献阅读与分享等服务项目，开展馆藏资源品鉴和展览，注重特殊群体服务。湖南图书馆相继修订出台《湖南图书馆岗位聘用管理办法》《湖南图书馆岗位设置及岗位定级办法》，完成全馆绩效工资改革，从"身份管理"转换为"岗位管理"，完善考核制度和分配制度，通过公开招聘补充人才队伍。建立健全科研管理机制，创新湖南图书馆学术委员会的管理模式，推进全馆学术的科学化、规范化；建立学术激励机制、搭建"青年论坛"交流平台、确立馆内课题申报制度，鼓励全馆职工开展学术研究。

一、基础设施设备和机构、人员、经费

1. 基础设施设备

湖南图书馆窑岭馆区位于长沙市韶山北路169号，馆舍面积3.2万平方米，其中主楼

建筑 2.3 万平方米。

2012 年，湖南图书馆扩改建项目获湖南省发展与改革委员会批准立项，馆内、外基础设施开始提质改造：完成电力增容和中心配电间的升级改造；学习室、目录室、展厅、电子阅览室的改造；阅览大楼防雨渗漏、门厅两侧内花园及馆区南向道路的提质改造。

2014 年，湖南图书馆将对外租赁的综合服务楼收回，改建成行政办公室与员工宿舍。2015 年，将原行政办公区改造为员工食堂。2017 年，湖南图书馆消防隐患整改一期工程正式开工，于同年 12 月获得验收通过。2018 年，启动湖南图书馆消防隐患整改二期工程，并获得立项。

湖南图书馆梅溪湖馆区于 2017 年 12 月 28 日在长沙市岳麓区梅溪湖国际新城二期顺利奠基，馆址西临金菊路，东临听雨路，北临雪松路，南临梅溪湖中央景观轴，占地面积 84 亩，加上周边配套面积，共约 110 亩，馆舍主体面积约 7.5 万平方米。

2. 机构设置及演变

2009 年，设组织人事科、办公室、计财科、行政保卫科（图书馆规划建设办公室）、经营管理科（图书馆规划建设办公室）、离退休人员管理办公室、公共服务部（社会教育工作室、读者活动工作室）、采编部、借阅一部、合作协调部（共享工程湖南中心办公室）、地方文献部（信息服务部）、历史文献部（湖南省古籍文献保护中心办公室）、宣传推广室、自动化发展部、借阅二部（少儿智力开发部）、文献研究所（图书馆学研究室）。

2012 年，设馆长办公室、人事教育科（馆党委办、监察室、离退休人员管理办公室）、规划财务科、行政科、保卫科、采编部、公共服务部、借阅部（湖南图书馆少年儿童分馆）、历史文献部（文献研究所）、信息服务部（地方文献部）、合作协调部、自动化发展部、典藏保管部。

2013 年，设馆长办公室、人事教育科（馆党委办、监察室）、离退休人员管理办公室（湘图生活区管理工作办公室）、规划财务科、行政科（基建办）、保卫科、采编部、公共服务部（合作协调部）、借阅部（湖南图书馆少年儿童分馆）、历史文献部（地方文献部、文献研究所）、信息服务部、数字资源部、合作协调部、自动化发展部、典藏保管部。

2014 年，设办公室、人事教育科（党委办、监察室、离退休人员管理办公室）、规划财务科、行政科、保卫科、综合借阅部、专题借阅部（湖南图书馆少年儿童分馆）、信息服务部、历史与参考文献部（采编部）、公共服务部（合作协调部）、地方文献部、数字资源部、典藏保管部、现代技术部、研究所。

2015 年，设办公室、党委办（监察室、离退休人员管理办公室）、人事教育科、规划财务科、行政科、保卫科、综合借阅部、专题借阅部（湖南图书馆少年儿童分馆）、信息服务部、历史与参考文献部（采编部）、公共服务部（合作协调部）、地方文献部、数字资源部、典藏保管部、现代技术部、研究所。

2016 年，设办公室、党委办（监察室、离退休人员管理办公室）、人事教育科、规划财务科、行政科、保卫科、综合借阅部、专题借阅部（湖南图书馆少年儿童分馆）、信息服务部、历史与参考文献部、公共服务部（合作协调部）、地方文献部（采编部）、数字资源部、典藏保管部、现代技术部、研究所。

2018 年，设办公室、人事教育科、党委办（监察室、离退休人员管理办公室）、规划财务科、重点项目办、行政科（新馆建设办公室）、保卫科、综合业务部、综合借阅部、专题借阅部、信息服务部、公共服务部（合作协调部）、地方文献部（采编部）、数字资源部、现代技术部、典藏保管部、研究所。

3. 人员

湖南图书馆馆长、副馆长名录

序号	姓 名	职 务	任职时间
1	张 勇	馆 长	2005 年至 2017 年
2	贺美华	馆 长	2017 年至今
3	吴平祥	副馆长	2002 年至 2007 年
4	伍 艺	副馆长	2002 年至 2014 年
5	雷树德	副馆长	2005 年至今
6	邹序明	副馆长	2007 年至今
7	李 莹	副馆长	2012 年至 2016 年
8	伍 涛	副馆长	2013 年至今
9	王旭明	副馆长	2016 年至今
10	任 重	副馆长	2016 年至今

中共湖南图书馆党委负责人名录

序号	姓 名	职 务	任职时间
1	张 勇	党委书记	2005 年至 2011 年
2	李 莹	党委书记	2011 年至 2016 年
3	伍 艺	党委书记	2016 年至今
4	吴平祥	党委副书记	2002 年至 2013 年
5	李 莹	党委副书记	2005 年至 2011 年
6	张 勇	党委副书记	2011 年至 2017 年
7	伍 艺	党委副书记	2013 年至 2016 年
8	贺美华	党委副书记	2017 年至今
9	伍 艺	纪委书记	2013 年至 2016 年
10	邹序明	纪委书记	2016 年至今

湖南图书馆工会主席名录

序号	姓 名	职 务	任职时间
1	李 莹	工会主席	2005 年至 2009 年

序号	姓　名	职　务	任职时间
2	邹序明	工会主席	2009 年至 2012 年
3	丁世平	工会主席	2012 年至 2014 年
4	单桂云	工会主席	2015 年至 2015 年
5	伍　涛	工会主席	2016 年至 2018 年
6	王旭明	工会主席	2018 年至今

湖南图书馆员工情况统计表（单位：人）

年份	员工人数	高中学历	专科及本科学历	研究生学历	初级职称	中级职称	副高职称	正高职称
2009	228	22	188	18	57	88	33	4
2010	217	21	177	19	66	84	33	4
2011	226	22	182	22	63	83	33	4
2012	235	17	197	21	55	91	33	5
2013	258	16	207	35	67	99	32	6
2014	264	13	215	36	59	106	34	6
2015	258	9	208	41	69	110	38	6
2016	247	8	199	40	70	105	39	5
2017	244	6	193	45	67	102	36	4
2018	235	7	185	43	67	113	38	4

湖南图书馆员工业务培训、学历教育统计表

年份	参与培训人数（人）	总学时（小时）	人均学时（小时／人）	学历教育人数（人）	学历教育学时（小时）
2009	187	21579	115	8	995
2010	191	17620	92	3	424
2011	194	18794	97	7	548
2012	238	25907	109	7	540
2013	222	37002	167	11	625
2014	235	28204	120	10	916
2015	238	41947	176	13	1444
2016	242	47950	198	10	1172
2017	231	49353	213	5	414
2018	228	43495	201	6	652

注：业务培训人数与总学时包含学历教育数据。

4. 经费

湖南图书馆经费统计表（单位：万元）

年份	财政拨款总额	购书经费	人员经费	共享工程经费	免费开放经费
2009	2267.07	490.00	709.02	100.00	——
2011	3366.18	490.00	1180.27	100.00	380.00
2013	5389.49	590.00	1965.52	100.00	760.00
2016	6437.51	700.00	2501.76	100.00	960.00
2018	8362.50	1000.00	3460.76	100.00	1100.00

二、基础业务工作

1. 馆藏资源

2018 年，湖南图书馆收藏文献 485.5 万册（件），其中图书 308 万册（件），古旧文献 80 余万册（件），报刊 55 万册（件），视听与缩微制品 20 万件，电子图书 370 万册。

湖南图书馆年藏书统计表（单位：万册）

年份	新增入藏	藏书数量	电子图书
2009	13.59	345.63	—
2010	15.73	361.36	—
2011	15.63	377.09	—
2012	20.44	397.53	320.0
2013	19.95	417.01	320.4
2014	15.66	435.74	320.4
2015	17.22	452.07	330.4
2016	15.64	463.53	330.4
2017	11.97	475.57	330.4
2018	16.47	485.47	370.4

（1）古籍收藏与整理

湖南图书馆收藏古旧文献 80 余万册（件）。其中，古籍线装书约 68 万册，善本书 5 万余册，约有 1500 部收入《全国古籍善本书目》。北宋开宝八年（975）吴越国王钱俶刻本《一切如来心秘密全身舍利宝箧印陀罗尼经》是馆藏中最早的雕版印刷品，宋刻元修本《说文解字》历经名家递藏，二者并称为"镇馆之宝"。收藏湖南家谱 6000 余种，6 万余册，湖南名人家谱入藏完备。收藏有数万件单幅文献。尚有旧平装书、旧报刊合订本约 10 万册。湖南旧方志、旧报刊品种基本齐全，还藏有一批连环画（又称小人书），民国时期出版的有 2.29 万册。

湖南图书馆（湖南省古籍保护中心）于2014年始涉足拍卖领域，从泰和嘉成、中国书店、中国嘉德、中贸圣佳、北京百纳、东方大观、上海博古斋、山东新世纪等拍卖会成功竞得明嘉靖三十三年（1554）彭治中刻《龙湖先生文集》、清道光十四年（1834）刻《平猺述略》、清同治十二年（1873）长江水师军署刻《救急良方》、清光绪石印《新宁刘宫保七旬赐寿图》等珍贵的古旧文献。通过征集和购买的古旧文献包括古籍线装书、字画、毛版书及其他单幅文献千余件。

2010年，湖南图书馆订立了《古籍阅览室制度》《文献复制细则》《历史文献部前后台工作人员规范》。2011年，对《湖南图书馆古籍保护制度》进行修改，制订《古籍修复室安全管理制度》《古籍特藏修复分级收费标准》《典藏保管部古旧字画数码照片管理暂行制度》。2012年，制订或修改《典藏保管部古旧字画数码照片管理暂行制度》《古籍修复室安全管理制度》《湖南图书馆古旧文献复制制度》《湖南图书馆古旧文献书库古旧文献出入库管理制度》《湖南图书馆古旧文献书库日常管理制度》《湖南图书馆藏书清点、调拨、剔旧细则（试行）》。2014年，制订和修订《湖南图书馆储备书库管理制度》《湖南图书馆临时馆藏管理办法（修订稿）》《湖南图书馆新入藏单幅文献管理办法》。

（2）地方文献工作

2018年，湖南图书馆收藏中华人民共和国成立以后的地方文献，包括图书、报纸、期刊共计19万册，搜集海内外湘籍人士和长期在湘工作的外省籍人士5000人的信息资料，收到3000人寄赠（捐赠）著作、手稿及个人藏书6万册（件）。藏有1949年前湘人著述2000种，有抄稿本千余种，大部分为近现代湘籍名人手迹，如陶澍、曾国藩、左宗棠、胡林翼、彭玉麟、郭嵩焘、何绍基、王先谦、王闿运、杨树达、张舜徽等。湖南图书馆藏有湖南省、府、州、县志400种，1000部；外省方志2100种，2490部。其中（乾隆）《望都县新志》为海内孤本，弥足珍贵。

湖南图书馆收集地方文献方式主要是民间征集、社会捐赠、资金采购、接收出版社呈缴样书。如走访各旧书文物市场，密切关注出版社动态，与省内各地书商沟通联络，参加各类书展，形成线上线下互为保障的采购模式，采购地方志、家谱、手稿、信件、地图、照片、日记和音像资料、"非遗"资料，到各地党政机关及企事业单位征集文献。2014年，湖南图书馆进入拍卖市场，参加湖南、北京、上海、天津等地的拍卖会，竞得湖湘名人书画作品及珍贵古旧文献。此外，湖南图书馆在全省14个市州及所属市县建立书商代理制，建立了覆盖全省、市、县地方文献采集网络体系。

湖南图书馆收藏家谱6000部，毛泽东、刘少奇、胡耀邦、彭德怀、黄公略、陶澍、魏源、曾国藩、胡林翼、李续宾、罗泽南、何键、刘建绪、周扬、周立波的家谱均入藏。2001年，文化部颁发《关于协助编好中国家谱总目的通知》，湖南图书馆成立"湖南省家谱收藏中心"，负责湖南家谱的征集。2002年，湖南省文化厅向各市州文化局下发《关于加强民间家谱征藏的函》，指定湖南图书馆负责湖南地区家谱的收藏与编目，并要求各级文化机构大力宣传督促各氏族将其所藏家谱，寄呈一部给湖南图书馆家谱收藏中心收藏。2016 年，湖南图书馆"湖南省家谱收藏中心"更名为"湖南省家谱收藏研究中心"。

湖南图书馆家谱收集的方式主要有市场采访和接受社会捐赠，设立专项经费，由专人负责家谱文献的采访，同时积极宣传家谱征集工作，制作家谱征集函、"湖南省家谱收藏研究中心"宣传折页，向社会各家族、姓氏文化研究会、宗亲会等宣传征集。

湖南图书馆地方文献采购统计表

年份	普通图书		特色文献		地方报刊	
	种数（种）	册数（册）	种数（种）	册数（册）	种数（种）	册数（册）
2009	—	—	—	—	648	1536
2010	—	—	—	—	665	1507
2011	24098	26540	278	2393	601	2161
2012	18083	24135	641	4851	610	2135
2013	18104	20014	197	2181	447	2212
2014	11211	12081	174	1892	446	1450
2015	10475	11786	156	1439	255	1450
2016	9786	10536	276	2228	340	814
2017	7208	8237	453	1972	235	290
2018	6995	8440	286	1819	276	338

注："特色文献"包括家谱、古旧文献、书画。

湖南各出版社向湖南图书馆呈缴样书统计表

年份	图书种数（种）	图书册数（册）
2009	2406	4301
2010	3012	5293
2011	3434	5458
2012	3832	6011
2013	4593	8491
2014	4531	8299
2015	4088	7189
2016	4648	6582
2017	5107	10585
2018	3412	7151

湖南图书馆征集和接受捐赠图书统计表

年份	图书种数（种）	图书册数（册）
2009	1005	1480
2010	4782	6232
2011	2470	3911
2012	2870	4274
2013	2920	4228
2014	4462	8592
2015	2593	3294
2016	6068	9738
2017	2676	3835
2018	9989	23727

（3）口述历史资料收集与整理

2008年，湖南图书馆进行口述历史的收集与整理，形成"寻找城市记忆""湖南抗战老兵""湖南地下党人""南下干部""湖南地方戏剧人物""湖南民间达人""湖南古村镇古民居"等专题，通过图片、文字、声音、影像等形式来记录和保存湖南口述历史资料。

"寻找城市记忆"专题活动旨在纪念"长沙文夕大火70周年"，从大街小巷到古旧建筑，在普通市民中去寻找"文夕大火"留下的历史痕迹。活动自2008年3月开始，历时9个月，参加人数达数千人，媒体进行了多次报道，《出版人·图书馆与阅读》一刊上开设"湘图寻找城市记忆专栏"连载。

"湖南抗战老兵"专题口述历史活动，自2009年起，历时5年，湖南图书馆派员奔走于湖南全省，采访了140余名抗战老兵，共收集了2.07TB多媒体数字资源。2013年5月，湖南图书馆选取并整理了87位湖南抗战老兵的口述记录，由湖南人民出版社出版《湖南抗战老兵口述录》。2014年10月，"图书馆与口述历史及地方文化"国际学术研讨会在湖南图书馆举行，来自美国、英国等国家和地区的30余位口述史专家，及国内口述史专家、项目团队成员200余人参会。

（4）数据库建设

湖南图书馆采购商用数据库，开展资源共建共享，建立基于电脑端和移动端，涵盖电子图书、电子期刊、有声服务、报纸资讯、音视频、触摸媒体等多类型数字资源的统一检索平台，为读者提供一站式数字阅读服务。2009年至2018年，共采购数字资源382.8TB，采购经费为1252.52万元。

湖南图书馆商用数据库采购统计表

年份	数据库（个）	电子期刊（万种）	电子图书（万种）	资源容量（TB）	采购经费（万元）
2009	12	0.90	0	3.7	51.60
2010	13	1.07	104.0	89.6	42.80
2011	13	0.97	150.0	99.5	32.98
2012	13	2.17	150.0	101.1	94.30
2013	13	1.86	150.5	106.2	107.20
2014	17	1.91	150.0	112.1	120.18
2015	21	2.03	160.3	134.6	146.22
2016	23	2.54	167.3	171.0	158.47
2017	38	3.91	171.8	237.0	208.27
2018	52	5.09	229.1	382.8	290.50

2018 年，湖南图书馆自建 6 个特色资源库："湖南地方戏剧资源库""湖南红色记忆资源库""湖南近代人物资源库""湖南古村镇古民居资源库""湖南非物质文化遗产资源库""湖南少数民族风情资源库"。

"湖南地方戏剧资源库"包括湖南 19 个地方戏剧种的源流沿革、流布区域、艺术概况、戏剧机构、音乐表演、舞台美术、戏剧研究、剧本曲谱、代表剧目和获奖情况信息，收录湖南地方戏剧视频 1300 部 3100 集、戏剧人物 2000 人、戏剧图片 1.3 万幅，拍摄地方戏剧专题片 97 集。

"湖南红色记忆资源库"通过图片、文字、视频展示 1919 年之后湖南的红色历史、杰出人物、革命文献、研究评论、红色故址、历史图片、文艺作品、红色收藏、影音作品等信息，收录文字 2519 万字、图片 1.8 万幅、视频 396 集，自主拍摄专题片 51 集。

"湖南近代人物资源库"设立湖南人物、人物专题、湘人文库、人物研究、图片集锦、影音作品栏目，每个栏目下分为若干小类或专题。包括人物生平简介、年谱年表、文章著述、研究评论、字画手稿、史迹馆所、人物图片、影音作品及家族亲友、研究人员等方面。以文献为主，介绍了曾国藩、李鸿章、魏源等湖南近代人物的概貌及其著述、研究状况以及相关人物，收录原始文献、研究文献，展示与湖南近代人物有关的视频近 100 部、图片 9000 幅。

"湖南古村镇古民居资源库"收集湖南 14 个市（州）的古村镇古民居建筑相关资源，从地域特色、建筑元素、民风民俗、历史变迁、建筑技艺、建筑特色角度展现湖南古村镇古建筑自然与文化风貌。收录湖南古村镇文献 1100 万字、图片 5000 幅、视频近 161 集，自主拍摄湖南古村镇古民居建筑文化专题片 47 集。

"湖南非物质文化遗产资源库"收录湖南省国家级项目 70 个、省级项目 221 个。从湖南省非物质文化遗产项目名录、传承人、研究评论、政策法规等方面，通过文字、图片、音视频的形式，多角度展示非物质文化遗产项目信息。收录图片 1300 余幅，视频 150 集，自主拍摄专题片 36 集。

"湖南少数民族风情资源库"设置民族概况、民族人物、民风民俗、文化艺术、影音作品、图片集锦、动态消息栏目，以图文、音视频多角度展现少数民族的历史文化内涵和风采。其中收录湖南白族、侗族、苗族、土家族相关文本 1.2 万篇、图片 6500 余幅，自主拍摄专题片 60 集。

湖南图书馆举办各种活动并拍摄了专题片。2009 年至 2018 年，拍摄"湘图讲坛"454 场，视频成品 2.562TB。2013 年至 2018 年，拍摄口述历史、新春文化庙会、世界读书日、志愿者活动等活动，其视频资源成品容量 9.1TB。2012 年至 2017 年，拍摄文化共享工程专题片及微视频 372 部，成品容量 4.7TB。

湖南图书馆对馆藏地方文献进行数字化图片资源建设，如古籍数字化、民国文献数字化、家谱数字化、地方文献数字化等项目，总计容量约 12TB。

湖南图书馆地方文献数字化资源一览表（2009—2018）

序号	项目名称	数字资源	容量（GB）
1	古籍数字化	图片（TIFF）	7634
2	民国文献数字化	图片（TIFF）	1750
3	家谱数字化	图片（TIFF、JPG）	1011
4	地方文献数字化	图片（TIFF、JPG）	977
5	网事典藏		200
6	湖南政务公开信息		52
7	公开课（2015—2018）		493

（5）文献整理工作

湖南图书馆馆藏文献使用《中国图书馆分类法（第五版）》和《中国分类主题词表》标引，古籍采用"五部"分类法，即经、史、子、集、丛五类，编制《湖南图书馆古籍著录条例》《湖南图书馆古籍暂行分类表》，旧平装书采用《人大分类法》标引，期刊和外文图书采用《中国图书馆分类法（第五版）》标引。湖南图书馆采用计算机编目，2018 年中文图书馆总书目数据库拥有书目记录 160.36 万条。

湖南图书馆编制书本式目录有《馆藏中文旧期刊目录》《中文期刊目录》《湖南地方资料索引》《湖南地方志目录》《近代湖南报刊一览表》《馆藏报纸目录》《中国古籍目录》《马恩列斯、毛主席著作目录》《馆藏冶金目录》《湖南著者及其著作目录》《湖南图书馆古籍线装书目录》《湖南图书馆民国图书期刊报纸目录》《图书馆单幅文献目录》《湖南图书馆古旧文献目录附编》。

2.读者服务

（1）借阅服务

2009年，全馆设综合外借处、中义报纸期刊借阅室、中义参考阅览室、电子阅览室、地方文献阅览室、古籍阅览室、读者俱乐部、红孩子俱乐部、外语爱好者俱乐部（滋贺友好文库）、自学室、图书馆学资料室、办证处、盲人图书馆。

2010年，全馆设综合外借处、文学艺术借阅室、中文报刊阅览室、读者俱乐部、红孩子俱乐部、地方文献阅览室、电子阅览室、外语爱好者俱乐部（滋贺友好文库）、中文参考图书阅览室、古籍阅览室、盲人图书馆、图书馆学资料室、自学室、办证处。

2011年，全馆设综合借阅处、文学阅览室、报刊阅览室、盲人图书馆、读者俱乐部、少年儿童分馆、中文参考图书阅览室、地方文献阅览室、古籍阅览室、电子阅览室、外文阅览室（滋贺友好文库）、图书馆学资料室、学习室、办证处。

2012年，全馆设综合借阅处、文艺借阅室、中文报刊阅览室、中文参考阅览室、电子阅览室、读者俱乐部、外文阅览室（滋贺友好文库）、少年儿童分馆、地方文献阅览室、古籍阅览室、学习室、图书馆学资料室、办证处、盲人图书馆、24小时自助图书馆。

2013年，全馆设综合借阅处、文学艺术借阅室、报刊阅览室、中文参考阅览室、外文图书借阅室（滋贺友好文库）、电子阅览室、少年儿童分馆、女子图书馆、老年图书馆、古籍阅览室、学习室、图书馆学资料室、办证（咨询）处、24小时自助图书馆。

2014年，全馆设综合借阅处、文学艺术图书借阅室、中文报刊音像借阅室、中文参考阅览室、外文图书阅览室（滋贺友好文库）、电子阅览室、少年儿童分馆、老年图书馆、女子艺术图书馆、古籍阅览室、学习室、休闲吧、图书馆学资料室、办证处（盲人图书馆）、24小时自助图书馆。

2015年，全馆设综合借阅处、文学艺术图书借阅室、中文报纸期刊借阅室、中文参考图书借阅室、外文图书借阅室（滋贺友好文库）、电子阅览室、音像阅览室、少年儿童分馆、老年图书馆、女子图书馆、古籍阅览室、文献鉴赏室、学习室、图书馆学资料室、办证处（盲人图书馆）、24小时自助图书馆。

2016年，全馆设综合借阅处、文学艺术图书借阅室、中文报纸期刊（音像）借阅室、中文参考文献室（地方文献阅览室）、外文图书借阅室（滋贺友好文库）、电子阅览室、少年儿童分馆、老年图书馆（盲人图书馆）、女子图书馆、古籍阅览室、文献鉴赏室、学习室、24小时自助图书馆、图书馆学资料室、办证处。

2017年，全馆设综合借阅处、文学艺术图书借阅室、中文报纸期刊借阅室（音像借阅室）、中文参考文献室（地方文献阅览室）、外文图书借阅室（滋贺友好文库）、电子阅览室、未成年人图书借阅室、老年图书借阅室（盲人借阅室）、女子（艺术）图书借阅室、古籍阅览室、文献鉴赏室、学习室、24小时自助图书馆（弘文书屋）、图书馆学资料室、办证处。

2018年，全馆设综合（文学）借阅处、中文报纸期刊借阅室（音像借阅室）、中文参考图书借阅室（地方文献阅览室、保存本阅览室）、外文图书借阅室（滋贺友好文库）、电子阅览室、未成年人图书借阅室、老年图书借阅室（盲人借阅室）、女子（艺术）图书借阅室、古籍阅览室、数字体验与移动阅读室、自助图书馆、弘文书屋、学习室、图书馆学资料室、办证处。

湖南图书馆读者服务统计表

年份	到馆量（人次）	外借人次（人次）	外借册次（册次）	阅览人次（人次）	阅览册次（册次）	咨询人次（人次）	咨询条次（条次）	持证读者（人）
2009	—	366460	1491848	1320167	2656983	75832	123260	74549
2010	—	458100	1748632	2080742	4166016	73069	112341	89341
2011	—	399121	1572710	2535397	5087588	131809	168635	104843
2012	934416	410438	1774827	3039263	6115112	406881	430146	128586
2013	2128016	480033	2136393	3489867	6995726	399422	402118	137222
2014	5333809	590762	2419439	4320326	8646535	512994	575776	174191
2015	2563762	596042	2590211	3559439	7154447	1875935	2421843	218582
2016	3162269	527199	2355644	3209431	6418862	2420775	3888701	249568
2017	2419906	404968	1933290	2897564	5824103	2510044	4113733	269334
2018	2657249	388169	1975250	3100233	6231468	2067492	7256570	282843

注：到馆人次不含培训楼和馆外读者人次，阅览楼大厅计数器自 2012 年 1 月 20 日起计数。

（2）读者活动

2009 年至 2018 年，湖南图书馆以"湘图讲坛""百姓课堂""开心故事会""书友会"等为平台，开展读者活动。每年举办"新春文化庙会""世界读书日"、中秋节活动，以及各类型展览，年年主题有创意，活动方式有创新。

"湘图讲坛"为湖南图书馆讲座工作的品牌，十年来共举办现场讲座 579 场，视频讲座 1328 场，参与读者 90 万人次。2009 年，"三湘读书月"活动期间，湖南图书馆举办高校巡回"系列讲座 16 场。2013 年至 2018 年，依托"湘鄂赣皖四省公共图书馆联盟"开展"四省巡讲"活动，每年邀请学者在各省举办专题讲座，从四省名人到名山、名湖、名戏、旅游、方言，传播四省的地方文化。2018 年，与省内广播媒体合作，广播专题节目，受众近 70 万人。2015 年，成立湖南省公共图书馆讲座联盟，开展省内讲座专题培训及省内巡讲。

在"建立精品小众讲座"的工作指导思想下，2014 年成立了"读者文化沙龙"工作小组，专门负责策划组织"品读会"工作。2014 年至 2018 年，共举办品读会活动 96 场。活动强化精品意识，关注年轻读者的需求，采用了由品读嘉宾推荐书目、和读者共读共写的共读式，读者和品读嘉宾围绕主题充分探讨交流的研讨式以及由多个群体或团队共同观摩电影或音乐、诗歌选段，并展开品读和赏析观摩式。

读者活动策划与组织强调质量，注重社会效应。2017 年，湖南图书馆及湖南省图书馆学会与湖南省湖湘文化研究会、湖南省濂溪学研究会、凤凰网国学频道合作，重点策划组织"周敦颐诞辰 1000 周年纪念系列活动"启动式暨"千年一脉话濂溪"——纪念周敦颐诞辰 1000 周年学术论坛、"湘水余波 濂溪一脉"——纪念周敦颐诞辰 1000 周年展览、"道南正脉千年纪"——纪念周敦颐诞辰 1000 周年"4·23 世界读书日"广场活动、"千年之约 圣迹之旅——纪念周敦颐诞辰 1000 周年游学活动。

阅览室读者活动以分龄分众的方式开展小型阵地活动，活动场地在各个阅览室内。活动对象以阅览室的读者为主。2009 年至 2018 年，少年儿童分馆、老年图书馆、女子艺术图书馆、电子阅览室、外文阅览室、古籍阅览室自此针对儿童、老年人、女性开展读者活动，活动内容有"开心故事会""我是小小图书管理员""慧妍女人美丽课堂""乐享网络生活""老年国学品读""E 路前行"等。

湖南图书馆展厅于 2013 年投入使用，即年，举办"中华湘·台当代书画家人物志"作品联展，汇聚了湘台两地 160 余位书画家的作品。2014 年，建立网上展厅，展出 2 场，展览的内容以书画艺术为主，实物展如插花作品展、照片展等。2016 年，湖南图书馆与驻武汉美国大使馆联合举办了《通向和谐之路——美中交往史照片展》。

2011 年，古籍阅览室展厅投入使用，举办馆藏古籍精品展览 6 场、鉴赏会 10 余场。

2009 年至 2011 年，地方文献阅览室定期举办湖南名人资料展览，合作单位有湖南省政法系统、湖南省省级书画协会。2015 年，湖南图书馆举办《正大气象——王岳川书法展》《科学与艺术——何继善书法作品展》。综合外借阅览室、中文报刊阅览室、外文阅览室不定期地举办小型的中外文书刊展。

湖南图书馆开展社会教育工作。面向青少年、大学生、社区居民举办"怎样利用图书馆"讲座和"湘图读书吧"读书分享课堂讲座。2011 年，开办湘图"百姓课堂"，采用学期制，每年举办 4 期，每周 7 天开课。学员以报名方式获得每期的学习资格，老师按志愿者服务模式授课。2015 年创新报名方式，实行"申请制"报名，加强了学员管理，改善了学员的年龄结构。截至 2018 年，年均开设课程 196 门，年均培训 7041 人。2017 年，举办"百姓课堂学员成果展"，展示了各类教学成果 400 多件，包括国画、书法、剪纸、彩陶、编织等 14 个艺术门类，参观人数达 1 万人。光明日报、中国文化报、中国日报、新浪网、湖南日报、湖南卫视等多家媒体曾对"百姓课堂"进行了专题报道。"百姓课堂"服务项目还被湖南省委宣传部、湖南省文化厅、湖南省文明办等单位纳入《我们的中国梦 文化进万家——文化志愿者服务系列活动》中重点推介，荣获湖南省文化厅"文化志愿服务推进年优秀示范项目"，2015 年获得"三湘群星奖"。

（3）数字文献服务

2010 年，湖南图书馆采用 TRS 全文数据库系统和 WAS 应用发布系统进行资源库搭建，开始发布搭建"湖南地方戏剧""湖南近代人物""湖南红色记忆多媒体资源库""湖南非物质文化遗产资源库""湖南古村镇古民居""湖南少数民族风情"等特色资源库。2011年，湖南图书馆WAP网站（wap.library.hn.cn）上线，网站设新闻、图书预约、续借、检索、数字资源阅读栏目，读者使用移动终端可以随时访问馆藏资源。2015年，完成湖南弘文知识社区平台搭建，随后，网页版与移动端上线，具备湖南特色应用、学习中心、专家库、交流分享中心、文化信息分享等功能。2016年，市（州）级公共图书馆利用VPN、网络专线，到馆读者可以无障碍地访问国家数字图书馆的资源。2018年，湖南图书馆将VOD视频点播系统升级为华栖云视频点播系统，系统自带App、播放器，支持多种移动设备、多格式文件自动转码、多码率多清晰度播放、网络直播等功能，免费向读者提供影视频、戏剧、讲座、"非遗"等资源，点播服务由网页端向移动端扩展。推出"湘图发现"系统（资源统一检索平台），将自建和商用数字资源、书目数据进行整合，实现用户认证、统一检索、文献下载与传递、知识发现、资源管理与统计分析等功能。

读者访问湖南图书馆网站统计表

年份	网站访问量（次）	网站访问人次（人次）	数字资源访问量（次）	数字资源利用人次（人次）
2009	13636285	4622229	4879174	1961987
2010	16820274	4440452	4317469	2665599
2011	20462750	5327314	9707608	3191573
2012	27388912	6227877	1546335	7209881
2013	21991110	12093196	9720727	10114229
2014	15402407	9817337	11380672	7492940
2015	29521594	7056635	14268713	4952078
2016	24784865	5102382	12829805	2866987
2017	42733941	5385801	30420851	3738856
2018	26985378	2677749	14042010	1502822

2012年，湖南图书馆在新浪微博平台开通官方微博，设9个微博话题，采取1个账号登录，9个话题发声的方式，发布服务信息和图书馆相关资讯。2015年官方微博关注人数6930人，阅读量90万余次；2018年官方微博关注人数约1万人，阅读量100万余次。

2013年，湖南图书馆开通短信平台试用服务，免费向读者发送各类活动预告、书刊预约、到期提醒等资讯。同年启动24小时语音电话服务系统，持证读者可根据语音提示享受24小时不间断的多项服务。2015年，将湖南图书馆书目检索平台加入进了微信"城市服务"系统和QQ的"城市生活"。2018年，湖南图书馆开通抖音平台官方账号，发布原创短视频，总播放量达61.3万次。

2014 年，湖南图书馆开通微信公众平台。经公众号的"微服务大厅"，读者可完成绑定读者借阅证、图书检索、借阅查询、图书续借预约、延误费支付、停车缴费、数字资源文献检索下载和传递等操作，在手机端即可实现图书馆的基本在线服务功能。

湖南图书馆微信公众号服务统计表

年份	关注人数（万人）	推送文章（篇）	阅读人次（万次）
2014	1.4	414	70
2015	6.0	1101	703
2016	11.4	1100	1000
2017	16.7	1100	577
2018	24.0	1100	800

3. 现代技术应用

（1）管理自动化、办公自动化

2009 年，湖南图书馆基于引入的 TRS WCM 网站管理平台，完成湖南图书馆官网和内部办公网的改版和迁移工作。

2012 年，湖南图书馆引入 RFID 技术搭建读者自助服务平台，安装 6 台自助借还机、2 台自助办证机、2 套门禁、2 套馆员工作站、3 台标签转换站，能够智能、快速地实现自助借还、自助办证。

2013 年，湖南图书馆由图书馆自动化集成系统（ILAS Ⅱ）改用 Interlib 第三代图书馆集群管理系统。Interlib 操作流程便捷实用，网络功能和安全性更加完善，采访、编目、典藏、期刊、流通、系统管理、OPAC 检索等功能使得图书馆业务管理趋于自动化。同年，引入客流数据报表管理系统，安装在阅览楼、培训楼、数字体验区、自助图书馆出入口，对到馆读者进行数据采集。可实时查看历史到馆、年度到馆、季度到馆、当月到馆、当日到馆读者人次等数据，并能结合读者流量统计各时段读者进馆情况，给出时、日、周、月客流报表。

2017 年，湖南图书馆搭建大智慧数据墙，分别安装于大厅两侧。数据墙能够进行在线直播并直观展示通知公告、客流计数、读者分析、借还人次册次、借还数据分析、热门图书排行、新书推荐、资源访问量等信息。同年，《图书馆》编辑部采用了期刊稿件远程处理系统，该系统包括系统管理、作者远程投稿、查稿系统、编委中心、主编办公系统和编辑办公系统等功能模块。开通基层图书馆数字资源服务平台，对商用数据库和自建特色数据库，以及国家图书馆的多种数字资源进行全面整合，实现了数字资源的无障碍、一站式登录。同年，为政协云平台设计的数字资源网页版和手机版页面顺利接入政协云平台，实现了政协云用户对湖南图书馆数字资源 PC 端与移动端的一键式访问。

2018 年，湖南图书馆停车场系统改造升级，将原来的人工收费停车场改造成自助缴费、无人值守的智慧停车场。引入了门禁及安检系统，设有 3 个读者入口、1 个员工入口、2 个出口、2 个安检门、1 台 X 光安检机，所有的刷卡数据都被系统记录，可快速对历史通行记录进行查询并生成相应报表。

（2）数字服务平台和网站建设

湖南图书馆建的计算机中心机房，分为主机房、配电间、维修间、资料与设备存储间办公区域、会议室等功能区域。机房拥有 40 台实体服务器，其中 5 台高配置服务器通过服务器虚拟化技术实现有效管理。2013 年，部署了备份系统，通过千兆备份网络对重要数据进行备份。2009 年，采购裸容量 66TB 的 AMS500 存储和 UPS 电池 64 节，停电时可为机房内服务器单独供电 4 小时。2012 年，采购裸容量 120TB 的 HDSVM 存储。2015 年，扩容至 268TB。2018 年，采购裸容量 612TB 的蓝光存储设备一套。2018 年，租用 50TB 云存储，总存储容量达到 996TB。

湖南图书馆带宽接入总共为 1450M，其中电信 200M、联通 100M、国家政务外网专线 1000M 光纤、国家图书馆专线 150M 联通光纤。国家政务外网专线是文化信息资源共享工程湖南省级分中心通过千兆光纤专线与省政府信息中心连接，省政府信息中心通过电子政务外网工程的网络与国家信息中心连接。湖南图书馆通过专线与国家图书馆信息中心连接，专线带宽均用于资源传输和专有资源的访问。

2013 年，湖南图书馆启用无线局域网，接入 13 台无线设备（AP）和 1 台无线控制器（AC），搭建相应的无线网络平台。2014 年，对行政办公区重新进行网络布线，共设信息节点 60 个。2017 年，对阅览楼和书库的网络进行升级改造，实现了万兆到楼层，千兆到桌面，网络信息节点共计 595 个，广播信息节点共计 58 个，电视监控信息点共计 146 个。2018 年已有无线设备（AP）29 台，实现阅览室无线网络全覆盖。

"天下湖南网"（www.txhn.net）于 2010 年上线。该网站以"荟萃人文经典，传承湖湘文化"为宗旨，依托于湖南图书馆丰富的馆藏文献资源，汇集大量湖南地方特色资源，聚集了大批研究湖湘文化的用户，是湖南特色数字资源的集中展示平台。"天下湖南网"开设有"家谱族谱""氏族源流""湖湘名流""故事湖南""湖南风物""地方文献""湘人著述""湖南学术""国民口述历史""网上展厅"等栏目。网站提供湖南图书馆自建的"湘图视频""湖南地方戏剧资源库""湖南近代人物资源库""湖南非物质文化遗产资源库""湖南红色记忆资源库""湖南古村镇古民居资源库""湖南少数民族风情资源库"等湖南特色数字资源的使用。

湖南图书馆 WAP 网站（wap.library.hn.cn）于 2011 年上线，网站设有新闻、图书预约、续借、检索、数字资源阅读等栏目，将馆藏查询、续借等功能及数千种休闲期刊、上百万种电子图书等整合到平台中，读者使用移动终端可以随时访问湖南图书馆资源。

（3）文献缩微复制

湖南图书馆缩微工作始于 1983 年，经过多年的发展，逐渐与数字化拍摄、扫描接轨，使传统缩微技术的概念开始扩展、延伸。

2010年至2018年。由省财政拨款，湖南图书馆购置赛数12000-V型书刊扫描仪、DR1600 16mm缩微胶片拍摄机、Mekel Mach V缩微胶片全自动扫描仪新型设备。2016年至2017年，全国图书馆缩微复制中心配发FP505冲洗机及赛数OP300数字存档机，北京3R公司配送3台便携式缩微胶卷阅读成像仪，实现在模拟缩微影像与数字图片之间的自由转换。

2009年至2018年，湖南图书馆缩微拍摄民国图书57卷、4.19万拍，缩微拍摄《湖南日报》《长沙晚报》《株洲日报》《湘潭日报》146卷、7.42万拍；数码拍摄馆藏字画6634件、照片3.98万幅、家谱59.02万拍；扫描古旧信札5380页，扫描古籍、地方文献等资料12.07万页，完成名人信札数字化建库。民国时期的《大公报》《湖南日报》《大纲报》《力报》《长沙日报》缩微胶卷转换数据光盘450张。

2016年，湖南图书馆与湖南德立信软件开发有限公司签订协议，通过"湖南图书馆馆藏特殊地方文献（1966—1976）数字化建设项目"，对馆藏"文革"时期非正式出版的报纸、期刊、图书、宣传册、印刷资料以及手稿等文献进行元数据采集及数据库加工。2018年，共采集"文革"时期合订资料1058册，共25.9万拍（单页），著录元数据4.95万条，建成特殊地方文献数据库，实现其篇目的精确检索及全文模糊查找功能。

2018年，湖南图书馆与娄底博通数码彩印有限公司签订湖南图书馆馆藏字画数字化建设协议书，分3期对馆藏书画作品238种383件进行高清扫描，图片质量达到高精度仿真复制需求。

2011年，湖南图书馆数字化扫描馆藏湖南地方志33部2万余页。2012年，开始对馆藏珍贵善本、古籍进行数字化扫描，对古籍善本采用单、双叶两种方式进行扫描，完成8584幅。2013年，湖南图书馆完成名人信札数字化建库工作，完成信札扫描5380页及元数据简单著录。其后开展整理拍摄古旧字画8000余件，存档图片达6万余张，录入字画照片目录4000余条，扫描家谱30.2万拍，为湖南省重点出版项目《湖湘文库》等扫描和整理古旧图书报刊35万多拍。2015年，湖南图书馆与国家古籍保护中心签订《中华珍贵典籍资源库》古籍数字化项目，共扫描古籍图像10万余拍。2018年，湖南图书馆引入社会力量，采取合作开发的形式，开展馆藏7000余幅古旧字画的高清扫描工作。

4. 参考咨询

2004年，湖南图书馆牵头湖南大学图书馆和湖南省科技信息研究所成立跨系统的湖南省文献资源共建共享协作网（简称协作网），在文献资源共建共享和网上咨询方面展开合作。至2018年，成员单位11家。2015年，湖南图书馆牵头省内各市（州）公共图书馆成立湖南省公共图书馆参考咨询联盟（简称"参考咨询联盟"），在网上咨询、党政决策服务方面展开合作，成员单位15家。2009年至2018年，协作网和参考咨询联盟定期召开工作会议，举办参考咨询业务培训，搭建联合在线咨询平台，向社会大众提供实时在线咨询和文献传递服务，共计解答咨询16.94万条，传递文献32.43万篇。

2009—2018 年网上咨询回复统计表

年份	回复咨询（万条）	传递文献数量（万篇）
2009	0.51	2.65
2010	0.84	6.95
2011	0.99	2.98
2012	1.27	3.26
2013	1.39	2.93
2014	1.14	1.90
2015	0.06	0.15
2016	1.89	1.89
2017	3.32	3.65
2018	5.52	6.08

注：2015 年联合在线咨询平台发生故障，咨询服务受到影响。

湖南图书馆自 2012 年起每年向湖南省人民代表大会、湖南省政治协商会议（"两会"）提供热点专题汇编、现场专题咨询等多种形式的会议信息服务，受到时任省委书记杜家毫、省长许达哲、政协主席李微微等省领导，以及众多与会代表委员的肯定。湖南省人大常委会办公厅、政协湖南省委办公厅来函致谢，湖南省文化厅称"这是图书馆乃至文化厅的品牌服务"。人民网、人民政协报、中国文化报、湖南日报、湖南卫视等媒体进行了报道。

2013 年起，湖南图书馆每天向省政府办公厅报送政务要情。2013 年至 2016 年，每半月向省委常委和省委外宣办报送外媒舆情分析报告《外媒看湖南》。2017 年起，每天向省委宣传部报送舆情信息，每周向省委政研室报送外省经验启示摘编。2013 年至 2018 年，共计 135 条信息被省政府采用，56 条信息获杜家毫、张剑飞、蔡振红等近 20 位省领导批示，225 条信息被省委宣传部采用，6 条信息被中宣部采用，2014 年度至 2018 年度连续 5 年获评"省政府办公厅政务信息工作先进单位"，省委政研室来函感谢。

2016 年 3 月，湖南图书馆与湖南智库联盟签署合作协议，商议在资源共享、协同创新的基础上，共同为湖南省党政决策和经济发展提供咨询服务。2016 年至 2018 年，受省政府督查室委托对全省产业园区进行调查研究和分析研判，向省领导呈报《湖南省产业园区、示范区、基地调查报告》，受宣传部委托对全省社会经济热点舆情进行综合分析，报送《湖南省社会经济热点舆情综合报告》，系统梳理改革开放四十年的丰硕成果，总结改革过程中的经验教训，编印《湘江治理》《扶贫攻坚》《居民消费升级》《文化旅游融合发展》等专题智库资料供省委、省人大、省政府、省政协、相关市州厅局决策参考。

湖南图书馆立法决策服务开始于 2013 年，服务内容主要包括为某项立法的前期调研或审议提供国内外立法参考、业界专家观点、社情民意等专题资料，服务对象分别是湖南省人大法制委、法工委和湖南省人大常务委员会。2013 年至 2018 年，共计为 32 项立法提供前期调研资料，为 26 项立法提供《审议参考》。

2011 年至 2014 年，先后开通"为政协委员履职服务平台""人大代表文献信息咨询平台""党政机关信息服务平台"，面向党政机关领导和干部职工、人大代表和政协委员提供数字资源浏览下载和决策咨询服务。至 2018 年，共计服务党政用户 1 万余人次，解答专题咨询 300 余次。

2017 年 10 月，将数字资源和咨询服务嵌入"政协云"平台，开辟"省图代查""数字图书馆"和"热点专题"等专栏，向全省 3.3 万余名政协委员和政协机关干部职工提供"掌上智库"服务。至 2018 年，"省图代查"共计解答咨询 116 单，"热点专题"点击 7.98 万人次。政协湖南省委办公厅来函高度肯定，称湖南图书馆为政协委员高效履职创造了便利条件。2018 年，湖南省人大办公厅来函商请将咨询服务对接进"湖南人大会务"App 系统，同年，人大会务 App 系统"省图服务"开通。

2009 年至 2018 年，湖南图书馆面向科研、教育和企业的参考咨询服务，完成专题咨询与情报服务 500 余个。全程为国家出版基金项目、湖南省重点文化工程《湖湘文库》提供大量原始底本，完成《湖南家谱知见录》等近十部图书编撰工作，向用户提供《远程医疗竞争态势分析报告》《电线电缆行业简报》等企业竞争情报产品。

1985 年，湖南图书馆定期编印《农村科技文摘》，为农村读者提供农业科技和致富信息，至 2018 年共计发行 156 期。2018 年 6 月，《农村科技文摘》进驻"红星云"平台，为全省 230 万基层干部和农村群众提供"农村改革""政策解读""探索案例""科技致富"等专题信息。

5. 宣传推广

湖南图书馆通过自媒体开展宣传推广工作，其形式包括门户网站和论坛、官方微博、微信公众号、今日头条和抖音账号，以及纸质的《馆情通讯》《湖南省公共图书馆通讯》《湘图人》。

湖南图书馆建有湖南图书馆网和"天下湖南网"两个门户网站。湖南图书馆网为官方门户网站，1999 年开通使用，主要承担信息公开、服务导航、动态传递、资源展示、专题推荐等功能。天下湖南网是湖南图书馆主办的特色资源网站，2000 年开通使用，主要承担特色资源建设、展示和服务等功能。湖南图书馆官方网站设有读行论坛，是湖南图书馆与读者文化交流、信息互动的重要平台。该平台创办于 2005 年，主张"读万卷书，行万里路"，倡导知行合一。论坛推崇原创，精华文章分别于 2009 年和 2014 年两次结集出版。之后随着微信、微博等自媒体平台的兴起，基于 Web 的读行论坛活跃度逐渐减退，于 2017 年关闭。

2012 年，湖南图书馆官方微博在新浪微博平台开通，完成了官方认证，制订了《湖南图书馆官方微博日常管理方案》。微博设立 9 个话题，发布服务信息和相关资讯。2013 年至 2014 年，各部门信息宣传员兼任微博管理员，微博年发布量约 3000 条。2016 年微博影响力进入全国图书馆界前 8 位。2018 年官方微博阅读量超 100 万次，微博影响力保持全国图书馆界前 8 位。

2014 年，湖南图书馆官方微信公众号开通。当年发布消息 414 篇，阅读数约 70 万次，关注人数 1.4 万余人。除发布信息，还策划组织线上线下推广活动 5 次，进一步扩大了公众号的影响力。同年，对微信公众号功能进行优化，与广州图创计算机软件开发有限公司联合进行二次开发，新增了书目检索、图书续借、预约等便民服务功能。

2015 年，湖南图书馆官方微信公众号开辟了"两会专栏"，提供党政决策和智库服务。粉丝 6 万余人，全年推送图文 1101 篇，图文阅读量 703 万次，回复微信咨询 1.01 万次，在线阅读资源访问量 40 万次。《基于微信公众平台的湖南图书馆数字图书馆服务创新》案例入选国家图书馆"数字图书馆推广工程"经典案例并在中图学会年会上展示。2015 年，湖南图书馆微信公众号影响力居国内图书馆榜首，居湖南省政务类前 5 位。

2016 年，湖南图书馆官方微信公众号全年不间断推送图文 1100 篇，粉丝达 11.4 万人，阅读数超过 1000 万次，在线资源阅读量达 32 万次。全年有 3 篇消息阅读数超 10 万次，影响力稳居国内图书馆微信公众号榜首和湖南省政务类公众号前 5 位，3 月 3 日登上全省政务类公众号榜首。

2017 年，湖南图书馆官方微信公众号全年 365 天无间断地进行信息推送，共推送图文消息 1100 余篇，阅读量 577 万余人次，关注人数 16.7 万余人，影响力保持全国图书馆行业首位和湖南省政务类前 5，其中多次取得第 2 名。

2018 年，湖南图书馆官方微信公众号推送图文消息 1100 余篇，阅读量 800 万人次，转发量达 39 万次，回复读者留言咨询 1 万余条，粉丝量超 24 万人，影响力保持全国图书馆行业首位。在运营管理方面，强调走品质发展路线，重视提升公众号原创影响力，出台了《湖南图书馆新媒体稿件管理办法》，全年共发布了 45 篇原创文章。与社会优质读诗团队合作，共同开设"诗意图书馆"原创专栏，全年推出原创诗词节目 30 期。顺应移动数字阅读的潮流，引入 QQ 阅读、新语有声、云图有声等资源，全年资源总阅读量超 600 万次。应读者需求，微信公众号新增延误费支付功能。

2018 年，湖南图书馆在今日头条和抖音平台开设账号，用于发布原创短视频，当年发布原创视频 11 条，播放量 61.3 万次，点赞 5000 余次，关注人数 500 余名。

20 世纪 80 年代，《馆风》创刊，以新闻报道的形式反映馆内动态，开展舆论宣传。1994 年更名《馆情通讯》。1999 年开始采用报纸版式，每期用稿 20 余篇，约 2 万字，每年 6 期。2004 年改为季刊，含馆内要闻、工作动态、副刊等版面。2015 年 12 月停刊。

《湖南省公共图书馆通讯》创刊于 1995 年，由湖南省文化厅社文处、湖南图书馆和湖南省少年儿童图书馆联合主办，湖南图书馆原研究协调部负责编辑出版，旨在促进全省公共图书馆同仁交流经验，沟通信息，相互学习，让国内图书馆同行了解湖南省公共图书馆事业发展动态。该刊为双月刊，开设的栏目有法规文件、专题报道、综合报道、调研报告、少儿图书馆、馆长访谈、馆员随笔、信息之窗、他山之石、学会动态等。每期重点报道一家图书馆,并配发照片。2011年,《湖南省公共图书馆通讯》停刊。

《湘图人》创刊于2018年,是湖南图书馆主办的业内交流期刊,为季刊,面向全国同行赠阅。该刊以宣传贯彻国家文化方针政策、聚焦文化热点、全方位多角度展现湖南图书馆事业发展动态、促进阅读交流和分享、增进社会各界对图书馆事业的了解为目的,设有综合新闻、读者活动、湘图文苑、经典馆藏、媒体聚焦等栏目。

2009年至2018年,湖南图书馆通过国家级媒体、省级媒体、湖南省文化厅网站、湖南图书馆网站等宣传湖南图书馆的文献资源与服务活动。

湖南图书馆宣传工作情况统计表

年份	媒体			湖南图书馆网站				湖南省文化厅网站	
	媒体报道总数（条）	国家级媒体（条）	其他媒体（条）	湘图新闻（篇）	活动预告（期）	读行论坛发帖（篇）	访问人次（万）	文字材料（篇）	文化活动（条）
2009	656	24	632	221	—	26708	340	—	—
2010	711	32	679	203	—	10166	331	—	—
2011	716	38	678	140	—	7376	288	—	—
2012	728	42	686	155	—	7716	300	—	—
2013	736	48	688	201	52	3500	150	—	—
2014	775	50	725	163	52	—	—	38	41
2015	700	60	710	137	54	—	—	43	100
2016	573	57	516	143	51	—	—	42	136
2017	919	760	159	123	53	—	—	46	184
2018	805	551	254	120	52	—	—	106	331

2009年,长沙政法频道《X档案》用30分钟时长播出湖南图书馆专题片《古籍美容师》,《中国文化报》《湖南日报》分别报道湖南图书馆古籍保护工程。《新华书目报》用7个版面介绍湖南图书馆工作。《新壹周》《晨报周刊》分别介绍湖南图书馆。湖南图书馆与《潇湘晨报》联合出品《博闻·1949》,与红网推出庆祝中华人民共和国成立60周年之湖南"第一"专题片。湖南图书馆编辑出版《"图"不掉的记忆——读行论坛2005—2009》纪念文集,共收录2005年至2009年来论坛发帖的精品文章80篇、图片100幅。

2010年,"省图文化消暑"活动在中央电视台、中央人民广播电台多次报道。《潇湘晨报》连续6期推出湖南图书馆的"清明文化寻根"报道。湖南图书馆与《出版人·图书馆与阅读》等刊物合作,推出"寻找城市记忆"寻访抗日老兵、地下工作者系列人物专题采访报道;湖南图书馆与湖南电台新闻频道举办"亲近海洋·畅游极地"活动,媒体滚动播出合计 300 次。针对湖南图书馆经费不足、古籍保护条件受制约的状况，近十家国家级媒体全方位报道，中央人民广播电台以《湖南省 80 万册珍贵文献、7000 多古旧字画急需抢救性保护》刊发至内参，中央领导李长春、刘延东，时任省委书记周强、时任省长徐守盛均作出批示。

2011 年，湖南图书馆组织"以心换新·新春文化庙会""晨报周刊·湖南图书馆特辑""免费开放跟踪报道""敦煌写经展览"宣传推广活动，并于《湖南工运》《文明创建》《三湘读书月简报》《湖南宣传》《新湘评论》上发表《同甘共苦的和谐之家》《求真务实扎实推进学习型党组织建设》《品着书香过大年——湖南图书馆举办系列公益读书活动》《湖南图书馆工会工作纪实》《免费开放唤醒公共图书馆事业的春天等报道》等文章。

2012 年，在《文明创建》《湖南文化》发表文章，策划并组织"信息咨询为党政和两会服务""4·23 系列活动""馆藏道德文献展""数字图书馆推广工程""湖南图书馆扩改建计划""24 小时自助图书馆诞生"等活动并进行报道。

2013 年，湖南图书馆组织"新春文化庙会""4·23 世界读书日系列活动""中华湘·台当代书画家人物志作品联展""湖南抗战老兵口述项目"宣传推广活动。湖南图书馆官方网站、官方微博开展宣传和推广工作。湖南图书馆与《中国文化报》签订合作协议，该报多次对湖南图书馆数字资源建设、抗战口述项目、志愿者服务工作进行报道。

2014 年，湖南图书馆成立 110 周年，在省内媒体发布"纪念湖南图书馆 110 周年物件、故事征集函"，将韩继章、杨思义等 13 位老同志的采访录音整理成文，形成《湘图记忆》系列文章，编入《图不掉的记忆 II》，展示湖南图书馆员工的风采。在湖南图书馆网站开设"纪念湖南图书馆 110 周年"专栏，有"如烟往事""人物春秋""馆舍变迁""藏书精品" 4 个栏目。完成《2010—2014 年"图不掉"的记忆》一书的编辑出版工作。策划主题为"坚韧"的专题片，联合媒体对"浓浓书香润湖湘""民国湖南女校校服必须学生亲自缝制""民国长沙人爱读儿童小说""104 年后，长沙重现郭园雅集""1932 年，省图每 23 位读者仅 1 位女性""沈小丁，闹市守书香"等主题内容进行深度报道。

2015 年，制定《湖南图书馆形象与管理手册》，汇编《湖南图书馆"十二五"期间的宣传报道》。湖南图书馆开展的"册府千华——湖南省藏国家珍贵古籍特展""湖南图书馆：借出半个世纪的书回家了""湖南图书馆理事会成立""24 小时自助图书馆新装起航"活动受到省内外媒体报道。《三湘都市报》4 篇整版刊发报道湖南图书馆的"国民口述历史"项目。与腾讯·大湘网合作的纪念抗战胜利 70 周年专题"湘魂"，分主题展示湖南抗战老兵的抗战经历，总专题网页访问量达 85 万次，手机客户端访问量达 46 万次。

2016 年，湖南图书馆重点策划宣传报道，如"湖南省文化厅和湖南图书馆联合开展'两会'服务""湖南图书馆启动数字阅读'六进'活动""湖南地方戏剧知识进校园""湖南 23 部古籍入选第五批国家珍贵古籍名录""'中美交往史图片展'在湖南图书馆举办""中部地区公共图书馆事业发展论坛""湖南图书馆微型图书馆落户桑植贺龙中学"等。《晨报周刊》报道"册府千华——湖南省藏国家珍贵古籍特展",《潇湘晨报》刊发"女性借书'碾压'男性 90 后偏爱哲学宗教"专题调查。

2017 年,湖南图书馆开展的"纪念周敦颐诞辰 1000 周年"系列活动,中央电视台、人民网在内的国内数十家媒体报道或转载这次活动,共计 400 余条。"三湘再添文化地标,湖南图书馆新馆奠基""湖南地方戏剧进校园——湘剧三大加联手传戏韵""湖南启动青少年党史国史主题教育活动""湖南图书馆第 11 届新春文化庙会"等活动受到中央人民广播电台、人民网、新华网、凤凰网、湖南卫视、湖南人民广播电台等多家媒体报道。

2018 年,湖南图书馆制定《湖南图书馆宣传工作体系建设方案》。策划实施"湖南图书馆第十二届新春文化庙会""文创战略合作签约""4·23 世界读书日系列活动""湘鄂赣皖四省巡讲""湖南 2018 亲子阅读节系列活动""'难得湖图'创意征集活动""湖南图书馆十大真迹展"等活动的宣传报道;在各大平台刊发《化朽为奇——唤醒沉睡古书》《劳动最美丽——指尖萦绕间、毫米与千年》《我的国庆——古籍修复师,假日缝补旧时光》《古籍修复师:坚持一生只做一件事》《好人湖南——在省图书馆给书治病 40 多年》《"论语"是中国人必读的文化圣经》《家谱寻根》等报道;印制《创意湖南美好生活——湖南图书馆亮相文化创意产品成果展》《湘楚墨韵·难得湖图——湖南图书馆馆藏字画暨衍生艺术品展》活动汇编。

6. 志愿者服务

2001 年,湖南图书馆启动文化志愿者服务。2008 年,湖南图书馆组建文化志愿者服务团队,300 余名湘图志愿者在团省委进行了注册,设计湖南图书馆文化志愿者服务团队队徽,配备队服,对外服务统一形象。2013 年,湖南省文化厅成立志愿者服务队,湖南图书馆文化志愿者服务支队归属其下。湖南图书馆文化志愿者服务支队开展"阅读推广""信息素养教育""外国语文化分享""百姓课堂""乡村爱心图书室援建"等服务项目。至 2018 年,累计文化志愿者总人数 30 万人,其中注册志愿者 2.7 万余人(含团队人数),累计服务时长 120 万小时;阅读推广文化志愿者 3000 人,服务时长 3.3 万小时,参加馆内外文化活动 2 万场。

2009 年至 2018 年,湖南图书馆文化志愿者在乡村、街道、厂矿、学校、监狱协助组织建立爱心图书室 40 个,文化志愿服务点 30 个,捐赠爱心图书 5.7 万册。湖南图书馆和湖南省女子监狱、湖南省特殊教育中等专业学校、湖南省盲人学校、长沙市少管所签订文化志愿服务联合帮教协议。

通过公开招募,湖南图书馆聘请一批热心公益文化事业的专家、学者,组成 300 人的教师志愿者团队,开办艺术、医学、文史、理财、法律、教育培训课程,开设"开心故事会""父母课堂""小创客科普课堂""创享空间""优雅学堂""真人图书馆"等活动。

湖南图书馆组建了一支 80 人的外语志愿者教师团队,举办外语角活动,涵盖英语、日语、法语、意大利语、俄语、韩语等语种。

湖南图书馆每年春节前举办广受欢迎的新春文化庙会，志愿者为读者免费写春联、剪窗花、捏糖人、画素描、印雕版，2006年至2018年这项活动服务社会36万人次，提供作品7万份。

2013年，"用心点亮世界·用爱构建和谐——湖南图书馆文化志愿者服务视障读者活动"被文化部评为"文化志愿者基层服务年"示范项目。2014年，湖南图书馆"百姓课堂"被湖南省文化厅评为湖南省"文化志愿服务推进年"示范项目。2015年，"湖南图书馆文化志愿者服务视障读者"项目被湖南省文化厅评为"优秀志愿服务项目"。2018年，"点亮志愿者"公益微视频大赛被湖南省文明办、湖南省志愿者工办、湖南省文化厅、中国电信湖南公司评为"优秀作品奖"，湖南图书馆"湘阅一生"综合阅读活动推广项目被湖南省文化和旅游厅评为湖南省"2018年基层文化志愿服务"示范项目。

2014年、2015年、2017年，湖南图书馆文化志愿者服务支队被湖南省文化厅评为"全省文化志愿服务工作优秀单位"。2018年，湖南图书馆文化志愿者"故事爸妈团队"被湖南省文化和旅游厅评为"优秀团队"。

2014年，张妍获评文化志愿服务"优秀组织工作者"，张玲获评"优秀志愿者"。2015年，刘靓靓获评"优秀志愿者"。2016年，黄建红获评文化志愿服务"优秀组织工作者"、雷锋式文化使者。2017年，刘炼红获评文化志愿服务"优秀组织工作者"。2018年，张妍获评基层文化服务"优秀组织工作者"，卜琰获评文化志愿服务"最美志愿者"。

三、重大文化工程建设

1. 文化共享工程

2009年，全国文化信息资源共享工程湖南省级分中心（以下简称"省级分中心"）制定《全国文化信息资源共享工程湖南省县级支中心管理暂行办法》《全国文化信息资源共享工程湖南省乡镇（街道）、村（社区）基层服务点管理暂行办法》。2016年、2018年，相继制定《湖南省公共电子阅览室志愿者管理办法（试行）》《湖南省公共数字文化工程信息管理制度》《湖南省公共数字文化工程资源建设项目规范》。

中央财政和省财政为文化共享工程每年下拨专项经费，用于支持地方特色文化专题资源库、红色历史文化多媒体资源库、省级公共电子阅览室技术平台、湖南省公共文化服务云平台、公共电子阅览室、贫困地区公共数字文化服务提档升级项目、数字文化馆、公共文化服务云平台、人才培训、文化共享工程平台的建设以及基层公共数字文化服务推广工作。

文化信息资源共享工程经费统计表

年份	中央财政经费（万元）	湖南省财政经费（万元）
2009	—	100
2010	—	100
2011	300	100
2012—2014	1794	300
2015	920	100
2016	1625	100
2017	1505	100
2018	1525	100

2016年，省级分中心完成软件系统、硬件基础设施和特色应用系统建设。2017年，省级分中心运营"湖南公共文旅云"PC端和移动端。2017年，湖南省14个市州公共电子阅览室数量2259个，计算机设备5410台，注册用户3.02万人。

中央财政专项资金补助乡镇文化站5万元设备：资源浏览／下载一体机、平板电脑、摄像机、互动体验播出终端；补助数字文化驿站2.5万元设备：资源浏览／下载一体机、平板电脑、互动体验播出终端。2018年，湖南省在贫困地区136个乡镇、377个村级服务点按标准配备了文化共享工程设备。

2017年，文化共享工程湖南省分中心将140套公共文化一体机和互动播出终端分配到长沙县140个基层服务点。2018年，为长沙县、韶山市、醴陵市、攸县、临湘市配送了70台公共文化一体机和80台互动播出终端设备，完成主题资源推广活动及设备使用培训。

2009年至2018年，省级分中心建成10个特色资源库、7部文化专题片、9部微视频、1部音频资源。其中，省级分中心已建设数字资源35.68TB。省级分中心制作有《中国戏曲经典动漫·湖南篇》《中国儿童书法动漫》等动漫视频。

2. 数字图书馆推广工程

2013年至2018年，中央财政每年下拨专项经费用于数字图书馆推广工程省级平台建设、省级平台建设升级、市级与省级平台的联通、湖南图书馆的资源建设和服务推广。

湖南图书馆数字图书馆推广工程专项经费统计表

年份	2013	2014	2015	2016	2017	2018
经费（万元）	150.0	230.0	193.6	178.2	196.3	269.5

2012年，湖南图书馆搭建数字图书馆硬件支撑平台，新增电信100M光纤、联通100M光纤、120TB的大容量存储和多台高性能服务器。2018年有实体服务器32台，虚拟服务器51台，硬盘存储容量222T，电信联通双线网络带宽300M。

2014 年，实现国家图书馆与湖南省内所有市级图书馆的网络对接。国家图书馆与省级图书馆通过联通 150M 专线连接，省级图书馆与市级图书馆通过 VPN 连接。2018 年，湖南有 17 家图书馆完成了平台建设。2015 年，完成唯一标识符系统和中国政府公开信息整合服务平台的部署，每个系统账号由湖南图书馆统一管理，并为每个市级馆分配相应账号。

通过专线建设将县级图书馆接入国家数字图书馆网络体系。2016 年至 2018 年，完成了长沙县、浏阳市、茶陵县、湘潭县、华容县、南县、涟源市、衡阳县、湘乡市、资兴市、桃江县图书馆的部署。2018 年，完成长沙市图书馆、株洲市图书馆、衡阳市图书馆和湘西土家族苗族自治州图书馆的大数据整合项目。

2013 年至 2018 年，数字资源部建设完成 5.45 万条元数据仓储；5.45 万条唯一标注册与维护；10.5 万页地方图书数字化、1 万页地方报纸数字化，共 977GB；12.06 万条政府公开信息，共 52GB；600 个网事典藏，共 200GB；2 个专题资源采集，共 82.4GB；165 讲国图公开课，共 242GB；1 个专题资源库即少数民族风情专题库。

3. 古籍保护工程

2007 年，国务院办公厅下发文件《关于进一步加强古籍保护工作的意见》，同年，湖南省文化厅下发文件《关于做好古籍普查和保护工作的意见》（湘文社〔2007〕123 号）。2009 年湖南省古籍保护中心成立，设在湖南图书馆。2018 年，湖南省文化和旅游厅制订《湖南省"十三五"时期古籍保护工作规划（2016—2020 年）》。

"中华古籍保护计划"实施后，湖南图书馆完成古籍普查登记工作，182 部古籍入选《国家珍贵古籍名录》，获"全国古籍保护重点单位"称号，编撰出版了《湖南图书馆古旧文献目录丛编》《湖南图书馆藏近现代名人手札》《湖南家谱知见录》《湖南古旧地方文献书目》《湖南图书馆藏稀见方志丛刊》《湖南文献撷珍》，成立了国家级古籍修复技艺中心湖南传习所，古籍存贮及阅览条件得到了一定改善。

湖南各地图书馆藏有古旧文献约 200 万册（件），主要集中在湖南图书馆、湖南师范大学图书馆、湖南省社会科学院图书馆，湖南省博物馆、湖南大学岳麓书院、邵阳市松坡图书馆、武冈市图书馆、凤凰县图书馆、祁阳陶铸图书馆、溆浦县图书馆、新化县图书馆的古籍数量亦以万计。全省古籍善本达 6000 部，其中宋元刻本约 40 部，明刻本 2000 余部，以及大量湖湘名人稿本、信札、家谱等。

通过古籍普查，一批珍贵文献被发现。古籍普查数据经湖南省古籍保护中心审校，提交国家古籍保护中心出版。2018 年，湖南省完成 55 家单位 2.4 万余条古籍普查数据的审校，提交国家图书馆出版社。

湖南省古籍保护中心先后在湖南图书馆、常德市图书馆、湘西土家族苗族自治州图书馆、衡阳市图书馆、邵阳市松坡图书馆举办古籍普查培训班，参加单位百余家，培训学员300 人次，覆盖了本省 14 个地（州）市的公共系统、高校系统、文博系统古籍收藏单位。2014 年，湖南省古籍保护中心与湖南省图书馆学会联合举办古籍编目与保护培训班，来自全省市、县级公共图书馆及高校图书馆的32人参加培训。

2012年，由湖南省文化厅主办，湖南图书馆承办的湖南省文化厅古籍修复培训班在长沙举行，来自全省25个古籍藏书单位的31名学员参加了学习。2016年，国家级古籍修复技艺传习中心湖南传习所正式成立，聘请古籍修复专家师玉祥为导师，开展古籍修复师带徒活动，当年举办2期培训班。

2018年，湖南省共有305部古籍入选《国家珍贵古籍名录》，湖南图书馆、湖南师范大学图书馆、湖南社科院图书馆获"全国古籍保护重点单位"称号，湖南图书馆（湖南省古籍保护中心）、湖南省社会科学院图书馆获"全国古籍保护工作先进单位"称号。湖南图书馆寻霖、衡阳市图书馆王芳慧、祁阳陶铸图书馆谢祁满、湘潭市图书馆张新浏获"全国古籍保护工作先进个人"称号。

2016年，湖南图书馆"湖南省家谱收藏中心"更名为"湖南省家谱收藏研究中心"，2018年，湖南图书馆家谱藏量达300姓氏，6000种，6万册。

湖南图书馆古籍阅览室购置缩微胶片阅读机、iPad、数字资源阅读器等新型阅读仪器。2010年，古籍阅览室进行了提质改造，辟一间200平方米的古籍鉴赏室，举办展览和文化鉴赏沙龙。展出《文渊阁四库全书》《续修四库全书》《毛泽东点评二十四史》《中华再造善本》《湖湘文库》《湖南图书馆稀见方志丛刊》《湖南名人家谱》等新版古籍。

湖南图书馆古籍书库分为善本书库和普通古籍库，共有2000平方米。库房内设置有防火、防盗、防虫、防潮、防尘措施，善本库房安装有恒温恒湿系统，安置在专门机房。2016年，重新安装善本库房保险门，新制古籍樟木柜76个。

湖南图书馆的古籍修复专职人员5人，每年修复的文献约1万余页，修复的文献类型有珍贵古籍、家谱、字画、信札等，对破损严重的200件古旧字画进行修复、装裱。2010年，提质改造古籍修复工作室，购置修复工具达40余套，新购裁纸机（金图JT-460EP）、压书机（金图 DC-500H）、除虫冰柜等古籍修复设备，各种修复用纸百余刀，购买压书设备和专业冷冻冰箱，进行了低温冷冻杀虫实验。

湖南图书馆整理古旧文献，编纂专题资料，古旧文献科研著作取得成果。编纂出版一批书籍：2006年，湖南启动《湖湘文库》出版工程，至2013年8月正式出版，共计702册，分甲乙两编，收集有1000种湖湘人物或湖湘文化著作，湖南图书馆参与该项目的选题及版本确定工作，提供古籍底本300余种，胶卷达数10万拍，并向编委会提供民国书目200余种，其中20余种被采纳。《湖湘文库》的出版工作中，湖南图书馆主持编纂了《湖南地理志》《曾国藩全集·批牍》《贺长龄贺熙龄全集》《湖南家谱知见录》《湖南古旧地方文献书目》《湖南家谱知见录》《湖南图书馆藏近现代名人手札》《湖南近现代藏书家题跋选》等著作。

《湖南图书馆古旧文献目录丛编》，全书包括4套16册。《湖南图书馆古籍线装书目录》，收录湖南图书馆百年来搜集积累的馆藏古籍线装书68万余册，3万多种，近8万部。《湖南图书馆民国图书期刊报纸目录》,收录图书、期刊、报纸三大类,其中收录图书8万余册。《湖南图书馆单幅文献目录》,收录馆藏单幅文献,如书画、拓片、信札、舆图、契据、状纸、告示、功牌、课卷、执照、照片、货币等。《湖南图书馆古旧文献目录附编》,收录了湖南图书馆藏1949年前毛泽东著作版本,徐特立、张舜徽藏书中古旧文献,民国间连环画,1949年前外文原版图书等。

《湖南氏族源流》,收录湖南省300多个姓氏,内容来源除馆藏家谱外,还结合了地方志、文集及新中国成立前湖南省文献委员会《氏族志》原始资料等。《清风画韵》,从馆1600余幅古旧扇面书画作品中挑选500余幅编纂而成,作品汇集了从南宋至近代千年来的名家作品。《湖南图书馆藏稀见方志丛刊》,全书68册,影印湖南图书馆藏珍贵方志31种,其中孤本、稿本13种。《湖南图书馆古籍普查登记目录》,系统整理馆藏古籍,为展开相关研究奠定了良好的基础。《湖南文献撷珍》,这是一部湖南文献的知识图谱,以反映湖南文献、湖湘文化发展历程。《湖南文献概论》,这本书对湖南文献的定义及类型进行了归纳,是一部既能体现当前图书馆界地方文献理论与实践研究成果,又能系统反映湖湘文化及湖南文献发展与现状的著述。

湖南图书馆向"四库全书存目丛书""四库全书禁毁丛书""续修四库全书"编委会推荐《两崖集》《石比部集》《山法全书》《屺思堂集》等100余种底本,还与全国文献缩微中心共同影印出版了一部《湖南图书馆藏名人家谱丛书》,收录湖湘名人家谱10种,与中华书局合作影印清抄本《续资治通鉴》,与国家图书馆出版社合作《湖南图书馆藏稀见方志丛刊》,与益阳市博物馆合作《黄自元集》,参与《山东文献集成》《宁海丛书》等丛书的编撰。

四、经营管理与文创开发

2005年,湖南图书馆成立经营管理科。2012年,湖南图书馆设国有资产管理工作室,负责经营性创收工作和培训楼的管理服务工作。

2013年9月,经长沙市工商行政管理局芙蓉区分局批准,由湖南图书馆出资成立长沙弘文文化用品有限公司,法人代表张勇。2014年3月,法人代表变更为李莹。2014年4月,法人代表变更为文帅。公司经营范围为文化用品,办公用品、体育用品等的销售。2018年5月9日,法人代表变更为王晓峰,经营范围增加了工艺美术用品、纺织品及针织品、图书、报刊的零售;文化活动的组织与策划、会议及展览服务等。

2013年9月,经长沙市工商行政管理局芙蓉区分局批准,由湖南图书馆出资金成立长沙弘文餐饮管理有限公司,法人代表张勇。2014年3月,法人代表变更为伍涛。2014年4月,法人代表变更为胡蓉。公司经营范围为餐饮、咖啡吧等的管理。

2013年5月,经长沙市工商行政管理局芙蓉区分局批准,由湖南图书馆工会委员会任股东，注册成立长沙湘图致知文化用品有限公司，法人代表丁世平。2014 年 3 月法人变更为文帅，公司经营范围为文化用品、办公用品的销售及自有房屋的租赁等。

2016 年，国务院印发《关于进一步加强文物工作的指导意见》（国发〔2016〕17 号），强调拓展利用文化文物，大力发展文博创意产业。同年 5 月，国务院办公厅转发文化部、国家发展改革委、财政部、国家文物局等部门《关于推动文化文物单位文创产品开发若干意见的通知》（国办发〔2016〕36 号），提出在国家级、部分省级和副省级博物馆、美术馆、图书馆中开展文创产品开发试点工作。2017 年，文化部、国家文物局确定或备案 154 家文创产品开发试点单位，湖南图书馆被确定为文化创意产品开发的试点单位。

2017 年，湖南图书馆将长沙弘文文化用品有限公司改为湖南图书馆"图书馆 + 文创"实施单位，在工商行政总局注册"难得湖图"商标。2018 年，拟定公司新章程，扩大经营范围，新增注册资本完成工商登记变更，实施公司董事会集体决策制度。2018 年 6 月，湖南图书馆制订《湖南图书馆关于在职人员参与文创工作奖励办法》（湘图办〔2018〕20 号）文件。

2018 年，湖南图书馆与招商银行长沙分行、湖南天娱广告公司、湖南文化创意公司、湖南善禧文化股份公司、娄底博通数码彩印公司，达成"充分发挥各方资源平台的优势，弘扬湖湘优秀文化，力争走出一条具有湘图特色的图书馆文化创意产品开发之路"的共识，在湖南图书馆举行了战略同盟协议签字仪式。3 月，湖南图书馆与博通数码公司合作，数字化馆藏艺术品 321 幅，完成高仿艺术品打样 50 幅，高仿艺术品上架 10 幅，通过网店实现全球销售。7 月，湖南图书馆与 7 位湘图文创合作设计师，设计生产作品 3 个系列：莲说系列、儿时玩具系列、精品研学课程设计系列共 101 个作品。10 月，湖南图书馆和湖南善禧文化股份公司合作，完成图书馆卡通形象"湘湘""图图"的形象设计，完成学霸笔、馆藏艺术品书签等文创产品的开发工作。10 月，湖南图书馆与湖南文化创意有限公司合作，开展"难得湖图"IP 征集活动，共收到参赛作品 893 件，其中故事 IP 创意类作品 189 件，形象 IP 设计类作品 205 件，产品 IP 构建及设计类作品 441 件，文创品牌、运营、服务创新体系方案类作品 58 件，参赛者涵盖湖南、北京、上海、广东、江西、湖北、浙江等 18 个省（直辖市），港台地区及美国。

2018 年，湖南图书馆参加中国图书馆学会在廊坊市举办的年会，在全国图书馆联盟平台文创湖南图书馆展及全国图书馆文化创意产品开发联盟文创精品展上，湘图文创首次亮相全国。2018 年，湖南图书馆与红网策划组织"湖南图书馆十大馆藏字画"网络评选活动，齐白石的《寿字八仙图轴》、徐悲鸿的《双马图轴》、王原祁的《山水图轴》、吴昌硕的《牡丹图》、何绍基的《苏东坡石鼓诗屏》、黄宾虹的《山水图轴》、曾国藩的《行书卷》、张成的《嘉陵江图卷》、王翚的《万木奇峰图轴》、彭玉麟的《红梅图轴》票数排列进入前十名，成为"湖南图书馆十大馆藏字画"。2018 年，在湖南图书馆举行"湘楚墨韵·难得湖南——湖南图书馆馆藏字画暨衍生艺术品展"，展出有湖南图书馆与社会力量合作开发的 218 件衍生艺术品，包括馆藏古旧字画高仿品系列、竹编等儿时玩具系列、生活装饰用品系列、彩陶首饰系列等。

2017年，湖南图书馆加入"全国图书馆文化创意产品开发联盟"。2018年，完成"难得湖图"网店建设，并嵌入湖南图书馆微信公众号运营。2018年，湖南图书馆获湖南省文化产业发展专项资金100万元，获百馆百企专项发展资金10万元。

五、总分馆建设

1.24 小时自助图书馆

2012年，湖南图书馆开办24小时自助图书馆，面积为90平方米，藏书1.77万册，配置自助办证机与自助借还机，运用RFID智能图书管理系统，对藏书资源、管理模式进行优化与整合，实现图书管理的自助化、智能化，为读者提供全天24小时的办证与借阅服务。2015年，湖南图书馆完成24小时自助图书馆改扩建，建筑面积达225平方米，藏书近3万册。

24 小时自助图书馆读者服务统计表

年份	2012	2013	2014	2015	2016	2017	2018
办证数量（人）	987	652	236	24193	18039	14929	17884
借阅人次（人次）	10958	12678	9481	16567	17650	14611	9252
借阅册次（册次）	51806	38941	25474	45452	49918	40279	25726

2. 湖南图书馆分馆建设

2018年，湖南图书馆建立湖南省国家税务局分馆，位于长沙市雨花区环保西路6号国家税务总局湖南省税务局办公楼五楼，面积700平方米，配备有中央空调、电脑、投影仪、图书防盗安全门、书架、桌椅、自助借还一体机、移动还书箱、数字阅读机等设备，馆藏图书2.63万册，开放时间：工作日9:30—20:30，休息日10:00—18:00，可与湖南图书馆馆藏实行通借通还，共享数字资源。

2018年，湖南图书馆建立湖南省发展和改革委员会分馆，位于长沙市湘府西路8号湖南省发展和改革委员会办公楼三楼西侧，面积80平方米。湖南图书馆为分馆在系统搭建、选书购书、借还系统、读者服务方面提供业务指导和技术支撑，配备数字资源阅读机和5055册纸质馆藏文献。开放时间为工作日9:30—19:30，休息日9:00—12:00、14:30—17:30，与总馆实行统一服务、通借通还，共享数字资源，共办活动讲座。

2018年，湖南图书馆、衡阳市图书馆、常宁市图书馆共建平安村分馆，该馆在常宁市西岭镇平安村。平安村分馆藏图书6790册，配备文化信息资源共享工程公共电子阅览室，凭身份证全免借读。开放时间：夏季（周二至周日）的9:00-11:30和15:00-18:00，冬季（周二至周日）的9:00-11:30和14:30-17:30。

3. 数字文献服务点

2016年4月，湖南图书馆启动移动数字借阅服务，举办数字阅读进机关、进社区、进学校、进企业、进军营、进农村"六进"活动。至2018年，共计在湖南省委、省人大、省政府、省政协、省委宣传部、省委组织部、省军区、黄花机场、女子监狱等机关和场所建立移动借阅点18个，配备电子书刊借阅机22台，内置3000余种畅销电子书刊，远程配备3万余种电子图书和学习视频，供用户浏览下载、学习，同时与党政机关联合开展共建"学习型机关"活动。

4. 爱心书屋

2009年至2018年，湖南图书馆自建或与其他机构共建爱心书屋共计51家，捐献图书59135册。

2009年，湖南图书馆与龙山县贾坝乡中心小学、国家电网湖南公司、安化县梅城田心学校、大同二小、岳阳市残疾人康复就业综合服务中心等机构共建绿色营图书馆、农民工图书室、麦田图书室、图书角、幼儿书房、红色书屋、启音图书室、盲人图书室等8家爱心书屋。

2010年，湖南图书馆与永安镇丰裕完小、花明楼镇炭子冲小学、树木岭小学、长沙特殊教育学校、芙蓉区和平小学、花垣县排料乡中心学校图书室等机构共建麦田图书室、排料乡中心学校爱心图书室、春华图书室、爱心图书室等9家爱心书屋。

2011年，湖南图书馆与娄底特殊学校共建娄底特殊学校图书室。

2012年，湖南图书馆在望城县（今望城区）、洞口县、龙山县建成了5家"爱心书屋"，湖南图书馆与湖南人民广播电台合作在益阳开发区工地共建湖南图书馆文化志愿服务队爱心书屋。

2013年，湖南图书馆与湖南交通频道等共建湘西爱心书屋和湖南图书馆文化志愿服务队爱心书屋。

2014年，湖南图书馆在炎陵中心小学、平江县三市镇寨上村、利福塔镇建立3家爱心书屋。

2015年，湖南图书馆建成5家爱心书屋，在"4·23"世界读书日期间，与北京蔚蓝基金会合作，为宁乡县（今宁乡市）3所留守儿童学校，捐助爱心书屋，捐助15万码洋的图书。

2016年，湖南图书馆与长沙市第一福利院、长沙未成年人犯管教所、贺龙中学共建3家爱心书屋。

2017年，湖南图书馆建成4家爱心书屋，分别是长沙市特殊教育学校爱心书屋、滔溪镇中学爱心书屋、湖南省交通规划勘察设计院建筑工地爱心书屋、长沙未成年人犯管教所爱心书屋。

2018年，湖南图书馆向社会募集爱心图书6000余册，联合长沙各高校组织进入道县、溆浦县伍家湾村、新宁、平江、长沙市第一社会福利院等地，新建 10 家爱心书屋。

六、学会工作

湖南省图书馆学会是全省图书馆界及其相关行业或机构科技工作者自愿结合、依法登记成立的全省性、公益性、学术性、非营利性群众团体，自 1979 年成立，每四年为一届，至 2018 年为第十届。

1. 学会组织建设

2011 年 9 月，湖南省图书馆学会第九次会员代表大会暨九届一次理事会议在长沙召开，来自全省近 200 会员参加会议。大会审议通过《2006—2011 年度湖南省图书馆学会第八届理事会工作报告》《关于〈湖南省图书馆学会章程〉修改草案的说明》《湖南省图书馆学会第八届会费收支情况报告》《湖南省图书馆学会会员会费标准及管理办法》《湖南省图书馆学会第九届理事候选人组成说明及理事选举办法》，选举产生湖南省图书馆学会第九届理事，张勇当选为第九届理事会理事长，郑章飞、肖雪葵、罗益群、刘春林、朱建军、李宏斌、唐晓应、王自洋、邹序明当选副理事长，邹序明担任学会秘书长。2015 年 6 月，增补周玉波、侯峻为副理事长。2016 年 11 月，增补金铁龙为副理事长。

2017 年 4 月，湖南省图书馆学会第十次会员代表大会在长沙召开。来自全省近 200 名会员参加会议。大会审议通过《2012—2016 度湖南省图书馆学会工作报告》《关于〈湖南省图书馆学会章程〉修改草案的说明》《湖南省图书馆学会财务收支情况报告》，大会选举产生了湖南省图书馆学会第十届理事。在随后的省学会十届一次理事会议上，选举产生了湖南省图书馆学会第十届常务理事、理事长、副理事长、秘书长。张勇当选为湖南省图书馆第十届理事会理事长，郑章飞、朱建军、刘春林、唐晓应、金铁龙、王自洋、周玉波、周斌、谢锡光、邹序明为副理事长，邹序明当选学会秘书长。

2018 年 9 月 13 日，湖南省图书馆学会十届二次理事大会在长沙召开。湖南省图书馆学会第十届理事会 105 名理事参加大会，大会进行湖南省图书馆学会第十届理事长及法人代表、秘书长、常务理事和部分理事选举更换，通过全体理事无记名投票，邹序明当选为湖南省图书馆第十届理事会理事长，郑章飞、朱建军、谢永强、唐晓应、金铁龙、王自洋、周玉波、周斌、谢锡光为副理事长，段蓓虹当选学会秘书长。

2013 年 10 月，湖南省图书馆学会召开全省理事会议，会议通过表决成立湖南省图书馆学会党支部，省学会秘书长、湖南图书馆副馆长邹序明担任支部书记。

2. 学术成果评奖活动

2009 年，湖南省图书馆学会制订《立项课题管理办法》，截至 2018 年底共立项课题 53 项，其中重点课题 12 项，一般课题 41 项，已结题 35 项。

2009 年，省图书馆学会开展第十届学术成果评奖活动，收到来自全省 56 家单位、300

名作者申报的255项学术成果，通过评审，评出著作类一等奖4项，二等奖5项，三等奖4项；项目和课题类一等奖2项，二等奖1项，三等奖1项；论文类一等奖7项，二等奖43项，三等奖70项。

2012年，省图书馆学会开展第十一届学术成果评奖活动，共收到来自全省143名作者（单位）申报的232项学术成果，通过评审，评出著作类一等奖1项，二等奖3项，三等奖3项；项目和课题类一等奖、二等奖、三等奖各1项；论文类一等奖12项，二等奖30项，三等奖57项。

2018年，由湖南省图书馆学会等单位主办的"2018图书情报武陵山高峰论坛"在吉首大学张家界校区举行，会上特聘南开大学柯平教授、南京大学苏新宁教授、中国人民大学卢小宾教授等三位"长江学者"为湖南图书馆事业发展顾问。

3. 学术交流活动

2009年，湖南省图书馆学会建立中青年人才库，37名会员入选，设立青年人才基金。同年，在长沙召开湖南省图书馆学会首届中青年人才座谈会。至2018年，人才库共有成员69人。

2009年12月，湖南省图书馆学情报学首届研究生论坛在湖南图书馆举办。省学会理事长张勇、省学会理事及中南大学、湘潭大学图书情报学专业的50名研究生参加论坛，论坛由中南大学湘雅医学院信息系主任李后卿主持。

2011年5月，"2011中美图书馆员专业交流项目·湖南省图书馆馆长高级研讨班"在长沙举行。研讨班由文化部、美国博物馆及图书馆服务机构（署）主办，中国图书馆学会、湖南图书馆、湖南省图书馆学会、美国伊利诺伊大学厄本那香槟校区图书馆、美国华人图书馆员协会承办。研讨班邀请7位美国图书馆学专家为代表们授课，来自全省公共图书馆、高校图书馆和科研图书馆的240余位代表参加研讨班。

2012年12月，湖南省图书馆学会2012年会在长沙举行，200人参加。年会对湖南省图书馆第十一届学术成果奖及2009—2011年度优秀中青年人才奖、学会2012年会征文奖及组织奖等获奖单位及个人进行表彰，并颁发了证书。上海图书馆馆长吴建中作了题为"图书馆转型与超越"的学术报告。

2014年10月，湖南省图书馆学会与美国青树教育基金会和中国青树乡村图书馆服务中心联合主办的"第六届信息技术与教育国际学术研讨会"在长沙召开，研讨会主题为"图书馆与口述历史及地方文化"，邀请了美国、英国、塞尔维亚、新加坡等国家以及中国台湾、中国香港等地区的30位口述史专家，300位专家学者参与了交流与探讨。

2014年11月，由中国图书馆学会学术研究委员会少数民族图书馆专业委员会、民族文化宫、中国民族图书馆联合主办，湖南省图书馆学会、湖南图书馆协办，吉首大学、吉首大学图书馆承办的"第十三次全国民族地区图书馆学术研讨会"在吉首市召开，会议主题为"民族地方文献保护与研究"。

2015 年 11 月，由湖南省图书馆学会与北京超星数图信息技术公司联合举办的"'互联网 +'时代下图书馆资源建设学术研讨会"在长沙举行，200 人参加会议。

2016 年 9 月，全国"中部地区公共图书馆事业发展论坛"在长沙召开，会议由湖南省文化厅主办，湘鄂赣皖四省图书馆联盟协办，湖南图书馆和湖南省图书馆学会承办。来自江西、河南、湖南、湖北、安徽等中部地区公共图书馆、图书情报界和期刊界的百余人参加会议。

2016 年 11 月，由中国图书馆学会学术研究委员会地方文献研究专业委员会主办，湖南图书馆、湖南省图书馆学会承办的"现代公共文化服务体系下的地方文献工作研讨会"在长沙召开，全国 300 人参加了会议。

2017 年 10 月，由中国图书馆学会学术研究委员会主办，中国图书馆学会学术研究委员会图书馆学基础理论专业委员会、湘潭大学公共管理学院、湖南图书馆、湖南省图书馆学会承办，《图书馆》编辑部协办的"2017 年全国图书馆学基础理论研讨会"在湘潭大学举办，专委会全体委员、国内图书馆学界专家学者与基础理论研讨会征文获奖作者约 50 人参加了会议。

2018 年 4 月，由湖南省图书馆学会、湖南图书馆、吉首大联合主办的"2018 图书情报武陵山高峰论坛"在吉首大学张家界校区举办。湖南图书馆馆长贺美华发表致辞并主持研讨会。南开大学、南京大学、中国人民大学、武汉大学的 5 位"长江学者"以及全国各地图书馆馆长 200 人参加会议。

4. 组建多种联盟组织

2012 年 7 月，湖南、江西、湖北文化发展战略合作框架协议暨三省公共图书馆联盟协议签约仪式在湖北武汉举行。时任湖南省文化厅厅长周用金、时任湖北省文化厅厅长杜建国、时任江西省文化厅副厅长王晓庆和三省公共图书馆馆长参加活动。三省文化厅共同签署了《湖南、江西、湖北三省文化发展战略合作框架协议》，公布《湖南、江西、湖北三省文化合作 2012—2013 年行动计划》，三省图书馆签订《湘鄂赣三省公共图书馆联盟协议》，开通三省公共图书馆联盟网站，这标志着三省公共图书馆之间的合作正式启动。三省公共图书馆代表审议并通过了《湖南、江西、湖北三省公共图书馆联盟倡议书》等 5 份文件，确定联盟近期主要工作是设立湘鄂赣图书馆高峰论坛，加强三省公共图书馆网站建设以及开展馆际间人才交流培训等工作。

2013 年 5 月，湘鄂赣公共图书馆联盟第二次会议在武汉召开。此次会议上，安徽省图书馆加入联盟，湘鄂赣皖四省公共图书馆联盟正式成立。湖南图书馆馆长张勇参加会议，会议探讨"中三角"图书馆联盟多角度的深入合作，审议并通过"'中三角'（湘鄂赣皖）公共图书馆联盟成立倡议书""'中三角'（湘鄂赣皖）公共图书馆联盟宣言""'中三角'（湘鄂赣皖）公共图书馆联盟章程"。

2015 年 5 月，湖南省市（州）公共图书馆（中心馆）馆长联席会议暨湖南省公共图书馆讲座联盟、湖南省公共图书馆参考咨询联盟成立大会在邵阳召开，邹序明代表湖南图书馆与14市（州）图书馆签订联盟合作协议书，正式宣告联盟成立。

5.图书馆事业发展调查研究

2005年7月，由北京大学信息传播研究所和湖南图书馆、衡阳市图书馆组成调研组，开展了"衡阳市公共图书馆生存情况调研"。这就是被业界称颂的"衡阳调研"，此次调研揭示了中西部县级图书馆普遍存在的"人吃书"和"书吃人"现象，指出"目前制约我国公共图书馆事业发展的瓶颈是县级图书馆"的判断，并在此后召开的第一届百县馆长论坛上得到与会者普遍认同，因而被写入"林州共识"中。2010年4月，湖南省图书馆学会与中国图书馆学会等单位共同组织衡阳市公共图书馆回访调研。成员有北京大学教授李国新、湖南图书馆副馆长邹序明、国家图书馆研究院副研究员卓连营、衡阳市图书馆馆长刘忠平、时任湘潭大学知识资源管理系主任文庭孝、时任《图书馆》执行主编陈瑛、时任湖南图书馆合作协调部主任李月明和衡阳市图书馆书记申南亮，回访调研特邀《人民日报》记者朱基钗参加。调研走访衡阳地区11个基层图书馆（室），形成"今日观察：衡阳公共图书馆再聚集"系列调研报告发表在《图书馆》。指出五年前的"瓶颈"判断仍未过时，但县级公共图书馆面临的主要矛盾发生了变化，即由原来的"求生存"转变为"谋发展"，这一基本判断同样得到"第三届百县馆长论坛"与会代表的认同，被写入"江阴共识"中，也为"十二五"期间基层图书馆事业的发展提出了对策。

2015年10月，湘鄂赣皖四省公共图书馆联盟开展公共图书馆服务情况调研活动，调研组由来自四省联盟馆的13人组成，对湖南图书馆、株洲市图书馆、衡阳市图书馆、韶山市图书馆、攸县图书馆、炎陵县图书馆、衡阳县图书馆、衡南县图书馆进行实地考察，获得图书馆发展数据，为当地图书馆建设提出建议。随后，调研组与"衡阳调研"十年回访组会合，北京大学信息管理系教授李国新、湖南图书馆馆长张勇、《中国图书馆学报》常务副主编卓连营及《人民日报》《中国文化报》记者加入调研组，对衡阳县和衡南县图书馆进行了重点考察，并在衡阳市图书馆召开了"衡阳调研"十年回访和湘鄂赣皖四省公共图书馆联盟联合调研的座谈会。座谈会总结了衡阳公共图书馆五年来的变化，指出仍然存在的问题和对未来的展望。调研组成员及专家学者在《图书馆》上发表了关于"衡阳调研"十周年回访调研报告的系列文章。

6.专业培训活动

2009年至2018年，湖南省图书馆学会每年举办一期图书馆基础业务培训班，参加培训人员共计1500余人次。每年还根据图书馆业务发展动态，有针对性地举办专题培训班，邀请专家教授做专题讲座：浙江大学副教授李超平作"图书馆宣传与推广"讲座、著名媒体专家王伟作"读者活动组织与策划"讲座、南开大学教授柯平作"地方文献理论研究"讲座、湖南省地方志编纂委员会研究员李跃龙作"湖南方志与湖南地方文献"讲座、湖南师范大学教授周秋光作"湖湘文化宏观研究"讲座、湖南图书馆副馆长雷树德作"地方文献资源建设"讲座、湖南图书馆研究馆员寻霖作"地方文献工作"讲座等。

2014年9月，湖南图书馆、湖南省图书馆学会举办古籍编目与保护培训班，开设古籍文献的编目与著录的实习课程，32人参加培训。

2015年5月，由湖南省文化厅主办，湖南图书馆、湖南省图书馆学会承办的湖南省公共图书馆"三区"人才支持计划公共图书馆馆长研修班在长沙开班，湖南省"三区"受援县的40名县级公共图书馆馆长参加学习。研修班为期2个月，开设图书馆基础业务知识、古籍知识、共享工程、数字图书馆等课程。

2018年9月，湖南省图书馆学会承办的"湘鄂赣皖四省公共图书馆联盟培训班"在韶山举办。来自湘鄂赣皖四省公共图书馆的50人参加培训。培训班主题为"公共图书馆联盟合作与资源共享"，武汉大学教授肖希明、湖北省图书馆副馆长谢春枝分别作题为"新信息环境下图书馆联盟的资源共建与共享"和"公共图书馆联盟运行模式探索与服务创新"的讲座。

2018年10月，由湖南省公共图书馆讲座联盟、湖南省图书馆学会、湖南图书馆联合主办的"湖南省公共图书馆讲座联盟业务培训班暨工作会议"在长沙召开，来自全省各地市（州）公共图书馆的32人参加。

7. 专业知识竞赛活动

2010年11月，由湖南省图书馆学会主办，省高校图工委、省科技情报学会、省高职院校图书馆管理研究会协办，湖南图书馆承办的"湖南省图书馆界服务知识与技能竞赛"在长沙举行。全省48所图书馆、144名队员参赛，吉首大学图书馆获得冠军，湖南省少年儿童图书馆获得亚军，郴州市图书馆和中南大学医学图书馆获得季军，湘潭大学图书馆、衡阳市图书馆、中南大学湘雅医学院医药信息系、湘南学院图书馆获得优胜奖，湖南图书馆获特别奖。

2013年10月，湖南省图书馆业务知识竞赛团体赛在长沙举行，16支队伍的48人参加决赛，活动由湖南省文化厅主办，湖南省图书馆学会承办，湖南省高校图工委、湖南省科学技术情报学会、湖南省高职教育图书馆管理研究会协办。湖南图书馆队获团体一等奖，长沙市队和衡阳市队获团体二等奖，湖南省少儿图书馆代表队、中南大学图书馆代表队、第一师范学院图书馆代表队、湖南理工学院图书馆代表队、张家界航空职业技术学院图书馆队获团体三等奖。

2016年，中国图书馆学会举办"信息时代数字未来——2016年数字图书馆业务技能竞赛"，湖南省图书馆学会组织全省75家单位参加，550人参与答题，湖南3名选手与河南2名选手组队代表华中地区参加全国决赛，获得三等奖。

2018年5月，湖南省图书馆学会组织《公共图书馆法》知识竞赛，活动由郴州市图书馆承办。通过网络初赛，16支队伍48名选手从全省各级公共图书馆从业人员中脱颖而出。郴州市图书馆获团体一等奖，长沙市图书馆和永州市图书馆获团体二等奖，湖南图书馆、湖南省少年儿童图书馆、湘潭市图书馆、娄底市图书馆、岳阳市图书馆获团体三等奖。

8. 湖南省公共图书馆评估工作

2009年5月，根据《文化部办公厅关于开展县以上公共图书馆第四次评估定级工作的通知》（文化部办公厅文件办社文发〔2009〕8号），湖南省文化厅成立全省公共图书馆评估定级工作领导小组，领导小组下设办公室。湖南省图书馆学会协助省文化厅做好全省评估定级的工作。第四次全国县级以上公共图书馆评估中，湖南省共评出一级馆24个，二级馆22个，三级馆34个。

2013年3月，文化部印发《全国县以上公共图书馆第五次评估定级工作通知》。湖南省文化厅召开专题会议，对全省公共图书馆第五次评估工作进行部署。湖南省文化厅举办全省公共图书馆第五次评估定级工作培训班，共50人参加。第五次评估湖南省公共图书馆共评出一级馆44个，二级馆43个，三级馆41个。

2016年11月，湖南省文化厅主办、湖南图书馆与湖南省图书馆学会承办县级以上公共图书馆第六次评估定级培训班，全省公共图书馆200人来到长沙参加培训。2017年，文化部办公厅印发《关于开展第六次全国县级以上公共图书馆评估定级工作的通知》（办公共函〔2017〕5号）。湖南省文化厅成立以副厅长禹新荣任组长的全省公共图书馆评估定级工作领导小组，湖南省图书馆学会承担组织全省评估定级相关工作。7月，省级评估专家小组对市（州）级和县（市、区）级公共图书馆进行网上评估。8月，省级评估专家小组开展实地评估。第六次评估湖南省公共图书馆共评出一级馆35个，二级馆32个，三级馆63个，8个馆未上等级。

七、学术、科研活动及成果

1. 学术与科研活动

2011年，湖南图书馆第二届学术委员会成立，拟订《湖南省图书馆学术委员会组织条例》，2012年拟订《湖南图书馆学术研究课题及成果管理办法》《湖南图书馆课题研究指南》，2013年修订《湖南图书馆学术研究课题与成果管理办法》，2017年制订《湖南图书馆国家社科基金管理办法（试行）》。

2009年至2018年，组织员工参加中国图书馆学会年会征文，其中50篇论文分获一、二、三等奖。组织员工参加2013年中南、西南省（市）、自治区公共图书馆业务协作研讨会征文，4人分获一、三等奖，2人文章被收录在《亚洲馆长论坛论文集》。

2009年至2018年，"湖南图书馆行政后勤工作社会化管理模式研究"等23个课题获湖南图书馆资助立项。2012年起，湖南图书馆每年举办"青年论坛"，共计征文800余篇，240余篇论文获得奖励。湖南图书馆员工撰写《湖南省数字图书馆情况研究专题报告》《湖南图书馆书籍装具调研报告》《湖南图书馆单幅文献装具调研及实施方案》等调研报告。2015年的《湖南图书馆事业发展报告》对湖南图书馆的业务数据进行分析。2016年，拟定《湖南图书馆馆内课题指南》，9个项目获得馆方资助立项。

2011年，湖南图书馆承办"全国地方文献研究与工作研讨会"和"2011中美图书馆员专业交流项目·湖南省图书馆馆长高级研讨班"。2012年，承办湖南省社科联第三届学术年会"湖湘文化和创新湖南"文化专场分会。2014年，与国内外学术组织或单位联合举办"全国公共图书馆地方文献工作与数据库建设研讨会""2014年中图年会地方文献专题会议""第六届信息技术与教育国际学术研讨会""全民阅读年会"。2015年，承办中国图书馆学会年会分会场"地方文献研究及其理论体系构建"专题学术会议，举办"'互联网+'时代下图书馆资源建设学术研讨会"和"湖南省古籍保护工作研讨会"。2016年，承办"中部地区公共图书馆事业发展论坛"，形成《中部地区公共图书馆事业发展长沙共识》。2017年，组织"全国图书馆学基础理论研究研讨会"，与首都图书馆联合举办"图书馆地方文献工作学术交流暨'北京记忆'新版发布会"。

2009年至2018年，由湖南图书馆、湖南省图书馆学会主办的期刊《图书馆》共计发稿5000篇，保持全国中文核心期刊、CSSCI来源期刊、RCCSE中国核心学术期刊、中国图书馆学优秀期刊称号。2012年，《图书馆》获评第二届湖湘优秀出版物（期刊类）二等奖、第七届全国图书馆学优秀期刊、2012年度湖南省社科联优秀会刊。2014年，《图书馆》所开办的栏目"新理念、新思潮、新视野论坛"获第四届湖南省期刊优秀栏目奖。2015年，《图书馆》获评湖南省社科类社会组织期刊检查评估"最佳会刊"。2018年，《图书馆》入选人大报刊复印资料重要来源期刊。

2011年，湖南图书馆完成对衡阳市、湘西土家族苗族自治州、永州市公共图书馆调研，撰写调研报告3篇；2012年组织开展株洲市、郴州市12所公共图书馆调研。2015年，主持湘鄂赣皖四省公共图书馆服务情况调研活动湖南站工作，撰写了《湘鄂赣皖四省公共图书馆联盟湖南省公共图书馆调研报告》，与"衡阳调研"十年回访组联合召开调研座谈会，研讨进一步探索推进基本公共文化服务标准化的模式、路径和方法。2015年，编撰《湖南省公共图书馆事业发展基础数据概览》。2016年组织赴南县、华容、醴陵等地对基层文化站和农家书屋开展调研。2017年，湖南图书馆选派专家赴湘潭、怀化、株洲、郴州、长沙等地区，对14个市县（区）公共图书馆进行实地检查和评估，撰写相关调研报告。

2010年，湖南图书馆与湘潭大学公共管理学院联合申报"图书情报专业硕士学会授权点"，与武汉大学信息管理学院共建设研究生与本科生实习实践基地。2013年，与中南大学湘雅医学院医学信息系、湘潭大学公共管理学院和湖南大学图书馆达成科研合作伙伴关系，共同培养图书馆学专业硕士。

2. 学术成果

2009年至2018年，湖南图书馆职工共计公开发表文章580余篇，出版专著29部，其中几部专著获奖。（见下表）

湖南图书馆出版学术著作一览表

序号	作者	著作题名	出版机构	出版时间	获奖情况
1	湖南图书馆	清风画韵	湖南人民出版社	2009 年	
2	湖南图书馆	图不掉的记忆	湖南人民出版社	2009 年	
3	赵 惠	图书馆网站建设	中南大学出版社	2009 年	
4	湖南图书馆	湖南省公共图书馆事业志	湖南人民出版社	2010 年	
5	湖南图书馆	湖南氏族迁徙源流	岳麓书社	2010 年	
6	湖南图书馆	湖南图书馆藏近现代名人手札（共 5 卷）	岳麓书社	2010 年	
7	湖南省图书馆学会	秋实集——纪念湖南省图书馆学会成立三十周年	湖南省图书馆学会	2010 年	
8	寻 霖 等	湘人著述表	岳麓书社	2010 年	
9	湖南图书馆	湖南图书馆民国图书馆期刊报纸目录	线装书局	2011 年	
10	湖南图书馆	湖南近现代藏书家题跋选	岳麓书社	2011 年	
11	湖南图书馆	湖南古旧地方文献书目	岳麓书社	2011 年	
12	湖南图书馆	湖南家谱知见录	湖南教育出版社	2011 年	
13	雷树德 等	湖南历代名人楹联墨迹	亚洲传媒出版社	2012 年	
14	湖南图书馆	湖南抗战老兵口述录（共 2 卷）	湖南人民出版社	2013 年	全国优秀社会科学普及作品奖、第五届湖南省优秀社科普及读物
15	湖南图书馆	湖南图书馆古旧文献目录附编	线装书局	2013 年	
16	湖南图书馆	湖南图书馆单幅文献目录	线装书局	2013 年	
17	沈小丁	湖南近代图书馆史	岳麓书社	2013 年	
18	寻 霖 刘志盛	湖南刻书史略	岳麓书社	2013 年	
19	湖南图书馆	图书馆制度研究与案例分析	国家图书馆出版社	2015 年	
20	湖南图书馆	湖南文献撷珍	湖南人民出版社	2015 年	
21	湖南图书馆	湖南抗战亲历者口述录	湖南人民出版社	2015 年	
22	湖南图书馆	湖南地方戏剧知识读本	湖南人民出版社	2015 年	第七届湖南省优秀社科普及读物
23	李月明	网络信息开发与利用	国家图书馆出版社	2015 年	
24	湖南图书馆	图不掉的记忆Ⅱ	湖南人民出版社	2015 年	
25	湖南图书馆	湖南图书馆古籍普查登记目录（共 4 卷）	国家图书馆出版社	2015 年	
26	湖南图书馆	湖南文献概论	岳麓书社	2016 年	

序号	作　者	著作题名	出版机构	出版时间	获奖情况
27	湖南图书馆	书有光影相随	湖南美术出版社	2017 年	
28	《图书馆》编辑部	中华人民共和国公共图书馆法——导读·阐释·践行	国家图书馆出版社	2018 年	
29	湖南图书馆	传承艺术　走近经典——湖南地方戏剧知识进校园活动纪实	湖南人民出版社	2018 年	

3. 科研课题

2009 年至 2018 年，湖南图书馆主持、参与国家级课题 7 项，省部级课题 17 项，厅局级科研课题 3 项，社会团体课题 5 项。

2009 年，湖南图书馆完成国家课题"《中国图书馆分类法（第五版）》TM、TN、TP 三类"的修订审校和"公共图书馆文献资源建设法律保障研究"之子课题"全国公共图书馆文献资源建设情况统计分析报告"，完成《湖湘文库》入选课题"湖南图书馆馆藏名人书信选集"和"明清以来湖南书画家作品选"的编撰工作。2010 年，承担文化部课题"公共图书馆法"立法项目子课题工作，湖南省哲学社会科学基金立项课题"湖南省公共图书馆事业志"完成结项，省社会科学规划办鉴定等级为"优秀"。2011 年，"湖南省公共图书馆参与乡村传播的机制研究"入选湖南省哲学社会科学基金重点项目，"基于知识地图的湖南近代人物特色数据库构建研究"入选一般项目，"湖南省图书馆服务标准"获湖南省质量技术监督局批准立项并予资助。2012 年，参与国家社科规划办课题"我国公共图书馆服务体系政策保障研究""公共图书馆服务农村的文献资源保障体系研究"课题获湖南省图书馆学会重点资助立项。2013 年，"湖南地方戏剧数据库建设与开发利用研究"项目被省社科规划办批准立项，与湘潭大学共同申请的"数字化传承视域下非物质文化遗产分类与元数据标准研制与推广研究"被省科技厅批准立项，《湖南抗战老兵口述录》获评"全国优秀社会科学普及作品""第五届湖南省优秀社科普及读物"。2014 年，"湖南历代私家藏书文化的探索与研究"获得省社科规划办批准立项，"湖南近代图书馆史""湖南抗战老兵口述录"2 项课题被省社科联鉴定为"省内先进水平"。2015 年，"公共文化活动品牌建设"获得文化部第二批全国基层文化队伍培训教材立项，《湖南地方戏剧知识读本》获"第七届湖南省优秀社科普及读物"。2016 年，"内源驱动的基层图书馆可持续发展机制研究"获得国家哲学社科基金项目立项。2017 年，"'互联网+'环境下我省公民信息素养提升策略研究"和"社会力量参与全民阅读推广机制研究"获得省社科规划办青年项目立项资助，《湖南文献概论》被省社科联鉴定为"省内先进水平"。2018 年，"数字化背景下文献服务丰富旅游内涵的策略研究"获得全国艺术科学规划领导小组文化和旅游研究项目立项。

地方文献研究专业委员会是中国图书馆学会学术研究委员会下设的专业学术组织。

2005年，由湖南图书馆担任专委会主任馆，张勇、贺美华先后担任地方文献研究专业委员会主任，雷树德担任专委会副主任。湖南图书馆依托中国图书馆学会学术研究委员会地方文献研究专业委员会及湖南省图书馆学会，开展地方文献学术活动。

八、表彰与奖励

湖南图书馆获表彰项目一览表

获奖年份	奖项名称	颁奖单位
2009	湖南省文明单位	中共湖南省委、省政府
	全民阅读先进单位	中国图书馆学会
	2004—2008年度省直单位工会工作先进单位	中共湖南省直属机关工作委员会
	中国图书馆学会年会征文组织奖	中国图书馆学会
	文化部全国文化信息资源共享工程年度培训工作二等奖	文化部全国文化信息资源建设管理中心
	《图书馆》杂志评为"RCCSE中国核心学术期刊"	《中国学术期刊评价研究报告》（2009—2010）
	湖南省科学技术情报（信息）工作先进集体	湖南省科学技术厅
2010	第三届文化部创新奖	文化部
	2009年全民阅读先进单位	中国图书馆学会
	湖南省首届三湘读书月活动优秀组织奖	湖南省"三湘读书月"活动领导小组
	2007-2010年湖南省厅直文化系统老干工作先进集体	湖南省文化厅
	2010年度中国图书馆学会年会征文活动组织奖	中国图书馆学会
	2010年度"四讲一创"活动先进学会	湖南省社会科学界联合会
2011	文化厅系统2010年度先进单位	湖南省文化厅
	2010年"全民阅读示范基地"	中国图书馆学会
	第二届全国文化共享工程知识技能竞赛优秀组织奖	全国文化信息资源建设管理中心
	2011中国图书馆学会年会论文优秀组织奖	中国图书馆学会
	2011年度长沙市公安局集体嘉奖	长沙市公安局

获奖年份	奖项名称	颁奖单位
2012	省级文明单位	中共湖南省委、省政府
	湖南省社会科学普及宣传基地	中共湖南省委宣传部、湖南省文明办、中共湖南省委教育工作委员会
	全国人文社会科学普及基地	全国第十四次社会科学普及工作经验交流会组委会
	湖南省文化厅先进单位	湖南省文化厅
	创先争优活动先进基层党组织	中共湖南省直属机关工作委员会、湖南省人力资源和社会保障厅
2013	一级图书馆	文化部
	2012—2013年度为民服务创先争优"群众满意窗口"	省直机关创先争优活动领导小组、中共湖南省直属机关工作委员会
	2012年湖南省社科普及工作先进集体	中共湖南省委宣传部、湖南省文明办
	2013年中国图书馆学会年会征文组织奖	中国图书馆学会
	廉政文化教育基地	中央纪委驻文化部纪检组、监察部驻文化部监察局
	《图书馆》获评"优秀期刊奖二等奖"	湖南省期刊协会
	第四届"三湘读书月"活动优秀组织奖	中共湖南省委宣传部、湖南省新闻出版局
	"用心点亮世界用爱构筑和谐——湖南图书馆文化志愿者服务视障读者"被评为优秀示范项目	文化部
	2013年度文化信息与宣传报道工作先进单位	湖南省文化厅
2014	全国文化系统先进集体	人力资源和社会保障部、文化部
	全国古籍保护工作先进单位	文化部
	全省文化志愿服务工作优秀单位	湖南省文化厅
	湖南省优秀科普基地	中共湖南省委宣传部、中共湖南省科技厅、湖南省教育厅、湖南省科学技术学会
	文津图书奖联合评审单位	国家图书馆
2015	《图书馆》获2015年度省社科类社会组织期刊检查评估"最佳会刊"	湖南省社会科学界联合会
	省直机关第四批基层党的建设示范点	中共湖南省直属机关工作委员会
	芙蓉区"共驻共建先进党组织"	中共长沙市芙蓉区委员会
	省文化厅系统2015年度目标管理考核优胜单位	湖南省文化厅
	第五届湖南艺术节三湘群星奖	湖南省文化厅

获奖年份	奖项名称	颁奖单位
2016	全国2016文津图书奖联合评审单位	国家图书馆
	2013—2015年度湖南省文化厅系统老干部工作先进集体	湖南省文化厅
	省文化厅关心下一代工作示范基地	湖南省文化厅
	《中国图书馆年鉴》编纂工作优秀单位	中国图书馆学会、国家图书馆
	湖南省直青年读书会联盟战略合作单位	共青团湖南省直属机关工作委员会、湖南省直属机关青年联合会、湖南省直青年读书会联盟
	"信息时代数字未来2016年数字图书馆业务技能竞赛"最佳组织奖	中国图书馆学会
	"同筑中国梦共度书香年"春节主题活动表现突出单位	中国图书馆学会
	2016年全省政府系统政务信息工作目标管理先进单位	湖南省人民政府办公厅
	省文化厅系统2016年度目标管理考核优胜单位	湖南省文化厅
	全国社科联先进社会组织	全国社科联
	2016年度全省文化系统宣传信息工作先进单位	湖南省文化厅
2017	湖南省优秀社会科学普及基地	中共湖南省委宣传部、省社科联、省教育厅、省科技厅、省新闻出版局、省文明办
	中国图书馆学会征文组织奖	中国图书馆学会
	湖南省图书馆学会：在"我听·我读——2017全国少儿读者朗诵大赛"中荣获最佳组织单位	中国图书馆学会
	"喜迎十九大 展示新风貌"摄影作品展组织奖	湖南省文化厅直属机关党委、文化厅系统工会
	湖南省青少年党史国史主题教育活动先进集体	湖南省文化厅、湖南省文化厅关工委
	优秀文化志愿服务团队	湖南省文化厅

获奖年份	奖项名称	中共湖南省委宣传部
2018	社会主义核心价值观建设示范点	中共湖南省委全面依法治省委员会办公室、湖南省司法厅
	湖南省最美公益普法集体	湖南省文化厅
	2017年度全省文化系统宣传信息工作先进单位	文化和旅游部
	国家一级图书馆	湖南省文化厅
	2018年"书香三八·悦读润家"湖南省文化厅系统女子诵读志愿队成立仪式暨亲子诵读大赛：特殊贡献奖	中国图书馆学会
	2018年中国图书馆学会"依法办馆创新发展——新时代公共图书馆建设与服务"知识学习竞赛活动荣获"最佳组织奖"	中国图书馆学会
	"寻找图书馆最美阅读空间、人文阅读"摄影作品工业展征集活动获优秀组织奖	中共湖南省文化厅党组
	2016—2017年度：先进基层党组织	中共湖南省直属机关工作委员会
	省直机关党支部标准化建设：示范党支部	中国图书馆学会阅读推广委员会
	科普阅读推广优秀案例征集评选活动组织奖	国家图书馆全国图书馆联合编目中心
	全国国家图书联合编目中心2017—2018年度中心数据基地	中国图书馆学会
	2018年"全国少年儿童英语配音大赛"优秀组织单位奖	中国图书馆学会

湖南省少年儿童图书馆

湖南省少年儿童图书馆成立于 1981 年 12 月 31 日，是我国最早独立建制的省级少年儿童图书馆之一。馆址位于长沙市开福区中山路 70 号，占地面积 8100 平方米，新老两栋主楼馆舍面积为 1.38 万平方米。1992 年 6 月 1 日，馆新建阅览大楼正式对外开放，时任中共中央总书记江泽民题写了馆名。

2009 年至 2018 年，湖南省少年儿童图书馆完成绘本馆、"阅读花园"提质改造和阅创空间、智能自助图书馆建设项目，三次参加文化部组织的全国县级以上公共图书馆评估定级，均获得"国家一级图书馆"称号。

一、基础设施设备和机构、人员、经费

1. 基础设施设备

2013 年，湖南省少年儿童图书馆对送、变电设施进行改造，增设双电源，保障了全馆用电需求。2015 年，将原连环画室改造成"绘本馆"。2016 年，将阅览大楼二、三楼及憩台改造成"阅读花园"，新增阅览面积 700 平方米。2018 年，将"阅创空间"维修改造，对原报告厅、智能图书馆、大门、前坪整体设计，新增面积 1500 平方米，成为集阅读、手工创意、才艺表演和展示于一体的空间。

2. 机构

2009 年，湖南省少年儿童图书馆机构设置：办公室、人事教育科（老干科）、采编部、研究辅导部、信息网络部、读者活动部、参考借阅部、综合借阅部。

2011 年，增设规划财务科，2017 年增设宣传信息中心。

2018 年，机构设置：办公室、人事教育科、规划财务科、采编服务部、借阅服务部、活动服务部、研学服务部、学术服务部、数字服务部、宣传推广部。

3. 人员

湖南省少年儿童图书馆馆长、副馆长名录

序号	姓　名	职　务	任职时间
1	罗建国	馆　长	2002 年至 2010 年
2	李宏斌	馆　长	2011 年至 2016 年
3	金铁龙	馆　长	2016 年至今
4	杨　柳	副馆长	2005 年至 2017 年
5	郭　坚	副馆长	2008 年至今
6	邓　镰	副馆长	2008 年至今
7	薛　天	副馆长	2012 年至今
8	鲁　伟	副馆长	2017 年至今

中共湖南省少年儿童图书馆党总支领导人名录

序号	姓 名	职 务	任职时间
1	罗建国	书 记	2002 年至 2009 年
2	李宏斌	书 记	2009 年至 2011 年
3	蔡菊英	书 记	2011 年至 2013 年
4	杨 柳	书 记	2013 年至 2017 年
5	金铁龙	书 记	2018 年至今
6	蔡菊英	副书记	2002 年至 2011 年

湖南省少年儿童图书馆工会主席名录

序号	姓 名	职 务	任职时间
1	蔡菊英	工会主席	1999 年至 2012 年
2	薛 天	工会主席	2012 年至今

湖南省少年儿童图书馆员工情况统计表（单位：人）

年份	员工人数	高中学历	专科及本科学历	研究生学历	初级职称	中级职称	副高职称	正高职称
2009	69	12	53	4	27	28	10	1
2018	55	3	43	9	14	28	8	1

4. 经费

湖南省少年儿童图书馆经费统计表（单位：万元）

年份	财政拨款	购书经费	数字资源采购经费	免费开放经费
2009	395.25	100.00	—	—
2010	637.55	100.00	—	—
2011	547.63	100.00	—	260.00
2012	806.95	100.00	—	260.00
2013	861.76	100.00	—	260.00
2014	953.61	200.00	50.00	260.00
2015	1155.29	300.00	100.00	340.00
2016	1136.20	250.00	100.00	340.00
2017	1142.19	300.00	100.00	340.00
2018	1387.96	300.00	100.00	340.00

二、基础业务工作

1. 馆藏资源

湖南省少年儿童图书馆文献采选方式为订购、面购和网上采购相结合，接受捐赠方式增补文献资料，报刊则以订购为主。实行政府采购招标确定图书供应商。

湖南省少年儿童图书馆藏书统计表

年份	2009	2010	2011	2012	2013	2014	2015	2016	2017	2018
藏书量（万册）	75.2	77.5	85.7	89.8	95.7	100.6	109.9	120.1	120.9	129.3

2018 年，全馆藏书 129.29 万册，社会科学、自然科学等 22 大类藏书齐备。根据省级少年儿童图书馆性质，全面系统地采集适合少儿的文献、学习型数据库和电子图书，根据读者需求情况采购少量专题性数据库。对具有少儿特色的视听资料全面采选，国内外优秀影视作品、音乐作品、汉语儿童教育资料重点采选。图书馆数字资源涵盖电子图书、报纸、期刊等多种类型，读者通过互联网可免费阅读 127 万种电子图书、800 期刊和多种讲座、视频资源。2018 年数字资源储存量 36TB。

馆藏文献有国际大奖绘本系列、金羽毛世界获奖绘本、国际安徒生大奖绘本、英国凯特·格林纳威大奖绘本、丰子恺儿童图画书获奖作品、信谊幼儿文学奖绘本系列、中国风·儿童文学名作绘本书系列、中华原创绘本大系、童年中国原创图画书系列、中国非物质文化遗产图画书大系、蒲蒲兰绘本系列、启发精选绘本系列、魔法象精选大奖图画书系、魔法象严选图画书经典书系等。

湖南省少年儿童图书馆 2018 年藏书分类统计表

类名	类号	数量（册）
马克思主义、列宁主义、毛泽东思想、邓小平理论	A	1634
哲学、宗教	B	15658
社会科学总论	C	4345
政治、法律	D	35181
军事	E	4973
经济	F	1659
文化、科学、教育、体育	G	39241
语言、文字	H	59934
文学	I	341506
艺术	J	386971
历史、地理	K	42338
自然科学总论	N	9717
数理科学和化学	O	16682
天文学、地球科学	P	7970
生物科学	Q	187517
医药、卫生	R	5520
农业科学	S	1645
工业技术	T	8689
交通运输	U	884

类名	类号	数量（册）
航空、航天	V	35846
环境科学、安全科学	X	2027
综合性图书	Z	12390

　　馆藏中文图书依据《中国图书馆分类法（第五版）》进行分类标引，根据《中国文献编目规则》著录。上传或下载按照国家图书馆出版社《CNMARC 书目数据编制方法及操作实例》及《新版中国机读目录格式使用手册》的要求进行书目记录。开架图书依据《中国图书馆分类法》（儿童图书馆、中小学图书馆版）分类排架；期刊先根据期刊名称按四角号码排列，然后再按种类和年份进行排架、上架；报纸先根据报名按四角号码排列，然后再按种类和年份进行排架、上架；声像资料分为影视、教育、科普、卡通和其他类，均采用拼音字母进行分类。

2. 读者服务

湖南省少年儿童图书馆读者服务统计表

年份	外借册次（万册次）	外借人次（万人次）	阅览册次（万册次）	阅览人次（万人次）
2009	31.45	10.88	31.45	38.39
2011	32.52	9.69	32.52	36.79
2012	32.88	10.22	32.88	39.75
2013	37.39	14.69	37.39	53.85
2014	41.63	14.30	41.63	56.94
2015	42.11	13.96	42.11	54.87
2016	45.39	12.72	45.39	44.92
2017	20.15	4.98	116.08	18.27
2018	29.25	6.34	162.35	23.10

注：2009 至 2016 年阅览人次中包含读者活动人数。

　　2009 年，湖南将每年 11 月定为"三湘读书月"，2015 年"三湘读书月"活动更名为"书香湖南"活动。全省少儿读书活动纳入每年的"三湘读书月"系列活动。自 2009 年始，湖南省少年儿童读书活动由省委宣传部、省文明办、省文化厅（2018 年 10 月 31 日起，省文化厅与省旅游发展委员会合并为省文化和旅游厅）、省教育厅、省新闻出版局、团省委、省妇联、省关工委八部委联合发文并共同组织开展，由湖南省少年儿童图书馆具体承办。

湖南省少年儿童图书馆读者活动一览表

年份	活动名称	活动内容	参与情况	成 效
2009	"三湘读书月"——"新中国60周年道德模范故事会"读书知识竞赛	1. 读道德模范书籍 2. 讲道德模范故事、学道德模范精神	全省110个县（市）、区逾55万少年儿童参加活动	各种活动400场次，收到自创篇目2300篇。"新中国60周年道德模范故事会"现场竞赛活动评出金奖4名、银奖10名
2010	G3杯"迎世博·迎亚运·讲文明·树新风"文明礼仪知识读书活动	1. 文明礼仪知识网上答题 2. 文明礼仪知识展演	全省106万少年儿童参加活动	收网上答卷40万份，举办文明礼仪知识读书活动展演100场，评金奖4名、银奖10名
2011	"纪念中国共产党成立90周年"红色经典读书活动暨"三湘少年儿童阅读之星"评选活动	1. 红色经典读书展演 2. "三湘少年儿童阅读之星"评选	110万少年儿童参加活动	读书活动200场，征文3000篇。"三湘少儿阅读之星"网上投票1100万，评选13名阅读之星、53名先进个人。红色经典读书展演评金奖4名、银奖10名
2012	"学习雷锋好榜样"读书活动暨"三湘少年儿童阅读之星"评选活动	1. 学雷锋情景剧网上展播 2. 现场展演 3. "三湘少年儿童阅读之星"评选	开展读书活动1200场，110万少年儿童参加	"三湘少年儿童阅读之星"网上投票2800万次，评出"阅读之星"14名、"优秀个人"54名。现场展演评出金奖8个、银奖16个
2013	"三湘读书月——全省少年儿童'中国梦·我的梦'"系列读书活动	1. "我有一个梦"网络征文活动 2. "梦想信封·写给十年后的我" 3. "三湘少年儿童阅读之星"评选颁奖典礼	全省150万少年儿童参加了活动	阅读推广活动1950场，网络征文1.2万篇。评选一等奖30篇、二等奖58篇、三等奖102篇、优胜奖1011篇、优秀指导奖29名。"三湘少年儿童阅读之星"14名。网络征文收到8500篇
2014	"三湘读书月——全省少年儿童'中国梦·我心中的故事'"系列读书活动	1. 主题书籍阅读 2. 故事创作编写 3. 故事讲述 4. "三湘少年儿童阅读之星评选" 5. 送书下乡	全省53万少年儿童参加	读书活动340场，收征文1000篇。"中国梦·我心中的故事"竞赛评金奖4名、银奖9名。"三湘少儿阅读之星"评14名、53名优秀个人

年份	活动名称	活动内容	参与情况	成　效
2015	"书香湖南——2015年全省少年儿童'中国梦·汉语美'"系列读书活动	1. 主题推荐书籍读后感撰写 2. 诵读网络展播 3. "三湘少年儿童阅读之星"评选 4. 诵读展演	有62.7万名少年儿童参加	读书活动2360场，收征文871篇，评一等奖28篇、二等奖38篇、三等奖55篇。评选出"三湘少年儿童阅读之星"20名、"优秀个人"79名
2016	"书香湖南"2全省少年儿童"光荣与梦想——纪念建党95周年暨红军长征胜利80周年"活动	1. 主题阅读活动 2. 网络答题活动 3. 知识竞赛 4. "三湘少年儿童阅读之星"评选 5. 主题书籍捐赠	全省79.8万少年儿童参加	读书活动3200场。评"三湘少年儿童阅读之星"20名、"优秀个人"58名。知识竞赛评金奖2个、银奖4个、优胜奖6个。网络答题收答卷6.18万份
2017	"书香湖南·红星闪闪耀童心"——2017年湖南省少年儿童系列读书活动	1. 主题阅读活动 2. 手绘明信片活动 3. 暑期阅读活动 4. 解放军军史连环画展览 5. "三湘少儿阅读之星"评选	全省80万少年儿童参加	读书活动3400场。收儿童创作明信片1100张，评一等奖114件、二等奖180件。阅读笔记527份，评出"阅读笔记达人"146个。评"三湘少儿阅读之星"30名、"先进个人"58名、组织奖28个、阅读活动奖21个、优秀指导个人奖60个
2018	"书香湖南·共创共享儿童阅读新时代"——第37届全省少年儿童系列读书活动	1. 少儿阅读服务特色活动 2. 阅天下·青苗在旅图 3. 湖南"少儿故事大王"大奖赛 4. 湖南少儿原创音频大赛 5. 湖南少儿数字阅读知识竞赛 6. 少儿"书中人物化妆表演活动 7. 少儿阅读服务案例征集活动 8. "三湘少儿阅读之星"推选 9. 少儿活动表彰	阅读之星推选活动有6万少年儿童参加，1172名参加复试	评出"三湘少年儿童阅读之星"100位、"优秀个人"200位，21所学校获组织奖，47名老师获优秀指导奖。"阅天下"发出游学护照5000本，2万人参与。85支代表队参加"故事大王"。音频大赛收到200件作品。数字阅读竞赛1.24万份网络答卷。11个代表队参加书中人物化妆表演。案例征集活动收到74家单位和组织提交的105个案例

2010年，湖南省少年儿童读书活动获得国家文化部群星奖。2010年，湖南省少年儿童图书馆获得"全省未成年人思想道德建设先进单位"称号。两次获得湖南省"三湘读书月"活动优秀组织奖。2015年，在湖南省新闻出版广电局、湖南省文明办联合开展的首届"书香湖南"全民阅读品牌创建活动中，全省"少儿阅读之星"系列读书活动获"书香湖南"全民阅读品牌示范项目第一名。2016年，获得全省公共图书馆优秀服务成果特等奖。2017年，获中国图书馆学会颁发的阅读推广优秀项目。

2011年起，"三湘读书月——全省少年儿童系列读书活动"开展"三湘少年儿童阅读之星评选"。各市州选拔、推荐阅读之星候选人报送至省读书活动办公室，候选人的阅读成果和事迹在湖南省少年儿童图书馆网站进行展示，采取大众投票和专家评审相结合方式进行评审。2011年至2018年，全省共评选出"三湘少儿阅读之星"225人、"阅读优秀个人"608名。

2013年，湖南省少年儿童图书馆推出"童乐"亲子同乐汇系列活动，由"亲子读书会——书影共赏""讲故事比赛——雷锋的故事""绘本宴""亲子手工课""民间传说亲子故事会"等活动组成。2014年，"童乐"亲子同乐汇系列活动主要有科普绘本宴、中国传统文化绘本宴以及读书日绘本宴系列。"'童乐'亲子同乐汇——湖南省少年儿童图书馆亲子阅读推广"案例获得"全国家庭亲子阅读推广活动优秀案例"一等奖。此系列活动在2014年中国图书馆学会举办的全国优秀绘本馆评选表彰中获"十佳主题绘本推广活动"称号，2016年获湖南省公共图书馆服务成果二等奖。

2014年暑假，湖南省少年儿童图书馆主办"'幸福的种子'湖南省首届少年儿童绘本创作大赛暨全国少年儿童绘画绘本创作大赛（绘本组）湖南选拔赛"。选拔赛历时42天，举办10场活动，共收到30件作品，评选出一等奖1名、二等奖5名、三等奖20名。赛后湖南作品参与"全国少年儿童绘画绘本创作大赛"，共获得一等奖2名、二等奖3名、三等奖3名。

2016年，深圳少年儿童图书馆发起，湖南、福建、重庆等14省市图书馆联合主办"我最喜爱的童书"评选活动。湖南省少年儿童图书馆与长沙楚怡学校等9所小学和酷贝拉分馆签署了校园阅读协议，将30种童书送入9所校园，万余名小学生共同阅读。各校联合举办110场阅读活动。湖南省少年儿童图书馆获华润怡宝杯"我最喜爱的童书"阅读推广贡献奖。

2018年，深圳少年儿童图书馆发起，联合湖南省少年儿童图书馆等35个省市的图书馆主办"我最喜爱的童书"阅读推广活动，310所学校、110.94万读者参与活动。湖南省少年儿童图书馆与湖南师范大学附属滨江学校等7所学校签约，选择"2018我最喜爱的童书30强"3000本，送书进学校。签约学校也围绕30强童书举办读书会、分享会、讨论会等各类阅读活动43场，参与学生8000人。在湖南师范大学附属滨江学校成功举办"我最喜爱的童书——书中故事我来讲"活动决赛。这次活动，湖南省少年儿童图书馆获"阅读推广贡献奖"，周丽丽获知识性读物组"第一推荐人"银奖，签约学校的 10 名小学生获全国幸运奖。

2018 年，湖南省少年儿童图书馆主办以"用我的声音做你的眼睛"为主题的"关注盲童阅读·关爱儿童成长"公益实践活动，为助力盲童阅读点亮代表希望的阅读之"灯"，还包括主题盲文"猜猜猜"触摸式体验、立体手工作品征集捐赠、为盲童献"声"优秀录音作品征集等实践活动。

2018 年，湖南省少年儿童图书馆每周六或周日上午 10:30 开展绘本讲读、手工 DIY、整本书阅读等形式的阅读推广活动，定名为"周末 10:30"系列活动。活动根据新年、节气、节日，选择合适的书目，采用黏土、手账、剪纸等艺术表现形式。

3. 现代技术应用

2010 年，湖南省少年儿童图书馆将原图书馆自动化集成系统（ILAS）升级到 ILAS III，2018 年更换为 Interlib 区域图书馆集群管理系统，实现全馆图书采访、编目、流通、典藏、公共查询、期刊管理、总分馆自动化管理。

湖南省少年儿童图书馆与中国电信长沙分公司签订 150M 互联网光纤宽带租用协议，提高互联网带宽速度。2015 年，对机房进行提质改造，新购置 7 台高配服务器、7 台低配服务器，以及交换机、防火墙、存储设备、网页防篡改软件。

2018 年，湖南省少年儿童图书馆阅览大楼拓展改造后，进行自动化、智能化管理，采购自助办证机 2 台、桌面自助借还机 2 台、台式自助借还机 1 台，为馆藏 7 万册图书贴加电子芯片，实行智能化管理。在馆大门前设立 24 小时智能图书馆，为读者在闭馆时间提供借还、阅读服务。

湖南省少年儿童图书馆为中国数字图书馆少年儿童湖南分馆。2015 年，按照"国家数字图书馆推广工程"的要求，采购国家图书馆精选的优秀数字资源，内容涵盖传统文化经典、少儿视频、文津经典诵读、国图公开课、非物质文化遗产、老照片、政府公开信息等多种精品数字资源。可供读者阅读的数字资源共享量 51TB。

湖南省少年儿童图书馆每年购买适合少年儿童特点的数字资源，2018 年，有镜像资源 12TB，可访问阅读的数字资源 302TB。自建资源 32TB，包括数字图书馆总馆、视频库、美术馆、科普馆、连环画馆、外语馆、小小故事、音乐人生、童话王国、环境保护、报刊荟萃、自创动画、读书活动、文化讲座。湖南省少年儿童图书馆制作的"小星星漫游纳米世界""小星星漫游过去与未来""民国时期少年儿童漫画形象""民国时期动漫画谱资源""清末民初新闻漫画知识库"资源成为国家图书馆数字资源征集项目。

湖南省少年儿童图书馆网站官网地址为 http://www.hnst.org/，2018 年对网站进行改版，网站栏目分为视频库、数字资源、动态信息、活动天地、好书推荐，还设立书目查询、我的图书馆板块，便于读者进行查询、续借。网站年访问量 38 万次。

2014 年，湖南省少年儿童图书馆开通微博账号、微信公众平台。2017 年，移动图书馆上线，实现移动图书馆、微信端的数字资源阅读，可发布活动信息，供读者网上报名、网上续借和查询书目。此外，湖南省少年儿童图书馆还利用企业级的无线路由设备实现了读者服务区百分之百的无线覆盖率。

4. 参考咨询

2013 年，湖南省少年儿童图书馆接待读者书面咨询 3641 条（含电话续借）。2014 年，接待读者书面咨询 3115 条（含电话续借）。2015 年，接待读者书面咨询 1672 条（含电话续借）。2016 年，接待读者书面咨询 528 条（含电话续借）。2018 年 8 月至 12 月，研学服务部亲子共读空间、思贤自修室恢复开放期间，接待读者书面咨询 1180 条（含电话续借）。

5. 宣传推广

湖南省少年儿童图书馆利用报刊、电视、网络新闻媒体，开展图书馆服务和阅读推广宣传。2009 年至 2018 年，围绕"图书馆服务宣传周""全民读书月""世界读书日""科技活动周""六一"儿童节及"文化遗产日"，开展专题图书展览、专题影片展播、专题讲座、送书进校园、图书馆活动日等宣传推广活动。如大型主题活动"书香中国·阅读引领未来"、青少年知识讲坛、"书香伴成长·阅读悦童心"读书活动、华润怡宝杯"我最喜爱的童书评选"活动、"关注盲童阅读·关爱儿童成长——用我的声音做你的眼睛"、"书香湖南·共创共享儿童阅读新时代"、第八届"三湘少年儿童阅读之星"推选活动，多次被人民日报、光明日报、中国青年报、中国文化报等中央媒体以及全国各省市媒体报道。

6. 志愿者服务

湖南省少年儿童图书馆志愿者工作始于 2006 年，建立了志愿者工作制度。2018 年，有注册志愿者 256 名。组织开展的志愿服务活动有"你选书我买单"活动、快乐手工亲子活动、小小图书"馆"理员假期实践、大学生志愿者培育计划、关注盲童活动、青少年知识讲坛——亲子共读经典公益大讲堂、"那年夏天"三下乡之朱溪中学"暖暖"图书活动、绘本讲读、认识馆藏期刊等。其中，"心里有话对'你'说——写给湘少图"活动，制作"星"语"星"愿——湖南师范大学大学生志愿服务心得，集结成册送给到馆的大学生志愿者。2017 年，湖南省文化厅授予湖南省少年儿童图书馆"优秀文化志愿服务团队"称号。

三、文创开发

2016 年 5 月，国务院办公厅转发了文化部等部门《关于推动文化文物单位文化创意产品开发若干意见的通知》，文化部、国家文物局据此开展全国文化文物单位文创产品开发试点工作。湖南省少年儿童图书馆被列入国家级试点单位。2018 年，成立湖南省少年儿童图书馆文化创意办公室，选派 2 人参加全国图书馆文化创意产品开发联盟会议及培训班。

四、总分馆建设

2009 年至 2018 年，湖南省少年儿童图书馆建立 9 个分馆：石门分馆、平江分馆、沅江分馆、汉寿分馆、长沙酷贝拉分馆、长沙华盛世纪新城分馆、青牧农场分馆、望城砂子塘新世博学校分馆、长沙黄都港社区分馆。设立了多个图书流通点：新邵县新田铺镇石桥村、城步县丹口镇下团村自强图书馆、隆回县建华乡少儿图书馆、宁乡花名楼镇双狮岭村、长沙县开慧乡开慧学校、常德市阳光孤儿院、澧县少儿图书馆、临澧县黄细亚少儿图书馆、望城靖港镇胡应龙图书室、武冈市湾头桥村、桃江县高桥乡石井头村、长沙市工之友图书流通点、武冈市荆竹镇朱溪中学、长沙西湖街道黄泥岭社区格林星城小区。

湖南省少年儿童图书馆自助图书馆放置图书 600 册，每月更换一次。每周一至周五 9:00—13:00 开放。

五、学会工作

湖南省少年儿童图书馆是中国图书馆学会未成年人图书馆分会主任馆和湖南省图书馆学会未成年人图书馆服务专业委员会挂靠单位，组织、策划和参与、实施学术和业务活动，如全国少年儿童阅读年、中国图书馆年会第一分会场、全国图书馆未成年人服务论坛、中国图书馆学会未成年图书馆分会主任工作会。

2009 年、2010 年，湖南省少年儿童图书馆策划和组织"全国少年儿童阅读年系列活动之阅读嘉年华"活动。全国各少儿图书馆、公共图书馆少儿部围绕 12 项主旨活动，开展了 100 项、3400 场次的阅读活动，参与人数 400 万。

2009 年，阅读年期间开展"全国少儿阅读调查"，了解少儿阅读的态度、阅读的时间、阅读的数量、阅读的喜好、阅读的媒体、阅读的形式、阅读的目的、阅读的环境、阅读的来源、阅读的困难、阅读的活动、阅读与图书馆、阅读的建议，分析研究全国少儿阅读的状况。向全国 37 个少儿图书馆发放调查问卷 19.44 万份，收回调查问卷 16.33 万份，回收率 83.99%，录入调查问卷数据 15.12 万条。这次少儿阅读调查产生研究成果，出版《全国少年儿童阅读调查报告》，此项目获"文化部科技创新项目"。

在阅读活动中，湖南省少年儿童图书馆邀请德国阅读推广专家、德累斯顿市图书馆联盟负责人希尔德·门策（Sonhild Menzel）和莱比锡市图书馆联盟负责人罗伯特·埃尔斯特纳（Robert Elstner）举办阅读推广讲座，来自湖南图书馆、全省各市（含所辖县）少儿图书馆、中心图书馆及部分中学图书的 100 名图书馆界人士参加讲座。

2012 年，由国家图书馆、中国图书馆学会主办，湖南省图书馆学会、湖南省少年儿童图书馆承办的 2012 "全国图书馆未成年人服务提升计划（湖南站）"巡讲活动在长沙举行，来自全省图书馆的 200 人参加活动。时任国家图书馆副馆长、中国图书馆学会副理事长陈力，德国斯图加特市所有儿童图书馆总馆长凯瑟琳·罗斯勒女士，台北市经典文化教育协会理事长洪淑慧，国家图书馆少年儿童图书馆馆长王志庚，华东师范大学信息学系教授范并思，武汉大学信息管理系教授黄如花等专家、学者讲授国内外图书馆未成年人服务的理论与实践、阅读指导与少儿心理学、服务与教育学、数字化信息服务知识。《全国少年儿童图书馆基本藏书目录》赠书仪式也在会议中举行。

2014年，由中国图书馆学会主办，湖南省少年儿童图书馆承办的《中国图书馆分类法（未成年人图书馆版）》培训班在长沙举办，全国各地图书馆190人参加培训，国家图书馆《中图法》编委会委员兼副主编、研究馆员卜书庆和湖南省少年儿童图书馆副馆长薛天对《中国图书馆分类法（未成年人图书馆版）》（第四版）沿革与各大类修订重点做了详细讲解及介绍。天津市少年儿童图书馆编目部主任张岩敬对少儿文献分类规则及案例进行讲解。

2015年，湖南省少年儿童图书馆成为全国少年儿童绘本创作大赛承办馆并主办湖南省第二届少年儿童绘本创作大赛。大赛历时5个月，收到来自北京、上海、云南、湖南、辽宁、河南等地33个单位的绘本作品361本。评出最佳绘本奖3个、最佳美术奖10个、最佳原创故事奖10个和优秀奖50个。在"全国少年儿童阅读年"活动中，获中国图书馆学会"优秀组织"奖。

2017年，湖南省少年儿童图书馆承办的"全国少年儿童阅读年"活动启动仪式在株洲举行，同时举办"阅读推广人"培育行动第七期培训班，来自全国各地的1200位学员参加了启动仪式和培训班。湖南省少年儿童图书馆馆长金铁龙讲授"现代公共文化体系建设中的少儿图书馆"，副馆长薛天讲授"图书馆儿童读者活动的品牌建设"，就少儿图书馆事业建设发展、阅读活动的组织开展与学员们进行交流与探讨。

2018年，"全国少年儿童阅读年"系列活动之"全国公共图书馆未成年人服务案例征集"评选活动由中国图书馆学会主办，湖南省少年儿童图书馆承办，来自全国20个省的少年儿童图书馆、公共图书馆、中小学图书馆，以及从事儿童阅读服务团队、绘本馆、社会阅读推广机构等的74家单位提交案例105个。案例征集活动评选出一等奖10个、二等奖16个、三等奖21个。湖南省少年儿童图书馆获中国图书馆学会颁发的"2018全国少年儿童阅读年"系列活动先进组织单位，朱雨、许建兵被评为"活动先进工作者"。

六、学术、科研活动及成果

2009年至2018年，湖南省少年儿童图书馆员工出版学术论著3部，参编学术著作3部，发表学术论文86篇，在各级各类征文活动中论文获奖45篇。

湖南省少年儿童图书馆出版和参编学术著作一览表

序号	作者	著作题名	出版机构	出版时间
1	杨柳、薛天、郭坚、邓镰	全国少年儿童阅读调查报告	海南出版社	2011 年
2	杨　柳	少年儿童图书馆员专业知识与技能研究	海南出版社	2012 年
3	罗建国、杨　柳、薛　天	中国图书馆分类法（未成年人图书馆版）第四版	国家图书馆出版社	2013 年
4	薛　天	公共图书馆儿童读者活动理论与实务	湖南大学出版社	2017 年
5	杨　柳、薛　天	中国图书馆事业发展报告少年儿童卷第四章	国家图书馆出版社	2017 年
6	薛　天	第六次全国县级以上公共图书馆评估定级知识问答汇编第四部分第三章	《中国学术期刊》电子杂志有限公司	2017 年

2012 年，湖南省少年儿童图书馆承担国家级课题"公共图书馆少年儿童服务规范"，项目参与人为杨柳、邓镰、郭坚、薛天、周丽丽、金铁龙、高雨乔，2015 年课题结项。《公共图书馆少年儿童服务规范》（简称《规范》）由国家市场监督管理总局、中国国家标准化管理委员会发布，是中华人民共和国国家标准（GB/T 36720—2018）。《规范》分为 10 个部分：范围、规范性引用文件、术语和定义、总则、服务资源、服务政策、服务内容和要求、服务宣传、合作共享、服务绩效评介。

2011 年，湖南省少年儿童图书馆参与省部级课题"全国少年儿童阅读推广服务平台"，项目参与人为杨柳、邓镰、薛天、郭坚、蒋韧、薛蓉、高雨乔、周挺。2012 年，完成全国少年儿童阅读需求情况调研、少年儿童图书馆服务现状调研、全国少年儿童数字阅读资源现状调研、国内外各数字阅读平台的运营及管理模式调研、少儿图书馆（室）基本藏书目录的研制，开展"图画书阅读推广季活动"和"弱势儿童知识援助计划"等阅读推广活动年儿童阅读资源获取与整合的方式、技术和方法，采集并深度整合各类少年儿童文献信息资源，研究购买、许可授权，征集少年儿童阅读资源的多元获取方式，建立起相应的技术体系和管理框架。

2014 年，湖南省少年儿童图书馆承担厅局级课题"未成年人科普特色活动"，项目参与人为邓镰、朱雨、黄雅雅、刘幸来、肖煊，2015 年课题结项。通过调研，该项目了解了未成年人在科普知识及科技创新能力培养方面的需求，针对此需求开展丰富多彩、富有成效的科普活动，提高未成年人对科学的兴趣和增强科技创新意识及能力。

湖南省少年儿童图书馆员工发表部分论文一览表

序号	作者	论文题名	刊物名称	发表时间
1	杨 柳	长沙市小学生课外阅读状况调查报告	《图书馆》	2009 年
2	汤 蕾	浅议少儿图书馆精神	《图书馆工作与研究》	2009 年
3	金 晖	区域性网络信息资源配置效率评价	《图书馆》	2010 年
4	金 晖	浅谈少儿图书馆期刊优化管理与阅读价值挖掘	《图书馆工作与研究》	2010 年
5	杨 柳	公共图书馆少儿阅读服务趋势探析	《图书馆》	2011 年
6	杨 柳	对少年儿童阅读调查及测评工作的研究与探讨	《图书馆工作与研究》	2011 年
7	金 晖	阅读资源多元化环境下少年儿童阅读方式的探讨	《图书馆工作与研究》	2011 年
8	金 晖	读图时代对未成年人的阅读冲击与图书馆的对策思考	《图书馆理论与实践》	2011 年
9	杨 柳	对少年儿童阅读调查及评测工作的研究与探讨	《图书馆工作与研究》	2011 年
10	杨 柳	公共图书馆少儿阅读服务趋势探析	《图书馆》	2011 年
11	杨 柳	少年儿童图书馆员专业知识与技能研究	《图书馆》	2012 年
12	杨 柳	未成年人阅读推广活动运行机制研究	《图书馆》	2012 年
13	杨 柳	未成年人阅读推广活动运行机制存在的问题与对策	《图书馆工作与研究》	2012 年
14	金 晖	公共图书馆免费开放后的若干思考	《图书馆理论与实践》	2012 年
15	金 晖	图书馆开展未成年人网络阅读指导研究	《江西图书馆学刊》	2012 年
16	薛 天	关于城乡少年儿童阅读状况的比较与思考——基于湖南少年儿童阅读调查报告	《图书馆工作与研究》	2013 年
17	刘 芹	对提高公共图书馆期刊借阅工作的探讨	《中国科学学报》	2013 年
18	郭 坚	儿童图书馆开展中小学校报校刊搜集与研究	《图书馆》	2014 年
19	薛 天	公共图书馆儿童读者认识新论	《中国图书馆学会年会论文集 2014 年卷》	2014 年
20	薛 天	图书馆"儿童优先"原则探究	《图书馆杂志》	2014 年
21	刘 芹	阅读从兴趣开始——试论少年儿童图书馆对少儿阅读兴趣的培养	《中国图书馆学会年会论文集 2014 年卷》	2014 年

序号	作者	论文题名	刊物名称	发表时间
22	郭 坚	儿童图书馆连环画的收藏与利用	《图书馆》	2015 年
23	文 杰	大数据时代下数字图书馆发展创新服务的必要性	《河南图书馆学报》	2015 年
24	薛 天	公共文化服务视域下图书馆儿童阅读活动产品化趋向研究	《图书馆工作与研究》	2016 年
25	胡亚玲	3—12 岁儿童课外阅读状况与影响因素分析	《图书馆》	2016 年
26	薛 天	试论公共图书馆儿童活动组织原则	《图书馆》	2017 年
27	薛 天	公共图书馆儿童活动专业化发展探析	《图书馆工作与研究》	2017 年
28	施衍如	Human Library 亲子共读服务模式的实践与推广研究	《四川图书馆学报》	2017 年
29	丑 楚	公共图书馆自建数字资源库的发展路径分析	《图书馆》	2017 年
30	丑 楚	从文献角度论图书馆平台研究发展路径	《图书馆研究》	2017 年
31	丑 楚	提升内源发展公共图书馆人力资源制度研究	《新世纪图书馆》	2017 年
32	郭 坚	服务少儿，责任重大	《图书馆报》	2017 年
33	周 帆	新时代公共图书馆儿童阅读服务推广	《图书情报》	2018 年
34	丑 楚	基于人工神经网络图书需求量模型研究	《图书馆界》	2018 年
35	薛 蓉	全国副省级以上公共图书馆阅读与推广活动分析与研究	《图书情报》	2018 年
36	许建兵	图书馆数字资源建设的困境与对策	《图书馆学刊》	2018 年
37	金铁龙	中小学生研学旅行是改善服务的突破口	《图书馆报》	2018 年
38	郭 坚	少儿图书馆服务供给侧改革与创新	《图书馆报》	2018 年

七、表彰与奖励

湖南省少年儿童图书馆获表彰项目一览表

年份	奖项名称	颁奖单位
2009	国家一级图书馆	文化部
	全民阅读先进单位	中国图书馆学会
2010	"三湘读书月"优秀组织奖	湖南省"三湘读书月"活动办公室
	全民阅读先进单位	中国图书馆学会
	省直机关文明单位	中共湖南省直属机关工作委员会
	全国少年儿童阅读年特殊贡献奖	中国图书馆学会
	全国少年儿童阅读年最具科研价值奖	中国图书馆学会
2011	文化厅系统 2011 年度先进单位	湖南省文化厅
2012	全民阅读示范基地	中国图书馆学会
	湖南省优秀科普基地	湖南省科学技术厅、省委宣传部、省教育厅、省科学技术协会
	省直机关文明单位	中共湖南省直属机关工作委员会
	文化厅系统 2012 年度先进单位	湖南省文化厅
2013	国家一级图书馆	文化部
	全省维护妇女儿童权益先进集体	省委政法委、省人力资源和社会保障厅、省妇联
2014	省直机关文明单位	中共湖南省直属机关工作委员会
	2014 年度目标管理考核优胜单位	湖南省文化厅
2015	全国少年儿童阅读年系列活动优秀组织奖	中国图书馆学会
2016	2012—2016 年全国科普教育基地	中国科学技术协会
	省直机关文明单位	中共湖南省直属机关工作委员会
	关心下一代工作示范基地	湖南省文化厅
2017	国家一级图书馆	文化部
	2016—2017 年综合治理工作先进单位	湖南省文化厅
2018	"书香三八·阅读润家"亲子诵读大赛优秀组织奖	湖南省文化厅
	全国少年儿童阅读年系列活动先进组织单位	中国图书馆学会

第二编

市（州）、县（区）图书馆

第一章　长沙市公共图书馆

长沙市图书馆

长沙市图书馆是地市级的综合性公共图书馆，2009 至 2018 年是长沙市图书馆由旧馆搬迁至新馆，由传统图书馆向现代化城市中心馆转变的十年。老馆馆址位于定王台，藏书 44.4 万册。新馆坐落于湘江与浏阳河交汇处的新河三角洲长沙滨江文化园，新馆设读者服务中心、报刊借阅室、儿童借阅室、电子文献借阅室、社科文献借阅室、自科文献借阅室、视障文献借阅室、创客空间、专题文献阅览室、青少年借阅室、长沙人文馆、多元文化馆、24 小时自助图书馆等功能区域，主要服务窗口每天开放 12 小时，无线网络全馆覆盖。长沙市图书馆新馆是一个现代化图书馆，定位为长沙文献信息资源服务中心、全民阅读终身教育中心、区域图书馆网络中心和文化学术交流中心。

一、基础设施设备和机构、人员、经费

1. 基础设施设备

2000 年，长沙市图书馆占地 5.7 亩，馆舍面积 4180 平方米。2004 年长沙市图书馆新馆所在的滨江文化园项目立项，2006 年奠基，2008 年开工，2014 年主体工程竣工。新馆建筑面积 31314 平方米，共 5 层，规划藏书总量 200 万册，3100 个阅览座席。2015 年 9 月 30 日，长沙市图书馆新馆试运行，12 月 28 日正式全面开放。

2. 机构

2009 年，长沙市图书馆设办公室、采编部、外借部、阅览部、咨询部、研究辅导部、少儿部，至 2014 年机构未变更。2015 年，设办公室、采编部、流通服务部、信息服务部、技术支持部、少儿服务部、典藏管理部、合作推广部。

3. 人员

长沙市图书馆馆长名录

序号	姓名	任职时间
1	张晓原	1996 年至 2009 年
2	王自洋	2009 年至今

长沙市图书馆员工情况统计表（单位：人）

年份	员工人数	专科及本科学历	研究生学历	中级职称	高级职称
2009	34	24	1	14	8
2010	34	21	3	13	9
2011	49	24	6	13	9
2012	54	28	7	13	11
2013	57	32	6	13	12
2014	56	30	5	13	11
2015	71	41	16	14	9
2016	98	54	20	13	9
2017	114	71	23	13	10
2018	116	72	22	13	10

4. 经费

长沙市图书馆经费统计表（单位：万元）

年份	财政拨款	购书经费	数字资源采购费
2009	506.48	80.00	—
2010	677.22	80.00	—
2011	717.52	100.00	—
2012	1134.25	100.00	—
2013	1346.59	100.00	—
2014	1449.09	279.13	—
2015	1605.49	142.28	—
2016	1975.87	258.58	—
2017	3075.35	260.00	208.08
2018	3537.29	500.00	244.61

注："财政拨款"不含新馆后续专项建设经费。

二、基础业务工作

1. 馆藏资源

2009 年，长沙市图书馆藏书 44.4 万册（件）。2018 年，藏书 165 万册（件），其中中文图书 148.6 万册（件），外文图书 1 万册（件），中文期刊 1994 种、报纸 215 种，外文原版期刊 91 种、报纸 5 种，视听文献 10 万件，盲文图书 0.4 万册。2018 年，长沙市图书馆外购读秀、博看期刊、新语听书、中国知网等优秀数据库 13 个，自建数据库 6 个，涵盖 200 多万种电子图书、1 万多种期刊、300 多万篇学术论文等资源，数字资源总量达 80.5TB。

长沙市图书馆文献采访以政府招标采购为主，自主采购、征集为辅。2009 年，成立藏书建设领导小组，修订《长沙市图书馆文献资源建设规则》《长沙市文献采访细则》。

长沙市图书馆每年购书经费 5% 用于征集地方文献。2015 年，申请长沙市财政下拨"地方文献征集和古籍保护"专项经费，设置专人负责地方文献工作。2009 至 2018 年，征集地方文献资料 1.28 万种，内容涵盖地方志、史料、统计资料、年鉴、名录、族谱、期刊、专题资料汇编。

长沙市图书馆辟有长沙人文馆，设立毛泽东专题、曾国藩专题、省作协和市文联作家著作专题、雷锋专题、三湘院士等主题专架，还有"三湘院士"专题图书 1200 册、《湖湘文库》以及李铁映专柜、谭仲池专柜、唐浩明专柜、罗丹专柜。

2018 年，长沙市图书馆馆藏外文原版图书 1.5 万册，语种涵盖英、日、韩、俄、西、德、法、印地语；外文原版期刊 91 种、报纸 5 种。2017 年，开始建设"东亚文化之都"文献资源中心，相关文献 510 册，其中历届"文都"当选城市建设资料汇编 35 册，日韩文物图片精选集 2 册，日韩活动相册 2 册，覆盖多个门类的日韩原版图书 471 册。20 世纪 80 年代，接受日本鹿儿岛市赠送日文原版书刊 6500 余册，藏于基本书库。

长沙市图书馆馆藏文献采用《中国图书馆分类法（第五版）》进行分类标引。2009 年，编《新书通报》，为市委、市政府机关部门推送书目信息。古籍按《四库全书总目》分类法进行分类：经、史、子、集、丛书、民国书、单幅文献、期刊 8 大类。

长沙市图书馆藏书统计表

年份	2009	2010	2011	2012	2013	2014	2015	2016	2017	2018
藏书量（万册）	44.4	46.4	51.1	60.1	65.9	77.7	84.8	112.9	127.2	165.1

长沙市图书馆数字资源建设起步于 20 世纪 90 年代。2012 年，建设"长沙地方文艺""长沙非物质文化遗产""长沙文物""星城科学讲堂视频资料库"等地方特色数据库。

长沙市图书馆外购数据库资源统计表（2018 年）

序号	数据库名称	数据库性质	数据库资源
1	中国知网／期刊全文数据库	镜像资源＋在线资源	5300 万篇文献
2	中国知网／中国博士学位论文全文数据库	镜像资源＋在线资源	27 万篇博士论文
3	中国知网／中国优秀硕士学位论文全文数据库	镜像资源＋在线资源	247 万篇硕士论文
4	读秀	在线资源	
5	E 线图情	在线资源	
6	畅想之星光盘数据库	镜像资源＋在线资源	11.15 万张光盘
7	畅想之星电子书	镜像资源＋在线资源	9500 种电子图书
8	QQ 电子书	在线资源	
9	新语听书	镜像资源＋在线资源	18 万余集有声书
10	博看微刊	在线资源	3000 余种畅销期刊
11	赛阅电子书	在线资源	1100 册原版英文读物
12	中华传世名画图片库	镜像资源	1 万张
13	乐儿科普动漫电子书系统	镜像资源	360 集

2. 读者服务

2011 年，长沙市图书馆免证阅览、自助办证、自助借还、预约借书、馆际互借等 18 个服务项目全免费。社科借阅室、自科借阅室、电子文献阅览室、报刊阅览室、电子阅览室等 5 个主要窗口节假日均开放。2017 年，实行晚间开放，自助图书馆 24 小时不闭馆。2012 年，购置流动图书车，定线定点定时开展流动图书馆服务，每月定期将图书馆的阅览、咨询、办证、借书、还书、电影欣赏等服务送到人群相对集中区域。

长沙市图书馆读者服务统计表

年份	借阅册次（万册次）	借阅人次（万人次）	持证读者（万人）
2009	31.10	10.13	1.04
2010	33.74	10.94	1.10
2011	38.03	12.60	1.21
2012	46.52	15.51	1.52
2013	54.32	18.11	1.81
2014	59.81	19.92	2.16
2015	79.85	28.62	4.78
2016	131.79	32.59	21.71
2017	162.43	43.18	29.06
2018	169.84	44.27	33.50

长沙市图书馆开展多种读者活动。2009 年，为大陆第一家精神康复会所心翼会所、残疾人企业长沙自控工程成套公司提供馆外流通服务，同年联合残疾人组织光爱之家举办了以"关爱盲人生活·倡导全民阅读"为主题的残疾人文化生活座谈会。2010 年，开展长图杯"春节与我"征文比赛、"小小读书之星"评选活动、迎春猜谜会和"小星星"益智拼图比赛、国学经典讲座、"低碳生活"环保倡议活动、小记者访谈实践活动、"读书乐"辩论会、"迎新春"小读者联谊会、新书报告会、阅读指导讲座和书画作品展览等活动。2011 年，长沙市图书馆承担全市"三湘读书月"活动，举办"全民诵经典·书香满星城"和"十大藏书家"评选、少儿"中国梦·我的梦"读书活动、"星城少年儿童阅读之星"评选活动，开展"三湘读书月·湖南省少年儿童纪念中国共产党成立 90 周年"活动。2012 年，开展"图书馆主人"征集汇聚读书人活动，"长沙读书人之家"24 小时在线响应活动，湖南省少年儿童学雷锋读书活动展演活动。2013 年少儿"中国梦·我的梦"读书活动，以"经典生活化·生活经典化"为题，开设亲子共读经典培训班，授课 40 期，300 个亲子家庭参加。开展邀"100 位名家推荐好书""100 名图书馆馆长推荐好书""100 家出版社推荐精品图书"活动。2014 年，举办"三湘读书月——少儿'中国梦·我心中的故事'读书活动"，推选长沙市书香家庭 10 户，推荐全国书香家庭 4 户，与长沙市总工会合作新开设 10 场"职场公开课"，听众 3000 人。2015 年，新馆开放，开展橘洲讲坛、星城科学讲堂、读书会、法律大课堂、圈圈故事会、小牛顿实验室、亲子共读经典培训班等活动 1120 场。组织开展"书香湖南——少儿'中国梦·汉语美'诵读展演活动"，纪念抗战胜利暨反法西斯战争胜利 70 周年"同抒爱国情，共传华夏声"读书征文活动。2016 年，举办橘洲讲坛、走读世界、经典电影展播、法律大课堂、E 课堂、圈圈故事会读者活动 1239 场。全国诗词类专业图书馆湖南诗词馆在长沙市图书馆举行开馆揭牌仪式，中华诗词学会副会长、湖南省诗词协会会长彭崇谷举办楹联类讲座。举办《全民阅读》特种邮票首发活动，承接全民阅读"书香湖南·湘江阅读季"启动式，推出"声音图书馆"项目。视障借阅室联合全民文化志愿者成立"爱心顺风车"队伍。2017 年，全年举办各类活动 1695 场，包括橘洲讲坛、星城科学讲堂、"长沙人新自修百千万行动"、悦享新知读书会等阅读推广活动。如举办"阅读与我"演讲比赛；与中央电视台《朗读者》栏目合作开展长沙市图书馆为爱发声朗读活动；与长沙音乐厅合作开展"侧耳倾听"助盲公益活动；举办"东亚文都·书香长沙"中国图书馆第十一届全民阅读论坛活动；中日韩三国 1200 名业界代表齐聚长沙市图书馆，探讨全民阅读问题；开展"书香湖南·红星闪闪耀童心"少儿读书活动。2018 年，举办各类活动 1840 场，包括百师千课、中华花艺、语言星球、"观书海"和"天使阅读"公益行、故事城堡·绘本之旅、故事驿站、悦读吧·手工课堂、星城科学讲堂。第二届"创战计"星城创客大赛面向全国征集创意项目 52 个，7 支获奖队伍参加 2018 广州国际创新节。接待韩国龟尾市市长和日本鹿儿岛市副市长一行，并与龟尾市图书馆缔结友好图书馆。与长沙市文联、市新华书店、岳麓书社、法国驻武汉领事馆等建立良好合作关系，共同举办

2018"我们的节日"新春诗会、"怡起悦读，陪伴成长——百图城市悦读分享会长沙站"和"致敬经典——法语戏剧大赛半决赛"。

长沙市图书馆多年坚持树立品牌活动。2009年，举办"我们的节日——猜灯谜到图书馆"活动。2011年，组织长沙市6家公共图书馆开展"我们的节日——猜灯谜到图书馆"活动。2015年至2018年，连续举办"猜灯谜"活动。2011年组织"你的book我买单"活动，之后常态化开展。2013年至2016年，举办"湖南读书会"活动，邀请作家水运宪、阎真、黄晓阳、张扬、肖仁福、魏剑美作为嘉宾，共举办活动30多场。2017年，在"湖南读书会"系列活动基础上成立"悦享·新知"品牌读书会，2017年至2018年，共举办读书会活动共172场，并获出版界图书馆界全民阅读年会优秀案例奖。2014年，设立"新三角创客空间"，长沙市图书馆免费提供场地、工具、文献资源，开展创客分享会、创新训练营、自造者工坊、创艺生活创战计等活动。"新三角创客空间"登记有创客2000人，开展创客活动200多场，5万人次参与。2017年，入选文化部文化产业双创服务体系建设扶持资金。2016年，长沙市图书馆启动"青苗计划"，以阅读推荐、阅读时间、阅读分享、阅读展示、阅读评估为体系，面向0～18岁未成年人推出长期阅读跟踪服务。2018年，"青苗计划"阅读实践活动获中国图书馆学会"第一届公共图书馆创新创意征集推广活动最佳青年创新奖"，被中国图书馆学会评为"2018年中图年会'最美故事'风采展示活动优秀服务"。2016年，推出"声音图书馆"项目，利用电子阅览室高清影视室、听音室、录音室的设备，记录"声音"为媒介的文献形态，主题包括"听长沙""乡音读诗""吟咏长沙""读写湖湘""老照留声""亲子共读"。2016年，多元文化馆开放，馆藏多语种外文原版及友好城市捐赠文献1万册。2017年，东亚文化之都文献资源中心成立，开展"走读世界""语言星球""一带一路"特色阅读推广活动120场，累计参与人数超过1万人次。2018年，被评为"长沙市对外交流示范基地"。

长沙市图书馆积极举办各种讲座、展览。2010年起与市科协联合举办"星城科学讲堂"，成为国家级课题"公共图书馆阅读机制研究"活动案例，被湖南省文化厅选为"文化部社会文化活动机制研究"特选案例。2012年，举办"橘洲讲坛"，邀请古琴艺术家李祥霆、儿童文学绘本作家蔡皋、"鲁迅文学奖"获得者李辉、"百家讲坛"主讲杨雨、法国童书插画家贝内迪克特·古提艾、湖南省作家协会主席王跃文、路遥文学奖获得者阎真、文化学者谭伯牛来馆讲座。2013年至2018年，举办法律大课堂活动99场，邀请律师讲解案例，涉及消费者权益保护、职场维权、婚姻财富管理等方面法律知识，为读者提供法律援助服务。

2013年至2018年，联合国家图书馆开展第八届至第十三届"文津图书奖"读书活动，在全国40家分馆内举办"文津图书奖"获奖图书展巡展。2014年，举办流动展览进基层，如"照亮童年"绘本发展史展。2015年，举办"湘江此去·文脉"特展，展览以"图片+实物+影像+装置+互动"的形态带市民认识长沙市图书馆的发展变迁，长沙地区文脉的前世今生。2016年，举办"湘江此去·文脉""纸上春秋——非物质文化遗产古山贡纸抢救特展"、长沙历史街区叙事之太平街绘本展、长株潭油画联展、长沙百岁老人巡礼摄影展、"新旧之交"的中国摄影展、视觉诠释科技与生活之美摄影展、以中山亭为轴心的长沙公共建筑巡礼展、陶冷月摄影绘画展、中国京剧服饰艺术当代创意展、湖南纪念红军长征80周年文献展等11期展览。2017年,举办儿童原创艺术展展览,"红星闪闪耀童心——解放军军史连环画"展览,国家图书馆年俗文化展、罗雪村作品展、湖湘家谱家训纵览、《陪伴·爱》主题画展、"城堡人生——卢瓦尔河谷"展览、长沙城市影展、香港回归20周年湖南油画家写生展、让世界听到长沙的月亮粑粑长沙童谣绘画展、湖南大学&米兰理工大学建筑保护技术工作营成果展、肖伟回湘美术作品展、长沙民国教育档案展、刘惠浦·王友智书画联展等多元文化展览。2018年,举办"奇奇怪怪的书——立体童书展"展览、湖南地质公园科普图片巡展、张致权雕塑艺术展、植物染手工作品展、星城创客优秀成果展、长沙城市影像展、雪翁罗学炎书画展、年俗文化展、婷婷诗教·城市巡回诗画展、周建桥野生动物保护纸塑公益展、吉林市桦甸农民画作品展等。

3.现代技术应用

1997年,长沙市图书馆引入图书馆自动化集成系统(ILAS),采访、编目、流通、读者管理、人事财务实现自动化管理。2006年,升级为自动化集成系统 ILAS(II)。2009年,完成全馆图书总书目库的清理。2011年,引入图书馆自动化管理软件 Interlib 对全市总分馆的书目进行统一管理,一站式检索。2018年,完成原定王台老馆26万册旧书的回溯建库工作,过报过刊重新整理编目入库。

2015年,数据中心迁移至新馆中心机房,有机架式服务器10台、磁盘阵列2套(裸盘空间54TB)、路由交换网络设备8台。形成以服务器和数据库为核心节点,交换路由多层设备组网,读者终端服务自助化,采编、流通、典藏、行政办公等工作站点全面实现信息化的IT生态系统。2016年,3D书架导航系统接入OPAC,为读者找书提供可视化的图书架位信息。2017年,通过IPsec VPN接入国家图书馆专网,读者可以直接访问下载国家图书馆数字资源。2018年,完成无线网络升级改造,将原66个Avaya无线AP升级为75个H3C无线AP,增加公共区域Wi-Fi信号强度、稳定性和覆盖率。智慧图书馆项目获市文广新局批准建设。

2018年,长沙市图书馆信息化主要设施配置由硬件设备、服务系统、技术支持系统组成。其中,硬件设备包括14台机架服务器、2台刀箱服务器、4套磁盘阵列、37台接入交换机、2台汇聚交换机、核心交换机、防火墙网关、2台无线控制器、财务专网、密集书库管控设备、程控电话交换机、广播中控系统、楼宇智控系统、7台点检车、13台RFID芯片工作站、100余办公电脑、300台终端设备。服务系统包括Interlib图书集群管理系统、ACS读者自助办证借还系统、门户网站、电子资源馆外访问SSO系统、微信公众服务平台、志愿者管理系统、活动管理系统、Wi-Fi上网认证系统、客流统计系统、Lids智能书架与信息发布系统、开放式采访平台、24小时自助设备管理系统、自助打复印系统、机房管理系统、上网行为管理系统、UMS 统一用户管理系统、视频录播系统、办公 NAS 云储存系统等。技术支持系统包括 JumpServer 堡垒机、CAS 虚拟服务器管理平台、Open-falcon 监控报警系统、CDAP 多业务应急与数据保障平台、动环监控系统、IMC 监控平台。

长沙市图书馆门户网站（www.changshalib.cn）同步建有英文版（www.changshalib.cn/eng/），设有图书馆概况、馆藏资源、长图学会、读者服务、少儿天地、共享工程、总分馆、图书检索、我的图书馆等栏目。2011 年，长沙市图书馆官方微博"长沙图书馆"开通并发布首条微博，并陆续开辟图书推荐、活动资讯、图书馆动态、数字资源、讲座直播等栏目。2013 年长沙市图书馆微信公众平台订阅号"长沙图书馆"开通并发布首条图文消息。

4. 参考咨询

2014 年，编写《聚焦 2014·政协专题文献汇编》，有"经济专题""民生专题""政府建设专题"。开通"长沙数字资讯中心""政协委员文献信息咨询平台"，提供领导决策、经济发展、科学研究、文化教育等信息导航和参考服务。

2015 年，湖南省公共图书馆参考咨询联盟成立，长沙市图书馆作为创始成员馆加入。2018 年，长沙市图书馆加入全国图书馆参考咨询联盟。

长沙市图书馆参考咨询服务统计

年份	2012	2013	2014	2015	2016	2017	2018
文献传递量（篇）	2906	1548	372	—	672	836	1958
在线咨询量（位）	—	—	—	—	—	593	694

5. 志愿者服务

2013 年，长沙市图书馆成立长沙全民阅读志愿者联合会，2018 年，已注册志愿者 2725 人、志愿者团队 23 个。2016 年，编制《志愿服务手册》《长沙全民阅读文化志愿者联合会章程》《长沙全民阅读文化志愿者补贴发放管理办法》《长沙全民阅读文化志愿者星级管理规定》。志愿者开展多种活动，如"圈圈故事会""E 课堂""阳光周末公益课""书香长沙百师千课""大巴童书会""爱心助盲车""阅读伙伴共同成长"。长沙市图书馆志愿者服务队被长沙市精神文明建设指导委员会授予"优秀志愿服务组织"，2017 年，被湖南省文化厅授予"湖南省文化志愿服务先进团队"，2018 年，湖南省学雷锋志愿者服务工作委员会评为"湖南省优秀志愿服务组织""阳光周末公益大课堂获"基层文化志愿服务示范项目。

长沙市图书馆全民阅读志愿者联合会获奖一览表

年份	获奖项目	获奖名称	颁奖单位
2014	"身边的阅读天使"全民阅读推广志愿服务项目	湖南省"文化志愿服务推进年"优秀项目	湖南省文化厅
2015	长沙全民阅读文化志愿者联合会	书香长沙·全民阅读文化志愿者优秀团队	湖南省文化厅
2017	长沙全民阅读文化志愿者联合会	湖南省文化志愿者优秀组织	湖南省文化厅
2018	科学试验站	科普阅读推广优秀案例征集评选二等奖	中国图书馆学会阅读推广委员会
2018	阳光周末公益大课堂	基层文化志愿服务示范项目	湖南省文化厅
2018	"阅读悦成长"公益扶助项目	第六届湖南艺术节项目类"三湘群星奖"	湖南省文化厅

三、重大文化工程建设

1. 文化信息资源共享工程

2004年,长沙市图书馆成立全国文化信息资源共享工程长沙市支中心。2009年,长沙地区新增共享工程村级基层服务点880个。联合市委组织部党员远程教育中心,对基层服务点1600名管理员进行培训,编印《文化共享工程信息资源进绿色上网场所使用指南》等宣传资料。2010年,共享工程经费纳入长沙市财政预算。2011年,全市建成各类分馆33家。2012年,文化共享工程与数字图书馆、公共电子阅览室和网站建设结合推进,采购网站协作平台、全文检索系统、信息雷达等业务软件。2013年至2018年,举办长沙地区总分馆业务培训班、文化共享工程业务培训班累计11次。

2. 数字图书馆推广工程

2012年,长沙市图书馆实施数字图书馆推广工程。2013年,长沙市图书馆策划组织"百万图书任您选"电子书挑选活动,在2013年中国图书馆年会展览会上向全国同行推广。2014年至2018年,向"数字图书馆推广工程"申报"政府公开信息加工"项目,完成政府公开信息加工3.5万条;开展新东方数据库推广、"带您发现不一样的CNKI"等数字阅读推广活动。2018年,向"数字图书馆推广工程"申报"星城旧影·长沙老照片专题资源库"和"地方报纸数字化"项目,完成7000张老照片的征集、整理和数字化工作。

3. 古籍保护工程

长沙市图书馆馆藏古旧文献包括家谱族谱、墓志拓片、名人手稿、民国报纸、期刊以及古籍。2018年,馆藏古旧文献813种3300册,其中古籍441种、家谱372种、民国文献122种、新版古籍33种、单幅文献(地图600张、手稿86份、老照片380张)。2010年,长沙市图书馆完成二级以下古籍普查工作,整理《长沙地区公共图书馆馆藏古籍联合目录》。

四、总分馆建设

2009 年，长沙市图书馆启动总分馆建设。2016 年，文化部、新闻出版广电总局、体育总局、发展改革委、财政部印发《关于推进县级文化馆图书馆总分馆制建设的指导意见》（文公共发〔2016〕38 号），文化部《2017 年文化工作要点》明确要"推进县级公共图书馆文化馆总分馆制建设"。2009 年至 2018 年，长沙市图书馆建成分馆和 24 小时自助图书馆共计 120 个。

长沙市图书馆分馆、24 小时自助图书馆一览表

序号	分馆名称	建馆时间	馆址	藏书量（册）	馆舍面积（m²）	座席（个）
1	宁乡行政中心分馆	2009 年	行政中心西裙楼 1 楼	6000	80	25
2	八方分馆	2011 年建2017 年撤	岳麓区八方小区内	3000	60	15
3	颐而康分馆	2012 年	长沙市芙蓉区双杨路 2 号	2775	205	30
4	阳明山庄分馆	2012 年	岳麓区枫林三路 228 号阳明山庄社区同心家园	7000	90	25
5	岳龙分馆	2012 年	岳麓区望月湖街道月华街 15 号岳龙社区办公楼	3500	50	15
6	咸嘉分馆	2012 年	岳麓区咸嘉新村服务中心	21000	280	30
7	火炬分馆	2012 年	岳麓区银盆岭街道集贤路 29 号火炬城社区居委会	2000	90	12
8	阳光分馆	2012 年	岳麓区岳麓街道黄鹤路阳光 1002-12 阳光社区	2000	120	10
9	精英路分馆	2012 年	开福区东风路街道东风二村巷 25 号	5000	150	70
10	科大景园分馆	2012 年	德雅路 1116 号科大景园小区二期会所 1 楼	13000	120	16
11	江湾分馆	2012 年	开福区湘江世纪城融江苑 9 栋 1 楼旁边	4200	100	40
12	融城苑分馆	2012 年	雨花区井湾子街道井湾路 528 号融城花苑小区 12 栋	2300	60	24
13	师友分馆	2012 年	望城区白沙洲街道同心花园 7 栋 1 号	20000	120	20
14	江背镇分馆	2012 年	长沙县江背镇文化中心	12000	100	8
15	北山镇分馆	2012 年	长沙县北山镇青田村	13000	210	30
16	福临分馆	2012 年	长沙县福临镇文化服务中心	18000	80	10

序号	分馆名称	建馆时间	馆址	藏书量（册）	馆舍面积（m²）	座席（个）
17	城北中学分馆	2012 年	城北中学梅花校区内	40536	1200	60
18	沈家巷分馆	2012 年	宁乡道林镇华鑫市村沈家巷组	45000	400	20
19	双凫铺分馆	2012 年	宁乡双凫铺镇综合文化站	5000	400	20
20	夏铎铺分馆	2012 年	宁乡夏铎铺镇综合文化站	10000	100	40
21	拓维分馆	2012 年	岳麓区桐子坡路 298 号	2000	100	40
22	金井分馆	2012 年	长沙县金井镇文化中心	8000	120	10
23	长沙市步步高 24 小时自助图书馆	2012 年建 2018 年撤	岳麓区金星路步步高西门前坪	402	6	0
24	长沙市老干部大学分馆	2013 年	芙蓉区藩后街 52 号	4000	50	10
25	锦林分馆	2013 年	芙蓉区马坡岭街道锦林社区居委会 2 楼	7000	200	30
26	橘子洲分馆	2013 年	岳麓区橘子洲街道潇湘中路 133 号学堂坡社区	3000	900	16
27	一中开福中学分馆	2013 年	开福区德雅路 482 号	55434	311	60
28	科大佳园分馆	2013 年	开福区科大佳园小区会所	2000	200	20
29	丰园分馆	2013 年	雨花区洞井街道丰园社区汇金路 199 号	9000	220	60
30	黎郡分馆	2013 年	雨花区东山街道黎郡社区服务中心 3 楼	6420	200	24
31	星城国际分馆	2013 年	长沙县阳高社区星城国际小区玫瑰 1 栋 2 单元	15000	180	20
32	安沙分馆	2013 年	长沙县安沙镇结服务中心	13000	120	8
33	开慧分馆	2013 年	长沙县开慧镇服务中心	12000	120	6
34	古港分馆	2013 年	浏阳市古港镇车站中路原古港派出所	2000	120	60
35	少奇纪念馆分馆	2013 年	宁乡市花明楼镇刘少奇纪念馆	6763	150	15
36	南芬塘村分馆	2013 年	宁乡南芬塘集镇加油站	600	60	30
37	乌山分馆	2013 年	望城区乌山街道双丰村	10000	90	8
38	荷花分馆	2013 年	浏阳市荷花街道杨家弄	5000	150	50
39	红星美凯龙分馆	2013 年建 2015 年撤	雨花区红星美凯龙侧面	3000	80	20

序号	分馆名称	建馆时间	馆址	藏书量（册）	馆舍面积（m²）	座席（个）
40	金环分馆	2013年建2015年撤	雨花区金环社区	3500	70	10
41	马王街分馆	2013年建2017年撤	芙蓉区马王街社区	3000	120	30
42	坡子街分馆	2014年	天心区坡子街街道坡子街社区火宫殿对面巷内	4000	100	30
43	金汇分馆	2014年	天心区新柠路1号柠檬丽都	6500	240	60
44	莲花分馆	2014年	岳麓区莲花镇文化站大楼	5500	150	24
45	银盆岭分馆	2014年	岳麓区银盆岭街道岳华路282号银馨家园B9栋	3500	80	12
46	创梦者分馆	2014年	岳麓区观沙岭银杉路枫林绿洲小区爱爱超市	1200	120	30
47	汉回村分馆	2014年	开福区沙坪街道汉回村汉回小学	7000	80	20
48	青山铺分馆	2014年	长沙县北山镇青田村	10000	100	20
49	田汉分馆	2014年	长沙县果园田汉村新塘组	18000	120	15
50	湘绣分馆	2014年	长沙县湘龙街道湘绣社区	6000	80	10
51	三联分馆	2014年	浏阳市集里街道马鞍山街48号	4450	150	60
52	地铁2号线（芙蓉广场）自助图书馆	2014年	芙蓉广场站地铁大厅内4号出口旁	402	6	0
53	地铁2号线（五一广场）自助图书馆	2014年	五一广场站地铁大厅内2号出口旁	402	6	0
54	蓝月谷分馆	2014年	长沙经开区创业大楼15楼	15000	1000	60
55	长沙市委宣传部自助阅览室	2014年	市委办公大楼7楼	3000	65	20
56	柿冲分馆	2014年	浏阳市柿冲镇花木走廊1号	5000	80	20
57	西湖分馆	2015年	芙蓉区晚报大道79号	6800	1000	30
58	富雅分馆	2015年	开福区望麓园街道蔡锷北路兴汉大厦3楼	5000	168	30
59	南城分馆	2015年	天心区先锋街道中意路168号中信文化广场社区	6200	300	36
60	梅溪湖文化艺术中心站地铁大厅内	2015年	梅溪湖文化艺术中心站地铁大厅内4号出入口	402	6	0
61	农业分馆	2015年	湖南省农科院实验大楼	190000	600	30
62	轨道公司分馆	2015年	雨花区杜花路166号8楼	5300	30	20

序号	分馆名称	建馆时间	馆址	藏书量（册）	馆舍面积（m²）	座席（个）
63	望城区行政中心分馆	2015 年	望城区高塘岭街道行政中心档案馆 1 楼	10000	200	24
64	天石村分馆	2015 年	跳马镇天石村村部大楼	10000	60	15
65	福元分馆	2015 年	开福区福元西路珠江花园酒店副楼五楼	5000	100	60
66	道林中学分馆	2015 年	宁乡市道林镇道林中学	10750	108	40
67	百善台分馆	2015 年	开福区湘雅路街道百善台社区尚上美寓 2 栋西头 1 楼	4658	50	40
68	玉潭分馆	2015 年	宁乡市玉潭中路 141 号	2700	40	10
69	西正分馆	2015 年	浏阳市才常路 98 号	2780	120	60
70	小蜜蜂分馆	2015 年	天心区暮云街道高云小区东一区八栋二楼	21000	120	30
71	烈士公园 24 小时自助图书馆	2016 年	长沙市烈士公园南门前坪	3000	18	4
72	左岸分馆	2016 年	开福区四方坪德汇路左岸春天小区西门	10000	300	50
73	高桥分馆	2016 年	雨花区高桥街道锦湘国际 2 期 8 栋 108 门面二楼	5000	79	40
74	恒华分馆	2016 年	岳麓区佑姆塘路与西二环交汇处恒华社区服务中心	5000	120	26
75	春华山分馆	2016 年	长沙县春华镇乐和大院	4000	60	8
76	市委办分馆	2016 年	长沙市委办公大楼 4 楼	5000	80	30
77	白沙湾 24 小时自助图书馆	2016 年	芙蓉区荷花路 469 号	3800	20	6
78	南家塘分馆	2016 年建 2018 年撤	岳麓区南家塘社区服务中心三楼	4000	60	20
79	梅溪湖金茂分馆	2016 年建 2019 年撤	岳麓区金茂悦三期门面	12000	300	70
80	花香分馆	2017 年	望城区金星北路勤诚达新界 D1 栋 108 号	7500	128	20
81	湘仪分馆	2017 年	岳麓区望城坡街道湘仪路 114 号湘仪社区 2 楼	6800	100	12
82	西湖山分馆	2017 年	浏阳市集里街道黄泥岭路西湖服务大楼	3000	60	20
83	地铁 1 号线马厂站自助图书馆	2017 年	马厂地铁站大厅内 1 号出口旁	402	6	0

序号	分馆名称	建馆时间	馆址	藏书量（册）	馆舍面积（m²）	座席（个）
84	地铁 1 号线黄土岭站自助图书馆	2017 年	黄土岭地铁站大厅内 1 号出口旁	402	6	0
85	地铁 1 号线侯家塘站自助图书馆	2017 年	侯家塘地铁站大厅内 1 号出口旁	402	6	0
86	城西分馆	2017 年	浏阳市青阳山路 51 号	3500	70	20
87	三棵树 24 小时自助图书馆	2017 年	长沙县星沙街道牛角冲社区	2000	70	8
88	浏阳高坪分馆	2017 年	浏阳高坪集镇志民路 52 号	3000	200	50
89	浏阳文家市分馆	2017 年	浏阳市文家市镇里仁小学对面	4500	300	60
90	泉塘分馆	2017 年	芙蓉区泉塘街道文化站	12000	100	12
91	岳麓区 24 小时自助图书馆	2017 年	岳麓区八方小区 2 期 C 区西门 S5-112 门面	3500	30	3
92	学士 24 小时自助图书馆	2017 年	岳麓区学士路中医药大学对面	1800	60	35
93	古汉分馆	2017 年	芙蓉区马王堆街道古汉城社区居委会 2 楼	4300	180	40
94	安子岭分馆	2017 年	芙蓉区东业上城小区 6 栋	2050	80	54
95	月湖公园 24 小时自助图书馆	2017 年	开福区月湖公园喷泉广场西南角	3000	25	3
96	秀峰山公园 24 小时自助图书馆	2017 年	开福区秀峰山公园前坪西南角	3000	30	6
97	湘江世纪城 24 小时自助图书馆	2017 年	开福区湘江世纪城河堤文化广场南面	3000	27	6
98	万达 24 小时自助图书馆	2017 年	开福区万达广场 3 号门南边转角处	3000	19	3
99	龙王港分馆	2018 年	岳麓区西湖街道龙王港	7000	100	35
100	定王台分馆	2018 年	芙蓉区定王台街道丰泉古井社区丰盈里 1 号	2400	60	8
101	洞阳分馆	2018 年	浏阳市洞阳镇嘉利新世界	3000	105	30
102	雅塘分馆	2018 年	雨花区雅塘村社区雅塘路 258 号汇城上筑小区 3 栋	10000	100	28
103	枫华府第自助图书馆	2018 年	岳麓区学士街道枫华府第小区 A20 栋 M03 门面	8500	180	48

序号	分馆名称	建馆时间	馆址	藏书量（册）	馆舍面积（m²）	座席（个）
104	简名分馆	2018 年	望城区郭亮中路 501 号	11000	240	30
105	湘府文化公园分馆	2018 年	天心区湘府文化公园生态景观轴第九区	8000	240	37
106	悦方 24 小时自助图书馆	2018 年	天心区坡子街与黄兴路步行街交汇处	500	17	0
107	南托岭分馆	2018 年	天心区南湖大道凯富大厦	3584	320	70
108	檀木岭分馆	2018 年	开福区沙坪街道檀木岭村	8000	80	15
109	丰园 24 小时自助图书馆	2018 年	雨花区汇金路 199 号鄱阳小区内	500	30	20
110	浦沅 24 小时自助图书馆	2018 年	雨花区东塘街道浦沅社区	2000	60	20
111	雨敞坪分馆	2018 年	岳麓区雨敞坪社区中心	3000	120	24
112	松果分馆	2018 年	望城区月亮岛街道润和又一城二期 14 栋 2 楼	20000	200	40
113	中和分馆	2018 年	浏阳市中和镇苍雅路 58 号	2210	167	16
114	雨花区非遗分馆	2018 年	雨花区杉木冲东路 198 号雨花非遗馆 2 楼	30000	600	100
115	南庭分馆	2018 年	雨花区洞井街道南庭社区	5600	260	24
116	润龙分馆	2018 年	岳麓区梅溪湖街道沐风路家和苑小区 7 栋	7000	300	25
117	高新区企业广场分馆	2018 年	岳麓区文轩路与麓谷大道交汇处高新区企业广场	4500	110	30
118	花溪新苑分馆	2018 年	岳麓区坪塘街道花溪新苑小区 A6 栋 1 楼	9000	60	12
119	望城起点分馆	2018 年	望城区高塘岭街道望府路社区正荣财富中心前坪	6000	78	27
120	姚托湾分馆	2018 年	芙蓉区东湖街道姚托湾社区居委会 1 楼	2000	50	12

五、学会工作

2015 年，长沙市图书馆学会注册成立。2016 年，制订青年馆员素养提升计划，举办 3 次业务培训，派出 12 批 28 名中青年馆员外出参加中图学会年会及相关业务培训。长沙市图书馆注册中国图书馆学会团体会员，完成网上个人会员的注册审核工作。

六、学术、科研活动及成果

1. 学术、科研活动

2010 年，李怡梅入选湖南省图书馆学会中青年人才库。2011 年，李怡梅被评选为湖南省图书馆学会优秀中青年人才。2016 年，龙耀华参加在武汉举办的省市级图书馆馆长培训班，作题为"聚焦需求·创新供给——长沙市图书馆数字图书馆建设的思考与探索"的报告。2016 年，王自洋赴铜陵参加中国图书馆年会，龙耀华参加在广州图书馆举办的"创客空间：图书馆里的创造力——人人参与的创客空间"国际学术研讨会。2017 年，"东亚文都·书香长沙"中国图书馆第十一届全民阅读论坛在长沙举办，主题为"阅读，文化自信的基石"，中日韩三国 1200 人参加，王自洋作题为"悦读·创新·效能"的主题报告，黄兵在分会论坛以"大数据·小读者——精准少儿阅读推广案例分析"为题同与会者分享交流。湖南省图书馆学会第十届图书馆公共文化服务工作专业委员会成立大会在长沙市图书馆召开，王自洋任第十届委员会主任。时务学堂创办 120 周年纪念大会暨全国学术研讨会在长沙市图书馆召开。2018 年，中国图书馆年会长沙市图书馆少儿服务部长沙市图书馆未成年人阅读服务项目"青苗计划"获"中国图书馆最美故事"之优秀服务奖。

2. 学术成果

2010 年至 2019 年，长沙市图书馆员工发表专业论文 100 余篇和出版 3 部专著。

长沙市图书馆员工发表部分论文一览表

序号	作者	论文题名	刊物名称	发表时间
1	李怡梅	长沙市图书馆地方文献工作现状及发展思路	《农业图书情报学刊》	2010 年
2	尹思思	"孟妈妈"及"长沙孟妈妈青少年保护家园"向长沙市图书馆捐赠图书	《图书馆报》	2017 年
3	尹思思	令人遗憾的"失败"	《图书馆报》	2017 年
4	尹思思	有些懒，终究不能偷	《图书馆报》	2018 年
5	魏海燕 姚照丰	数字时代"听书"视阈下图书馆阅读推广服务研究	《四川图书馆学报》	2018 年
6	王自洋	以现代服务新理念构建全民阅读新生态——长沙市图书馆总分馆服务体系建设实践思考	《湖南文化》	2018 年

长沙市图书馆出版学术著作一览表

序号	作者	著作题名	出版机构	出版时间
1	王自洋	区域图书馆资源共建共享模式研究——以长沙地区为例	知识产权出版社	2014 年
2	陈冀宏	区域图书馆系统一体化建设研究——以长株潭为例	沈阳万卷出版公司	2017 年
3	徐 佳	星城科学讲堂讲座精选	知识产权出版社	2017 年

七、表彰与奖励

长沙市图书馆获表彰项目一览表

年份	奖项名称	颁奖单位
2009	文化共享工程工作优秀奖	文化信息资源共享工程湖南省分中心
	全民阅读优秀组织奖	中国图书馆学会
2014	数字图书馆推广工程优秀宣传单位	国家图书馆
2015	湖南省文明单位	湖南省精神文明建设指导委员会
	全民阅读先进单位	中国图书馆学会
2016	全民阅读示范基地	中国图书馆学会
2017	文津图书奖联合评审单位	国家图书馆
	青少年党史国史主题教育活动先进集体	湖南省文化厅
	国家一级图书馆	文化部
2018	国家级节能型公共机构示范单位	国务院机关事务管理局
	"阅读悦成长"项目获第六届湖南艺术节"三湘群星奖"	湖南省文化厅
	文津图书奖联合评审单位	国家图书馆

芙蓉区图书馆

长沙市芙蓉区图书馆建于 2005 年,馆址位于长沙市人民东路 67 号。2013 年,长沙市政府办公厅下发《长沙图书馆总分馆建设实施方案》(长政办函〔2013〕53 号),明确总分馆运行模式、经费配套、申建标准,芙蓉区制定《芙蓉区图书馆总分馆建设实施方案》。2018 年,芙蓉区总分馆有 12 家,实行数字资源共享和图书通借通还的"一卡通"模式。

一、基础设施设备和机构、人员、经费

1. 基础设施设备

芙蓉区图书馆建筑面积 1500 平方米，阅览座席 410 个。芙蓉区图书馆实行总分馆管理，建有 12 个分馆：街道、社区 7 个，企业 3 个，地铁站 24 小时自助图书馆 2 个。还建有服务网点 23 个：定王台街道 3 个，韭菜园街道 3 个，文艺路街道 3 个，朝阳街道 1 个，湘湖管理局 1 个，荷花园街道 2 个，东屯渡街道 2 个，东湖街道 1 个，东岸街道 1 个，马坡岭街道 1 个，马王堆街道 1 个，五里牌街道 1 个，火星街道 3 个。

2. 机构

2018 年，芙蓉区图书馆设采编室、总服务台、综合阅览室、少儿阅览室、过刊室、盲文视听室。有员工 10 人，其中副高职称 1 人，中级职称 2 人。

3. 人员

芙蓉区图书馆馆长名录

序号	姓名	任职时间
1	黄支农	2009 年至 2016 年
2	何 媛	2016 年至今

芙蓉区图书馆员工情况统计表（单位：人）

年份	员工人数	专科及本科学历	中级职称	副高职称
2009	7	7	—	—
2015	7	7	—	1
2018	10	7	2	1

4. 经费

芙蓉区图书馆经费统计表（单位：万元）

年份	财政拨款	购书经费	数字资源采购经费	免费开放经费
2014	215	27	30	61
2015	167	25	2	45
2016	205	27	2	77
2017	192	25	2	52
2018	194	25	2	74

二、基础业务工作

1. 馆藏资源

2018 年芙蓉区图书馆藏书 18.11 万册，报刊 1.74 万件，电子文献 39.55 万件。设立

地方文献专藏，保存手稿、档案、方志、内部出版物、地方出版物等。

芙蓉区图书馆藏书统计表

年份	2009	2012	2013	2014	2015	2016	2017	2018
藏书量（万册）	13.00	13.63	14.32	15.09	15.79	16.70	17.40	18.11

注：统计数据不包含电子图书。

2. 读者服务

芙蓉区图书馆读者服务统计表

年份	借阅册次（万册次）	流通人次（万人次）	读者活动（次）	讲座、展览（场）
2009	14.58	22.62	182	4
2010	16.72	22.84	184	4
2011	20.39	24.12	182	5
2012	28.39	31.74	190	4
2013	30.39	31.74	192	5
2014	44.97	38.81	191	6
2015	56.04	36.88	199	5
2016	65.12	46.92	199	5
2017	74.85	47.77	210	4
2018	87.46	47.69	201	5

芙蓉区图书馆为中心馆，10个街道、社区、企业分馆，2个自助图书馆，4个图书流动图书车服务点，17个街道社区流动服务点。芙蓉区图书馆开展未成年人服务、暑假书法培训班、英语口语交流会、圈圈故事会活动。2014年开展"三湘读书月——少儿'中国梦·我心中的故事'读书活动"，2017年"书香湖南·红星闪闪耀童心"少儿读书活动。开设中老年人初级电脑培训班。与湖南师范大学、中南大学等志愿者协会达成协议，开展"芙蓉公益大课堂"免费培训。

3. 现代技术应用

2012年，芙蓉区图书馆引入 Interlib 图书馆集群自动化管理系统，业务工作实现自动化管理。2014年，采购4台中文在线电子阅读机。2015年，建立芙蓉区图书馆网站。电子阅览室配有30台电脑。

4. 志愿者服务

芙蓉区图书馆设立学雷锋志愿服务工作站，建有志愿服务队。寒暑假期间招募中小学生进行志愿服务。志愿服务分为日常馆内服务与读者活动服务。

三、表彰与奖励

2009 年第四次全国县级以上公共图书馆评估、2013 年第五次全国县级以上公共图书馆评估、2017 年第六次全国县级以上公共图书馆评估，长沙市芙蓉区图书馆均被文化部评为"国家一级图书馆"。

天心区图书馆

长沙市天心区图书馆成立于 2005 年，馆址位于湘府中路 298 号天心区机关北栋负一楼，馆舍面积 1553 平方米，并设有综合阅览室、电子阅览室、少儿阅览室、影视俱乐部和多媒体演示厅等设施。不定期免费举办形式多样的读者活动和讲座培训，开展书刊外借、阅览、文献检索、主题讲座、志愿者活动。

一、基础设施设备和机构、人员、经费

1. 基础设施设备

2018 年 8 月 28 日，天心区图书馆搬迁至天心区金盆岭街道黄土岭 218 号。2018 年，天心区图书馆建筑面积 2380 平方米，阅览座席 428 个，其中少儿阅览座席 60 个，配有 53 台计算机供读者使用，200 兆移动光纤专线接入，阅览室和放映厅均装有空调设备。有 1 台流动图书车。

2. 机构

2018 年，天心区图书馆设办公室、综合阅览室、期刊阅览室、电子阅览室、少儿阅览室、多媒体室、地方文献室、过刊室、培训室。

3. 人员

2005 年，刘湘俊担任天心区图书馆馆长一职。

天心区图书馆人员统计表（单位：人）

年份	员工人数	高中学历	专科及本科学历	研究生学历	初级职称	中级职称
2018	16	3	9	3	3	2

4. 经费

天心区图书馆经费统计表

年份	2009	2010	2011	2012	2013	2014	2015	2016	2017	2018
财政拨款（万元）	50.0	50.0	74.5	61.0	46.0	80.0	111.6	81.7	265.6	115.0

二、基础业务工作

1. 馆藏资源

2018年，天心区图书馆藏书31万册（包括分馆藏书）。采编部负责文献采访、编目及藏书组织管理。馆藏文献依据《中国图书馆分类法（第五版）》《中国分类主题词表》标引，按照《普通图书著录规则》著录。

天心区图书馆藏书统计表

年份	2009	2010	2011	2012	2013	2014	2015	2016	2017	2018
藏书量（万册）	15.6	17.6	19.2	21.0	22.5	24.0	24.7	25.7	28.5	31.0

天心区图书馆向社会征集地方文献，设有地方文献室，由专人进行管理，收藏有《中共长沙市南区组织史资料》《天心政情》《天心统计年鉴》《天心历史风貌》《天心区统计提要》等地方文献。

2. 读者服务

天心区图书馆每周开放56小时，阅览室双休日开放，少儿阅览室周末及寒暑假开放。服务形式为借阅合一、书刊合一，全开架借阅。

天心区图书馆读者服务工作统计表

年份	2009	2010	2011	2012	2013	2014	2015	2016	2017	2018
外借册次（万册次）	13.17	13.26	15.26	16.26	17.58	17.69	10.22	12.16	12.23	12.37
外借人次（万人次）	8.36	8.41	9.42	9.53	9.55	9.67	5.04	5.12	5.23	5.38

天心区图书馆举办"天图讲坛"公益讲座。2013年至2018年举办的公益讲座和承办的圈圈故事会、中老年电脑培训班共达107次。每年开展春节的春联征集，元宵节的猜灯谜活动，三八节的女性论坛，寒暑假的少儿读书征文、知识竞赛、讲故事和演讲比赛，"七一""八一""国庆"等纪念日书展等活动。每年都策划开展图书馆服务宣传活动，每年5月的公共图书馆活动宣传周、4月世界读书日、7月图书馆服务宣传周、秋季三湘读书月等全民读书活动。从2010年开始，天心区图书馆在春节前开展春联征集活动，并通过各类媒体渠道进行宣传推广，包括报纸、各类主流媒体网站、中国楹联论坛、专业微信推送。

2016年，天心区图书馆成立文博志愿者服务团，有志愿者79人。志愿者团队开展图书上架排架、读者咨询、机器人培训、知识培训讲座、陶器制作等活动，还组织了小小志愿者的活动。

3. 现代技术应用

2013年，天心区图书馆引入 Interlib 图书馆集群管理系统，具有采访、编目、典藏、期刊、流通、系统、特色功能7个模块，实现全业务流自动化管理。设立天心区图书馆网站，辟有信息公开、年报、年计划、统计分析、图书馆简介、开放制度、借阅和办证须知、馆藏目录、新书通报等栏目。馆内配有歌德电子书借阅机、文献检索设备、图书消毒机。在湘府分馆内配有自助借还书机、电子书借阅机、电子报刊借阅机、书法体验台、自助办证机和图书消毒机、图书智能盘点定位设备、远程监控设备；位于天心区政府一楼的中厅馆内配有自助借还书柜、书法体验台及图书智能定位系统。

天心区图书馆是文化信息资源共享工程区支中心，建有电子阅览室，配备电脑20台，接入200兆移动光纤。2015年，安装省电子阅览云平台。2017年，电子阅览室更新了全部电脑。每年与湖南图书馆签订《湖南文化信息资源共享工程工作实施协议》和《湖南省公共图书馆数字资源共享协议》。

三、总分馆建设

2018年，天心区图书馆已建成6个社区分馆：坡子街社区分馆、金汇社区分馆、南城社区分馆、小蜜蜂分馆、南托岭社区分馆、湘府文化公园分馆。有3个24小时自助图书馆。另有30个农家书屋、72个社区图书室。2014年配备流动图书车，装载图书3500多册，服务于机关、社区、学校18个服务点。

四、表彰与奖励

2009年第四次全国县级以上公共图书馆评估、2013年第五次全国县级以上公共图书馆评估、2017年第六次全国县级以上公共图书馆评估，长沙市天心区图书馆均被文化部评为"国家一级图书馆"。

开福区图书馆

长沙市开福区图书馆成立于2005年，2007年馆址迁至长沙城北青竹湖。新馆设综合阅览室、少儿阅览室、精品阅览室、电子阅览室、过刊室、多媒体播放厅等服务窗口。开福区图书馆建立11家分馆和6家24小时自助图书馆。11家图书分馆总面积1659平方米，馆藏图书12万册；6家24小时自助图书馆总面积246平方米，馆藏图书2.8万册。

一、基本设施设备和机构、人员、经费

1. 基本设施设备

2005 年，开福区图书馆成立，馆址在北正街小学内。2007 年，开福区图书馆搬迁至青竹湖湘一外国语学校综合楼，建筑面积 6041 平方米，阅览座席 422 个。

2. 机构

2018 年，开福区图书馆设办公室、采编室、综合阅览室、少儿阅览室、精品阅览室、电子阅览室、过刊室、多媒体播放厅（与区委党校共享）。

3. 人员

开福区图书馆馆长名录

序号	姓名	任职时间
1	钱阳慧	2006 年至 2015 年
2	彭葳	2015 年至今

开福区图书馆员工情况统计表（单位：人）

年份	员工人数	专科及本科学历	研究生学历	中级职称
2009	6	5	1	0
2018	7	6	1	3

4. 经费

开福区图书馆经费统计表

年份	2009	2010	2011	2012	2013	2014	2015	2016	2017	2018
财政拨款（万元）	58.3	56.0	50.1	120.0	159.0	167.0	161.0	203.0	275.0	311.0

二、基础业务工作

1. 馆藏资源

2018 年，开福区图书馆藏书 13.82 万册，有电子图书 51.24 万册。馆藏有《四库全书》《光绪朝批奏折》《湖湘文库》，还有方志、谱牒、地方出版物、内部资料等文献。开福区图书馆上门访求搜集出版信息，与各部门、地方人士以及知名人士接触，搜集地方文献。设置地方文献书籍专柜，制定《地方文献保护规章制度》。

开福区图书馆藏书统计表

年份	2009	2010	2011	2012	2013	2014	2015	2016	2017	2018
藏书量（万册）	6.06	6.39	6.69	7.06	7.51	8.29	9.07	9.64	11.26	13.82

2. 读者服务

开福区图书馆读者服务统计表

年份	外借册次（万次册）	阅读推广活动（场）	讲座培训（次）	展览（次）
2009	6.60	31	20	4
2010	7.33	30	21	4
2011	8.64	29	18	5
2012	10.84	31	18	5
2013	35.53	32	33	5
2014	38.74	34	34	9
2015	39.08	41	48	13
2016	41.37	95	66	15
2017	12.12	43	28	7
2018	19.28	75	40	20

开福区图书馆开通在线咨询、实时咨询和网络咨询 3 种咨询渠道，为党政机关、企业和个人提供信息服务，还开展多种读者活动。2013 年举办"开福大讲堂"，2015 年举办"文化微沙龙"，2017 年开展"圈圈故事会"。

开福区图书馆成立志愿者服务队，并为志愿者办理文化志愿者注册服务证。利用周末、节假日，志愿者整理书籍、打扫卫生。2009 年至 2018 年，先后组织志愿者服务队向沙坪中学赠书活动，开展"爱心义卖""环保行""暖春之行——走进长沙市第一社会福利院""猜灯谜到图书馆""庆元宵视频播放周""开学第一课""暑期志愿活动"文化志愿者活动。

3. 现代技术应用

开福区图书馆是全国文化信息资源共享支中心，可共享国家、省、市信息资源，建有开福区图书馆网站，网址为 www.cklib.com。

三、总分馆建设

2018 年，开福区图书馆建成 11 家图书分馆、6 家 24 小时自助图书馆。

开福区图书馆分馆、24 小时自助图书馆一览表

序号	分馆名称	建馆时间	馆舍面积（m²）	藏书量（册）	馆址
1	江湾社区分馆	2012 年	100	4200	芙蓉北路江湾社区服务中心 1 楼
2	科大景园社分馆	2012 年	120	13000	德雅路 1116 号
3	精英路社区分馆	2012 年	150	5000	东风路东风二村巷 25 号

序号	分馆名称	建馆时间	馆舍面积（m²）	藏书量（册）	馆址
4	科大佳园分馆	2012 年	200	2000	伍家岭街道科大佳园社区会所 1 楼
5	一中开福中学分馆	2013 年	311	55434	德雅路 482 号
6	汉回分馆	2014 年	80	7000	沙坪街道汉回村村民委员会
7	福元路分馆	2015 年	100	5000	福元西路珠江花园酒店副楼 5 楼
8	富雅坪分馆	2015 年	168	5000	蔡锷路东兴园巷 2 号兴汉大厦 3 楼
9	百善台分馆	2015 年	50	4658	湘江中路一段 52 号凯乐国际 3 栋
10	左岸分馆	2016 年	30	10000	德汇路左岸春天西门
11	檀木岭	2017 年	80	8000	沙坪街道檀木岭村村民委员会
12	24 小时自助图书馆烈士公园馆	2016 年	18	3000	烈士公园南门前坪东北角
13	24 小时自助图书馆月湖公园馆	2017 年	25	3000	月湖公园喷泉广场西南角
14	24 小时自助图书馆秀峰山公园馆	2017 年	30	3000	秀峰山公园前坪西南角
15	24 小时自助图书馆万达广场馆	2017 年	27	3000	开福万达广场 3 号门南边
16	24 小时自助图书馆湘江世纪城馆	2017 年	19	3000	江世纪城河堤文化广场南面
17	24 小时自助图书馆马栏山馆	2018 年	127	13000	马栏山文创园创智园 1 栋 1 楼

四、表彰与奖励

2013 年第五次全国县级以上公共图书馆评估、2017 年第六次全国县级以上公共图书馆评估，长沙市开福区图书馆均被文化部评为"国家一级图书馆"。

雨花区图书馆

长沙市雨花区图书馆于 2005 年建立，馆址在万家丽中路三段 7 号雨花区区治大院内，全馆实行藏、借、阅、检于一体的开放式服务，开展书刊外借、阅读、参考咨询、文献检索、系列讲座、社会教育等多种形式、多种途径的读者服务工作，每年流通文献 30 万多册次，接待读者 30 万人次，能提供数字化、网络化、自动化的电子资源服务。

一、基础设施设备和机构、人员、经费

1.基础设施设备

2005 年，雨花区图书馆建筑面积 3000 平方米，2011 年新建多功能文化中心，馆舍建筑面积 4200 平方米，阅览座席 400 个。

2.机构

2018 年，雨花区图书馆设办公室、综合借阅室、少儿阅览室、电子文献阅览室、报刊阅览室、共享工程多媒体播放室、文化信息资源共享工程支中心。

3.人员

雨花区图书馆馆长名录

序号	姓名	任职时间
1	董玲玲	2005 年至 2015 年
2	汤海清	2015 年至今

雨花区图书馆员工情况统计表（单位：人）

年份	员工人数	专科及本科学历	研究生学历	中级职称
2009	4	—	—	—
2012	6	—	—	—
2016	8	7	1	0
2017	10	9	1	5
2018	10	9	1	5

4.经费

雨花区图书馆的各项经费纳入每年财政预算，2009 年至 2018 年财政拨款年均 159.03 万元，其中，2018 年财政拨款为 320.4 万元。2009 年至 2018 年购书经费总计 250 万元，其中，2009 年购书费为 16 万元，2018 年为 50 万元。

雨花区图书馆经费统计表（单位：万元）

年份	2009	2010	2011	2012	2013	2014	2015	2016	2017	2018
财政拨款	83.2	107.0	122.0	122.2	122.0	122.2	135.0	162.0	294.3	320.4
购书经费	16.0	15.4	15.4	15.4	15.4	15.4	16.0	30.0	61.0	50.0

二、基础业务工作

1.馆藏资源

2018 年，雨花区图书馆藏书 33.57 万册。建立地方志目录、本地出版物目录、内部资料目录。建设书目型数据库，如《馆藏中文图书书目数据库》《馆藏中文期刊书目数据库》；建成全文型数据库《湖湘人物库》《湖南地方志》《长沙年鉴》《非遗数据库》；以及多媒体型资源库《雨花区视频数据库》《雨花区图片库》，总数据量达到 18.5G。

长沙市雨花区图书馆藏书统计表

年份	2009	2010	2011	2012	2013	2014	2015	2016	2017	2018
藏书量（万册）	13.00	13.38	13.72	14.09	14.52	14.99	15.39	30.74	32.44	33.57

2. 读者服务

雨花区图书馆开放时间为周二至周日，每天开放时间是 9:00 至 21：00。2018 年，持证读者为 45122 人。

雨花区图书馆读者服务统计表

年份	2009	2010	2011	2012	2013	2014	2015	2016	2017	2018
接待读者（万人次）	9.9	10.3	12.9	13.0	13.1	13.1	13.2	17.9	30.3	31.9

雨花区图书馆开展多种读者活动。2009 年至 2018 年连续举办十届"书香雨花"读书节，活动包括中华经典诵读会、微博晒书情、"QQ 品书情"活动、百部爱国主义红色经典电影展、"百个爱心书包"助学活动、"千张书香券"赠你手活动、"书海导读"新书推荐、"全民阅读·关爱社区"送图书进社区活动、"全民阅读·快乐阅读"活动。每年举办图书漂流活动，漂流的图书贴上特定的标识后投放到公共场所，无偿提供给未成年人阅读，读完后再重新投放到公共场所或直接传递给下一个读者，就像放入大海的"漂流瓶"，2007 年该活动被评为湖南省未成年人思想道德建设创新案例。

雨花区图书馆每年都举办或参加各种青少年活动，如 2010 年雨花区图书馆参加全省青少年礼仪知识竞赛；2011 年举办并参加全国文化信息资源共享工程少年网页设计竞赛；2011 年举办少儿"纪念中国共产党成立 90 周年"红色经典读书活动，2012 年开展"书香雨花读书节"活动，2013 年举办"三湘读书月——长沙市少年儿童'中国梦·我的梦'"读书活动，2015 年参加"书香湖南——少年儿童'中国梦·汉语美'读书活动，2016 年参加"书香湖南——少年儿童'光荣与梦想'纪念建党 95 周年暨红军长征胜利 80 周年"知识竞赛；2017 年参加中国图书馆学会组织的全国"书香社区"发现活动，雨花区丰园社区获"书香社区"称号，同年参加"书香湖南·红星闪闪耀童心"少儿读书活动。

3. 现代技术应用

雨花区图书馆引入 Interlib 图书馆集群管理系统，包括采访、编目、典藏、期刊、流通、系统、特色功能 7 个模块，实现全业务流程数字一体化管理，业务管理系统对接图书馆自助借还设备，同时也与官网数字资源授权访问系统、微信公众平台进行了对接，业务系统具备数据接口开放能力。全馆有供读者用电脑 46 台，读者免费使用 Wi-Fi，无线 AP 点遍布全馆，统一使用雨花区电子政务云计算中心，其中网络接入带宽，存储容量达到 17TB。

2006 年，建立文化信息资源共享工程雨花区支中心，2008 年，通过文化部组织专家小组的验收。2012 年，雨花区支中心被文化部授予"全国文化信息资源共享工程·公共电子阅览室示范点"。

4. 志愿者服务

雨花区图书馆成立学雷锋志愿工作服务站，制定了相应的志愿者管理制度，开展各种文化志愿服务活动，2009 年至 2018 年，平均每月组织 5 次志愿者活动。

三、总分馆建设

2012 年，长沙市实行"总分馆制"，雨花区图书馆建成 7 个分馆：丰园分馆、融城苑分馆、黎郡分馆、高桥分馆、雅塘分馆、南庭分馆、雨花"非遗"书院分馆；有 2 个 24 小时自助图书馆：浦沅自助图书馆、丰园自助图书馆。

四、表彰与奖励

2016 年，"书香雨花"读书节项目获湖南省公共图书馆服务成果三等奖。

2009 年第四次全国县级以上公共图书馆评估、2013 年第五次全国县级以上公共图书馆评估、2017 年第六次全国县级以上公共图书馆评估，长沙市雨花区图书馆均被文化部评为"国家一级图书馆"。

岳麓区图书馆

长沙市岳麓区图书馆创建于 2005 年，馆址位于潇湘中路 283 号岳麓山国家大学科技园创业大厦 F 区 1-2 层。2011 年，岳麓区图书馆加入长沙市图书馆总分馆服务体系，采用联网管理，实现全市范围内通借通还。岳麓区图书馆创立了"书香岳麓""岳麓小小向日葵营地""岳麓公益大课堂"文化品牌。

一、基础设施设备和机构、人员、经费

1. 基础设施设备

岳麓区图书馆馆舍建筑面积 2500 平方米，阅览座席 300 个。2018 年 10 月，闭馆进

行馆舍提质改造。

2. 机构

岳麓区图书馆设办公室和业务部门。

3. 人员

岳麓区图书馆馆长名录

序号	姓名	任职时间
1	付杜娟	2008 年至 2012 年
2	杨 娟	2013 年至今

岳麓区图书馆员工情况统计表（单位：人）

年份	员工人数	专科及本科学历	初级职称	中级职称
2009	5	5	—	—
2012	6	6	—	—
2018	7	7	3	2

4. 经费

岳麓区图书馆经费统计表（单位：万元）

年份	财政拨款	购书经费
2014	187.18	19.50
2015	121.66	10.65
2016	129.70	20.54
2017	126.40	21.70
2018	147.40	15.95

二、基础业务工作

1. 馆藏资源

2018 年岳麓区图书馆藏书 10 万册。馆藏有《船山全书》《湖南通志》（光绪版）《魏源全集》《湖湘文化辞典》《曾国藩全集》《湖南百年图库》《陶澍全集》等。每年 3 月至 6 月对接全区党政机关、企事业单位、高校，开展地方文献收集工作，收集了岳麓山、橘子洲景区、文物点、商业集中区等地方的图片，收藏地方文献 980 册，设立地方文献专架，有地方文献专门目录。

岳麓区图书馆藏书统计表

年份	2011	2012	2013	2014	2015	2016	2017	2018
藏书量（万册）	5.17	5.78	6.10	6.89	7.49	8.04	9.57	10.00

2. 读者服务

岳麓区图书馆设阅览大厅、少儿阅览室、电子阅览室、盲文及盲人有声读物阅览室、多媒体演示厅。

岳麓区图书馆开展了"我们的节日""岳麓小小向日葵营地""岳麓公益大课堂""书香岳麓"等读者活动。如：2009 年"新中国 60 周年道德模范故事会"读书知识竞赛，2010 年"迎世博迎亚运讲文明树新风"活动，2011 年红色经典读书活动，2012 年"让我们在阅读中一起成长"读书征文活动、"学习雷锋好榜样"读书活动、"万人共读电子图书，构建和谐网络文化"主题读书活动、"平安暑假文化相伴"暑期主题活动，2014 年三湘读书月活动，2015 年三湘读书月活动"诵读展演"，2018 年长沙市第二届"群星奖"活动。

岳麓区图书馆读者服务统计表

年份	借阅册次（万册次）	借阅人次（万人次）	读书活动、讲座（次）	展览（次）
2011	0.29	0.10	—	—
2012	0.52	0.16	32	5
2013	1.01	0.18	52	24
2014	1.22	0.27	61	34
2015	1.33	0.36	47	27
2016	2.42	0.49	45	32
2017	9.05	3.89	78	10
2018	12.06	3.95	199	16

3. 现代技术应用

岳麓区图书馆图书采访、编目、流通实现自动化管理，设置了 OPAC 检索机，供读者使用计算机 30 台，岳麓区图书馆是全国文化信息资源共享工程支中心，可共享国家、省、市信息资源。岳麓区图书馆有官方微博、微信及网站，定期发布信息，官网网址为 http://www.yuelu.gov.cn/tsg/1231722/index.html。

4. 志愿者服务

岳麓区图书馆在湖南大学、中南大学、湖南师范大学进行图书馆文化志愿者队伍招募，开展便民利民服务，为读者提供借还书、引导、信息咨询。

三、总分馆建设

2018 年，岳麓区图书馆建成 1 个区级中心馆，19 个街道（镇）、社区（村）分馆及企业分馆，6 个流动服务点和 1 个 24 小时自助图书馆。

岳麓区图书馆分馆、24 小时自助图书馆一览表

序号	分馆名称	建馆时间	馆舍面积（m²）	藏书量（册）	馆址
1	阳明山庄分馆	2012 年	90	7000	枫林三路 228 号阳明山庄社区居委会
2	岳龙分馆	2012 年	50	3500	望月湖街道岳华街 15 号岳龙社区办公楼
3	咸嘉湖分馆	2012 年	280	21000	咸嘉新村社区嘉华苑 2 栋 1 楼
4	火炬城分馆	2012 年	90	2000	银盆岭街道集贤路 29 号火炬城社区居委会
5	橘子洲分馆	2013 年	90	3000	橘子洲街道潇湘中路 133 号学堂坡社区
6	莲花分馆	2014 年	150	5500	莲花社区居委会 1 楼
7	阳光分馆	2014 年	120	2000	黄鹤路阳光 1002-12 阳光社区居委会 2 楼
8	银盆岭分馆	2014 年	80	3500	银盆岭街道岳华路 282 号银馨家园 B9 栋
9	创梦者分馆	2015 年	120	12000	观沙岭银杉路枫林绿洲小区枫林会所
10	恒华分馆	2016 年	120	5000	佑姆塘路恒华社区公共服务中心
11	湘仪分馆	2016 年	100	6800	望城坡街道湘仪路 114 号湘仪社区
12	龙王港分馆	2018 年	100	7000	学士街道枫华府第小区 A20 栋 M03 门面
13	枫华府第分馆	2018 年	180	8500	学士街道枫华府第小区 A20 栋 M03 门面
14	米兰春天	2018 年	60	1800	学士路中医药大学对面
15	雨敞坪分馆	2018 年	120	3000	雨敞坪社区服务中心 2 楼
16	润龙分馆	2018 年	300	7000	沐风路家和苑小区 7 栋润龙社区服务中心
17	花溪新苑分馆	2018 年	60	9000	坪塘街道花溪新苑小区 A6 栋 1 楼
18	龙骨寺分馆	2018 年	180	5000	万科白鹭郡小区龙骨寺社区公共服务中心
19	星湖分馆	2018 年	200	7500	天顶街道星湖社区公共服务中心 2 楼
20	岳麓区 24 小时自助图书馆	2017 年	30	3500	八方小区二期 C 区西门 S5-112 门面

四、表彰与奖励

2009 年第四次全国县级以上公共图书馆评估、2013 年第五次全国县级以上公共图书馆评估、2017 年第六次全国县级以上公共图书馆评估，长沙市岳麓区图书馆均被文化部评为"国家一级图书馆"。

望城区雷锋图书馆

长沙市望城区雷锋图书馆位于高塘岭街道郭亮路北路278号，始建于1984年。2010年，望城县撤县设区，望城县雷锋图书馆更名为长沙市望城区雷锋图书馆。2010年望城区雷锋图书馆启动实施总分馆建设，全区共建有7家分馆。

一、基础设施设备和机构、人员、经费

1. 基础设施设备

望城区雷锋图书馆建筑面积2700平方米，2011年，馆舍进行维修改造。

2. 机构

2018年，望城区雷锋图书馆设办公室、采编室、读者服务部门。

3. 人员

望城区雷锋图书馆馆长名录

序号	姓名	任职时间
1	袁　健	1996年至2016年
2	凌　浩	2017年至2018年
3	任　卓	2018年至今

望城区雷锋图书馆员工情况统计表（单位：人）

年份	员工人数	高中学历	专科及本科学历	初级职称	中级职称
2009	11	2	9	5	2
2013	9	1	8	4	3
2018	13	0	13	2	3

4. 经费

望城区雷锋图书馆经费统计表（单位：万元）

年份	2009	2010	2011	2012	2013	2014	2015	2016	2017	2018
财政拨款	62.4	409.9	127.4	212.6	163.9	188.2	229.9	225.9	265.2	277.3
购书经费	20.0	20.0	20.0	24.0	26.0	26.0	26.0	26.0	26.0	26.0

二、基础业务工作

1. 馆藏资源

2018年，望城区雷锋图书馆藏书7.55万册，有盲文图书200册，报刊1.6万件，视

听文献 1020 件，电子图书 4000 册。

望城区雷锋图书馆藏书统计表

年份	2011	2012	2013	2014	2015	2016	2017	2018
藏书量（万册）	2.42	3.14	4.04	4.68	5.26	5.69	6.95	7.55

2. 读者服务

望城区雷锋图书馆设有少儿阅览室、成人阅览室、盲人阅览室、电子阅览室、过刊室。

望城区雷锋图书馆读者服务统计表

年份	2012	2013	2014	2015	2016	2017	2018
借阅册次（万册次）	9.05	10.55	10.40	10.09	11.02	11.00	12.00
借阅人次（万人次）	2.08	2.51	2.60	2.70	2.85	3.00	3.00

望城区雷锋图书馆积极开展读者活动。2012 年，望城区雷锋图书馆与广西玉林市创奇展览服务公司联合举办海洋生物科普展活动，3000 人参观展览。2013 年，联合区史志档案局、区作协在斑马湖广场开展"书香望城快乐阅读"活动。2014 年，望城区雷锋图书馆联合武警雷锋中队开展"雷锋家乡学雷锋"活动、"书香望城"阅读推广活动。2015 年，参加"书香湖南——少年儿童'中国梦·汉语美'"诵读展演活动。2016 年，参加全民阅读推广活动，同年，参加少年儿童"光荣与梦想"纪念建党 95 周年暨红军长征胜利 80 周年阅读知识竞答赛。2017 年，成立"书香望城"读书会，邀请画家、作家、藏书家彭国良作藏书与阅读讲座。2018 年，开展"每日有书·书香望城"活动。2009 年至 2018 年，望城区雷锋图书馆共向读者推荐 132 种优秀书籍，在《望城视界》《望城发布》微信公众号上共发布了 264 篇推文，在"书香望城读书会"微信群里开展每日评书活动。

2009 年 4 月 23 日是第十四个世界读书日，望城县星城镇马桥河村青年李芳向时任总理温家宝发出捐书邀请信。5 月 8 日温家宝在李芳的信上作出批示，并签名赠送一本《现代汉语词典》。

3. 现代技术应用

2012 年，望城区雷锋图书馆引入图书馆自动化集成系统（ILAS），采访、编目、流通等业务工作实现自动化管理，完成书目数据加工 4 万条。2014 年，新购 2 台电子图书借阅机和电子报刊触摸阅读系统。2018 年，开通望城区雷锋图书馆微信公众号，向读者推送图书阅览、好书推荐、活动消息。

2008 年，建立文化信息资源共享工程望城区支中心，制订工作方案，硬件建设全面达到标准，举办远程教育和文化信息资源共享工程基层服务管理员培训班，邀请专家讲课。

4. 志愿者服务

望城区雷锋图书馆建立志愿者服务队伍，为老年人、残疾人、农民工提供服务，每月1日、2日、11日、22日以"文明，从排队礼让开始"为主题，结合"雷锋家乡学雷锋"，开展主题实践活动。

三、总分馆建设

2015年，望城区雷锋图书馆行政中心分馆开馆。2018年共建立7个分馆：行政分馆、简名分馆、起点分馆、松果分馆、花香分馆、丁字分馆、八曲河分馆。

四、表彰与奖励

2009年第四次全国县级以上公共图书馆评估，长沙市望城区雷锋图书馆（时称长沙市望城县雷锋图书馆）被文化部评为"国家二级图书馆"；2013年第五次全国县级以上公共图书馆评估、2017年第六次全国县级以上公共图书馆评估，长沙市望城区雷锋图书馆均被文化部评为"国家一级图书馆"。

长沙县图书馆

长沙县图书馆成立于1964年。2016年，迁入星沙文化中心，迎来了新的历史发展时期。2017、2018年分别获评全国"全民阅读"先进单位，2018年被中宣部、文化部、国家新闻广电总局授予第七届"服务农民、服务基层文化建设先进集体"称号。

一、基础设施设备和机构、人员、经费

1. 基础设施设备

2016年，长沙县图书馆迁入望仙路598号星沙文化中心，紧邻长沙县政务服务中心，北望松雅湖湿地公园，南临市民文化中心。新馆建筑面积1.3万平方米，设1300个阅览座席，全馆采取无障碍、大开间、艺术化的空间设计，营造出人在书中、书在人中的阅读环境。

2. 机构

2018年，长沙县图书馆设办公室和读者服务部门。

3. 人员

2009年，刘宇田担任长沙县图书馆馆长一职。

长沙县图书馆员工情况统计表（单位：人）

年份	在编员工	劳务派遣员工	合同制员工	服务外包员工	高中学历	专科及本科学历
2009	10	2	0	0	1	9
2016	9	2	0	46	0	9
2017	9	2	3	46	0	9
2018	9	2	6	46	0	9

注：学历结构采用在编员工数据。

4. 经费

长沙县图书馆经费统计表（单位：万元）

年份	财政拨款	购书经费	数字资源经费
2009	97.4	10.0	—
2010	80.8	10.0	—
2011	131.7	10.0	—
2012	53.6	10.0	—
2013	174.5	14.6	—
2014	172.7	13.0	—
2015	2507.0	1000.0	—
2016	3882.6	1286.0	357.4
2017	1118.0	140.0	—
2018	891.6	100.0	—

二、基础业务工作

1. 馆藏资源

2018年，长沙县图书馆藏书80万册，电子文献100万册，载体有图书、报纸、期刊、特藏专藏、视听文献、数据库资源，形成以文史哲、电子制造、机械制造等为特色的馆藏体系。建成包括Find+知识发现系统、CNKI硕博学位论文、期刊论文、专利、标准数据库、报纸全文数据库、中文在线数字图书、音视频流媒体资源数据库、自建数据库等数字资源。另藏有作家廖沫沙捐赠的书籍和地方文献700种。

长沙县图书馆藏书统计表

年份	2010	2011	2012	2013	2014	2015	2016	2017	2018
藏书量（万册）	8.89	9.21	9.55	9.88	11.41	28.98	75.43	79.22	80.02

2. 读者服务

长沙县图书馆设有借阅室、多功能厅、体验式视听室、电子阅览室、众创空间。通过对元数据的加工整合实现数字资源的期刊资源导航，长沙县图书馆为读者提供馆藏目录、资源发现、数据库导航、开放存取资源及其他学术资源的标签式揭示、检索与全文下载服务。

长沙县图书馆读者服务统计表

年份	借阅册次（万册次）	借阅人次（万人次）	读者活动（场）	讲座展览（场）
2009	4.12	2.68	2	—
2010	4.50	2.90	4	—
2011	4.60	3.20	4	—
2012	5.20	4.30	9	—
2013	6.22	5.13	37	22
2014	15.00	10.24	158	100
2015	4.82	4.22	72	3
2016	40.89	32.36	200	137
2017	70.14	41.04	366	141
2018	65.53	10.37	321	101

长沙县图书馆开展多种读者活动，如2009年少儿"新中国60周年道德模范故事会"读书知识竞赛，2010年少儿G3杯"迎世博·迎亚运·讲文明·树新风"文明礼仪知识读书活动，2011年全国文化信息资源共享工程少年网页设计竞赛，2011年"三湘读书月——少儿"纪念中国共产党成立90周年"红色经典读书活动，2012年少儿"学习雷锋好榜样"读书活动，2013年"三湘读书月——少儿'中国梦·我的梦'"读书活动，2014年"三湘读书月——少儿'中国梦·我心中的故事'"讲述展演，2015年"书香湖南——少年儿童'中国梦·汉语美'"诵读展演比赛，2016年"书香湖南——少年儿童'光荣与梦想'纪念建党95周年暨红军长征胜利80周年"活动，2017年"书香湖南·红星闪闪耀童心"少儿读书活动。

3. 现代技术应用

2011年，长沙县图书馆开通官网平台（网址：www.csxlib.com），2016年对网站进行全面升级，注册微信公众号平台（账号：csxlib），设立书目检索、读者证绑定、读者续借、数字资源检索、信息发布等栏目。同年将RFID技术应用于图书馆管理，Wi-Fi覆盖，设置有自助办证机、自助打印机、复印、扫描一体机等配套设备。

2005年，启动建设文化信息资源共享工程长沙县支中心。2018年，共享工程长沙县支中心分布在全县各个镇、街道的基层服务点共计215个。电子阅览室有200台电脑供读者使用。2018年，进行数字图书馆推广工程，全县各个镇街分馆安装部署数字文化共享工程借阅机。

4.志愿者服务

2016 年，长沙县图书馆成立书香志愿者队，组成常规岗位志愿服务队、公益讲师志愿服务队、小小图书管理员志愿服务队。2018 年，有志愿者 299 人。长沙县图书馆选送的"书润湖湘·见证成长"公共图书馆志愿服务活动，被文化部评为 2017 年基层文化志愿服务活动典型案例。

三、总分馆建设

2018 年，长沙县图书馆建成农家书屋 280 个。2011 年，启动分馆建设，从农家书屋中挑选出 7 家较优秀的书屋升级为分馆，并与长沙市图书馆、长沙县图书馆实现"一卡通"。截至 2018 年，建成分馆 13 家。2016 年，在长沙县图书馆西门入口和湘龙街道湘龙家园小区东门建设 2 座 24 小时微型图书馆。

四、表彰与奖励

2016 年，长沙县"书香星沙"项目获湖南省公共图书馆服务成果一等奖，并获中国图书馆学会"书香城市"称号。

2009 年第四次全国县级以上公共图书馆评估，长沙县图书馆被文化部评为"国家二级图书馆"；2013 年第五次全国县级以上公共图书馆评估、2017 年第六次全国县级以上公共图书馆评估，长沙县图书馆均被文化部评为"国家一级图书馆"。

浏阳市图书馆

浏阳市图书馆始建于 1929 年，时称浏阳民众图书馆。1976 年，正式定名浏阳县图书馆。1982 年，选址城关下河街 4 号，修建馆舍。1993 年，浏阳撤县改市，浏阳县图书馆更名浏阳市图书馆。2001 年，图书馆扩建图书阅览楼。

一、基础设施设备和机构、人员、经费

1.基础设施设备

浏阳市图书馆位于解放路 116 号，馆舍建筑面积 3700 平方米。2015 年增设读者服务电梯。2017 年，浏阳市启动图书馆、博物馆、规划展览馆三馆合建项目，该项目位于吾山路和南泥湾路交汇处，占地 75 亩，新馆建筑面积 1 万平方米，规划藏书 60 万册，阅览座

席 1200 个，配备流动图书车。

2. 机构

2018 年，浏阳市图书馆设办公室和读者服务部门。

3. 人员

浏阳市图书馆馆长名录

序号	姓名	任职时间
1	罗　武	2009 年至 2011 年
2	刘　炜	2011 年至今

浏阳市图书馆员工情况统计表（单位：人）

时间	员工人数	高中学历	专科及本科学历	初级职称	中级职称	副高职称
2009	15	1	14	9	5	1
2012	16	1	15	10	5	1
2016	14	0	14	8	5	1
2018	13	0	13	6	6	1

4. 经费

浏阳市图书馆经费统计表（单位：万元）

年份	财政拨款	购书经费	数字资源经费
2009	107.62	25.00	—
2010	125.57	25.00	—
2011	170.28	15.00	—
2012	187.85	15.00	—
2013	225.51	21.00	—
2014	263.11	15.00	14.78
2015	300.36	20.00	—
2016	399.24	16.00	—
2017	386.64	18.74	1.88
2018	476.11	19.00	—

二、基础业务工作

1. 馆藏资源

2018 年，浏阳市图书馆藏书 26 万册，馆藏文献依据《中国图书馆分类法（第五版）》进行分类标引。收藏地方文献 3000 册，设地方文献专室，公开征集地方文献，收集重点是胡耀邦、李贞等人文献，花炮、夏布、古乐、古法造纸等相关文献以及家谱和本土作家作品，建立地方文献数据库。收藏 1911 年以前古籍 713 部 5837 册，民国时期文献 506 部 2017 册，其中有明代《医学纲目》、乾隆版《通志二十略》、清末手稿本黄徵《浏阳乡土志》等珍贵的古籍。2013 年将 8000 册古籍重新整理，编入电子目录。2014 年开始采购数字资源。2018 年有数字资源 12.5TB，4 台数字图书阅读机，1 台数字读报机。

浏阳市图书馆藏书统计表

年份	2009	2010	2011	2012	2013	2014	2015	2016	2017	2018
藏书量（万册）	20.9	21.5	21.9	22.6	23.1	23.7	24.3	24.9	25.5	26.0

2. 读者服务

浏阳市图书馆设有综合借阅室、少儿借阅室、报刊阅览室、电子阅览室、政府信息公开查阅室、多媒体报告厅。2011 年浏阳市图书馆实行全免费开放，全年开放 356 天。浏阳市图书馆为读者提供文献信息查询和借阅服务，提供电话实时咨询、QQ 在线咨询。2014 年浏阳市图书馆成为浏阳市政府信息公开查阅点。2015 年实现电子邮箱和微信公众号留言咨询。

浏阳市图书馆读者服务统计表

年份	借阅册次（万册次）	借阅人次（万人次）	读书活动(次)	讲座培训(次)	展览（次）
2009	11.01	8.15	21	6	3
2010	11.09	8.43	25	8	3
2011	12.59	8.63	30	10	3
2012	12.62	8.95	32	9	3
2013	12.79	9.90	45	10	5
2014	12.99	9.92	43	10	4
2015	13.19	10.06	50	10	4
2016	13.21	10.98	50	12	5
2017	13.49	11.02	52	11	5
2018	13.68	11.86	56	12	6

浏阳市图书馆开展多种读者活动。2011 年至 2015 年，开展机关读书月活动，2014 年参加三湘读书月活动，2016 年至 2018 年，开展"悦读尚学·书香浏阳"全民读书月活动，每年开展寒暑假学生阅读推广活动、传统节假日文化展览以及各类知识讲座。2012 年，浏阳市图书馆获湖南省"服务农民，服务基层文化建设先进集体"称号。

3. 现代技术应用

2009 年，浏阳市图书馆建设了官方网站，在浏阳 401 个行政村和社区建立了文化信息资源基层服务点，每个服务点配备 2 台专用电脑。

2010 年，浏阳市图书馆引进 Interlib 图书馆集群管理系统，实现与长沙市中心馆、各区县馆和分馆资源共享，通借通还。

2014年，购置数字图书、报刊借阅机。

2015年，官方认证微信公众号。

2016年，微信公众号实现读者自助检索、续借功能。

4. 志愿者服务

浏阳市图书馆设立学雷锋志愿服务站，建立志愿者信息档案库，实行专人负责制，定期开展专业知识和基础技能辅导培训，组织图书整理和读者服务等志愿活动，年均开展志愿服务30次。

三、总分馆建设

2016年，浏阳市图书馆加入长沙市图书馆总分馆系统。2018年，建成5家自助图书馆，各馆均配备图书报刊数字阅读机和音乐视听机，自助图书馆24小时开放，提供智能刷脸、自助办证、自助借还、电子图书、音乐视听体验服务。浏阳市图书馆建成11家分馆：古港分馆、城西分馆、西正分馆、建国分馆、枨冲分馆、三联分馆、西湖山分馆、洞阳分馆、高坪分馆、文市分馆、中和分馆。其中，高坪、洞阳、古港，枨冲分馆有专人管理。

四、表彰与奖励

2009年第四次全国县级以上公共图书馆评估、2013年第五次全国县级以上公共图书馆评估、2017年第六次全国县级以上公共图书馆评估，浏阳市图书馆均被文化部评为"国家一级图书馆"。

宁乡市图书馆

宁乡县图书馆成立于1912年。1985年，宁乡县图书馆单独建馆。2014年，搬迁至宁乡市文化体育活动中心。2017年，宁乡县撤县改市，宁乡县图书馆更名为宁乡市图书馆。2018年，建有11家分馆，3家24小时自助图书馆。

一、基本设施设备和机构、人员、经费

1. 基本设施设备

宁乡市图书馆单独建馆，原址为玉潭镇龙溪北路15号。2014年6月，整体搬迁至宁

乡县文化体育活动中心，建筑面积 3500 平方米，配有流动图书车。

2. 机构

2018 年，宁乡市图书馆设办公室和读者服务部门。

3. 人员

宁乡市图书馆馆长名录

序号	姓名	任职时间
1	周剑武	2009 年至 2011 年
2	杨利华	2011 年至 2016 年
3	文国旺	2016 年至 2017 年
4	陈利华	2017 年至今

宁乡市图书馆员工情况统计表（单位：人）

年份	员工人数	高中学历	专科及本科学历	初级职称	中级职称	副高职称
2009	20	2	18	3	2	0
2012	19	1	18	5	4	0
2014	17	0	17	4	4	0
2018	16	0	16	7	4	1

4. 经费

宁乡市图书馆经费统计表（单位：万元）

年份	财政拨款	购书经费	数字资源采购费
2009	68.24	20.00	—
2010	78.41	20.00	—
2011	210.57	20.00	—
2012	246.89	20.00	—
2013	286.56	20.00	—
2014	393.56	20.00	3.00
2015	279.59	20.00	3.00
2016	357.89	20.00	3.00
2017	369.11	20.00	3.00
2018	404.99	30.00	3.00

二、基础业务工作

1. 馆藏资源

2018 年，宁乡市图书馆藏有地方文献 4300 册，《四库全书》《宁乡县志》《刘少奇传》《湖湘文库丛书》等文献均有收藏。辖区内古籍 7 万册，由宁乡市档案馆收藏保护。

宁乡市图书馆藏书统计表

年份	2009	2010	2011	2012	2013	2014	2015	2016	2017	2018
藏书量（万册）	17.4	17.8	18.1	19.1	20.0	21.0	21.2	22.1	24.1	25.5

2. 读者服务

宁乡市图书馆设有借阅室、少儿借阅室、报刊借阅室、精品书刊借阅室、地方文献阅览室、电子阅览室、多媒体教室、学习室。

宁乡市图书馆读者服务统计表

年份	借阅册次（万册次）	借阅人次（万人次）	读书活动（次）	讲座培训（次）	展览（次）
2009	11.14	1.03	20	6	4
2010	12.36	1.22	24	8	4
2011	14.52	1.38	28	11	4
2012	14.57	2.13	21	9	4
2013	15.08	4.89	22	12	4
2014	14.61	3.65	12	7	2
2015	14.87	4.85	40	36	5
2016	15.13	5.22	48	41	6
2017	15.27	6.08	59	32	7
2018	15.85	6.29	65	30	6

宁乡市图书馆陆续开通了QQ在线咨询、电话实时咨询和微信咨询三种方式，为党政机关、企业和个人提供信息服务。

宁乡市图书馆开展多种读者活动。2009年至2018年，组织"情系农家书屋关爱留守儿童"捐赠图书活动、欢庆"六一"开门读书进校园、书香楚沩惠农村读书活动送基层、我的书屋·我的梦绘画征文活动、"你读书·我买单"、新春灯谜竞猜活动、祝年福送春联活动、寒暑假志愿服务活动。

3. 现代技术应用

宁乡市图书馆是全国文化信息资源共享工程县级支中心，可共享国家、省、市信息资源。2009年，宁乡278个村、社区建立了文化信息资源基层服务点，每个服务点配备有2台电脑。2014年，采购数字资源，有歌德电子图书借阅机3台、博看期刊报纸借阅机1台。宁乡市图书馆建有网站，其网址为http://www.nxgov.com/nxtsg/index.htm。

4. 志愿者服务

宁乡市图书馆志愿服务实行专人负责制，年均开展志愿服务50次，参与人次600人。

三、总分馆建设

2018 年，宁乡市图书馆建成 11 个分馆、3 个 24 小时自助图书馆。

宁乡市图书馆分馆、24 小时自助图书馆一览表

序号	分馆名称	建馆时间	馆舍面积（m²）	藏书量（册）	馆址
1	行政中心分馆	2009 年	80	6000	行政中心西裙楼 1 楼
2	沈家巷分馆	2012 年	400	45000	道林镇华鑫市村沈家巷组
3	双凫铺分馆	2012 年	400	5000	双凫铺镇综合文化站二楼
4	夏铎铺分馆	2012 年	100	10000	夏铎铺镇综合文化站一楼
5	城北中学分馆	2012 年	1200	40536	城北中学梅花校区内
6	刘少奇纪念馆分馆	2013 年	150	6763	花明楼镇刘少奇纪念馆内
7	南芬塘分馆	2013 年	60	600	南芬塘集镇加油站对面
8	蓝月谷分馆	2014 年	1000	15000	经开区创业大厦 15 楼
9	玉潭分馆	2015 年	40	2700	玉潭中路 141 号 2 楼
10	天石村分馆	2015 年	60	10000	天石村村部大楼
11	道林中学分馆	2015 年	108	10750	道林镇道林中学内
12	24 小时自助图书馆文体中心馆	2017 年	25	500	文体中心体育馆前坪广场
13	24 小时自助图书馆市民之家馆	2017 年	50	400	市民之家 1 楼
14	24 小时自助图书馆市人民医院馆	2018 年	50	400	市人民医院门诊大厅

四、表彰与奖励

2013 年第五次全国县级以上公共图书馆评估、2017 年第六次全国县级以上公共图书馆评估，宁乡市图书馆均被文化部评为"国家一级图书馆"。

第二章　株洲市公共图书馆

株洲市图书馆

株洲市图书馆位于建设中路 658 号文化园内，环境优雅，是一座集大众化、数字化及研究性为一体的综合性公共图书馆，馆内设有 10 多个对外开放的服务窗口，开展的服务项目有文献借阅、信息查询、参考咨询、文化活动等，成为株洲市文献信息中心、学术交流中心、创新支持中心和文化传承中心。

一、基础设施设备和机构、人员、经费

1. 基础设施设备

株洲市图书馆的馆舍建于 1986 年，坐落在株洲市芦淞区文化园内，占地面积 3900 平方米，建筑面积 5126 平方米，设有各类阅览区域 11 个、阅览座席 1060 个。

2014 年，株洲市图书馆完成对大厅、电子阅览室的提质改造，增加展厅、影音室，调整压缩各类办公室。2015 年，装修报刊阅览室、地方文献室。2016 年，借助社会力量开设展厅、神农大讲坛、诗词馆、悦阅书店、志愿者之家和音影室等场地。2017 年，株洲市图书馆与市新华书店达成合作意愿，共建实体书店，由市图书馆出场地，市新华书店投资建设、提供服务，实体书店所有图书可以参加"你读书·我买单"活动，可以品咖啡、茶点，可以开展文化沙龙及各类读书活动。书店全年主办各类活动不少于 30 场次。2017 年 8 月，改建绘本馆；同年 11 月，提质改造地方文献室和档案室。2018 年，改造多功能厅，添置 LED 显示屏、灯光音响等设备；同年，对株洲市少年儿童图书馆（少儿图书阅览室）完成提质改造并对外开放。

2. 机构

2009 年，株洲市图书馆设办公室、采编部、外借部、阅览部、少儿阅览部、辅导部、地方文献部和宏图书社。2010 年，增设自动化部、少儿活动中心。2013 年，设立办公室、采编部、读者服务部和合作协调部。2018 年，设办公室、公共服务部、阅读推广部、采编地方文献及配送部、数字资源和技术部。

2016 年，株洲市图书馆成为湖南省法人治理结构改革试点单位，成立株洲市图书馆理事会，株洲市社科联主席周文杰为首任理事长，将采编部和地方文献部合并，新设自动化及数字资源建设部、分馆及设施管理部，并采取服务外包模式，将流通窗口进行整体外包。2017 年，新增图书配送部。

3. 人员

株洲市图书馆馆长名录

序号	姓名	任职时间
1	熊大庆	2003 年至 2009 年
2	黄小平	2009 年至今

株洲市图书馆人员情况统计表（单位：人）

年份	员工人数	大专及以下学历	本科学历	研究生学历	初级职称	中级职称	副高职称
2009	41	13	28	0	11	23	5
2010	41	13	28	0	11	22	5
2011	43	15	28	0	10	21	6
2012	41	14	26	1	8	20	6
2013	39	14	22	3	12	17	6
2014	39	14	22	3	12	17	6
2015	39	14	22	3	12	17	6
2016	42	15	24	3	13	19	6
2017	42	15	24	3	13	18	7
2018	42	15	24	3	13	18	7

4. 经费

株洲市图书馆经费统计表（单位：万元）

年份	财政拨款	购书经费	公共文化体系费	24 小时书屋经费
2009	316	50	—	—
2012	528	60	—	—
2014	1000	100	—	—
2015	1038	100	—	—
2016	1316	100	—	—
2017	1779	200	—	—
2018	1578	220	142	136

二、基础业务工作

1. 馆藏资源

株洲市图书馆藏书统计表

年份	2009	2010	2011	2012	2013	2014	2015	2016	2017	2018
藏书量（万册）	39.8	40.9	41.6	45.1	48.5	52.2	58.3	94.8	106.3	113.9

注：2016 至 2018 年藏书统计数据包含各株洲分馆、流通点的藏书。

2012 年，株洲市图书馆自建和外购数字资源 16TB。2014 至 2018 年，年均新增图书 7 万册。馆藏电子图书 35 万册，电子期刊 3000 种，涵盖中国知网、万方数据、超星数字图书馆、维普考试服务平台、贝贝国学等电子资源。

株洲市图书馆主要通过网站对外发布征集信息、县（市）公共图书馆签订征集地方文献责任状等方式开展地方文献征集工作，征集的途径有购买、捐赠、呈缴。2018 年，株洲日报、株洲晚报刊登《关于在全市征集地方文献的通知》。征集有地方志、年鉴、家谱族谱、名人志等。全馆藏地方文献 500 种、本地出版物（期刊、报纸）200 种、各类型文件资料 8000 件，馆藏地方文献有 12.85 万册。

2. 读者服务

2009 年，株洲市图书馆每周开放时间 80 个小时，2016 年，新增夜间开放，2018 年每天开放 13 个小时。2015 年，使用身份证代替借阅证的方式，取消借阅证押金。

株洲市图书馆读者服务统计表

年份	借阅册次（万册次）	接待读者人次（万人次）	持证读者（万人）
2009	29.28	33.27	—
2018	85.00	120.00	15.00

株洲市图书馆开展多种读者活动。2010 年"你读书·我买单"活动，将书店作为图书馆的书库，读者在书店可以借到自己所需要的书，图书馆将购买新书的权力交还给读者，2015 年，该项活动获湖南省群星项目奖。2014 年，"神农大讲坛"被省委宣传部评为"湖南省优秀学习载体"。2016 年，第九届"株洲读书月"期间共开展 115 项读书活动，包括图书援建、图书优惠展销、超微视频大赛、讲座沙龙、征文竞赛等，活动启动式邀请文化学者余秋雨主讲"中国文脉"。2018 年，承办第十一届"株洲读书月"系列活动，共开展活动 400 多项，邀约《百家讲坛》栏目主讲人纪连海授课。

2013 年，株洲市图书馆开展少儿活动，设少儿活动中心（后改为公共服务部），"小豌豆"活动采用"精品小餐"和"节假日大餐"相结合，做到"人人可参与，人人喜欢来，人人有收获"。活动包括亲子手工秀、机器人活动、公益课堂、儿童影院、小豌豆故事吧、绘本课堂、梦想大舞台等，2013 年至 2018 年，共举办活动 2000 场，参与人员达 10 余万人。2014 年，举办"少儿故事大王大奖赛"，每年参赛选手有 1 万人，2018 年该活动上升为全省性少儿活动。

2009 年至 2012 年，举办现代海军科普展、当代醴陵陶瓷名家作品展。2017 年、2018 年，举办剪纸艺术展、神农福地动力株洲摄影展、军史连环画展、红星闪闪耀童心连环画展、环保工艺美术展等展览。

3.现代技术应用

2009 至 2018 年，株洲市图书馆建立计算机房及网络软硬件系统，有服务器 5 台，SAN 磁盘阵列 1 套，VPN 和防火墙设备共 2 套，配备有网络安全设备，核心交换设备，无线网设备，2 个 42U 标准机柜，UPS 电源设备，监控系统。服务器可用存储 120TB，电信光纤已达到 100 兆，实现市图书馆、分馆及智能书屋的全 Wi-Fi 覆盖。建设图书馆虚拟网，方便对图书馆、分馆及 24 小时智能书屋的管理。

2010 年，株洲市图书馆引入 Interlib 图书馆集群管理系统，实现业务工作自动化管理，建立株洲市图书馆网站，发布新书信息和图书馆动态。2013 年，建设移动图书馆、微信图书馆、数字图书馆，建立 PC 端、iPad、微信端三位一体的数字化服务平台，无线网络服务覆盖率达 100%，读者可以任意终端查阅读者借阅情况、馆藏通报、图书馆公告、在线检索、续借。

4.参考咨询

2009 年至 2012 年，株洲市图书馆的参考咨询工作主要以线下为主，年均咨询 900 次，年均课题服务 4 项，编辑《新农村科技信息》。2014 年，在网站上设立读者留言区域，随时回答读者的提问，在移动端、微信公众号上实时对读者留言进行回答。2016 年，开通在线参考咨询平台，成立联合参考咨询联盟成员馆；平台开通后，读者的参考咨询需求量达上万次。2017 年，参考咨询服务开通微信端使用平台，让读者可以随时随地获取学术资源。2018 年，组织开展"两会"信息服务工作，为 2019 年株洲市人大代表和政协委员提供文献信息支持和信息查询、履职参考咨询服务。

5.志愿者服务

2012 年，株洲市图书馆组建图书馆志愿者团队，2018 年有注册志愿者 2000 人，志愿者服务团队 14 个，每年开展活动 200 多场，服务 10 万人次。2018 年株洲市图书馆被中宣部评为"学雷锋师范基地"。

三、重大文化工程建设

1.文化信息资源共享工程

2003 年，株洲市图书馆建立文化信息资源共享工程市支中心，电子阅览室有 23 台电脑。2008 年株洲市委组织部远程教育办公室与株洲市文化局联合下文，要求全市所有农村党员远程教育站点统一加挂"文化信息资源共享工程基层服务点"牌，在原有设备的基础上，增补设备、接收文化共享工程卫星发布的资源，实现文化信息资源共享。2009 年，株洲全市 1536 个行政村全部完成资源整合任务。2011 至 2018 年，建设街道和社区基层服务点 116 个。在假日开展红色电影展播、少儿经典电影展播、夏日纳凉电影晚会、"绿色上网"专题视频讲座、健康知识视频讲座、寒暑假的少儿电脑知识培训班等。

2. 数字图书馆推广工程

2015 年，安装数字资源设备少儿一体机、库克留声机、云屏数字借阅机、歌德电子书借阅机等，将数字资源送进株洲市委、市政府、市财政局等办公场所，为民众免费提供便捷的数字阅读服务。

株洲市图书馆建成《醴陵陶瓷》《醴陵烟花》《株洲名人》《炎帝文化》数据库，建设株洲历史上的今天、株洲地方音频等自建数字资源 5TB，购买及自建数字资源共 37.5TB。开通在线数据库 30 多个，不仅包含中国知网，万方、维普等知名数据服务平台，还有贝贝国学、乐儿兴趣营等少儿类教学互动资源。

3. 古籍保护工程

株洲市图书馆收藏古籍 1.57 万册。2010 年，设立古籍保护机构，进行地区古籍文献普查和古籍书库管理工作，购置空调、除湿机等设备对古籍进行保护。2016 年，株洲市人民政府下发《关于进一步加强古籍保护工作的意见》。株洲市图书馆制定《古籍部古籍阅览制度》《古籍特藏书库基本要求》《古籍定级标准》《古籍普查规范》，网站开辟专栏，宣传古籍保护知识。完成古籍普查工作和古籍普查数据库建设，报送古籍 58 种 1968 册至国家古籍普查中心。

四、总分馆建设

2015 年，株洲市图书馆制定全市"总分馆"建设规划，并以市文体广新局的名义下发文件。构建以"株洲市图书馆为中心馆，9 个县市区图书馆为总馆，各乡镇（街道）文化服务中心、机关图书馆（室）等为分馆，142 个流通点和 16 个 24 小时智能书屋"为框架的"总分馆"服务模式。总分馆之间采用无线射频技术（RFID）和自助借还设施，中心馆、总馆、分馆、24 小时智能书屋实行"全公益、零门槛"通借通还免费开放。实现"十个统一"：统一标识标牌、统一软件系统、统一采编编目、统一平台检索、统一借还规则、统一用技术标准、统一服务标准、统一管理、统一配送、统一考核，被业界专家称之为总分馆服务的"株洲模式"。

株洲城区有 24 小时智能书屋 16 座，均配备电子阅报屏、云屏数字借阅机、自助办证机、借还书机等设施设备。

株洲市 24 小时自助图书馆一览表

序号	名称	建馆时间	馆址
1	王府井自助图书馆	2012 年	芦淞区新华西路王府井商场
2	华润万家自助图书馆	2013 年	荷塘区新华西路华润万家商场
3	小湖塘街区自助图书馆	2013 年	天元区小湖塘街区

序号	名称	建馆时间	馆址
4	神农公园自助图书馆	2014 年	建设路神农公园
5	栗雨工业园自助图书馆	2014 年	天元区栗雨工业园
6	田心地区自助图书馆	2014 年	田心地区
7	清石广场自助图书馆	2015 年	石峰区清石广场
8	601 厂自助图书馆	2015 年	清水塘 601 厂区
9	云龙职教城自助图书馆	2015 年	荷塘区云龙大道云龙职教城
10	331 厂自助图书馆	2016 年	331 厂区
11	沿江风光带自助图书馆	2016 年	河西湘江一桥下
12	神农城广场自助图书馆	2016 年	河西神农城广场
13	磐龙世纪城自助图书馆	2017 年	荷塘区云龙大道磐龙世纪城
14	印象华都自助图书馆	2017 年	石峰区红旗路印象华都
15	云龙水上乐园自助图书馆	2017 年	云龙大道云龙水上乐园
16	电力机车研究所自助图书馆	2017 年	株洲电力机车研究所

五、学会工作

2009 年，株洲市图书馆学会建立组织结构，健全管理制度。2016 年，株洲市图书馆学会六届一次会议暨株洲市图书馆联盟成立大会召开。会议通过株洲市图书馆学会章程，选举产生新一届图书馆学会理事长和理事，明确图书馆学会组织结构、业务范围、学员权利与义务等方面的规章制度。

六、学术、研究活动及成果

2009 年至 2018 年，株洲市图书馆员工在公开出版的刊物发表一批论文，提交学术会议交流论文 30 篇。2009 年，"株洲市图书馆'文化园讲坛'社会服务"项目，获湖南省公共图书馆第七届服务成果一等奖。2016 年，株洲市图书馆"社科宣传讲座模式创新"项目获得株洲市优秀课题奖。2016 年，课题"开启公共文化定制化服务模式""依托社会资源，开展'小豌豆'系列活动"及"书香悦全城"分别获湖南省公共图书馆服务成果一、二、三等奖。

七、表彰与奖励

2009 年至 2013 年，株洲市图书馆连续 5 年获得全省少年儿童读书活动一等奖和组织奖，2012 年至 2014 年连续被中国图书馆学会评为"全国阅读先进单位"，2014 年评为"全国文化系统先进集体"和神农大讲坛"湖南省优秀学习载体"，2015 年被中国图书馆学会评为"全民阅读示范基地"，2018 年评为"全国学雷锋活动示范点"和"湖南省文明窗口单位"，

2017年、2018年获"全国十佳绘本馆"。

2009年第四次全国县级以上公共图书馆评估，株洲市图书馆被文化部评为"国家二级图书馆"；2013年第五次全国县级以上公共图书馆评估、2017年第六次全国县级以上公共图书馆评估，株洲市图书馆均被文化部评为"国家一级图书馆"。

株洲市少年儿童图书馆

株洲市少年儿童图书馆原为株洲市图书馆下设的一个少年儿童阅览室。2018年12月，投入90万元对其进行提质改造，株洲市少儿图书馆正式对外开放。馆舍坐落在风景秀丽的文化园内，建筑面积1500平方米，阅览室宽敞明亮、自由开放、色彩明快。设有阅览区、休闲区、活动区、数字资源体验区，设阅览座席100个，置有自助借阅机、绘本阅读机、听书机和少儿书架等设备。

全馆有员工8人，其中本科学历6人、大专学历2人，副高职称2人、中级职称3人。馆领导是黄小平、姚奇志。

2018年，株洲市少儿图书馆收藏文献20万册，涵盖绘本、文学、科普、历史等多种类书籍。馆内开设绘本馆、神农大讲坛、诗词馆、志愿者之家、影音室。每周开放6天（周一闭馆），周二至周五开放时间为16:00—21:30，双休日和寒暑假期间开放时间为8:30—21:00。

2017年4月，株洲市少年儿童图书馆举办第十届株洲读书月活动，邀请儿童文学作家梅子涵和彭敏前来讲座，并聘请彭敏为"株洲市全民阅读首席推广大使"。彭敏曾获2015年中国成语大赛总冠军、2017年央视文化综艺节目"中国诗词大会"第二季亚军。推出"青少年心理健康成长"和"精品学习"系列讲座。株洲市少年儿童图书馆与株洲市教育局一起，走进贺嘉土中学、贺嘉土小学、天元中学，举办讲座活动。2017年，开展各类寒暑假、志愿服务、"小豌豆"系列活动等103场以及"书香伴成长，快乐过暑假"百堂公益课堂系列活动，组织青少年党史国史主题教育和思想道德教育、"21天阅读挑战"活动。暑假期间，有276位小志愿者参与社会实践活动，统一培训上岗，整理各服务窗口图书、办理图书借阅手续。12月30日，历时3个月，上万人参加的株洲市第四届"少儿故事大王"比赛落下帷幕，这次活动以"畅想美丽生活·讲述身边故事"为主题，以"讲故事"形式歌颂身边新风貌、新气象。

2018年，株洲市少年儿童图书馆承办全省"少儿故事大王大奖赛"，全省总计80多万人参与这项活动，还举办欧阳凯"智慧妈妈"系列讲座。

2017年、2018年，株洲市少年儿童图书馆被中国图书馆学会评为"全国十佳绘本馆"。2018年3月，被中宣部评为"全国学雷锋活动示范点"。

芦淞区图书馆

株洲市芦淞区图书馆由中国航发南方工业有限公司（以下简称"南方公司"）工会与株洲市芦淞区委宣传部共建，于2011年7月成立，属于企业所有，为社会提供无偿阅读服务。馆址位于株洲市芦淞区董家段。2013年，南方公司职工文化活动中心改建，芦淞区图书馆迁至公司员工宿舍。2018年，南方公司职工文体中心建成，芦淞区图书馆迁至新址。

一、基础设施设备和机构、人员、经费

1. 基础设施设备

2013年，芦淞区图书馆馆舍面积1300平方米，设阅览区、藏书区、培训室。2018年，芦淞区图书馆迁至南方公司工会文体中心，开放使用，馆舍面积400平方米。

2. 机构、人员、经费

芦淞区图书馆属于"一套人马，两块牌子"，由南方公司工会派驻专职图书管理员，芦淞区政府提供公益性岗位补贴或派驻社会公益岗位人员的方式进行管理。芦淞区图书馆有1名馆长，另有2至3名员工，馆长均为大学文化程度，馆员具有高中以上学历。

2011年至2017年，芦淞区图书馆每年接受南方公司工会图书采购经费拨款3万元，管理员社会保险、薪金补贴10余万元。2011年至2012年，芦淞区图书馆接受芦淞区政府公益性岗位补助4万元。

二、基础业务工作

芦淞区图书馆藏书4万册，年订阅报刊200种。年接待读者7.2万人次，借阅图书9万册次。2011年启用电脑借阅管理，将书目信息、读者信息录入电脑。南方公司工会组建了志愿者队伍，在24小时智能书屋开展维护工作。

2015年芦淞区图书馆获评全国工会职工书屋示范点，2017年南方公司获评株洲市书香企业。

天元区图书馆

株洲市天元区图书馆于2018年1月9日对外开放。天元区图书馆秉持"以人为本、服务立馆、科技强馆"的办馆理念，面向所有公众免费开放，为市民读者提供多元化的文化服务。

一、基础设施设备和机构、人员、经费

1.基础设施设备

天元区图书馆于 2017 年按照部颁三级标准设计，位于株洲市中国动力谷自主创新园 D 栋二楼，建筑面积约 1800 平方米，设有阅读区、电子阅读区、少儿阅读区、综合活动区、阳光休闲区等 8 大功能区。

2.机构、人员、经费

2018 年，天元区文化体育和旅游局通过向社会购买公共文化服务，与湖南韵动文化体育产业发展公司签订合同，委托该公司运营管理天元区图书馆。根据《湖南省文化厅关于开展公共文化机构法人治理结构改革试点工作的通知》（湘文公共〔2018〕66 号）文件精神，天元区图书馆于 2018 年 6 月被列为省级公共文化机构法人治理结构改革试点单位。

天元区图书馆有员工 6 人，由天元区文化体育和旅游局顾星担任馆长，由湖南韵动文化体育产业发展有限责任公司派驻 5 名专职人员负责图书馆运营。

2018 年，天元区财政拨款 186 万元经费用于图书馆建设和免费开放工作，其中购书经费 100 万元、委托运营经费约 58 万元、运转经费 28 万元。

二、基础业务工作

天元区图书馆藏书依据《中国图书馆分类法（第五版）》进行分类标引。2018 年，采购图书 6.4 万册、报刊 58 种，文献外借 6.8 万册次，接待馆读者 8.2 万人次，借阅人次 1.3 万。举办读者活动 41 场，参与读者 1.2 万人次，发起成立"时光读书会"，举办线上线下读书分享活动 8 场；成立志愿者团队，开展"小小向日葵"寒暑假学生志愿者服务活动及关爱留守儿童、自闭症儿童、重阳节敬老慰问等成人志愿者活动 6 场。

天元区图书馆在应用无线射频识别技术（RFID）的基础上，依托韵动文体综合服务云平台，发展数字图书馆服务，将天元区图书馆活动、讲座以直播的形式扩大信息服务范围。2018 年天元区图书馆开设微信公众号，推介图书馆资源、服务和活动。2018 年 12 月，天元区图书馆与湖南工业大学图书馆开展合作，推进数字资源建设，实现 65 个中外文数据库共建共享，数字资源总量达 38TB。

石峰区图书馆

2018 年 10 月 16 日，株洲市石峰区图书馆向公众开放，秉承着"滋养人文、服务大众"的办馆理念，推进全民阅读。

一、基础设施设备和机构、人员、经费

1. 基础设施设备

2017 年，石峰区政府决定利用湖南昊华化工公司移交的俱乐部改建成区图书馆。石峰区图书馆位于先锋路 26 号金源小区内，2017 年 9 月动工建新馆，使用面积 1500 平方米，设有报刊阅览区、儿童阅览区、电子阅览区、休闲阅览区、综合阅览区、阳光阅览区以及单独的盲人阅读室。

2. 机构、人员、经费

石峰区图书馆运行采取政府购买服务的方式，委托湖南韵动文化体育产业发展有限公司进行，聘请 7 名工作人员负责全馆的运行工作，其中 1 名管理人员、1 名采编人员、1 名活动策划人员、4 名图书管理员，员工均为大专以上学历。全馆实行全免费开放制度，经费由区级财政及上级补助承担。

二、基础业务工作

2018 年，石峰区图书馆藏书 3 万册，电子藏书 3000 册。2018 年 10 月 16 日开馆至 12 月，石峰区图书馆借阅图书 4000 册次，接待读者 2 万人次，开展读书活动 6 次，招募大学生志愿者团队 2 支。石峰区图书馆开展读者活动，如手工活动、图书交换、读书讲座等。每周二晚开放时间延长至 21 时，开展"绘本奇妙夜"活动，安排专人为小朋友们讲述绘本故事并进行手工制作。石峰区图书馆开通微信公众号及官方 QQ，利用新媒体向社会介绍图书馆、宣传图书馆读者活动、推荐优质读本。电子阅览区配置 8 台电脑，有电子书借阅机，内含电子图书、电子期刊、名师讲坛等，每月定期更新替换书籍 150 册，读者通过手机扫码后可进行在线阅读。2018 年，石峰区建有 3 个 24 小时智能书屋。

渌口区图书馆

渌口区图书馆原名株洲县图书馆。2018 年 6 月，国务院批复同意撤销株洲县，设立株洲市渌口区。同年 12 月，株洲县图书馆更名为株洲市渌口区图书馆。

一、基础设施设备和机构、人员、经费

1. 基础设施设备

2015 年，渌口区图书馆对电路、墙面装饰、地板、门窗、功能室、书架进行改造。

2017 年至 2018 年，更新数字化设备设施。有阅览座席 300 个。

2. 机构

渌口区图书馆设采编室、外借室、报刊阅览室、电子阅览室、盲人阅览室、少儿亲子阅览室、多媒体视听室、地方文献室、共享工程设备中心、书库、自学室和艺术展厅、报告厅。

3. 人员

渌口区图书馆馆长名录

序号	姓名	任职时间
1	曹宇云	2010 年至 2017 年
2	张镕	2017 年至 2018 年

渌口区图书馆员工情况统计表（单位：人）

年份	员工人数	高中学历	专科及本科学历	初级职称	中级职称
2009	3	2	1	3	0
2012	3	2	1	3	0
2014	4	3	1	3	1
2017	5	3	2	3	2
2018	5	3	2	3	2

4. 经费

渌口区图书馆经费统计表（单位：万元）

年份	财政拨款	购书经费	免费开放经费
2009	15	—	—
2010	15	—	—
2011	15	—	15
2012	15	—	15
2013	15	—	15
2014	15	—	15
2015	45	10	15
2016	45	10	15
2017	45	10	15
2018	15	—	15

二、基础业务工作

1. 馆藏资源

渌口区图书馆设有地方文献室，收藏地方文献资料 3000 册。

渌口区图书馆藏书统计表

年份	2009	2010	2011	2012	2013	2014	2015	2016	2017	2018
藏书量（万册）	3.00	3.35	3.54	3.80	4.11	4.50	5.25	5.68	30.05	30.15

注：2017年、2018年数据包括分馆和农家书屋的藏书。

2. 读者服务

渌口区图书馆读者服务统计表

年份	借阅册次（万册次）	借阅人次（万人次）	持证读者人数（万人）
2009	2.81	0.82	0.20
2010	2.79	0.80	0.23
2011	3.84	1.83	0.30
2012	3.86	1.86	0.36
2013	4.43	2.03	0.42
2014	5.63	3.52	0.44
2015	6.68	4.21	0.50
2016	28.93	10.45	0.70
2017	30.12	12.41	1.80
2018	30.25	12.35	1.81

渌口区图书馆每年举办"渌湘大讲堂"系列讲座、报告会12场次，端午节、寒暑假举办各类读者活动20次。图书馆服务宣传周及全民读书月期间，举办读书乐淘书活动、演讲比赛、小小主持人等活动。2017年开展"书香湖南·红星闪闪耀童心"少儿读书活动，2018年少儿故事大王比赛。2018年渌口区图书馆有志愿者100人。

3. 现代技术应用

管理全面实行自动化，拥有门禁系统、监控系统、数字借阅系统、通借通还系统、信息化显示屏，馆内3台歌德电子借阅机。2017年，建立渌口区图书馆网站，推出微信公众号、手机移动端的图书馆。2017年，渌口区图书馆购买了移动图书馆客户端，拥有各类数字资源3.5TB。

三、表彰与奖励

2009年第四次全国县级以上公共图书馆评估、2013年第五次全国县级以上公共图书馆评估、2017年第六次全国县级以上公共图书馆评估，渌口区图书馆（时称株洲县图书馆）均被文化部评为"国家三级图书馆"。

醴陵市图书馆

醴陵市图书馆建于 1956 年，1980 年在状元洲修建馆舍，建筑面积 3400 平方米。图书馆设有 7 个对外服务窗口。2016 年，施行图书馆总分馆制，建立以醴陵市图书馆为总馆，各镇（街道）综合文化站、机关、村（社区）图书室等为分馆和流通点的图书馆服务网络，采用了无线射频技术（RFID）和自助借还设施，实现了通借通还。

一、基础设施设备和机构、人员、经费

1. 基础设施设备

醴陵市图书馆建筑面积 3400 平方米。2009 年醴陵市政府在建设状元洲规划中，将醴陵市图书馆建设纳入规划。2010 年，状元洲文化公园新建，醴陵市图书馆进行改造装修。2011 年 12 月，醴陵市图书馆对读者免费开放。

2015 年，醴陵市政府立项建设图书馆新馆，建筑面积 7000 平方米，新馆址位于醴陵大道创业创新服务中心。2016 年，新馆动工建设。2017 年，主体工程完成。2018 年，内部装修。

2. 机构

2018 年，醴陵市图书馆设办公室和读者服务部门。

3. 人员

醴陵市图书馆馆长名录

序号	姓名	任职时间
1	谢跃先	2005 年至 2011 年
2	朱发雄	2011 年至今

醴陵市图书馆人员情况统计表（单位：人）

年份	员工人数	高中学历	专科及本科学历
2009	8	2	6
2011	8	2	6
2012	9	2	7
2018	9	1	8

4. 经费

醴陵市图书馆经费统计表（单位：万元）

年份	财政拨款	购书经费	数字资源采购费	共享工程经费
2009	68.53	4.00	—	1.30
2010	72.17	5.00	—	1.80
2011	75.28	8.00	—	2.40
2012	79.42	15.00	—	3.00
2013	82.35	15.00	—	3.00
2014	86.06	15.00	3.00	3.00
2015	110.86	15.00	3.00	3.00
2016	135.94	20.00	5.00	3.00
2017	138.76	20.00	5.00	3.00
2018	140.06	24.00	5.00	3.00

二、基础业务工作

1. 馆藏资源

2018 年，醴陵市图书馆藏书 99.15 万册，收藏地方文献 5000 册、家谱 100 部，重点藏书有《四库全书》《古今图书集成》和清康熙、乾隆、嘉庆、同治、民国版《醴陵县志》，1993 版和 2002 版《醴陵市志》和年鉴也有收藏。馆藏古籍 32 种 489 册。

醴陵市图书馆藏书统计表

年份	2009	2010	2011	2012	2013	2014	2015	2016	2017	2018
藏书量（万册）	17.74	18.19	18.62	19.14	19.65	20.15	20.66	85.6	90.89	99.15

2. 读者服务

醴陵市图书馆设有外借处、少儿阅览室、报刊阅览室、电子阅览室、古籍及地方文献室、盲人阅览室、共享工程室。2017 年、2018 年，醴陵市建设"一江两岸"瓷城古韵项目，醴陵市图书馆接待读者查阅有关醴陵的古县衙、渌江桥、文庙等地方资料。

醴陵市图书馆读者服务统计表

年份	借阅册次（万册次）	借阅人次（万人次）
2009	37.53	0.79
2010	38.67	0.89
2011	39.86	0.98
2012	50.91	1.20
2013	59.08	1.31

年份	借阅册次（万册次）	借阅人次（万人次）
2014	59.81	1.36
2015	85.81	1.42
2016	87.76	1.46
2017	80.23	1.54
2018	82.07	1.86

醴陵市图书馆开展多种读者活动。2009年举办讲座、影片放映，开展文化宣传月活动，2010年"你读书·我买单"活动，2011年举办醴陵精神有奖知识竞赛活动，2012年举办"唱响中国·喜迎十八大"活动，2013年开展"三湘读书月——少儿'中国梦·我的梦'读书活动"，2014年举办"中国梦·我心中的故事"演讲竞赛、"学习雷锋好榜样"读书活动、赠送图书活动、图书漂流活动、"推荐阅读之星"活动，2015年举办"少儿故事大王"大奖赛、少儿"'中国梦·汉语美'故事大王大奖赛"演讲比赛，2016年参加"书香湖南"——"三湘少年儿童阅读之星"评选活动、株洲市第三届"少儿故事大王"大奖赛、"星海讲坛"公益讲座。

3. 现代技术应用

2009年，醴陵市图书馆引入的中数图书管理系统，2011年，改用Interlib图创图书馆集群管理系统，包含采访、编目、典藏、流通、期刊、系统管理、特色功能等七大板块。有专门的办公自动化系统（专用防盗系统软件、扫描枪），业务流程实现数字化一体化，各个业务环节实现数字化统一管理，且数据自动流转，馆内各系统之间数据互联互通。2010年，文化信息资源共享工程有计算机终端数量54台，共享工程资源存储容量9TB。2014年电子书借阅机5台。2015年，应用映射技术。2016年，实现株洲地区的通借通还。2018年，醴陵市图书馆已建设数据库12.7TB，VCD视频约1万盘。醴陵市图书馆建有官方网站，由专人维护。2015年，开通微信公众号，通过微信开展阅读推广活动。

4. 志愿者服务

醴陵市图书馆建有一支文化志愿者服务队伍，曾组织文化志愿者到醴陵市特殊教育学校开展"奉献爱心，与爱同行"公益活动，在南门中学共享工程室开展学雷锋专题电影展播活动，走进浦口镇官山居委会开展"文化志愿者学雷锋月"活动。2017年春节前，文化志愿者邀请书法家在市图书馆门口现场写春联。

三、总分馆建设

醴陵市图书馆建设有27个分馆，分别是19个乡镇文化站、4个街道办事处图书室、长庆示范区分馆、经济开发区分馆、公安分馆、星海明筑小区分馆。2018年，白兔潭镇分馆、浦口镇分馆、浟溪分馆、阳三石分馆、星海明筑分馆的藏书实现了通借通还。

四、学术、科研活动及成果

醴陵市图书馆员工发表论文一览表

序号	作者	论文题名	刊物名称及获奖情况	发表时间
1	罗　景	浅析如何提高少儿阅览室的服务质量	《文化产业》	2014 年 11 月
2	谢跃先	浅谈中小型图书馆为残障儿童的服务工作	全国中小型公共图书馆联合会研讨会征文一等奖	2014 年
3	朱发雄	公共图书馆推广全民阅读的服务模式探讨	《智富时代》	2018 年 6 月
4	朱发雄	互联网＋时代的公共图书馆服务模式创新探究	《大东方》	2018 年 10 月

五、表彰与奖励

2009 年第四次全国县级以上公共图书馆评估，醴陵市图书馆被文化部评为"国家二级图书馆"；2013 年第五次全国县级以上公共图书馆评估、2017 年第六次全国县级以上公共图书馆评估，醴陵市图书馆均被文化部评为"国家一级图书馆"。

攸县图书馆

攸县图书馆于 1976 年成立，馆舍位于联星街道雪花社区望岳西路 2 号（县体育场）。2009 年至 2018 年，新建发展中心图书馆分馆，建成盲人阅览室，逐步完善少儿图书室，全面开展全民阅读活动，通过招募图书志愿者、举办图书漂流活动、建设分馆等创新措施，开展讲故事、朗读、演讲比赛、知识抢答赛等读者活动，营造了浓郁的阅读氛围。

一、基础设施设备和机构、人员、经费

1.基础设施设备

2009 年，攸县图书馆建筑面积 2361 平方米。2010 年，设少儿图书室。2011 年，全面改造了书库、办公楼，新建共享工程展播厅。2012 年，新建盲人图书室。2014 年，县机关事业单位整体搬迁至发展中心办公，在发展中心档案楼 3 楼设立攸县发展中心图书馆，面积 800 平方米。2009 年至 2012 年，更换书架、期刊架、报纸架、书柜、阅览桌椅和电子阅览室的设备，新安装触摸屏一体机、寄存柜、饮水机、空调。2012 年，电子阅览室有终端机 40 台。

2.机构

2018 年，攸县图书馆设办公室和读者服务部门。

3. 人员

从 2007 年起，王晓东担任攸县图书馆馆长一职。

攸县图书馆员工情况统计表（单位：人）

年份	员工人数	高中学历	专科及本科学历	初级职称	中级职称	副高职称
2018	11	1	10	5	4	1

4. 经费

攸县图书馆经费统计表

年份	2009	2013	2018
财政拨款（万元）	60	93	136

二、基础业务工作

1. 馆藏资源

2018 年，攸县图书馆藏书 27.8 万册，有特藏文献 4000 册、地方文献 4217 册、报刊 4.1 万册。2010 年攸县图书馆列入了"县级数字图书馆推广计划"，争取到 1TB 的数字图书资源。2012 年购买 1.4TB 电子图书。攸县图书馆采取上门收集、自愿捐赠、购买的方式征集地方文献，设立了地方文献个人专柜，制定地方文献管理制度，安排专人负责。

攸县图书馆藏书统计表

年份	2009	2010	2011	2012	2013	2014	2015	2016	2017	2018
藏书量（万册）	6.05	6.85	8.13	10.46	12.57	15.32	18.52	21.69	24.30	27.80

攸县图书馆藏书依据《中国图书馆分类法（第五版）》进行分类标引，依据《普通图书著录规则》著录，制订《攸县图书馆文献分类工作细则》和《攸县图书馆著录工作细则》。

2. 读者服务

攸县图书馆设有综合外借处、少儿图书室、成人阅览室、地方文献查阅室、工具书查阅室、过刊查阅室、电子阅览室、盲人图书室、共享工程展播厅。2011 年，攸县图书馆推行免费开放，实行"无障碍、零门槛"进入，节假日、周末开放（周一闭馆）。2018 年，攸县图书馆接待读者 30 万人次，持证读者 5000 人。

攸县图书馆读者服务统计表

年份	2009	2010	2011	2012	2013	2014	2015	2016	2017	2018
接待读者（万人次）	8.2	9.6	10.5	12.2	14.3	15.7	18.5	20.8	25.0	30.0

攸县图书馆开展读书活动。2009年至2018年，在"4·23"世界读书日开展讲故事、朗诵、演讲、征文、知识抢答等读书活动。2009年，组织"湖南省百名优秀书画家走进社会主义新农村"活动。2010年，承办"迎世博迎亚运讲文明树新风"文明礼仪知识读书竞赛活动株洲地区选拔赛、全县创卫知识抢答赛。2011年，承办"纪念中国共产党成立90周年"党史党建及业务知识抢答赛。2012年，举办"品味文化·传承文明"活动周之图书展销活动和有奖灯谜竞猜活动。2013年，承办全县"城乡同治·结对共建"文明礼仪知识抢答赛等。2018年，参加"我听·我读"少儿读者朗诵赛。

攸县图书馆招募有图书志愿者服务队伍1支，2018年达200人。

3. 现代技术应用

2008年，攸县图书馆引入图书馆管理计算机软件系统，实现了业务工作自动化管理。2003年，文化信息资源共享工程攸县支中心成立，攸县支中心与湖南省级分中心签订实施协议。2011年，建设了拥有40台工作站的电子阅览室、100个座席的共享工程展播厅，设立专用机房，接入了10M光纤，完善了支中心阵地建设。通过与农村党员干部现代远程教育的共建共享，攸县图书馆在全县建立了412个共享工程基层服务点。

三、表彰与奖励

2009年第四次全国县级以上公共图书馆评估，攸县图书馆被文化部评为"国家二级图书馆"；2013年第五次全国县级以上公共图书馆评估，攸县图书馆被文化部评为"国家一级图书馆"；2017年第六次全国县级以上公共图书馆评估，攸县图书馆被文化部评为"国家二级图书馆"。

茶陵县图书馆

茶陵县图书馆于1978年成立，全馆设7个服务窗口。馆外设东阳书屋、严塘分馆等14家分馆，业务指导全县文化信息资源共享工程村级服务点290个、农家书屋359家。藏书75.5万册，服务人口58.8万人。

一、基础设施设备和机构、人员、经费

1. 基础设施设备

茶陵县图书馆位于云阳街道公园路，建筑面积1937平方米。2013年馆舍进行改建。配有流动图书车。

2015 年，茶陵县图书馆新馆建设工程启动，新馆坐落在犀城大道与白云路交汇处，建筑面积 8556 平方米，可藏书 70 万册。2017 年，新馆建设主体工程完工。2018 年，新馆进行室内装修。

2. 机构

2018 年，茶陵县图书馆设行政办公室、财务室、采编室、合作推广部、自动化信息技术部、流通服务部。服务窗口有综合图书外借处、少儿阅览室、期刊阅览室、电子阅览室、书画创作展览室、地方文献室、族谱特藏室、流动图书车。

3. 人员

从 2009 年起，刘敏强担任茶陵县图书馆馆长一职。

茶陵县图书馆人员情况统计表（单位：人）

年份	员工人数	专科及本科学历	研究生学历	中级职称
2014	10	6	1	3
2018	18	6	1	3

注：2018 年在编人员 6 人，临聘 12 人。

4. 经费

茶陵县图书馆经费统计表（单位：万元）

年份	财政拨款	购书经费	数字资源采购经费
2009	50.10	9.00	4.00
2010	35.36	7.50	4.00
2011	61.04	9.00	7.00
2012	61.48	9.00	7.00
2013	66.64	11.00	7.00
2014	82.49	14.00	9.60
2015	95.80	16.00	10.00
2016	108.95	15.00	10.00
2017	130.29	34.00	70.00
2018	142.70	16.00	10.00

二、基础业务工作

1. 馆藏资源

2018 年，茶陵县图书馆藏书 75.5 万册，设立地方文献收集小组，并在机关单位、乡镇、农村建立地方文献收集人群网。2009 年至 2018 年，茶陵县图书馆共收集地方文献 4.2 万册。

茶陵县图书馆藏书统计表

年份	2019	2010	2011	2012	2013	2014	2015	2016	2017	2018
藏书量（万册）	3.5	3.9	17.4	35.1	46.7	49.7	52.7	56.7	73.1	75.5
数字资源（TB）	4.0	4.1	4.2	4.3	4.4	4.5	5.5	5.5	5.5	5.5

2. 读者服务

茶陵县图书馆开展多种读者活动，如2010年文化信息资源共享工程少年网页设计竞赛、"G3杯"少儿文明礼仪知识读书竞赛活动，2011年"三湘读书月——少儿'纪念中国共产党成立90周年'"红色经典读书活动，2012年少儿"学习雷锋好榜样"读书活动，2013年"三湘读书月——少儿'中国梦·我的梦'读书活动"，2016年株洲市第三届少儿故事大王大奖赛，2017年"少儿故事大王"大奖、"书香湖南·红星闪闪耀童心"少儿读书活动，2018年"书香湖南·共创共享儿童阅读新时代"少儿读书活动。

其中，2016年"'文化大赶集'全民阅读推广活动"项目获湖南省公共图书馆服务成果三等奖。

茶陵县图书馆读者服务统计表

年份	借阅册次（万册次）	借阅人次（万人次）	持证读者（万人）	读者活动（场）	讲座展览（场）
2009	3.4	0.8	0.2	54	8
2010	4.5	1.1	0.3	60	9
2011	4.5	1.1	0.3	58	8
2012	5.3	1.1	0.3	56	7
2013	47.3	1.9	0.3	53	9
2014	38.5	2.2	0.5	62	8
2015	49.5	3.3	0.5	56	8
2016	54.6	4.5	0.5	65	10
2017	66.4	6.1	1.2	102	14
2018	9.9	1.8	1.5	125	17

3. 现代技术应用

2009年至2013年，茶陵县图书馆使用图书馆自动化集成系统（ILAS），实现图书馆业务工作自动化管理。2014年，改用Interlib图书馆集群管理系统，购置自助借还机、自助办证机、歌德电子图书自助借阅机。完善县图书馆网站建设，增添茶陵县图书馆馆藏图书检索平台，便于读者不受时空限制检索、借阅图书。2016年，茶陵县图书馆微信公众号平台上线。2017年，数字平台上线。茶陵县图书馆与县远教中心协作共建文化信息共享工程基层服务点290个。

4. 志愿者服务

茶陵县图书馆组建了一支文化志愿者服务队伍，2009年有42人，2018年发展到200

人，志愿者服务队协助图书馆开展阅读推广活动。2017年，文化志愿者谭国武获湖南省"星级文化志愿者"称号。2018年，吴彬兰获株洲市"优秀文化志愿者"称号。

三、总分馆建设

2015年，茶陵县图书馆启动总分馆建设。至2018年，共建成14个分馆：欧江分馆、云阳分馆、东阳书屋、国税分馆、地税分馆、枣市分馆、严塘分馆、沿河分馆、高径分馆、清水分馆、高陇分馆、红色分馆、思聪分馆、青苗分馆。东阳书屋建筑面积150平方米，藏书0.34万册，配有自助办证机、自助借还机、电子书借阅机、公共文化一体机设备。严塘分馆总投资40余万元，面积320平方米，藏书0.8万册，电子书刊0.3万种，设有阅览室、少儿阅览室、电子阅览室和展览室4个功能区域，32个座席，备有8台电脑、1台电子书刊借阅机，开通开放式Wi-Fi，并与总馆实行资源共享、通借通还。青苗分馆位于尧水学校，面积150平方米，藏书1.2万册，与总馆实行资源共享、通借通还，开展故事会、阅读分享会阅读推广活动。

根据县总分馆中的准入和退出机制，2018年枣市分馆因考核不合格，退出总分馆体系。

四、表彰与奖励

2009年第四次全国县级以上公共图书馆评估，茶陵县图书馆被文化部评为"国家二级图书馆"；2013年第五次全国县级以上公共图书馆评估、2017年第六次全国县级以上公共图书馆评估，茶陵县图书馆均被文化部评为"国家一级图书馆"。

炎陵县图书馆

炎陵县图书馆于1979年成立，有各类藏书18.7万册，其中图书14.7万册、期刊3.8万册，年服务读者10万人次。2009年起，开始推动自动化、网络化、数字化、总分馆体制建设等。

一、基础设施设备和机构、人员、经费

1. 基础设施设备

炎陵县图书馆位于井冈西路15号，馆舍建筑面积3134平方米。2018年，完成馆舍改造，对办公楼、前坪护坡、荟英亭进行全面维修，更新了窗口的书桌、书架、办公桌等设备。

2015年，接受文化部赠送的流动图书车。

2. 机构

2014年，炎陵县图书馆设办公室、采编室、外借室、阅览室、少儿室、盲文阅览室、自习室、书画展览室。

3. 人员

炎陵县图书馆馆长名录

序号	姓名	任职时间
1	邓春霞	2001年至2009年
2	刘晓明	2009年至今

炎陵县图书馆人员情况统计表（单位：人）

年份	员工人数	高中学历	专科及本科学历
2009	8	4	4
2013	8	2	6
2016	8	1	7
2018	8	1	7

4. 经费

炎陵县图书馆经费统计表（单位：万元）

年份	财政拨款	购书经费	专项经费
2009	69.14	4.53	2.00
2010	42.69	2.82	4.50
2011	81.62	4.77	—
2012	77.88	4.82	—
2013	67.07	3.24	32.50
2014	88.23	14.33	24.00
2015	61.82	12.26	21.00
2016	92.93	19.01	23.00
2017	133.09	11.13	—
2018	273.76	10.91	—

二、基础业务工作

1. 馆藏资源

2009年，炎陵县图书馆藏书13.26万册。2018年，藏书18.68万册，其中接受由湖南省委、省政府办公厅配发的《湖湘文库》及韬奋基金捐赠的图书6748册，分馆纳入系统1.30万册，自购图书 3.37 万册（含电子图书 2000 册）。设地方文献室，由专人负责地方文献的收集，每年入藏地方文献 30 种 150 册，主要收集家谱、本地作家出版的图书。2016 年，收藏地方文献 1986 册，其中家谱 56 册。藏有古籍 100 种 118 册，用樟木书柜保存。

炎陵县图书馆藏书统计表

年份	2009	2010	2011	2012	2013	2014	2015	2016	2017	2018
藏书量（万册）	13.3	13.9	14.1	14.7	14.8	15.3	15.8	16.4	16.9	18.7

2. 读者服务

2009 年，炎陵县图书馆设有馆外服务点 9 个。2018 年，服务点发展到 128 个，建立分馆 18 个。

炎陵县图书馆读者服务统计表

年份	2010	2011	2012	2013	2014	2015	2016	2017	2018
流通人次（万人次）	10.02	10.07	10.13	10.19	10.27	10.34	10.43	10.51	10.65

炎陵县图书馆开展多项读者活动，如 2010 年文化信息资源共享工程少年网页设计比赛、G3 杯少儿文明礼仪知识读书竞赛活动，2011 年文化共享工程"阳光少年热爱党"电脑小报设计比赛、三湘少儿阅读之星评选活动，2012 年少儿"学习雷锋好榜样"读书活动、中小学生电脑小报设计比赛活动、庆"六一"关爱农村留守儿童活动，2013 年少儿"中国梦·我的梦"读书活动，2014 年少儿"中国梦·我心中的故事"讲述活动，2015 年"书香湖南——三湘少年儿童阅读之星评选"活动，2016 年、2017 年"少儿故事大王"大奖赛，2018 年"我的书屋我的梦"征文活动、"书香湖南——共创共享儿童阅读新时代少儿读书活动"。

3. 现代技术应用

2014 年，炎陵县图书馆将原来使用的图书馆自动化集成系统（ILAS）更换为 Interlib 图书馆集群管理系统，购置内存 2000 册书的歌德电子图书借阅机。2017 年、2018 年，购买超星少儿学习机 2 台，智能图书借还机 1 台，报刊阅读机 1 台，Interlib 图书馆集群管理系统服务端口 10 个，用于分馆管理，实现通借通还。

2008 年，文化信息资源共享工程炎陵县支中心成立，设多媒体报告厅、中心机房、电子阅览室，配有 30 台电脑、5 台服务器、173 个村级服务点、14 个乡镇服务点和炎陵县图书馆网站。炎陵县共建成 15 个电子阅览室，终端电脑 77 台，免费向读者开放。

4. 志愿者服务

2014 年，炎陵县图书馆成立文化志愿服务队，招募 58 名文化志愿者。2015 年招聘 150 名文化志愿者，2018 年有 885 名文化志愿者。暑假期间学生志愿者集中培训后，参与完成图书整理加工 3000 册。

三、总分馆建设

2017 年，炎陵县图书馆建成分馆有 18 个，总分馆之间实现通借通还，总分馆服务体系拥有藏书 68.36 万册。2018 年在神农大道建立 24 小时自助图书馆。

炎陵县图书馆分馆一览表

序号	分馆名称	建馆时间	馆址
1	文体中心分馆	2016 年	县文体中心
2	南区分馆	2016 年	南区社区居委会
3	东区分馆	2016 年	东区社区居委会
4	武警中队分馆	2016 年	县武警中队
5	新华书店分馆	2016 年	新华书店
6	策源乡分馆	2017 年	策源乡村委会
7	船形乡分馆	2017 年	船形乡村委会
8	垄溪乡分馆	2017 年	垄溪乡村委会
9	鹿原镇分馆	2017 年	鹿原镇湖田居委会
10	沔渡镇分馆	2017 年	沔渡镇村委会
11	沔渡镇夏馆村分馆	2017 年	沔渡镇夏馆村村委会
12	十都镇分馆	2017 年	十都镇镇政府
13	神农谷分馆	2017 年	神农谷景区
14	水口镇分馆	2017 年	水口镇政府
15	霞阳镇分馆	2017 年	霞阳镇政府
16	霞阳镇石子坝村分馆	2017 年	霞阳镇石子坝村村委会
17	下村乡分馆	2017 年	下村乡村委会
18	中村瑶族乡分馆	2017 年	中村瑶族乡村委会

四、学术、研究活动及成果

2009 年，"炎陵黄桃种植业科技跟踪服务项目"获湖南省公共图书馆第七届服务成果三等奖。2016 年，"公共文化服务体系中的县级图书馆总分馆建设"项目获湖南省公共图书馆服务成果二等奖。

五、表彰与奖励

2009 年第四次全国县级以上公共图书馆评估、2013 年第五次全国县级以上公共图书馆评估、2017 年第六次全国县级以上公共图书馆评估，炎陵县图书馆均被文化部评为"国家一级图书馆"。

第三章 湘潭市公共图书馆

湘潭市图书馆（少儿馆）

1914 年，湘潭县立图书馆成立。1954 年，湘潭市图书馆正式成立，馆舍在湘潭干部业余文化学校，其藏书、设备和人员均来自原南岳图书馆。1955 年，湘潭市图书馆迁入大同北路（建设北路原市人大常委会院内）新建馆舍。1960 年，再迁雨湖路。1984 年，搬迁至湖园路 38 号新建馆舍。同年，湘潭市少年儿童图书馆独立建制。1987 年，在湘潭市图书馆旧址上建造新馆。2004 年，湘潭市图书馆和湘潭市少年儿童图书馆合署办公。

一、基础设施设备和机构、人员、经费

1. 基础设施设备

1984 年，湘潭市图书馆迁至湖园路 38 号新建馆舍，建筑面积 3000 平方米。同年，湘潭市少年儿童图书馆利用湘潭市图书馆旧址建造新馆，建筑面积 1235 平方米。2004 年，湘潭市图书馆和市少年儿童图书馆总建筑面积 5238 平方米。

2. 机构

2009 年，湘潭市图书馆（少儿馆）设办公室、采编部、流通阅览部、少儿借阅部、音像借阅部、辅导部、读者活动部、地方文献特藏部、数字资源部。

2014 年，整合资源将辅导部、地方文献特藏部、采编部和图书馆学会办合并为综合业务部，音像借阅和盲人借阅室并入流通阅览部。全馆设办公室、综合业务部、流通阅览部、少儿借阅部、读者活动部、数字资源部。

2018 年，读者活动部更名为社会协调部，全馆设行政办公室、综合业务部、流通阅览部、少儿借阅部、社会协调部、数字资源部，以及 13 个对外服务窗口：借阅处、报纸阅览室、期刊阅览室、地方文献室、电子阅览室、盲人阅览室、免费观影室、少儿借阅处、绘本馆、智慧空间、民俗文化展示中心、少儿电子阅览室、少儿免费观影室。

3. 人员

湘潭市图书馆（少儿馆）馆长名录

序号	姓名	任职时间
1	李维石	2008 年至 2013 年
2	李翠平	2013 年至今

湘潭市图书馆（少儿馆）人员情况统计表（单位：人）

年份	员工人数	高中学历	专科及本科学历	中级职称	副高职称	正高职称
2018	47	3	44	21	2	1

4.经费

湘潭市图书馆（少儿馆）经费统计表（单位：万元）

年份	财政拨款	购书经费	数字资源采购费	其他专项经费
2009	287.1	33.0	5.0	56.9
2010	346.5	40.0	5.0	93.4
2011	339.2	50.0	5.0	35.8
2012	426.4	50.0	5.0	119.7
2013	663.9	50.0	115.0	148.0
2014	909.4	50.0	5.0	183.0
2015	843.3	50.0	35.0	241.0
2016	993.7	50.0	50.0	211.0
2017	1061.6	100.0	55.0	141.0
2018	1141.9	50.0	40.0	186.5

二、基础业务工作

1.馆藏资源

湘潭市图书馆（少儿馆）藏书统计表

年份	2009	2010	2011	2012	2013	2014	2015	2016	2017	2018
藏书量（万册）	26.9	28.2	29.4	30.6	32.1	34.6	37.0	39.9	43.6	47.8

湘潭市图书馆（少儿馆）馆藏文献依据《中国图书馆分类法（第五版）》分类标引，整理图书。

湘潭市图书馆（少儿馆）收藏有方志、地方报刊、谱牒，如《湘潭县志》7种、《湘乡县志》《湘潭城议事会第一届议案》（1913）；《湘潭民报》《湘乡民报》《湘潭商报》《湘潭公报》《潭报》《湖南通俗日报》《黄埔日刊》（复印件）《湘潭文献》（台湾出版）；《韶山毛氏五修族谱》《晓霞齐氏六修族谱》。还收藏地方名人文献，如毛泽东、齐白石、彭德怀等专题文库；李寿冈、颜梅魁、周磊、鄢光润等名家手稿；民间艺术家吴升平、贺桂华、胡秀英、刘月玲、刘菊安的作品。古籍收藏以地方名人诗文集，如李腾芳、陈鹏年、张九钺、曾国藩、王闿运、黎培敬、罗萱、梁焕奎等。有明嘉靖《初学记》、清康熙版《湖广通志》等善本。收藏碑拓、名人字画500余件，其中有解缙、曾国藩、何绍基、王闿运、齐白石等人的手迹。

湘潭市图书馆（少儿馆）设有地方文献研究室，收藏《齐白石全集》《齐白石手批师生印集》《北京画院秘藏齐白石精品集》《北京画院藏齐白石全集》《白石老人自述》。研究人员先后参与编辑出版《齐白石研究资料简编》《齐白石研究资料专题要目》《齐白石研究大全》《齐白石全集》《齐白石辞典》《齐白石研究》《齐白石研究书目索引》《齐白石诗词联语篇目索引》。定期举办家谱展，开展家谱征集活动，收藏毛泽东、彭德怀、齐白石等本邑名人家谱。接受文史诗家李寿冈、剧作家颜梅魁、地方史家周磊、现代文学史家康咏秋、文学家谷静、民俗学家鄢光润等 7 位湘潭名人手稿 93 件。

2. 读者服务

2011 年，湘潭市图书馆（少儿馆）取消读者办理借书证的工本费，实现全馆一证通，馆内资料无需任何证件免费阅览，实现无障碍、零门槛进入，公共空间设施场地全部免费开放。2018 年，湘潭市图书馆（少儿馆）持证读者 24605 人。

湘潭市图书馆（少儿馆）于每年的世界读书日、全民读书月、全国科普周、图书馆服务宣传周、传统节假日期间开展各种读书活动，如 2009 年少儿"新中国 60 周年道德模范故事会"读书竞赛活动，2010 年少儿 G3 杯"迎世博·迎亚运·讲文明·树新风"文明礼仪知识读书活动，2011 年少儿"纪念中国共产党成立 90 周年"红色经典读书活动，2012 年少儿"学习雷锋好榜样"读书活动，2013 年少儿"中国梦·我的梦"读书活动，2014 年少儿"中国梦·我心中的故事"读书活动，2015 年"中国梦·汉语美"读书活动，2016 年"光荣与梦想——纪念建党 95 周年暨红军长征胜利 80 周年"少儿读书活动，2017 年"红星闪闪耀童心"少儿读书活动，2018 年"书香湘潭·共创共享儿童阅读新时代"少儿读书活动。

湘潭市图书馆（少儿馆）读者服务统计表

年份	借阅册次（万册次）	借阅人次（万人次）	讲座场次（场）	展览场次（场）
2009	18.84	2.30		
2010	17.37	2.20	24	18
2011	17.46	2.29		
2012	18.97	2.55		
2013	46.49	8.11	52	20
2014	44.93	13.62	11	7
2015	53.62	19.11	69	13
2016	51.95	17.49	69	16
2017	51.29	17.89	78	23
2018	56.80	17.39	109	17

2016 年，"湘潭市少年儿童主题读书活动"项目获湖南省公共图书馆服务成果一等奖。"湘潭文化讲坛"由湘潭市委宣传部、市社科联主办，湘潭市图书馆（少儿馆）、湘

潭市图书馆学会、湘潭市民俗文化学会、湘潭市民间文艺家协会承办。2014年，推出每月一讲，2018年举办51场。"湘潭文化讲坛"以湘潭地方文化为内容，邀请专家教授讲述湘潭历史、人文地理、民风民俗，探索民间文化的内涵。同时还以地方文化为主线，延伸开展其他各类讲座，如"道德讲堂""健康与养生""家庭教育与心理健康"等。2016年，"湘潭文化讲坛"项目获湖南省公共图书馆服务成果二等奖。

3. 现代技术应用

1999年，湘潭市图书馆引入图书馆自动化集成系统（ILAS），2004年，升级为ILAS II。2012年，湘潭市图书馆（少儿馆）购IBM服务器2台，将图书馆自动化集成系统（ILAS II）更新为图书馆集群管理系统（Interlib），使采访、编目、流通、咨询等各项功能更具可视化、智能化、远程化，并建有专门的微信读者群、QQ读者群为读者解答问题。

2013至2016年，先后采购歌德电子图书借阅机4台，分布在湘潭市委、湘潭市政府、湘潭市公积金中心、湘潭市图书馆（少儿馆），歌德电子报刊借阅机2台安装在湘潭市图书馆（少儿馆）、华银国际大酒店，电子政务查询机1台。

4. 参考咨询

湘潭市图书馆（少儿馆）向读者提供馆藏的参考资料书，如词典、市志、年鉴、本土名人、风俗人情、公司企事业名录、技术标准手册；解答读者所提出的口头和书面咨询问题，如馆藏书刊目录的查询、参考工具书的使用方法、科技查新、涉及社会科学与自然科学的知识等。服务对象有党政领导机关、科研、教育、文化事业单位。2018年，湘潭市图书馆（少儿馆）被评为"湖南省公共图书馆参考咨询联盟先进单位"。

5. 志愿者服务

2013年，湘潭市图书馆（少儿馆）成立志愿服务队，有注册志愿者53人，大学生志愿者168名。每年组织志愿者慰问留守儿童、孤儿、孤寡老人、残疾人。2013至2018年，向社区、乡村学校、敬老院、乡村送书48次，捐赠图书2万余册。

三、重大文化工程建设

1. 文化信息资源共享工程

2001年，湘潭市图书建立网站（http://www.xtlib.com/）。读者可通过网站检索到该馆的书刊、活动信息，并可链接到湖南图书馆共享工程分中心共享数字资源平台，直接查阅学术期刊全文数据库、文化休闲期刊、电子图书、视频数据库。网站设立有馆情介绍、馆藏资源、读者活动、少儿图书馆、共享工程、预决算公开、联合参考咨询、读者论坛、地方图书馆、学会工作等栏目。

2. 数字图书馆推广工程

2013年，数字图书馆国家中心下发配置设备（服务器3台、磁盘阵列柜1套、防火墙1台、交换机 3 台、笔记本电脑 2 台、计算机 6 台），并全部安装到位。2016 年，增设电子阅览室，配备联想一体机 20 台。2017 年，无线网络连接覆盖读者服务区的面积 5000 平方米。2009 年，有客服端 24 台的绿色网免费开放。

湘潭市图书馆（少儿馆）建设地方特色数据库，包括齐白石文献研究专题资源库、湘潭地区人物数据库、湘潭文化讲坛以及湘潭地方文献数据库。在外购数据上先后采购超星移动图书馆数据库、宝宝智库、上业百科全书、云观在线书城、中国知网学术期刊数据库、云图有声、中文在线数据库等。数字资源总量 24TB，其中各种活动展览图片约 3.5TB，PDF、DOC 等文本文件 0.86TB。

3. 古籍保护工程

湘潭市图书馆（少儿馆）收藏古籍 16725 册，其中民国以前古籍 10467 册。《初学记》明嘉靖十三年（1534）刻本、《登坛必究》明万历二十四年（1596）刊本、《奇经八脉考》明万历三十一年（1603 年）刊本、《博物志》清康熙七年（1668）刊本、《湖广通志》清康熙二十三年（1684）刻本、《温飞卿诗集》清康熙三十六年（1697）秀野草堂刊本。藏有 1920 年商务印书馆出版的《东方杂志》，1937 年商务印书馆出版的《佩文韵府》，以及《册府元龟》《丛书集成初编》《古今图书集成》《四库全书》《毛泽东评点二十四史》。

四、总分馆建设

2016 年，湘潭市图书馆（少儿馆）完成湘潭县图书馆、岳塘区图书馆、雨湖区图书馆、湘潭市少儿图书馆的分馆建设。同时，建成弗弗西里分馆、风车坪社区分馆、南盘岭社区分馆、梅林桥分馆、楠竹山中学分馆，实现总分馆的互借互还。2018 年，新建纳帕溪谷分馆、市政府 24 小时学习室分馆、雨湖区爱心协会分馆、步步高禾分馆、峡山口分馆、红霞学校分馆、继述桥分馆、环山中学分馆。2015 年，湘潭市图书馆（少儿馆）在湘潭市四中、湘潭市总工会旁建立 2 个 24 小时自助图书馆。2018 年，在云湖桥镇清风村建立了 24 小时自助图书馆。

五、学会工作

1988 年，湘潭市图书馆学会成立。2016 年，召开第七届会员代表大会，通过学会修改章程，选举产生以李冬平为名誉理事长，李翠平为理事长，刘纯、蒋向红、张湘萍、刘国新、王丙炎、郭劲松、成小军为副理事长，沈艾飞为秘书长的理事会成员。有常务理事单位 15 个，理事单位 20 个，会员 320 人。

湘潭市图书馆学会每年开展会员活动。2010 年，在湘潭大学图书馆举办以"网络环境下图书馆事业的发展"为主题的第八届论文评奖活动，共征集论文 25 篇。2012 年，组织部分馆长、专家分别对湘潭市 5 个县（市）区的农家书屋进行实地调研，并撰写专题调研报告，吉林大学教授张柏秋作"科技查新"报告、湖南图书馆副馆长雷树德作"地方文献与地方文化论例"报告，在湘潭大学公共管理学院举办"数字化特色馆藏建设及服务推广"学术报告会。2013年，编辑出版《湘潭历史上的清官廉吏》。2014年，湘潭大学公共管理学院周永红教授主讲"数字化特色馆藏建设及服务推广"报告。2015年，湘潭大学教授邢文明作题为"新媒体在图书馆中的应用"的讲座。2017年，超星集团海风老师带来一场名为"新媒体、新技术、新阅读——让阅读成为一种生活方式"的培训活动。2018年，湘潭大学龚蛟腾教授作"公共图书馆的演变与发展"学术讲座。

六、学术、科研活动及成果

湘潭市图书馆（少儿馆）学术成果一览表

序号	姓名	著作/论文题名	出版机构/刊物名称	发表时间
1	李翠平	历代湘潭著作述录（湘潭县卷）	湘潭大学出版社	2016年
2	李翠平	历代湘潭著作述录（湘乡卷）	湘潭大学出版社	2019年
3	李维石	中国古代蒙学的阅读策略	《第八届海峡两岸儿童及中小学图书馆学术研讨会论文集》	2010年
4	李维石	儿童阅读心理分析、儿童阅读指导及儿童阅读能力培养研究综述	《中国图书馆学会未成年人服务研讨会论文集》	2011年
5	文　鸣	历修《湘潭县志》及失传版本查考	《图书馆》	2009年6期
6	文　鸣　沈艾飞	王闿运纂《湘潭县志》版本校辨	《湖南工程学院学报》	2010年2期
7	文　鸣	楚志全书《楚宝》及作者周圣楷	《图书馆》	2010年5期
8	唐　徽	湘潭历史上的清官廉吏	非正式出版物	2013年
9	文　鸣	湘潭文丛·湘潭历代诗词选	湘潭大学出版社	2013年
10	文　鸣	湘潭编辑出版的齐白石专题书刊要目	《大匠之门·齐白石研究》9辑	2017年
11	龚文南	公共图书馆兴建绿色网吧的示范作用	《中国图书馆学会年会论文集》	2010年
12	沈　婧	湘潭市X社区助老服务的实证研究	《当代教育理论与实践》	2013年3期
13	李　奕	基层公共图书馆阅读推广探析	《博览群书》	2016年8期
14	李　奕	县市公共图书馆青少年服务策略探析	《读天下》	2016年10期
15	李　奕	关于县市图书馆创新的几点思考	《艺术品鉴》	2017年3期
16	欧丹杨	农家书屋引入文化志愿者服务留守儿童的思考	《教育科学》	2017年6期
17	欧丹杨	浅谈阅读推广中"图书馆+社群"合作模式的应用	《社会科学》	2017年12期
18	欧丹杨	浅谈公共图书馆作为"第三文化空间"凸显其社交功能的途径	《数字化用户》	2018年30期

七、表彰与奖励

湘潭市图书馆（少儿馆）获表彰项目一览表

年份	奖项名称	颁奖单位
2009	文化共享杯——湖南省文化共享工程知识与技能竞赛银奖	全国文化信息资源共享工程湖南中心
	湖南省少年儿童"新中国60周年道德模范故事"读书竞赛银奖、组织奖	湖南省文化厅
	国家二级图书馆	国家文化部
2010	湖南省未成年人思想道德先进活动基地	湖南省文明委
2011—2014	省级文明卫生单位	湖南省爱国卫生运动委员会
2017	湖南省青少年党史国史主题教育活动先进集体	湖南省文化厅
	国家二级图书馆	国家文化部
2018	湖南省文化志愿服务优秀团队	湖南省文化厅
	2018—2022年湖南省科普教育基地	湖南省科学技术协会

雨湖区图书馆

1999年，湘潭市雨湖区图书馆成立，用鲁班殿作馆舍。2005年，馆址迁至雨湖区委党校（原文西街学校），馆舍面积200平方米。雨湖区图书馆事业编制为8人，机构和湘潭市雨湖区文化旅游广体局属于一体，其经费未纳入财政预算，财务由雨湖区文化旅游广体局统一管理。雨湖区图书馆至成立之后，一直未对外开放。2018年，雨湖区图书馆藏书4.5万册，有电子图书30万册。2017年，购书费用为6.5万元，购书2994册。建有南盘岭社区、风车坪社区和区残疾人图书馆3家分馆。

岳塘区图书馆

2013年，湘潭市岳塘区图书馆成立，馆址位于湘潭市岳塘区政府二院文体活动中心4楼，这是一所采用开放、多功能的设计理念，集藏书、借阅、讲座、培训为一体的图书馆。

一、基础设施设备和机构、人员、经费

1. 基础设施设备
岳塘区图书馆馆舍在岳塘区政府二院文体活动中心4楼，建筑面积3000平方米。

2. 机构、人员、经费

2018 年，岳塘区图书馆设综合阅览室、电子阅览室、少儿阅览室、无障碍阅览室、多媒体室。

岳塘区图书馆馆长名录

序号	姓名	任职时间	备注
1	张　光	2013 年至 2017 年	
2	陈　红	2017 年至今	兼任

岳塘区图书馆员工情况统计表（单位：人）

年份	员工人数	高中学历	专科及本科学历
2013	6	1	5
2018	6	1	5

2013 至 2018 年，国家财政下拨岳塘区图书馆免费开放经费 10 万元。2018 年，区财政、区文旅广体局下拨总分馆建设专项资金 15 万元。

二、基础业务工作

1. 馆藏资源

岳塘区图书馆藏书 5 万册，电子文献 30 万册。

2. 读者服务

岳塘区图书馆提供免费开放服务，每周开放 49 小时，实行开架借阅。2013 至 2018 年，年均举办讲座、培训、展览、阅读推广等读者活动 20 场次，参与人数 1200 人次。岳塘区图书馆开展多项读书活动，如 2017 年"书香湘潭·红星闪闪耀童心"少儿读书活动，2018 年"书香湘潭·共创共享儿童阅读新时代"少儿读书活动。

3. 现代技术应用

岳塘区图书馆采用 Interlib 图书馆集群管理系统，业务工作实行自动化管理。电子阅览室采用青岛中科力天网络科技有限公司开发的云服务平台管理系统。2013 年，建立岳塘区数字图书馆网站（http://www.yt-book.com/）。2015 年，开通超星移动数字图书馆网络服务平台。

2009 年，岳塘区图书馆建成文化信息资源共享工程县级支中心 1 个，社区服务点 7 个。中心机房有 3 台服务器，1 组 UPS 后备电源，共有 30 台客户端，外接电信 50M 光纤。

三、总分馆建设

2013 至 2018 年，岳塘区图书馆建立 9 个街道分馆、2 个社区分馆、3 个行政村分馆、4 所校园分馆、1 所购买社区资源共享分馆、1 个 24 小时自助分馆，并为宝塔街道、红旗街道、书院路街道、三角坪社区、霞光社区、岳塘村、湘机小学、湘纺小学分馆配送了书籍、借阅设备。实行书刊借阅"一卡通"，在全区范围内实现通借通还。在区图书馆建立联合编目，实现文献统一编目，做到工作标准化和规范化。总馆负责对各分馆进行业务培训，指导各分馆业务活动和读者服务工作。分馆负责将配送图书的登记、上架、借阅，做好分馆的日常管理维护和读者借阅、文献服务，组织阅读推广活动。

四、表彰与奖励

2013 年第五次全国县级以上公共图书馆评估，岳塘区图书馆被文化部评为"国家三级图书馆"；2017 年第六次全国县级以上公共图书馆评估，岳塘区图书馆被文化部评为"国家二级图书馆"。

湘潭县图书馆

1914 年，湘潭县图书馆成立。1925 年，改名湘潭县立中山图书馆。1929 年，改名湘潭县民众图书馆。1937 年，湘潭县民众图书馆并入湘潭县民众教育馆。1949 年，县民众教育馆改名县人民教育馆。1952 年，又改名人民文化馆，内设图书室。1965 年，建立湘潭县图书馆，时有藏书 3.16 万册。1966 年，湘潭县图书馆停止开放。1969 年，湘潭县图书馆并入湘潭县毛泽东思想文艺宣传站，建制撤销。1972 年，恢复湘潭县图书馆建制。

一、基础设施设备和机构、人员、经费

1. 基础设施设备

1994 年，湘潭县图书馆新馆舍建成，馆址位于湘潭市城正街 22 号，占地 2.65 亩，建筑面积 890 平方米。2002 年，县政府划拨一栋坐落于湘潭县易俗河雪松路 849 号、面积为 3075 平方米办公楼给图书馆，一楼设青少年校外学习中心、综合阅览室、少儿阅览室、电子阅览室；二楼是地方文献库、古籍书库；五楼是全国文化信息资源共享工程湘潭县支中心和多媒体报告厅，有阅览座席 328 个，计算机 59 台，歌德电子书借阅机 2 台，配备有歌德报刊借阅机、哪吒看书设备、自助办证机、借还书机、防盗门检测系统，馆内监控

系统全覆盖。

2.机构

2018 年，湘潭县图书馆设办公室、采编部、流通借阅部、活动部、地方文献及古籍部。

3.人员

从 2004 年起，刘平担任湘潭县图书馆馆长一职。

湘潭县图书馆员工情况统计表（单位：人）

年份	员工人数	高中学历	专科及本科学历	初级职称	中级职称
2009	13	4	9	—	—
2014	13	4	9	—	—
2016	11	2	9	—	—
2018	10	2	8	1	4

4.经费

湘潭县图书馆经费统计表（单位：万元）

年份	财政拨款	购书经费	数字资源采购费
2009	82.1	7.1	—
2010	84.1	7.5	—
2011	80.7	7.5	—
2012	98.2	9.2	—
2013	149.4	18.6	—
2014	144.6	15.3	0.5
2015	134.0	21.0	4.0
2016	180.3	21.0	4.0
2017	184.4	16.4	6.0
2018	167.1	20.2	3.0

二、基础业务工作

1.馆藏资源

2009 年，湘潭县图书馆藏书 19.3 万册。2018 年，藏书 26.8 万册，馆藏文献根据《中国图书馆分类法（第五版）》进行分类标引。

湘潭县图书馆藏书统计表

年份	2009	2010	2011	2012	2013	2014	2015	2016	2017	2018
藏书量（万册）	19.3	19.7	20.4	22.3	23.1	23.6	24.4	25.2	25.9	26.8

湘潭县图书馆藏有古籍 1.2 万册，如《资治通鉴》同治版、《二十四史》、《皇清经解》，1985 年中华书局出版《丛书集成初编》4964 册，1987 年上海古籍出版社出版的《四库全书》影印本 1500 册。馆藏地方文献 3155 册，如《湘潭县志》光绪十五年（1889）刻本，《中湘罗氏四修族谱》1949 年敬本堂刊，以及《湘潭县党史资料》《湘潭县文史》《齐白石研究资料简编》，还藏有地方志、行业志、文艺作品、艺术作品、家谱、民间民俗文献及地方行业刊物。

2. 读者服务

2018 年，湘潭县图书馆设综合阅览室、少儿阅览室、地方文献库、古籍书库、电子阅览室、青少年校外学习中心和多媒体报告厅。2011 年，实行免费服务，每周开放 63 个小时。2017 年，图书管理系统升级，只需要一张身份证，读者可在各总分馆自助办证机上免押金申办新证，简化便捷，且每个读者证（或身份证）可以借书 6 册，集体证可借200 册，借书证实现通借通还。2018 年持证读者 8027 人。

湘潭县图书馆读者服务统计表

年份	借阅册次（万册次）	借阅人次（万人次）	讲座（场）	展览（场）	读者活动（场）
2009	4.86	4.29	6	2	2
2010	6.76	5.27	7	2	2
2011	8.96	7.56	8	3	2
2012	14.50	5.30	10	4	3
2013	13.41	4.64	12	5	4
2014	12.36	4.54	12	5	3
2015	12.29	4.59	12	5	2
2016	13.18	4.63	12	6	4
2017	13.36	5.30	12	6	2
2018	14.41	5.83	12	8	2

湘潭县图书馆每年正月十五在白石广场开展庆新春闹元宵活动，每年的世界读书日、莲城读书月、六一儿童节均会开展丰富多彩的活动，主要有讲座培训、展览、竞赛、送书等。如 2009 年少儿"新中国 60 周年道德模范故事会"读书知识竞赛，2010 年少儿"G3 杯迎世博迎亚运讲文明树新风"文明礼仪知识读书活动，2011 年少儿"纪念中国共产党成立九十周年"红色经典读书活动，2012 年第三届莲城读书月活动，2014 年少年儿童"中国梦·我心中的故事"读书活动，2015 年少儿"中国梦·汉语美"读书活动，2016 年少儿"光荣与梦想——纪念建党 95 周年暨红军长征胜利 80 周年"读书活动，2017 年"书香湘潭·红星闪闪耀童心"少儿读书活动，2018 年"书香湘潭·共创共享儿童阅读新时代"少儿读书活动。

3. 现代技术应用

2007 年，湘潭县图书馆引入中国专业图书馆网（http://www.csln.net/xtx）自动化系统对馆藏资源，采访、编目、典藏、流通工作实现自动化管理。2017 年，湘潭县图书馆改用 Interlib 图书馆集群管理系统，实现图书馆全业务流程的一体化管理，新增自助办证机、借还书机，实现与湘潭市图书馆（少儿馆）的通借通还，并开通了微信公众号，定期推送图书馆的相关信息，方便与读者互动。2008 年，湘潭县图书馆建设全国文化信息资源共享工程湘潭县支中心。2015 年，开通图书馆网站（http://xtxtsg.mh.libsou.com/）和移动图书馆，为读者提供馆藏数字资源检索、网上咨询等服务。

4. 志愿者服务

2015 年，湘潭县图书馆建立了一支由 8 人组成的志愿者服务队伍。图书馆志愿者服务队多次开展为特殊读者的公益性活动，协助参与图书馆管理工作。

三、总分馆建设

2018 年，湘潭县图书馆在射埠镇继述桥中学、杨嘉桥镇峡山口中学、梅林桥镇小学、县委党校图书馆建立了分馆，在云湖桥清风村、县国土资源局建立了 24 小时自助图书馆。

四、表彰与奖励

2009 年第四次全国县级以上公共图书馆评估、2013 年第五次全国县级以上公共图书馆评估，湘潭县图书馆被文化部评为"国家一级图书馆"；2017 年第六次全国县级以上公共图书馆评估，湘潭县图书馆被文化部评为"国家二级图书馆"。

韶山市图书馆

韶山市图书馆始建于 1973 年。1990 年，韶山撤区建市，韶山图书馆更名为韶山市图书馆。2012 年，位于遵义路（行政中心北侧）新馆舍竣工对公众开放。馆舍采用开放、综合、多功能的设计理念，集藏、借阅、讲座、培训为一体，馆藏文献对市民免费开放。

一、基础设施设备和机构、人员、经费

1. 基础设施设备

2003 年，因修缮韶山塑像台公园，馆舍拆除，韶山市图书馆搬迁至清溪镇迎宾路 13 号办公。2011 年，韶山市图书馆新馆竣工，建筑面积 5009 平方米。

2. 机构

2018 年，韶山市图书馆设办公室、采编部、流通部、读者服务部、技术部。

3. 人员

从 2005 年起，朱艳红担任韶山市图书馆馆长一职。

韶山市图书馆员工情况统计表（单位：人）

年份	员工人数	大专及本科学历	中级职称
2018	6	5	1

4. 经费

韶山市图书馆经费统计表（单位：万元）

年份	财政拨款	购书经费	数字资源采购经费	免费开放经费	备注
2009	49.0	3.6	——	——	
2010	31.0	4.9	——	——	
2011	62.0	16.0	——	——	
2012	86.0	10.0	——	——	
2013	77.0	10.0	——	17.0	
2014	83.0	10.0	——	17.0	
2015	1318.0	15.0	4.0	20.0	财政拨款含基建款
2016	96.0	15.0	1.0	20.0	
2017	175.0	15.0	1.0	20.0	财政拨款含自助图书馆 53 万
2018	108.0	15.0	0.2	20.0	

二、基础业务工作

1. 馆藏资源

2018 年，韶山市图书馆藏书 10.7 万册，其中图书 6.9 万册、报刊 3.7 万册。2012 至 2018 年，视听文献入藏 105 件，电子文献 7400 种。2012 年，韶山市图书馆新馆竣工，图书入藏 2.55 万种，其中新购 2800 种，接受国家图书馆捐赠图书 7390 种、天津市少儿图书馆捐赠图书 8200 种、深圳少儿图书馆捐赠图书 7150 种。

韶山市图书馆藏书统计表

年份	2013	2014	2015	2016	2017	2018
藏书量（万册）	6.68	8.53	9.09	9.71	10.48	10.70

韶山市图书馆设地方文献专藏，2012 年至 2018 年，入藏地方文献 450 种 780 册，包括地方志、家谱，如韶山市志、汤氏族谱、彭氏族谱；本地出版物，如《韶山报》《韶风》《故园文艺》《韶山诗词楹联》《韶山的故事》。

2. 读者服务

2018 年，韶山市图书馆设综合阅览室、电子阅览室、少儿阅览室（天津市少儿图书馆韶山分馆）、无障碍阅览室、毛泽东著作研究室、百家期刊室、多功能室、采编室、过报室。实行免费开放服务，每周开放 49 小时，藏书开架借阅。2012 年 6 月至 2018 年 12 月，免费办理借书卡 6730 张。2013 年至 2018 年，年均文献外借 7 万册次，接待读者 12 万人次。

韶山市图书馆读者服务统计表

年份	借阅册次（万册次）	流通人次（万人次）	持证读者人数（人）
2013	7.35	9.15	2898
2014	6.65	8.47	3539
2015	6.65	6.13	4146
2016	4.98	6.13	4781
2017	5.28	6.31	7328
2018	7.51	8.00	6441

韶山市图书馆开展形式多样的读者活动，如 2012 年少儿"学习雷锋好榜样"读书活动，2012 年"第二届三湘少儿阅读之星"评选活动，2014 年少儿"中国梦·我心中的故事"读书活动，2016 年少儿"光荣与梦想——纪念建党 95 周年暨红军长征胜利 80 周年"读书活动，2017 年"书香湖南·红星闪闪耀童心"少儿阅读活动，2018 年"书香湖南·共创共享儿童阅读新时代"少儿读书活动。

3. 现代技术应用

2008 年，韶山市图书馆引入 Interlib 图书馆集群管理系统，实现业务工作自动化管理。2015 年，开通超星移动数字图书馆网络服务平台，2015 年 5 月至 2018 年 12 月，累计点击阅读量 10 万次。2011 年，韶山市图书馆网站（http://www.sslib.org/）上线，设置有图书馆入口、网上图书馆、馆藏书目查询、网上自助续借、数字资源、读者指南等栏目。2015 年，安装歌德电子借阅机和自助还书机。2008 年，文化信息资源共享工程韶山市支中心在韶山市图书馆建立，建有乡镇服务点 4 个，中心机房有 3 台服务器、1 组 UPS 后备电源，电子阅览室有 26 台客户端，外接电信 100M 光纤。

4. 志愿者服务

2015 年，韶山市图书馆组建志愿服务团队和假期志愿服务团队，两支团队共有志愿者 187 人，年均开展志愿服务活动 32 次。

三、总分馆建设

2013 年至 2018 年，韶山市图书馆建立银田镇、韶山乡、杨林乡、清溪镇、火车站社区、镇泰小学分馆。分馆藏书均通过政府统一采购，由韶山市图书馆统一编目、统一配送，提高办馆效益。实行书刊借阅"一卡通"，通借通还。

2017 年，韶山市图书馆在遵义路建立24小时自助图书馆，有一间29平方米的玻璃房子，设有空调、桌椅、Wi-Fi 与自助借还机等设施，市民可凭身份证自助借阅图书。自助图书馆内藏书3000 册，包含文学、哲学、史学等各类读物。

四、表彰与奖励

2009 年第四次全国县级以上公共图书馆评估，韶山市图书馆被文化部评为"国家三级图书馆"；2013 年第五次全国县级以上公共图书馆评估、2017 年第六次全国县级以上公共图书馆评估，韶山市图书馆均被文化部评为"国家一级图书馆"。

湘乡市图书馆

1928 年，设立湘乡县立图书馆。中华人民共和国成立后，湘乡市图书馆事业迅速发展，组织机构健全，设施设备不断完善，藏书逐年增加，读者队伍扩大，活动开展常态化，业务规范化。图书馆干部职工坚持社会效益为重，尽量满足读者对图书文献的需求。

一、基础设施设备和机构、人员、经费

1. 基础设施设备

2016 年，因湘乡市政府新建云门寺广场，湘乡市图书馆馆舍拆除。2017 年，搬迁至镇湘楼。2013 年，建成的镇湘楼坐落于涟水河畔，背倚东台山，濒临涟水河，与龙城绿心碧洲岛隔水相望。建筑长218 米，宽120 米，高57.9 米。建筑东西走向，呈"一"字形布局，包括11 层高主楼、南北副楼春风阁、观涟亭、亲水平台、庭院和蒋琬广场，建筑面积1.6 万平方米，辟有服务大厅、展览厅、学术报告厅、书库、停车场及读者服务处。

2. 机构

2017 年，湘乡市图书馆设办公室、财会室、采编室、综合图书外借处、综合报刊阅览室、古籍室、地方文献资料室、书画室、无障碍阅览室、自修室、少儿活动中心、公益影院、少儿图书馆。

3. 人员

湘乡市图书馆馆长名录

序号	姓名	任职时间
1	熊　平	2005 年至 2010 年
2	陈伯良	2010 年至今

湘乡市图书馆员工情况统计表（单位：人）

年份	员工人数	高中学历	专科及本科学历	初级职称	中级职称	副高职称
2013	10	4	6	4	3	1
2018	17	3	14	4	3	1

4. 经费

湘乡市图书馆经费统计表

年份	2010	2011	2012	2013	2014	2015	2016	2017	2018
财政拨款（万元）	82.1	83.0	86.3	131.6	113.8	136.1	132.9	154.5	207.6

注："财政拨款"不包括项目建设拨款。

二、基础业务工作

1. 馆藏资源

2018 年，湘乡市图书馆藏书 36.49 万册。2011 年，湖南省委、省政府配发《湖湘文库》。馆藏有明代至民国时期的木刻、木活、铜活、手抄、写稿等线装本经、史、子、集、地方志及杂类古籍 7776 册。其中，明南监《二十一史》、《两汉金石记》等珍贵图书是曾国藩当年在北京购得。《性理综要》为善本书。《万有文库》5044 册。地方文献资料有同治年间《湘乡县志》、《湘乡艺文志》（清抄本）、1993 年版《湘乡县志》、《湘乡报》、《湘乡科技》、《湘乡党史资料》、《湘乡文史资料》、《新湘乡》、《今古湘乡》、台湾版《湘乡文献》以及湘乡文学社团社刊资料、湘乡籍人士著作著述等。

湘乡市图书馆藏书统计表

年份	2009	2010	2011	2012	2013	2014	2015	2016	2017	2018
藏书量（万册）	17.97	18.47	19.45	22.10	25.32	26.89	28.39	30.07	35.48	36.49

湘乡市图书馆馆藏文献依据《中国图书馆分类法（第五版）》进行分类标引。1992 年对馆藏古籍线装书进行了整理，按"四库法"经、史、子、集分类，按《图书馆古籍著录法》著录。2012 年，配备电子借阅系统，实行电子目录管理。

2. 读者服务

湘乡市图书馆实行免费开放服务，藏书全部对读者实行全开架。2010 年，增设电子阅览室。

2018 年，湘乡市图书馆一楼为服务大厅、展厅，二楼为图书综合外借处，三楼地方文献资料室，四楼综合报刊阅览室及自修室，五楼学术报告厅，负一楼少儿活动中心、公益影院及少儿图书馆，负二楼停车场，主楼右侧设立 24 小时自助图书馆，主楼左侧为办公区域、书画室、古籍室等。在湘乡市 22 个乡镇办有农家书屋 706 家。

湘乡市图书馆读者服务统计表

年份	借阅册次（万册次）	流通人次（万人次）
2009	10.45	11.56
2010	11.66	12.01
2011	12.12	13.12
2012	12.41	14.01
2013	13.02	15.45
2014	13.23	15.88
2015	14.24	16.46
2016	14.54	16.76
2017	—	—
2018	18.36	20.33

注：2017 年馆舍搬迁，闭馆。

湘乡市图书馆开展了形式多样的读者活动，如"牵手残疾人，走进图书馆"、"手拉手传递温暖，心连心促进成长"关爱留守儿童、"书香润龙城"我的中国梦·湖湘文化进万家、"我是雷锋家乡人·湖湘文化送春风"等。2011 年，举办"纪念中国共产党成立 90 周年红色经典"少儿读书活动；2012 年，开展少儿"学习雷锋好榜样"读书活动；2013 年，举办少儿"中国梦·我的梦"读书活动；2014 年，开展"中国梦·我心中的故事"龙城读书月活动；2015 年，"书香湖南·汉语美"少儿读书活动；2017 年，开展"解放军叔叔你好！手绘明信片献给最可爱的人"活动；2018 年在世界读书日举办"你选书，我买单"书香浸润龙城志愿服务活动。

3. 现代技术应用

2010 年，共享工程国家中心配发了服务器 4 台、磁盘阵列 1 组、笔记本电脑以及投影仪、UPS 电源、摄像机、照相机。对单位网络进行了改造，采用 10M 光纤，网站域名更改为 www.xxlibrary.com，馆内各部门可以上网登录网站，查找资料。电子阅览室有电脑 24 台，供读者上网阅读和查找资料。同年，图书馆自动化管理启动，配置服务器 4 台，文津图书管理系统实现试运行。2017年，改用 Interlib 图书馆集群管理系统。

4. 志愿者服务

湘乡市图书馆建有一支 287 人文化服务志愿队。

三、总分馆建设

2013 至 2015 年，湘乡市图书馆在新湘路街道、东山街道、梅桥、龙洞、潭市、翻江、白田等乡镇建设有农家书屋。2018 年，在月山镇、龙洞镇、泉塘镇、虞唐镇建立 4 个分馆，另外建有 2 个 24 小时自助图书馆。

四、表彰与奖励

2009 年第四次全国县级以上公共图书馆评估，湘乡市图书馆被文化部评为"国家二级图书馆"；2013 年第五次全国县级以上公共图书馆评估、2017 年第六次全国县级以上公共图书馆评估，湘乡市图书馆均被文化部评为"国家一级图书馆"。

第四章　岳阳市公共图书馆

岳阳市图书馆

1929年，岳阳县民众图书馆成立。1976年，岳阳市图书馆正式成立。1990年，岳阳市图书馆馆舍建成投入使用，坐落在美丽的南湖湖畔。全国人大常委会原副委员长、著名史学家周谷城题写馆名。馆舍建筑面积6400平方米，拥有500个座席。设有外借处、现刊阅览室、过刊阅览室、参考咨询室、盲人阅览室、少儿阅览室、电子阅览室、岳阳作者文库、诗词馆、学术报告厅共10个服务窗口，全面实行免费开放，每周开放时间达70小时。2018年，累计有藏书32.4万册，报刊1000余种。岳阳市图书馆打造"爱心图书室""岳州讲坛""公民图书漂流"周末绘本故事分享""今天我当班，小小志愿者"等特色服务品牌。

一、基础设施设备和机构、人员、经费

1. 基础设施设备

岳阳市图书馆于1990年建成投入使用，全馆配备电子计算机70台，电子阅读机及触摸屏共6台，以及流动图书车、数字图书馆设备。岳阳市图书馆新馆于2012年立项，位于国家4A级风景区螺蛳岛，四面环水，风景优美，占地71亩，馆舍建筑面积1.55万平方米。新馆设计新颖独特，功能多样，自动化、信息化程度高。2015年新馆建设正式启动，2018年底新馆主体工程完成。

2. 机构

2018年，岳阳市图书馆设行政办公室、综合业务部、读者服务部、读者活动部、少儿部、技术部，有员工40人，其中管理岗位7人、专业技术岗位31人、工勤技能岗位2人。

3. 人员

岳阳市图书馆馆长名录

序号	姓名	任职时间
1	刘庆云	2003年至2017年
2	陈　柳	2017年至今

岳阳市图书馆员工情况统计表（单位：人）

年份	员工人数	高中学历	专科及本科学历	研究生学历	初级职称	中级职称	副高职称
2011	40	1	38	1	10	14	6

年份	员工人数	高中学历	专科及本科学历	研究生学历	初级职称	中级职称	副高职称
2012	36	1	34	1	10	14	6
2013	35	1	33	1	10	14	6
2014	38	1	36	1	10	14	6
2015	39	1	37	1	10	14	6
2016	39	1	36	2	10	14	6
2017	40	1	37	2	10	14	6
2018	35	1	32	2	10	14	6

4. 经费

岳阳市图书馆经费统计表（单位：万元）

年份	财政拨款	购书经费	数字资源采购经费
2009	172	30	—
2010	214	50	—
2011	232	50	—
2012	300	50	—
2013	978	50	—
2014	102	50	—
2015	529	50	30
2016	600	50	58
2017	567	50	36
2018	528	27	45

二、基础业务工作

1. 馆藏资源

岳阳市图书馆藏书统计表

年份	2009	2010	2011	2012	2013	2014	2015	2016	2017	2018
藏书量（万册）	17.6	19.5	21.6	22.5	23.9	26.6	27.9	28.2	29.6	32.4

岳阳市图书馆藏书依据《中国图书馆分类法（第五版）》进行分类标引，采用《普通图书著录规则》（GB／T37922－2006）《中国机读目录格式》著录。期刊依据《中图法期刊分类表（第三版）》进行分类标引，依据《连续出版物著录规则》著录。

2018 年，岳阳市图书馆藏书累计 32.4 万册，其中普通图书 28 万册、中文报刊 1000 种、古籍新印本 9500 册、古代地方史料线装书 2694 册。藏有《四库全书》（影印本 1500 册）、《洞庭湖志》、《巴陵县志》（16 卷本）、《万有文库》（3360 册）、《隆庆岳州府志》等。

岳阳市图书馆收集岳阳籍文化名人的作品、信札，如李元度、左宗棠、郭嵩焘、杨沫、何光岳、彭见明等，共计 540 位作家，1100 种 3500 册作品，设有史学家刘大年文库。收集与岳阳相关的旅游读物、史料、本地报刊。收藏 1949 年以来出版的岳阳各县方志、行业志、旅游资料、论文集、家谱共计 2 万册。编制《岳阳市公共图书馆地方文献联合目录》《岳阳作者著述评论索引》《历史学家刘大年教授研究资料汇编》《岳阳民间传说集锦》《岳阳本土人士著述》《地方文献工作刍议》。2012 年，岳阳市图书馆全面完成全市的古籍普查工作，编撰《岳阳市图书馆古籍目录》，共收录古籍 2379 册，出版《岳阳市图书馆馆藏古籍图录》。

2. 读者服务

岳阳市图书馆读者服务统计表

年份	借阅册次（万册次）	借阅人次（万人次）	办证人数（万人）	阅读推广活动数（场次）	活动参与人次（万人次）
2009	30	26	1.65	95	2.99
2010	31	27	1.75	102	3.06
2011	31	27	1.80	118	3.20
2012	32	28	2.00	125	3.45
2013	33	29	2.12	137	3.88
2014	34	32	2.22	155	3.99
2015	35	32	2.35	195	4.07
2016	36	33	2.50	236	4.20
2017	37	33	2.55	219	4.31
2018	37	33	2.60	221	4.50

岳阳市图书馆开展阅读推广活动，各类讲座、培训、展览、绘本故事、新书推荐等阅读推广活动年均 160 场，有"岳州讲坛""爱心图书室""公民图书漂流"等服务品牌项目，制定《岳阳市图书馆读者意见收集和反馈制度》《岳阳市图书馆读者日常评价机制》，利用图书馆信箱和 12345 政府服务热线对读者意见进行处理。

3. 现代技术应用

岳阳市图书馆建有 5 个特色资源库：《地方图书数字资源库》《地方报纸数字资源库》《政府信息公开资源库》《网事典藏资源库》《图书馆公开课资源库》。建设岳阳市图书馆网站，注册岳阳市图书馆微信公众号，定期推送服务。发布服务的数据库 13 个，均可远程访问。开通岳阳移动图书馆，集成电子图书、报纸期刊、视频音频等多种数字资源，实现网站、微信公众号、手机等移动设备的资源合一、同步更新，读者可以在网站、手机，公众号上查询馆藏资源，办理续借等业务。并在图书馆大厅、少儿室分设 6 台触摸媒体机，提供路线导航、图书预览等服务。

4. 参考咨询

岳阳市图书馆设置参考咨询服务台，设立专职人员进行实时咨询回复。参考咨询室编撰完成特藏书籍书目，定期汇编决策资讯，为读者免费提供查找地方文献、特藏书籍及工具书服务，如《特色休闲农庄前景分析》《观赏荷花在农业生态旅游中的应用与发展优势》《绿色蔬菜种植》等决策资讯，为供应商及企业提供第一手的科技信息。并通过回复湖南省联合在线咨询管理平台网上咨询、解答读者到馆咨询、回复市长信箱读者来信、开展读者问卷调查、送书下乡等多种途径为读者提供参考咨询服务。2016 年至 2018 年，共回复湖南省联合在线咨询、管理平台咨询 5975 条。

5. 宣传推广

岳阳市图书馆每年举办上百场次的活动，多次被《中国文化报》《湖南日报》《岳阳日报》《长江信息报》《洞庭之声》等国家、省、市级媒体及多家网络媒体报道。其中，岳阳市"书香湖南"品牌创建中的"我与孩子共成长"周末绘本亲子阅读推广活动，获中国图书馆学会、国家图书馆少年儿童馆、湖南省少年儿童图书馆等多家单位颁发的荣誉。

6. 志愿者服务

2012 年，岳阳市图书馆成立文化志愿者服务队，2018 年注册志愿者有 40 人，根据特殊群体的需求，依托岳阳市图书馆的文献资源，开展关注特殊群体、助残帮困活动。在残障读者比较集中的市残联、特困企业、监狱、戒毒所、农村、社区等地建立爱心图书室，并为留守儿童送书籍。2014 年，"奉献他人·提升自己——今天我当班"活动被湖南省文化厅评为"文化志愿服务推进年"示范项目。2018 年，岳阳市图书馆被湖南省文化厅评为文化志愿服务工作先进单位。

三、重大文化工程建设

1. 文化信息资源共享工程

2004 年，文化信息资源共享工程岳阳市支中心建成。2018 年，岳阳市建有市级中心 1 个，县级中心 6 个（汨罗县支中心、临湘县支中心、华容县支中心、湘阴县支中心、平江县支中心、云溪区支中心），村级基层服务点 3372 个。岳阳市支中心设共享工程机房、多媒体报告厅和电子阅览室，配备有服务器、投影仪、电脑等设备，安装信息安全管理平台，对上机用户进行实名登记，限制上机时长，通过技术手段保障公共电子阅览室健康、文明上网。电子阅览室统一配备数字资源本地镜像，数字资源有 20TB。

2. 数字图书馆推广工程

2015 年，岳阳市图书馆申报数字图书馆推广工程资源联建项目，取得 2015 年至 2017 年国家图书馆颁发的资源建设结项证明，并将数字资源数据在岳阳市图书馆平台上发布。通过制作海报、宣传展板、微信公众号等方式开展各种线上线下活动。积极动员员工参与各项馆外馆内培训学习，并定期举办各类讲座、培训。

3. 古籍保护工程

2010 年，岳阳市图书馆调查各县（市、区）级公共图书馆、高校图书馆、厂矿工会图书馆的古籍保护工作。除高校图书馆、厂矿工会图书馆、汨罗市图书馆、岳阳县图书馆无古籍外，其他各县（市、区）级公共图书馆均藏有不同数量古籍。2012 年，岳阳市图书馆举办古籍基础知识培训班，利用全国文化信息资源共享工程资源，组织馆员收看《古籍与古籍整理》视频讲座，并多次现场指导及网上辅导各县（市、区）馆古籍保护工作。

四、总分馆建设（含 24 小时自助图书馆）

2017 年，岳阳市图书馆已建成岳阳楼区分馆、洞庭分馆、枫树新村分馆、望岳分馆，总面积 570 平方米，配备电脑 15 台，阅览座席 85 个，将 2 座 24 小时自助图书馆、45 家爱心图书室纳入总分馆体系管理，统一使用 Interlib 图书馆集群管理系统，统一进行图书配送，实现通借通还。2016 年至 2017 年，岳阳市图书馆在巴陵广场、鹰山社区建立了 2 家 24 小时自助图书馆。

五、学会工作

1995 年，岳阳市图书馆学会成立。由于经费不足，岳阳市图书馆学会经过慎重讨论后，2009 年 6 月 20 日向岳阳市社科联、市民政局递交了《关于申请注销"岳阳市图书馆学会"社团组织的请示》。2009 年，岳阳市图书馆学会注销。

六、学术、科研活动及成果

2011 年，洞庭湖区图书馆工作协作委员会第八届年会在岳阳市召开，76 人出席会议。年会主题是"图书馆服务与创新"，年会共收论文 110 篇，评选出优秀论文一等奖 9 篇，二等奖 22 篇，三等奖 33 篇。

岳阳市图书馆学术成果一览表

序号	作者	著作/论文题名	出版机构/刊物名称	发表/出版时间
1	管莉萌	岳阳地方人士著述研究	《图书馆》	2010 年第 4 期
2	秦利群	践行核心价值观让书香飘满巴陵城——记岳阳市图书馆免费开发惠民服务	《社科天地》	2014 年第 6 期
3	管莉萌 罗慧蓉	岳阳市图书馆馆藏古籍图录	延边大学出版社	2014 年
4	管莉萌	地方文献工作微议	中国戏剧出版社	2009 年
5	管莉萌	岳阳民间传说集锦	中国戏剧出版社	2009 年

七、表彰与奖励

岳阳市图书馆获表彰项目一览表

年份	奖项名称	颁奖单位
2009	国家一级图书馆	文化部
	编辑《历史学家刘大年教授研究资料汇编》第七届全省公共图书馆服务成果一等奖	湖南省文化厅
	编著《岳阳民间传说集锦》第七届全省公共图书馆服务成果二等奖	湖南省文化厅
	少儿"新中国六十周年道德模范故事会"读书竞赛活动组织奖	省委宣传部、省文明办、省文化厅、省教育厅、团省委
2010	少儿G3杯"迎世博·迎亚运·讲文明·树新风"文明礼仪知识读书活动银奖	省委宣传部、省文明办、省文化厅、省教育厅、省新闻出版局
2012	少儿"学习雷锋好榜样"读书活动组织奖	省委宣传部、省文明办、省文化厅、省教育厅、省新闻出版局
2013	国家一级图书馆	文化部
	"三湘读书月"全省少儿"中国梦·我的梦"读书活动组织奖	省委宣传部、省文明办、省文化厅、省教育厅、省新闻出版局
2014	"三湘读书月"全省少儿"中国梦·我心中的故事"读书活动组织奖、阅读活动奖、故事讲述竞赛银奖	省委宣传部、省文明办、省文化厅、省教育厅、省新闻出版局
	"全民阅读"优秀组织奖	中国图书馆学会
2015	全国少儿绘本创作大赛组织奖	中国图书馆学会
	书香湖南·全省少儿"中国梦汉语美"读书活动组织奖、诵读展演活动金奖	省委宣传部、省文明办、省文化厅、省教育厅、省新闻出版局
2016	"书香湖南·全省少儿""光荣与梦想——纪念建党95周年暨红军长征胜利80周年"知识竞答决赛优胜奖、活动组织奖	省委宣传部、省文明办、省文化厅、省教育厅、省新闻出版局
	《构建现代公共文化服务体系,开展文化志愿服务》湖南省公共图书馆服务成果二等奖	湖南省文化厅
2017	全国少儿阅读年最美亲子共读时光图文征集优秀组织单位	中国图书馆学会
	"书香湖南·红心闪闪耀童心"全省少儿系列读书活动组织奖	省委宣传部、省文明办、省文化厅、省教育厅、省新闻出版局
	国家一级图书馆	文化部
2018	第37届全省少儿系列读书活动组织奖	省委宣传部

岳阳楼区图书馆

岳阳市岳阳楼区图书馆成立于 2012 年，馆舍面积 1320 平方米，设有 6 个服务窗口。经过 6 年的发展，2018 年馆舍面积增加到 1805 平方米（包含四个分馆），共有综合阅览室 5 个、报刊阅览室 5 个、电子阅览室 3 个、馆藏量累计藏书 4.2 万册、报刊 100 余种、光盘 800 张，所有藏书均实行开架借阅。

一、基础设施设备和机构、人员、经费

1. 基础设施设备

2012 年，岳阳楼区图书馆成立，馆址在城陵矶小学内，建筑面积 1320 平方米。全馆有计算机终端 56 台和摄像机、照相机、投影仪等设备。

2. 机构、人员、经费

2018 年，岳阳楼区图书馆设综合阅览室、报刊阅览室、电子阅览室、读者服务部、少儿阅览室、地方作者文库。

从 2012 年起，曹琼担任岳阳楼区图书馆馆长一职。

2012 年岳阳楼区图书馆有员工 8 人，均具有本科毕业学历，中级职称 1 人，初级职称 1 人。

2018 年财政拨款 69.02 万元，其中购书经费 5 万元，全民阅读活动经费 4 万元，免费开放经费 4 万元。

二、基础业务工作

2018 年，岳阳楼区图书馆藏书 4.2 万册（包括 4 个分馆），其中普通图书 3.6 万册，中文报刊 100 余种。

岳阳楼区图书馆藏书统计表

年份	2012	2013	2014	2015	2016	2017	2018
藏书量（万册）	0.4	1.0	1.5	1.9	2.4	3.6	4.2

2012 年，岳阳楼区图书馆有持证读者 400 人，2018 年增至 1100 人，年书刊流通 3 万册次，接待读者 4.6 万人次，年馆外流动服务点文献借阅量 0.8 万册。

岳阳楼区图书馆以"全民读书日"和"岳州讲坛"为平台开展读者活动，举办"岳州讲坛"34 次，听众 8000 人。在乡镇、街道社区举办科技文化讲座 20 场次，听众 4000 人。2012 年至 2018 年在媒体发表各类稿件 54 篇，宣传图书馆服务。

2014年，岳阳楼区图书馆引入 Interlib 图书馆集群管理系统，采访、编目、图书流通、期刊管理、检索实现自动化管理。建立馆内局域网，10兆光纤与因特网连接，建立网站（网址为 http://yylqtsg.superlib.libsou.com）和微信公众平台，数字图书馆年人均网站访问量达2.6万次。2018年成立文化信息资源共享工程岳阳楼区支中心，开设多媒体阅览室。全馆与4个分馆均建立独立电子阅览室，计算机终端共计56台，在区政府、社区服务站安装了2台数字电子阅读机。

三、总分馆建设

2018年，岳阳楼区图书馆建立4所分馆：洞庭街道分馆、枫树新村社区分馆、望岳社区分馆、洪家洲社区分馆，4家分馆总面积570平方米，藏书2.1万册，配备电脑56台，阅览座席65个，统一使用 Interlib 系统，与岳阳市图书馆、岳阳楼区图书馆实现通借通还，统一图书配送。

四、表彰与奖励

2013年第五次全国县级以上公共图书馆评估、2017年第六次全国县级以上公共图书馆评估中，岳阳市岳阳楼区图书馆均被文化部评为"国家三级图书馆"。

君山区图书馆

2010年，岳阳市君山区图书馆成立，隶属岳阳市君山区文体局。2011年，君山广电局与文体局合并，组建君山区文体广电新闻出版局。2016年，君山区旅游局并入，组建君山区文体旅游广电新闻出版局。2019年，更名为君山区文化旅游广电体育局，君山区图书馆隶属君山区文化旅游广电体育局。

一、基础设施设备和机构、人员、经费

1. 基础设施设备

2010年，君山区图书馆位于原君山农场农科所内，建筑面积500平方米。2013年，馆址迁至君山宾馆南侧，与君山区文化馆一起办公，建筑面积800平方米，馆内设备有书架、目录柜、阅览桌椅、办公桌椅、电脑、复印机。2015年，君山区图书馆与区文化馆分开办公，搬迁至君山大道67号，建筑面积为600平方米。君山区图书馆在镇文化站办分馆6个。

2. 机构、人员、经费

2011 年，君山区图书馆设综合阅览室、基本书库、报刊多媒体室。2015 年设办公室、采编室、报刊阅览室、少儿阅览室、咨询室、地方文献室、电子阅览室。2011 年，有员工 1 人，2015 年为 3 人，2018 年为 5 人，均具专科及以上学历。

君山区图书馆馆长名录

序号	姓名	任职时间
1	李曼婕	2010 年 3 月至 2014 年 1 月
2	黄河汾	2014 年 1 月至 2014 年 12 月
3	李曼婕	2015 年 1 月至今

君山区图书馆经费统计表

年份	2011	2015	2018
财政拨款（万元）	3.5	21.0	33.0

二、基础业务工作

1. 馆藏资源

君山区图书馆藏书统计表

年份	2011	2015	2018
藏书量（万册）	0.8	2.0	3.0

君山区图书馆藏书依据《中国图书馆分类法（第五版）》进行分类标引，使用《普通图书著录规则》著录。君山区图书馆向全国各地君山籍在外人士征集地方文献，区档案局向图书馆捐书 2000 余册。

2. 读者服务

君山区图书馆对外免费开放。2011 年每周开放 32 小时，持证读者 200 人。2015 年，每周开放 56 小时，持证读者 800 人。2018 年，每周开放 56 小时，持证读者 2000 人。君山区图书馆举办"经典诵读""爱心绘本进校园""四点半课堂""中小学读书节"活动。

3. 现代技术应用

2014 年，君山区图书馆购置文化一体机 20 台。2016 年，添置歌德阅读机、少儿阅读机，建立移动图书馆，面向社会开展电子图书阅览、网上资料查询等服务。

4. 志愿者服务

2015 年，君山区图书馆组建社会志愿服务队，有 500 人参与，开展"岳州讲坛"、经典诵读等活动。牵手留守儿童一对一"悦"读活动，并聘请国家二级心理咨询师来为孩子们上心理绘画课程，和孩子们一起学习中华传统文化经典。君山区图书馆与君山小学、楼西小学等中小学联合开展读书活动50次。

三、表彰与奖励

2013年第五次全国县级以上公共图书馆评估、2017年第六次全国县级以上公共图书馆评估，岳阳市君山区图书馆均被文化部评为"国家三级图书馆"。

云溪区图书馆

2010年11月，岳阳市云溪区图书馆成立，2013年11月开馆。服务全区2个镇、3个街道，以及中石化长岭炼化公司、岳阳石油化工总厂。2018年，云溪区图书馆拥有总馆1个、分馆2个，基层文化共享服务点7个。

一、基础设施设备和机构、人员、经费

1. 基础设施设备

2011年，云溪区图书馆临时馆舍选址在云溪镇（今云溪街道）西城区新埠西路9号，租赁云溪镇洗马路居委会的房屋，面积300平方米。2013年，对这幢房屋进行了装修改造。2017年，云溪区政府将同层其他房间全部调拨给区图书馆，馆舍面积扩大至800平方米。2016年，云溪镇在东城区大汉新城开泰路建设"三馆一厅"：区图书馆、区文化馆、区博物馆、文化报告厅。2018年，基建尚未完工。

2. 机构、人员、经费

2013年，云溪区图书馆设办公室、图书借阅室、电子阅览室、多功能活动室、藏书室、主控机房。2017年，设办公室、采编室、报刊阅览室、老年阅览室、少儿阅览室、多媒体报告厅、电子阅览室。

2010年，云溪区图书馆核定事业编制3个，人员从区文化馆调剂。2018年，有员工4人，均有大专以上学历。

2011年，丁海平担任云溪区图书馆馆长一职。

云溪区图书馆经费统计表（单位：万元）

年份	财政拨款	购书经费	数字资源采购经费	免费开放经费	馆舍改造设备添置费
2013	3.00	1.87	—	—	1.13

年份	财政拨款	购书经费	数字资源采购经费	免费开放经费	馆舍改造设备添置费
2014	13.00	5.00	2.68	—	5.32
2015	29.99	9.80	1.16	18.66	0.37
2016	38.20	16.33	3.56	17.81	0.50
2017	52.30	17.37	5.65	25.85	3.43
2018	97.98	17.66	24.08	3.98	52.32

二、基础业务工作

1.馆藏资源

云溪区图书馆藏书统计表

年份	2013	2014	2015	2016	2017	2018
藏书量（万册）	0.4	1.2	4.7	9.9	16.0	23.0

2018年，云溪区图书馆藏书23万册。云溪区图书馆藏书依据《中国图书馆分类法（第五版）》和《中国图书分类主题词表》标引，依据《普通图书著录规则（第三版）》著录。制定《云溪区图书馆中文图书分类及主题标引工作细则》《云溪区图书馆中文图书编目著录细则》及《云溪区图书馆图书采购及流程作业流程图》。

2.读者服务

云溪区图书馆读者服务统计表

年份	借阅册次（万册次）	借阅人次（万人次）	持证读者人数（人）
2013	0.51	0.43	500
2014	0.71	0.35	1107
2015	0.72	0.40	1200
2016	0.71	0.25	1400
2017	0.92	0.20	1700
2018	1.00	0.30	2110

2015年云溪区图书馆开展纪念抗战胜利暨反法西斯战争胜利70周年系列活动，在"同抒爱国情·共传华夏声"读书征文活动中，3000人参加活动，征集文章30篇。2016年开展"书香湖南"全民阅读征文活动，2000人参加活动，征集文章35篇。

2014年云溪区图书馆在区光荣院（区福利院）举办健康知识讲座，在区老干局举办诗词楹联知识讲座。2015年在区人武部举办国防知识云溪讲堂活动，在文桥镇东风村、云溪乡东风村举办工程施工及用电安全知识讲座、健康知识讲座。2016年在区委举办读书与人生专题讲座，在区老年大学举办经典国学知识讲座。2017年在路口镇白荆村等地举办云溪大讲堂活动，讲课6场。2018年在各中学、街道社区举办生态环境与保护、消防安全知识讲座共5场。

2014 年，在云溪城区组织开展文明交通志愿者服务活动，30 名志愿者参加活动。2017 年在云溪中学组织开展文化志愿者活动，向学生推广我是"雷锋家乡人·湖湘文化送春风"活动，30 名志愿者参加活动。

3. 现代技术应用

2016 年，云溪区图书馆在区委办公楼大厅安装电子图书借阅平台，实行借阅、下载触手可及，免费将区图书馆的海量电子图书送到读者手中。2017 年，添置数字图书馆设备。2016 年，云溪区图书馆建立区图书馆门户网站（网址 ttp://yxqtsg.superlib.libsou.com），实现图书馆无线网络全覆盖，电子阅览室提供电脑免费上网服务。

三、总分馆建设

2015 年，云溪区图书馆与云溪镇图书馆分馆、长岭图书馆分馆签订云溪区图书馆总分馆建设协议，两所分馆的面积分别为 503 平方米、730 平方米。

四、表彰与奖励

2013 年第五次全国县级以上公共图书馆评估、2017 年第六次全国县级以上公共图书馆评估，岳阳市云溪区图书馆均被文化部评为"国家三级图书馆"。

岳阳县图书馆

1983 年，岳阳县从岳阳市迁至荣家湾。1985 年，岳阳县图书馆成立。1995 年，修建新馆舍，设综合书库、少儿书库、少儿绘本室、电子阅览室、地方文献室、多功能会议室、图书捐赠室。全国政协原副主席毛致用，文化部原部长贺敬之，文化部副部长刘德有先后题写馆名。

一、基础设施设备和机构、人员、经费

1. 基础设施设备

1995 年，在荣家湾修建新馆舍，建筑面积 1050 平方米。

2. 机构

2018 年，岳阳县图书馆设综合书库、少儿书库、少儿绘本室、电子阅览室、地方文献室、多功能会议室、图书捐赠室。

3. 人员

岳阳县图书馆馆长名录

序号	姓名	任职时间	备注
1	黎鸿南	2009 年至 2010 年	
2	刘三军	2011 年至 2012 年	
3	付三定	2013 年	代理馆长
4	米绪立	2014 年至今	

岳阳县图书馆员工情况统计表（单位：人）

年份	员工人数	高中学历	专科及本科学历	初级职称	中级职称
2009	12	11	1	11	1
2010	12	11	1	11	1
2011	14	13	1	12	2
2013	14	13	1	13	1
2015	15	12	3	14	1
2016	13	10	3	12	1
2017	13	10	3	12	1
2018	12	9	3	11	1

4. 经费

岳阳县图书馆经费统计表

年份	2009	2010	2011	2012	2013	2014	2015	2016	2017	2018
财政拨款（万元）	46.0	55.8	68.0	75.0	85.0	98.0	115.0	118.0	124.0	130.0

二、基础业务工作

1. 馆藏资源

岳阳县图书馆藏书统计表

年份	2009	2010	2011	2012	2013	2014	2015	2016	2017	2018
藏书量（万册）	1.5	2.5	3.2	4.3	5.5	6.1	7.8	8.5	11.0	13.0

2. 读者服务

岳阳县图书馆读者服务统计表

年份	借阅册次（万册次）	借阅人次（万人次）	持证读者人数（人）
2009	0.90	0.36	650

年份	借阅册次（万册次）	借阅人次（万人次）	持证读者人数（人）
2010	1.30	0.52	790
2011	2.20	0.64	900
2012	3.00	0.76	980
2013	3.20	0.92	1102
2014	3.60	1.10	1500
2015	4.50	1.30	1800
2016	4.80	1.50	2300
2017	5.00	1.80	3100
2018	5.20	2.00	3900

2009年至2018年，岳阳县图书馆共开展活动260场，参加读者3万人次。活动以"忧乐论坛"为平台，内容包括家庭教育、书法、摄影、诗联讲座、国学讲座、送图书下乡、关爱留守儿童送绘本下乡、亲子阅读等。2017年暑假期间，岳阳县图书馆同县新华书店共同开展"你读书·我买单"活动。岳阳县图书馆联合北京市印刷学院的老师和大学生志愿者14人，在清水村开展"我的书屋我的梦"活动，留守儿童20人参加活动。岳阳县图书馆在中州乡机场村、三江村、张谷英镇中心小学、黄沙街商义小学等12所村小学和幼儿园，开展送绘本下乡活动，送出图书绘本1200册。

3. 现代技术应用

2014年，岳阳县图书馆引进图书馆集成管理系统，采访、编目、流通工作实现自动化管理。2010年，建成了电子阅览室和多功能会议室。2018年，全馆有电脑32台，打印机4台，增加手机移动图书馆和身份证办借书证系统。

三、总分馆建设

2017年，岳阳县图书馆开始总分馆的建设，建成清水村分馆、公田镇分馆、县党校图书室分馆，县一中分馆、县职业中学分馆。

四、表彰和奖励

2009年第四次全国县级以上公共图书馆评估，岳阳县图书馆被文化部评为"国家二级图书馆"。2013年第五次全国县级以上公共图书馆评估，岳阳县图书馆被文化部评为"国家一级图书馆"。2017年第六次全国县级以上公共图书馆评估，岳阳县图书馆被文化部评为"国家三级图书馆"。

临湘市图书馆

临湘市图书馆始建于 1983 年，征地面积 3.5 亩，建筑面积 1563 平方米。馆内设外借处、少儿阅览室、电子阅览室、报刊阅览室、盲人阅览室、胥应瑞先生捐书室、地方文献室、咨询室、多媒体报告厅等服务窗口。

一、基础设施设备和机构、人员、经费

1. 基础设施设备

2009 年，建立文化信息资源共享工程临湘支中心，设有中心机房、电子阅览室，拥有 25 台电脑，25 套阅览桌椅。2012 年，对馆舍进行提质改造。2018 年，有电脑 50 台、空调 10 台、书架柜 330 个、阅览座席 240 个。

2. 机构

2018 年，临湘市图书馆设办公室、外借处、少儿阅览室、电子阅览室、报刊阅览室、盲人阅览室、胥应瑞先生捐书室、地方文献室、咨询室、多媒体报告厅。

3. 人员

临湘市图书馆馆长名录

序号	姓名	任职时间
1	吕敏华	2008 年至 2009 年
2	沈旭曦	2009 年至 2014 年
3	陈 谋	2014 年至今

临湘市图书馆员工情况统计表（单位：人）

年份	员工人数	高中学历	专科及本科学历	研究生学历	初级及中级职称	副高职称
2018	25	11	13	1	9	1

4. 经费

临湘市图书馆经费统计表（单位：万元）

年份	财政拨款	购书经费
2009	69.8	4.0
2018	270.0	40.0

二、基础业务工作

1. 馆藏资源

2018年，临湘市图书馆藏书18.6万册。收藏古籍9800册，有《史记》《四库全书总目》《通志堂经解》《补晋书艺文志》，2015年添置一批樟木书柜，保存古籍。收集地方文献3256种、8200册，包括临湘历史文献资料，古今人物墓志铭，临湘籍历史名人、老一辈革命家、当代学者著作。

临湘市图书馆藏书统计表

年份	2009	2010	2011	2012	2013	2014	2015	2016	2017	2018
藏书量（万册）	16.00	16.24	16.33	16.45	16.56	16.63	18.62	18.68	18.79	18.60

注：2018年完成藏书剔旧。

2. 读者服务

2011年，临湘市图书馆实行免费借阅政策。2009至2018年，临湘市图书馆开展各种培训、讲座、展览共343次。从2013年起每年送书下乡56次。2014年，启动"岳州讲坛"讲座。2016年，更名为"临湘大讲堂"，参与读者3万人次。建成爱心图书室25个，成立有50人的志愿服务队。

临湘市图书馆读者服务统计表

年份	借阅册次（万册次）	借阅人次（万人次）	持证读者人数（人）
2009	9.8	5.6	1560
2018	43.5	37.9	7560

3. 现代技术应用

2009年，临湘市图书馆引入图书馆自动化集成系统（ILAS），采访、编目、流通实现自动化管理。2009年建成文化信息资源共享工程临湘支中心，基层网点186个。

三、总分馆建设

2009年至2012年，临湘市图书馆建立农家书屋161个。2018年，建成5个分馆：桃矿分馆、新文书苑分馆、羊楼司分馆、聂市分馆、詹桥分馆。分馆面积均在110平方米左右，藏书5000册，报刊20种，计算机10台，阅览座席30个。

四、表彰与奖励

2009 年第四次全国县级以上公共图书馆评估、2013 年第五次全国县级以上公共图书馆评估、2017 年第六次全国县级以上公共图书馆评估，临湘市图书馆均被文化部评为"国家一级图书馆"。

汨罗市图书馆

1966 年，湘阴和汨罗分县后，汨罗县文化馆于 1972 年设立图书室。1979 年，县图书室从县文化馆分出，成立汨罗县图书馆，独立建制。1986 年，完成新馆第一期工程，并向读者正式开放。1987 年，汨罗撤县改市，汨罗县图书馆更名为汨罗市图书馆。

一、基础设施设备和机构、人员、经费

1. 基础设施设备

汨罗市图书馆位于人民路，馆舍面积 2540 平方米。2012 年，对馆舍进行全面维修。2017 年，对 4 楼场地扩建，新增馆舍面积 500 平方米，新增盲人阅览室、自修室、多媒体会议室，安装自动化图书借阅系统。

2. 机构

2009 年，汨罗市图书馆设办公室、采编室、报刊阅览室、少儿阅览室、外借处、咨询室、地方文献室、任弼时资料陈列室、过刊室、汨罗文化名人展厅。2012 年，将任弼时资料陈列室改为电子阅览室。2017 年，设办公室、采编室、报刊阅览室、少儿阅览室、外借处、咨询室、地方文献室、电子阅览室、过刊室、汨罗文化名人展厅、盲人阅览室、自修室、多媒体会议室。

3. 人员

汨罗市图书馆馆长名录

序号	姓名	任职时间	备注
1	黎艳芳	2001 年至 2009 年	市文化局副局长兼图书馆馆长
2	涂帮胜	2009 年至 2015 年	
3	张　靖	2015 年至今	

汨罗市图书馆员工情况统计表（单位：人）

年份	员工人数	初级职称	中级职称	副高职称
2009	20	13	3	1
2018	16	5	6	1

4. 经费

汨罗市图书馆经费统计表（单位：万元）

年份	财政拨款	购书经费	免费开放经费
2009	44.38	10.00	—
2010	45.40	5.00	—
2011	50.07	5.00	15.00
2012	67.38	10.00	15.00
2013	79.40	5.00	18.00
2014	82.32	5.00	18.00
2015	73.96	5.00	15.00
2016	104.08	5.00	17.00
2017	129.80	5.00	15.00
2018	144.24	5.00	15.00

二、基础业务工作

1. 馆藏资源

汨罗市图书馆收藏文史参考工具书和文献资料2000册，有台湾版《中文大辞典》40册，《册府元龟》12册，《文苑英华》6册，《佩文韵府》4册。汨罗市图书馆向海外、全国各地汨罗籍在外人士征集地方文献3000册，康濯夫人王勉思将康老藏书1000册捐赠给汨罗市图书馆。杨沫后人多次向汨罗市图书馆捐赠图书。地方文献室设立屈原研究资料专柜、龙舟研究资料专柜、作家杨沫捐书专柜、作家康濯捐书专柜、吴汝宁先生捐书专柜。

汨罗市图书馆藏书依据《中国图书馆分类法（第五版）》进行分类标引，使用《普通图书著录规则》著录。

汨罗市图书馆藏书统计表

年份	2008	2012	2018
藏书量（万册）	4.54	4.66	5.27

2. 读者服务

2008年，汨罗市图书馆每周开放56小时，双休日不闭馆。2013年，实行免费开放。2016年，持证读者2260人。

汨罗市图书馆读者服务统计表

年份	借阅册次（万册次）	借阅人次（万人次）	持证读者人数（人）
2009	5.95	1.97	1650
2010	6.13	2.28	1680
2011	7.20	3.59	1720
2012	7.63	3.31	1740
2013	9.47	3.40	1850
2014	9.51	3.56	1890
2015	10.32	3.99	2010
2016	10.21	3.82	2130
2017	11.89	4.02	2150
2018	12.65	3.87	2260

汨罗市图书馆积极开展少儿读书活动。主要有：2013 年全省少儿"我有一个梦"网络征文活动，2014 年"我的书屋我的梦"农村少儿征文活动，2016 年"我的书屋·我的梦"农村少儿征文活动，2017 年"书香湖南·红星闪闪耀童心"全省少儿读书活动等。

3. 现代技术应用

2016 年，汨罗市图书馆引进 Interlib 图创图书馆集群管理系统，实现图书借阅自动化管理。2008 年，建立电子阅览室，添置多媒体电脑 20 台、空调、打印机、数码相机，与湖南图书馆签订数字资源共享协议，建成全国文化信息资源共享工程汨罗县支中心。利用连接因特网的多媒体窗口，面向社会开展电子图书阅览、网上资料查询等服务。2016 年，购买电子借阅机放置于一楼大厅，为读者开展移动"悦"读服务。

4. 志愿者服务

2017 年，汨罗市建立一支由 30 人组成的志愿者服务队伍，每周末举办"亲子共读经典道德大讲堂"，由志愿者带领 50 对亲子家庭开展双休日公开示范课、"世界读书日"古文诵读、亲子共读经典夏令营活动。

三、总分馆建设

2016 年，汨罗市图书馆建成长乐分馆和新市分馆。

四、表彰与奖励

2009 年第四次全国县级以上公共图书馆评估、2013 年第五次全国县级以上公共图书馆评估，汨罗市图书馆被文化部评为"国家一级图书馆"；2017 年第六次全国县级以上公共图书馆评估，汨罗市图书馆被文化部评为"国家二级图书馆"。

华容县图书馆

华容县图书馆成立于 1976 年。1993 年，馆舍大楼建成，设外借处、报刊阅览室、少儿阅览室、视障阅览室、采编辅导室、古籍室、地方文献库、东海文库、过刊室、报纸库、政务信息中心、电子阅览室等服务窗口。

一、基础设施设备和机构、人员、经费

1. 基础设施设备

华容县图书馆位于章华镇迎宾南路 44 号。馆舍大楼建于 1993 年，主楼 4 层，两翼 3 层，建筑面积 2600 平方米，其中业务用房 2400 平方米。2010 年，图书馆进行维修改造，打通家属区消防通道，优化读书环境。

2. 机构

2018 年，华容县图书馆设办公室、采编辅导室、外借处、报刊阅览室、少儿阅览室、视障阅览室、古籍室、地方文献库、东海文库、过刊室、报纸库、政务信息中心、电子阅览室。视障阅览室设立于 2010 年，专门为盲人读者提供服务。采编服务室成立于 2014 年。

3. 人员

华容县图书馆馆长名录

序号	姓名	任职时间
1	徐剑雪	2009 年至 2013 年
2	张　伟	2013 年至今

华容县图书馆员工情况统计表（单位：人）

年份	员工人数	专科及本科学历	初级职称
2009	10	10	4
2013	10	10	3
2015	10	10	2
2017	8	8	3
2018	8	8	4

4. 经费

2018 年财政预算经费 64 万元，其中购书费 7 万元，设备维护费 1 万元，分馆建设费 20 万元。

华容县图书馆经费统计表

年份	2009	2010	2011	2012	2013	2014	2015	2016	2017	2018
财政拨款（万元）	57	57	58	60	63	65	67	56	58	64

二、基础业务工作

1. 馆藏资源

2018 年，华容县图书馆藏书 15.8 万册，2009 年，华容县图书馆成立专门地方文献工作小组，与县史志办、县文联、县文化市场稽查大队等单位联系，掌握全县著述和史志编纂、出版信息。2013 年，制定《关于加强地方文献库建设方案》和《爱心捐书活动方案》，发布《向县民和寓外乡友征集地方文献的公告》。华容县图书馆收藏地方文献 900 种、3200 册，有地方志、行业志、家谱、族谱、年鉴、名录、资料汇编等。馆藏古籍 2700 册，对馆藏古籍进行整理，拍照保存，编制古籍目录，配合全省古籍书目普查，向湖南省古籍保护中心申报了馆藏古籍书目。

华容县图书馆藏书统计表

年份	2009	2010	2011	2012	2013	2014	2015	2016	2017	2018
藏书量（万册）	7.00	8.60	9.10	9.90	10.30	10.85	11.20	11.62	14.74	15.80

2. 读者服务

2009 年，华容县图书馆持证读者 900 人。2018 年，持证读者 7500 人。2014 年，实行对外免费开放。华容县图书馆以"章台讲坛"为平台，累计举办讲座 50 次，吸引听众 5000 人次，在乡镇、街道社区设立流动图书点，每年开展"书香华容""少儿红色经典读书活动""国学班""图文展览"等读者活动。

华容县图书馆读者服务统计表

年份	2009	2010	2011	2012	2013	2014	2015	2016	2017	2018
接待读者人次（万人次）	1.8	2.6	3.7	4.2	4.9	5.6	6.6	7.9	9.9	11.0

3. 现代技术应用

2013 年，华容县图书馆引入先锋系统。2016 年，改用 Interlib 图书馆集群管理系统。建立华容县图书馆网站，建立微信公众号平台。2011 年，华容县图书馆成立文化信息资源共享工程县级支中心，以支中心为平台在全县乡镇、街道设有基层服务点 372 个，提供 1.2 万余部电影、戏曲、农村种养殖视频资源，2 万余种有声读物，105 万种电子图书，9000 余种学术期刊全文，1500 种文化休闲类电子期刊等数字资源的检索和阅览。

4. 志愿者服务

2013 年,华容县图书馆志愿者服务支队成立,有成员 14 人,同时成立华容县图书馆雷锋志愿服务岗,提供临时保管、提供茶水、问路咨询等志愿服务,并组织志愿者参与读书活动和送书下乡。

三、总分馆建设

2016 年,华容县图书馆启动总分馆建设,建立 5 个分馆:梅田湖镇分馆、东山镇分馆、三封寺镇分馆、禹山镇分馆、北景港镇分馆。总分馆实行资源共享、协同采编、统一检索、一卡通用。华容县图书馆给每个分馆每年配送 2000 册图书,并组织乡镇、社区图书管理员业务知识培训。

四、表彰与奖励

2009 年第四次全国县级以上公共图书馆评估、2013 年第五次全国县级以上公共图书馆评估,华容县图书馆被文化部评为"国家一级图书馆";2017 年第六次全国县级以上公共图书馆评估,华容县图书馆被文化部评为"国家三级图书馆"。

平江县图书馆

1978 年,平江县图书馆成立。1995 年,由欧阳遇基金会捐款改建,故又名欧阳遇图书馆,设古籍室、地方文献室、外借室、少儿图书室、报刊阅览室、文化信息资源共享支中心等部门。

一、基础设施设备和机构、人员、经费

1. 基础设施设备

平江县图书馆馆舍共 5 层,建筑面积 2500 平方米。2010 年,建立文化信息资源共享工程平江支中心。2014 年,对馆舍进行提质改造。2018 年,有电脑 48 台、空调 16 台、恒温设备 1 组、保险设备 1 组、书架柜 240 个、阅览座席 180 个。2016 年,国家配备流动图书车 1 辆。

2. 机构

2018 年,平江县图书馆设办公室、外借室、少儿图书室、报刊阅览室、古籍室、地方文献室、文化信息资源共享工程支中心。

3. 人员

从 2006 年起，汤庆隆担任平江县图书馆馆长一职。

平江县图书馆员工情况统计表（单位：人）

年份	员工人数	高中学历	专科及本科学历	中级职称
2018	16	1	15	10

4. 经费

平江县图书馆经费统计表（单位：万元）

年份	财政拨款	购书经费
2009	65.50	2.55
2010	68.00	5.73
2011	72.50	4.20
2012	74.50	3.34
2013	98.00	3.79
2014	128.00	3.58
2015	135.00	5.76
2016	140.30	7.97
2017	148.80	5.36
2018	176.30	6.62

二、基础业务工作

1. 馆藏资源

2018 年，平江县图书馆藏书 14.79 万册，其中古籍 1.24 万册，地方文献 7600 册。地方文献中有平江历史文献资料、古今人物墓志铭及平江籍历史名人、老一辈革命家、当代学者等的著述和地方当代出版物，藏有李六如的《六十年变迁》全部手稿。收藏《古今图书集成》《四部丛刊》《丛书集成》等，明版《卓氏藻林》已编入《湖南省善本书目》。2015 年，全面整理馆藏古籍，添置一批钢套樟木书柜、保险柜及恒温设施，加强古籍防护。

平江县图书馆藏书统计表

年份	2009	2010	2011	2012	2013	2014	2015	2016	2017	2018
藏书量（万册）	11.35	11.74	12.09	12.51	12.82	13.12	13.60	14.13	14.43	14.79

2. 读者服务

平江县图书馆读者服务统计表

年份	借阅册次（万册次）	借阅人次（万人次）	持证读者人数（人）
2009	8.4	7.6	1800
2018	20.5	18.2	7560

2010年，平江县图书馆建立益书共享俱乐部，发展会员1360人。2014年开展"你读书·我买单"活动。每年举办3至4次图书宣传活动，2017年承办"书香岳阳"活动。2018年建成农家书屋数字推广馆6个。2016年成立志愿服务队，有会员368人。

3. 现代技术应用

2011年，平江县图书馆引入图书馆自动化集成系统（ILAS），采访、编目、流通等业务工作实现自动化管理。2010年，建成文化信息资源共享工程平江支中心，有基层网点643个。

三、总分馆建设

2009年至2012年，平江县图书馆建立农家书屋722个。2017年，建立24小时少儿自助图书馆。2018年，建立8个分馆。

四、表彰与奖励

2009年第四次全国县级以上公共图书馆评估、2013年第五次全国县级以上公共图书馆评估，平江县图书馆均被文化部评为"国家一级图书馆"；2017年第六次全国县级以上公共图书馆评估，平江县图书馆被文化部评为"国家二级图书馆"。

湘阴县图书馆

1978年，湘阴县文化馆图书室从县文化馆分立，在北正街社队企业局内设立县图书馆。1979年，湘阴县图书馆随文化馆迁至弼时街大成殿前，1980年，湘阴县图书馆独立建制。

一、基础设施设备和机构、人员、经费

1. 基础设施设备

1979年，湘阴县图书馆的馆舍在弼时街大成殿前。2018年，在文星镇东茅路郭松涛

广场修建新馆舍。2018年,有电脑48台、中央空调1组、书架柜230个、阅览座席140个。

2. 机构

2018年,湘阴县图书馆设办公室、采编室和读者服务部门。

3. 人员

湘阴县图书馆馆长名录

序号	姓名	任职时间
1	罗国华	2006年至2007年
2	吴 健	2007年至今

湘阴县图书馆员工情况统计表(单位:人)

年份	员工人数	高中学历	专科及本科学历	初级职称	中级职称
2009	20	9	11	1	2
2014	19	8	11	1	3
2015	18	7	11	1	3
2018	18	6	12	1	3

4. 经费

湘阴县图书馆经费统计表(单位:万元)

年份	财政拨款	购书经费	免费开放经费
2009	60	4	15
2011	70	4	15
2013	80	4	15
2016	95	4	15
2018	236	—	15

二、基础业务工作

1. 馆藏资源

2018年,湘阴县图书馆藏书10.6万册,其中古籍1200册,地方文献2600册。地方文献有湘阴历史文献资料、古今人物墓志铭及湘阴籍历史名人、老一辈革命家、当代学者等的著述和地方当代出版物。

湘阴县图书馆藏书统计表

年份	2009	2010	2011	2012	2013	2014	2015	2016	2017	2018
藏书量(万册)	4.00	4.10	4.22	4.27	4.53	4.80	5.21	5.62	6.05	10.60

2. 读者服务

湘阴县图书馆设有外借处、少儿阅览室、电子阅览室、报刊阅览室、盲人阅览室、地方文献室、咨询室、多媒体报告厅。2009 至 2018 年，开展培训、讲座、展览共 143 次。2013 年之后，每年开展送书下乡活动。每年举办 6 次图书宣传活动，2014 至 2018 年参加"全民读书日活动"的读者达 3 万人次。2018 年湘阴县图书馆承办"我爱朗读"活动，建成爱心图书室 13 个，湘阴县图书馆成立有 30 人组成的志愿服务队。

湘阴县读者服务统计表

年份	借阅册次（万册次）	借阅人次（万人次）	持证读者人数（人）
2009	8.4	4.2	960
2018	13.8	6.9	1560

3. 现代化技术应用

2009 年，湘阴县图书馆引入图书馆自动化集成系统（ILAS），采访、编目、流通等业务工作实现自动化管理。同年建立文化信息资源共享工程湘阴支中心，拥有一个中心机房，电子阅览室，有 25 台电脑，25 套阅览桌椅，合作共建基层网点 85 个。

三、总分馆建设

2009 至 2012 年，湘阴县图书馆建立农家书屋 161 个。2018 年，建成 5 个分馆。

四、表彰与奖励

2013 年第五次全国县级以上公共图书馆评估，湘阴县图书馆被文化部评为"国家三级图书馆"；2017 年第六次全国县级以上公共图书馆评估，湘阴县图书馆被文化部评为"国家二级图书馆"。

第五章　衡阳市公共图书馆

衡阳市图书馆

2009年至2010年，衡阳市图书馆实施维修改造工程，扩建馆舍，加装2台电梯，完成设备全面更新工作。财政预算经费和购书经费同步增长。2015年，建成包括主机房、公共电子阅览室和多媒体演示厅的标准化文化信息资源共享工程支中心，完成古籍书库标准化建设。2014年，新馆项目动工，建筑面积2.59万平方米。2018年，新馆进入内部装修和设备配套阶段。2011年，衡阳市图书馆实行免费开放。2015年，启用数字图书馆技术应用平台，实现办证、检索、借书、还书等服务全自助。2017年，在高新区太阳广场建成首家雁城市民书屋（24小时自助图书馆）。2013年，成为国家数字图书馆推广工程试点单位，开通网上服务平台和微信公众号，添置电子图书借阅机，开通多种数字资源试用，推出手机移动图书馆服务，开通衡阳市政府公开信息查询服务平台。

一、基础设施设备和机构、人员、经费

1. 基础设施设备

2009年，衡阳市图书馆对馆舍进行维修改造，建筑面积为6200平方米。2014年，衡阳市图书馆新馆开工建设，新馆选址于市区雁峰公园南侧原衡阳铁路工程学校内，南临衡州大道，西靠蒸阳路，规划用地8.7万平方米，建筑面积25910平方米。新馆预计2020年投入使用。

2. 机构

2009年，衡阳市图书馆设办公室、借阅部、报刊部、现代技术与采编部、特色文献部、辅导活动部。2018年，设办公室、现刊阅览室、过期报刊阅览室、中文图书外借室、地方文献阅览室、自带书刊阅览室、参考咨询室、展览室。

3. 人员

从2006年起，刘忠平担任衡阳市图书馆馆长一职。

衡阳市图书馆员工情况统计表（单位：人）

年份	员工人数	高中学历	专科及本科学历	初级职称	中级职称	副高职称
2009	55	4	51	26	25	4
2010	52	4	48	23	25	4

年份	员工人数	高中学历	专科及本科学历	初级职称	中级职称	副高职称
2011	54	4	50	25	25	4
2012	51	4	47	20	26	5
2013	53	4	49	19	27	6
2014	52	4	48	19	27	6
2015	53	4	49	18	29	6
2016	49	2	47	15	27	7
2017	50	1	49	19	24	7
2018	45	1	44	17	21	7

4. 经费

衡阳市图书馆经费统计表（单位：万元）

年份	财政拨款	购书经费	数字资源采购经费
2009	849.6	47.9	—
2010	434.3	70.3	—
2011	355.7	50.2	—
2012	378.4	64.8	—
2013	700.8	69.7	—
2014	617.6	58.8	—
2015	741.3	78.9	—
2016	863.1	69.9	—
2017	2513.9	86.9	27.9
2018	936.3	88.6	4.4

二、基础业务工作

1. 馆藏资源

2018 年，衡阳市图书馆藏书 72 万册，其中图书 44 万册，报刊 15 万册，视听资料及其他 2555 件，电子图书 5 万册，古籍 38135（善本 3082）册，民国图书 1 万册，衡阳名人及历史等地方文献 2 万册。

衡阳市图书馆馆藏图书依据《中国图书馆分类法（第五版）》《中国分类主题词表（第三版）》标引，按《中国机读目录格式》著录。2013 年，由机读目录逐渐替代卡片式目录，全面建立普通图书（古籍外）和过刊机读目录数据库，2018 年，系统总书目库拥有普通中文图书书目数据记录近 40 万条，建立启动 OPAC（公共目录查询系统）供读者查询。其间同时保存部分书本式目录，如《衡阳古籍图书联合目录》《衡阳书法字画目录》等。

衡阳市图书馆藏书统计表

年份	2009	2010	2011	2012	2013	2014	2015	2016	2017	2018
藏书量（万册）	29.2	29.9	31.3	32.5	33.7	34.6	36.2	38.1	39.1	44.1

注：此表数据不含报刊合订本。

2016年，实行图书招标政府采购，普通图书基本由书商做好编目数据，图书到馆之后由采编人员验收加工审校入库。

2018年，衡阳市图书馆收藏地方文献1.15万种、1.54万册，包括地方期刊、报纸、年鉴、名人手稿字画、历代方志。存世的明万历、嘉靖、清康熙、乾隆和光绪5部《衡州府志》全部收齐。地方文献阅览室建立南岳、王船山、衡阳保卫战、地方志、家谱专柜。衡阳市图书馆将衡阳抗战资料190册、王船山资料155册、衡阳各类方志56册、《衡阳日报》（1950年4月至1955年12月）进行数据化处理。

2. 读者服务

衡阳市图书馆读者服务统计表

年份	借阅册次（万册次）	流通人次（万人次）	读者活动场次（场）	参加活动人次（万人）
2010	18.12	23.11	33	0.53
2011	26.18	26.71	20	1.46
2012	36.11	36.16	23	1.87
2013	23.16	67.01	72	2.12
2014	24.43	60.51	76	2.98
2015	22.91	64.39	70	3.01
2016	23.45	78.66	144	3.90
2017	29.43	45.12	60	4.12
2018	17.63	42.86	80	5.32

注：2009年馆舍维修改造。

衡阳市图书馆举办多种读者活动，如雁城市民讲堂、雁城市民展厅、流动图书进军营、雁城市民影院。雁城市民讲堂是由衡阳市图书馆、衡阳市图书馆学会主办，定位为"传播衡阳文化、关注百姓话题"，讲座内容涵盖文学艺术、文明礼仪、地方文化、养生保健、婚姻家庭、社会热点。2013年，开办雁城市民展厅，至2018年举办各类展览24场次，供读者和市民观赏。2014年，流动图书进军营服务项目，为当地驻军建立图书流通站。2016年，开办雁城市民影院，以数字服务部多功能放映厅为服务阵地，利用全国文化信息共享工程的视频数字资源，每个节假日和周六上午免费为读者放映中外经典电影，2018年，该服务项目获湖南省文化厅"文化志愿服务示范项目"。

3. 现代技术应用

1999 年，衡阳市图书馆使用图书馆自动化集成系统升级版（ILASII2.0）。2015 年，改用文华 DLibs 数字图书馆软件系统，实现图书业务自动化管理。10 月，建立电子阅览室，有 30 台终端对外服务，添置电子图书借阅机 2 台、数字图书借阅机触摸屏 4 台。

4. 参考咨询

2018 年，衡阳市图书馆为市人大、市政协提供参考咨询服务，服务对象为市人大代表、政协委员。党报、党刊资料及国务院公告陈列于现期报刊阅览室显著位置供读者查阅。通过微信公众号、触摸屏、官网、App 等方式开展政府公开信息查询服务。衡阳市图书馆为党政机关、企业、部队或个人开展课题服务，取得了一批成果。

衡阳市图书馆服务成果一览表

年份	服务项目	授奖机构	奖励情况	获奖等级
2009	刘忠平、颜素华为中国图书馆学会首届志愿者行动服务	湖南省文化厅	公共图书馆服务成果评奖活动	一等奖
2009	申国亮为重修石鼓书院服务	湖南省文化厅	公共图书馆服务成果评奖活动	二等奖
2009	卢向阳、丁民为弘扬衡阳历史文化服务	湖南省文化厅	公共图书馆服务成果评奖活动	三等奖
2013	丁民为《衡阳历史课本·雁城衡阳》服务	衡阳市教研所	化学工业出版社公开出版	
2015	丁民为衡阳日报提供《衡阳老照片》系列（整版 20 期）	衡阳日报	衡阳日报周末版公开发表	
2016	丁民为浅译清末口述历史故事《彭玉麟轶事》服务	衡阳市社会科科界联合会		优秀故事
2016	"书润湖湘见证成长"关爱特殊群体文化志愿服务项目	文化部	基层文化志愿服务活动	典型案例

5. 志愿者服务

2009 年，衡阳市图书馆建立"蓝天使"志愿者服务队，制定《文化志愿者管理办法》《衡阳市文化志愿服务支队图书分队服务章程》，每年制定《年度文化志愿服务实施方案》，邀请文化志愿者讲座，举办公益书画、美术作品展览，传统节日和纪念日组织文化志愿者为群众送春联，并组织猜灯谜活动。

三、重大文化工程建设

1. 文化信息资源共享工程

2004年，注册衡阳市图书馆网站域名，2013年，馆网站改版。2015年，引入 DLibs 系统接口，实现书目信息查询、图书续借及馆藏数字资源检索功能。2015年衡阳市图书馆建立微信公众号，推介数字资源、发布活动消息。

2. 数字图书馆推广工程

2009年至2018年，衡阳市图书馆建设《王船山著作联合目录与文献数据库》《衡阳抗战文献数据库》《衡阳古籍图书联合目录》《衡阳历史文化数据库》《衡阳名人·名人与衡阳数据库》《南岳历史文化数据库》《地方资源数据建设》《公开课（雁城市民讲堂）数据库》《政府公开信息数据库》《口述衡图历史数据库》。

3. 古籍保护工程

2011年，衡阳市图书馆全面完成古旧图书普查，藏有古籍1669种、2.29万册，其中善本192种、3082册，包含明刻本25种、412册；清康熙刻本51种、889册；清乾隆刻本69种、2106册；民国图书758种、28390册。《禹贡三江考》《直音篇》等12种古籍被收入《中国古籍善本目录》《二程全书（六十五卷）》《朱翼（十二卷）》被收入《国家珍贵古籍名录》。馆藏古籍按照经、史、子、集四部分类法分类，登记在册并录入电脑，保存于樟木书柜。

四、总分馆建设

2014年，衡阳市图书馆（总馆）建成总分馆体系建设运行的软、硬件平台。2015年，衡阳市雁峰区图书馆开始城区总分馆服务模式试点。2016年，衡阳市图书馆完成衡阳城区图书馆总分馆建设项目申报工作。2017年，衡阳市文体广电新闻出版局将衡阳市县级公共图书馆总分馆建设，列入公共图书馆工作和年度目标管理考核任务。2017年至2018年，衡阳市图书馆、蒸湘区图书馆、石鼓区图书馆、珠晖区图书馆完成总分馆文华集群数字图书馆平台（DLibs）建设。2017年，"雁城市民书屋"24小时自助图书馆项目正式启动，率先在太阳广场设立24小时自助书屋。2018年，完成四城区各一家"雁城市民书屋"24小时自助图书馆选址、设计、财评工作。

五、学会工作

2011年，在南华大学图书馆召开衡阳市图书馆学会第六次会员代表大会，共56人参加，选举衡阳市图书馆学会新一届领导班子，召开六届一次理事会议。

2018 年，在衡阳召开衡阳市图书馆学会第七次会员代表大会和七届一次理事会议，修改学会章程，选举产生新一届理事会、常务理事会、监事会和学会领导班子，刘忠平当选为理事长，彭泽华当选为监事长。

2011 年，北京大学李国新教授主讲《文化发展改革与公共文化体系建设》，200 人参加，衡阳市图书馆承办古籍普查与编目培训班，湖南图书馆研究馆员寻霖讲课，63 人参加。

2013 年，在长沙召开的 2013 年湖南省社会科学普及宣传活动启动式暨全省社科普及工作经验交流会上，衡阳市图书馆学会获"湖南省社科普及工作先进集体"称号。

2015 年，衡阳市图书馆与国家古籍保护中心、中国图书馆学会、中国古籍保护协会、湖南省文化厅、湖南图书馆（湖南省古籍保护中心）、湖南省图书馆学会在 4 楼展览厅联合举办《"我与中华古籍"摄影大赛优秀摄影作品巡展》。

2015 年，衡阳市图书馆获中国图书馆学会颁发的"全民阅读先进单位奖"。

六、学术、科研活动及成果

2010 年，衡阳市图书馆学会与中国图书馆学会等联合开展"衡阳调研五周年回访"活动，对衡阳市公共图书馆进行全面调查。2015 年 10 月，衡阳市图书馆学会与中国图书馆学会、湖南图书馆学会联合开展"衡阳调研"十年回访暨湘鄂赣皖四省公共图书馆调研活动。北京大学李国新教授、《中国图书馆学报》时任常务副主编卓连营、湖南图书馆时任馆长张勇、湖南图书馆副馆长邹序明来衡阳，调研活动以 2005 年"衡阳调研"为背景，全面反映"十一五"时期基层图书馆事业发展变化，人民日报记者参与，三湘都市报、潇湘晨报及湖南电视台、衡阳电视台等媒体高度关注。衡阳市图书馆馆长刘忠平、书记申国亮全程参与，撰写的调研综述发表于《图书馆》。

衡阳市图书馆主要学术成果一览

序号	姓名	著作/论文题名	出版机构、刊物名称或获奖情况
1	丁　民	衡阳历史文化丛书·风物荟萃	衡阳市第九届优秀社会科学成果一等奖（2009 年）
2	刘忠平 申国亮	湖南省衡阳市公共图书馆回访调研综述	《图书馆》2010 年第 3 期
3	王芳慧	衡阳上下五千年	海南出版社 2012 年
4	丁　民	石鼓书院被毁时间考证	《衡阳地方史资料》第 4 辑 2015 年
5	丁　民	衡州至南岳祭祀古道	《衡阳地方史资料》第 5 辑 2016 年
6	刘忠平 颜素华	2005-2015 年衡阳市公共图书馆事业发展概况——"衡阳调研"十周年回访调研报告	《图书馆》2016 年 3 期

序号	姓名	著作／论文题名	出版机构、刊物名称或获奖情况
7	刘忠平	创新服务方式，提高服务效能	《图书馆》2018 年 9 期

2013 年，衡阳市文广新局、衡阳市图书馆举办衡阳市公共图书馆业务知识竞赛，13 家公共图书馆的 35 人参赛，衡阳县图书馆获团体一等奖，衡阳市图书馆、耒阳市图书馆获团体二等奖，衡南县图书馆、常宁市图书馆、衡阳市少年儿童图书馆获团体三等奖。衡阳县图书馆刘向阳、熊茗同获个人一等奖，衡阳市图书馆谭宇昊、耒阳市图书馆段冰、衡阳县图书馆邓小毛获个人二等奖，耒阳市图书馆韦晓晖、衡阳市图书馆黄萱、衡阳市少儿图书馆谢珂珂、常宁市图书馆张理容、衡南县图书馆贺小群、祁东县图书馆周小科、衡南县图书馆何国臣获个人三等奖。

七、表彰与奖励

2009 年，衡阳市图书馆获第三届文化部创新奖。2016 年，获文化部全国基层文化志愿服务活动典型案例。2009 年至 2012 年，湖南省委宣传部、省文化厅等六家单位组织的"三湘读书月"读书活动中获组织奖。2013 年，湖南省文化厅组织的全省公共图书馆服务知识竞赛获团体二等奖。2015 年，在湖南省新闻出版局组织的纪念抗战胜利暨反法西斯战争胜利 70 周年征文活动获组织奖。2015 年，"雁城市民讲堂"项目获湖南省文化厅第五届湖南艺术节项目类"三湘群英奖"。

2013 年第五次全国县级以上公共图书馆评估、2017 年第六次全国县级以上公共图书馆评估，衡阳市图书馆均被文化部评为"国家二级图书馆"。

衡阳市少年儿童图书馆

衡阳市少年儿童图书馆于 1984 年成立，为湖南省最早成立的地市级少儿图书馆。2018 年，馆藏 17 万册，开设 9 个对外服务窗口，阅览座席 450 个，持证读者 5 万人。创建衡阳市少年儿童读书活动、周末快乐读书活动、童书推荐专栏三个少儿阅读推广品牌。

一、基础设施设备和机构、人员、经费

1. 基础设施设备

2000 年，衡阳市少年儿童图书馆在蒸阳路馆舍整体拆除，馆址迁至雁峰区市府路 5 号、衡阳市文化局原办公楼，馆舍面积 800 平方米。2008 年，衡阳市政府第 16 次市长办公会

议决定，将衡阳市图书馆老书库维修改造后作为衡阳市少年儿童图书馆。2010 年，馆舍维修改造后，衡阳市少年儿童图书馆迁至雁峰区先锋路 49 号，馆舍面积 2000 平方米，阅览座席 450 个。

2. 机构

2018 年，衡阳市少年儿童图书馆设读者服务中心、低幼读物借阅室、期刊借阅室、电子阅览室、自修室、综合文献借阅室、连环画阅览室、声像资料借阅室、青少年心理咨询室。

3. 人员

2008 年起，李赛虹担任衡阳市少年儿童图书馆馆长一职。

衡阳市少年儿童图书馆员工情况统计表（单位：人）

年份	员工人数	专科及本科学历	初级职称	中级职称	副高职称
2018	9	9	3	3	3

4. 经费

衡阳市少年儿童图书馆经费统计表（单位：万元）

年份	财政拨款	购书经费	免费开放经费
2009	51.2	15.0	—
2010	52.0	15.0	—
2011	82.2	15.0	50.0
2012	105.4	15.0	50.0
2013	138.2	15.0	50.0
2014	164.9	15.0	50.0
2015	203.6	15.0	50.0
2016	202.3	15.0	50.0
2017	248.8	30.0	50.0
2018	205.6	30.0	50.0

二、基础业务工作

1. 馆藏资源

2018 年，衡阳市少年儿童图书馆藏书 17 万册，其中图书 15.76 万册、盲文图书 3655 册、连环画合订本 5422 册、视听文献 3383 件，以及数字资源 10.4TB，共享资源达 215TB。

衡阳市少年儿童图书馆藏书统计表

年份	2009	2010	2011	2012	2013	2014	2015	2016	2017	2018
藏书量（万册）	11.3	11.7	12.0	12.6	12.9	13.4	13.8	14.6	15.6	17.0

2. 读者服务

2011年，衡阳市少年儿童图书馆实行全面免费开放，每周开放50小时，法定节假日照常开放。

衡阳市少年儿童图书馆读者服务统计表

年份	借阅册次（万册次）	流通人次（万人次）	读者活动场次（场）	参加活动人次（万人次）
2009	17.59	7.65	21	0.33
2010	21.23	9.23	24	0.37
2011	23.70	10.31	25	0.38
2012	25.75	11.22	29	0.40
2013	27.04	12.23	54	0.94
2014	30.24	13.16	65	1.17
2015	31.01	14.24	61	1.07
2016	31.02	15.51	64	1.14
2017	31.21	16.06	70	1.36
2018	31.31	16.10	70	1.41

衡阳市少年儿童图书馆开展各种少儿读书活动，形成"衡阳市少年儿童读书活动""周末快乐读书活动""童书推荐专栏"等少儿阅读推广品牌。2013年"周末快乐读书活动"获衡阳市文化广电新闻出版工作创新奖，2015年又被文化部评为全国基层文化志愿服务典型案例。2009年，举办"新中国60周年道德模范故事会"。2010年，开展G3杯"迎世博·迎亚运·讲文明·树新风"文明礼仪知识抢答赛。2011年，组织"纪念中国共产党成立90周年"红色经典舞台情景剧演出。2012年，组织"学习雷锋好榜样"舞台情景剧演出。2013年，开展"中国梦·我的梦"网络征文。2014年，开展"中国梦·我心中的故事"朗诵展演。2015年，组织"中国梦·汉语美"诵读展演。2016年，举办"纪念建党95周年和红军长征胜利80周年"知识抢答赛。2017年，举办"书香雁城·红星闪闪耀童心"手绘明信片活动。2018年，开展"书香湖南·共创共享儿童阅读新时代"网络答题活动。

2009年，"开展红读活动引导少年儿童课外阅读""延伸服务触角·构建和谐社会"两个项目获湖南省公共图书馆第七届服务成果二等奖。2016年，"周末快乐读书活动""衡阳市少年儿童读书活动"两个项目分获湖南省公共图书馆服务成果二等奖、三等奖。

3. 现代技术应用

2001年，衡阳市少年儿童图书馆启用图书馆自动化集成系统（ILAS）小型版，采访、编目、流通工作实行自动化管理，2017年升级图书自动化ILAS系统，由局域网版更换为网络版，开通网上续借续还及查询检索等业务。2004年，开通衡阳市少年儿童图书馆网站（网址 http://www.hyst.org）。2017年，对网站进行升级与改版（http://www.hysetsg.

cn），实现网上书目数据检索、网上预约借书、网上续借。2018 年，网站年访问量 15 万人次。2017 年，采购读秀、百链网络资源建设数字图书馆联盟平台，开通了微信公众号、微博、手机移动图书馆，又为读者服务区接入 100M 无线网络，覆盖率达到 100%。2015 年，建成电子阅览室，有计算机 30 台，双休日也对外开放，读者可以浏览网页，影视欣赏，学习计算机知识。

4. 志愿者服务

2009 年，衡阳市少年儿童图书馆成立志愿者服务队伍。2018 年，注册志愿者 199 人，其中少儿图书分队成员 18 人、文化志愿者 31 人、少儿志愿者 150 人。每年寒、暑假期间在读者中招募少儿志愿者 20 名，参与社会实践，协助工作人员进行借阅室日常管理和咨询服务。

三、总分馆建设

2018 年，衡阳市少年儿童图书馆已建成衡阳市特殊教育学校、雁峰区胜利山社区、耒阳市丛苞小学等 6 个分馆，雁峰区环城南路小学、石鼓区演武坪小学、珠晖区东站路小学等 11 个流通服务点，服务网点周六、周日对外开放。中心馆对分馆每年送书 2 次，每次 500 册，每年定期开展活动 4 次；对流通点每年送书 1 次，每次 200 册，每年不定期开展活动 2 次。在分馆及流通点开展馆际互借等读者服务。

四、表彰与奖励

2015 年，"周末快乐读书活动"被文化部评为全国基层文化志愿服务活动典型案例。2013 年第五次全国县级以上公共图书馆评估、2017 年第六次全国县级以上公共图书馆评估，衡阳市少年儿童图书馆均被文化部评为"国家二级图书馆"。

珠晖区图书馆

1975 年，衡阳市江东区文化馆成立，内设图书室。1989 年，成立衡阳市江东区图书馆。2001 年，江东区图书馆更名为珠晖区图书馆。2002 年，珠晖区图书馆隶属于珠晖区教育文化体育局，原珠晖区图书馆的艺术培训改为新星艺术中心，由珠晖区文化馆、区图书馆共同管理。

一、基础设施设备和机构、人员、经费

1. 基础设施设备

2009年，珠晖区图书馆迁移至珠晖区车站坪路213号，建筑面积1000平方米。2017年，珠晖区图书馆进行设施改造，校外活动中心划归珠晖区图书馆使用，馆舍面积增加至2000平方米，配备空调机、电子借阅机、投影仪、摄录机、电脑、检索机等，设置阅览座席264个。

2. 机构

2009年，珠晖区图书馆设办公室、采编部、外借处、辅导部、期刊阅览室、少儿阅览室、电子阅览室、多功能室。2017年，设办公室、外借处、采编部、辅导部、期刊阅览室、少儿阅览室、电子阅览室、多功能室、心理咨询室。

3. 人员

珠晖区图书馆馆长名录

序号	姓名	任职时间	备注
1	贺志明	1989年至2009年	
2	宋琨	2009年至2012年	副馆长，主持工作
3	王利华	2012年至2016年	
4	颜弟花	2016年至今	

珠晖区图书馆员工情况统计表（单位：人）

年份	员工人数	高中学历	专科及本科学历	初级职称	中级职称
2009	3	1	2	2	0
2017	4	0	4	2	1

4. 经费

珠晖区图书馆经费统计表（单位：万元）

年份	财政拨款	购书经费	信息化建设经费
2009	35	3	—
2010	35	3	5
2011	38	3	3
2012	40	3	10
2013	45	3	5
2014	62	3	5
2015	72	3	5
2016	86	5	10
2017	96	5	10
2018	120	3	10

二、基础业务工作

1. 馆藏资源

2009 年，珠晖区图书馆对馆藏文献进行清点，保留少部藏书，如《湖南年鉴》《中国大百科全书》《开国大典》，全馆藏书 1830 册，期刊 27 种，报纸 12 种，光盘资料 12 种。2018 年藏书 1.13 万册。2009 年，接受湖南省委、省政府办公厅配发的《湖湘文库》。馆藏图书依据《中国图书馆分类法（第五版）》标引，对馆藏采取防虫、防尘、防火、防盗、防潮、防光等保护措施。

珠晖区图书馆藏书统计表

年份	2009	2014	2018
藏书量（万册）	0.18	0.72	1.13

2. 读者服务

2011 年，珠晖区图书馆实行开架借阅，馆藏书全部对读者开放。2012 年图书外借 3980 册次，2018 年图书外借 2940 册次。

珠晖区图书馆读者群以少儿读者为主，开展各种适合少年儿童特点的活动。2009 年，开展"三湘读书月"暨道德模范故事会活动，还在和平乡、酃湖乡开展"送书下乡"阅读推广活动。2011 年，举办"三湘读书月——纪念中国共产党成立 90 周年"红色经典朗诵活动。2012 年，开展珠晖区少年儿童"学习雷锋好榜样"读书征文活动。2013 年，举办"梦想信封·写给十年后的我"抒写梦想网络征文活动。2014 至 2018 年，与各乡镇农家书屋联合开展 5 届"我的书屋·我的梦"农村青少年征文活动。2015 年，"中国梦·汉语美"征文比赛，有 20 多所中、小学校参加，开展"书香润童心·好书伴成长"关爱留守儿童阅活推广活动，在和平小区公园为来自和平乡、东阳渡镇、茶山坳、酃湖乡的 30 余留守儿童赠送图书。2016 年，开展"光荣与梦想——纪念建党 95 周年暨红军长征胜利 80 周年"知识抢答赛。2017 年，开展"书香湖南·红星闪闪耀童心"少年儿童读书活动。2018 年，开展少年儿童数字阅读知识竞赛。

3. 现代技术应用

2012 年，珠晖区图书馆引进"佼佼者 V8.0"图书馆管理集成系统，采访、编目实现计算机自动化管理。2014 年，完成馆藏普通图书和地方文献机读书目数据录入书目数据库工作。2018 年，改用文华集群数字图书馆平台，对原系统中的数据安全顺利地迁移到新系统中。

2009 年，成立全国文化信息资源共享工程珠晖区支中心。2010 年，珠晖区图书馆接收全国文化信息资源共享工程配送的服务器、终端计算机，完成网络系统的建设，建成电子阅览室并对外开放。建立珠晖区图书馆网站，申请互联网域名 http://zhtsg.hyzhedu.net。2017 年，网站改版更换域名为 http://zhtsg.hyzhzyzx.com:88。网页上有馆藏书目查询、新闻公告、珠晖政府信息查询、服务指南及友情链接、线上展览等栏目。

4.志愿者服务

2013年，珠晖区图书馆成立志愿服务小分队，每周开展活动，如帮助整理上架图书、过刊装订、帮读者寻找图书、参加图书馆阅读推广活动、参与送书下乡等，志愿服务小分队由2014年的25人发展到2018年的150人。

三、总分馆建设

2017年，珠晖区图书馆在广东路街道、苗圃街道、冶金街道、粤汉街道建立临江路分馆、蔡家皂分馆、建国里分馆、机场分馆，每个分馆均藏书1000册。

四、表彰与奖励

2013年第五次全国县级以上公共图书馆评估、2017年第六次全国县级以上公共图书馆评估，珠晖区图书馆均被文化部评为"国家三级图书馆"。

南岳区图书馆

衡阳市南岳区图书馆成立于1986年。2009年，南岳区图书馆隶属南岳区文化广播电影新闻出版局。2013年，隶属南岳区文化区文化广播新闻出版局。2014年，隶属南岳区文化广播新闻体育局。建馆30多年来，馆舍几经迁移，2006年，迁到政法路7号，开放服务窗口3个，藏书13.8万册，其中有《四库全书》、《湖湘文库》、南岳地方文献近3000册。馆内除《四库全书》和地方文献供读者查阅外，所有书刊实行开架、免费借阅。2011年，在南岳区实施了"全民阅读"工程，在社会上大力倡导读书，在普及科学文化知识、丰富群众文化生活、满足群众阅读需求、建设"书香南岳"等方面发挥着十分重要的作用。

一、基础设施设备和机构、人员、经费

1.基础设施设备

2018年，南岳区图书馆馆舍建筑面积1200平方米，正在恢复的中正图书馆建筑面积2700平方米。

2.机构

南岳区图书馆设办公室和读者服务部门。

3. 人员

从 1998 年起，周华平担任南岳区图书馆馆长一职。

南岳区图书馆员工情况统计表（单位：人）

年份	员工人数	专科及本科学历	初级职称	中级职称
2009	5	5	—	—
2016	6	5	1	2
2018	4	4	1	2

4. 经费

南岳区图书馆经费统计表（单位：万元）

年份	2014	2015	2016	2017	2018
财政拨款	38.5	31.1	42.4	82.5	110.2
免费开放经费	16.5	16.5	16.5	16.5	16.5

二、基础业务工作

1. 馆藏资源

2018 年，南岳区图书馆藏书 14.27 万册，其中地方文献 2000 册，报纸合订本 2000 册，期刊合订本 3000 册，视听资料 7000 份。

南岳区图书馆藏书统计表

年份	2014	2015	2016	2017	2018
藏书量（万册）	11.40	12.20	12.50	13.39	14.27

2. 读者服务

2011 年，南岳区图书馆实行免费开放。2009 年至 2018 年，南岳区图书馆为中央电视台《走遍中国》栏目提供地方资料服务，为纪念游击干部培训班成立 75 年出书提供资料，为南岳建区 30 周年展览提供图片资料服务，为南岳申报世界文化遗产提供了大量的地方文献资料，为曾瀛洲老人研究南岳区抗战文化研究提供了文献资料。

南岳区图书馆读者服务统计表

年份	2014	2015	2016	2017	2018
接待读者人次（万人次）	10.1	11.3	13.1	14.5	15.2

每年的世界读书日、图书馆服务宣传周、全民读书月，南岳区图书馆开展全民阅读推广活动，形成的文化品牌活动有"阅读·吟诵""阅读·手工""问道"系列活动、庙会灯谜活动、"三湘读书月"少儿读书活动等。2015年至2018年，年均开展讲座活动20次、展览活动5次、阅读推广活动6次，年参加图书馆活动达1.2万人次。

3. 现代技术应用

南岳区图书馆引进 Interlib 图书馆集群管理系统，业务工作实现自动化管理，馆藏图书、报刊、地方文献全部录入书目数据库。2009年，建成文化信息资源共享工程南岳区支中心。2018年，南岳区图书馆电脑数量36台，开通微信平台并投入使用。南岳区图书馆与湖南图书馆签订数字资源共享协议，电子阅览室可提供海量数字资源供读者查找资料，每年接受国家图书馆赠送数字资源200份，馆内现藏电子资源1500件。2014年，购买歌德电子图书阅读机2台，分别在馆内及政府大院进行数字图书馆推广。

4. 志愿者服务

南岳区图书馆成立文化志愿者图书馆服务分队，参与"南岳庙会""灯谜擂台赛""送文化下乡""爱心图书室建设""图书馆分馆建设""您读书，我买单"等社会活动。

三、总分馆建设

2018年，南岳区图书馆已建成5个分馆：迎宾社区分馆、松麓书堂分馆、逸山逸水分馆、武警中队分馆、佛教协会分馆。

四、表彰与奖励

2009年第四次全国县级以上公共图书馆评估、2013年第五次全国县级以上公共图书馆评估、2017年第六次全国县级以上公共图书馆评估，南岳区图书馆均被文化部评为"国家三级图书馆"。

石鼓区图书馆

衡阳市石鼓区图书馆前身是创建于1958年衡阳市城北区图书馆，馆址设司前街20号，由衡阳市城北区文教科筹办，当时发动了各街道团支部和群众捐书捐款，衡阳市城北区区委、区人委调拨北区市场内一栋100平方米的旧房作馆舍。1966年，图书馆业务停止。1978年，城北区文化馆恢复，馆内设图书室。2008年，衡阳市石鼓区（原城北区）政府整体搬迁到石鼓路66号新址，同时在石鼓区政府院内筹建石鼓区青少年校外活动中心和石鼓区图书馆综合大楼，2009 年，项目竣工并投入使用。2011 年，石鼓区图书馆正式成立。

一、基础设施设备和机构、人员、经费

1. 基础设施设备

2009 年，竣工的石鼓区图书馆面积为 1316 平方米。2015 年，石鼓区改扩建图书馆大楼。2017 年，改扩建工程完工，馆舍面积达到 2078 平方米。

2. 机构、人员、经费

石鼓区图书馆设少儿阅览室、电子阅览室、报刊阅览室、地方文献室、活动室、咨询室，2018 年有员工 5 人，全部具有大专以上的学历。

石鼓区图书馆馆长名录

序号	姓名	任职时间
1	唐婷燕	2009 年至 2013 年
2	莫亚虹	2013 年至 2015 年
3	吴红波	2015 年至今

石鼓区图书馆经费统计表（单位：万元）

年份	财政拨款	购书经费	数字资源采购经费
2011	—	16.2	—
2012	25.0	8.0	8.0
2013	34.2	0	—
2014	38.0	4.3	—
2015	40.0	—	—
2016	45.0	—	—
2017	47.0	7.5	14.5
2018	48.3	7.5	—

注：2015 年、2016 年馆舍提质改造，未安排购书经费。

二、基础业务工作

1. 馆藏资源

2018 年，石鼓区图书馆藏书 1.9 万册，电子文献 150 种。采购图书以市新华书店购买为主，征集地方文献多以捐赠为主。入藏图书以中文图书为多，兼有少量的英语、拉丁语读本。馆藏文献依据《中国图书馆分类法（第五版）》分类标引。

2. 读者服务

石鼓区图书馆开设少儿阅览室、电子阅览室、报刊阅览室、地方文献室、活动室、咨询室、报告厅。

石鼓区图书馆读者服务统计表

年份	借阅册次（万册次）	流通人次（万人次）	持证读者人数（人）
2016	1.55	1.91	650
2017	1.55	2.01	1900
2018	1.60	1.90	2600

2018年，石鼓区图书馆在人民路小学、都司街小学、荷池路小学、人民街道人民社区、合江小学、演武坪小学、青山街道牛角巷社区、虎形山人防公园建成馆外服务点。

石鼓区图书馆广泛开展阅读活动。每年的"4·23世界读书日"确定一个主题开展图书宣传周活动，2013年举办少儿"我有一个梦"网络征文活动，2014年开展少儿"中国梦·我心中的故事"征文活动，2015年举办少儿"中国梦·汉语美"读书活动、"我的书屋·我的梦"农村少年儿童阅读实践活动，2016年开展少儿"光荣与梦想"系列读书活动，2017年开展"书香湖南·红星闪闪耀童心"读书活动，2018年举办"共创共享儿童新时代"读书活动。

石鼓区图书馆与湖南省孔子学会共同组织了"书香湖南·阅行者"乡村少年儿童阅读实践活动；联合摩尔八一文化有限公司举办"虎形山国学讲堂"47期；联合司法、卫生、妇联、教育等单位开展送文化、送科技信息、送医疗卫生等文化活动。

3. 现代技术应用

石鼓区图书馆选用Interlib区域图书馆集群自动化管理系统。2017年，建立石鼓区图书馆网站，为读者提供的服务包括：馆藏目录、数字资源、IT培训、活动日历以及便民信息。2018年，石鼓区图书馆数字图书馆升级，与衡阳市各公共图书馆网络对接，实现了通借通还，资源共享。建有文化信息资源共享工程机房，全馆有计算机30台，宽带接入100M，存储容量4TB。

4. 志愿者服务

石鼓区图书馆建有志愿者队伍，面向社会、机关单位、学校招募了志愿者，每年到社区、学校、乡村、企业开展3至5次活动，并为残疾、贫困等特殊读者群体提供"点餐式"的文化志愿服务。

三、表彰与奖励

2013 年第五次全国县级以上公共图书馆评估、2017 年第六次全国县级以上公共图书馆评估，石鼓区图书馆均被文化部评为"国家三级图书馆"。

雁峰区图书馆

衡阳市雁峰区图书馆筹备于 2009 年，2012 年 3 月开馆。雁峰区图书馆位于欧水岭 55 号的雁峰区青少年学生校外活动中心内。雁峰区图书馆以服务青少年儿童为主并涵盖全区居民的社区教育和文化服务机构。

一、基础设施设备和机构、人员、经费

1.基础设施设备

雁峰区图书馆原址为雁峰区欧水岭小学。2009 年，新建图书馆，拆除校园内的老建筑，在原址修建 2 幢，分别为 4 层、5 层馆舍，总建筑面积 5500 平方米。

2.机构、人员、经费

雁峰区图书馆隶属于雁峰区教育局，2012 年正式开馆，馆内设办公室、外借室、期刊阅览室、电子阅览室、少儿阅览室、羽毛球场馆、多功能会议室。

2018 年，雁峰区图书馆有 5 名工作人员，均具有专科及以上学历。

雁峰区图书馆馆长名录

序号	姓名	任职时间
1	曾 森	2012 年至 2015 年
2	李 艳	2015 年至今

雁峰区图书馆经费统计表

年份	2012	2013	2014	2015	2016	2017	2018
财政拨款（万元）	22.5	16.5	16.5	16.5	16.5	17.5	23.5

二、基础业务工作

1. 馆藏资源

雁峰区图书馆的藏书以文学艺术，儿童文学、教育、医学、科学技术为主。2018 年，全馆藏书 3 万册，电子图书 10 万册，报纸 35 种，期刊 46 种，电子报纸 100 种。

雁峰区图书馆 2018 年藏书统计表

文献类型	数量（册、件）	储存地点
电子文献	100000	数字借阅机
有声读物	2000	图书馆网站
纸质书籍	30000	外借室、少儿阅览室
过刊	80	过刊室
电子报纸	300	掌上阅读 App
分馆藏书	2000	幸福社区

2. 读者服务

雁峰区图书馆读者服务工作方式主要有期刊馆内阅读、书刊外借、分馆阅读、读者活动等，雁峰区所属的小学均为雁峰区图书馆的少儿分馆，为学生儿童提供阅读服务。2018 年，有持证读者 1851 人。

雁峰区图书馆读者服务统计表

年份	借阅册次（万册次）	借阅人次（万人次）	持证读者人数（人）
2016	4.39	1.04	—
2017	4.68	1.06	—
2018	4.79	1.16	1851

2013 年雁峰区图书馆组织全区小学参加湖南省少年儿童"中国梦·我的梦"读书活动，2014 年组织全区小学参加湖南省少年儿童"中国梦·我心中的故事"活动，2017 年组织雁峰区各中小学参与了全省少年儿童读书活动中的"书香湖南·红星闪闪耀童心"手绘明信片活动、"书香湖南·三湘少年儿童阅读之星活动"。雁峰区图书馆举办读书月系列活动，开展"雁图诗会""雁图棋园""雁图展厅""雁峰影院"等活动。

3. 现代技术应用

2015 年，购置集群数字图书馆自动化集成系统，实现采访、编目工作自动化。2015 年，购置 5 台超星电子图书借阅机，开通雁峰区图书馆网站。雁峰区图书馆利用手机报、网站、纸质媒体、微信公众号等方式对雁峰区图书馆进行宣传报道。

三、表彰与奖励

2013 年第五次全国县级以上公共图书馆评估，雁峰区图书馆被文化部评为"国家二级图书馆"；2017 年第六次全国县级以上公共图书馆评估，雁峰区图书馆被文化部评为"国家三级图书馆"。

蒸湘区图书馆

衡阳市蒸湘区本无公共图书馆建制，2010 年根据衡阳市委、市政府关于实施"公共文化服务进社区"项目的要求，蒸湘区教育文化体育局请求设立区图书馆，蒸湘区委机构编制委员会于 7 月 18 日下发《关于设立蒸湘区图书馆的批复》（衡蒸编发〔2010〕3 号），"为了更好地服务广大人民群众，提升城市文化品位，推动我区精神文明建设，经研究，同意设立蒸湘区图书馆，人员编制由你局内部调剂"，衡阳市蒸湘区图书馆由此成立。2016 年3 月，蒸湘区图书馆对外开放。

一、基础设施设备和机构、人员、经费

1. 基础设施设备

2016 年，蒸湘区制订"十三五"发展规划，提出建设区图书馆，蒸湘区政府决定，借用区实验小学和大力小学场地作为蒸湘区图书馆的馆舍。馆舍面积 800 平方米。馆内设阅览区、图书区、书画室、电子阅览室、自习室。

2. 机构、人员、经费

蒸湘区图书馆有工作人员 3 人，均为专科及以上学历。

蒸湘区图书馆馆长名录

序号	姓名	任职时间	备注
1	魏 凯	2012 年至 2016 年	
2	龙 慧	2017 年 1 月至 2017 年 9 月	副馆长，主持工作
3	谢欣樾	2017 年 10 月至今	副馆长，主持工作

4. 经费

蒸湘区图书馆经费均来自财政拨款。

蒸湘区图书馆经费统计表（单位：万元）

年份	财政拨款	免费开放经费
2012	15.0	15.0
2014	15.0	15.0
2016	26.2	15.0
2018	26.2	15.0

二、基础业务工作

2018 年，蒸湘区图书馆藏书 26 万册，音像制品 1000 套，订阅期刊 22 种、报纸 15 种。每天开放 9 小时，节假日不闭馆。启用文华 DLibs 数字图书馆应用平台，加入衡阳市图书馆总分馆体系，实现一卡通用、通借通还。2016 年，持证读者 1.15 万人，年均接待读者 3.46 万人次。蒸湘区图书馆每年 4 月 23 日世界图书日，以"书香雁城"为主题举办读书活动。书画室配备有笔、墨、纸、砚，为满足中老年书画爱好者的要求，有专人全年开展书画辅导、交流活动，举办书画展览活动。电子阅览室内设有 13 台电脑，免费提供给读者查询、阅览资料。组织 200 名志愿者走进社区，为中老年居民提供电脑课程培训，采取"一对一"教学模式，帮助中老年居民学习电脑打字，利用网络下象棋和看新闻。

三、表彰与奖励

2017 年第六次全国县级以上公共图书馆评估，蒸湘区图书馆被文化部评为"国家三级图书馆"。

衡阳县图书馆

衡阳县图书馆成立于 1976 年。1980 年，衡阳县图书馆与县文化馆分设，独立建制，1985 年，在西渡镇中心南路 12 号修建馆舍。2010 年，成立全国文化信息资源共享工程衡阳县支中心。

一、基础设施设备和机构、人员、经费

1. 基础设施设备

1985 年，修建馆舍，建筑面积 1446 平方米。2009 年，维修馆舍，更换门窗，屋顶进行防水防漏处理。2010 年，建成文化信息资源共享工程多功能报告厅和电子阅览室，扩建

面积 162 平方米。2018 年，馆舍建筑面积达 1578 平方米。2011 年，改造装修阅览室、书库，配备空调，更换少儿室书架及阅览设施。2013 年，为过刊室配备了全新的金属书架，安装空调 13 台，添置电脑 12 台。2014 年，维修装修馆舍，馆舍外墙贴瓷砖，对屋顶进行防水防漏处理。

2. 机构

2009 年，衡阳县图书馆设行政办公室、采编室、辅导室、外借室、阅览室、少儿室、地方文献室。2010 年，新增设电子阅览室、中心机房。2011 年，新增设多功能报告厅。2014 年，新增国防教育文献室、技术室、过刊室。2018 年，设行政办公室、采编室、合作协调室、外借室、阅览室、少儿室、地方文献室、电子阅览室、中心机房、多功能报告厅、技术室、过刊室。

3. 人员

2011 年，中共衡阳县机构编制委员会以蒸编〔2011〕101 号文件核定衡阳县图书馆全额拨款事业编制为 24 名。从 1992 年起，刘向阳担任衡阳县图书馆馆长一职。

衡阳县图书馆员工情况统计表（单位：人）

年份	员工人数	高中学历	专科及以上学历	中级职称	副高职称
2009	21	9	12	3	0
2010	21	9	12	4	0
2011	21	9	12	4	0
2012	21	9	12	4	0
2013	21	8	13	7	0
2014	22	9	13	7	0
2015	18	6	12	7	0
2016	18	6	12	7	0
2017	16	5	11	5	1
2018	14	4	10	7	1

4. 经费

衡阳县图书馆经费统计表（单位：万元）

年份	财政拨款	购书经费	数字资源采购经费	其他经费	备注
2009	82.5	8.0	—	30.0	其他经费：维修专项
2010	87.2	10.0	—	27.0	其他经费：项目资金
2011	123.3	15.0	—	25.0	其他经费：项目资金
2012	103.2	15.0	—	0	
2013	158.8	20.0	—	30.0	其他经费：项目资金
2014	224.4	25.0	5.5	70.0	其他经费：项目资金

年份	财政拨款	购书经费	数字资源采购经费	其他经费	备注
2015	189.8	30.0	12.0	0	
2016	197.4	30.0	1.6	0	
2017	170.4	30.0	1.6	0	
2018	287.3	30.0	1.6	100.0	其他经费：项目资金

二、基础业务工作

1. 馆藏资源

2018 年，衡阳县图书馆藏书 12.8 万册，有地方文献 1578 册，藏有《湖湘文库》，另藏本土名人、名著、家谱及非书资料 288 册，共接待查阅读者 1125 人次。2009 年至 2018 年，为衡阳县非物质文化遗产保护中心提供《衡阳县志》《天南地北衡阳人》《衡阳文化志》《衡阳地方史资料》，为衡阳县界牌釉下五彩瓷、渣江春社、石市竹木雕等项目的申遗提供参考资料。

衡阳县图书馆藏书统计表

年份	2009	2010	2011	2012	2013	2014	2015	2016	2017	2018
藏书量（万册）	6.5	6.8	7.1	7.4	7.9	8.7	9.6	10.4	11.6	12.8

2014 年，购买电子图书 25 万册。2015 年购买歌德电子借阅机 2 台，2016 年获湖南省文化厅赠送歌德电子借阅机，每年更新数字图书共 5400 册。

衡阳县图书馆藏书依据《中国图书馆分类法（第五版）》进行分类标引。2013 年文献编目工作实行自动化管理。

2. 读者服务

2011 年起，衡阳县图书馆每周开放 63 小时，除春节统一放假外，节假日一律对外开放。2014 年，少儿室实行开架借阅，2015 年，外借室实行开架借阅。2009 年至 2018 年，举办读者活动 1336 场，30.35 万人次参与。

衡阳县图书馆读者服务统计表

年份	借阅册次（万册次）	借阅人次（万人次）
2009	9.20	9.11
2010	9.80	9.14
2011	9.04	8.78
2012	9.64	9.39
2013	9.57	9.36

年份	借阅册次（万册次）	借阅人次（万人次）
2014	8.54	6.98
2015	8.13	6.25
2016	10.03	5.24
2017	8.09	4.62
2018	10.27	5.15

衡阳县图书馆开展多种读者活动。如：2009年，开展"新中国60周年道德模范故事会"读书活动；2010年，开展"少年网页设计赛"活动、"迎世博迎亚运讲文明树新风"读书活动；2011年，举办"读红色经典·做时代先锋"读书知识竞赛、"纪念中国共产党成立90周年"红色经典读书活动；2012年，开展"学习雷锋好榜样"读书活动、"像雷锋那样"中小学生电脑小报竞赛活动；2013年，开展"中国梦·我的梦"系列读书活动；2014年，开展"中国梦·我心中的故事"读书活动；2015年，开展"中国梦·汉语美"系列读书活动；2016年，开展"光荣与梦想——纪念建党95周年暨红军长征胜利80周年"系读书活动；2017年，开展"书香蒸阳·红星闪闪耀童心"读书活动和全省青少年学党史国史主题教育活动；2018年，举办"书香湖南·共创共享儿童阅读新时代"读书活动。

2014年先后打造了"欢聚16点"知识竞赛、"阅读百村行"两个品牌活动。至2018年底，"欢聚16点"开展205期，参与读者11211人次。该活动于2016年获湖南省公共图书馆服务成果一等奖。

衡阳县图书馆读者活动统计表

年份	2009	2010	2011	2012	2013	2014	2015	2016	2017	2018
活动场次（场）	18	22	21	70	45	153	183	211	337	276
参与人数（万人）	2.0	2.7	3.7	2.8	2.9	3.5	2.8	3.3	2.9	3.8

3. 现代技术应用

2014年，衡阳县图书馆引进图书馆集群管理系统（Interlib），开始实行自动化管理。2018年，更换管理软件为文华DLibs系统。2010年，建立电子阅览室、多功能报告厅，拥有电脑30台，投影仪2台，可上网、举办各种知识讲座、知识竞赛、播放影像、阅读电子图书。2013年至2016年，添置电脑14台、打印机3台、扫描仪、数码相机、投影仪、防盗报警门。2015年至2016年，在县委大院、县政府大院和外借室安装3台歌德电子借阅机。

4. 志愿者服务

衡阳县图书馆成立志愿者服务工作队，先后有1487人次志愿者参与活动，如灯谜会、知识讲座、少儿健康知识竞赛、好书共荐共享、电子图书宣传周、庆"八一"少儿国防知识竞赛、"欢聚16点"知识竞赛等活动，以及每年的少儿"红读"活动。

三、总分馆建设

2014年，衡阳县图书馆建立台源镇分馆，面积88平方米，设有阅览室和借阅室，有阅览座席45个，由总馆负责每月配送图书，拥有流动图书3000册，每周开放6天，实行零门槛、无障碍入馆。

四、学术、科研活动及成果

衡阳县图书馆员工发表论文一览表

序号	姓名	论文题名	刊物名称及发表时间
1	刘向阳	面向全面小康的县级图书馆发展模式研究	《河南图书馆学刊》2017年第3期
2	刘向阳	文化创新视域下公共图书馆公益性数字文化服务发展模式研究	《图书馆学刊》2017年第3期
3	刘向阳	组织文化视域下图书馆馆员工作满意度影响机制研究	《河北科技图苑》2017年第2期

五、表彰与奖励

2011年，衡阳县图书馆获中国图书馆学会读书知识竞赛活动推广奖、被湖南省委宣传部、省委农村工作部、省文化厅评为"服务农民服务基层文化建设先进集体"。2012年，获文化部"全国文化信息资源共享工程·公共电子阅览室示范点"称号。2013年，获中宣传部、文化部、国家新闻出版广电总局"全国服务农民服务基层文化建设先进集体"奖牌。2017年，被湖南省文化厅、省文化厅关工委评为"湖南省青少年学党史国史主题教育活动先进集体奖"。

2009年第四次全国县级以上公共图书馆评估、2013年第五次全国县级以上公共图书馆评估，衡阳县图书馆被文化部评为"国家二级图书馆"；2017年第六次全国县级以上公共图书馆评估，衡阳县图书馆被文化部评为"国家三级图书馆"。

常宁市图书馆

1929年，常宁县民众图书馆成立，1939年，县民众图书馆并入县民众教育馆。1950年，常宁县人民教育馆成立，后更名为县文化馆，内设图书室。1958年，常宁县图书馆成立，1962年，县图书馆并入县文化馆。1978年，常宁县图书馆恢复独立建制。1989年，修建新馆舍。1996年，常宁撤县建市，常宁县图书馆更名为常宁市图书馆。

一、基础设施设备和机构、人员、经费

1. 基础设施设备

1983年，常宁县图书馆征地4.5亩，新建馆舍，建筑面积2587平方米，1989年，新馆正式向读者开放。2014年，常宁市政府决定腾出土地支持集贸市场建设，拆除了图书馆馆舍，另行择址新建馆舍，根据《常宁市人民政府专题会议纪要》，新馆选址为东一环原控制线外，南至东门路公园，北至仙岭路旁，计划拨10亩土地用于图书馆建设。后经专家论证，认为图书馆选址太偏，另行选址。2017年，常宁市政府下发《关于文化"三馆"选址有关问题的会议纪要》，明确选址于南门湖东南角宜水围合范围，规划建设三层楼，总建筑面积8000平方米。

2. 机构

2009年，常宁市图书馆设办公室、财务室、采编室、业务辅导室、外借室、成人阅览室、少儿借阅室、过刊借阅室、参考咨询室，成立文化信息资源共享工程常宁县支中心，增设电子阅览室和多媒体服务厅。2014年，馆舍拆除选址新建，租赁场地办公和开放，设办公室、财务室、采编室、业务辅导室、外借阅览室，24小时运行服务组。

3. 人员

从2007年起，张昌荣担任常宁市图书馆馆长一职。

常宁市图书馆员工情况统计表（单位：人）

年份	员工人数	高中学历	专科及本科学历	初级职称	中级职称
2009	25	8	17	9	9
2018	25	3	22	9	10

4. 经费

常宁市图书馆经费统计表（单位：万元）

年份	财政拨款	购书经费	专项经费
2009	61.5	7.0	13.0
2010	107.9	7.0	13.0
2011	128.2	10.0	16.0
2012	164.2	15.0	39.0
2013	156.0	23.0	45.0
2014	158.6	23.0	51.0
2015	174.9	23.0	51.0
2016	208.4	30.0	74.0
2017	290.2	30.0	78.0
2018	357.0	30.0	83.0

二、基础业务工作

1.馆藏资源

2009年，常宁市图书馆藏文献12.3万册，2018年，购新书9000册，年订购报刊230种，馆藏文献17.6万册。馆藏古籍2515册，存放在樟木柜中。

常宁市图书馆藏书统计表

年份	2009	2010	2011	2012	2013	2014	2015	2016	2017	2018
藏书量（万册）	12.3	12.8	13.3	13.9	14.5	15.0	15.7	16.3	16.9	17.6

2.读者服务

2009年，常宁市图书馆设外借室、成人阅览室、少儿借阅室、地方文献查阅室、报刊借阅室、参考咨询室，开展预约借书、邮寄借书、资料代查、送书上门、送书下乡、跟题服务。2015年馆舍拆除后，租赁460平方米的场地，实行借阅一体的服务模式向读者实行免费开放。

参考咨询室开展课题跟踪服务，为党政决策提供信息服务。2009年，"为常宁油茶产业发展提供服务"项目获湖南省公共图书馆第七届服务成果三等奖。

常宁市图书馆读者服务统计表

年份	借阅册次（万册次）	借阅人次（万人次）	持证读者（人）	活动场次（次）	参加活动人次（万人次）
2009	15.87	12.54	5463	24	2.75
2018	21.42	16.76	10142	36	4.55

常宁市图书馆开展各种读者活动，如阅读推广活动、"红读"活动、送书下乡、各类展览、讲座、演讲赛、征文赛。2013年开始，每年举办元宵有奖灯谜活动。每年的图书馆服务宣传周和"世界读书日"，开展阅读推广进社区、进校园、进乡村活动，送书到瑶寨、敬老院、拘留所、中小学校、留守儿童基地等，举办新书推介展、楹联展、国学知识展、军事连环画展、党的十九大宣传展、《公共图书馆法》宣传展活动。常宁市图书馆设立"红读"活动专项经费，并纳入财政预算，送派业务骨干辅导和指导"红读"等活动的开展。常宁市图书馆连续8年被湖南省、衡阳市评为"红读"活动组织奖、阅读活动奖。

3.现代技术应用

2009年，引进图书馆集群管理系统（Interlib），应用在图书馆采访、编目、借阅工作，录入馆藏书目信息5万条。2013年，购电脑、多功能复印机、单反相机等。2017年，购置文华图书管理系统，采购的新书录入图书管理系统。2018年，购置数字阅读机、自助办证、自助借还设备，实现了自助借阅，建立了常宁市图书馆网站。

4. 志愿者服务

常宁市图书馆建立一支 59 人的志愿者服务队伍，奉行"奉献、友爱、互助、进步"的服务精神，在广场、社区、乡镇、学校、村级农家书屋开展服务工作。

三、总分馆建设

2017 年，常宁市图书馆在泉峰广场建成 24 小时自助图书馆。2018 年，常宁市有乡镇、村级万册图书馆 7 个，还建有一批学校、机关、社区图书室。

四、表彰与奖励

2009 年第四次全国县级以上公共图书馆评估，常宁市图书馆被文化部评为"国家二级图书馆"；2017 年第六次全国县级以上公共图书馆评估，常宁市图书馆被文化部评为"国家三级图书馆"。

耒阳市图书馆

1927 年，耒阳县成立民众图书馆，历经战乱，遭遇失火焚毁洗劫，书籍损失殆尽。1958 年，成立耒阳县图书馆，馆址设蔡候祠，面积 250 平方米，定编 2 人。1981 年，修建馆舍，建筑面积 2120 平方米，有藏书 5 万余册。1987 年，耒阳撤县改市，耒阳县图书馆更名为耒阳市图书馆。

一、基础设施设备和机构、人员、经费

1. 基础设施设备

1981 年，在耒阳县人民广场南侧即原大舞台左侧兴建了一栋三层楼的图书馆，建筑面积 2120 平方米。2001 年，由于修建蔡伦纪念园，耒阳市图书馆被拆除。2003 年，耒阳市图书馆在人民路 21 号租赁面积 366 平方米的房屋开办金色池塘读书中心。2008 年，迁至文化路租赁一栋三层楼民房作为办公借阅场所。2011 年，又迁至西湖路龙城世家租赁临街二楼 467 平方米门面，开办图书馆阅览中心和文化信息资源共享工程县级支中心。

2. 机构

耒阳市图书馆设办公室和读者服务部门。

3. 人员

2012 年，耒阳市图书馆定编 27 人。2009 年有员工 21 人，2015 年员工 28 人，2018 年员工 25 人。

耒阳市图书馆馆长名录

序号	姓名	任职时间
1	王延芝	2002 年至 2012 年
2	刘洪琼	2012 年至今

耒阳市图书馆员工情况统计表（单位：人）

年份	员工人数	初中学历	高中学历	专科及本科学历	初级职称	中级职称
2018	25	1	5	19	13	5

4. 经费

耒阳市图书馆经费统计表（单位：万元）

年份	财政拨款	购书经费	数字设备资源经费
2013	130.4	17.0	0
2014	65.3	19.0	10.0
2015	121.3	19.0	0
2016	84.3	19.0	0
2017	84.2	21.0	28.0
2018	64.3	3.0	0

二、基础业务工作

1. 馆藏资源

2018 年，耒阳市图书馆藏书 8.16 万册。馆藏地方文献包括市志、年鉴、行业志、族谱、刊物书籍、民间文学艺术家的个人作品等。耒阳市图书馆收藏古籍 371 册。2009 年，对收藏的古籍进行辨别、登记、拍照。

耒阳市图书馆藏书统计表

年份	2012	2013	2014	2015	2016	2017	2018
藏书量（万册）	1.11	2.98	3.64	4.33	5.49	6.85	8.16

2. 读者服务

耒阳市图书馆读者服务统计表

年份	借阅册次（万册次）	借阅人次（万人次）	活动场次（场）	参加活动人次（万人次）
2013	8.6	3.9	10	0.4
2014	9.7	5.7	29	1.1
2015	11.0	6.8	22	0.6
2016	10.0	0.2	34	4.9
2017	10.0	2.3	24	5.6
2018	11.1	9.0	49	0.6

耒阳市图书馆开展多种形式的读者活动。2009年组织小学生参加"新中国60周年道德模范故事会"衡阳地区比赛，2010年城北完小代表队参加"G3杯迎世博迎亚运讲文明树新风"文明礼仪读书活动，2011年开展少儿"纪念中国共产党成立90周年"红色经典读书活动，2012年组织少儿"学习雷锋好榜样"读书活动，2013年至2015年，开展少儿"中国梦·我的梦"读书活动、"中国梦·我心中的故事"读书活动、"中国梦·汉语美"读书活动，2016年参加衡阳市少年儿童"光荣与梦想——纪念建党95周年暨红军长征胜利80周年"知识网络答题活动，2017年组织"书香湖南·红星闪闪耀童心"少儿读书活动，2018年开展"我的书屋·我的梦"农村少儿阅读活动。

3. 现代技术应用

2017年，耒阳市图书馆通过政府采购向北京超星数图信息技术有限公司采购数字产品，推广应用了百链云服务系统、移动图书馆、微信公众号、门户网站、知航云图书馆、特色库等平台。开发耒阳市图书馆微信公众号，具有微信大厅、图书馆简介、读者指南等功能。建立耒阳市图书馆门户网站，发布读书活动信息。

4. 志愿者服务

耒阳市图书馆联合市志愿者协会组织图书志愿服务分队，开展读书会、亲子阅读活动等，在欣海园、湘南监狱、港湘学校建立图书站点。

三、总分馆建设

耒阳市图书馆建有5个24小时自助图书馆分馆，分别为环秀楼分馆、金盆社区分馆、铁路园分馆、国学园分馆、规划小区分馆，采取总分馆管理机制，实现通借通还，内设门禁系统、自助办卡系统、自助借还系统和全方位监控报警系统。环秀楼分馆面积约60平方米，藏书3600册。金盆社区分馆面积40平方米，藏书3000册。铁路园分馆面积20平方米，藏书2000册。国学园分馆面积约40平方米，藏书4000册。规划小区分馆面积约

30平方米，藏书3000册。

四、表彰与奖励

2017年第六次全国县级以上公共图书馆评估，耒阳市图书馆被文化部评为"国家三级图书馆"。

衡东县荣桓图书馆

衡东县荣桓图书馆成立于1958年。1980年，县政府决定另建新馆，同时县图书馆从县文化馆划出，独立建制。1984年，衡东县荣桓图书馆迁入位于兴衡东路100号的新馆舍。新馆开馆之际，邓小平同志亲笔题额"荣桓图书馆"。

一、基础设施设备和机构、人员、经费

1. 基础设施设备

衡东县荣桓图书馆是一幢古典式四合院建筑，占地面积4.9亩，主楼为3层钢筋混凝土结构，建筑面积3331平方米，阅览座席650个。2008年，书架总长度为4457米，书柜、书架多为木质。2013年，将原有木质书架全部更换为钢质书架，书架总长度5840米，增添3组×10空密集型钢书柜。

2. 机构

2018年，衡东县荣桓图书馆设党政办公室、财务室、采编室、辅导室、外借室、阅览室、少年儿童书刊借阅室、文化信息资源共享工程支中心暨电子阅览室、罗帅资料研究暨地方文献资料室、综合图书借阅室、自修室、参考咨询室、古籍线装书特藏室、低幼智力开发室、多媒体报告厅。

3. 人员

从2008年起，陈红艳担任衡东县荣桓图书馆馆长一职。

衡东县荣桓图书馆员工情况统计表（单位：人）

年份	员工人数	专科及本科学历	初级职称	中级职称
2018	9	9	1	5

4.经费

衡东县荣桓图书馆经费统计表（单位：万元）

年份	2009	2010	2011	2012	2013	2014	2015	2016	2017	2018
财政拨款	66.2	54.0	56.0	115.7	87.2	218.0	151.0	127.0	140.0	362.0
购书经费	2.5	4.6	9.3	12.2	15.0	27.0	28.0	30.0	28.0	30.0

二、基础业务工作

1.馆藏资源

衡东县荣桓图书馆以文学艺术、儿童文学、教育、医学、科学技术类图书为主藏图书，2018 年有藏书 7.4 万种，70.7 万册，其中电子图书 50 万册、重点文化古籍 4771 册、过期报刊合订本 9875 册，地方性资料 6000 册。馆藏图书依据《中国图书馆分类法（第五版）》进行分类标引，设卡片式目录 2 套。2008 年，使用计算机管理后，停止编制卡片目录。

衡东县荣桓图书馆藏书统计表

年份	2011	2012	2013	2014	2015	2016	2017	2018
藏书量（万册）	15.0	15.5	15.8	16.1	16.4	17.6	18.9	20.7

衡东县荣桓图书馆收藏衡东籍名人撰写书籍 3000 册，包括传记、地方出版物、年鉴、内部资料、地方音视频等。2013 年，建设衡东县荣桓图书馆地方文献书目数据库，设立罗帅资料研究室，存储与本地域有关的地方文献资料 2971 册，内容涉及罗荣桓元帅有关的书刊、县志、史志、家族谱、传记。

藏书设置分为图书库、报刊库、地方文献库、季恂图书银行。收藏有《册府元龟》《衡东县志》《万有文库》《丛书集成初编》《岳氏四修宗谱》《十大元帅光辉业绩》光盘等。

2.读者服务

衡东县荣桓图书馆设有外借室，阅览室，少年儿童借阅室，电子阅览室，罗帅资料研究暨地方文献资料室，幼儿智力开发室，多媒体报告厅，综合书库，参考咨询室、古籍线装书特藏室、朗读亭、自修室以及 7 大分馆和 516 个基层流通点。2018 年持证读者 1.2 万人，日均接待 400 人次，全年接待读者 13.5 万人次。

衡东县荣桓图书馆读者服务统计表

年份	外借册次（万册次）	流通人次（万人次）
2011	12.33	12.29
2012	13.39	13.29

年份	外借册次（万册次）	借阅人次（万人次）
2013	15.50	15.40
2014	17.26	17.00
2015	21.23	20.84
2016	23.89	23.21
2017	24.50	27.38
2018	25.42	28.56

2009 年，"为衡东县建县四十周年暨土菜文化系列活动服务"项目、"开展少儿读书活动服务"项目分获湖南省公共图书馆第七届服务成果二等奖和三等奖。2016 年，"为白莲村扶文化富脑袋精准扶贫项目服务"获湖南省公共图书馆服务成果三等奖。

3. 现代技术应用

2008 年，衡东县荣桓图书馆引入图书馆自动化集成系统（ILAS）小型版。2016 年，升级为 ILAS 系统中型版，利用互联网实行总分馆所有图书统一采编，达成通借通还，文献数据库实现共存共享。2008 年，组建全国文化信息资源共享工程衡东支中心，开通宽带网络，设立公共电子阅览室终端基层服务网点。2018 年，衡东县支中心有电脑 35 台，配套座椅 35 台套，存储容量达到 16TB，电子图书 50 万册。开通衡东县荣桓图书馆网站（http://www.hdxtsg.com），开设微信公众号、移动图书馆 App 管理软件、BBS，馆内 Wi-Fi 全覆盖。2016 年，购置 2 台歌德电子图书借阅机。

4. 志愿者服务

2010 年，衡东县荣桓图书馆建立一支 110 人的志愿者服务队伍，将其分编为文化志愿者、全民阅读志愿服务者、少年儿童家长读者服务群。馆内设立志愿者服务岗，组织志愿者进行专业技术培训，引导读者参加各项阅读活动。

三、总分馆建设

衡东县荣桓图书馆建成总分馆，有基层流通点 516 个，7 个分馆，包括县法院分馆、甘溪分馆、吴集分馆、故居管理处分馆、锦泰新城分馆、南街 24 小时自助分馆和金鹰城 24 小时自助分馆。

四、表彰与奖励

2009 年第四次全国县级以上公共图书馆评估、2013 年第五次全国县级以上公共图书馆评估、2017 年第六次全国县级以上公共图书馆评估，衡东县荣桓图书馆均被文化部评为"国家一级图书馆"。

衡南县图书馆

衡南县图书馆始建于 1977 年，馆址在衡阳市中山北路 224 号。2004 年，衡南县政府驻地由衡阳市石鼓区中山北路迁至衡南县云集镇，衡南县开始筹建县图书馆新馆舍。2008 年，新馆建成后，衡南县图书馆搬迁至衡南县云集镇黄金路 129 号，新建筑是一座综合性的现代化图书馆，办馆条件大为改善。

一、基础设施设备和机构、人员、经费

1. 基础设施设备

1980 年，衡南县图书馆正式开放，馆舍面积 650 平方米。2008 年，新馆舍竣工，占地 5 亩，建筑面积 1971 平方米，有阅览座席 360 个，书柜、书架、阅览桌椅、报告厅桌椅、风扇、空调等配套齐备，计算机 45 台，100M 光纤专线接入，自建资源 7.6TB，机房存储容量达 21.6TB，多媒体及报告厅投影设备完好，有照相机、DV 机、打印机、扫描、复印机设备及移动播放器。

2. 机构

衡南县图书馆设办公室、财务室、采编室、辅导与活动部、古籍与地方文献室、电子阅览室、多功能厅、外借室、报刊综合阅览室、少儿阅览室、自修室。

3. 人员

衡南县图书馆馆长名录

序号	姓名	任职时间	备注
1	甘典国	1998 年至 2010 年	馆长
2	甘典国	2010 年至 2018 年	任县图书馆负责人
3	宁一龙	2018 年至今	

衡南县图书馆员工情况统计表（单位：人）

年份	员工人数	高中学历	专科及本科学历	初级职称	中级职称
2018	20	4	16	15	5

4. 经费

衡南县图书经费统计表（单位：万元）

年份	2012	2013	2014	2015	2016	2017	2018
财政拨款	121.27	151.77	158.83	170.13	222.13	219.09	205.66
购书经费	12.00	22.00	24.00	25.00	27.00	30.00	30.00

二、基础业务工作

1. 馆藏资源

2018年，衡南县图书馆藏书16.85万册，收藏地方文献8300册，内容涉及衡南县历史、人物、族谱等。藏有清代前期古籍96种6700多卷，民国图书300册。特制樟木柜存古籍，有专职管理人员，建立专门目录。衡南县图书馆馆藏文献依据《中国图书馆分类法（第五版）》分类标引，按《中国机读目录格式》著录。

衡南县图书馆藏书统计表

年份	藏书总量（万册）	当年新增藏书（万册）	当年订购报刊（种）
2012	15.00	0.75	260
2018	16.85	0.73	300

2. 读者服务

2018年衡南县图书馆免费对外开放，每周开馆60小时。

衡南县图书馆读者服务统计表

年份	借阅册次（万册次）	流通人次（万人次）	持证读者人数（人）
2010	9.0	10.0	—
2014	12.2	13.5	—
2018	23.0	25.0	8513

衡南县图书馆开展各种读者活动。每年4月23日世界读书日，衡南县图书馆均开展演播、书展、板报活动。2016年，开展少儿"光荣与梦想——纪念建党95周年暨红军长征胜利80周年"知识抢答赛。2017年，举办青少年党史国史专题教育活动、"书香湖南·红星闪闪耀童心"读书活动、少儿"书香雁城·红星闪闪耀童心"系列活动。2018年，开展"三湘少年儿童阅读之星"评选活动。

2010年、2018年，创办"清泉沙龙"及"清泉大讲坛"，开展讲座、图片展览，举办讲座"中国梦·我的梦"，以及"马年说马""羊年灯谜""我在群众中""守纪律讲规矩"演讲比赛。

3. 现代技术应用

2005年，衡南县图书馆引入图书馆自动化集成系统（ILAS），实现全馆文献采访、编目、流通、检索等工作的自动化管理。开设了衡南县图书馆网站，发布馆内外活动公告、新书介绍、政策法规和新闻。建立电子阅览室，读者能阅览多媒体电子资源，点播多媒体课件、电影，还可与互联网连接检索、下载和查阅有关内容。2006年，接受国家文化信息资源共享工程湖南省中心赠送一套投影卫星接收系统，已安装调试成功。

4.志愿者服务

2014年，衡南县图书馆读者志愿者服务大队成立，有志愿者36人。在衡南县城机关、农村、工厂等地开展宣传活动。

三、总分馆建设

2017年，衡南县图书馆启动总分馆建设，咸塘乡建成第一家分馆。2018年，衡南县图书馆建成分馆17个家，其中有村级分馆、县直机关图书馆分馆。

四、表彰与奖励

2014年中国图书馆学会授予衡南县图书馆"全民阅读"先进单位。

2009年第四次全国县级以上公共图书馆评估、2013年第五次全国县级以上公共图书馆评估、2017年第六次全国县级以上公共图书馆评估，衡南县图书馆均被文化部评为"国家一级图书馆"。

衡山县图书馆

1929年，衡山县成立民众图书馆，后并入衡山县民众教育馆。1950年，衡山县人民文化馆接收县民众教育馆的图书，并从南岳拨来部分图书，设图书室对外开放。1977年，在原县文化馆图书室的基础上恢复衡山县图书馆建制，馆址在衡山县城关镇西街。2005年，位于开云镇先农花园群英街149号衡山县图书馆新馆舍竣工，对外开放。

一、基础设施设备和机构、人员、经费

1.基础设施设备

2005年，衡山县图书馆新馆舍竣工，高4层，建筑面积1811平方米。馆内配有多媒体电脑、数码投影机。

2.机构

2018年，衡山县图书馆设办公室、采编室、外借室、阅览室、少儿室、地方文献征集室、文化信息资源共享工程支中心暨电子阅览室、盲人阅览室。

3. 人员

衡山县图书馆馆长名录

序号	姓名	任职时间
1	杨伟成	2004 年至 2010 年
2	谭长青	2010 年至今

衡山县图书馆员工情况统计表（单位：人）

年份	员工人数	高中学历	专科及本科学历	初级职称	中级职称	副高职称
2009	15	9	6	0	4	1
2018	16	2	14	2	7	0

4. 经费

衡山县图书经费统计表（单位：万元）

年份	2009	2010	2011	2012	2013	2014	2015	2016	2017	2018
财政拨款	40.0	44.0	48.0	53.4	57.0	90.9	97.2	118.3	142.3	156.6
购书经费	4.0	6.0	8.0	10.0	12.0	12.0	12.0	15.0	15.0	15.0

二、基础业务工作

1. 馆藏资源

衡山县图书馆以文学艺术，儿童文学、教育、医学、科学技术的文献为主要采购对象，2016 年新增盲文双拼图书 300 册，280 种。2018 年有藏书 13.43 万册，其中期刊合订本 9071 册，视听资料 3060 份。馆藏文献依据《中国图书馆分类法（第五版）》进行分类标引，设读者目录、公务目录，2009 年使用图书馆自动化集成系统（ILAS）后停止卡片目录的编制。

衡山县图书馆藏书统计表

年份	2011	2012	2013	2014	2015	2016	2017	2018
藏书量（万册）	9.7	10.6	11.3	11.7	12.7	12.7	13.0	13.4

2013 年成立衡山县图书馆地方文献征集室，先后征集地方名人传记、地方出版物、年鉴共 2800 册，地方资料 311 份，采集图片、地方音视频文献 1442 份，2018 年启动衡山县图书馆地方文献书目数据库建设。建立衡山县图书馆古籍重点保护中心，完成古籍特藏书库的标准化建设，改善古籍收藏条件，对古籍线装书进行清点、登记，在藏古籍和民国时期图书有 205 种、2633 册。

2.读者服务

衡山县图书馆读者服务项目有馆内阅览、书刊外借、参考咨询、读者活动等。2005年，新馆对外开放，办馆条件改善。2018年，有持证读者9800人，日均接待300人次，建立基层图书馆7个。

衡山县图书馆读者服务统计表

年份	借阅册次（万册次）	流通人次（万人次）
2011	6.50	7.00
2012	6.90	7.50
2013	8.70	9.50
2014	9.20	10.67
2015	9.60	12.04
2016	10.20	12.60
2017	10.10	12.50
2018	10.80	12.70

衡山县图书馆每年开展读者活动。2013年组织中小学生参加"中国梦·我的梦"读书活动，2014年开展少儿"中国梦·我心中的故事"活动，2016年送图书至县看守所并建立图书流动借阅站，2015年至2018年开展辅助特殊群体阅读活动，为衡山县好福气福利院送去各类图书4000余册，报纸期刊60余种。

3.现代技术应用

2009年，衡山县图书馆引入图书馆自动化集成系统（ILAS），实现采访、编目、借阅自动化管理。2015年，更换卫星接收服务器、电子阅览室电脑5台，国家数字图书馆推广工程实施，衡山县支中心有电脑36台，配套座椅75台套。2016年，购置2台歌德电子图书借阅机，开通了衡山县图书馆网站。

4.志愿者服务

2014年衡山县图书馆组建一支志愿者小分队，注册10名志愿者，吸收14岁以上在册学生志愿者30名。

三、总分馆建设

2018年，衡山县图书馆在福田乡、白果镇、东湖镇、贺家乡、长江镇建成分馆，衡山县图书馆实行统一管理，统一采购、统一分编，统一服务，并定期组织图书配送，每年给各分馆送书500册。建成一个24小时自助图书馆。

四、表彰与奖励

2013 年第五次全国县级以上公共图书馆评估，衡山县图书馆被文化部评为"国家二级图书馆"；2017 年第六次全国县级以上公共图书馆评估，衡山县图书馆被文化部评为"国家三级图书馆"。

祁东县图书馆

1952 年，祁东县开办了县文化馆，内设图书室。1973 年，祁东县文化馆图书室借用县总工会房屋对外开放。1976 年，祁东县图书馆成立，租赁县文化馆东面办公楼。1986 年，在洪桥街道沿江东路 111 号修建独立馆舍，新馆开馆之际，王首道题写馆名。

一、基础设施设备和机构、人员、经费

1. 基础设施设备

祁东县图书馆的馆舍建于 1986 年，占地面积 4136 平方米，高 3 层，建筑面积 1672.5 平方米，阅览座席 300 个。

2. 机构

2018 年，祁东县图书馆设办公室、采编室、外借处、阅览室、少儿阅览室、国学馆、电子阅览室、多功能报告厅、文化信息资源共享工程祁东支中心、地方文献室、藏书楼、过刊室、自修室、参考咨询室、辅导部。

3. 人员

从 2009 年起，肖艳丽担任祁东县图书馆馆长一职。

祁东县图书馆员工情况统计表（单位：人）

年份	员工人数	高中学历	专科及本科学历	初级职称	中级职称	副高职称
2009	10	0	10	0	6	3
2010	10	0	10	0	6	3
2011	10	0	10	0	6	3
2012	10	1	9	0	8	2
2013	11	1	10	1	9	1
2014	11	1	10	1	9	1
2015	8	1	6	1	7	0
2016	8	1	6	1	7	0

年份	员工人数	高中学历	专科及本科学历	初级职称	中级职称	副高职称
2017	7	1	6	1	5	0
2018	7	1	6	1	6	0

4. 经费

祁东县图书馆经费统计表（单位：万元）

年份	财政拨款	购书经费	古籍保护经费	数字资源采购经费
2009	29.7	10.0	—	—
2010	35.5	10.0	—	4.0
2011	40.8	10.0	2.0	6.0
2012	48.5	15.0	2.0	6.0
2013	52.9	18.0	2.0	10.0
2014	52.8	18.0	2.0	7.0
2015	90.2	18.0	2.0	7.0
2016	67.6	20.0	2.0	7.0
2017	71.5	20.0	2.0	7.0
2018	70.5	20.0	2.0	7.0

二、基础业务工作

1. 馆藏资源

2018 年，祁东县图书馆藏书 20.5 万册，其中图书 14.1 万册，报刊 6.2 万件，地方文献 1563 册，民国版图书 264 册，古籍 264 册，年鉴工具书 500 种，视听文献 806 件，缩微文献 20 件，电子图书 3.9 万件。

祁东县图书馆藏书统计表

年份	2009	2010	2011	2012	2013	2014	2015	2016	2017	2018
藏书量（万册）	13.1	13.4	13.9	14.4	14.9	15.8	16.7	17.5	19.2	20.5

2. 读者服务

祁东县图书馆累计办理借证 1.49 万个，为企业及个人课题提供信息服务，编印专题书目和文献索引。编印《祁图通讯》，为地方领导宏观管理的科学性、客观性提供文献服务。2009 年，"为黄土埔薯粉加工产业服务"项目获湖南省公共图书馆第七届服务成果三等奖。

祁东县图书馆读者服务统计表

年份	外借册次（万册次）	借阅人次（万人次）	读者活动场次（场）
2009	10.31	8.59	48
2010	10.29	7.81	45
2011	8.22	5.19	48
2012	9.96	6.08	52
2013	10.05	7.14	56
2014	11.69	7.58	58
2015	13.37	8.14	65
2016	13.64	8.27	75
2017	17.74	10.04	107
2018	18.75	10.62	118

祁东县图书馆每年联合县义工协会、县诗词楹联协会、小乔读书会、世代书屋读书会开展"我是雷锋家乡人,湖湘文化送春风"文化志愿服务活动和文化惠民"五下乡"志愿活动,开办"国学经典诵读"班,举办"国学宣导"讲座、"如是父母·相约祁东"讲座,以及"牵手贫困地区少年儿童阅读行动""关爱留守儿童""亲子阅读故事会"活动。2016年《牵手边远地区少年儿童阅读行动》项目获湖南省公共图书馆服务成果三等奖。

3. 现代技术应用

2013年,祁东县图书引入图书馆自动化集成系统（ILAS）,实现业务工作自动化管理,借阅一卡通服务。2018年,改用文华DLibs数字图书馆软件系统。祁东县图书数字图书馆推广工程,拥有计算机42台、投影设备、超星歌德电子书借阅机、少儿触摸一体机,建立祁东县云舟移动图书馆,开通微信公众号。数字资源总储存10TB。专线接入MBPS 20兆的局域网,免费Wi-Fi馆内全覆盖。

4. 志愿者服务

祁东县图书馆招募并组建了一支有280人的文化志愿者队伍,开展宣传图书馆、新书推荐活动。

三、总分馆建设

2018年,祁东县图书馆在人民广场建成1个24小时自助图书馆,在县党校、成章中学、楚源小学、船山小学、祁东二中、一中、育贤中学、世代书屋、公安局、卷烟厂、乡镇街道建有34个图书服务流通点。

四、学术、科研活动及成果

祁东县图书馆主要学术成果一览表

序号	姓名	论文题名	刊物名称 / 发表时间
1	周小科	文化共享工程基层建设存在的问题及对策	中国图书馆学会专业图书馆分会 2010 年学术年会论文集
2	周小科	浅谈读屏时代县级图书馆如何引导大众阅读	《图苑论坛》2014 年第 15 期
3	周小科	农村留守儿童阅读环境分析及优化对策	《贵图学刊》2014 年第 2 期
4	周小科	浅谈图书馆宣传工作	《内蒙古科技与经济》2014 年第 22 期

五、表彰与奖励

2014 年、2015 年、2016 年、2018 年，祁东县图书馆在"三湘读书月"活动中获湖南省委宣传部、省文明办、省文化厅、省教育厅、省新闻出版广电局等八单位颁发的"优胜奖"和"优秀指导奖"。

2009 年第四次全国县级以上公共图书馆评估、2013 年第五次全国县级以上公共图书馆评估、2017 年第六次全国县级以上公共图书馆评估，祁东县图书馆均被文化部评为"国家二级图书馆"。

第六章　郴州市公共图书馆

郴州市图书馆

2009 年，郴州市图书馆建馆，秉承"读者至上、贴心服务"理念，坚持免费开放服务，创建"春苗书屋"少儿阅读推广项目，经过精心打造和志愿者的倾力奉献，使之成为知名少儿阅读推广品牌。坚持走科技办馆的理念，建立 24 小时自助图书馆，完善公共文化服务设施，方便市民阅读。修订完善规章制度，改进服务方式，确保免费开放政策惠及普通市民。

一、基础设施设备和机构、人员、经费

1. 基础设施设备

郴州市图书馆是通过整合市中心城区文化资源、北湖区图书馆而成立的，馆舍在原博物馆基础上改造而成，馆舍在大楼 2 至 3 层，面积 5100 平方米。2009 年 8 月起，对外开放。

2. 机构

2009 年，郴州市图书馆设办公室、采编部、业务协调辅导部、图书外借部、综合阅览部、电子阅览室、少儿阅览室、文化信息资源共享工程郴州市支中心、地方文献和参考咨询室、盲文阅览室。2017 年，将图书外借部、综合阅览部、少儿阅览室撤并为读者服务部。

3. 人员

从 2009 年起，李鹏举担任郴州市图书馆馆长一职。

2009 年建馆之初，核定编制 22 人。2015 年定编 25 人。

郴州市图书馆员工情况统计表（单位：人）

年份	员工人数	专科及本科学历	中级职称	副高职称
2018	34	14	8	5

注：员工中有 12 人为劳务聘用人员。

4. 经费

郴州市图书馆经费统计表

年份	财政拨款（万元）	购书经费（万元）	数字资源采购费（万元）
2009	—	60	—

年份	财政拨款（万元）	购书经费（万元）	数字资源采购费（万元）
2010	210.0	65	—
2011	241.0	75	—
2012	258.0	75	—
2013	261.9	75	6
2014	295.5	75	10
2015	333.9	85	10
2016	407.9	105	13
2017	485.7	125	15
2018	573.8	135	—

二、基础业务工作

1. 馆藏资源

2009 年，郴州市图书馆藏书 15 万册。2009 年至 2018 年，购书经费从每年 60 万元增加到 135 万元，年新书采购量从 2 万册，增加到 4 万册，每年订阅报刊 600 种。2010 年，郴州市图书馆向社会发布捐赠图书的倡议书，收到图书捐赠 8000 册。2015 年，收到韬奋基金会图书捐赠 4000 册。每年购进远程数字资源 2000 种和电子图书 3 万种。2018 年，全馆藏有纸质文献 48 万册，电子文献 57.5 万册。2016 年至 2017 年，陆续收集从清康熙年间到民国时期古旧图书 790 册。2012 年完成馆藏 3500 册古籍的整理、编目和数字化处理。

郴州市图书馆藏书统计表

年份	2009	2010	2011	2012	2013	2014	2015	2016	2017	2018
藏书量（万册）	15.0	18.0	21.0	24.0	27.5	31.0	35.0	39.5	43.5	48.0

2010 年，郴州市图馆开始对地方文献进行分类整理和数据库建设，每年派员到相关部门征集，以及向个人有偿收集地方文献 1000 册，主要是本地图书、地方志、图册、史料、族谱等。2014 年，购买电子地方文献 240 种，2016 年，收到郴州市行政区民国以前的地方志（明清时期出版的郴州地方史志台湾版影印本）共计 27 种 116 册，2017 年增补历史上曾隶属郴州的《耒阳县志》《蓝山县志》《新田县志》等 12 种 39 册。2018 年，与郴州瀚天云静文化发展有限公司（郴州网）联合"林邑书苑"开展郴州地方文献（郴州书）征集工作和文库建设。2016 年至 2018 年，完成郴州市地方文献资源数字化处理 20 万页、视频资料 20G。

2. 读者服务

2010 年，郴州市图书馆调整开放时间，实行 8 小时工作制。按照老年读者、成人读者和少儿读者的不同需求，在图书采购时有所侧重，订阅报刊以服务老年读者为主，小读者以绘本、科普、益智教育类为重点，成年读者以休闲、历史类为主。2010 年至 2011 年，每年接待读者 10 万人次，2015 年至 2018 年，每年接待读者 5 万人次，年借阅册次 25 万，每年有 4000 人办理借书证，2018 年有持证读者 4 万人。

郴州市图书馆读者服务统计表

年份	2009	2010	2011	2012	2013	2014	2015	2016	2017	2018
接待读者人次（万人次）	11.0	22.0	25.0	26.0	30.0	35.0	36.0	36.0	35.5	35.0

郴州市图书馆开展读者活动，如"好书伴我成长"少儿知识抢答赛，"假期读书、快乐你我"讲故事比赛，"建党 90 周年图片展"，公共图书馆全面免费开放政策宣传主题活动，三月学雷锋送书下乡、图书馆读书宣传活动，"阳光少年歌颂党"红色经典诵读活动，"快乐阅读征文"活动。郴州市图书馆举办了"郴图讲座"、林邑讲坛市民版块、元宵灯谜竞猜活动、"4·23"世界读书日宣传活动、书法展览、"快乐阅读·书香六一"少儿读书活动、郴州抗战老兵影像展、少儿趣味科普小实验等活动。

2014 年至 2018 年，"4·23"世界读书日，郴州市图书馆在五岭广场举办少儿阅读节，每次有近 6000 个家庭参加活动，展示儿童阅读的新成果，开展阅读书目展、经典诵读展演、听写大赛、主题故事屋、科普及创意阅读体验馆、"为爱阅读"21 天亲子共读活动、"书香少年""书香家庭"展出、乡村阅读推广行动、全民共读等精彩纷呈的活动。

郴州市图书馆参加或承办省文化厅等八部委举办的全省少儿读书活动，主要有：G3 杯"迎世博·迎亚运·讲文明·树新风"文明礼仪知识读书，"中国梦·我的梦"读书活动，"阳光少年歌颂党"红色经典诵读活动，"纪念建党 95 周年暨红军长征胜利 80 周年"读书活动，"书香湖南·红星闪闪耀童心"活动，"光辉历程——中国人民解放军军史连环画展"。2018 年承办"书香湖南·共创共享儿童阅读新时代"少儿读书活动之"书中人物化妆表演"活动。

文化信息资源共享工程建成后，开展了"文化共享，惠泽三湘"活动，"我的中国梦"少儿播音主持才艺大赛，志愿者电脑应用操作培训，周末国防教育文化走廊电影展，信息时代数字未来——2016 年数字图书馆业务技能竞赛，"梨园贺岁·百戏升平"戏曲知识暨年俗——楹联文化知识图片展。

2011 年，郴州市图书馆与郴州福城志愿者协会共同举办"春苗书屋"少儿阅读推广项目，项目通过建立流动图书馆、乡村图书馆、绘本馆、班班图书角、流动儿童图书馆、社区绘本馆、家庭绘本馆，还建立了爱心图书室，通过快乐童行周末营、暑期夏令营、公益儿童图书馆、春苗校园图书馆等场所为少儿提供阅读空间、营造阅读氛围，并在这些场所开展亲子读书会、国学讲座、故事大赛、暑期夏令营、科普小实验以及春节、端午、中秋等传统节日民俗工艺制作等。

3. 现代技术应用

2009 年，实现业务工作自动化管理。2012 年，购置自动办证系统和自助借还系统，对所有馆藏图书进行再加工，实现办证和借还图书全自动化。对图书管理系统软件 Inter-lib 系统进行升级，其管理图书的容量由 15 万册升级到 100 万册，开通 OPAC 查询系统，读者可以利用网络实现图书资源的查找和借阅。购置报刊自动阅读系统，读者可以阅读到当天实时更新的 300 多种报纸和期刊。2015 年，对原有自助设备进行升级换代，购置新的读者办证机、自助借还机、少儿阅读电子阅读机等设备。2017 年，完善馆内自动化管理系统，通过网络平台、电话、微信等为读者提供在线咨询、续借、检索等服务，读者可以随时对图书馆的工作提出意见、建议，实现了借、阅、询一体化服务，在图书馆与读者之间形成了网络互动。2018 年，共有自助办证机、借还机、报刊阅读机、书库盘点等系统以及智慧数据墙等设备 30 台，同时提供 61 万种图书资源，视频资源服务 2000 余名读者。

4. 参考咨询

2016 年，根据湖南图书馆参考咨询《联合在线咨询平台工作机制》要求，郴州市图书馆作为全省公共图书馆参考咨询联盟成员馆和协作网成员馆，每月逢 10 在线为读者提供参考咨询服务，2016 年至 2018 年，为读者解答咨询 2700 条。

5. 志愿者服务

郴州市图书馆建有一支志愿者服务队伍。有"春苗书屋"少儿阅读推广项目团队，有亲子阅读团队、故事妈妈团队、童行夏令营团队，春苗读书会团队。2014 年，"春苗书屋阅读推广项目"被文化部评为文化志愿服务示范项目。

三、重大文化工程建设

2018 年，在郴州市建成文化信息资源共享市级支中心 1 个，县级支中心 11 个，乡镇基层中心 257 个，以及 3200 个村级服务点，已经实现了市、县、乡镇、村的全覆盖。

四、总分馆建设

2018 年，郴州市图书馆在北湖公园、福地广场、涌泉街道建成 3 个 24 小时自助图书馆。

五、学术、科研活动及成果

2012年，郴州市图书馆制定《科研奖励办法》，鼓励职工加强科学研究、撰写专业文章。2012年至2018年，全馆有9人在刊物上发表13篇专业文章。

六、表彰与奖励

2013年，在湖南省委宣传部、文化厅等组织开展的"三湘读书月——2013年全省少年儿童'中国梦·我的梦'"读书活动先进典型评选中获组织奖。2018年，"春苗书屋少儿阅读推广项目"荣获中央宣传部、中央文明办等15个中央部门联合颁发的学雷锋志愿服务"最佳志愿服务项目"奖。2013年、2014年，连续两次被中国图书馆学会授予"全民阅读"先进单位。2015年，被中国图书馆学会授予"全民阅读示范基地"称号。2018年，获中国图书馆学会举办的"依法办馆·创新发展——新时代公共图书馆建设与服务"网络知识竞赛湖南赛区团体一等奖和组织奖。

2009年第四次全国县级以上公共图书馆评估、2013年第五次全国县级以上公共图书馆评估、2017年第六次全国县级以上公共图书馆评估中，郴州市图书馆均被文化部评为"国家二级图书馆"。

苏仙区图书馆

郴州市苏仙区图书馆原名郴县图书馆，成立于1981年。1988年，在郴州市高山背22号动工兴建馆舍，1990年竣工开放。1995年，郴县撤县设区，郴县图书馆更名为郴州市苏仙区图书馆。2018年，馆藏图书5.25万册，持证读者3965人，年借书量3万册次，接待读者6万人次。

一、基础设施设备和机构、人员、经费

1. 基础设施设备

1988年，苏仙区图书馆在郴州市高山背22号兴建馆舍。1990年，馆舍竣工对外开放。2003年，苏仙区图书馆以土地置换开发，在原址改扩建馆舍，新馆舍面积1100平方米，2006年竣工对外开放。2016年，苏仙区图书馆将馆舍一楼改建成少儿图书馆，设少儿绘本室、科技室、英语室和阅览室，二楼设财务室、采编室、参考咨询室、借阅室、成人阅览室、电子阅览，三楼为地方文献室。

2. 机构

2018 年，苏仙区图书馆设办公室、财务室、采编室和读者服务部门。

3. 人员

苏仙区图书馆馆长名录

序号	姓名	任职时间
1	周慧芬	2005 年至 2015 年
2	李建军	2016 年至今

苏仙区图书馆员工情况统计表（单位：人）

年份	员工人数	高中学历	专科及本科学历	初级职称	中级职称
2018	8	2	6	5	1

注：员工中有 2 名为临聘人员。

4. 经费

苏仙区图书馆经费统计表（单位：万元）

年份	财政拨款	购书经费	共享工程经费	免费开放经费
2009	32	5	—	17
2010	34	5	5	20
2011	48	5	8	20
2012	52	5	8	20
2013	57	5	8	20
2014	68	5	8	20
2015	82	5	8	20
2016	96	5	15	20
2017	97	10	15	20
2018	135	10	15	20

二、基础业务工作

1. 馆藏资源

2016 年，苏仙区图书馆采购图书 2000 册，报刊 160 种。2018 年，采购图书 4200 册，电子图书 1000 册。2018 年，馆藏图书总量为 5.25 万册。

苏仙区图书馆藏书统计表

年份	2009	2010	2011	2012	2013	2014	2015	2016	2017	2018
藏书量（万册）	4.46	4.52	4.57	4.62	4.66	4.71	4.76	4.78	4.82	5.25

2.读者服务

苏仙区图书馆设有外借室、综合阅览室、少儿阅览室、参考咨询室。2011年，苏仙区图书馆实行免费开放，可无障碍、零门槛进入，每周开放60小时，节假日照常开馆。购进2台触摸媒体设备，建立移动图书馆，新建网站及注册微信公众号，及时发布政府公开信息，推送各项活动信息等。2018年，持证读者3965人。

苏仙区图书馆读者服务统计表

年份	借阅册次（万册次）	借阅人次（万人次）
2009	0.05	1.02
2010	0.07	1.43
2011	0.09	1.65
2012	0.15	1.76
2013	0.19	2.21
2014	0.24	2.35
2015	0.28	2.49
2016	0.35	2.58
2017	0.39	2.67
2018	0.46	2.99

2009年，苏仙区图书馆在良田镇、栖凤渡镇、桥口镇、坳上镇建立36家农家书屋。2018年，苏仙区有农家书屋164家。

苏仙区图书馆开展多种读者活动。如，2009年"新中国60周年道德模范故事会"比赛；2010年G3杯"迎世博·迎亚运·讲文明·树新风"知识读书竞赛活动、"我的书屋·我的家"农家书屋阅读演讲比赛；2011年"纪念中国共产党成立90周年"读书活动；2012年"学习雷锋好榜样"读书活动，在桥口镇、五里牌镇和许家洞镇开展3次送书下乡活动，2013年"中国梦·我的梦"读书活动；2014年"中国梦·我心中的故事"系列读书活动，在良田镇、坳上镇和五盖山镇开展3次送书下乡活动；2015年"书香湖南——郴州市少年儿童'中国梦·汉语美'"诵读展演活动；2016年"庆元旦·经典诵读比赛""元宵游艺活动""讲故事比赛""少儿书画展""绘本故事分享"少年儿童读书活动和"光荣与梦想——纪念建党95周年暨红军长征胜利80周年"知识竞赛；2017年"书香湖南·红星闪闪耀童心"少儿读书活动；2018年，在元宵节、端午节、中秋节期间、"世界读书日"、图书馆服务宣传周开展阅读活动，"书香湖南·共创共享儿童阅读新时代"少儿读书活动。

3.现代技术应用

2009年，苏仙区图书馆文化信息资源共享工程支中心建成。2018年，已建成各乡镇（街道）文化站文化信息资源共享工程服务网点和173个村级、20个社区网点，县、乡、村三级文化服务网络体系已基本形成。

三、表彰与奖励

2013 年第五次全国县级以上公共图书馆评估、2017 年第六次全国县级以上公共图书馆评估中，郴州市苏仙区图书馆均被文化部评为"国家三级图书馆"。

资兴市图书馆

1929 年，资兴县民众图书馆成立。1941 年，资兴县民众教育馆成立后，县民众图书馆并入。1954 年，资兴县文化馆内设图书室。1983 年，资兴县图书馆正式成立。1985 年，资兴撤县建市，资兴县图书馆更名为资兴市图书馆。1992 年，资兴市图书馆从老城区迁往新城区。1998 年，修建馆舍。

一、基础设施设备和机构、人员、经费

1. 基础设施设备

资兴市图书馆坐落于晋宁路与大全路交汇处，占地 6.35 亩，建筑面积 2725 平方米，于 1998 年建成，主楼 3 层，书库 4 层。21 世纪初，对图书馆进行修缮改造，馆舍建筑面积为 4744 平方米。

2. 机构

2018 年，资兴市图书馆设办公室、采编室、档案室、报刊阅览室、图书外借室、少儿阅览室、电子阅览室、参考咨询室、地方文献室、白薇书屋、多媒体报告厅、自学室、七彩蝶亲子阅读俱乐部、文化信息资源共享工程资兴支中心。

3. 人员

资兴市图书馆馆长名录

序号	姓名	任职时间
1	黄仕华	2009 年至 2016 年
2	陈 辉	2016 年至今

资兴市图书馆员工情况统计表（单位：人）

年份	员工人数	高中学历	专科及本科学历
2009	6	1	3
2011	5	1	2

（续表）

年份	员工人数	高中学历	专科及本科学历
2014	6	0	4
2016	6	0	4
2018	7	0	5

4. 经费

资兴市图书馆经费统计表

年份	2012	2013	2014	2015	2016	2017	2018
财政拨款（万元）	96.60	106.57	99.50	122.26	133.33	113.11	141.80

二、基础业务工作

1. 馆藏资源

2018 年，资兴市图书馆藏书 46 万册，另有线装书、家谱以及白薇照片、手稿、信件。2013 年至 2018 年，新入藏图书 4.97 万册。馆藏文献依据《中国图书馆分类法（第五版）》进行分类标引，依据《普通图书著录规则》著录。资兴市图书馆收藏有关资兴市政治、经济、文化、教育、历史、地理、民族、人物传记、风土民情、特产资源、天文地质等文献，还收藏资兴籍及曾在资兴生活过的有较大影响和知名度的地方著者的著述、手稿。自制有关白薇研究的数字文献，如白薇电视剧、白薇文集及白薇系列宣传、白薇研究文献、白薇照片资料等。

资兴市图书馆藏书数量统计表

年份	2009	2010	2011	2012	2013	2014	2015	2016	2017	2018
藏书量（万册）	7.14	7.37	8.15	8.98	9.86	10.7	10.94	12.05	13.16	14.26

2. 读者服务

2018 年，资兴市图书馆开设图书外借室、报刊阅览室、少儿阅览室、电子阅览室、参考咨询室、多媒体报告厅、自学室等服务窗口。2013 年，全馆实行免费开放，每年接待读者 6 万人次。购置复印机，专门为读者提供免费复印。

资兴市图书馆读者服务统计表

年份	借阅册次（万册次）	借阅人次（万人次）	读者活动场（场）
2009	9.20	8.73	10
2010	9.62	8.90	12
2011	9.91	9.09	15

年份	借阅册次（万册次）	借阅人次（万人次）	读者活动场（场）
2012	10.00	9.31	16
2013	10.83	10.00	21
2014	11.78	10.03	20
2015	12.62	10.27	23
2016	12.95	10.59	22
2017	13.05	11.01	25
2018	13.96	11.09	25

资兴市图书馆开展形式多样的读者活动。2010年"三湘读书月"开展少儿"G3杯世博迎亚运讲文明树新风"文明礼仪知识读书活动，2011年"中国共产党成立90周年"电子小报设计活动，2012年少年儿童"学习雷锋好榜样"读书活动，2013年少儿"中国梦·我的梦"读书活动，2014年少儿"中国梦·我心中的故事"读书活动，2015年少儿"中国梦·汉语美"读书互动活动，2016年少儿"光荣与梦想——纪念建党95周年暨红军长征胜利80周年"网络答题活动，2017"书香湖南·红星闪闪耀同心"少儿读书活动，"书香湖南·共创共享儿童阅读新时代"之"少儿故事大王"活动。

3.现代技术应用

资兴市图书馆引入图书馆办公自动化管理系统Interlib，实行图书馆管理自动化。2018年，实现全馆宽带网络全部接通，Wi-Fi全馆覆盖，装配了触摸式电子书借阅机。

三、表彰与奖励

2017年资兴市图书馆的"七彩碟亲子阅读俱乐部"项目被湖南省文化厅评为文化志愿者服务示范项目。2009年第四次全国县级以上公共图书馆评估中，资兴市图书馆被文化部评为"国家三级图书馆"；2013年第五次全国县级以上公共图书馆评估、2017年第六次全国县级以上公共图书馆评估中，资兴市图书馆均被文化部评为"国家二级图书馆"。

嘉禾县图书馆

1928年，嘉禾县建立学海图书馆。1929年，嘉禾县民众图书馆成立。1940年，县民众图书馆撤销，在县民众教育馆内设图书室。1950年，成立嘉禾县人民教育馆，后更名县文化馆，内设图书室。1983年，嘉禾县图书馆正式成立。1986年，位于珠泉镇人民北路28号的嘉禾县图书馆新馆舍竣工，建筑面积1838平方米。2017年，嘉禾县图书馆在新城区修建新馆舍，馆舍面积5900平方米。

一、基础设施设备和机构、人员、经费

1. 基础设施设备

嘉禾县图书馆馆舍建筑面积 1838 平方米，建于 20 世纪 80 年代中期。2017 年，嘉禾县政府将新城区五馆一中心的 1 至 4 楼分配给嘉禾县图书馆，使用面积 5900 平方米。

2. 机构

2018 年，嘉禾县图书馆设办公室（财务室）、采编室、阅览室、少儿阅览室、综合外借室、地方文献室、参考咨询室、文化信息资源共享工程嘉禾分中心暨电子阅览室。

3. 人员

从 2000 年起，郭友生担任嘉禾县图书馆馆长一职。

嘉禾县图书馆员工情况统计表（单位：人）

年份	员工人数	专科及本科学历	初级职称	中级职称
2018	9	5	3	2

注：员工中有 4 人为临聘人员。

4. 经费

嘉禾县图书馆经费统计表（单位：万元）

年份	财政拨款	购书经费	免费开放经费	读书活动经费
2009	50.5	3	—	—
2010	51.1	3	—	—
2011	53.9	5	—	—
2012	60.2	5	5	1
2013	64.9	8	5	1
2014	65.1	8	5	1
2015	66.5	8	5	1
2016	70.1	12	5	1
2017	72.5	12	5	1
2018	74.2	12	5	1

二、基础业务工作

1. 馆藏资源

2018 年，嘉禾县图书馆藏书 27 万册，其中纸质图书 11.29 万册，报刊合订本 3700 册，地方文献 2750 册。入藏图书以中文社科图书为主，平均每年新增纸质图书 4000 册，订购期刊 140 种，报纸 84 种。收藏古籍 20 册。藏有《万有文库》存 1715 册，《中国古今图书集成》38 卷，《中国大百科全书》85 卷，《中国文化通志》101 册。

嘉禾县图书馆藏书统计表

年份	2009	2010	2011	2012	2013	2014	2015	2016	2017	2018
藏书量（万册）	7.75	8.11	8.42	8.70	9.02	9.42	9.82	10.24	10.85	11.29

2. 读者服务

2018 年，嘉禾县图书馆开设 5 个服务窗口，每周开放时间 56 小时，持证读者 4359 人。2017 年，在九老峰景区建立休闲读书吧。

嘉禾县图书馆读者服务统计表

年份	2009	2010	2011	2012	2013	2014	2015	2016	2017	2018
接待读者（万人次）	6.15	6.2	5.72	6.5	6.46	7.2	7.54	7.73	7.15	8.17

嘉禾县图书馆开展读书活动和服务宣传活动。每年元宵节开展元宵灯谜有奖竞猜活动。2016 年至 2018 年，"过小年，送春联"文化惠民活动，送书进军营、送书下乡、送书进学校，共送出图书 1.5 万余册，免费发放《农村科技文摘》及其他农村科技资料共计 0.5 万余册。2017 年 "书香湖南·红星闪闪耀童心"少年儿童读书活动。每年利用元旦、春节、学雷锋活动月、"4·23 世界读书日"、图书馆宣传周、"三湘读书月"，开展读书活动、阅读推广活动和经典视频展播，举办各种讲座、展览。

3. 现代技术应用

2019 年，嘉禾县图书馆引入 Interlib 区域图书馆集群管理系统，采访、编目、流通、书目检索实现自动化管理。2011 年，电子阅览室免费开放。与湖南省文化信息资源共享中心签订数字资源共享协议，利用"全国文化信息资源共享工程"嘉禾支中心资源向读者传送优秀文化信息，使用湖南图书馆派发的移动硬盘资源，建立数字资源库，可以在局域网内访问，在电子阅览室读者可以免费浏览。2016 年，开设嘉禾县图书馆网站。2017 年，设立微信公众号，购置歌德电子图书借阅机，内含电子图书 2000 种。

4. 志愿者服务

嘉禾县图书馆建立一支 40 人组成的文化志愿者队伍，依托文化惠民工程，深入农村、校园，组织文化志愿者开展文化志愿服务活动。

三、表彰与奖励

2009 年第四次全国县级以上公共图书馆评估中，嘉禾县图书馆被文化部评为"国家三级图书馆"；2013 年第五次全国县级以上公共图书馆评估中，嘉禾县图书馆被文化部评为"国家二级图书馆"；2017 年第六次全国县级以上公共图书馆评估中，嘉禾县图书馆被文化部评为"国家三级图书馆"。

宜章县图书馆

1926 年，宜章县教育局建立图书馆，1930 年，宜章县设立民众图书馆。宜章民众教育馆于 1938 年建立，内设阅览室。1951 年，宜章县人民文化馆成立，馆内设有图书室。1984 年，宜章县图书馆正式对外开放。

一、基础设施设备和机构、人员、经费

1、基础设施设备

1984 年，宜章县政府在县城东隅林家坳划拨土地 5035.2 平方米，新建宜章县图书馆，建筑面积 1700 平方米。2011 年，宜章县图书馆租赁湘南年关暴动纪念馆 3 楼，开设图书室，面积 900 平方米。2018 年，全馆配置了 48 台电脑。

2. 机构

2018 年，宜章县图书馆设办公室、采编室、藏书室、外借室、综合阅览室、科技阅览室、少儿阅览室、咨询室、宣传辅导室、讲座室。

3. 人员

宜章县图书馆馆长名录

序号	姓名	任职时间
1	曾祥武	2004 年至 2012 年
2	姚传寿	2013 年至今

宜章县图书馆员工情况统计表（单位：人）

年份	员工人数	高中学历	专科及本科学历	中级职称
2009	6	1	5	4
2011	6	0	6	4
2014	6	0	6	4
2016	6	0	6	4
2018	6	0	6	4

4. 经费

宜章县图书馆经费统计表（单位：万元）

年份	2009	2010	2011	2012	2013	2014	2015	2016	2017	2018
财政拨款	22.4	24.3	26.5	27.6	36.0	39.8	58.1	79.9	98.7	121.1
购书经费	4.0	4.5	4.5	5.0	5.0	5.0	5.0	5.0	5.0	5.0

二、基础业务工作

1. 馆藏资源

2018 年，宜章县图书馆藏图书 9.28 万册，其中地方文献 3600 册。

宜章县图书馆藏书统计表

年份	2009	2010	2011	2012	2013	2014	2015	2016	2017	2018
藏书量（万册）	7.90	7.92	7.99	8.04	8.35	8.51	8.69	8.89	9.10	9.28

2. 读者服务

2011 年，宜章县图书馆引入文津系统软件，图书馆办公和业务实现自动化管理。全馆实行免费开放，每周开放 56 小时。2018 年，持证读者达 4848 人。

宜章县图书馆开展形式多样的读者活动。2010 年至 2012 年，连续三年开展"三湘读书月"活动，2011 年"中国共产党成立 90 周年"电子小报设计活动，2013 年"中国梦·我的梦"读书活动，2014 年"中国梦·我心中的故事"读书活动，2015 年"中国梦·汉语美"读书活动，2016 年"光荣与梦想——纪念建党 95 周年暨红军长征胜利 80 周年"网络答题活动，2017 年"书香湖南·红星闪闪耀童心"读书活动。

宜章县图书馆读者服务统计表

年份	外借册次（万册次）	流通人次（万人次）	读者活动场次（次）
2009	2.7	3.0	5
2010	2.8	3.2	6
2011	3.6	7.1	8
2012	3.9	6.2	6
2013	6.7	9.3	14
2014	6.7	9.4	11
2015	6.6	9.0	12
2016	6.8	9.0	12
2017	6.8	9.0	12
2018	5.1	6.8	14

三、表彰与奖励

2009 年，用地方文化和现代休闲方式打造特色"农家乐"项目获湖南省公共图书馆第七届服务成果三等奖。

2013 年第五次全国县级以上公共图书馆评估、2017 年第六次全国县级以上公共图书馆评估中，宜章县图书馆均被文化部评为"国家三级图书馆"。

桂阳县图书馆

1929 年，桂阳县成立民众图书馆。1940 年，县民众图书馆并入县民众教育馆。1950 年，成立桂阳县人民文化馆，后更名县文化馆，内设图书室。1981 年，桂阳县图书馆成立。2018 年，桂阳县文化园内县图书馆新馆舍竣工。

一、基础设施设备和机构、人员、经费

1. 基础设施设备

桂阳县图书馆位于鹿峰街道体育路 16 号，建筑面积 1239 平方米。2017 年，桂阳县政府将文化园古郡城 8 号楼划拨给桂阳县图书馆，2018 年，建成文化园新馆，建筑面积 3532 平方米，并正式面向公众免费开放。桂阳县图书馆新旧两馆总面积为 4771 平方米。

2. 机构

2018 年，桂阳县图书馆设办公室、采编室、咨询室、地方文献室、成人阅览室、少儿阅览室、综合外借室、视障阅览室、自修室、文化信息资源共享工程桂阳支中心暨电子阅览室。

3. 人员

从 2009 年起，吴威担任桂阳县图书馆馆长一职。

桂阳县图书馆员工情况统计表（单位：人）

年份	员工人数	高中学历	大专学历	初级职称	中级职称	副高职称
2018	22	1	9	5	4	1

注：员工中有 12 人为临聘人员。

4. 经费

桂阳县图书馆经费统计表（单位：万元）

年份	财政拨款	购书经费	数字资源采购经费	免费开放经费	读书活动经费	24小时自助馆建设及运行经费
2009	67.1	8.0	—	—	—	—
2010	79.0	8.0	—	—	—	—
2011	107.0	21.0	—	—	3.0	—
2012	107.3	23.0	—	5.0	3.0	—
2013	114.3	26.0	1.0	5.0	5.0	—
2014	136.2	30.0	2.0	5.0	5.0	—
2015	131.8	30.0	2.0	5.0	5.0	—
2016	137.8	29.0	3.0	5.0	6.0	—
2017	244.6	30.0	4.0	5.0	6.0	88.2
2018	217.9	30.0	8.0	5.0	6.0	8.2

二、基础业务工作

1. 馆藏资源

2009年桂阳县图书馆藏书6万册，2018年藏书达21.9万册，其中图书9万册，报刊合订本1.5万册，地方文献210种，电子图书11万种。2009年至2018年，征集、采购地方文献1000册。馆藏文献依据《中国图书馆分类法（第五版）》进行分类标引，依据《中国文献编目规则》和《中国机录格式使用手册》著录。

桂阳县图书馆藏书统计表

年份	2009	2010	2011	2012	2013	2014	2015	2016	2017	2018
藏书量（万册）	6.0	6.2	6.6	7.2	7.8	9.9	12.5	17.1	19.7	21.9

2. 读者服务

2018年，桂阳县图书馆开设11个服务窗口，每周开放时间56小时，全年共借阅9.18万册次，接待读者7.95万人次，持证读者9000人。

桂阳县图书馆读者服务统计表

年份	借阅册次（万册次）	借阅人次（万人次）	持证读者人数（人）
2009	5.10	3.50	5700
2010	5.50	3.70	5900
2011	5.60	3.80	6100

年份	借阅册次（万册次）	借阅人次（万人次）	持证读者人数（人）
2012	6.10	4.10	6300
2013	6.50	4.40	6600
2014	6.70	4.70	6900
2015	6.80	5.90	7200
2016	7.80	6.80	7500
2017	9.10	7.80	8500
2018	9.18	7.95	9000

桂阳县图书馆每年春节开展"写春联送祝福"文化惠民活动，坚持送书进校园、进社区、进军营、进乡村、进企业，每年元旦、春节、学雷锋活动月、"4·23"世界读书日、"六一"、"七一"、"十一"等节庆日开展读书活动和阅读推广活动，举办各种讲座、展览。2011年，"纪念中国共产党成立90周年"红色经典读书活动中桂阳县图书馆选送了《壮丽的青春——欧阳海》节目；2013年，举办少儿"中国梦·我的梦"读书活动；2014年，开展"三湘读书月——少儿'中国梦·我心中的故事'读书活动"，讲述《蓉城奥运梦》故事；2015年，开展诵读《梦萦故乡》活动；2016年，开展"光荣与梦想——纪念建党95周年暨红军长征胜利80周年"知识抢答赛；2017年，开展"书香湖南·红星闪闪耀童心"少儿读书活动；2018年，开展"书香湖南·共创共享儿童阅读新时代"少儿读书活动。

3. 现代技术应用

2017年，桂阳县图书馆引入Interlib区域图书馆集群管理系统，在采访、编目、流通、书目检索图书业务上实现自动化管理。2011年，电子阅览室免费开放。桂阳县图书馆与省文化信息资源共享工程中心签订数字资源共享协议，利用"全国文化信息资源共享工程"桂阳支中心资源向读者传送文化信息，利用湖南图书馆派发的移动硬盘资源建立数字资源库，电子阅览室读者可在局域网内免费浏览。2014年，桂阳县图书馆在县政务中心安装免费电子图书借阅机，内含电子图书2000种，每月更新100种，读者通过Wi-Fi扫二维码即可下载所选图书。2017年，在县工业园安装博看触摸屏报刊阅读机，内含期刊、报纸、图书资源，以原貌的阅读方式呈现。2014年，桂阳县图书馆开通网站。2015年，桂阳县图书馆微信公众号建立。

4. 志愿者服务

2018年，桂阳县图书馆建立一支50人的文化志愿者队伍，参与图书馆讲座培训、图书导读、读者咨询等服务。

三、总分馆建设

2018年，桂阳县图书馆在9个乡镇建立分馆，在城区翡翠公园、文化园、桂阳一中对面设立 3 个 24 小时自助图书馆。

四、表彰与奖励

2011 年，桂阳县图书馆被湖南省文化厅评为"文化共享·惠泽三湘"活动先进单位。在 2009 年第四次全国县级以上公共图书馆评估、2013 年第五次全国县级以上公共图书馆评估中，桂阳县图书馆均被文化部评为"国家三级图书馆"；2017 年第六次全国县级以上公共图书馆评估中，桂阳县图书馆被文化部评为"国家二级图书馆"。

桂东县图书馆

1929 年，桂东县成立民众图书馆，1940 年，县民众图书馆并入县民众教育馆。1954 年，桂东县文化馆成立，内设图书室。1984 年，成立桂东县图书馆。1986 年，在城关镇汝桂路 20 号动工兴建图书馆馆舍，1992 年新馆舍竣工。

一、基础设施设备和机构、人员、经费

1. 基础设施设备

1992 年，桂东县图书馆修建的馆舍，建筑面积 2371 平方米。2010 年，整修共享工程中心机房和电子阅览室。2013 年，维修馆舍大厅、电子阅览室、少儿阅览室、地方文献室，添置书架、阅览桌椅及办公设备。2014 年，添置书架、古籍书柜、阅览桌椅及办公设备。2018 年，增设多媒体活动室、自修室。全馆有阅览座席 200 个。

2. 机构

2018 年，桂东县图书馆设办公室、财务室、采编室、图书外借室、综合阅览室、少儿阅览室、电子阅览室、地方文献室、参考咨询室、力群书屋、多媒体活动室、自修室。

3. 人员

桂东县图书馆馆长名录

序号	姓名	任职时间
1	陈维侦	2001 年至 2006 年
2	黄招平	2007 年至今

桂东县图书馆员工情况统计表（单位：人）

年份	员工人数	高中学历	专科及本科学历	中级职称
2009	11	1	10	2
2011	9	0	9	2
2012	5	0	5	3
2014	5	0	5	3
2018	6	0	6	3

4. 经费

桂东县图书馆经费统计表（单位：万元）

年份	2009	2010	2011	2012	2013	2014	2015	2016	2017	2018
财政拨款	42.0	45.0	46.0	46.0	49.0	41.0	41.0	77.0	101.0	99.0
购书经费	2.0	2.0	2.5	5.0	5.0	5.0	5.0	5.0	7.5	8.0

二、基础业务工作

1. 馆藏资源

2009年，桂东县图书馆藏书2.85万册，其中图书26215册、古籍40册、报刊2260册。2018年藏书4.93万册，其中图书46140册、古籍127册、民国版图书4000册、报刊3079册、地方文献296种共695册，另有电子图书1万册。2017年，成立"力群书屋"，接受邓力群收藏的古典书籍、名人传记、手稿及其参与编写书籍3000册。收集反映桂东县政治、经济、文化、教育、民俗文化、风土人情的地方文献，其中桂东玲珑茶制作技艺、桂东客家采茶调、桂东"六月六禾苗节"被列入湖南省非物质文化遗产保护名录项目。

桂东县图书馆藏书依据《中国图书馆分类法（第五版）》进行分类标引，依据《普通图书著录规则》著录。

桂东县图书馆藏书统计表

年份	2009	2010	2011	2012	2013	2014	2015	2016	2017	2018
藏书量（万册）	2.85	2.89	2.99	3.17	3.29	3.58	3.77	4.04	4.22	4.93

2. 读者服务

桂东县图书馆开设5个服务窗口，实行开架借阅，采取个人外借、预约借书、资料代查等多种服务形式。为桂东县寒口乡秋里村养牛户提供咨询服务且设立专项服务项目，2009年，"养牛技术服务"项目、"为山区养羊提供信息咨询服务"项目分别获湖南省公共图书馆服务成果二等奖、三等奖。

桂东县图书馆常年开展"送书下乡"活动，利用流动服务车到各乡镇、偏远学校免费发放书刊资料。开展"新中国60周年道德模范故事会"活动、少年儿童网页设计竞赛、"纪念中国共产党成立90周年"红色经典读书活动、评选"三湘少年儿童阅读之星"活动、"学习雷锋好榜样"读书活动、少儿"我有一个梦"网络征文竞赛、"中国梦·我心中的故事"活动、少儿"中国梦·汉语美"诵读展演活动、"光荣与梦想——纪念建党95周年暨红军长征胜利80周年"知识竞答活动、"三湘少年儿童阅读之星"推选活动、农村少儿"我的书屋·我的梦"征文竞赛活动、少年儿童"解放军叔叔，你好！"手绘明信片活动等。

桂东县图书馆读者服务统计表

年份	借阅册次（万册次）	借阅人次（万人次）	持证读者人数（人）
2009	1.10	0.50	256
2010	1.10	0.50	248
2011	1.40	0.70	293
2012	1.60	0.80	290
2013	1.70	0.85	310
2014	1.84	0.90	315
2015	2.20	1.00	336
2016	2.32	1.10	382
2017	3.00	1.20	580
2018	3.80	1.30	827

3. 现代技术应用

2010年，全馆有计算机30台，其中电子阅览室终端数21台。2014年，引入Inter-lib图书馆集群管理系统，实现业务工作自动化管理，且建有馆内局域网和书目数据库。2017年，开通桂东县图书馆网站、微信公众号。

4. 志愿者服务

2014年，桂东县图书馆成立文化志愿服务队，对志愿者进行了图书分类、编目、整理上架、读者管理等知识的现场实操培训，不定期组织志愿者送书送文化进社区、进学校、进农村，开展关爱空巢老人、残障人士、留守儿童活动。

三、表彰与奖励

2009年第四次全国县级以上公共图书馆评估、2013年第五次全国县级以上公共图书馆评估、2017年第六次全国县级以上公共图书馆评估中，桂东县图书馆均被文化部评为"国家三级图书馆"。

汝城县图书馆

1929年，汝城县建立民众图书馆。1938年，县民众图书馆并入县民众教育馆。1952年，汝城县文化馆成立，内设图书室。1986年，汝城县图书馆独立建制，并于1989年在城关镇环城西路修建新馆舍。

一、基础设施设备和机构、人员、经费

1. 基础设施设备

汝城县图书馆位于县城虎头寨烈士公园，馆舍共2层，建筑面积1250平方米。2012年，对馆舍进行维修，修建报告厅和过刊室，新增加馆舍230平方米。购置钢架书柜、阅览桌椅，馆内安装18个摄像头并对接全县"天网"工程。电子阅览室有计算机25台，阅览座席170个。

2. 机构

2018年，汝城县图书馆设采编室、综合外借处、报刊阅览室、少儿阅览室、参考咨询室、电子阅览室、过刊室和报告厅。

3. 人员

汝城县图书馆馆长名录

序号	姓名	任职时间
1	席冬梅	2009年至2014年
2	曾昌英	2014年至2016年
3	方　芳	2016年至2018年

汝城县图书馆员工情况统计表（单位：人）

年份	员工人数	高中学历	专科及本科学历
2009	7	5	2
2010	7	5	2
2011	7	5	2
2012	7	5	2
2013	5	2	3
2014	8	3	5
2015	6	2	4
2016	8	2	6
2017	9	1	8
2018	9	1	8

4. 经费

汝城县图书馆经费统计表（单位：万元）

年份	财政拨款	购书经费	免费开放经费
2010	34.74	3.50	—
2011	38.88	3.50	—
2012	49.40	—	17.00
2013	48.07	—	17.00
2014	51.24	—	17.00
2015	68.34	—	17.00
2016	75.90	—	17.00
2017	69.86	—	17.00
2018	116.90	—	17.00

二、基础业务工作

1. 馆藏资源

2018 年，汝城县图书馆藏纸质文献 9.45 万册、电子图书 10 万册。

汝城县图书馆藏书统计表

年份	2009	2010	2011	2012	2013	2014	2015	2016	2017	2018
藏书量（万册）	7.52	7.56	7.63	8.00	8.05	8.58	8.68	8.74	9.26	9.45

2009 年，接受湖南图书馆赠书 952 册，2013 年，接受湖南省委、省政府办公厅配发的《湖湘文库》。2014 年，接受韬奋基金赠书 1655 册。2015 年，接受汝城籍作家何渊书籍 254 册，2016 年，接受汝城县史志办赠书《汝城年鉴》30 册。2017 年，接受汝城县文体广新局赠书 87 册。2018 年，汝城籍作家朱爽生赠书《在半条被子上的履痕》800 册。2010 年至 2011 年，接受文化信息资源共享工程光盘 164 张。2013 至 2018 年，汝城县图书馆收集汝城县地方文献 94 种，其中包括汝城县人民政府、县委宣传部、县统战部、县史志办、县教育局、县文体局等单位的赠书，以及汝城籍作家朱惠芳、何渊、朱爽生、朱新华的赠书，设立地方文献专库，建立地方文献目录，还编制有《汝城县珍贵古籍目录》。汝城县图书馆藏书依据《中国图书馆分类法（第五版）》分类标引，《普通图书著录规则》进行著录。

2. 读者服务

汝城县图书馆每周开放 56 个小时，图书实行开架借阅。

汝城县图书馆读者服务统计表

年份	借阅册次（万册次）	借阅人次（万人次）	持证读者人数（万）
2010	7.37	3.59	1.27
2011	7.18	3.42	1.33
2012	6.49	3.11	1.23
2013	4.69	2.38	1.17
2014	4.54	2.13	1.20
2015	4.94	2.06	1.23
2016	4.99	2.52	1.25
2017	5.12	2.68	1.26
2018	5.06	2.57	1.28

汝城县图书馆每年开展读者活动，如座谈会、猜谜会、知识讲座和报告会。2013 年，开展"中国梦·我的梦"读书活动。2014 年，开展少儿"中国梦·我心中的故事"、流动服务车开往暖水镇等乡镇送书下乡活动、"六一"送图书资助贫困学生活动。2015 年，开展新春读书服务宣传活动、"书香汝城——少年儿童'中国梦·汉语美'读书活动。2016 年，开展"我们的中国梦——文化进万家"送图书下乡活动、"我是雷锋家乡人·湖湘文化送春风"汝城文化志愿服务送图书活动、"书香汝城·悦读你我"送书下乡活动。2017 年，流动图书车送书下乡到泉水镇、延寿乡、马桥镇，举办"千年一脉话濂溪——纪念周敦颐诞辰 1000 周年"学术论坛，"4·23"世界读书日"倡导全民阅读·建设书香汝城"活动，庆祝中国人民解放军建军 90 周年军史连环画展和第 29 届湘粤赣边三省三县文化节暨"罗霄情"书法、美术、摄影作品展。2018 年，开展《公共图书馆法》宣传活动和"闹元宵·猜灯谜"活动。

3. 现代技术应用

2002 年，汝城县图书馆引入图书馆自动化集成系统（ILAS）小型版，实现业务工作自动化管理。2016 年，购入 24 小时电子自助借阅系统——歌德电子书借阅机，提供电子图书在线阅读扫描下载。2017 年，购入歌德少儿电子阅读机，在线视频、音乐、游戏和电子图书，开通网站和微信公众号，定期推送服务消息。

三、总分馆建设

2018 年，汝城县图书馆建成农家书屋 217 家，先后在汝城县武警中队（2014 年）、汝城县濂溪书院（2015 年）、汝城县土桥镇金山村（2016 年）、汝城县公安消防大队（2017 年）、汝城县健康养老服务中心（2017 年）、汝城县思源实验学校（2017 年）、汝城县人民检察院（2018 年）、汝城县三江口镇九龙瑶族村（2018 年）建立流动图书室，定期为各流动图书点免费更换新书。

四、表彰与奖励

2011 年，汝城县图书馆被湖南省委宣传部等五部委授予"服务农民·服务基层"文化建设先进集体称号。

在 2009 年第四次全国县级以上公共图书馆评估、2013 年第五次全国县级以上公共图书馆评估、2017 年第六次全国县级以上公共图书馆评估中，汝城县图书馆均被文化部评为"国家三级图书馆"。

永兴县图书馆

1929 年，永兴县成立民众图书馆。1940 年，县民众教育馆设图书室。1952 年，成立永兴县文化馆，内设阅览室。永兴县图书馆成立于 1981 年，1991 年，馆舍竣工投入使用。2009 年，永兴县图书馆迁至人民公园内。

一、基础设施设备和机构、人员、经费

1. 基础设施设备

永兴县图书馆原址在烈士陵园左侧。2009 年，馆址迁至人民公园天秀阁。天秀阁建筑 4 层，建筑面积 2300 平方米。

2. 机构

2018 年，永兴县图书馆设办公室、采编室、外借处、综合阅读、电子阅览室、少儿阅览室、文化信息资源共享工程永兴支中心、艺术大讲堂、地方文献室等。

3. 人员

从 2006 年起，刘涤障担任永兴县图书馆馆长一职。

2009 年，永兴县图书馆核定编制 7 人，实际在编 6 人。2018 年有员工 6 人，其中 2

人为专科及以上学历。

4. 经费

永兴县图书馆经费统计表（单位：万元）

年份	2009	2010	2011	2012	2013	2014	2015	2016	2017	2018
财政拨款	8	8	20	20	20	20	20	20	20	20
购书经费	6	6	6	6	6	6	6	6	6	6

注："财政拨款"不包括人员工资。

二、基础业务工作

1. 馆藏资源

永兴县图书馆藏书统计表

年份	2009	2010	2011	2012	2013	2014	2015	2016	2017	2018
藏书量（万册）	3.6	3.8	3.9	4.3	6.3	6.5	6.8	7.0	7.2	7.4

注：永兴县图书馆藏书统计数据包含1万册电子图书。

2. 读者服务

永兴县图书馆读者服务统计表

年份	2009	2010	2011	2012	2013	2014	2015	2016	2017	2018
接待读者人次（万人次）	4.2	4.5	4.9	5.2	5.5	5.7	15.0	15.3	15.6	15.9

注：2015—2018年统计数据包含10个免费读书吧的接待读者人次。

永兴县图书馆在湘阴渡松柏村、高亭司镇板梁村设立休闲读书吧。永兴县图书馆开展各种读者活动。2018年，举办"点燃阅读星火·共建书香永兴"第四届"读书嘉年华·书香永兴全民阅读节"活动、"好书伴我行，悦读悦青春"的青少年读书活动。4月23日世界读书日在马田镇水源村开展"书送希望——走进留守儿童活动"。六一儿童节开展"让爱留守·书送希望"关爱贫困村留守儿童特别行动，并邀请儿童文学作家黑鹤、郴州作家协会主席王琼华举行知识讲座。

三、表彰与奖励

2009年第四次全国县级以上公共图书馆评估、2013年第五次全国县级以上公共图书馆评估、2017年第六次全国县级以上公共图书馆评估中，永兴县图书馆均被文化部评为"国家三级图书馆"。

安仁县图书馆

1929 年，成立安仁县民众图书馆。1939 年，县民众图书馆并入县民众教育馆。1949 年 9 月，成立安仁县人民教育馆。1951 年，更名县文化馆，内设图书室。1984 年，安仁县图书馆独立建制，1996 年，在状元洲建新馆。

一、基础设施设备和机构、人员、经费

1. 基础设施设备

安仁县图书馆位于状元洲街 242 号，占地面积 3330 平方米，建筑面积 1241 平方米。2015 年，配备图书流动服务车。2018 年，在安仁县万福公园建设 24 小时自助图书馆。

2. 机构

2018 年，安仁县图书馆设办公室、外借室、少儿阅览室、报刊阅览室、文化信息资源共享工程安仁支中心暨电子阅览室、参考咨询室、地方文献室、未成年人心理健康辅导站、多功能报告厅。

3. 人员

从 2000 年起，曾昭斌担任安仁县图书馆馆长一职。

安仁县图书馆员工情况统计表（单位：人）

年份	员工人数	高中学历	专科及本科学历	初级职称	中级职称
2009	7	3	4	—	—
2012	6	2	4	—	—
2013	6	2	4	—	—
2014	5	1	4	4	1
2015	5	1	4	3	2
2018	5	1	4	3	2

4. 经费

安仁县图书馆经费统计表（单位：万元）

年份	财政拨款	购书经费	数字资源采购经费	免费开放经费	读者活动经费
2009	11.9	2.5	—	—	—
2010	29.4	2.5	—	—	—
2011	23.8	2.5	—	—	3.0
2012	42.9	2.5	—	4.0	3.0

年份	财政拨款	购书经费	数字资源采购经费	免费开放经费	读者活动经费
2013	36.9	6.0	1.0	5.0	3.0
2014	36.7	6.0	2.0	5.0	3.0
2015	41.5	6.0	2.0	5.0	3.0
2016	48.1	6.0	3.0	5.0	3.0
2017	59.5	6.0	4.0	5.0	3.0
2018	64.1	6.0	8.0	5.0	3.0

二、基础业务工作

1. 馆藏资源

2018 年，安仁县图书馆共有图书 7.19 万册，古籍线装书 1200 册，地方文献资料 600 册，族谱 13 卷，报刊 200 种，电子报刊 120 种，电子图书 1800 册。安仁县图书馆长期和安仁县文联、楹联协会、统计局、民间团体、各大文印部合作收集安仁地方文献。

安仁县图书馆藏书依据《中国图书馆分类法（第五版）》进行分类标引，依据《中国文献编目规则》和《新版中国机读目录格式使用手册》著录。

安仁县图书馆藏书统计表

年份	2009	2010	2011	2012	2013	2014	2015	2016	2017	2018
藏书量（万册）	3.84	3.92	4.03	4.84	5.15	5.52	6.32	6.62	6.95	7.19

2. 读者服务

安仁县图书馆设有 7 个服务窗口，每周开放 56 小时。

图书流动服务车开展进社区、进乡村、进学校、进机关等阅读推广、送书活动。安仁县图书馆开展多种读书活动，如双休日的"亲子读书会"，利用元旦、春节、学雷锋活动月、"4·23"世界读书日、儿童节、端午节、中秋节、国庆节等各大节庆或主题日开展阅读推广活动。

安仁县图书馆读者服务统计表

年份	借阅册次（万册次）	借阅人次（万人次）	持证读者人数（人）
2009	0.87	0.46	1367
2010	1.57	0.75	1487
2011	2.74	1.59	1510
2012	3.23	1.85	1605
2013	3.71	2.02	1721

年份	借阅册次（万册次）	借阅人次（万人次）	持证读者人数（人）
2014	4.02	2.12	1926
2015	4.63	2.46	2080
2016	4.98	2.71	2216
2017	5.12	3.01	2525
2018	5.51	3.88	2839

安仁县图书馆积极参加省、市组织的各种读书活动。2009年，开展"新中国60周年道德模范故事会"演讲比赛。2010年，开展"四好少年"为主题的少年网页设计竞赛活动、G3杯"迎世博·迎亚运·讲文明·树新风"文明礼仪知识读书竞赛活动。2011年，举办三湘少儿"阅读之星"评选活动，纪念中国共产党诞生90周年红色经典展演活动。2012年，开展"像雷锋那样"为主题的电脑小报竞赛活动。2013年，举办"少儿阅读之星"评选活动。2014年，开展"三湘少儿阅读之星"活动。2016年，开展"光荣与梦想——纪念建党95周年暨红军长征胜利80周年"活动。2017年，开展"书香湖南·红星闪闪耀童心"少儿读书活动。

3. 现代技术应用

2013年，安仁县图书馆引入文津图书管理系统，采访、编目、流通、书目检索实现自动化管理。2014年，开设安仁县图书馆网站。2015年，设立微信公众号。2016年，安装歌德电子借阅机数字资源，每个月更新电子读书150册。2010年，建立全国文化信息资源共享工程安仁支中心，开设电子阅览室、多功能报告厅。

4. 志愿者服务

安仁县图书馆有12名文化志愿者。志愿服务组织有安仁县小蟋子阅读推广志愿者协会。在安平、承平、牌楼、金紫仙、洋际、灵官、永乐江7个乡镇设有32个村小图书室和6个图书角。在安平药湖、龙海2个敬老院建立图书服务站和阅览室。

三、表彰与奖励

"文化扶贫·阅读推广进乡村"活动中，安仁县图书馆获湖南省2018年基层文化志愿服务示范项目。2013年第五次全国县级以上公共图书馆评估、2017年第六次全国县级以上公共图书馆评估中，安仁县图书馆图书馆均被文化部评为"国家三级图书馆"。

临武县图书馆

1930年，临武县成立民众图书馆。1938年，县民众图书馆并入县民众教育馆。1950年，原县民众教育馆藏书由县文化馆接管。1955年，县文化馆图书室藏书8000册。1959年，临武县与宜章县合并，成立宜章县，临武县文化馆的藏书转至宜章县文化馆图书室。1961年，两县再次分治，这批藏书全留在宜章县文化馆图书室，临武县文化馆重新添置设备和图书。1981年，临武县图书馆成立。1987年，人民北路临武县图书馆新馆舍竣工。2018年，临武县图书馆搬迁至县文体中心。

一、基础设施设备和机构、人员、经费

1. 基础设施设备

1987年，位于武水河南岸临武大道37号修建新馆舍，占地面积5.1亩。2003年，改建图书馆综合楼。2008年，新建文化信息资源共享工程综合楼。2018年，临武县图书馆搬迁至县文体中心，使用面积3000平方米，在临武大道的老馆作为分馆继续使用，开设2个服务窗口。

2. 机构

2018年，临武县图书馆设办公室、综合外借室、报刊阅览室、少儿阅览室、电子阅览室、盲人残疾人阅览室、信息参考咨询室、市民捐赠图书阅览室。

3. 人员

从2005年起，王贤珍担任临武县图书馆馆长一职。

临武县图书馆员工情况统计表（单位：人）

年份	员工人数	高中学历	专科及本科学历	中级职称
2009	4	1	3	1
2010	5	1	4	0
2012	6	1	5	0
2014	7	2	5	0
2018	6	1	5	1

4. 经费

临武县图书馆经费统计表

年份	2011	2013	2014	2015	2016	2017	2018
财政拨款（万元）	21.2	33.7	45.4	53.3	57.2	109.7	142.3

注：2018年财政拨款中有55万元是实物拨付使用。

二、基础业务工作

1. 馆藏资源

2018年，临武县图书馆藏书8.29万册。2013年，购置1万册电子图书，2017年，购置借阅机和少儿阅读机，每台借阅机有100种期刊、3000册可借阅书籍，每月更新150册。2017年，开通临武县移动图书馆，移动图书馆适用手机阅读版电子图书3万种，图片格式版电子图书100万种。藏书采用《中国图书馆分类法（第五版）》进行分类标引。

临武县图书馆藏书统计表

年份	2009	2010	2011	2012	2013	2014	2015	2016	2017	2018
藏书量（万册）	2.87	3.14	3.39	3.67	3.85	4.19	4.98	7.57	7.88	8.29

注：2016至2018年馆藏量包括22933册电子书。

临武县图书馆收藏地方文献，如《临武县志》《临武县人大志》《临武县政协志》《临武政协文史资料》《临武县统计年鉴》《临武方言》《临武傩戏》《临武特色祁剧剧目集、曲目集》等地方史志、地方名录和地方出版物。

2. 读者服务

临武县图书馆读者服务统计表

年份	借阅册次（万册次）	借阅人次（万人次）
2011	5.27	3.22
2012	4.05	6.79
2015	6.54	5.15
2017	5.91	7.91
2018	6.68	9.59

临武县图书馆开展各种读者活动。2009年，开展"新中国60周年道德模范故事会"读书竞赛。2010年，开展"我的书屋·我的家"农家书屋阅读讲演活动、少儿G3杯"迎世博·迎亚运·讲文明·树新风"文明礼仪知识读书活动。2011年，举办"纪念中国共产党成立90周年"红色经典读书活动。2012年，举办少儿"学习雷锋好榜样"读书活动。2013年，开展"中国梦·我的梦"读书活动和"我爱祖国·我爱母语"主题朗诵会。2014年，开展"中国梦·我心中的故事"读书活动。2015年，举办"阅读放飞梦想"亲子读书活动、"纪念抗日战争暨世界反法西斯战争胜利70周年"读书活动、"中国梦·汉语美"读书活动。2016年，开展庆"六一"关爱留守贫困儿童赠书活动、"光荣与梦想——纪念建党95周年暨红军长征胜利80周年"活动。2017年，举办"书香湖南·红星闪闪耀童心"读书活

动以及中国人民解放军军史连环画、青少年党史国史主题教育连环画、十九大专题画册展览活动。2018年，举办以"诵读国学经典·传承优秀文化"为主题的国学经典诵读会、"书香湖南·共创共享儿童阅读新时代"少儿读书活动。

3.现代技术应用

2012年，开通临武县图书馆网站（http://05library.cn.roowei.cn）。2013年，临武县图书馆采用文宣信息化管理系统，有流通、编目、检索、剔旧、用户管理、统计等功能，实现图书馆自动化管理。2010年，建立全国文化信息资源共享工程临武支中心，新设电子阅览室、多功能报告厅。2016年，完成全县13个乡镇电子阅览室安装管理信息平台工作。2017年，建立移动图书馆、临武县图书馆微信公众号。

4.志愿者服务

2014年，临武县图书馆成立文化志愿者队伍。2018年，有文化志愿者35人。

三、总分馆建设

临武县图书馆建立基层图书室：武水镇文化站的石桥头、同益唐家、黄莲村图书室，临武县舜峰镇文化站的大岭村、新屋场图书室，南强镇文化站的莲塘村、油麻田村、湾丘村图书室，临武县第一完全小学小蜜蜂图书室，临武县第三中学休闲书吧，临武县武警中队图书室。

四、表彰与奖励

2009年第四次全国县级以上公共图书馆评估中，临武县图书馆被文化部评为"国家三级图书馆"；2013年第五次全国县级以上公共图书馆评估、2017年第六次全国县级以上公共图书馆评估中，临武县图书馆均被文化部评为"国家二级图书馆"。

第七章　常德市公共图书馆

常德市图书馆

常德图书馆成立于清光绪二十九年(1903)。1988年,常德市图书馆新建馆舍对外开放,由时任中共中央总书记胡耀邦题写馆名。2018年,馆藏图书54万册,年购书经费200万元,订阅报刊1200种,有9个服务窗口对外开放,对读者实行全开架、全免费借阅,服务时间每周70.2小时。

一、基础设施建设和机构、人员、经费

1. 基础设施建设

常德市图书馆位于常德市武陵大道285号,占地13.5亩,建筑面积8331平方米。主体楼建筑面积4931平方米,始建于1986年,于1988年竣工并对外开放。1998年,扩建一幢专题书库,建筑面积2550平方米,另有其他附属用房850平方米。2015年至2017年,先后对馆舍进行维修改造。

2. 机构

2009年,常德市图书馆设办公室、采编部、辅导部、参考咨询部、技术部、综合外借处、小说外借处、阅览室、少儿部。2010年,设办公室、文献采编室(兼管盲文借阅室)、合作协调部、特种文献部(古籍保护室)、自动化技术部(兼管总服务台)、综合外借部、文学外借部、少儿阅览部、报刊阅览部。2016年,设办公室、文献采编部、公共服务部、信息化服务部、特种文献部、报刊借阅部、图书流通部、少儿借阅活动中心。

3. 人员

常德市图书馆馆长名录

序号	姓名	任职时间	备注
1	刘　杰	2003年至2010年	
2	诸冰花	2010年至2011年	代理馆长
3	诸冰花	2011年至2015年	
4	刘　杰	2015年至2016年	代理馆长
5	王智慧	2016年至今	

常德市图书馆员工情况统计表（单位：人）

年份	员工人数	专科及本科学历	研究生学历	初级职称	中级职称	副高职称
2010	45	43	0	14	21	7
2018	42	32	2	15	23	4

4. 经费

常德市图书馆经费统计表（单位：万元）

年份	财政拨款	购书经费	数字资源采购经费	免费开放经费
2009	246.2	50.0	—	—
2010	308.7	50.0	—	—
2011	383.0	50.0	—	25.0
2012	486.4	60.0	—	50.0
2013	475.5	80.0	—	35.0
2014	542.4	90.0	—	50.0
2015	682.8	100.0	—	50.0
2016	1019.8	100.0	123.0	50.0
2017	1104.9	130.0	39.5	50.0
2018	1448.3	200.0	59.0	50.0

二、基础业务工作

1. 馆藏资源

常德市图书馆的文献采购方式为订购、面购相结合，也采取邮购、捐赠和交换等方式增补文献资料，报刊则以订购为主。2018年，实行政府采购招标确定图书供应商。购书经费分配比例为：社科图书占50%，自科图书占20%，报刊占25%，视听文献、电子文献占5%。

常德市图书馆藏书数量统计表

年份	2009	2010	2011	2012	2013	2014	2015	2016	2017	2018
藏书量（万册）	22.3	23.1	24.9	26.9	29.1	31.8	35.3	38.9	42.5	50.4

2018年，常德市图书馆藏书50.4万册，社会科学、自然科学等22大类藏书齐备。根据市级公共图书馆性质，优先采购综合性、学习型数据库和电子图书，根据读者需求情况采购专题性数据库。对具有常德地方特色的视听资料进行全面采选，国内外优秀影视作品、音乐作品、汉语儿童教育资料和其他各方面代表性视听资料进行重点采选。图书馆数字资源涵盖电子图书、报纸、期刊、论文、视频等多种类型，读者通过互联网可免费阅读100多万种电子图书、1500种期刊和多种讲座、视频等资源。2018年数字资源储存量达18TB。

常德市图书馆藏书分类统计表

类名	类号	数量（册）
马克思主义、列宁主义、毛泽东思想、邓小平理论	A	6096
哲学、宗教	B	16714
社会科学总论	C	17915
政治、法律	D	34121
军事	E	4863
经济	F	26130
文化、科学、教育、体育	G	33737
语言、文字	H	9485
文学	I	186239
艺术	J	23024
历史、地理	K	52755
自然科学总论	N	5116
数理科学和化学	O	4873
天文学、地球科学	P	4213
生物科学	Q	8110
医药、卫生	R	20809
农业科学	S	8739
工业技术	T	63457
交通运输	U	4632
航空、航天	V	1065
环境科学、安全科学	X	1914
综合性图书	Z	7369

常德市图书馆地方文献工作。常德市图书馆与市县文联、党史办、社科联、新闻出版局、地方印刷社、文理学院、市委宣传部、市政协等多家单位保持长期联系，重点采集反映常德市历史、文化、农业、旅游资源、工业化建设的文献，以及地方志、家谱、族谱。馆藏有《常德历史人文连环画》《石门县地方志丛书》《桃源县地名传说》《沅水下游楚墓》《清同治直隶澧州志校注》《常德花鼓戏集锦》《湘鄂边刘氏通谱：黎照堂·临澧分卷》以及常德的近代名人作品，有宋教仁、林伯渠、丁玲、翦伯赞、余嘉锡、王昌耀、易氏作家群四代（易佩绅、易顺鼎、易君左、易征）和黄氏家族（黄道让、黄右昌、黄宏荃）的文献，收藏当代常德籍作家水运宪的《祸起萧墙》《乌龙山剿匪记》、未央的《巨鸟》《桂花飘香的时候》、陶少鸿的《男人的欲望》《梦土》《歌王之殁》。

2. 读者服务

常德市图书馆每周开放70.2小时，开展送书上门服务，送书下乡，到工厂、军营、学校、监狱，延伸服务方式，读者服务项目有集体外借、预约借书、社区服务、参考咨询、科技跟踪等。2018年，持证读者2.43万人。

常德市图书馆读者服务统计表

年份	借阅册次（万册次）	借阅人次（万人次）	讲座（场）	展览（次）
2009	12.08	4.75	8	2
2010	9.97	4.19	8	3
2011	9.48	3.86	10	5
2012	24.47	5.15	24	16
2013	23.49	10.02	70	12
2014	30.02	13.57	72	12
2015	30.14	17.15	72	13
2016	28.86	16.75	72	14
2017	17.82	5.28	38	6
2018	18.58	5.11	33	9

注：此统计表不包括阅览人次。

  常德市图书馆积极开展读者活动。2009 年全民阅读活动，组织开展多场专题知识讲座和报告会。2010 年，在"4·23 世界读书日""全民读书周""图书馆服务宣传周"活动中，送图书到新建的武陵区残联分馆，精选常德籍地方作者出版的 100 种图书对外展出，组织市新华书店、考试书店在图书馆前坪为读者优惠销售精品图书，为读者免费播出 10 部优秀影片，为阳光孤儿院送书 600 册，在武陵监狱组织开展"祖国在我心中"征文活动，参与全市第二届"三湘读书月"活动，组织千余册精品图书开展"图书漂流"活动。2011 年元宵节猜谜活动，学雷锋送书上门到武陵区南坪敬老院流通分馆，送书下乡到鼎城区斗姆湖镇，在武陵监狱开展"我的心愿"读书征文活动，参加全国文化信息资源共享工程"阳光少年热爱党"电脑小报设计比赛活动，在水星楼举办"红色经典诵"晚会，"诗意地栖居"研讨会，《七十年代》追索 20 世纪 70 年代思想"潮人"的精神情怀研讨会，"阅读也是悦读"讨论会。2012 年，举办"播撒阅读种子·构建公共文化""4·23"系列读书活动，"三湘读书月——2012 湖南少年儿童学习雷锋好榜样"读书活动，"书香常德·文明共享"三湘读书月活动，常德籍作家介绍及优秀作品展览，"知我常德、爱我常德"系列图书展览，"阅读瞬间·精彩一刻"摄影作品展览，常德文联主席陶少鸿专题讲座，常德市图书馆阅读之星评选及表彰活动。2013 年，继续开展常德书友会活动，"我的诗生活"诗歌创作专题讲座，"做更美的自己"审美讲座，"爱与自由"座谈，"推荐书目及理由座谈"，教育学家张楚廷报告会，北大博导历史系教授李剑鸣报告会等，举办亲子活动 60 期，举办"第二届阅读之星表彰及六一系列活动"。2014 年，常德书友会活动中，"佳片赏析""经典美文诗歌朗诵会""精品论坛""古典文学讲座""快乐六一·多彩童年"等亲子活动广获好评，还举办少儿"中国梦·我心中的故事"读书活动，元宵猜谜活动，"图书馆之美"摄影作品征集活动。2015 年，开展教育家学张楚廷的"思想方法的意义"学术讲座，原天津人民广播电台副台长、著名"故事大王"——孙家才专场故事会，北京师范大学教育学博士、子夜静思书香工作室负责的"智慧家庭系列教育讲座"和"抗战胜利70周年主题报告会"。2016年，举办元宵节有奖猜谜活动，文化志愿服务队走进紫桥社区及百万电子书免费下载活动，周末"公益电影展播"活动，留守儿童捐书及读书交流活动，建成新东街分馆暨新东街社区书屋，"六一"儿童节"放飞心愿，快乐成长"主题活动，暑期小志愿者服务活动，武陵区各乡街及社区文化专干进行公共电子阅览室云版本培训，书友讲堂讲座活动，"书香湖南"之少儿"光荣与梦想——纪念建党95周年暨红军长征胜利80周年"读书活动。2017年，开展元宵灯谜会、送春联等元旦春节系列活动8场，高飞博士《与孩子一道成长》教育讲座，《朗读者·常德故事》第一期"周碧华诗歌朗诵会"等世界读书日系列活动，"书香浸润校园"阅读讲座，"书香童年·阅读成长"庆六一文艺汇演，李静博士《做长大孩子翅膀的父母》教育讲座，《朗读者·常德故事》第二期"用朗读的方式纪念王新法"活动，谈雅丽诗歌朗诵会，少儿"诵读革命诗词·牢记党史国史"诗词朗诵会，《揭秘汽车》绘本分享及手工制作"常悦课堂"活动。2018年，举办春节习俗展、名家送春联等春节系列活动，《手机摄影也精彩》知识讲座，《公共图书馆法》有奖答题，"诗意的春天"朗诵会等世界读书日系列活动，《诗歌细读法》文学赏析，"我的节日我做主"故事会，《朗读者·常德故事》"青春芳华德礼天下"朗诵会，"阅读伴我成长"读书分享会等书友讲堂活动，"女巫生日会"绘本分享，"小小爱迪生"科技小制作等常悦课堂活动，暑期小志愿者服务活动，图书检索找书比赛等窗口活动，《公共图书馆法》解读等"常图视野"展览并举办"三湘少年儿童阅读之星评奖活动"和"少儿故事大王"比赛。

3. 现代技术应用

1998年，常德市图书馆引入图书馆自动化集成系统（ILAS），实现业务工作自动化管理。2003年，开放多媒体电子阅览室，组建全国文化信息资源共享工程支中心，配有投影仪、复印机、扫描仪、摄像机、数码相机等设备。2006年，完成编目、流通、地方文献等系统的回溯建库工作，图书馆自动化集成系统升级为ILAS II，对全馆的采访、编目、流通、典藏、公共查询、期刊管理实行自动化管理。2013年，改用Interlib系统实行业务办公自动化，通过交换机、路由器、Wi-Fi以及服务器实现网络互通；2016年，试运行读者自助借还系统，购进2台自助还书。2017年，各外借窗口都配备自助借还机。2018年，全馆拥有供读者上网用电脑40台，读者电子查询机12台、超星数字图书借阅机3台、读者自助借阅机3台、读者书目查询机3台、博看电子报刊阅读机，外借阅览服务终端7台，Wi-Fi覆盖率达100%（带宽50M），读者给图书馆的官方微信留言，工作人员就会很快为其采购需要的图书并通知本人。图书馆电子图书借阅终端系统，可一次同时存储2万册正版电子图书，每个月更新200册，免费下载数量不限。

2015至2018年，常德市图书馆共建有共享工程和推广工程本地资源库、政府公开信息数据库、地方文献数据库、地方人物数据库及国图公开课资源库等7个数据库，其中

3 个可以通过远程方式进行访问，电子图书数据库网址为 http://www.sslibrary.com，超星视频数据库网址为 http://www.ssvideo.superlib.com，政府公开信息数据库网址为 http://202.96.31.90/guotuweb2.0/hncdfz/index.aspx。

2002 年，常德市图书馆建立网站，并提供馆藏书目查询。网站设有馆情馆貌、分馆建设、共享工程、地区文献、县级馆情、财政信息等栏目，可开展联合在线咨询、图书馆书目查询、"你选购、我买单"读者点书台等多项服务，面向社会公开动态信息和图书馆业务，实现图书馆与读者的互动交流。网站由常德市政府网站管理中心统一管理，有专人维护，管理中心设有专业防火墙设备，确保网络安全，图书馆负责本单位的数据及信息的更新，对上传信息按照流程审批，保证信息数据的准确、可靠。

2013 年，常德市图书馆安装 5 个"W20E"信号发射基站，传输速率为 450 MDPS。2014 年，开通微信服务平台，将图书馆藏书资源、读者活动、精品图书等消息推送给读者。常德市图书馆微博地址为 http://t.qq.com/changdeTSG/mine，另外，还建有常德市图书馆"移动图书馆"。

4. 参考咨询

常德市图书馆每年编印《决策信息》4 期，供党政机关领导决策参考。每年编印《文化强市经验谈》等报纸索引 4 种。协助民革常德市委完成对全市公共图书馆建设现状的调查。2011 年，向政协常德市五届四次会议提交《关于提升我市公共图书馆服务能力的提案》（第 323 号）。2017 年，完成政协常德市委"社情民意"（第 26 期）的回复，在全市范围内开展对"常德市公共图书馆购书经费标准情况"调研，撰写调研报告和给市政府的回复。2009 年，跟踪服务的三项课题《努力营造青少年健康成长的良好社会环境》《在救助贫困农家先天性心脏病儿童过程中的图书馆跟踪服务》《挖掘利用地方文献，为史志研究服务》分别获得湖南省公共图书馆第七届服务成果一、二、三等奖。2016 年，跟踪服务的课题《为复原清末民初常德沿河古街场景、打造文化旅游亮点服务》《致力公共图书馆事业助推"全民阅读"蓬勃开展》分别获湖南省公共图书馆服务成果一、二等奖。为常德史志办撰写《常德市志》《清嘉庆常德府志校注》《清同治直隶澧州志校注》提供文献资料 100 多万字、历史图片 200 多幅。2015 年，常德市图书馆加入湖南省公共图书馆参考咨询联盟，在 20 个成员馆之间互相开通馆际互借与文献传递服务。

5. 志愿者服务

2011 年，常德市图书馆组建了一支 40 人的志愿者队伍，建立管理制度，志愿者参与常德市图书馆的各项业务工作，对图书馆业务工作起到积极的督导作用。2017 年，成立"常德市图书馆志愿者之家"，开展了"学雷锋·太阳山环保公益行"等志愿服务活动。

三、重大文化工程建设

1. 文化信息资源共享工程

2003年，全国文化信息资源共享工程常德市支中心建成，有机房、电子阅览室、读者报告厅。中心机房拥有高配服务器2台、防火墙、核心交换机、42T容量磁盘阵列、专业摄像机3台、照相机2台、投影仪3台，有联通100M光纤宽带网，电子阅览室拥有计算机40台，每天对外开放8小时，读者报告厅设有观众座席120个。

2. 数字图书馆推广工程

2015年，常德市图书馆与湖南图书馆签订数字资源共享协议，进行数字图书馆建设，并在文化信息资源共享工程、数字图书馆试点工程、公共电子阅览室计划等文化工程的政策扶持下，逐渐向多元、便捷的数字图书馆过渡。2015年，完成2000页地方文献数字化加工。2016年，完成地方图书数字化1万页、地方报纸数字化及片名识别2万版、图书馆公开课资源建设20节、常德人物专题资源数据库建设和网事典藏150个、政府公开信息整合2万条。2017年，完成地方图书数字化1.5万页，地方报纸数字化及篇名识别5000版、图书馆公开课资源建设30节、政府公开信息8000条。

3. 古籍保护工程

常德市图书馆藏有古籍405种、3602册，可移动文物2783种、1.23万册。书库严格按照国家文化部行业标准管理，有"六防"（防火、防盗、防潮、防虫、防鼠、防尘）和恒温保护措施，配有收藏古籍的樟木柜120个，制定古籍书库管理制度，编制馆藏古籍目录。2015年，完成可移动文物的普查工作，同步完成国家珍贵古籍名录申报工作。2016年，完成古籍普查登录校审工作。

四、总分馆建设

2015年，常德市图书馆启动分馆建设，建成11个分馆：丝瓜井社区分馆、新东街社区分馆、紫桥社区分馆、沙河社区紫菱分馆、红卫社区分馆、东风社区分馆、新坡社区分馆、柏子园社区分馆、落路口社区分馆、德山监狱分馆、逸迩阁图书馆分馆（石门县）。总馆向各分馆配送图书1000至3000册，配送的图书以外网联接总馆系统，实现通借通还，适时流转。

五、学会工作

常德市图书馆学会成立于1990年，有会员单位20个，会员210人。2009年，常德市图书馆学会召开理事会议，增补2名理事。2010年，召开2次理事会议，通报学会工作情况和财务收支情况。2011年，召开一次城区理事工作会议，讨论增补理事、副理事长，改选学会秘书长。2012年，召开常德市图书馆学会第五次会员代表大会，进行换届选举工作，选出新一任学会理事长、副理事长、秘书长。常德市图书馆学会每年编印4期内部刊物《图书馆工作》。

六、学术、科研活动及成果

1.学术、科研成果

常德市图书馆与岳阳市图书馆、益阳市图书馆共同组成洞庭湖区公共图书馆协作网，每2至3年召开一次年会，自成立以来共举办了9届。2010年、2012年两届年会征文评选中，常德市图书馆员工论文共获得一等奖2篇、二等奖6篇、三等奖5篇。

2009年至2018年，常德市图书馆组织撰写调查报告：《环洞庭湖地区地方文献资源共建共享研究报告》《常德市公共图书馆的现状与思考》《常德市免费开放调查报告》《关于如何提升我市公共图书馆服务能力的调查及建议》《常德市公共图书馆古籍保护工作的现状与思考》《我馆引入志愿者服务的实践与思考》《常德市公共图书馆购书经费情况调研报告》。

2.学术成果

2009至2018年常德市图书馆员工公开发表一批论文。

常德市图书馆员工发表论文一览表

序号	作者	论文题名	发表刊物	发表时间
1	杨明英	论图书馆如何树立"以人为本"的服务意识	《大众文艺》	2009年
2	黄俐萍	公共图书馆人性化服务之我见	《新世纪图书馆》	2009年
3	刘学著	我对少儿图书馆工作的新认识	《新世纪图书馆》	2009年
4	杨明英	常德市图书馆监狱分馆建设实践	《图书馆》	2010年
5	曾冲	心理学知识在图书馆读者服务中的运用刍议	《高校图书馆工作》	2010年
6	黄俐萍	我国中小学生阅读研究	《现代教育教学探索》	2011年
7	杨明英	发挥公共图书馆"存史资政用人"功能，认真做好史志服务工作	《新世纪图书馆》	2011年
8	杨明英	发展公共图书馆读者队伍之我见	《图书馆建设》	2011年
9	王克清	浅谈公共图书馆与公共文化服务体系的构建	《中国科学创新导刊》	2011年

序号	作者	论文题名	发表刊物	发表时间
10	陈平华 刘朝晖	服务主导型高职院校图书馆吸引力初探	《常德职业技术学院学报》	2012 年
11	杨明英	公共图书馆弱势群体信息服务研究	《河南图书馆学刊》	2014 年
12	杨明英	洞庭湖图书馆联盟建设构想	《科技纵览》	2014 年
13	杨明英	对公共图书馆服务新农村建设的几点思考	《内蒙古科技与经济》	2014 年
14	姜 鹏	中小型图书馆的阅读推广	全国中小型公共图书馆联合会 2015 年研讨会会议论文集	2015 年
15	杨明英	提高区县（市）公共图书馆购书经费标准刻不容缓	《中文信息》	2016 年
16	李森芒	面向用户需求的图书馆移动信息服务研究	《教育》	2016 年
17	梅晋宾	公共数字图书馆信息资源建设项目的成本管理研究	《大东方》	2017 年
18	郑 芹	图书馆展览服务的社会性和多功能性探讨	《中文信息》	2017 年
19	郑 芹	公共图书馆人才队伍建设小议——以常德市公共图书馆为例	《新教育时代》	2017 年
20	郑 芹	县级图书馆发展困境及对策小议	《卷宗》	2017 年
21	孙中翔	浅谈新形势下移动数字图书馆建设的意义及未来发展趋势	《新教育时代》	2017 年
22	孙中翔	自助借还使用的有利方面和不足之处	《中文信息》	2017 年
23	宋春莹	浅谈公共图书馆未成年人阅读推广的策略	《课程教育研究》	2017 年
24	叶南林	试析信息化条件下如何创新图书管理	《传播力研究》	2017 年
25	杨 晖	关于新时期创新图书馆学会工作的探讨	《新教育时代》	2017 年
26	杨 晖	探究图书馆外借服务的人性化与特色化	《中文信息》	2017 年
27	王智慧	公共图书馆行政管理存在的问题及优化对策	《大东方》	2018 年

序号	作者	论文题名	发表刊物	发表时间
28	宋春莹	未成年人的阅读推广	《信息部》	2018 年
29	龙 敏	深入挖掘专题地方文献资源，为打造城市文化建设品牌发挥实效	《中文信息》	2018 年
30	龙 敏	法治环境下公共图书馆的治理模式	《新教育时代》	2018 年
31	贺 婴	图书馆开展专业阅读推广的实践与应用	《新时代教育》	2018 年
32	贺 婴	图书馆与家庭阅读推广	《新时代教育》	2018 年
33	邹红英	有关公共图书馆法出台对图书馆人及广大读者的影响	《新时代教育》	2018 年
34	曾 群	浅谈图书馆未成年读者活动推广	《办公室业务》	2018 年
35	孙中翔	美国公共图书馆大众健康信息服务研究	《图书馆研究与工作》	2018 年
36	张立艳	公共图书馆服务中的微信公众平台建设研究	《新教育时代》	2018 年
37	杨 晖	《公共文化服务保障法》视野下的图书馆法制建设	《新教育时代》	2018 年
38	王克清	关于未成年人阅读推广活动的问题与建议	《办公室业务》	2018 年

七、表彰与奖励

2011 年至 2017 年，由湖南省委宣传部、省文明办、省文化厅等八部委组织的读书活动，常德市图书馆连续 7 次获得组织奖。2013 年，常德市图书馆的"少儿阅读推广活动推广案例"被中国图书馆学会授予"全国未成年人阅读推广优秀案例"。2014 年，获得中国图书馆学会"全民阅读"先进单位称号。2015 年，被中国图书馆学会授予"全民阅读"先进单位，获湖南省图书馆界"庆祝抗战胜利 70 周年征文活动最佳组织奖"。2017 年，获"湖南省青少年党史国史教育活动先进集体"称号。2018 年，获"全国中小型公共图书馆联合会研讨会征文优秀组织奖及研讨会组织奖"。

2009 年第四次全国县级以上公共图书馆评估、2013 年第五次全国县级以上公共图书馆评估中，常德市图书馆被文化部评为"国家一级图书馆"；2017 年第六次全国县级以上公共图书馆评估中，常德市图书馆被文化部评为"国家二级图书馆"。

鼎城区图书馆

常德市鼎城区图书馆成立于 1956 年。1979 年，常德县图书馆从常德县文化馆划出。1988 年，常德县撤县设区，常德县图书馆改名为常德市鼎城区图书馆。

一、基础设施设备和机构、人员、经费

1. 基础设施设备

1985 年，鼎城区图书馆修建馆舍，建筑面积约 2000 平方米。2009 年，改造馆舍，拆除原有临街门面，建成开放式的公共广场，面积 1200 平方米，并对馆舍后坪植绿，建成花园式的户外阅读场所，面积 200 平方米。馆舍大楼外墙涂漆、室内铺砖、吊顶，原铸铁窗整体改换为塑钢推拉窗。配套改造公共厕所，改造入口大厅，增设无障碍通道。

由于常德市建设沅江隧道需要，2016 年 6 月，鼎城区图书馆被整体征收，由政府安排租赁枫丹丽舍小区临街门面作为临时馆舍，为 200 平方米的 2 层楼房，一楼为公共阅读用，二楼为办公仓储用，大部分藏书打包封存。新馆建设纳入政府"三馆一中心"（档案馆、图书馆、党史陈列馆和爱国主义教育中心）建设项目，设计建筑面积 6000 平方米，工程于 2018 年开工，随后停工。

2. 机构

2018 年，鼎城区图书馆设办公室、党建办公室、财务室、采编室、借阅室、报刊借阅室、少儿借阅室、咨询辅导室、过刊借阅室、电子阅览室、多功能活动室、盲文阅览室。

3. 人员

鼎城区图书馆馆长名录

序号	馆长	任职时间
1	沈 勇	2004 年至 2009 年
2	莫克球	2010 年至 2015 年
3	樊明武	2016 年至今

鼎城区图书馆人员编制为 7 人，自 1991 年一直处于超编状态，员工大部分具有大学专科以上学历。

鼎城区图书馆员工情况统计表（单位：人）

年份	员工人数	高中学历	专科及本科学历
2009	17	7	10
2012	15	5	10

年份	员工人数	高中学历	专科及本科学历
2013	13	3	10
2014	12	2	10
2017	11	2	9
2018	9	1	8

4. 经费

政府拨款经费中大部分用于人员工资福利支出。从2004年购书专项经费列入财政预算，按全区总人口人均0.1元标准，每年拨款8万元，2005年根据有关政策减少10%，2016年起减至7万元。2010年共享工程专项经费列入财政预算，每年拨款5万元，2016年起缩减为4万元。

鼎城区图书馆经费统计表（单位：万元）

年份	政府拨款经费	购书经费	免费开放经费	共享工程专项经费
2009	137.3	7.2	——	——
2010	95.7	7.2	——	——
2011	76.4	7.2	10.0	5.0
2012	89.0	7.2	16.0	5.0
2013	99.9	7.2	16.0	5.0
2014	96.5	7.2	20.0	5.0
2015	127.1	7.2	20.0	5.0
2016	171.4	7.0	20.0	4.0
2017	199.2	7.0	20.0	4.0
2018	197.8	7.0	20.0	4.0

二、基础业务工作

1. 馆藏资源

2018年，鼎城区图书馆藏书11.99万册。每年购买新书3000册，订阅报刊200种。馆藏5000册线装书。2012年，完成古籍普查工作，全馆藏古籍1484册，比较珍贵的地方古籍7种29册，年代较早的有明代嘉靖年间刻本1套120册。鼎城区图书馆为《武陵县志》点校注释、《龙膺集》整理出版、《善卷传说》申遗工作等提供了服务。收藏有《朗州》《朗州诗集》《鼎城文史》等地方出版物、黄士元、周询等人士著作，以及各种新旧地方志、行业志和新修族谱，共计1000余册。2010年接收私人藏书1020册。

鼎城区图书馆藏书数量统计表

年份	2009	2010	2011	2012	2013	2014	2015	2016	2017	2018
藏书量（万册）	9.30	9.51	9.69	9.99	10.22	10.53	10.83	11.19	11.49	11.99

2.读者服务

2009 年，鼎城区图书馆实行业务自动化管理，流通图书全部开架借阅，一证通用。2011 年，实行全部免费开放，实现零门槛、零收费服务。电子阅览室面向 18 周岁以下青少年免费开放。开展座谈会、故事会、读书征文等形式多样的读者活动，举办各种图书、图片展览。每年开展"世界读书日"、图书馆服务宣传周、"三湘读书月"活动，进行图书宣传推广。每年举办的元宵灯谜活动，娱乐性强，群众喜闻乐见，参与者众多，影响较大，成为鼎城区政府指定的春节期间大型群众文艺活动项目之一。

鼎城区图书馆读者服务统计表

年份	借阅册次（万册次）	借阅人次（万人次）	举办讲座（场）	举办展览、培训（次）
2009	2.80	2.56	2	4
2010	3.44	2.65	2	4
2011	3.83	2.90	2	5
2012	4.08	3.23	2	4
2013	4.47	3.40	4	4
2014	4.95	3.51	4	4
2015	4.97	3.56	4	4
2016	4.19	3.33	4	4
2017	7.91	5.50	6	11
2018	8.00	5.60	6	12

3.现代技术应用

2004 年，鼎城区图书馆引入业务自动化集成系统（ILAS），业务工作实现自动化管理，对馆藏文献书目进行回溯建库。2007 年，购入服务器和电脑设施，为读者提供电子阅览服务。2009 年，接收文化信息资源共享工程设备，建成共享工程县级支中心，具备数字资源采集、媒体制作发布、网站建设等现代化技术。购置 HP ProliantMl 110 服务器、工作站 6 台、UPS、空调等设备，开通电信 1M 宽带，与湖南省文化信息资源共享工程分中心签订数字资源共享协议。鼎城区支中心与鼎城区委组织部远教部门联合对全区 600 个村级服务点进行设备软硬件安装调试和业务指导，实现共享工程"村村通"。2017 年，开通门户网站和微信公众号，购入超星歌德电子书借阅机和少儿学习一体机。

三、总分馆建设

2014 年，鼎城区图书馆建立武警中队分馆。2017 年，鼎城区图书馆制定总分馆建设规划和实施方案，完成 3 个乡镇和 1 个街道试点，成立分馆。

四、表彰与奖励

在 2009 年第四次全国县级以上公共图书馆评估、2013 年第五次全国县级以上公共图书馆评估、2017 年第六次全国县级以上公共图书馆评估中，常德市鼎城区图书馆均被文化部评为"国家二级图书馆"。

津市市图书馆

津市市图书馆始建于 1958 年，原馆址在车胤大道，馆舍建筑面积 1348 平方米。2005 年，因旧城改造拆除了原馆舍，津市市图书馆数次搬迁，2017 年，位于洞庭大道的新馆建成。

一、基础设施设备和机构、人员、经费

1. 基础设施设备

2009 年，津市市图书馆因旧城改造拆除，搬迁到凤凰路原市粮食局院内，面积 800 平方米。2014 年，再搬迁到孟姜女大道 739 号原省机电职院图书馆，馆舍面积 3000 平方米。2017 年，在洞庭大道建新馆舍，建筑面积 5000 平方米，建筑设计按照《公共图书馆建设标准》，功能布局遵循"功能第一、实用高效、考虑发展、以人为本"的原则，读者服务配套设施齐全，设有动、静分区标识系统。

2. 机构

2009 年，津市市图书馆拆除，9 个业务部门缩减为 3 个。2014 年，设办公室、采编室、综合外借室、报刊阅览室、少儿借阅室、参考咨询室、业务辅导室。

3. 人员

2011 年，事业单位人事制度改革，推行聘用制度和岗位管理，实行岗位设置，津市市编委、市人事局批准，津市市图书馆设置岗位 10 个，其中管理岗位 1 个，专业技术岗位 9 个。

津市市图书馆馆长名录

序号	馆长	任职时间
1	罗爱玲	2006 年至 2014 年
2	唐 禹	2014 年至 2018 年
3	王 敏	2018 年至今

津市市图书馆员工情况统计表（单位：人）

年份	员工人数	高中学历	专科及本科学历	初级职称	中级职称	副高职称
2009	10	4	6	—	—	—
2012	9	3	6	3	3	1
2018	10	1	9	4	3	1

4. 经费

津市市图书馆经费统计表（单位：万元）

年份	2009	2012	2014	2016	2018
财政拨款	42.70	95.80	118.00	0	158.38
购书经费	3.00	0	8.40	10.10	11.00

注：2014 至 2018 年"购书经费"含数字资源采购费。

二、基础业务工作

1. 馆藏资源

2018 年，津市市图书馆藏书 16.9 万册。2011 至 2014 年，每年新入藏图书 3000 册，订购报刊 80 种，接受湖南省委、省政府办公厅配发《湖湘文库》和湖南师范大学出版社捐赠图书 2000 册。2018 年，馆藏图书 16.9 万册，电子图书 7.5 万册，报刊 102 种，藏有《二十四史》《明实录》《中国大百科全书》，收藏古籍 163 册以及地方文献 1335 册，主要是地方志书、地方年鉴、行业与部门志书、地方报刊、家谱等。

津市市图书馆图书馆藏书统计表

年份	2012	2013	2014	2015	2016	2017	2018
藏书量（万册）	14.69	14.76	15.01	15.30	15.48	16.51	16.90

2.读者服务

津市市图书馆读者服务统计表

年份	借阅册次（万册次）	流通人次（万人次）
2009	3.13	4.02
2014	2.10	1.01
2015	4.23	2.91

津市市图书馆开展多种读者活动。2010至2018年，元宵节举办"谜语竞猜"活动。每年4至10月津市市图书馆举办"三湘读书月"系列读书主题活动、"车胤读书节"系列阅读活动、"津图讲堂"。每年举办阅读欣赏讲座，流动服务进学校、进社区、进农村、进机关、进军营，并组织送书、送影、送展等活动。如"与诚信为友，做美德少年"主题道德讲堂活动、"4·23"世界读书日暨书香致远伴成长主题读书活动、"家书话感恩，笔端留真情"最美家书活动、"快乐学习健康成长、感恩父母感恩未来"主题活动、"雪儿姐姐讲故事——精彩绘本与孩子分享"主题阅读活动、"书香致远伴成长，文化服务进校园"活动、纪念中国共产党建党95周年暨红军长征胜利80周年活动等，并为农村及边远地区的贫困儿童、留守儿童捐赠图书，参加宣传部组织的文化、科技、卫生三下乡活动，为村民送去《农村科技文摘》《农村百事通》等刊物。

2014年津市市图书馆建立30人的志愿者队伍，举办各类讲座和咨询活动，如"图书馆之友""雪儿姐姐讲故事""书香致远伴成长·文化服务进校园"。

3.现代技术应用

2010年，建立全国文化信息资源共享工程津市支中心，文化部配送服务器4台、电脑35台、投影机、空调3台等文化信息资源共享工程设备，建成电子阅览室，读者免费上网阅读。2014年，在新馆重建电子阅览室，配置电脑30台，服务器4台。添置电子借阅机，内置图书2000种，每月更新100种。2015年，添置2台电子图书借阅机，移动图书馆开通使用，在互联网上下载超星移动图书馆App即可享用3万种EPUB格式电子书、400多家全国性报纸、1000多种有声读物、10000集视频、200多个RSS新闻订阅源，村（居）信息资源共享平台97个。2018年，电子阅览室配电脑30台，电子图书借阅机3台，超星移动图书馆，实现图书馆的网络化管理、服务和咨询。

三、总分馆建设

2016年至2017年，津市市图书馆建成4个分馆：金鱼岭街道电力图书分馆面积200平方米，设阅读室、藏书室、电子阅览室，藏书2000册，配有数字图书馆管理系统；三洲驿街道柏枝林分馆面积550平方米，设阅览室、书法室、少儿阅览室、电子阅览室、多功能报告厅、排练厅，藏书 5000 册；卫生和计划生育系统分馆藏书 1500 册；白衣镇分馆面积 100 平方米，藏书 2000 册。

四、表彰与奖励

2016 年，"车胤文化"主题志愿服务活动获湖南省"基层文化志愿服务示范项目"，"'车胤读书节'全民阅读推广系列活动"项目获湖南省公共图书馆服务成果三等奖，唐禹荣获湖南省"星级文化志愿者"称号。

2013 年第五次全国县级以上公共图书馆评估，津市市图书馆被文化部评为"国家三级图书馆"。2017 年第六次全国县级以上公共图书馆评估，津市市图书馆被文化部评为"国家二级图书馆"。

澧县图书馆

1950 年，澧县人民文化馆成立，内设图书室。1958 年，澧县图书馆成立。1961 年，该馆并入县文化馆，1966 年停办。1976 年，恢复澧县图书馆建制。1984 年，建成馆舍。澧县图书馆是一所为全县政治、经济、文化、科研服务的公共图书馆。2003 年，实现图书采访、著录、检索、统计、流通自动化管理。2011 年，实行免费开放借阅政策。

一、基础设施设备和机构、人员、经费

1. 基础设施设备

1976 年，澧县图书馆恢复建制建时，馆址设澧县工会俱乐部，与县文化馆合署开展活动，先后以城关中学、县文化馆为馆址。1984 年，建成一幢面积为 1575 平方米的馆舍。2003 年，建成图书馆大楼。2008 年，对大楼进行改造，添置办公桌椅、电脑、复印机、多组报架和 60 个阅览座席等。2012 年，新建残障阅览室，铺设盲道，购置盲文图书、书架、电脑桌椅及盲人读屏软件。购置钢制书架、报架 100 组，期刊柜 7 组、除湿机等，设置包裹寄存柜 3 个、雨伞架 3 组。2015 年，添置钢制报柜 95 组，电子图书借阅机、少儿学习一体机，完成多媒体报告厅扩建和 LED 电子显示屏及灯光、音响、会标屏、会议讲台、桌椅等设备购置。2016 年，为地方名人文献库购置展柜、书架。2017 年，又购置电子图书借阅机 2 台。

2. 机构

2008 年，澧县图书馆设办公室、采编室、综合外借室、报刊阅览室、少儿借阅室、参考咨询辅导室、文化信息资源共享工程澧县支中心办公室。2009 年，新建电子阅览室、

古籍特藏室。2012 年，新建残障阅览室。2015 年，新建多媒体报告厅。2016 年，新建捐赠文献库。

3. 人员

从 2009 年起，黄振华担任澧县图书馆馆长一职。

澧县图书馆员工情况统计表（单位：人）

年份	员工人数	高中学历	专科及本科学历	初级职称	中级职称
2009	23	5	18	8	3
2010	21	4	17	9	4
2011	21	3	18	9	2
2012	21	4	17	9	2
2013	19	3	16	9	1
2014	19	3	16	9	1
2015	15	2	13	9	1
2016	16	3	13	8	1
2017	15	2	13	8	1
2018	11	3	8	4	2

4. 经费

澧县图书馆经费统计表（单位：万元）

年份	财政拨款	购书经费	数字资源采购经费
2009	137	8	0
2010	140	8	0
2011	148	10	0
2012	202	10	0
2013	132	10	0
2014	148	10	2
2015	130	10	0
2016	136	10	3
2017	163	10	3
2018	175	10	3

二、基础业务工作

1. 馆藏资源

2018 年，澧县图书馆藏书 10.89 万册、电子图书 15.7 万册、盲文书 405 册、线装书 6948 册、地方文献 2088 册，订阅报刊 200 种，接受社会捐赠图书 6000 册。

澧县图书馆藏书统计表

年份	2009	2010	2011	2012	2013	2014	2015	2016	2017	2018
藏书量（万册）	4.44	4.57	4.75	5.09	5.36	5.71	6.93	7.53	10.05	10.89

2.读者服务

澧县图书馆读者服务统计表

年份	外借册次（万册次）	流通人次（万人次）	读者活动（次）	讲座、展览（次）
2009	5.40	7.21	8	16
2010	5.70	7.41	8	19
2011	5.90	7.50	8	24
2012	6.49	8.25	10	32
2013	6.85	9.30	9	32
2014	7.05	9.55	10	38
2015	7.08	10.36	11	45
2016	7.35	9.85	12	52
2017	8.09	10.84	16	58
2018	8.50	11.02	18	66

澧县图书馆举办"世界读书日""图书馆服务宣传周""三湘读书月""湖湘文化进万家""学雷锋活动月"等活动，举办"我的书屋·我的梦"农村少儿阅读实践活动、"我们的节日"活动、韩少功作品鉴赏阅读活动、纪念"周敦颐诞辰1000周年"活动和"全民走向书桌""快乐阅读月""澧图讲座""图书馆之旅"等活动。

3.现代技术应用

2008年，澧县图书馆引入Interlib图书馆集群管理系统，业务工作实现自动化管理，建成澧县图书馆网站，建成全国文化信息资源共享工程澧县支中心，配置4台服务器、购置电脑、接通光纤，建成县支中心机房、多媒体演示厅和电子阅览室。2015年，澧县图书馆与湖南图书馆签订数字资源共享协议。2016年，开通澧县图书馆微信服务号和QQ读者交流群。2017年，微信升级为订阅号（对接国家数字文化网、湖南图书馆视频点播系统、万方数据库、网络书香资源检索系统、湖南图书馆数字阅读平台），开通官方微博，启动数字图书馆建设。2018年，建成澧县数字图书馆网站，完成Interlib图书馆集群管理系统由初级版本升级至3.5版本，数字图书馆正式运行。

4.志愿者服务

2014年澧县图书馆志愿服务队成立。2018年，共招募文化志愿者300人。图书馆建立文化志愿者档案，定期对文化志愿者进行培训。进社区、进家庭、进校园、进机关、进军营开展"传递书香·见证成长"公共图书馆志愿者服务活动和"文化暖心·点亮生活"关爱特殊群体文化志愿服务活动。

三、总分馆建设

2017 年至 2018 年，澧县图书馆建成 7 个分馆：澧西街道关心社区分馆、澧阳街道龙潭寺社区分馆、甘溪滩镇分馆、城头山镇分馆、涔南镇分馆、码头铺镇分馆、澧南镇分馆。

2012 年，澧县图书馆购置面包车，用于开展图书下乡服务和全县乡镇综合文化站和478 个农家书屋的建设。2018 年，澧县图书馆建有县武警中队、县财政局、县少年宫、县地税局、涂里格图书流通服务点等 21 个图书流通服务点。澧县基层图书馆有澧西街道澄坪社区图书馆、澧阳街道孟家港社区图书馆、新河社区图书馆、金罗镇界岭村图书馆、码头铺镇码头社区图书馆、平河村图书馆。

四、表彰与奖励

2016 年，黄振华被湖南省文化厅评为文化志愿者服务"优秀组织工作者"。在 2009 年第四次全国县级以上公共图书馆评估、2013 年第五次全国县级以上公共图书馆评估、2017 年第六次全国县级以上公共图书馆评估中，澧县图书馆均被文化部评为"国家二级图书馆"。

临澧县图书馆

1929 年，临澧县民众图书馆成立。20 世纪 50 年代，临澧县文化馆内设图书室，1976 年，图书室从县文化馆分立，成立临澧县图书馆。1989 年，临澧县图书馆迁址城关镇朝阳东街 45 号。

一、基础设施设备和机构、人员、经费

1. 基础设施设备

1990 年，位于朝阳东街 45 号的临澧县图书馆竣工，占地 6 亩，建筑面积 3050 平方米。2009 年至 2018 年，对馆舍进行多次维修改造。

2. 机构

2018 年，临澧县图书馆设办公室、综合资料室、林伯渠藏书室、丁玲文献室、名人文库、

雪竹楼书圃、古籍书库、多媒体电子阅览室、黄细亚少儿图书室。

3. 人员

临澧县图书馆馆长名录

序号	馆长	任职时间
1	刘昌大	2003 年至 2012 年
2	张 民	2012 年至今

临澧县图书馆员工情况统计表（单位：人）

年份	员工人数	高中学历	专科及本科学历	初级职称	中级职称
2009	10	1	9	2	2
2013	10	1	9	1	2
2014	9	0	9	1	2
2017	8	0	8	1	2
2018	7	0	7	1	2

4. 经费

临澧县图书馆经费统计表（单位：万元）

年份	财政拨款	购书经费	数字资源采购经费	免费开放经费
2009	70.6	5.0	—	—
2010	58.7	5.0	—	—
2011	84.8	5.0	—	20.0
2012	75.6	5.0	—	20.0
2013	92.9	5.0	—	25.0
2014	145.6	5.0	—	25.0
2015	104.3	5.0	—	25.0
2016	108.5	10.0	3.0	25.0
2017	108.5	10.0	3.0	25.0
2018	185.5	10.0	3.0	25.0

二、基础业务工作

1. 馆藏资源

2018 年，临澧县图书馆藏书 14.5 万册。2009 年开始，临澧县图书馆相继建立林伯渠藏书室、丁玲文献室、名人文库、雪竹楼书圃 4 个特色馆。林伯渠藏书室，主要收集林伯渠生前著作、藏书及与其相关的文献、图片共 3250 册（件）。丁玲文献室，主要收集丁玲著作、藏书、不同版本的丁玲传记、有关丁玲的书籍及研究文献、图片等共 2580 册（件）。名人文库，主要收藏临澧籍在本地及外地的高级职称以上的专家、学者、教授和党政军地师级以上领导干部共 319 人的作品、藏书及其有关传记、文献资料共 8500 册。由临澧籍中国科学院院士黄宏嘉捐资 100 万元建成的雪竹楼书圃收藏了临澧清代诗人黄道让，法学家、诗人黄右昌和黄宏嘉以及黄氏一脉 13 位专家学者的著作，其中黄道让的《雪竹楼诗稿》手稿、黄右昌的《溇江诗选》手稿、《溇江随笔》手稿为原件。

临澧县图书馆藏书数量统计表

年份	2009	2010	2011	2012	2013	2014	2015	2016	2017	2018
藏书量（万册）	13.4	13.4	13.5	13.6	13.7	13.8	13.9	14.0	14.1	14.5

临澧县图书馆藏书分类统计表

类名	类号	数量（册）
马克思主义、列宁主义、毛泽东思想、邓小平理论	A	2416
哲学、宗教	B	4508
社会科学总论	C	5321
政治、法律	D	4015
军事	E	3624
经济	F	3354
文化、科学、教育、体育	G	4813
语言、文字	H	6750
文学	I	64473
艺术	J	1342
历史、地理	K	20458
自然科学总论	N	2314
数理科学和化学	O	3016
天文学、地理科学	P	2056
生物科学	Q	2012
医药、卫生	R	3546
农业科学	S	2645
工业技术	T	1046
交通运输	U	1322
航空、航天	V	854
环境科学、安全科学	X	743
综合性图书	Z	4530
合计		145158

2009 年至 2018 年，临澧县图书馆收集地方文献 200 余种、2100 册（件），如《林伯渠的青少年时代》《临澧风物大观》《走进宋玉城》《安福临澧》，本土作家宋庆莲的作

品《米粒芭拉》《风来跳支舞》，刘金国的作品《一晃十年》，戴志刚的作品《风雨起心澜》。馆藏古籍629种，3717册，藏有清康熙二十三年（1684）刻本尤侗撰《看云草堂集》2册，装帧形式有特色的是巾箱本和双色套印本、五色套印本。

2. 读者服务

2018年，临澧县图书馆设8个服务窗口。2012年，实行全面免费开放。临澧县图书馆每年编印《决策信息》4期，供党政机关领导决策参考；2017年向县政协第九届二次会议提交《关于倡导全民阅读、建设书香临澧的提案》（第45号），编撰《实用致富技术》《金钥匙》《富民科技》34期。

临澧县图书馆读者服务统计表

年份	外借册次（万册次）	外借人次（万人次）	讲座（场）	展览（次）
2009	4.43	1.13	2	1
2010	4.52	1.43	2	2
2011	4.75	1.57	3	1
2012	4.75	1.26	10	4
2013	5.70	1.39	11	3
2014	6.09	1.42	13	2
2015	7.14	1.62	13	4
2016	8.44	1.66	20	5
2017	8.15	1.68	21	5
2018	9.35	1.82	20	5

临澧县图书馆每年开展形式多样的读者活动。如"书香临澧·百日阅读进万家"全民读书系列活动、每年"4·23"世界读书日前后举行颁奖活动、临澧县少儿读书有奖活动、汪国真诗歌朗诵有奖大赛、"三湘读书月"之"临澧县少年儿童阅读之星"评比活动、"中国梦·我心中的故事"和"我的书屋我的家"征文竞赛、百部优秀红色影片展播、本土美书书法摄影图片展、临澧县旅游资源开发图片展、"青山水轮泵站竣工40周年"图片展。并邀请知名学者开展读书讲座，每年不少于6场。

3. 现代技术应用

2003年，临澧县图书馆引入图书馆自动化集成系统（ILAS），采访、编目、流通、典藏、公共查询、期刊管理实行自动化管理。2008年，建成全国文化信息资源共享工程临澧支中心，多媒体电子阅览室同时对外开放，配有服务器3台、服务终端30台、投影仪、复印机、扫描仪、摄像机、数码相机等设备，图书馆自动化集成系统（ILAS）更换为Interlib图书馆集群管理系统。2016年购置数字图书借阅机，图书馆内Wi-Fi覆盖率达到100%（宽带50M）。2017年临澧县图书馆建立官方网站。2018年，购置多媒体电子借阅机2台、

24 小时智能书阁、书目查询机、自动借还机。

4. 志愿者服务

2015 年，临澧县图书馆组织一支 30 人的志愿者服务队伍，在寒暑假、节假日参与读书宣传、图书推介、读书竞赛活动的组织、图书整理、送书下乡活动。

三、总分馆建设

临澧县图书馆先后建设了 7 家分馆：县纪委、武警驻临澧中队、四新岗镇文化活动中心、新安镇文昌社区、修梅镇高顺新社区、安福镇朝阳街社区和伍大姐休闲农庄分馆。2014 年建有 24 小时自助图书馆。

四、表彰与奖励

2009 年，"为超级杂交油菜沈油杂 202 选育提供信息服务"项目获湖南省公共图书馆第七届服务成果二等奖。

2009 年第四次全国县级以上公共图书馆评估、2013 年第五次全国县级以上公共图书馆评估、2017 年第六次全国县级以上公共图书馆评估，临澧县图书馆均被文化部评为"国家二级图书馆"。

石门县图书馆

1980 年，石门县图书馆成立，接受县文化馆图书室 2.8 万册藏书。石门县图书馆两次迁移馆址。2018 年，全馆藏书达 22 万册，电子图书 4 万册，全馆设 15 个服务窗口。

一、基础设施设备和机构、人员、经费

1. 基础设施设备

1980 年，石门县图书馆择址于县城西方顶山腰修建馆舍，1985 年，馆舍竣工对外开放。2006 年，馆舍搬迁至县东城区黄金路新一中院内，建筑面积 3500 平方米，搬迁时购买书架 150 个，报架 28 个，阅览桌椅 40 套。截至 2018 年，石门县图书馆共有电脑 50 台，交换机 1 台。2018 年 12 月，位于五馆两中心的石门县图书馆新馆主体工程建设完成，建筑面积 5800 平方米。2014 年，获文化部、财政部赠送流动图书车辆。

2. 机构

2009年，石门县图书馆设办公室、综合外借室、少儿阅览室、报刊阅览室、古籍珍藏室、地方文献室、参考咨询室，另有台胞伍家宥遗赠图书展室，教育家、历史学家申悦庐后裔捐赠图书展室、石门人士文学作品珍藏室、石门人士书法作品走廊及全国文化信息资源共享工程石门支中心、电子阅览室、湖南图书馆石门文库等特色室。2017年，设读者服务部、活动协调部、网络信息部、行政后勤部，开设综合外借室、报刊阅览室、参考咨询室、台胞伍家宥遗赠图书展室、申悦庐后裔捐赠图书展室、石门人士书法作品走廊、盲人阅览室、唐志忠和孙淑敏夫妇捐赠收藏室、历代藏品展室。

3. 人员

从2009年起，唐月华担任石门县图书馆馆长一职。

石门县图书馆员工情况统计表（单位：人）

年份	员工人数	高中学历	专科及本科学历
2009	11	3	8
2010	11	3	8
2011	11	3	8
2012	11	2	9
2013	11	2	9
2014	11	1	10
2015	11	1	10
2016	11	1	10
2018	9	1	8

4. 经费

石门县图书馆经费统计表（单位：万元）

年份	财政拨款	购书经费	共享工程专项经费	免费开放经费	图书流动车费
2009	58.0	7.0	2.0	—	—
2010	45.9	8.0	2.0	—	—
2011	50.2	10.0	0	—	—
2012	83.2	8.0	5.0	20.0	—
2013	130.6	6.0	5.0	20.0	—
2014	106.9	10.0	0	20.0	3.0
2015	132.6	10.0	0	20.0	3.0
2016	331.1	10.0	0	20.0	3.0
2017	161.2	10.0	0	20.0	3.0
2018	237.5	10.0	0	20.0	3.0

2013 年，县政府下拨评估经费 12 万元。2016 年至 2018 年，石门县图书馆接受唐志中、孙淑敏夫妇捐赠 220 万元。

二、基础业务工作

1. 馆藏资源

2018 年，石门县图书馆藏书 23 万册，其中纸质图书 19 万册，电子图书 4 万册，数字资源 3TB。2009 年，接受捐赠《周用金书法》300 册，接受国家文化部、财政部"送书下乡工程"图书 1000 册，接受申悦庐后裔捐赠图书 500 册，接受湖南图书馆捐赠图书 300 册。2009 年，接受湖南省委、省政府办公厅配发《湖湘文库》。2014 年，接受国家民委捐赠图书 360 册。

石门县图书馆藏书统计表

年份	2009	2010	2011	2012	2013	2014	2015	2016	2017	2018
藏书量（万册）	20.99	21.17	21.35	21.55	21.76	21.95	22.15	22.35	22.70	23.00

石门县图书馆收藏地方文献 2079 册，有关石门县政治、经济、文化、军事、人口、民族、历史沿革、地域地理、人物传记、文学作品以及牒谱、图书、报刊、图片以及声像、音像、电子出版物。成立石门人士作品特藏室、家谱族谱特藏专柜、李自成归宿史料专柜，以及柑橘节、茶文化活动、非物质文化遗产资料专柜。还收藏有阎镇珩《六典通考》、申悦庐《石门地理志》、家谱族谱 50 套。

石门县图书馆藏书依据《中国图书馆分类法（第五版）》进行分类标引，设置机读目录 1 套，公务目录 2 套，读者目录 7 套。

2. 读者服务

2018 年，石门县图书馆持证读者 1 万人。2009 年，《为石门县政协编撰地方文化研究丛书"神奇石门"跟踪服务》项目获湖南省公共图书馆第七届服务成果三等奖。

石门县图书馆读者服务统计表

年份	2009	2010	2011	2012	2013	2014	2015	2016	2017	2018
借阅册次（万册次）	5.68	5.05	5.12	5.21	5.08	5.11	5.10	5.13	5.72	5.13
借阅人次（万人次）	2.60	2.00	2.20	2.30	2.10	2.40	2.40	2.50	2.70	2.40

石门县图书馆开展多种读者活动。每年 5 月开展"图书馆服务宣传周"活动，举办"荷花官邸·书香石门"广场活动、"中国梦"图片展、"真诚、真心、真爱"关爱留守儿童活动、宣传《公共图书馆法》《公共文化服务保障法》活动。在世界读书日活动中，组织永兴学

校师生来馆参观并开展阅读及知识问答活动。2012 至 2018 年，连续举办全县中小学生"五好小公民"主题教育演讲征文活动，举办"书香与爱·亲子阅读"活动、"你读书·我买单"活动。"三湘读书月"活动中，石门县图书馆代表常德市到株洲参加全省 G3 杯"迎世博·迎亚运·讲文明·树新风"文明礼仪读书活动，农家书屋伴我行征文活动。2016 年，"开展 4·23 世界读书日活动·联盟打造读书服务品牌"项目获湖南省公共图书馆服务成果三等奖。

3.现代技术应用

2000 年，石门县图书馆引入图书馆自动化集成系统（ILAS），图书馆业务工作实现自动化管理。2008 年，石门县进入湖南省第二批全国文化信息资源共享工程试点建设单位，国家投入 68 万元设施设备。2010 年，建成全国文化信息资源共享工程石门县支中心。2012 年，设立石门县图书馆网站，在各室安装 8 个摄像头。2013 年，建成会议室电子显示屏，安装功放系统。2014 年、2017 年，购进电子图书 4 万册供读者网上阅览，购进电子图书借阅机，读者可以利用手机 24 小时免费、自助借阅各类电子书，并购进数字摄像机、照相机。

4.志愿者服务

石门县图书馆组织志愿者开展各种活动，用流动图书车为县光荣院的孤寡老人、优抚老人送书上门、开展"我们的中国梦·湖湘文化进万家"志愿服务活动，开展送书下乡志愿服务活动、石门县精准扶贫中开展"我们的中国梦·湖湘文化进万家"和"宣传贯彻十九大·文化惠民助脱贫"活动。2017 年，"传递书香·见证成长"被湖南省文化厅评为文化志愿服务示范项目。

三、总分馆建设

2010 年，石门县图书馆先后在九重天大酒店、永兴街道惠民小区、县人民武装部、县老干局、县光荣院建起了图书流通点。2017 年建成溇阳社区、南丰社区分馆 2 个。

四、学会工作、学术科研成果

1996 年 4 月 10 日，成立石门县图书馆学会。2012 年，在行业协会清理整顿中被注销。由馆员撰写的《关于石门县共享工程基层服务点建设的现状与建议》发表在《常德职业技术学院学报》2010 年第 3 期。

五、表彰与奖励

2011 年，湖南省委宣传部、省委农村工作部、省文化厅、省广播电视局、省新闻出版局授予石门县图书馆"全省服务农民、服务基层文化建设先进集体"。

2009年第四次全国县级以上公共图书馆评估、2013年第五次全国县级以上公共图书馆评估、2017年第六次全国县级以上公共图书馆评估，石门县图书馆均被文化部评为"国家一级图书馆"。

汉寿县图书馆

汉寿县图书馆始建于1922年。2009年，修建并搬入新馆舍。曾多次被评为全国、省、市先进单位，连续四届被授予全省"文明图书馆"称号。

一、基础设施设备和机构、人员、经费

1.基础设施设备

汉寿县图书馆建筑面积3500平方米，设阅览座席415个，购置有计算机、复印机、摄影机、照相机、扫描仪、机读目录终端、机读检索终端、自助图书借阅机。

2.机构

2009年，汉寿县图书馆设办公室、财务室、采编室、文化信息资源共享工程办公室、基层业务辅导部，开设综合图书外借室、综合报刊阅览室、少儿图书借阅室、电子阅览室、盲文阅览室、地方文献资料室、视听资料室、自修室、文献展示室、过刊过报书库、特藏书库、共享工程县级支中心。

3.人员

从2008年起，张戟担任汉寿县图书馆馆长一职。

汉寿县图书馆员工情况统计表（单位：人）

年份	员工人数	高中学历	专科及本科学历	初级职称	中级职称
2009	7	2	5	3	4
2015	7	2	5	3	4
2016	7	0	7	3	4
2018	7	0	7	2	5

4.经费

汉寿县图书馆经费统计表（单位：万元）

年份	财政拨款	购书经费	数字资源采购费
2009	23.4	8.0	—
2010	49.5	8.0	—

年份	财政拨款	购书经费	数字资源采购费
2011	49.5	8.0	—
2012	54.5	9.0	—
2014	73.7	9.0	—
2015	86.7	15.0	—
2016	105.7	25.0	—
2017	142.1	30.0	3.0
2018	148.1	30.0	2.0

注："财政拨款"包含免费开放经费。

二、基础业务工作

1.馆藏资源

2018年，汉寿县图书馆藏书15.67万册，其中图书12.72万册，报刊1.85万册，视听文献1260张，数字资源达8TB。藏有地图、照片、录像带、录音带、字画卷以及地方文献，其中有《中共党史大全》《国史全鉴》《史记》《汉书》《晋书》《明史》《清史稿》《古今图书集成》《册府元龟》《艺文类聚》《佩文韵府》《续资治通鉴》《湖湘文库》等。

汉寿县图书馆藏书数量统计表

年份	2009	2010	2011	2012	2013	2014	2015	2016	2017	2018
藏书量（万册）	2.35	2.74	3.16	4.26	6.79	95.35	11.26	12.48	13.87	15.67

2010年，汉寿县图书馆筹建地方文献书库。2018年，馆藏地方文献2160册，其中藏有汉寿名人志士的个人资料，人民大学教授李良志、湖南文理学院教授韩隆福、周光璀等人捐赠的个人专著、研究文献，珍藏1927年时期汉寿县苏维埃主席戴玲烈士原始手稿等。

2.读者服务

汉寿县图书馆设置参考咨询室，为读者解答咨询和提供读者所需文献资料。组织编印《致富信息》，每年出版4期。

汉寿县图书馆读者服务统计表

年份	2009	2010	2011	2012	2013	2014	2015	2016	2017	2018
借阅册次（万册次）	2.16	2.97	3.45	3.67	4.19	5.47	6.19	7.17	7.28	7.29
借阅人次（万人次）	1.91	2.33	2.72	3.16	3.78	5.69	3.02	2.76	2.76	2.77

汉寿县图书馆每年开展读书活动。"四有少年网页制作竞赛"读书活动，G3杯"迎世博·迎亚运·讲文明·树新风"文明礼仪知识读书竞赛，纪念"辛亥革命100周年"，"中国共

产党建党 90 周年"征文竞赛，军史知识竞赛，评选"三湘少年儿童阅读之星"活动，少儿心算精英大奖赛，"常进农家书屋，争做守法村民"阅读演讲竞赛，"学习雷锋好榜样"读书活动，"少儿阅读推广面面观"和"寻找妈妈"亲子阅读活动，少儿"中国梦·我的梦"读书活动，"快马加鞭奔新年，勇往直前猜谜语""六一幼儿快乐阅读""我的书屋·我的梦"活动，"中国梦·我心中的故事"读书活动，"阅读从童年开始""书香伴我成长"活动，少儿"中国梦·汉语美"读书活动，"爱阅读·善表达"亲子诵读竞赛，"书香龙阳·全民阅读""我是小新星·秀出最强音""送温暖·关注留守儿童"活动，"光荣与梦想——纪念建党 95 周年暨红军长征胜利 80 周年"读书活动，"我们的中国梦·湖湘文化进万家——鸡年元宵节灯谜有奖竞赛""常进农家书屋，做守法村民"征文活动，"缤纷五月，快乐成长——亲子绘本大阅读"活动，"我心中的社会主义新农村"征文活动，"书香湖南·红星闪闪耀童心"少儿读书活动，"过大年、看图书、讲故事"活动，"欢乐狗年，欢乐元宵——少儿新书快乐阅读"活动，"欢乐红五月，让我们一起去阅读"活动。

汉寿县图书馆主办讲座，如宣传《公共图书馆法》讲座，作家郭宇波、胡刚文学创作讲座。举办各类展览，如龙阳老人读书成果、走进上海世博会展览，"光辉的历程，永远的丰碑"和"继往开来、开创辉煌"展览，"腾飞中华、文化强国""邓小平生平""大通至简，厚德上善"展览，"盛世盛会，开创未来""共筑辉煌、实现梦想""反腐治奢、清廉中国"和"文明上网、健康成长"展览，"改革促发展，开启新征程"和"向雷锋学习，弘扬焦裕禄精神"展览，"欢度传统佳节、传承中华美德""厉行勤俭节约，反对铺张浪费""一代伟人毛泽东、一代伟人邓小平""走向巅峰——常德勇士王洪明勇登珠峰"展览，"迎新春、金猴送瑞""伟大的征程、红色的足迹"图片展，"凝心聚力奔小康，撸起袖子加油干""爱我中华、扬我国威"图片展览、"砥砺奋进，继往开来""新的时代，新的征程""学习道德模范、扬起道德风帆"图片展，书法家詹国安、张昭喜书法作品展。

3. 现代技术应用

汉寿县图书馆配置图书馆自动化集成系统（ILAS），采访、编目、外借、统计、典藏管理、机读目录查询实现自动化管理，建立馆藏文献书目数据库，又购置 M1000 型扫描仪、复印机、打印机。建立汉寿县图书馆网站，设有沿革、藏书、借阅、活动与服务、基层图书馆（室）建设等页面，并注册汉寿县图书馆微信公众号，及时将读者活动开展情况上传微信公众平台。配置自助图书借阅机。

2010 年，汉寿县文化信息资源共享工程支中心成立，并配置 4 台服务器、交换机、KVM 切换器以及 42V 标准机柜、40 台网络终端，培训基层服务点管理人员，派出技术员上门指导业务与维修、调试安装设备。县级支中心与县委组织部党员干部远教办公室密切配合，采取资源共享形式，将优秀文化产品传输到远程基层服务点。

4. 志愿者服务

2015 年，汉寿县图书馆成立文化志愿者服务队，成员主要由亲子读书活动营义工爸爸、义工妈妈与汉寿县善益行志愿者总队部分成员组成，参与汉寿县图书馆开展的各种公益读书活动。

三、总分馆建设

2018 年，汉寿县图书馆已建成 9 个分馆：罐头嘴"万民书管"分馆、岩汪湖镇陈军堤分馆、辰阳社区杨旗嘴分馆、龙阳社区宝塔河分馆、崔家桥镇分馆、太子庙镇金孔分馆、沧港镇军刘分馆、毛家滩乡马涧分馆、军山铺镇万寿桥分馆。

四、表彰与奖励

2013 年第五次全国县级以上公共图书馆评估、2017 年第六次全国县级以上公共图书馆评估，汉寿县图书馆均被文化部评为"国家二级图书馆"。

安乡县图书馆

安乡县图书馆始建于 1978 年。2009 年，在潺陵东路原馆址重修扩建馆舍。2018 年，藏书达 9.68 万册，工作人员 6 人，设置有 8 个服务窗口，开展的服务项目有外借、预借、阅览、参考咨询等。

一、基础设施设备和机构、人员、经费

1. 基础设施设备

安乡县图书馆占地 6.8 亩。2009 年，拆除馆舍，在原址建新馆。2012 年 2 月，新馆舍竣工并正式对外开放，馆舍高 7 层，建筑面积 3224 平方米，配有电梯和中央空调，购置钢质书架、密集书架、办公家具、电脑、复印机、打印机。

2. 机构

2009 年，安乡县图书馆设办公室、采编室、图书外借室、报刊阅览室、少儿阅览室、参考咨询室、读者活动室、视听室、古籍珍藏室、地方文献室、未成年人电子阅览室、多功能报告厅、中心书库和文化信息资源共享工程县级支中心。

3. 人员

从 2008 年起，张生鸿担任安乡县图书馆馆长一职。

安乡县图书馆员工情况统计表（单位：人）

年份	员工人数	高中学历	专科及本科学历	初级职称	中级职称
2009	7	4	3	2	2
2010	7	4	3	2	2
2011	9	4	5	2	2
2012	8	4	4	2	2
2013	8	3	5	2	2
2014	7	2	5	2	2
2015	7	2	5	2	2
2016	6	2	4	2	1
2017	6	2	4	2	1
2018	6	1	5	2	1

4. 经费

安乡县图书馆经费统计表（单位：万元）

年份	财政拨款	免费开放经费	购书费	数字资源购置费
2009	18.06	—	3.50	—
2010	84.55	—	3.50	—
2011	97.06	—	3.50	—
2012	224.32	17.50	6.00	—
2013	333.03	17.50	6.00	—
2014	49.73	17.50	6.00	1.56
2015	84.42	17.50	11.80	0
2016	59.52	17.50	6.00	3.00
2017	60.26	17.50	6.00	1.50
2018	56.19	17.50	6.00	1.00

二、基础业务工作

1. 馆藏资源

2018年，安乡县图书馆藏书9.68万册，其中图书5.63万册、报刊5000册、视听文献和电子图书3000件。藏有古籍5540册，珍藏本有明版书《扶轮集》、清初朱印本《玲珑帘词》，以及《潘子全集》《古今图书集》等，收集地方文献2400册，如《安乡县志》《安乡统计年鉴》《安乡地下党史》《安乡文化丛书》《范仲淹思想文化研究》和安乡籍人士出版的文学、艺术作品专著等。

安乡县图书馆藏书数量统计表

年份	2012	2013	2014	2015	2016	2017	2018
藏书量（万册）	3.57	5.03	6.27	6.79	7.83	8.04	9.68

安乡县图书馆的文献依据《中国图书馆分类法（第五版）》进行分类标引，依据《中国文献编目规则》著录。

安乡县图书馆接受捐赠图书一览

年份	捐书单位	捐书数量或价值
2010	湖南省委、省政府办公厅	《湖湘文库》全套
2011	湖南图书馆	图书 300 册
2012	常德市作家协会	图书 300 册
2013	正一国际大酒店	图书折合价值约 20 万元
2013	中南传媒出版集团	图书折合价值约 10 万元
2013	湖南省文化厅	图书折合价值约 10 万元
2013	湖南美术出版社	图书 1000 册

2. 读者服务

安乡县读者服务统计表

年份	2012	2013	2014	2015	2016	2017	2018
借阅册次（万册次）	0.27	1.25	4.25	4.37	4.01	4.62	5.08
流通人次（万人次）	0.53	1.87	5.92	5.01	6.40	5.24	6.89

安乡县图书馆提供咨询服务，帮助提供读者所需文献资料。安乡籍大学生隆龙利用图书馆资料，撰写《军委委员颜昌颐》《安乡走出了范仲淹》等 6 部人物传记书籍。安乡籍作家李世俊编纂《安乡历史必读》《美丽的珊珀湖》等安乡文化系列丛书 21 本。安乡县图书馆每年还编辑《致富信息》4 期。

2012 至 2018 年，安乡县图书馆开展少儿"学习雷锋好榜样"读书活动，"世界读书日""三湘读书月""五月图书馆服务宣传周"活动，"中国梦·我的梦"读书活动，第三届"三湘少年儿童阅读之星""梦想信封写给十年后的我""我有一个梦"网络征文和专题书籍阅读活动，"书香湖南——2015 年安乡县少儿'中国梦、汉语美'"有奖征文、诵读、阅读之星评选系列活动，"纪念建党 95 周年暨红军长征胜利 80 周年"活动，"知识改变命运，关爱留守儿童"活动，"共创共享儿童阅读新时代"活动。

2012 至 2018 年，安乡县图书馆举办的讲座，邀请作家李世俊给安乡一中在读学生进行写作知识的传授，举办老年大学诗词讲座，科普讲座，老年人健康知识讲座等。举办多种专题展览，如《美丽珊瑚湖》摄影图片展览，最美安乡书画摄影展，实现中华民族的伟大复兴杰出贡献人物图片展，庆中秋美术作品展等。

3. 现代技术应用

安乡县图书馆应用计算机管理业务工作，在文献采访、编目、流通实现自动化管理。2012 年，建成全国文化信息资源共享工程安乡支中心，配置一个主服务器、30 台电脑、投影仪，工作站，设立电子阅览室，安乡县图书馆与湖南图书馆签订数字资源共享协议，由湖南图书馆数字资源库负责提供学术期刊、文化休闲期刊、电子图书、视频数据库资源。2013 年，开通安乡县图书馆网站。2017 年，又购置歌德电子图书借阅机、电脑、笔记本电脑、照相机，创建读者 QQ 群和微信平台。

三、总分馆建设

2018 年，安乡县图书馆在书院洲社区、文昌湾社区、深柳社区车胤书屋及县武警中队建立分馆。

四、表彰与奖励

2009 年第四次全国县级以上公共图书馆评估，安乡县图书馆被文化部评为"国家三级图书馆"。2013 年第五次全国县级以上公共图书馆评估，安乡县图书馆被文化部评为"国家二级图书馆"。2017 年第六次全国县级以上公共图书馆评估，安乡县图书馆被文化部评为"国家三级图书馆"。

桃源县图书馆

1929 年，桃源县建立民众图书馆。1959 年，桃源县人民委员会下发《桃源县人民委员会关于成立县图书馆并颁发公章的通知》(〔59〕会文字 002 号)，桃源县图书馆正式成立。1964 年，桃源县图书馆并入县文化馆。1978 年，桃源县图书馆从县文化馆分出并独立建制。1981 年，桃源县图书馆馆舍落成，建筑面积 734 平方米。2002 年，经"县房屋安全鉴定办公室"勘查鉴定桃源图书馆馆舍为"《J125-99》D 级"危房后，拆除了旧馆舍。桃源县图书馆建设纳入县"十二五"建设规划后，2018 年 12 月，新馆投入使用。

一、基础设施设备和机构、人员、经费

1.基础设施设备

2018年12月1日，桃源县图书馆新馆升级改造后投入使用，位于漳江南路58号文化体育中心北侧楼，新馆占地面积3000平方米，建筑面积2417平方米。新馆参照国家文化部、建设部、发改委2008年颁发的《公共图书馆建设标准》设计和布局，第1层6个分区：大厅、报刊借阅区、有声阅读区、特藏借阅区、新华书店合营区、青少年借阅区。第2层6个分区：电子阅览室、临展区、全封闭藏书区、小会议室、一般借阅区、报告厅。阅览区设有中央空调、烟感报警系统、复印、缩微、视听设备，并配置流动图书服务车。

2.机构

2018年，桃源县图书馆设办公室、阅览室、少儿阅览室、电子阅览室、特藏室。

3.人员

桃源县图书馆馆长名录

序号	馆长	任职时间
1	李继光	1993年至2016年
2	熊朝武	2016年至今

桃源县图书馆员工情况统计表（单位：人）

年份	员工人数	高中学历	专科及本科学历	初级职称	中级职称
2018	9	1	8	6	2

4.经费

桃源县图书馆经费统计表（单位：万元）

年份	2009	2010	2011	2012	2013	2014	2015	2016	2017	2018
财政拨款	64.0	33.8	81.9	57.6	70.0	95.0	102.0	117.0	107.0	128.0
购书经费	3.8	3.8	6.0	6.0	6.0	10.0	10.0	10.0	15.0	15.0

二、基础业务工作

1.馆藏资源

桃源县图书馆每年新增文献2000册左右，订购期刊200种，报纸40种。

桃源县图书馆藏书统计表

年份	2009	2010	2011	2012	2013	2014	2015	2016	2017	2018
藏书量（万册）	12.0	12.3	12.9	13.5	13.9	14.5	14.9	15.5	15.9	16.8

2. 读者服务

2009年至2018年，开展各类读者活动，如少儿亲子阅读、文昌阁读书会、好妈妈读书会。2018年，桃源县图书馆启动总分馆制建设，建成3个分馆，并建有24小时自助图书馆。

桃源县图书馆读者服务统计表

年份	2009	2010	2011	2012	2013	2014	2015	2016	2017	2018
借阅册次（万册次）	2.81	2.95	3.09	2.81	2.90	2.85	2.95	2.81	2.74	3.10
流通人次（万人次）	4.02	4.19	4.89	4.68	4.60	4.87	4.68	4.59	5.61	5.91

3. 现代技术应用

桃源县图书馆引入 Interlib 图书馆集群管理系统，实现业务工作自动化管理。配有电子图书瀑布流、朗读亭等电子设备。2009年，文化信息资源共享工程桃源支中心建成，建有远教点784个。2012年，全县有36个乡（镇）综合文化站，535个村、社区服务网点得到了国家、省、市的设备投入，各乡镇、村、社区服务网点通过县级支中心利用国家的文化信息资源。

三、学术、科研活动及成果

桃源县图书馆员工发表论文一览表

姓名	论文题名	发表刊物
谢　玲	图书馆联合发展模式优劣势分析	《神州》2018年第10期
谢　玲	少儿阅读兴趣培养的策略分析	《大东方》2018年第11期
蓝　青	基于数字环境的县级图书馆读者服务工作探讨	《锋绘》2018年第5期
蓝　青	RFID技术在图书馆中的应用探讨	《科学与财富》2018年第30期

四、表彰与奖励

在2009年第四次全国县级以上公共图书馆评估、2013年第五次全国县级以上公共图书馆评估、2017年第六次全国县级以上公共图书馆评估中，桃源县图书馆均被文化部评为"国家三级图书馆"。

第八章 益阳市公共图书馆

益阳市图书馆

益阳地区图书馆于 1977 年 1 月建成并对外开放。原址为益阳市桃花仑长坡路 4 号，1988 年又迁至长坡路 15 号。1994 年，益阳撤地建市，益阳地区图书馆改名为益阳市图书馆。1997 年，新建主馆大楼落成，主楼设计造型美观、风格独特，是一座"藏、借、阅"一体化的开放式综合大楼。

一、基础设施设备和机构、人员、经费

1. 基础设施设备

1997 年，益阳市图书馆位于长坡路 15 号的馆舍落成并对外开放，主楼设计为四合式楼梯三层楼房，建筑面积 2355 平方米。2012 年，调整部室布局，拓展电子阅览室和少儿室面积，专设地方文献室，新增设立多媒体演示厅和阅览室，并重新装饰。电子阅览室配有电脑 45 台、桌椅 38 套、书架书柜 180 个，全馆共有阅览座席 404 个。益阳市图书馆新馆建设纳入益阳市国民经济和社会发展"十三五"规划，新馆已于 2018 年动工建设。

2. 机构

2018 年，益阳市图书馆设馆办公室、学会辅导部、信息技术部（采编部）、流通部。

3. 人员

益阳市图书馆馆长名录

序号	姓名	任职时间
1	胡湘萍	2006 年至 2009 年
2	袁宁波	2010 年至 2018 年
3	胡 勇	2018 年至今

益阳市图书馆员工情况统计表（单位：人）

年份	员工人数	专科及本科学历	研究生学历	初级职称	中级职称	副高职称
2012	19	18	1	—	—	—
2016	19	18	1	—	—	—
2018	20	19	1	2	15	1

4.经费

益阳市图书馆经费统计表

年份	2009	2010	2011	2012	2013	2014	2015	2016	2017	2018
财政拨款（万元）	142	145	170	218	247	327	329	450	485	439

二、基础业务工作

1.馆藏资源

至 2018 年，益阳市图书馆共藏纸质图书 34.5 万册、电子书 30 万册，馆藏工具书收藏较齐全，藏有各类工具书。

2012 年，根据益阳市委、市政府《地方文献征集函》，益阳市图书馆收集《益阳历史文化丛书》《益阳年鉴》《益阳楚墓》《散文诗》《益阳楹联》《益阳地区文化志》《益阳县文史资料》以及族谱等有关益阳的地方文献 1.2 万册。为益阳籍作家邹岳汉、彭佑明、萧幼松、卓列兵等设立作品书库。

益阳市图书馆藏书统计表

年份	2009	2013	2016	2018
藏书量（万册）	20.0	35.8	40.1	64.5

益阳市图书馆藏文献依据《中国图书馆分类法（第五版）》进行分类标引，依据《文献著录总则》《普通图书著录规则》《连续出版物著录规则》进行著录。

2.读者服务

益阳市图书馆设综合图书外借室、综合报刊阅览室、少年儿童借阅室、电子阅览室、地方文献室、参考咨询、过刊过报室、益阳书库等服务窗口，实行全开架服务，每周开放 56 小时，实行无障碍、零门槛开放，公共空间设施、基本服务项目全部免费。2013 年，开通残疾人借书、办证绿色通道，在电子阅览室专设盲人读物和视听资料为残障人士提供服务。2018 年，持证读者为 2.44 万人。

益阳市图书馆读者服务统计表

年份	借阅册次（万册次）	借阅人次（万人次）
2010	13.55	6.35
2012	15.49	—
2016	16.90	—
2018	22.34	9.42

2009 年至 2018 年，益阳市图书馆在馆内共组织 340 次公益讲座、公益展览、少儿读书和阅读推广活动。2009 年，开展少儿"新中国 60 周年道德模范故事会"读书竞赛。2010 年，开展少儿 G3 杯"迎世博·迎亚运·讲文明·树新风"读书活动。2011 年，举办少儿"纪念中国共产党成立 90 周年"红色经典读书活动。2013 年起，连续 6 年开展"0 元阅读，把新书带回家"全民阅读和"小小志愿者"活动。2013 至 2015 年，开展少儿"中国梦·我的梦"活动、"中国梦·我心中的故事"活动、"中国梦·我心中的故事"活动、"中国梦·汉语美"诵读活动。2015 年，举办湖南省"纪念抗日战争胜利 70 周年"征文比赛。2016 年，开展少儿"光荣与梦想——纪念建党 95 周年暨红军长征胜利 80 周年"读书活动。2017 年，开展"书香湖南·红星闪闪耀童心"读书活动。2018 年，举办《公共图书馆法》知识竞赛活动。

3. 现代技术应用

益阳市图书馆配备图书馆自动化管理系统和馆藏书目数据库和机读目录检索条码，实现全馆网络全覆盖，读者可免费享用 Wi-Fi。2015 年，使用身份证办卡和全新的第三代图书馆自动化软件 Interlib 2.0，该系统通过网络与读者实现互动。2016 年，购入自助办证机。2018 年，完成 20 万册图书电子标签粘贴和设备调试工作，将"RFID 图书自助借还系统"投入使用，实现自助借还图书。

2018 年，全馆建有电子图书数据库、电子期刊数据库和益阳地方特色数据库。2013 年，新建 10 万册数字图书数据库，自建含视频资料 3TB 的数据库，购买在线数字期刊库 1 个。2014 年，购入歌德电子借阅机，内含 2000 种电子图书，每月更新 100 种。2015 年，增加数字资源 4TB，购入博看期刊数据库及微刊，内含 3500 多种电子期刊，100 多种电子报纸，5000 本电子图书。2017 年，在报刊阅览室设立数字资源触摸体验区，购置 4 台超大屏 iPad Pro 阅读器为读者免费提供 3500 种期刊、5000 册图书和 100 种报纸。2017 年，益阳市移动图书馆改版上线，免费提供 100 万册电子图书、学术资源、视频、有声读物等资源给读者使用。2017 年，益阳市地方特色数据库上线，内含益阳地方特色文献 2 万页、益阳地方戏曲 50 个、益阳地方名人简介，读者可通过图书馆官网免费查阅。2015 年，重新制作益阳市图书馆网站（http://www.yytshg.com/web/index），上传益阳市图书馆工作内容和活动信息，开通益阳市图书馆微信公众号，读者可直接利用手机查阅图书馆馆藏目录，查阅自己的借阅情况和在线续借书籍。

4. 参考咨询

2006 年，益阳市图书馆建立"政府信息公开查阅点"，每周二上门为政府部门和企事业单位开展咨询服务。主要提供的服务有：为参加益阳市政府与何凤山的女儿共同筹办"生命签证"展览提供信息资料服务，为楹联爱好者周美平提供创作素材服务，为湖南城市学院音乐系教授唐海燕撰写省课题"湖湘地域性音乐文化研究——益阳地方音乐"提供地方文献。为国家级"非遗"项目传承人危禄锦父女编写的《益阳小郁竹艺》提供咨询服务。

2009年，"为周立波故居建设提供的专题服务"项目获湖南省公共图书馆第七届服务成果二等奖。2016年，为卓永华提供跟踪服务的"益阳古巷拍摄与保存"项目获湖南省公共图书馆服务成果二等奖。

5.志愿者服务

2012年，益阳市图书馆成立350人的文化志愿服务分队，每年开展文化志愿服务活动20次，免费为社会各类人群提供文化志愿服务。2016年，开展"文化暖心点亮生活"志愿服务，专为服刑管教人员、残疾人等弱势群体提供文化服务，获文化部100个典型案例、湖南省文化厅2016年度基层文化志愿服务示范项目奖。2018年，益阳市文化志愿服务队获湖南省文化和旅游厅文化志愿服务优秀团队称号。

三、重大文化工程建设

文化信息资源共享工程建设过程中，益阳市图书馆建成公共电子阅览室、多媒体演示厅、中心机房，成立了信息技术部并配备专职工作人员，建立了文化信息资源共享工程益阳市支中心，建成6个县级支中心和1698个村级基层网点。

电子阅览室面积150平方米，有电脑终端40台，每周开放24.5小时。安装全国统一管理信息系统平台、身份证读卡器，实现全国统一管理和网络安全管理。切实加强基层网点业务指导和培训工作，组织全市各级支中心、基层服务点参加"文化共享杯"湖南省文化信息资源共享工程知识和技能竞赛活动，提升工作人员的业务能力。2011至2018年，组织全市各级支中心、基层服务点面向"三农"开展"文化共享·惠泽三湘"服务活动200场。

四、总分馆建设

2015年，益阳市图书馆在太一御江城建立图书馆少儿分馆，2018年又新建益阳市博物馆分馆和益阳青年创新创业孵化基地分馆。

五、学会工作

2009年，益阳市图书馆学会组织洞庭湖区图书馆工作第九届年会，收论文95篇。2015年，益阳市图书馆学会组织6家公共图书馆签订馆际互借与文献传递协议。2009至2013年，益阳市图书馆学会每年出版《益阳图书情报界》2期。

六、学术、科研活动及成果

益阳市图书馆员工发表论文一览表

序号	作者	论文题名	发表刊物或获奖情况	发表时间
1	曹漫枝	女性阅读与图书馆应对	《图书馆建设》	2010 年第 10 期
2	罗赛峰	免费开放公共图书馆"一站式"信息服务模式检索	第九届洞庭湖区学术年会一等奖	2009 年
3	曹漫枝	公共图书馆为婴幼儿阅读服务之构想	《文化强国建设中的中小型图书馆服务》	2013 年
4	贺 晞	图书馆电子阅览室的管理策略分析	《企业导报》	2014 年第 4 期
5	贺 晞	图书馆的资源整合与资源有效利用分析	《品牌》	2014 年第 8 期
6	罗赛峰	儿童信息检索行为若干问题的讨论	《图书馆杂志》	2015 年第 7 期
7	罗赛峰	基于大数据视觉的图书馆读者隐私问题研究	《农业图书情报学刊》	2016 年第 6 期
8	罗赛峰	现代性浪潮中的图书馆后现代性研究	《河南图书馆学刊》	2016 年第 6 期
9	周 龙	浅析网络时代公共图书馆采编工作现状及对策	《图书情报》	2018 年第 10 期
10	黄 珺	新时期下公共图书馆的发展	《卷宗》	2018 年第 4 期
11	黄 珺	浅析公共图书馆提升自身服务效能的有效途径	《智库时代》	2018 年第 7 期
12	曹漫枝	试论"你选书我买单"在文献资源建设中的问题和对策	全国中小型公共图书馆研讨会二等奖	2018 年

七、表彰与奖励

2009 年第四次全国县级以上公共图书馆评估，益阳市图书馆被文化部评为"国家三级图书馆"。2013 年第五次全国县级以上公共图书馆评估、2017 年第六次全国县级以上公共图书馆评估，益阳市图书馆均被文化部评为"国家二级图书馆"。

资阳区图书馆

1950 年，益阳市人民教育馆内设图书室，为资阳区图书馆前身。1951 年，益阳市人民教育馆改名为益阳市文化馆。1958 年，益阳市图书馆成立。1961 年，益阳市图书馆并入市文化馆。1976 年，益阳市图书馆恢复独立建制。1993 年，益阳撤市建区，益阳市图书馆更名为益阳市资阳区图书馆。

一、基础设施设备和机构、人员、经费

1.基础设施设备

1980年，原益阳市图书馆在资江西路437号修建馆舍，建筑面积1629平方米。2016年，益阳市资江区沿江风貌带拆迁建设，拆除了馆舍。2019年，资阳区图书馆搬迁至五一东路531号，建筑面积1992平方米，有阅览座席300个。

2.机构

2009年，资阳区图书馆设办公室、财务室、采编室、业务辅导室、参考咨询室、外借室、阅览室、少儿外借处、少儿阅览室、共享工程办公室。2018年，设办公室、财务室、采编室、过刊外借室、成人外借室、少儿外借室、电子阅览室、多媒体演播室、古籍室、咨询室、主机房。

3.人员

资阳区图书馆馆长名录

序号	姓名	任职时间
1	彭育红	2003年至2017年
2	周理	2017年至今

资阳区图书馆员工情况统计表（单位：人）

年份	员工人数	高中学历	专科及本科学历	初级职称	中级职称
2009	17	1	16	5	11
2018	9	0	9	3	5

4.经费

资阳区图书馆经费统计表（单位：万元）

年份	财政拨款	购书经费	共享工程经费	免费开放经费
2011	105.64	6.00	4.00	—
2012	141.80	6.00	4.00	16.00
2013	156.23	6.00	4.00	16.00
2014	197.59	6.00	4.00	20.00
2015	162.76	6.00	4.00	20.00
2016	161.74	6.00	4.00	20.00
2017	196.19	8.00	4.00	20.00
2018	137.31	8.00	6.00	20.00

二、基础业务建设

1. 馆藏资源

2018年，资阳区图书馆藏书15.7万册，其中，纸质图书10.5万册、电子图书5.1万册、古籍159种2223册。2014年至2018年，每年新购图书3700种、订阅报刊501种、电子文献3900种、视听文献100种。

资阳区图书馆藏书统计表

年份	2009	2010	2011	2012	2013	2014	2015	2016	2017	2018
藏书量（万册）	13.3	13.6	13.8	14.2	14.5	14.7	14.9	15.2	15.4	15.7

2. 读者服务

2012年，资阳区图书馆实施零门槛免费开放的制度，每周开放60小时。2009至2018年，举办讲座、展览、培训、阅读推广等读者活动29场次，参与人数45.6万人次。资阳区图书馆开展"你阅读·我买单"活动，通过微信、微博等征集读者最想阅读的书籍意见并列出意向书单，由读者在书店选择喜爱的书籍，由图书馆出钱购买并出借，读者阅读完后归还图书馆。

资阳区图书馆读者服务统计表

年份	借阅册次（万册次）	流通人次（万人次）	持证读者人数（人）
2009	10.00	18.57	2097
2010	10.19	18.71	2265
2011	10.23	19.00	2301
2012	10.49	19.24	2386
2013	10.52	20.01	2403
2014	9.32	25.02	2954
2015	10.34	25.08	4715
2016	10.09	25.14	7235

注：2017、2018年资阳区图书馆因拆迁闭馆。

3. 现代技术应用

2008年，资阳区图书馆引入Interlib图书馆集群管理系统，实现采访、编目、流通自动化管理。2011年，开通官方微博。2016年，建立了资阳区图书馆网站、开通资阳区图书馆微信公众号，购置歌德电子阅读机、少儿电子阅读机及大数屏监控系统。2008年，资阳区图书馆成为全国文化信息资源共享工程县级支中心，自建数字资源总量3TB。全馆现有电脑35台，信息节点95个，宽带接入10M。

三、表彰与奖励

2009年第四次全国县级以上公共图书馆评估中,益阳市资阳区图书馆被文化部评为"国家三级图书馆"。2013年第五次全国县级以上公共图书馆评估,益阳市资阳区图书馆被文化部评为"国家一级图书馆"。2017年第六次全国县级以上公共图书馆评估,益阳市资阳区图书馆被文化部评为"国家二级图书馆"。

赫山区图书馆

1977年,益阳县图书馆成立,与县文化馆合署办公。1981年,益阳县图书馆独立建制。1986年,修建新馆舍,时任全国人大常委会副委员长周谷城题写馆名。1995年,益阳撤地改市,益阳县更名为益阳市赫山区,益阳县图书馆更名为益阳市赫山区图书馆。2004年,赫山区委、区政府决定将赫山区图书馆整体搬迁,并拆除了原馆舍。2008年,新馆舍竣工投入使用。

一、基础设施设备和机构、人员、经费

1.基础设施设备

1986年,益阳县图书馆修建馆舍,面积1724平方米。2008年,位于教育路88号的赫山区图书馆新馆舍竣工,占地面积8亩,建筑面积4100平方米,设阅览座席248个。

2.机构

2018年,赫山区图书馆设办公室、财务室、图书外借室、综合阅览室、电子阅览室、少儿阅览室、少儿书画室、参考咨询室、劳技室、科技室、科普电化实验室、多媒体室、舞蹈室、民乐室、声乐室、地方资料室、电子音像室。

3.人员

赫山区图书馆馆长名录

序号	姓名	任职时间
1	罗尚源	2009年至2016年
2	徐　翔	2016年至今

赫山区图书馆员工情况统计表(单位:人)

年份	员工人数	专科及本科学历	初级职称	中级职称
2009	12	12	3	9

年份	员工人数	专科及本科学历	初级职称	中级职称
2010	10	10	2	8
2011	10	10	0	10
2013	7	7	0	7
2016	7	7	0	7
2018	7	7	0	7

4. 经费

赫山区图书馆经费统计表（单位：万元）

年份	财政拨款	购书经费	免费开放经费
2009	95.60	7.00	—
2012	102.60	7.00	16.00
2013	120.00	7.00	16.00
2014	119.00	9.00	16.00
2016	109.76	10.00	16.00
2018	152.71	10.00	16.00

二、基础业务工作

1. 馆藏资源

2018年，赫山区图书馆藏书总量26.89万册，其中，纸质图书14.5万册、电子图书9.39万册、报刊460种、地方文献2.95万册。

赫山区图书馆藏书统计表

年份	2009	2010	2011	2012	2013	2014	2015	2016	2017	2018
藏书量（万册）	4.28	4.45	4.72	5.15	6.41	7.14	8.13	12.07	14.43	14.50

2. 读者服务

赫山区图书馆全年对外免费开放，实行一站式服务和一卡通用，每周开放60小时，建有桃花仑街道南站社区、赫山街道东风岭社区、衡龙桥镇文化站、泉交河镇文化站、兰溪镇文化站5个馆外流动图书服务点。

赫山区图书馆读者服务统计表

年份	借阅册次（万册次）	借阅人次（万人次）	持证读者人数（人）
2009	12.68	4.23	1200

年份	借阅册次（万册次）	借阅人次（万人次）	持证读者人数（人）
2010	14.00	4.55	1900
2011	15.01	5.12	2000
2012	14.16	4.78	2300
2013	17.28	6.04	2480
2014	16.40	5.4	2650
2015	25.19	7.33	2700
2016	28.07	7.99	2900
2017	29.32	8.91	3200
2018	34.73	10.21	3600

馆内配备有计算机30台，42寸双屏触摸机3台，二维码图书借阅系统3套，每台触摸机安装了3000种图书，每月更新150种。读者可以通过二维码在线试读和借阅图书。

2013年，赫山区图书馆在电子阅览室建设"心声·音频馆"，为视障人群提供专门服务。"心声·音频馆"现有资源1.2万小时，6.17万集，内容有评书曲苑、相声小品、名曲赏析、影视同声、传奇故事、心声励志、健康新生、文学素养、欢乐少儿等栏目。

益阳市赫山区图书馆举办讲座、展览、培训、阅读推广等读者活动。从2010年起，赫山区图书馆与区教育局连续数年举办中小学生艺术比赛，每年有2000人参赛。2011年，举办"庆祝建党90周年"全国文化信息资源共享工程"阳光少年热爱党"电脑小报设计比赛，少儿"纪念中国共产党成立90周年"红色经典读书活动。2013年，开展少儿"中国梦·我的梦"读书活动。2014年，举办少儿"中国梦·我心中的故事"读书活动。2015年，举办少儿"中国梦·汉语美"诵读展演。2017年，开展"书香湖南·红星闪闪耀童心"少儿读书活动，"传递阅读力量·开展指尖E阅读"图书阅读推广活动，联合益阳市各公共图书馆和各高校图书馆开展"书香益阳·润泽心灵——好书互换"全市阅读推广活动，并举办"同悦书香·相伴成长"亲子朗读实践活动。2018年，开展"书香益阳·共创共享儿童阅读新时代"少儿读书活动。

3.现代技术应用

2009年，赫山区图书馆引入CDI文津图书馆管理系统软件，实现采访、编目、流通自动化管理。2014年，购入42寸红外触摸式歌德电子书借阅机，内置3000册电子图书，每月更新200册。2016年，购入红外触摸式歌德少儿电子书借阅机，内置3000册少儿绘本和800部少儿故事动画。2018年，购入42寸红外触摸式歌德电子书借阅机安装在赫山区政务中心供市民借阅图书，并提供电信100M光纤网络覆盖全馆并提供Wi-Fi供读者免费下载电子图书到手机上阅读。

三、表彰与奖励

在 2009 年第四次全国县级以上公共图书馆评估、2013 年第五次全国县级以上公共图书馆评估中，益阳市赫山区图书馆均被文化部评为"国家一级图书馆"。2017 年第六次全国县级以上公共图书馆评估中，益阳市赫山区图书馆被文化部评为"国家二级图书馆"。

沅江市图书馆

1923 年，洞庭图书馆成立。1929 年，沅江成立县民众图书馆，随后县民众图书馆并入县民众教育馆。1950 年，沅江县文化图书馆成立，内设图书室。1958 年，成立沅江县图书馆，与县文化馆合署办公。1966 年，沅江县图书馆停止开放。1978 年，恢复沅江县图书馆并独立建制。1988 年，沅江县改市，沅江县图书馆更名为沅江市图书馆。

一、基础设施设备和机构、人员、经费

1. 基础设施设备

1995 年，沅江市图书馆拆除旧馆舍，在原址修建新馆舍。1997 年，新馆竣工，楼高 6 层，建筑面积 2787 平方米，有阅览座席 242 个，配备电脑、数码相机、数码摄像机、打印机、复印机、传真机等办公设备。

2. 机构

2018 年，沅江市图书馆设办公室、综合图书外借室、报刊综合阅览室、少儿借阅室、参考咨询室、电子阅览室、国图文库、多媒体室、便民阅报室。

3. 人员

从 2009 年起，晏毅刚担任沅江市图书馆馆长一职。

沅江市图书馆员工情况统计表（单位：人）

年份	员工人数	高中学历	专科及本科学历	初级职称	中级职称
2018	16	1	15	4	11

4. 经费

沅江市图书馆经费统计表

年份	2009	2010	2011	2012	2013	2014	2015	2016	2017	2018
财政拨款（万元）	54	54	54	74	114	120	140	150	190	195

2010 年前，单列购书经费 5 万元，2010 年起增加至 13 万元，另外每年政府下拨数字资源采购费 10 万元。

二、基础业务建设

1. 馆藏资源

2018 年，沅江市图书馆藏书总量为 16.1 万册，其中，图书 12.3 万册、过刊 1.52 万册、过报 1347 本、地方文献 2000 册、视听文献 547 种、电子图书 1.8 万册等。图书年入藏 2100 种以上，报刊年入藏 215 种。藏有古籍 4124 种，共 18873 册，其中《四部丛书》1109 种 12732 册，《万有文库》1221 种 3173 册，副本 651 种 1123 册。

2015 年，沅江市图书馆加入湖南图书馆联机编目系统。

沅江市图书馆藏书统计表

年份	2009	2010	2011	2012	2013	2014	2015	2016	2017	2018
藏书量（万册）	13.2	13.5	13.7	13.9	14.1	14.4	14.6	14.8	15.1	16.1

2. 读者服务

沅江市图书馆每周开放 58 个小时，服务窗口均对外实行免费开放，免费为读者提供办证、咨询、借阅等服务。沅江市图书馆组建一支 100 人的文化志愿服务队伍，利用节假日为群众开展志愿服务活动。

沅江市图书馆读者服务统计表

年份	借阅册次（万册次）	借阅人次（万人次）	持证读者人数（人）
2009	9.47	6.65	3000
2010	9.63	7.70	3500
2011	10.62	8.46	3800
2012	11.54	8.78	4000
2013	10.55	8.25	4200
2014	12.37	10.06	4500
2015	11.07	8.96	4800
2016	11.26	9.48	5000
2017	12.10	9.72	5200
2018	10.60	11.50	5400

沅江市图书馆每年举办讲座、展览、培训、阅读推广等读者活动。2013年，开展少儿"我的梦·中国梦"读书活动。2014年，开展少儿"中国梦·我心中的故事"读书活动，2015年，举办少儿"中国梦·汉语美"读书活动。2016年，举办少儿"光荣与梦想——纪念建党95周年暨红军长征胜利80周年"读书活动。2017年，开展"书香湖南·红星闪闪耀童心"少儿读书活动。2018年，举办"书香湖南·共创共享儿童阅读新时代"少儿读书活动。

3. 现代技术应用

2010年，沅江市图书馆接入光纤，电信100兆光纤网络覆盖全馆并提供免费Wi-Fi。2017年，购置歌德电子借阅机、触摸屏少儿学习一体机、移动图书馆、读秀知识库、沅江地方文献专题库等先进设备和数据库，开通了沅江市图书馆微信公众号和门户网站，上传沅江市图书馆工作和活动信息。

2010年，全国文化信息资源共享工程沅江市支中心建成，设立电子阅览室、多媒体视听室、中心机房，成立信息资源部，配备专职工作人员，成立沅江市政府公开信息查询点。

三、表彰与奖励

在2009年第四次全国县级以上公共图书馆评估、2013年第五次全国县级以上公共图书馆评估、2017年第六次全国县级以上公共图书馆评估中，沅江市图书馆均被文化部评为"国家二级图书馆"。

南县图书馆

1929年，南县民众图书馆成立，后县民众图书馆并入县民众教育馆。1943年，日寇犯境，南县沦陷，馆舍遭焚，图书及设施损失殆尽。1950年，南县文化馆设图书室。1956年，成立南县图书馆。1958年，南县图书馆与县文化馆合并。1976年，恢复南县图书馆。1979年，在南县南洲镇南洲东路建成了占地800平方米的馆舍。1989年，又修建3层书库。南县图书馆设办公室、图书外借室、综合阅览室、少儿图书室、书库等。

一、基础设施设备和机构、人员、经费

1. 基础设施设备

南县图书馆馆舍建筑面积1700平方米，阅览座席240个。2015年，全馆原木制书架全部更换为钢制书架。2016年，对综合外借室、少儿阅览室、综合阅览室进行装修，安装中央空调。

2. 机构

2018年，南县图书馆设综合图书外借室、报刊综合阅览室、少儿阅览室、地方资料室、电子阅览室、多媒体室、参考咨询室等7个服务窗口。

3. 人员

南县图书馆馆长名录

序号	姓名	任职时间
1	蒋学军	2006年至2017年
2	周红波	2017年至今

南县图书馆员工情况统计表（单位：人）

年份	员工人数	高中学历	专科及本科学历	初级职称	中级职称
2009	8	2	8	3	5
2010	10	1	9	3	5
2011	10	1	9	3	6
2012	10	0	10	3	6
2013	10	0	10	4	6
2016	10	1	9	3	6
2017	10	0	10	4	6
2018	10	1	9	4	6

4. 经费

南县图书馆经费统计表（单位：万元）

年份	财政拨款	购书经费	共享工程经费	免费开放经费
2009	33.77	9.90	2.50	—
2010	33.77	11.00	2.50	—
2011	37.77	11.00	2.50	10.00
2012	37.77	11.00	2.50	17.00
2013	38.77	12.00	2.50	17.00
2014	46.17	12.00	3.50	17.00
2015	63.52	14.00	3.50	17.00
2016	61.71	14.00	2.50	17.00
2017	69.80	14.00	3.85	17.00
2018	42.00	14.00	3.85	17.00

注：2018年"财政拨款"不包含退休人员养老金。

二、基础业务工作

1.馆藏资源

2018年，南县图书馆藏书13.8万册。馆藏文献依据《中国图书馆分类法（第五版）》进行分类标引，依据《普通图书著录规则》著录，期刊以《中图法期刊分类表》进行分类标引，按照《连续出版物著录规则》进行著录，拥有一套较为完整的目录设置、组织、管理体系。

南县图书馆藏书统计表

年份	2009	2010	2011	2012	2013	2014	2015	2016	2017	2018
藏书量（万册）	9.5	9.9	10.4	10.8	11.2	11.5	11.8	12.1	12.5	13.8

2.读者服务

南县图书馆每周对外开放7天，周开放56小时，实行开架全免费借阅，年书刊外借4万册次，接待读者5万人次。2008年，南县图书馆建成全国文化信息资源共享工程县级支中心，新增多媒体室、中心机房、电子阅览室，并在县政府大厅安装电子图书免费借阅机。

南县图书馆读者服务统计表

年份	借阅册次（万册次）	借阅人次（万人次）	持证读者人数（万）
2009	12.72	7.40	0.31
2010	13.06	7.61	0.34
2011	13.28	7.84	0.41
2012	13.78	8.2	0.46
2013	14.90	8.85	0.51
2014	15.56	9.93	0.55
2015	16.14	10.35	0.59
2016	16.50	10.43	0.62
2017	16.56	10.47	0.64
2018	16.61	10.51	0.69

南县图书馆积极开展读者活动。2014年，开展少儿"中国梦·我心中的故事"读书活动。2015年，开展少儿"中国梦·汉语美"读书活动。2016年，举办少儿"光荣与梦想——纪念建党95周年暨红军长征胜利80周年"读书活动。2017年，开展少儿"红星闪闪耀童心"读书活动。2018年，开展少儿"共创共享儿童阅读新时代"读书活动。

2015年，南县图书馆申请"国家级非物质文化遗产保护项目——南县地花鼓专题片""南县厂窖惨案专题片"项目，获全国文化信息资源共享工程 2015 年度地方资源建设立项，于 2016 年完成项目的拍摄制作工作，完成相关项目"南县地花鼓"上下集专题片、"南县厂窖惨案"上下集专题片制作和高清素材拍摄，整理出高清素材时长共计 109 多小时，容量 2TB。

3. 现代技术应用

2008 年，南县图书馆引入 Interlib 图书馆集群管理系统，实现采访、编目、流通自动化管理。全国文化信息资源共享工程县级支中心的建立，新增多媒体室、中心机房、电子阅览室，拥有电脑工作站 30 多台，配备了 4 台服务器，拥有磁盘阵列 1 套，容量达到 4.5T。全馆拥有各类交换机 3 台，采用 10M 光纤上网，馆内局域网、无线网络健全，于 2016 年开通微信公众号。

三、表彰与奖励

在 2009 年第四次全国县级以上公共图书馆评估、2013 年第五次全国县级以上公共图书馆评估中，南县图书馆被文化部评为"国家二级图书馆"。2017 年第六次全国县级以上公共图书馆评估中，南县图书馆被文化部评为"国家三级图书馆"。

桃江县图书馆

1951 年，桃江县成立县文化馆，内设图书室。1958 年，县文化馆停办。1961 年，县文化馆恢复，图书室重新开放。1966 年，县文化馆再次停办。1971 年，恢复县文化馆。1979 年，桃江县图书馆成立，与县文化馆合署办公。1981 年，桃江县图书馆独立建制。

一、基础设施设备和机构、人员、经费

1. 基础设施设备

桃江县图书馆位于文化路，馆舍于 1988 年建成投入使用，占地面积 3600 平方米，建筑面积 2007 平方米。2018 年，馆舍面积达 2500 平方米，在办公场所和服务窗口均安装空调电脑。2009 年，建中心机房、电子阅览室、多媒体室。2012 年，添置 6 台电脑、钢制书架 100 列、密集型书架 430 立方米。2018 年，进行馆舍维修。

2. 机构

2018 年，桃江县图书馆设办公室、采编室、辅导部、外借室、期刊阅览室、少儿外借阅览室、电子阅览室、过刊过报室、参考咨询室和青少年校外活动基地。

3. 人员

桃江县图书馆馆长名录

序号	姓名	任职时间
1	李 翔	2009 年至 2009 年
2	高玉辉	2009 年至 2018 年
3	熊 伟	2018 年至今

桃江县图书馆员工情况统计表（单位：人）

年份	员工人数	高中学历	专科及本科学历	初级职称	中级职称	副高职称
2009	27	2	25	8	15	2
2011	26	2	24	8	14	2
2014	25	2	23	7	13	3
2015	24	2	22	5	14	3
2016	22	1	21	5	13	3
2018	23	1	22	6	12	3

4. 经费

桃江县图书馆经费统计表（单位：万元）

年份	财政拨款	购书经费	免费开放经费	共享工程经费	古籍保护经费	流动图书、24 小时自助图书馆经费	数字图书馆经费
2009	76.30	9.00	—	—	—	—	—
2010	80.01	11.00	—	—	—	—	—
2011	108.05	20.00	20.00	—	—	—	—
2012	159.35	20.00	20.00	—	—	—	—
2013	150.02	20.00	20.00	—	—	—	—
2014	171.96	20.00	20.00	5.00	—	—	—
2015	173.56	20.00	20.00	5.00	—	—	—
2016	248.41	20.00	20.00	5.00	—	—	48.95
2017	248.37	20.00	20.00	5.00	2.00	4.70	—
2018	267.54	20.00	20.00	5.00	2.00	4.70	—

二、基础业务工作

1. 馆藏资源

2018 年，桃江县图书馆藏书 18.3 万册，馆藏古籍 1986 册，其中，1911 年前，古籍有 1245 册。收藏地方文献 983 种、1500 册。馆藏文献使用《中国图书馆分类法（第五版）》和《中国分类主题词表》标引，采用《普通图书著录规则》著录。

桃江县图书馆藏书统计表

年份	2009	2010	2011	2012	2013	2014	2015	2016	2017	2018
藏书量（万册）	12.3	12.7	13.1	13.7	14.4	15.2	16.1	16.7	17.8	18.3

2. 读者服务

桃江县图书馆开展多种读者活动。2009 年，开展"新中国 60 周年道德模范故事会"少儿读书知识竞赛活动。2010 年，举办 G3 杯"迎世博·迎亚运·讲文明·树新风"少儿文明礼仪知识读书活动。2011 年，开展"阳光少年热爱党"电脑小报设计比赛。2014 年，举办"中国梦·我心中的故事"少儿读书活动。2015 年，组织开展"书香益阳"之"中国梦·汉语美"少儿诵读活动，"三湘读书月"活动中排演《千古岳阳楼》情景剧。2016 年，举办"光荣与梦想——纪念建党 95 周年暨红军长征胜利 80 周年"少儿读书活动。

桃江县图书馆读者服务统计表

年份	借阅册次（万册次）	借阅人次（万人次）	新增持证读者人数（人）
2009	0.20	0.05	182
2010	1.02	0.25	310
2011	0.92	0.26	248
2012	1.73	0.34	280
2013	2.92	0.51	305
2014	4.52	0.81	606
2015	6.92	1.26	1063
2016	8.91	1.67	1223
2017	9.67	1.89	1483
2018	9.11	1.74	941

2009 年，桃江县图书馆"发挥自身优势竭诚为读者提供科学养殖、学术研究便捷服务"项目获湖南省公共图书馆第七届服务成果三等奖。2016 年，桃江县图书馆"'三湘读书月'——'中国梦·我心中的故事'系列活动"项目获湖南省公共图书馆服务成果三等奖。

3. 现代技术应用

2009 年，桃江县图书馆引入 Interlib 图书馆集群管理系统，实现采访、编目、流通自动化管理。2017 年，购置自助办证机 2 台、自助借还机、博看电子借阅机、歌德图书借阅机。2009 年，桃江县图书馆建立文化信息资源共享工程桃江支中心，设有 269 个基层服务点。2017 年，建成桃江县图书馆网站。

4. 志愿者服务

2017 年，桃江县图书馆成立学雷锋志愿者服务站，有志愿者 20 人，每月组织一次文化志愿者服务活动。

三、总分馆建设

2017年，桃江县图书馆建成24小时自助图书馆，在桃江一中、灰山港综合文化馆建成分馆。

四、学术、科研活动

桃江县图书馆员工发表部分论文一览表

序号	作者	论文题名	发表刊物	发表时间
1	姜淑纯	试论现代图书馆人本管理	《当代文化与教育研究》	2011年第9期
2	姜淑纯	谈新时期专业学位在公共图书馆人员继续教育中的作用	《图书馆》	2012年第2期
3	姜淑纯	图书馆员的职业素养与专业学位教育	《当代文化与教育研究》	2012年
4	高玉辉	县级公共图书馆在农村留守儿童教育中的作用	《中国科技信息》	2012年第1期
5	高玉辉	文化春天花似锦 桃花江畔书香浓	《图书与情报》	2012年第6期
6	高玉辉 张 楚 罗爱民	图书馆免费开放的服务拓展创新——以桃江为例	《当代文化与教育研究》	2013年第1期
7	高玉辉 罗爱民 何容斌	少年儿童图书馆教育职能的延伸与拓展	《当代文化与教育研究》	2013年第5期
8	姜淑纯	论图书馆信息服务的管理	《当代文化与教育研究》	2014年12期
9	姜淑纯	县级图书馆大数据时代的文化服务创新	《当代文化与教育研究》	2016年

五、表彰与奖励

2009年第四次全国县级以上公共图书馆评估，桃江县图书馆被文化部评为"国家三级图书馆"。2013年第五次全国县级以上公共图书馆评估，桃江县图书馆被文化部评为"国家一级图书馆"。2017年第六次全国县级以上公共图书馆评估，桃江县图书馆被文化部评为"国家二级图书馆"。

安化县图书馆

1928 年，安化县创办县通俗图书馆。1929 年，县通俗图书馆与县通俗教育馆合并，成立安化县民众图书馆。1939 年，县民众图书馆并入县民众教育馆。1951 年，成立安化县文化馆，内设图书室。1977 年，安化县图书馆成立。1982 年，修建新馆舍。

一、基础设施设备和机构、人员、经费

1. 基础设施设备

安化县图书馆位于东坪镇建设路 28 号，建筑面积 2530 平方米，主楼 1572 平方米，书库面积 720 平方米，有电脑 30 台，空调 10 台。2009 年，新购钢书架 20 组、期刊架 14 组。2017 年，购置少儿学习一体机、歌德阅读机。2013 年，国家配送流动图书车。

2. 机构

2018 年，安化县图书馆设办公室、外借室、综合阅览室、电子阅览室、多媒体活动室、少儿阅览室、地方参考咨询室、文化信息资源共享工程安化支中心。

3. 人员

安化县图书馆馆长名录

序号	姓名	任职时间
1	吉亦军	2006 年至 2016 年
2	王安群	2016 年至今

安化县图书馆员工情况统计表（单位：人）

年份	员工人数	高中学历	专科及本科学历	初级职称	中级职称
2018	11	1	10	3	6

4. 经费

安化县图书馆经费统计表

年份	2009	2010	2011	2012	2013	2014	2015	2016	2017	2018
财政拨款（万元）	57.2	71.9	76.5	79.5	102.3	111	126.9	156.4	206.7	246.4

二、基础业务工作

1. 馆藏资源

2018 年，安化县图书馆藏书 13.68 万册，其中图书 11.59 万册、过刊 1.93 万册、视

听文献 974 种。收藏地方文献 4280 种 5600 册，古籍 430 册，其中有清版《全本札记体注》《子史精华》《广韵》等 69 套古籍。在 2014 年第一次全国可移动文物普查中，被益阳市文物局鉴定为古籍图书。2017 年购入电子图书 3000 册。

安化县图书馆藏书统计表

年份	2009	2010	2011	2012	2013	2014	2015	2016	2017	2018
藏书量（万册）	11.36	11.69	11.84	12.04	12.24	12.48	12.86	13.05	13.35	13.68

2. 读者服务

安化县图书馆服务窗口全部实行免费开放，实行一卡通用，每周开放 58 小时。

安化县图书馆读者服务统计表

年份	借阅册次（万册次）	借阅人次（万人次）	持证读者人数（万人）
2009	11.00	8.90	0.92
2010	12.00	8.50	0.94
2011	11.20	8.70	0.96
2012	12.32	6.16	1.06
2013	12.50	6.25	1.03
2014	12.10	6.55	1.09
2015	12.30	6.74	1.12
2016	11.10	5.55	1.15
2017	9.90	4.25	1.21
2018	4.80	2.40	1.27

2009 年至 2018 年，安化县图书馆举办讲座、展览、培训、阅读推广等读者活动。2009 年，开展少儿"和谐湖南"美文诵读活动。2011 年，举办纪念中国共产党成立 90 周年书法美术作品展以及红色经典读书活动。2012 年，开展"学习雷锋好榜样"读书活动、2013 年，开展"山舞银蛇闹元宵"文艺活动和万人猜灯谜活动以及少儿"阅读之星"评选活动。2014 年，"三湘读书月"之"中国梦·我心中的故事"读书活动，并启动"你读书，我买单"全民读书活动。2015 年，开展少儿"中国梦·汉语美"诵读展演活动。2016 年，举办第六届"三湘少儿阅读之星"评选活动。2017 年，开展"书香湖南·红星闪闪耀童心"少儿读书活动，在图书馆服务宣传周走进特殊学校，让图书走进你我，让书籍温暖生活，走进县城幼儿园，开展"书是我的好朋友"活动。2018 年，举办"书香湖南·共创共享儿童阅读新时代"少儿阅读活动。2016 年至 2018 年春节，组织开展"湖湘文化进万家"，少儿春联义写活动，参加安化县组织的送科技、送卫生、送文化"三下乡"活动。

3. 现代技术应用

2013 年，安化县图书馆引入 CDI 文津图书馆管理系统软件，实现采访、编目、流通自动化管理。2016 年，建立安化县图书馆网站（anhuaxian.superlib.libsou.com）。2017 年，开通了图书馆微信公众平台，购置歌德阅读机和少儿学习一体机，读者可以在阅读机上自助阅读高清电子图书，也可通过手机扫描二维码进行阅读。2010 年，安化县图书馆共享工程建设过程中，按标准建成电子阅览室、多媒体活动室、中心机房，配备专职工作人员，建成文化信息资源共享工程安化支中心，建立 517 个农家书屋和 480 个基层服务点。2016 年，各乡镇电子阅览室安装到位。

三、表彰与奖励

在 2009 年第四次全国县级以上公共图书馆评估、2013 年第五次全国县级以上公共图书馆评估中，安化县图书馆被文化部评为"国家二级图书馆"。2017 年第六次全国县级以上公共图书馆评估，安化县图书馆被文化部评为"国家三级图书馆"。

第九章　娄底市公共图书馆

娄底市图书馆

根据《中共娄底市委常委 2018 年第 4 次会议纪要》精神，娄底市文化旅游广电体育局成立娄底市图书馆筹建办公室，明确宁学平同志担任市图书馆筹建负责人。组织筹备组工作人员赴省内外图书馆进行学习考察，汲取先进理念和经验，到湖南图书馆、长沙市图书馆寻求业务指导和工作支持，邀请多家设计单位现场察看洽谈，邀请省市有关图书馆专家实地指导和现场查勘，为图书馆建设出谋划策。

娄底市图书馆功能定位是适应图书馆发展需要，以创建国家二级图书馆为标准，突出娄底特色，致力建设成为全市文献信息资源服务中心、全民阅读终身教育中心、全市图书馆中心总馆、娄底市民的大书房、文化熏陶的目的地。

湖南湘盛建筑科技公司承担娄底市图书馆公共空间优化设计、信息化系统设计和投资估算，娄底市文化旅游广电体育局就设计方案先后组织 6 次座谈和评审会，局党组会审议并通过了设计方案和投资估算。娄底市图书馆馆舍由娄底市城市发展集团有限公司承建，建筑面积 8021 平方米，位于娄底市文体中心，主体工程于 2019 年竣工。

娄底市财政下拨了娄底市图书馆设计等前期工作经费 150 万元，省财政厅安排全省文化事业发展专项资金 200 万元，2019 年，娄底市政府安排市图书馆后续配套建设工程经费 1000 万元。

娄星区图书馆

1982 年，娄星区图书馆成立，其前身为县级娄底市文化馆图书室。1987 年，经湖南省文化厅批准为娄底地区中心图书馆，租用娄底镇镇公所 3 楼，位于娄底大桥桥头。1985 年，筹建娄底市图书馆新馆舍。1992 年，新馆竣工并对外开放。1999 年，娄底地区撤地建市，娄底市图书馆更名为娄星区图书馆。

一、基础设施设备和机构、人员、经费

1. 基础设施设备

娄星区图书馆坐落于娄底市中心清泉广场，建筑面积 3668 平方米。2006 年，扩建办公楼，高 7 层，面积 3600 平方米。2011 年，对电子阅览室、期刊阅览室进行重新装修。

全馆设阅览座席 200 个、电脑 45 台、笔记本电脑 4 台、复印机 6 台、空调 11 台和投影仪、扫描仪、数码相机。安装监控系统，馆内无线信号全覆盖。

2. 机构

2018 年，娄星区图书馆设办公室、财务室、采编部、期刊部、借阅部、少儿部、辅导部、参考咨询部、地方文献部、电子阅览室。

3. 人员

从 1994 年起，李定锋担任娄星区图书馆馆长一职。

娄星区图书馆人员情况统计表（单位：人）

年份	员工人数	高中学历	专科及本科学历	初级职称	中级职称	副高职称
2018	26	5	21	7	9	1

4. 经费

娄星区图书馆经费统计表（单位：万元）

年份	2009	2010	2011	2012	2013	2014	2015	2016	2017	2018
财政拨款	105	69	120	110	134	139	121	248	238	246
购书经费	5	6	5	5	—	—	—	—	5	4

二、基础业务工作

1. 馆藏资源

2018 年，娄星区图书馆藏书 13.89 万册，其中图书 12 万册、期刊 1.87 万册、视听文献 125 件。馆藏文献依据《中国图书馆分类法（第五版）》和《中国分类主题词表》进行分类和主题标引，期刊依据《中图法期刊分类表》进行分类标引，按《普通图书著录规则》进行著录。

娄星区图书馆藏书统计表

年份	2009	2010	2011	2012	2013	2014	2015	2016	2017	2018
藏书量（万册）	12.38	12.48	12.58	12.63	12.88	13.07	13.38	13.68	13.78	13.89

2. 读者服务

娄星区图书馆实行开架借阅，每周开放 56 小时，2011 年起，实行全免费开放。2018 年，外借图书 54689 册次，接待读者 69857 人次。

娄星区图书馆读者服务统计表

年份	外借册次（万册次）	外借人次（万人次）	讲座（次）	展览（次）
2009	3.96	6.25	6	3
2010	3.59	5.51	4	2
2011	3.56	5.56	4	2
2012	3.56	5.67	3	1
2013	4.16	5.69	7	2
2014	4.24	6.26	8	3
2015	5.62	6.99	10	2
2016	5.97	6.85	12	3
2017	5.69	6.66	9	2
2018	5.47	6.99	10	3

3. 现代技术应用

娄星区图书馆采用成蹊智能图书馆系统，采访、编目、办证、借还图书实现自动化管理。可供读者和工作人员正常使用的计算机 45 台，宽带接入 100M，存储容量达 21TB，读者区无线网络全覆盖。2017 年，建成娄星区图书馆门户网站和微信公众号。娄星区图书馆是全国文化信息资源共享工程娄底市支中心，全区建成电子阅览室 81 家，其中乡镇（街道）级 8 家，村（社区）级 73 家。

4. 志愿者服务

娄星区图书馆有一支 128 人组成的文化志愿队伍，统一印制有湖南志愿者标识的服装，开展多种服务。

三、学术、科研活动及成果

娄星区图书馆学术成果一览表

作者	题名	发表刊物	时间期号
刘朝晖、谢小玲	开放资源的书目控制研究	《晋图学刊》	2009 年第 2 期
刘朝晖	基层公共图书馆生态管理模式研究	《图书馆》	2010 年第 5 期
刘朝晖	公共图书馆生态管理策略生成模式研究	《图书馆》	2011 年第 5 期

四、表彰与奖励

2017 年第六次全国县级以上公共图书馆评估中，娄底市娄星区图书馆被文化部评为"国家三级图书馆"。

涟源市图书馆

涟源市图书馆前身是涟源县文化馆图书室，馆址在蓝田镇中山街 58 号刘家祠堂，1952 年对外开展图书借阅服务。1974 年，涟源县图书馆成立，与县文化馆合署办公。1978 年，涟源县图书馆独立建制，接受文化馆图书 2.8 万册、期刊 3245 册、报纸 1930 册。馆舍为原工商联的 2 栋房屋。1987 年，涟源撤县改市，涟源县图书馆更名为涟源市图书馆。

一、基础设施设备和机构、人员、经费

1. 基础设施设备

1978 年，涟源县革命委员会以（涟革发〔78〕118 号）文件批复，将工商联在蓝田镇中山街 48 号的 2 栋旧房拨给图书馆。1980 年，建成 800 平方米的馆舍。1998 年，涟源市人民法院将图书馆原有馆舍产权判归工商联所。至此，涟源市图书馆暂无馆舍。1998 年，时任湖南省文联主席谭谈倡议兴建作家爱心书屋，选址白马镇田心坪村，修建 1 栋建筑面积 600 平方米的馆舍。1999 年，涟源市图书馆新馆舍竣工，建筑面积为 4500 平方米。2013 年，涟源市图书馆对部分阅览室、书库、设备设施进行改造，全馆设座席 360 个。

2. 机构

2018 年，涟源市图书馆设办公室、采编部、图书外借处、报刊阅览外借综合部、少儿部、地方文献参考咨询部、作家签名图书珍藏库、全国文化信息资源共享工程县级支中心。

3. 人员

从 2003 年起，颜玲瑶担任涟源市图书馆馆长一职。

涟源市图书馆员工情况统计表（单位：人）

年份	员工人数	高中学历	专科及本科学历	初级职称	中级职称	副高职称
2009	20	3	17	6	9	2
2010	19	2	17	6	9	2
2011	18	1	17	6	9	2
2012	18	1	17	6	9	2
2013	18	1	17	6	9	2
2014	19	2	17	6	9	2
2015	19	2	17	6	9	2
2016	16		14	6	7	1
2017	16	2	14	6	7	1
2018	15	1	14	5	7	1

4. 经费

涟源市图书馆经费统计表（单位：万元）

年份	2009	2010	2011	2012	2013	2014	2015	2016	2017	2018
财政拨款	97.5	93.1	93.8	94.6	95.8	105.5	121.7	157.5	296.3	156.7
购书经费	8.0	8.0	8.0	10.0	10.0	10.0	10.0	10.0	20.0	10.0

注：2017年"财政拨款"包括数字图书馆建设专项经费130.2万元。

二、基础业务工作

1. 馆藏资源

涟源市图书馆藏书统计表

年份	2009	2012	2014	2016	2018
藏书量（万册）	12	14	15	16	21

注：2018年数据包括电子图书。

2. 读者服务

涟源市图书馆读者服务统计表

年份	外借册次（万册次）	流通人次（万人次）
2009	10	11
2015	11	12
2018	12	13

涟源市图书馆积极开展读者读书活动。2009年，举办"书香涟源·悦读你我"读书活动和"新中国60周年道德模范故事"读书活动。2010年，开展G3杯"迎世博·迎亚运·讲文明·树新风"文明礼仪读书知识竞赛。2011年，举办少儿"三湘少年儿童阅读之星"评选活动，2012年，开展少儿"三湘少年儿童阅读之星"活动和"三湘读书月"之少儿"学习雷锋好榜样"读书活动。2014年，举办少儿"中国梦·我心中的故事"和"我有一个梦"网络征文读书竞赛活动，以及"文化共享·惠泽三湘"全民阅读进社区活动。2015年，开展少儿第五届"三湘少年儿童阅读之星"活动。2016年，举办少儿"光荣与梦想"主题书展。2016年，开设"亲子阅读"和"道德讲座"，以及"儿童画""大美涟源""水墨飘香·文化名城书画展"。2017年，举办"解放军叔叔，你好！"手绘明信片献给最可爱的人少年儿童绘画作品创作评选、"书香涟源·红星闪闪耀童心"少儿读书活动。2018年，开展"送书、送戏、送春联"到基层乡镇的服务活动，元宵节举办"有奖灯谜竞猜"活动，并在"4·23"世界读书日举办了"书声琅琅"国学经典诵读活动，以及"倡导全民阅读，构建书香涟源"和"我的书屋，我的梦"为主题阅读宣传推广活动。

2009 年，"做好作家、文艺生活体验家创作基地延伸服务"项目获湖南省公共图书馆第七届服务成果三等奖。

3. 现代技术应用

2006 年，涟源市图书馆引入图书馆自动化集成系统（ILAS），采访、编目、流通、检索实现自动化管理，2013 年，改用 Interlib 图书馆集群管理系统。2018 年，全馆计算机 38 台，设立了门户网站、移动图书馆、歌德电子阅读机、歌德少儿电子阅读机、图书馆信息数据墙、微信图书馆。

4. 志愿者服务

2016 年，涟源市图书馆组织文化志愿者服务队，登记注册的志愿者有 67 人。

三、总分馆建设

2017 年，涟源市图书馆建成 2 个分馆：作家爱心书屋、蓝田文化站，实施通借通还。

四、表彰与奖励

在 2009 年第四次全国县级以上公共图书馆评估、2013 年第五次全国县级以上公共图书馆评估、2017 年第六次全国县级以上公共图书馆评估中，涟源市图书馆被文化部评为"国家一级图书馆"。

2016 年，涟源市图书馆获全国"2016 年最美基层图书馆"称号。

冷水江市图书馆

冷水江原是隶属于新化县的一个区。1969 年，建立县级冷水江市。1976 年，在原文化馆图书室的基础上，冷水江市图书馆成立，与市文化馆合署办公。1979 年，冷水江市图书馆与市文化馆分立，独立建制。

一、基础设施设备和机构、人员、经费

1. 基础设施设备

冷水江市图书馆经历过 2 次馆舍建设。1981 年，在锑都中路 28 号修建的馆舍竣工，建筑面积 1500 平方米，主楼 4 层，右裙楼 3 层，左裙楼 2 层。2003 年，对旧馆舍进行改建，修建 5 层框架结构的新馆舍，建筑面积 5200 平方米。

2.机构

2018年,冷水江市图书馆设办公室、采编部、综合外借室、公共电子阅览室、少儿借阅室(怡宝图书馆)、地方文献室。

3.人员

冷水江市图书馆馆长名录

序号	姓名	任职时间
1	唐思京	2003年至2011年
2	谢晓波	2011年至今

冷水江市图书馆员工情况统计表(单位:人)

年份	员工人数	专科及本科学历	研究生学历	中级职称	副高职称
2018	16	14	2	7	2

4.经费

冷水江市图书馆经费统计表(单位:万元)

年份	财政拨款	购书经费	共享工程经费	免费开放经费
2009	78	5	8	20
2010	64	5	8	20
2011	127	5	8	20
2012	148	8	8	20
2013	183	8	8	20
2014	141	8	8	20
2015	152	8	8	20
2016	158	8	8	20
2017	212	8	8	20
2018	189	8	8	20

二、基础业务工作

1.馆藏资源

2018年,冷水江市图书馆藏书19.4万册。馆藏文献依据《中国图书馆分类法(第五版)》进行分类标引。收集与整理地方文献有专室、专门目录、专人管理,建立了本土作家谢冰莹作品、百年锑都、梅山文化等馆藏书目。

冷水江市图书馆藏书统计表

年份	2009	2010	2011	2012	2013	2014	2015	2016	2017	2018
藏书量(万册)	15.31	15.91	16.04	16.42	16.64	17.89	18.29	18.69	19.39	19.43

2. 读者服务

冷水江市图书馆的设施向读者全年免费开放，每周开放 70 小时，2018 年有持证读者 5211 人。

冷水江市图书馆积极组织开展读者活动。2009 年，开展少儿"新中国 60 周年道德模范故事会"读书竞赛活动。2010 年，举办少儿 G3 杯"迎世博·迎亚运·讲文明·树新风"文明礼仪知识展演活动、文化信息资源共享工程少年网页设计竞赛。2012 年，举办"三湘读书月"之少儿"学习雷锋好榜样"读书活动，2013 至 2015 年少儿"中国梦·我的梦""中国梦·我心中的故事""中国梦·汉语美"读书活动。2015 年，开展"书香之家"评选活动，2016 年，举办少儿"光荣与梦想——纪念建党 95 周年红军长征胜利 80 周年"知识竞答活动。2017 年，开展少儿经典阅读书法作品赛和"书香湖南·红星闪闪耀童心"少儿读书活动。2018 年，开展"书香湖南·共创共享儿童阅读新时代"读书活动。

冷水江市图书馆读者服务统计表

年份	借阅册次（万册次）	流通人次（万人次）	读者活动（次）	讲座、展览（次）
2009	12.75	12.25	29	18
2010	12.78	12.64	30	20
2011	12.79	14.70	24	26
2012	12.84	15.33	24	35
2013	12.46	12.37	29	20
2014	12.55	12.84	27	24
2015	12.99	13.69	28	20
2016	13.45	13.80	29	20
2017	13.56	14.25	28	21
2018	13.77	14.36	26	25

2013 年，"加强县级支中心建设，提升文化共享工程服务能力"项目获湖南省公共图书馆第七届服务成果三等奖。2016 年，"精准扶贫——留守儿童阅读扶贫计划"项目获湖南省公共图书馆服务成果二等奖。

3. 现代技术应用

2013 年，冷水江市图书馆引入 Interlib 图书馆集群管理系统，采访、编目、流通、检索实现自动化管理，建立冷水江市图书馆门户网站。2014 年，购置歌德电子借阅机开展触摸媒体服务。2016 年，开通微信公众平台定期推送阅读服务信息。2017 年，移动图书馆向读者免费开放。

2009 年，冷水江市图书馆完成文化信息资源共享工程冷水江支中心和村级基层服务点的建设，馆内建成电子阅览室、中心机房、多媒体演示厅，铺设 10M 光纤，架设内部局域网千兆网络。冷水江支中心与省中心签订湖南省数字资源共享协议。建立健全共享工程冷水江支中心规章制度，专人负责管理、维护，设备运转正常，并在全市16个乡镇208个行政村设215个基层服务点。

4. 志愿者服务

冷水江市图书馆建立一支由20人组成的志愿者服务队伍，志愿者参与协助图书馆管理和全民阅读推广活动。志愿者参与文化共享工程志愿者培训、小小图书管理员、学雷锋等活动。2015年，"'锑都道德讲堂'志愿者讲师联盟"项目在文化部"文化志愿服务推进年"系列活动中评为示范项目。2016年，谢晓波被湖南省文化厅评为志愿服务"优秀组织工作者"。

三、总分馆建设

冷水江市图书馆在利民村刘小玲农民图书馆、锡矿山办事处留守儿童图书馆、中连乡中心小学等23家单位建立馆外服务点。在城区青山公园、滨江公园建设24小时自助图书馆。

四、学术、科研活动及成果

冷水江市图书馆学术成果一览表

序号	姓名	论文题名	发表情况
1	唐思京	论公共图书馆与非物质文化遗产保护工作	《中国图书馆学会专业图书馆分会2009年学术年会文集》
2	罗端生	公共图书馆如何为农家书屋服务——对冷水江市农家书屋的调查与思考	《科技情报开发与经济》2009年第32期
3	罗端生	图书馆服务弱势群体探微	《网络财富》2009年第13期
4	熊再华	公共图书馆为农民工服务之探讨	《江西图书馆学刊》2009年第1期
5	熊再华	公共图书馆开展网上社区信息服务的思考	《江西图书馆学刊》2009年第2期
6	熊再华	公共图书馆为老年读者服务之思考	《河南图书馆学刊》2009年第3期
7	熊再华	图书馆为农村留守儿童服务之探讨	《图书馆》2009年第4期
8	谢晓波 何　静	经费紧缺与文献资源建设	《农业图书情报学刊》2010年第7期
9	谢晓波	留存地方文化记忆——也谈图书馆如何参与非物质文化遗产保护	《专业图书情报机构的知识服务创新》2010年
10	罗端生	浅议网络环境下图书馆员的继续教育	《科技情报开发与经济》2010年第4期
11	罗端生	公共图书馆为农村少儿课外阅读服务之探析——对冷水江市农村少年儿童课外阅读现状的调查	《图书馆》2010年第3期

序号	姓名	论文题名	发表情况
12	谢晓波	数字图书馆与青少年个性化信息服务	《全国少年儿童图书馆研讨会论文集》2011 年
13	谢晓波 唐思京	冷水江市文化共享工程建设情况综述	《农业图书情报学刊》2011 年第 8 期
14	谢晓波 李月明 何　静	文化共享工程建设与数字信息服务	《数字技术与应用》2011 年第 7 期
15	张秀丽 谢晓波	对文化共享工程建设的实践与探索	《农业图书情报学刊》2011 年第 9 期
16	何　艳	关于少儿图书馆延伸服务的构想	《中国图书馆学会未成年人服务学术研讨会论文集》2011 年
17	谢晓波	基层图书馆与文化共享工程	《图书馆学刊》2011 年第 10 期
18	何　艳	文化共享工程基层服务点建设初探	《内蒙古科技与经济》2011 年第 19 期
19	何　艳	地区图书馆联盟建设研究	《黑龙江科技信息》2011 年第 31 期
20	张秀丽 谢晓波	对国家两大文化教育工程资源整合的实践与思考	《图书馆》2012 年第 4 期
21	何　艳	经典阅读与数字阅读	《农业图书情报学刊》2012 年第 1 期
22	何　艳	如何以"一转三化"战略对接长株潭	《中国科技纵横》2012 年第 21 期

五、表彰与奖励

2013 年第五次全国县级以上公共图书馆评估、2017 年第六次全国县级以上公共图书馆评估，冷水江市图书馆均被文化部评为"国家一级图书馆"。

双峰县图书馆

1952 年，双峰县图书馆成立。1991 年，双峰县图书馆新馆落成。双峰县图书馆连续五届被文化部授予"国家一级图书馆"，被省文化厅授予"文明图书馆"，被省爱卫办评为"文明卫生单位"，被评为娄底市"文明单位"。

一、基础设施设备和机构、人员、经费

1. 基础设施设备

1991 年，双峰县图书馆新馆落成，馆址在蔡和森广场南侧书院路 230 号，建筑面积

4058平方米。2008年，维修书库、阅览室。2009年，扩建少儿活动中心300平方米。2011年，设双峰县革命老区资料陈列室。2017年，设湖湘文库研究室。全馆共有阅览座席350个。

2009年，康师傅控股公司捐赠100万元的设备、图书，有密集型书架410多米、铁木书架313米、铁质期刊架20组、阅览桌椅350套、办公桌椅20套、电脑65台、笔记本电脑2台、打印机4台、投影仪2台、扫描仪2台、数码相机2台、数码摄像机2台、空调10台和传真机、复印机等。2016年，安装监控系统、门禁系统、馆内无线网络信号全覆盖。

2.机构

2018年，双峰县图书馆设办公室、采编室、外借室、阅览室、过刊室、少儿活动中心、资料室、电子阅览室、多媒体演示厅、蔡和森研究室、蔡畅研究室、曾国藩研究室。

3.人员

从2004年起，蔡素玮担任双峰县图书馆馆长一职。

双峰县图书馆员工情况统计表（单位：人）

年份	员工人数	高中学历	专科及本科学历	初级职称	中级职称	副高职称
2018	15	2	13	5	4	1

4.经费

双峰县图书馆经费统计表（单位：万元）

年份	2009	2010	2011	2012	2013	2014	2015	2016	2017	2018
财政拨款	65	76	89	128	134	137	150	177	200	276
购书经费	6	6	6	8	8	8	8	8	11	15

二、基础业务工作

1.馆藏资源

2018年，双峰县图书馆藏书20.86万册，其中图书14.02万册、古籍线装书4144册、盲文图书488册、连环画1.12万册、期刊合订本1.38万册、报纸合订本1.42万册。馆藏文献依据《中国图书馆分类法（第五版）》进行分类标引，《中国文献编目规则》著录。

双峰县图书馆藏书统计表

年份	2009	2010	2011	2012	2013	2014	2015	2016	2017	2018
藏书量（万册）	15.0	16.0	17.8	18.3	18.6	18.9	19.2	19.7	20.3	20.8

双峰县图书馆收藏地方志40种、族谱50种、收藏本地出版物300种。每年业务经费的20%用于地方文献的采购，采购的主要途径：到县印刷厂征集地方文献，利用各种机会到外地旧书店、旧书摊进行采购，深入农村征集与采购族谱和线装书。设有地方文献专室

和赠书专柜。广泛搜集名人文献，如三国时的蜀相蒋琬，清代曾国藩，辛亥革命活动家禹之谟，中共早期领导人蔡和森，妇女领袖蔡畅、向警予，还有唐群英、秋瑾的历史资料，共收集历史资料和地方人士著述、农业科普读物 7 万册，其中珍贵的有明宋彩色套版书，曾国藩、曾国荃等人的手迹，张大千等名人画册。设有资料室、地方文献库、古籍保护库、曾国藩研究室、蔡和森研究室、蔡畅研究室、湖湘文库研究室。

双峰县图书馆藏古籍线装书 4144 册。根据中华古籍总目编目规则将古籍重新著录，并上传至湖南省古籍保护中心审核。2015 年，与国家图书馆出版社签订《全国古籍普查登记目录》图书出版合同，名称定为《湖南省古籍普查登记目录（邵阳市·娄底市卷）》。

2. 读者服务

2011 年，双峰县图书馆实施无障碍、零门槛免费开放，每周开放 70 小时，节假日不闭馆。2012 年，双峰县图书馆设置政府信息公开查询专区，为读者提供政府公开信息查询和相关咨询服务，设置专架收藏政府各类公开信息文献，包括政府公报、统计年鉴、相关法律法规文本查阅、中国法律全文数据库查申报工作提供咨询服务，2015 年为蔡和森诞辰 120 周年纪念活动提供咨询服务。

双峰县图书馆读者服务统计表

年份	外借册次（万）	流通人次（万）	持证读者人数（人）	讲座（次）	展览（次）
2009	10.69	16.40	2164	4	6
2010	11.36	16.83	2314	5	4
2011	18.17	25.77	3500	4	1
2012	23.99	29.59	3600	10	6
2013	21.22	22.32	3640	5	1
2014	18.09	23.62	3915	16	2
2015	20.86	25.65	4156	15	2
2016	20.34	25.74	4338	18	5
2017	19.22	24.93	7848	15	6
2018	19.22	26.58	10563	15	6

双峰县图书馆积极开展阅读推广活动。2009 年，开展少儿"新中国 60 周年道德模范故事会"读书竞赛。2010 年少年网页设计竞赛和 G3 杯"迎世博·迎亚运·讲文明·树新风"文明礼仪知识读书活动，2011 年，开展少儿"纪念中国共产党成立 90 周年"红色经典读书活动。2014 年，开展少儿'中国梦·我心中的故事'读书活动。2015 年，举办少儿"中国梦·汉语美"写读后感活动，2016 年，举行评选"三湘少年儿童阅读之星"活动。2017 年，举办"书香湖南·红星闪闪耀童心"读书活动。2018 年，开展"书香湖南·共创共享儿童阅读新时代"读书活动。

2009年，"扩展服务外延、跟踪服务成果"项目和2016年，"为蔡和森同志诞辰120周年纪念活动服务"项目均获湖南省公共图书馆服务成果三等奖。

3. 现代技术应用

2004年，双峰县图书馆引入图书馆自动化集成系统（ILAS），采访、编目、流通、检索实现自动化管理。2013年，改用Interlib图书馆集群管理系统。拥有计算机65台，与电信签订合同为宽带接入100M，存储容量达21TB。2008年，建双峰县图书馆网站、微信公众号和移动图书馆，不定期推送各种资讯。可远程访问的数据库有3个，自建随书光盘、非遗保护项目、本地春晚节目等数字资源10.1TB。电子阅览室，能够阅览图书馆的多媒体电子资源，点播多媒体课件、电影，可与互联网连接，读者可以根据自己的需要，检索、下载和查阅有关内容。

2008年，双峰县图书馆加入全国文化信息资源共享工程，利用共享工程网络搜集、下载适用于当地群众的政策法规、先进性教育、农业科技、文化体育、防疫保健、科普知识等共享工程信息资源，刻录成DVD光盘或宣传资料，通过县、乡、村三级文化服务网络及其他途径传输信息，扩大宣传面，使群众快学技术，早得实惠。向全县各乡镇文化站、村基层服务点直接提供图书、光盘支持，由各服务点直接面向群众服务。利用"三下乡"、图书馆服务宣传周、农村集市、节假日等，在各乡镇向农民赠予发放共享工程光盘和实用技术资料。

双峰县共有文化信息资源共享工程支中心一个，设村基层服务点997个。2015年，全县文化信息资源共享覆盖率达到100%以上。形成以双峰县图书馆为主干、以乡镇为节点、以各社区村街网点为基点的文化信息资源共享体系。

双峰县图书馆参与数字图书馆推广工程，2009年县财政下拨10万元的专项配套经费，配备高标准的主机机房与电子阅览室。有自建的图书馆网站、微信公众号、移动图书馆和电子借阅机提供文献在线或下载阅读。根据双峰的本地特色资源在网站设有网上书法展厅和网上革命老区资料陈列室。

4. 志愿者服务

双峰县图书馆建立一支50人的志愿者服务队伍，开展志愿者服务活动，每年为空巢老人送温暖活动4次，为乡村学校的留守儿童送书入校活动3次，为残障人员开展送书上门活动6次，并组织留守学生来馆开展读书活动。2014年，周实家被湖南省文化厅评为"优秀文化志愿者"。

三、总分馆建设

2018年，双峰县图书馆在乡镇共建6家分馆，机关事业单位共建3家分馆，24小时自助图书馆1个。

四、学术、科研活动及成果

双峰县图书馆学术成果一览表

序号	姓名	论文题名	发表情况
1	凌　晨 罗晓兰 蔡素玮	体验营销对新时代图书馆服务工作的启示	《中国科技纵横》 2009 年第 6 期
2	王卫钢	公共图书馆管理现代化与服务创新	《黑龙江科技信息》 2011 年第 30 期
3	席艳辉 张志祥	"农家书屋"让人欢喜让人忧	《新闻传播》 2010 年第 12 期
4	朱慧娟	试析图书馆专业分馆的个性化信息服务模式	《速读》 2015 年第 5 期

五、表彰与奖励

2009 年第四次全国县级以上公共图书馆评估、2013 年第五次全国县级以上公共图书馆评估、2017 年第六次全国县级以上公共图书馆评估中，双峰县图书馆均被文化部评为"国家一级图书馆"。

新化县图书馆

1929 年，新化县成立民众图书馆。1952 年，新化县文化馆内设图书室。1956 年，于城关镇南正街成立新化县图书馆。1974 年，修建馆舍，2001 年拆除旧馆舍，建新馆舍。

一、基础设施设备和机构、人员、经费

1. 基础设施设备

1974 年，新化县图书馆的馆址在迎宾路井头街 56 号。2001 年，新建办公楼，建筑面积 1700 平方米。

2. 机构

2018 年，新化县图书馆设办公室、阅览室、电子阅览室、多媒体演播室、外借室、古籍书库、地方文献室、少儿阅览室。

3. 人员

新化县图书馆馆长名录

序号	姓名	任职时间
1	刘倬	2000 年至 2011 年
2	刘放苗	2011 年至 2014 年
3	谢伟华	2014 年至今

新化县图书馆员工情况统计表（单位：人）

年份	员工人数	专科及本科学历	初级职称	中级职称	副高职称
2018	11	11	4	6	1

4. 经费

新化县图书馆经费统计表

年份	2013	2014	2015	2016	2017	2018
财政拨款（万元）	123.88	132.97	141.90	132.17	145.29	140.78

二、基础业务工作

1. 馆藏资源

2018 年，新化县图书馆藏书 16 万册，其中古籍 3.48 万册，编入《全国古籍善本总目》的有 6 部 151 册；孤本 2 部 33 册。设立古籍书库，专人管理。

新化县图书馆藏书统计表

年份	2013	2014	2015	2016	2017	2018
藏书量（万册）	10.73	12.69	12.39	12.38	15.39	16.07

2. 读者服务

新化县图书馆每季度举行梅山讲坛，每周播放免费电影 2 次。多功能演播厅免费开放，为社会团体、企业单位和广大群众提供了一个开展会议、讲座、培训、活动的场所。

新化县图书馆读者服务统计表

年份	2013	2014	2015	2016	2017	2018
借阅人次（万人次）	17.21	17.28	17.11	17.44	19.77	20.78

3.现代技术应用

2006 年，成立全国文化信息资源共享工程新化县支中心，2018 年共建有乡、村文化信息资源共享站点 1142 个，实现了全县乡村全覆盖。

4.志愿者服务

新化县图书馆有一支由 27 人组成的志愿者服务队伍，每年在馆内开展志愿者服务 100 次，在全县开展志愿者服务 20 次。2018 年谢伟华被湖南省文化厅评为文化志愿服务"优秀组织工作者"。

三、总分馆建设

2018 年建成上山里分馆、唐家岭分馆和 2 座 24 小时自助图书馆。

四、表彰与奖励

2009 年第四次全国县级以上公共图书馆评估、2013 年第五次全国县级以上公共图书馆评估、2017 年第六次全国县级以上公共图书馆评估，新化县图书馆均被文化部评为"国家二级图书馆"。

第十章　邵阳市公共图书馆

邵阳市松坡图书馆

邵阳市松坡图书馆始建于 20 世纪 30 年代，当年是为纪念先贤蔡锷（字松坡），激励后人的爱国热情，由邵阳各界知名人士募捐而建的一座民办图书馆。20 世纪 50 年代，松坡图书馆曾一度闭馆。1986 年，重新开馆，并将原邵阳市图书馆与松坡图书馆合并定名为邵阳市松坡图书馆。1995 年，新建松坡图书馆阅览藏书楼，新楼后面的松坡图书馆旧址被确定为市级文物保护单位，设立蔡锷纪念馆和国防教育展览馆，作为邵阳市爱国主义教育基地。2017 年，邵阳市松坡图书馆搬迁至邵阳大道，向公众开放。

一、基础设施设备和机构、人员、经费

1. 基础设施设备

1995 年，邵阳市图书馆新建阅览藏书楼落成，将原来的旧馆舍辟为蔡锷纪念馆和国防教育展览馆。2009 年，对旧址的 3 栋房屋进行维修。2012 年，在旧址建立邵阳市美术馆，并对房屋进行装修。2017 年，邵阳市松坡图书馆搬迁至邵阳大道文化艺术中心，建筑面积 1 万平方米，共 4 层，馆内设 30 个功能区，有大小阅览室 10 个，还设咖啡书吧、少儿活动室、视听室、冥想室，心理咨询室、国学讲堂，阅览座席 1000 个。

2. 机构

1997 年，松坡图书馆与邵阳市图书馆合并，更名为邵阳市松坡图书馆。邵阳市松坡图书馆是由三家机构组成：邵阳市松坡图书馆、邵阳市松坡纪念馆、邵阳市美术馆，三家机构合署办公。2018 年，邵阳市松坡图书馆内设机构：办公室、采编部、综合外借室、报刊阅览室、古籍特藏部、地方文献部、信息化自动部、视听室、电子阅览室、自修室、培训部、盲人阅览室、国学讲堂、作品收集办公室、展览部。

3. 人员

邵阳市松坡图书馆馆长名录

序号	姓名	任职时间
1	杨亦农	2004 年至 2010 年
2	金国辉	2010 年至今

邵阳市松坡图书馆员工情况统计表（单位：人）

年份	员工人数	高中学历	专科及本科学历	初级职称	中级职称	副高职称
2018	34	5	29	12	19	1

4.经费

邵阳市松坡图书馆经费统计表（单位：万元）

年份	2009	2011	2012	2013	2014	2015	2016	2017	2018
财政拨款	138.8	174.0	175.0	201.9	211.5	239.0	254.1	280.9	398.1
购书经费	20.0	20.0	34.0	34.0	34.0	35.0	50.0	50.0	50.0

二、基础业务工作

1.馆藏资源

2018年，邵阳市松坡图书馆馆藏图书58.8万册，其中古籍4.13万册、地方文献5132册、报刊534种，另有电子文献藏量658种。馆藏古籍有《泰山金刚经》《匡喆刻经录》《团山禹氏四修族谱》《邵阳流田姜氏六修族谱》《刘氏通谱》等。2017年，搬迁进新馆后，书库配置了恒温恒湿设备，安装柜式自动七氟丙烷气体灭火装置，添加樟木书柜，所有古籍全部入藏柜内，防火、防虫、防盗工作已达到国家标准要求。

2013年，邵阳市松坡图书馆重建地方文献部，收藏的地方文献以书本为主，少量地方报刊。地方志有《邵阳市志》《邵阳县志》《邵阳市郊区志》《邵东县志》《洞口县志》《武冈县志》《隆回县志》，专业志有《市区交通志》《植物志》《动物志》《中国群众艺术馆志》，年鉴有《邵阳年鉴》《邵阳统计年鉴》，地方史料有《邵阳文史》《党史人物研究》《南下入湘干部名录》《湘籍无产阶级革命家百年祭》，邵阳名人及其相关研究资料有《车氏一家集》《魏源文集》《魏源研究著作述要》《魏源师友记》《魏源家世与师友考》《魏源年谱》《魏源年谱新编》《蔡锷集》《蔡锷故里》《蔡锷轶事》《蔡锷将军》《蔡锷自述》《匡互生传》《胡曾集》《刘坤一》《谭人凤集》《袁国平集》《李剑农集》等。《邵阳文库》对不同时期的邵阳人物、邵阳历史、邵阳文化等进行深入研究，分甲乙丙丁四个部分，收藏书籍61种，共187册，甲编《明清武冈六人集》《马少侨》《邓绎集》《蔡锷集》《简氏一家集》等，乙编《宝庆竹刻研究》《滩头年画研究》《花瑶挑花研究》等，丙编《民间文学》《儿童文学》《楹联诗集》，丁编《邵阳湘军》《邵阳历史人物》等。邵阳家谱共23种412册，如《中华高姓总谱》《邵阳高姓六修宗谱》《武城曾氏房谱》《龚氏子孙寻承墨牒》《中华匡氏通谱》等。邵阳本土著者及邵阳相关研究资料有《地球村的邵阳人》《笑傲潇湘》《晓山话邵阳》《崀山热土》《一日一诗》《奇趣苗乡》《庸楼笔记》等。

邵阳市松坡图书馆藏书统计表

年份	2009	2010	2011	2012	2013	2014	2015	2016	2017	2018
藏书量（万册）	26.9	28.3	29.8	31.3	32.8	34.3	35.7	37.3	57.3	58.8

2. 读者服务

2011年，邵阳市松坡图书馆实行全年365天对外免费开放，每周开放70小时，实行开架借阅。

邵阳市松坡图书馆读者服务统计表

年份	外借册次（万册次）	借阅人次（万人次）	公益讲座场次（场）
2009	7.60	5.80	0
2010	8.00	6.20	0
2011	8.90	6.50	0
2012	9.20	7.20	12
2013	10.90	8.00	12
2014	11.50	8.70	12
2015	13.00	9.40	12
2016	13.40	10.50	12
2017	14.50	11.00	12
2018	16.20	12.50	12

邵阳市松坡图书馆自2012年起，每年开展12期公益讲座活动，设立"魏源文化讲坛"，邀请学者来馆专题讲座或公开课。

邵阳松坡图书馆还开展多种读者活动。每逢春节开展迎新春庆元宵猜灯谜活动，每年4月23日世界读书日，举办"文明之路·阅读起步"宣传服务活动。2011年，开展"读红色经典书·做文明邵阳人"建党90周年"红色经典"图书展读月活动、2014年，举办"中国梦·我的梦"少儿书画竞赛作品展。2016年，举办"迎七一少儿书画展"。2017年，举办"建军90周年少儿书画展""弘扬中华优秀传统文化·建设富饶美丽幸福新邵阳"为主题的邵阳非物质文化遗产传承保护图片巡展。2018年，开展"推动融合教育·关爱残疾儿童"活动、"分享好书·快乐阅读"校园行活动。

2016年，"'家长学堂'系列公益心理讲座"项目和"构建文化服务体系，延伸社会服务功能——松坡图书馆服务点体系建设"项目分别获湖南省公共图书馆服务成果二等奖、三等奖。

3. 现代技术应用

2010年，邵阳市松坡图书馆由ILAS图书馆自动化集成系统改成图书馆集群管理系统

Interlib，采访、编目、期刊管理、流通管理实现自动化。建成馆内局域网和文献数据库，对外的图书馆网站、图书馆微信公众号也建成投入使用。2017 年，新馆对外免费开放，新增移动图书馆，有各类电子文献 100 万册，并在公共场地建立 24 小时自助图书馆。2009 年，邵阳市 4478 个农村行政村建立文化共享工程基层服务点，127 个服务点配置了移动播放器。

4.志愿者服务

2013 年，邵阳文化志愿者图书分队成立，开展送图书进社区、进农村、进企业、进军营活动，设立流动图书服务点 20 个。

三、总分馆建设

2018 年，邵阳市松坡图书馆建立总分馆体系。总馆负责文献采购、分类、编目、加工，并配送到分馆，分馆负责图书登记、上架、借阅，做好分馆的日常管理维护和读者借阅。读者使用一卡通借书证，各分馆藏书实行通借通还。已建成的分馆有：邵阳市红旗路 24 小时自助图书馆、邵阳市艺术学校图书馆、武警邵阳支队图书室、邵阳市第九中学图书室、邵阳县黄荆中学图书室、邵阳县九公桥镇老党员书屋、新邵县龙口溪中学图书室、新邵县坪上镇时荣学校图书室、邵东县（今邵东市）灵官殿毛荷镇中学图书室、隆回县山界回族乡中学图书室、洞口县罗溪瑶族乡综合文化站、武冈市秦娇乡中学图书室、绥宁县大园村农家书屋、新宁县靖位乡中学图书室、新宁县枫木团苗族侗族乡中学图书室、城步苗族自治县丹口镇初级中学图书室、邵阳市大祥区雨溪镇唐四完小图书室、邵阳市大祥区人武部图书室、邵阳市大祥区宝庆府邸社区图书室、邵阳市双清区高崇山镇文化站、邵阳市双清区短板桥村农家书屋、邵阳市双清白云社区图书室、邵阳市北塔区陈家桥村农家书屋、邵阳市北塔区六十希望小学图书室、邵阳市北塔区枫林铺希望小学图书室。

四、表彰与奖励

2009 年第四次全国县级以上公共图书馆评估中，邵阳市松坡图书馆被文化部评为"国家三级图书馆"。2013 年第五次全国县级以上公共图书馆评估中，邵阳市松坡图书馆被文化部评为"国家二级图书馆"。2017 年第六次全国县级以上公共图书馆评估中，邵阳市松坡图书馆被文化部评为"国家一级图书馆"。

邵阳市少年儿童图书馆

邵阳市少年儿童图书馆成立于 1993 年，2018 年分为邵阳市六岭公园内和红旗路两处馆舍，总建筑面积 5500 平方米。2018 年总藏书量 16.77 万册，年订阅报刊 400 多种，开设 9 个服务窗口，实行全开架、全免费借阅，每周开放 56 小时，图书馆业务全部实行自动化管理，有图书自助借还机、电子图书借阅机、电子期刊借阅机、电子绘本机等设备。每年定期举办各类少儿知识讲座、科普展览等公益活动，有"关爱留守儿童·传递书香温情""小志愿者服务活动""小包大爱·点亮人生"等服务项目。

一、基础设施设备和机构、人员、经费

1. 基础设施设备

1993 年邵阳市少年儿童图书馆成立之初馆址设邵阳市六岭山中山公园内，2000 年邵阳市政府投资 50 万元在六岭山上新建 850 平方米的少儿图书馆馆舍。2018 年，在相关部门的协调下，将邵阳市松坡图书馆红旗路前栋馆舍划归市少年儿童图书馆管理，建筑面积 4500 平方米。

2. 机构

2010 年部门设置：办公室、文献采编室、合作协调部、自动化技术部、综合外借部、低幼阅览部、少儿活动部、报刊阅览部。

2018 年部门设置：办公室、文献采编部、综合外借部、文学借阅部、信息化服务部、中小学阅览部、成人阅览部、少儿活动部、六岭借阅部。

3. 人员

邵阳市少年儿童图书馆馆长名录

序号	姓名	任职时间	备注
1	夏建华	2005 年 8 月至 2010 年 2 月	
2	周任飞	2010 年 3 月至 2012 年 7 月	主持全面工作
3	周任飞	2012 年 7 月至今	馆长

邵阳市少年儿童图书馆员工情况统计表（单位：人）

年份	员工人数	高中学历	专科及本科学历	初级职称	中级职称	副高职称
2010	13	4	9	2	6	1
2018	11	5	6	2	4	1

4. 经费

邵阳市少年儿童图书馆经费统计表（单位：万元）

年份	财政拨款	购书经费	数字资源采购经费	免费开放经费
2009	60.96	10.00	—	—
2010	78.89	17.00	—	—

年份	财政拨款	购书经费	数字资源采购经费	免费开放经费
2011	89.64	20.00	—	25.00
2012	109.25	35.00	—	50.00
2013	155.69	46.00	—	50.00
2014	196.93	55.00	—	50.00
2015	236.74	65.00	—	50.00
2016	320.76	70.00	30.00	50.00
2017	389.21	77.00	40.00	50.00
2018	497.63	90.00	45.00	50.00

二、基础业务工作

1. 馆藏资源

2018 年，邵阳市少年儿童图书馆藏书 16.77 万册，社会科学、自然科学等 22 大类藏书齐备。每年采编部门以《全国少年儿童图书馆（室）基本藏书目录》为基本参考，详细制定符合全馆实际的采选方针，按照《少儿馆文献采购准则》要求，把采选重点放在少儿读物、中小学教育、教学参考等方面。2018 年，《全国少年儿童图书馆（室）基本藏书目录》中的图书收藏达 60% 以上。形成了"作文专栏""连环画室""世界名著专栏"三个特色藏书专栏。少儿图书馆数字资源涵盖电子图书、报纸、期刊、论文、视频等多种类型，读者通过互联网可免费阅读 100 多万种电子图书、1000 种期刊和多种讲座、视频等资源。2018 年数字资源储存量达 9TB。

邵阳市少年儿童图书馆藏书统计表

年份	图书（万册）	视听资料（件）
2009	5.40	230
2010	6.03	420
2011	6.54	683
2012	7.06	985
2013	7.86	1300
2014	8.98	1656
2015	10.69	2017
2016	11.36	2017
2017	14.89	2017
2018	16.77	2017

中文图书采访和编目由采编部承担，报刊采编由报刊部负责，图书和报刊的馆藏布局、管理、剔旧、保护分别由图书综合外借部、中小学生阅览室、文学室和报刊部承担，虚拟馆藏布局、管理和维护任务由技术部承担。

2. 读者服务

邵阳市少年儿童图书馆每周开馆时间 56 小时，节假日不闭馆。2018 年有持证读者 8956 人。

邵阳市少年儿童图书馆读者服务统计表

年份	外借册次（万册次）	外借人次（万人次）	讲座（次）	展览（次）
2009	3.27	1.04	1	1
2010	4.94	1.46	1	3
2011	5.79	1.97	2	3
2012	6.05	2.57	4	2
2013	7.13	2.64	6	5
2014	7.57	2.87	8	4
2015	8.05	3.03	7	3
2016	8.93	3.37	6	5
2017	9.35	3.47	9	6
2018	9.57	3.69	7	5

邵阳市少年儿童图书馆举办多种阅读推广活动。2010 年，开展"4·23"世界读书日和"图书馆服务宣传周"活动，在邵阳市城南公园现场为市民办理借阅卡，发放图书馆宣传资料 600 余份，挑选 1000 册图书送到市艺术学校，开展全市 G3 杯"迎世博·迎亚运·讲文明·树新风"文明礼仪知识读书活动并参与全省第二届"三湘读书月"活动。2011 年，开展元宵节猜谜活动，参加全国文化信息资源共享工程"阳光少年热爱党"电脑小报设计比赛活动，组织九县三区图书馆开展全市"读红色经典书，做文明邵阳人"大型图书导读公益活动，举办首届"邵阳市阅读之星评选及表彰活动"，参与全省"纪念中国共产党成立 90 周年"红色经典读书系列活动。2012 年，在市区红旗路开展"好书我推荐""4·23"世界读书日、"图书馆服务宣传周"活动，"六一"儿童节赠送 800 多册图书及一批学习用品到隆回县智聋康复学校；同年 8 月，组织开展全市少儿书法展，共收到作品 1200 幅，评选一、二、三等奖共 100 个，组织全市公共图书馆及学校开展少儿"学习雷锋好榜样"读书系列活动。2013 年，举办"读书成就梦想"主题报告会，邀请书香学子、书香家庭、书香农民代表，与广大读者一起分享他们的读书故事和读书感悟，举办"我为盲童读经典"活动，组织志愿者到市特教学校，为失明儿童朗读优秀读物，并赠送一批适合残疾儿童的图书、有声读物和学习用品，向汽车站办事处、六岭社区赠送优秀图书活动，组织本馆志愿者以专题报告、读书研讨、微博传递、志愿服务、社会实践等多种形式开展"踏寻历史足迹、缅怀一代伟人"主题实践活动 12 次，开展"三湘读书月——全市少年儿童'中国梦·我的梦'"系列读书活动。2014 年，组织元宵猜谜活动，举办"大家齐阅读""世界读书日"系列活动和"践行社会主义核心价值观，共建文明和谐新社会"主题实践活动 5 次，举办爱国主

义教育主题展览 3 次，组织全市读书系列活动中，选送了 6 个故事参加全省"中国梦·我心中的故事"讲述活动网络展播和《妈妈的'妈妈'》情景剧参加全省故事讲述竞赛活动。2015 年，举办送春联到乡村、闹元宵猜灯谜活动 3 次，开展"你读书，我买单"等世界读书日系列活动，"树立积极人生观，成为社会栋梁材"公益讲座 5 场，"三湘少年儿童阅读之星"候选人推选表彰，"邵阳市少年儿童'中国梦·汉语美'"读后感写作和讲述活动 3 次。组织志愿者到绥宁关峡苗乡和北塔区五七学校为贫困家庭的留守儿童朗读优秀读物，并赠送了一批图书、有声读物和学习用品，在市剑桥幼儿园、火车南站街道办事处、雨溪镇小学建立起流通服务点，将 1 万多册新图书送到中小学生身边供他们免费借阅，组织学生社团以专题报告、读书研讨、微博传递、志愿服务、社会实践等多种形式的团日活动开展"践行社会主义核心价值观，共建文明和谐新社会"主题实践活动。2016 年，举办送春联进社区、迎元宵传统文化灯谜会，"经典故事我来讲""知识伴我成长"等世界读书日系列活动 4 场，六一少儿书画竞赛活动和"六一"儿童欢乐读主题活动 5 次，暑期"小志愿者"服务活动中，组织八县一市三区公共图书馆开展"书香湖南"2016 年全省少年儿童"光荣与梦想——纪念建党 95 周年暨红军长征胜利 80 周年"系列读书活动。2017 年，举办元宵灯谜会、送春联等元旦春节系列活动 3 场，阅读进校园"班级朗读大赛"、成语故事会等世界读书日系列活动 7 场，"快乐童年·阅读同行"庆六一才艺展演，少儿"诵读革命诗词牢记党史国史"诗词朗诵会、"书香湖南·红星闪闪耀童心"少儿书画手绘明信片展览和光辉历程——中国人民解放军军史连环画展览 5 次，并获得省读书活动组织奖。2018 年，举办元宵灯谜展、名家送春联等春节系列活动 4 场，《公共图书馆法》有奖答题、"扶残助残，有你有我"送温暖活动、"读好书、明责任，争做文明人"图书展览等世界读书日系列活动 5 次，暑期小志愿者服务活动 5 次；寒暑假电影展播 20 场，"壹路上心中有你——2018 年助学夏令营"活动 3 次，"诵诗词悟经典·扬美德筑童梦"活动 2 次，举办了"三湘少年儿童阅读之星评奖活动和"少儿故事大王"比赛等红读活动，获得省读书活动组织奖和阅读活动奖。

3. 现代技术应用

2003 年，采用图书馆自动化管理系统（ILAS）。2005 年建成全国文化信息资源共享工程少儿电子阅览室，并对外开放支中心，配有复印机、扫描仪、数码相机等设备。2013 年开始使用图书馆集群管理系统 Interlib 实行业务办公自动化，通过交换机、路由器、Wi-Fi 以及服务器实现网络互通。2017 年 5 月，邵阳市少儿图书馆微信公众号上线，实现网上续借功能与预约服务，并提供多种图书及视频资源供读者在线阅读。2018 年，开始试运行读者自助借还系统，购进自助借还书机和自助办证机放置一楼自助书屋。2018 年，全馆共有供读者上网用电脑 35 台，超星数字图书借阅机 3 台，电子报刊阅读机 2 台以及读者自助借还机、读者自助办证机、绘本机，图书馆无线网络覆盖率达 100%。

2004 年，建立邵阳市少年儿童图书馆网站，提供馆藏书目查询，网站设有本馆动态、图书推荐、分馆建设、共享工程等主体板块，可开展联合在线咨询、图书馆书目查询、"你选购、我买单"读者点书台等多项服务，面向社会公开动态信息和图书馆业务，实现图书馆与读者的互动交流。专人负责本单位的数据及信息的更新，对上传信息按照流程审批，保证信息数据的准确、可靠。网站年人均网站访问量达 3 万人次。

2017 年 5 月，市少儿图书馆微信公众号上线，实现网上续借功能与预约服务，并提供种类丰富的图书及视频资源供读者在线阅读。

4. 参考咨询

邵阳市少年儿童图书馆设立教学参考专柜，配置供家长、学校教师及少年儿童工作者借阅的教育理论类书籍，还提供电话及网站咨询服务。

5. 志愿者服务

2011 年 6 月，邵阳市少年儿童图书馆组建一支 20 人的图书馆志愿者队伍，建立起相应的管理制度，配合本馆工作人员开展读者咨询、文献检索、阅读推广等各项工作。2011 至 2018 年，共有 350 名志愿者来图书馆进行社会实践，参与送书下基层、关爱留守儿童、图书借阅、书架整理、读者活动等志愿服务活动。

三、重大文化工程建设

1. 文化信息资源共享工程

2005 年，建立全国文化信息资源共享工程少儿图书馆电子阅览室，有计算机 20 台，连接国家共享工程中心进行资料查询。电子阅览室每天开放 8 小时，开展优秀影视节目播放活动、各类专题知识讲座、完成文化共享工程资源进农户、进社区、进校园活动，并组织开展基层点管理人员培训班，利用网络免费资源为群众服务，把经过优化的各种数字化文化资源送到基层群众手中。

2. 数字图书馆推广工程

2015 年中心机房建成，拥有高配服务器 1 台、防火墙 1 台、核心交换机 1 台、42T 容量磁盘阵列、照相机 2 台、投影仪 3 台等，有电信 100M 光纤宽带网，与国家、湖南图书馆的资源实现互联互通，资源共享，免费为广大少儿读者及家长提供丰富的数字资源下载和现场阅读。

四、总分馆建设

2014 至 2018 年，建成 5 个直属分馆：昭陵中学分馆、春云学校分馆、东塔小学分馆、七江十里山社区分馆、罗溪中学分馆，各分馆配送图书 3000 至 10000 册，总馆配送的图书以外网联接总馆系统，实现通借通还，并适时流转。

五、表彰与奖励

2016 年，邵阳市少年儿童图书馆被湖南省社科联评为"社会科学普及基地"，2009 年第四次全国县级以上公共图书馆评估中，邵阳市少年儿童图书馆被文化部评为"国家三级图书馆"。2013 年第五次全国县级以上公共图书馆评估中，邵阳市少年儿童图书馆被文化部评为"国家二级图书馆"。2017 年第六次全国县级以上公共图书馆评估中，邵阳市少年儿童图书馆被文化部评为"国家三级图书馆"。

北塔区图书馆

1997 年，邵阳市对行政区划进行调整，新建立北塔区，北塔区行政区域内没有公共图书馆。2010 年 8 月 30 日，北塔区政府常务会做出决定：建立北塔区图书馆，定编 2 名，划拨青少年活动中心 2 楼做北塔区图书馆用房。2014 年，迁至北塔区新滩镇街道资新社区北塔区文化艺术中心。

一、基础设施设备和机构、人员

北塔区图书馆占地约 8 亩，建筑面积 2000 平方米，设计藏书量 10 万册，可设阅览座席 170 个，设办公室、阅览室、电子阅览室、藏书室。电子阅览室有计算机 30 台。2010 年，价值 60 多万元的设备安装并调试完成，开通 100M 光纤。

北塔区图书馆有 2 名编制。

北塔区图书馆馆长名录

序号	姓名	任职时间
1	肖燕妮	2010 年至 2016 年
2	李鸿稳	2017 年至今

二、基础业务工作

2018 年，北塔区图书馆藏书为 10 万册，其中电子文献为 100 种。周一至周五开馆，周六、周日上午开馆。全馆实行免费服务。北塔区图书馆参与"农家书屋"工程建设，建成 16 个农家书屋，25 个社区图书室。

三、表彰与奖励

2013年第五次全国县级以上公共图书馆评估中，邵阳市北塔区图书馆被文化部评为"国家二级图书馆"。2017年第六次全国县级以上公共图书馆评估中，邵阳市北塔区图书馆被文化部评为"国家三级图书馆"。

大祥区图书馆

1997年8月，国务院批复（国函〔1997〕83号）撤销邵阳市东区、西区、郊区，调整设立邵阳市双清区、大祥区、北塔区。大祥区辖原西区的城北路、红旗路、中心路、城西、城南、百园春6个街道和原郊区的城南、雨溪、面铺、檀江、蔡锷、板桥6个乡。2009年，邵阳市大祥区图书馆成立。

一、基础设施设备和机构、人员

2009年，大祥区图书馆位于大祥区马蹄路20号，即大祥区青少年学生课外活动中心4楼，建筑面积1500平方米。设采编部、外借室、少儿阅览室、报刊阅览室、电子阅览室，配备80台电脑、1台缩微阅读复印机、5台缩微阅读器以及声像投影设备和视听设备。

2018年起，大祥区图书馆由徐石桥主持工作。

二、基础业务工作

2018年大祥区图书馆藏书6.95万册、期刊292种、报纸35种。每周开放42小时，免费开放的服务窗口：图书借阅室、报刊借阅室、少年儿童阅览室、参考资料阅览室、电子阅览室。向读者提供全免费项目：书刊借阅、办证、培训、讲座、上网、数字资源下载。年均流通人次达1.3万，持证读者3000人。

大祥区图书馆积极开展读书活动，如"古城宝庆·悦读邵阳"活动、"读经典·学新知·链接美好生活"阅读宣传推广活动、"东坡图书奖"获奖图书展、"古琴醉人心"音乐赏析会、盲人读者诗词朗诵会、"共读不孤读"活动、"寻找春天"摄影征集赛、"读百部名著、观百部名片、品百首名曲，赏百幅名画"活动，还开展了"十大最美阅读空间""十大书香家庭""十大读书之星"评选活动。

三、表彰与奖励

2013年第五次全国县级以上公共图书馆评估中,邵阳市大祥区图书馆被文化部评为"国家二级图书馆"。2017年第六次全国县级以上公共图书馆评估中,邵阳市大祥区图书馆被文化部评为"国家三级图书馆"。

双清区图书馆

1997年,邵阳市双清区图书馆成立,馆址设于塔北路棕树岭路,双清区图书馆与区文化馆合署办公。2009年,双清区政府将塔北小学划拨给双清区文体局,用于双清区图书馆、区文化馆建设用地。2011年,塔北小学校舍装修后,双清区图书馆迁至塔北小学。

一、基础设施设备和机构、人员、经费

2018年,双清区图书馆馆舍建筑面积2000平方米,有阅览室、电子阅览室、主控机房、多媒体室、美术书法室,设阅览座席122个。电子阅览室有电脑30台,网络宽带,读者服务区无线网全覆盖。

双清区图书馆馆长名录

序号	姓名	任职时间
1	肖乾宜	2009年至2010年
2	石湘元	2010年至2011年
3	刘人铭	2012年至2014年
4	姚秋实	2014年至今

双清区图书馆有6名员工,3人为编外人员。每年财政拨款给双清区图书馆40万元,其中购书经费5万元、数字采购经费2万元。

二、基础业务工作

2018年,双清区图书馆藏书5.66万册,其中电子文献1.21万件、报刊60种。周二至周日正常开馆,周一上午闭馆。2011年,双清区图书馆对外免费开放,电子阅览室、图书阅览室、办理借书证、各种文化讲座均全免费。2018年,有持证读者1356人,年均借阅4.12万册,借阅2.2万人次,开展多种读者活动,如"我的书屋•我的梦"少儿阅读

活动。2015 年，开通双清区图书馆网站（www.sqqtsg.com），官方微信公众号于 2015 年上线。双清区图书馆组建了一支 159 人志愿者服务队伍，开展全民阅读服务活动。

三、表彰与奖励

2013 年第五次全国县级以上公共图书馆评估中，邵阳市双清区图书馆被文化部评为"国家二级图书馆"。2017 年第六次全国县级以上公共图书馆评估中，邵阳市双清区图书馆被文化部评为"国家三级图书馆"。

邵阳县图书馆

1952 年，邵阳县文化馆成立，内设图书室。1965 年，县文化馆在塘渡口沿河街建成 170 平方米的馆舍。1966 年，改为邵阳县图书馆。1984 年，在原地重建新馆，1986 年新馆舍竣工。

一、基础设施设备和机构、人员、经费

1. 基础设施设备

邵阳县图书馆位于县城塘渡口沿河街，1986 年，馆舍竣工投入使用，建筑面积 1606 平方米。2009 年之后，逐步在开放窗口安装空调设备、更换书架及阅览桌椅，购置音响、投影仪等设备。2017 年，因棚户区改造，邵阳县图书馆被拆除，县图书馆迁至振羽广场附近，租赁一幢面积 960 平方米民房继续开放。

2. 机构

2018 年，邵阳县图书馆设办公室、采编室、辅导室、外借室、阅览室、电子阅览室、信息辅导室。

3. 人员

邵阳县图书馆馆长名录

序号	姓名	任职时间	备注
1	陈金亮	2008 年至 2015 年	代理馆长
2	刘 春	2015 年至今	

邵阳县图书馆员工情况统计表（单位：人）

年份	员工人数	高中学历	专科及本科学历	中级职称
2018	10	1	9	6

4. 经费

邵阳县图书馆经费统计表（单位：万元）

年份	2009	2010	2011	2012	2013	2014	2015	2016	2017	2018
财政拨款	74	75	77	81	83	85	89	93	101	108
购书经费	4	4	6	6	6	8	8	10	11	11

二、基础业务工作

1. 馆藏资源

2018年，邵阳县图书馆藏书12万册，电子文献藏量103种。采取多种方式收集地方文献，到县各部门收集文献、出版物、个人著作，设立专柜专架收藏，编制专门目录。

邵阳县图书馆藏书统计表

年份	2009	2010	2011	2012	2013	2014	2015	2016	2017	2018
藏书量（万册）	7.4	8.0	8.6	9.3	9.7	10.2	10.6	11.1	11.5	12.0

2. 读者服务

2011年，邵阳县图书馆实行免费开放。每年春节期间开展"同筑中国梦·共度书香年"民俗文化展览活动，在中小学开展主题读书活动并组织学生读书写征文活动，与邵阳市松坡图书馆合作开展"携手图书馆·书香满校园"读书活动，与县爱心义工联合开展"图书漂流活动"。定期举办"父母学堂"公益讲座。

邵阳县图书馆读者服务统计表

年份	借阅册次（万册次）	流通人次（万人次）
2009	3.2	10.0
2010	3.4	10.3
2011	3.5	10.5
2012	3.7	10.7
2013	3.8	11.1
2014	4.1	11.4
2015	4.2	11.7

年份	借阅册次（万册次）	流通人次（万人次）
2016	4.5	12.1
2017	4.6	12.4
2018	4.8	12.8

3. 现代技术应用

邵阳县图书馆引入图书自动化集成管理系统，采访、编目、流通等业务工作实现自动化。开设邵阳县图书馆网站和数字图书馆，开通微信图书馆功能，在县城投放 4 台电子书借阅机。

三、表彰与奖励

2009 年第四次全国县级以上公共图书馆评估中，邵阳县图书馆被文化部评为"国家三级图书馆"。2013 年第五次全国县级以上公共图书馆评估中，邵阳县图书馆被文化部评为"国家二级图书馆"。2017 年第六次全国县级以上公共图书馆评估中，邵阳县图书馆被文化部评为"国家三级图书馆"。

武冈市图书馆

1927 年，武冈县通俗教育馆（后为民众教育馆）设立阅览处。1929 年，武冈县民众图书馆成立，后县民众图书馆并入县民众教育馆。1940 年，周调阳创建私立都梁图书馆。1950 年，武冈县人民政府接管武冈县民众教育馆和都梁图书馆，以两馆的藏书为基础，建立武冈县人民教育馆图书室。1958 年，成立武冈县图书馆。1961 年，县图书馆并入县文化馆，设图书室。1969 年，县文化馆改为县毛泽东思想宣传站，后称县文化站。1978 年，武冈县图书馆恢复独立建制。1980 年，新图书馆馆舍建成。1994 年，武冈撤县设市，武冈县图书馆更名为武冈市图书馆。

一、基础设施设备和机构、人员、经费

1. 基础设施设备

1980 年，武冈县图书馆新馆舍建成，建筑面积 710 平方米，地址在骧龙桥穿城河旁的都梁路。2001 年，扩建一幢 4 层办公楼，建筑面积 900 平方米。2004 年，为了保护市级文物保护单位文庙大成殿，武冈市政府决定把在大成殿院落办公的县图书馆迁至富田路 8 号原人民法院临时办公，房屋面积为 2100 平方米，将法院的审判庭改建为阅览室、借阅室、

古籍室，把临街的门面改建成少儿阅览室，把办公楼改建成采编室、报刊收藏室、电子阅览室。有电脑 40 台除湿机 3 台、樟木箱 200 个、钢书架 50 个、书柜 50 个，全馆设阅览座席 80 个。

2. 机构

2018 年，武冈市图书馆设办公室、采编室、借阅室、成人阅览室、少儿阅览室、电子阅览室、期刊借阅室、地方文献收藏室、参考咨询室、业务辅导室。

3. 人员

武冈市图书馆馆长名录

序号	姓名	任职时间
1	林金凤	2004 年至 2011 年
2	何国平	2011 年至今

武冈市图书馆员工情况统计表（单位：人）

年份	员工人数	高中学历	专科及本科学历	中级职称
2018	12	5	7	3

4. 经费

武冈市图书馆经费统计表（单位：万元）

年份	财政拨款	图书购置	古籍保护费	共享工程经费	读书活动	免费开放市本级预算	流动图书车经费
2009	37.09	4.00	2.00	1.00	—	—	—
2010	48.91	5.00	2.00	1.00	—	—	—
2011	58.13	6.00	2.00	1.00	—	—	—
2012	67.58	6.00	2.00	5.00	—	—	—
2013	77.29	6.00	2.00	5.00	2.00	—	—
2014	71.90	6.00	2.00	5.00	2.00	—	—
2015	99.27	10.00	2.00	5.00	2.00	3.00	3.00
2016	124.08	10.00	2.00	5.00	2.00	3.00	3.00
2017	153.26	10.00	2.00	5.00	2.00	3.00	3.00
2018	174.71	10.00	2.00	5.00	2.00	3.00	3.00

二、基础业务工作

1. 馆藏资源

2018 年，武冈市图书馆藏书 20.5 万册，其中古籍 2.57 万册（卷），收藏《豫章丛书》24 函 271 册，《乾隆大藏经》169 册。2006 年，修复翻印《都梁文钞》600 册。珍贵古籍有明木刻版书《御制性理大全》《大唐世说新语》《陈书》等。地方文献有《武冈州志》

《武冈县志》，萧致治编《鸦片战争史》。征集武冈籍作者著作 5860 册。馆藏文献依据《中国图书馆分类法（第五版）》进行分类标引，采用 Interlib 图书馆集群管理系统，实现了业务工作自动化。

武冈市图书馆藏书统计表

年份	2009	2010	2011	2012	2013	2014	2015	2016	2017	2018
藏书量（万册）	12.0	12.6	12.9	13.5	14.0	14.5	14.9	15.1	20.1	20.5

2. 读者服务

武冈市图书馆每周开放时间 56 小时，读者服务区无线网络全覆盖，50 M 光纤网络，年平均接待读者 8 万人次，借阅图书 12 万册次。

武冈市图书馆举办多种读者活动。2011 年，开展少儿红色经典读书活动。2012 年，举办"雷锋永远活在我心中"读书活动。2014 年，举办"中国梦·我心中的故事"读书活动、与市教育局联合举办读者书法比赛获奖作品巡回展览。2015 年举办少儿"中国梦·汉语美"读书活动。2018 年，举办"我的书屋·我的梦"农村少儿暑假阅读实践活动。

武冈市图书馆编印《科技致富资料》60 期，共印制 1.6 万份，由武冈市图书馆文化志愿者送书下乡送到农民手中。2018 年，建设图书馆网站、开通了微信公众号，在武冈市政协大门口建成 24 小时自助图书馆。购买歌德电子借阅机 3 台，分别安装在市机关、自助馆和卫健局大厅。

武冈市图书馆读者服务统计表

年份	借阅册次（万册次）	借阅人次（万人次）
2009	3.10	1.10
2010	3.20	1.15
2011	3.40	1.32
2012	3.60	1.70
2013	4.20	2.20
2014	5.00	2.50
2015	6.50	3.40
2016	6.40	3.60
2017	8.00	5.20
2018	14.00	8.00

三、表彰与奖励

2009 年第四次全国县级以上公共图书馆评估，武冈市图书馆被文化部评为"国家三级图书馆"。2013年第五次全国县级以上公共图书馆评估，武冈市图书馆被文化部评为"国家二级图书馆"。2017年第六次全国县级以上公共图书馆评估，武冈市图书馆被文化部评为"国家三级图书馆"。

邵东县 [①] 图书馆

1952年，邵东县文化馆成立，内设图书室。1956年，图书室从县文化馆分出，成立邵东县图书馆。1958年，县图书馆并入县文化馆。1974年，邵东县图书馆恢复建制。1987年修建新馆舍。

一、基础设施设备和机构、人员、经费

1.基础设施设备

1987年，邵东县图书馆在文化路建成新馆舍，占地3亩，建筑面积2040平方米。1997年，扩建馆舍。2018年，馆舍面积为2610平方米。开放服务窗口安装空调设备、更换书架及阅览桌椅，购置音响、投影仪等设备，建多媒体室。

2.机构

2018年，邵东县图书馆设办公室、采编室、辅导室、外借室、阅览室、电子阅览室、信息辅导室。

3.人员

邵东县图书馆馆长名录

序号	姓名	任职时间
1	赵瑞芳	1996年至2013年
2	姚海珊	2013年至今

邵东县图书馆员工情况统计表（单位：人）

年份	员工人数	高中学历	专科及本科学历	中级职称
2018	11	3	8	4

4.经费

邵东县图书馆人员工资纳入县财政预算，按月发放。2009年，购书费为每年6万元，2018年，购书费增加至每年30万元，免费开放县级配套经费每年5万元。设备购置等专

---

① 2019年7月12日，邵东县撤县设市，但本书数据统计至2018年年底，故仍用旧称。

项经费每年按需纳入县财政预算，2015 年斥资 8 万元购电子书借阅机，2016 年，斥资 5 万元房屋维修资金，2017 至 2018 年斥资 178 万元 24 小时自助图书馆建设资金。

邵东县图书馆经费统计表（单位：万元）

年份	财政拨款	购书经费	共享工程经费	免费开放经费
2009	64.5	6.0	5.0	—
2010	64.5	6.0	5.0	—
2011	87.0	10.0	5.0	—
2012	95.0	18.0	5.0	20.0
2013	97.0	18.0	5.0	20.0
2014	109.0	18.0	5.0	20.0
2015	131.0	23.0	5.0	20.0
2016	142.0	25.0	5.0	20.0
2017	197.0	25.0	5.0	20.0
2018	194.0	30.0	5.0	20.0

二、基础业务工作

1. 馆藏资源

2018 年，邵东县图书馆藏书 23.48 万册，其中古籍 7000 册、地方文献 2000 册。

邵东县图书馆藏书统计表

年份	2009	2010	2011	2012	2013	2014	2015	2016	2017	2018
藏书量（万册）	18.34	18.42	18.51	18.64	18.81	19.65	20.76	21.59	22.67	23.48

2. 读者服务

2011 年，邵东县图书馆所有服务均免费对读者开放。

邵东县图书馆读者服务统计表

年份	借阅册次（万册次）	借阅人次（万人次）
2009	6.5	3.7
2010	5.1	3.5
2011	7.7	5.37
2012	6.7	4.9
2013	5.8	4.6
2014	5.7	4.1

年份	借阅册次（万册次）	借阅人次（万人次）
2015	7.4	5.1
2016	11.3	6.4
2017	13.3	8.2
2018	16.4	10.7

邵东县图书馆组织开展多种读者活动。每年元宵节在公园或广场开展阅读推广活动，春节期间组织开展"同筑中国梦·共度书香年"民俗文化展览活动，在县城中小学开展"携手图书馆·书香满校园"读书推广活动，与县爱心义工联合开展"图书漂流活动"，每月举办"父母学堂"免费公益讲座。

邵东县图书馆在毛荷殿小学和仙槎桥历太村建爱心图书室，不定期送去图书。2018年，组建4个24小时自助图书馆。

3. 现代技术应用

邵东县图书馆引入图书馆自动化集成管理系统，采访、编目、流通实现自动化。在县城投放4台电子书借阅机，开设图书馆网站，开通微信图书馆功能。

三、表彰与奖励

2009年第四次全国县级以上公共图书馆评估中，邵东图书馆被文化部评为"国家二级图书馆"。2013年第五次全国县级以上公共图书馆评估中，邵东县图书馆被文化部评为"国家一级图书馆"。2017年第六次全国县级以上公共图书馆评估中，邵东县图书馆被文化部评为"国家二级图书馆"。

新邵县图书馆

1954年，新邵县文化馆内设立图书室。1979年，新邵县图书馆成立，与县文化馆合署办公。1982年，新邵县图书馆独立建制。1988年，新邵县图书馆修建新馆舍，杨成武上将题写馆名。

一、基础设施设备和机构、人员、经费

1. 基础设施设备

1988年，新邵县图书馆建馆舍，建筑面积1380平方米。

2. 机构

2018年，新邵县图书馆设办公室、采编室、参室考、咨询室、外借室、少儿阅览室、综合阅览室、电子阅览室、报刊室、农村辅导室。

3. 人员

从1997年起，张鹏担任新邵县图书馆馆长一职。

新邵县图书馆员工情况统计表（单位：人）

年份	员工人数	专科及本科学历	初级职称	中级职称
2009	9	9	4	3
2010	11	11	4	3
2012	12	12	4	3
2016	11	11	4	3
2018	10	10	4	3

4. 经费

新邵县图书馆经费统计表（单位：万元）

年份	财政拨款	购书经费	免费开放经费
2009	63	10	—
2010	69	10	17
2011	70	10	17
2012	72	10	17
2013	105	15	20
2014	106	15	20
2015	121	20	20
2016	142	20	20
2017	200	20	20
2018	272	20	20

二、基础业务工作

1. 馆藏资源

新邵县图书馆藏书统计表

年份	2009	2010	2011	2012	2013	2014	2015	2016	2017	2018
藏书量（万册）	18.6	20.2	21.9	23.0	25.9	26.9	28.1	29.9	31.0	32.9

2. 读者服务

新邵县图书馆读者服务统计表

年份	外借册次（万册次）	外借人次（万人次）
2009	42.6	8.9
2010	45.3	10.1
2011	46.9	11.5
2012	48.5	12.4
2013	49.9	13.7
2014	51.6	14.1
2015	53.4	15.2
2016	55.2	16.3
2017	56.9	17.1
2018	58.6	17.9

三、表彰与奖励

2013 年第五次全国县级以上公共图书馆评估中，新邵县图书馆被文化部评为"国家二级图书馆"。2017 年第六次全国县级以上公共图书馆评估中，新邵县图书馆被文化部评为"国家三级图书馆"。

隆回县魏源图书馆

1984 年，隆回县图书馆成立。1993 年，隆回县图书馆更名为隆回县魏源图书馆，馆藏书 12 万册，电子图书 150 万册。馆舍建筑面积 1979 平方米，设有外借室、阅览室、魏源研究资料中心等 10 个服务窗口。馆内实现了 Wi-Fi 全覆盖，所有区域免费开放。

一、基础设施设备和机构、人员、经费

1. 基础设施设备

隆回县魏源图书馆位于洪镇府后街 61 号，馆舍建筑面积 1979 平方米，设有供读者使用的计算机 30 台，阅览座席 270 个。

2. 机构

2018 年，隆回县魏源图书馆设办公室、采编室、外借室、综合阅览室、过刊室、地方文献室、多媒体播放室、捐赠书库、魏源资料研究中心。

3. 人员

从 2007 年起，唐爱琴担任隆回县魏源图书馆馆长一职。

隆回县魏源图书馆员工情况统计表（单位：人）

年份	员工人数	专科及本科学历	初级职称	中级职称
2018	14	14	6	4

4. 经费

隆回县魏源图书馆经费统计表（单位：万元）

年份	财政拨款	购书经费	数字资源采购经费	免费开放经费
2011	66	4	—	—
2012	78	4	—	20
2013	163	12	—	20
2014	170	12	2	20
2015	176	12	4	20
2016	202	12	4	20
2017	148	12	4	20
2018	320	12	4	20

二、基础业务工作

1. 馆藏资源

2018 年，隆回县魏源图书馆藏书 13.56 万册，其中古籍 293 种 2617 册、电子文献 146 种 230 张、期刊合订本 8782 册、电子书籍 150.5 万册。

隆回县魏源图书馆藏书统计表

年份	2009	2010	2011	2012	2013	2014	2015	2016	2017	2018
藏书量（万册）	8.85	9.05	9.18	9.33	9.76	10.11	11.87	12.35	13.23	13.56

隆回县魏源图书馆与县文联、党史办、社科联、新闻出版局、地方印刷社、县委宣传部、县政协等多家单位保持长期联系，及时了解本土作家的出版动态、类型信息、内刊发行情况及地方史志研究进度，主动上门征集反映本地政治、经济、历史、文化的书籍和家谱族谱、手稿等资料。

2018 年，实行政府采购招标确定图书供应商。图书采访和编目任务由采编部承担，报刊采编由阅览室负责，地方文献征集和分编由办公室与采编室承担，图书和报刊的馆藏布局、管理、剔旧、保护分别由图书外借室承担，虚拟馆藏布局、管理和维护任务由办公室承担，各部门通力合作，有序协调。

2. 读者服务

隆回县魏源图书馆每周开放 66.5 小时，2018 年，有持证读者 1.53 万人。

隆回县魏源图书馆读者服务统计表

年份	外借册次（万册次）	外借人次（万人次）	讲座（场）	展览（次）
2009	2.85	1.25	12	4
2010	3.16	1.55	16	3
2011	3.25	1.65	12	3
2012	4.03	1.99	15	4
2013	4.37	2.07	19	3
2014	4.63	2.11	19	4
2015	4.60	2.10	24	3
2016	4.73	2.22	30	3
2017	4.61	2.19	21	5
2018	4.56	2.05	12	4

2000 年至 2018 年，隆回县魏源图书馆连续举办元宵灯谜会，每次上万人参与。举办"隆回文化讲坛"，邀请专家学者就家庭保健、教育、文明礼仪等开展讲座 60 余次，听众 2 万人次。组织开展系列公益活动，如亲子阅读、书画展览、演讲比赛。实行送书上门服务，对养殖专业户、科研人员、文艺创作者进行跟踪服务。利用流动图书车开展流动服务进基层活动。针对进城务工这一特殊群体，在工业园区开设了 4 家流动书屋，配送图书 3000 余册。关心留守儿童、残疾儿童，建立 4 家爱心书屋，配送图书 5000 册。在全县建立图书流动服务点 22 个。

3. 现代技术应用

隆回县魏源图书馆选用 Interlib 自动化管理系统，采访、编目、典藏、流通、期刊、读者检索实现自动化。

三、总分馆建设

2017 年，隆回县被列为湖南省 14 个县级文化馆图书馆总分馆制试点建设县之一。2018 年，建立以隆回县魏源图书馆为总馆，26 家由乡镇文体卫站和办事处为分馆的图书流通体系，并与隆回县公共文化服务数字化云平台设备和资源，实现互联互通。

四、表彰与奖励

2009 年第四次全国县级以上公共图书馆评估中，隆回县魏源图书馆被文化部评为"国家三级图书馆"。2013 年第五次全国县级以上公共图书馆评估、2017 年第六次全国县级以上公共图书馆评估中，隆回县魏源图书馆均被文化部评为"国家一级图书馆"。

洞口县图书馆

1982 年，洞口县图书馆成立，与县文化馆共用馆舍。1986 年，位于文昌街道大会场 9 号的洞口县图书馆竣工，对外开放。2009 至 2018 年，办公大楼及对外窗口均全部装修一新，安装了大功率空调，提供冷热茶水，改善了读者阅读环境。新建 2 个 24 小时自助图书馆及 3 个分馆。

一、基础设施设备和机构、人员、经费

1. 基础设施设备

洞口县图书馆建成于 1986 年，占地 2 亩，建筑面积 2000 平方米。2013 年，对馆舍进行全面维修，更换了木制门窗，外墙贴上了瓷砖，各开放窗口安装大功率空调机。

2. 机构

2018 年，洞口县图书馆设办公室、财务室、采编室、文化信息资源共享工程办公室、借阅室、少儿借阅室、报刊阅览室、电子阅览室、地方文献室、多媒体室、参考咨询室、基层业务辅导室。

3. 人员

从 2002 年起，林目清担任洞口县图书馆馆长一职。

1982 年，洞口县图书馆成立之时，全馆定编 7 人，实际在岗 9 人。此后编制没有变化。

洞口县图书馆员工情况统计表（单位：人）

年份	员工人数	中级职称	副高职称
2018	9	4	1

4. 经费

洞口县图书馆经费统计表（单位：万元）

年份	财政拨款	购书经费	免费开放经费
2014	21	6	15
2015	25	6	15
2016	30	8	15
2017	30	8	15
2018	30	8	15

2009 至 2018 年，国家财政先后拨款 150 万元维修馆舍，另外拨专款 120 万元建 24 小时自助图书馆和采购计算机软件。

二、基础业务工作

1. 馆藏资源建设

2009至2018年，洞口县图书馆每年新增藏书2500册左右。2018年，藏书10万册（件），其中地方文献资料3000册，保存有非物质文化遗产音频视频及图像资料，每年收集地方各类出版物100册。订有报纸40种，期刊21种。安装有超星电子阅读机2台，内有电子版报刊600种。

洞口县图书馆文献依据《中国图书馆分类法（第五版）》进行分类标引，依据《普通图书著录规则》著录。

洞口县图书馆藏书统计表

年份	2009	2010	2011	2012	2013	2014	2015	2016	2017	2018
藏书量（万册）	7.1	7.3	7.5	7.75	7.95	8.2	8.5	8.8	9.3	10.0

注：2017年、2018年因新建两个自助图书馆，藏书增长较多。

2. 读者服务

洞口县图书馆对外窗口实行免费开放，每周开馆7天。每年"4·23"世界读书日期间，洞口县图书馆联合宣传部门、教育部门、新华书店、县内各新闻媒体等单位举办读书宣传活动。每年暑假期间，引导农家书屋组织当地留守儿童参与各类读书活动。

洞口县图书馆读者服务统计表

年份	借阅册次（万册次）	借阅人次（万人次）
2009	3.00	1.80
2010	3.30	1.85
2011	3.60	1.92
2012	4.40	2.80
2013	4.70	3.20
2014	5.00	3.30
2015	5.50	3.40
2016	6.50	3.70
2017	10.00	5.20
2018	15.00	7.00

3. 现代技术应用

2006年，洞口县图书馆引入图书馆自动化集成系统（ILAS），采访、编目、流通实行自动化管理。2017年，改用广州拓迪研发的ELIB区域图书馆集群管理系统。2017至2018年，购买电子阅读机放置在多家单位，内有数十种电子版报纸和上千种图书，供读者阅读下载。

2010年，建成湖南省文化信息资源共享工程洞口县支中心，有服务器机房和24台客户端，正常对外开放。2010年，洞口县图书馆与县委组织部共同建立563家村级文化共享工程与现代远程教育合作站基层点，覆盖全县所有行政村，各站点配送电脑、电视机等设备，培训人员500人次。

4. 参考咨询

洞口县图书馆有2项参考咨询服务项目：为洞口县扶贫开发提供资料服务，为洞口县青年作家提供培训服务。日常解答读者提出的各类问题，年均解答咨询300次。2016年，"为大屋乡坪江村扶贫工作提供决策咨询"项目获湖南省公共图书馆服务成果三等奖。

5. 志愿者服务

洞口县图书馆组织志愿者服务，志愿者协助图书排架，解答读者提问，指导读者选择图书，组织送书下乡，为贫困村、贫困户、留守儿童送图书。

三、总分馆建设

2018年，洞口县图书馆建有分馆5个，在县城最繁华的地段建立2个24小时自助图书馆，采用自动化设备及RFID技术，集成了图书馆办证、查询、借书、还书等功能。创建移动图书馆，购置4台电子阅读机，读者通过手机下载各种图书期刊。

四、表彰与奖励

在2009年第四次全国县级以上公共图书馆评估、2013年第五次全国县级以上公共图书馆评估、2017年第六次全国县级以上公共图书馆评估中，洞口县图书馆均被文化部评为"国家三级图书馆"。

绥宁县图书馆

绥宁县图书馆建于1978年。1988年，馆址迁至长铺镇中心街，全馆实行全开架免费借阅，开展书刊外借、阅览、参考咨询、文献检索、专题服务、系列讲座、社会教育等形式的读者服务。

一、基础设施设备和机构、人员、经费

1. 基础设施设备

绥宁县图书馆位于长铺镇中心街37号，占地3.2亩，馆舍面积3677平方米。2011年，

扩建 1 栋图书馆信息综合楼,建筑面积 650 平方米,另有其他附属用房 160 平方米。2014年,对阅览大楼进行装修改造。2016 至 2017 年,进行多项设施设备建设:图书自助借还系统上线、安全监控系统升级、电子阅览室电脑更新,古籍室、报刊库新添置密集型书架,馆舍屋顶止漏及馆内环境美化。2018 年,新增朗读亭,在绥宁县民族中学建成 24 小时自助图书馆。

2. 机构

2010 年,绥宁县图书馆设办公室、文献采编室、综合外借室、少儿阅览室、报刊阅览室、古籍和地方文献保护室、电子阅览室、多媒体室。2018 年,机构没变化。

3. 人员

从 2002 年起,刘文伟担任绥宁县图书馆馆长一职。

绥宁县图书馆员工情况统计表(单位:人)

年份	员工人数	专科及本科学历	初级职称	中级职称
2010	13	13	5	8
2018	10	10	2	5

4. 经费

绥宁县图书馆经费统计表(单位:万元)

年份	财政拨款	购书经费	免费开放经费
2009	39.92	10.00	—
2010	79.30	10.00	—
2011	55.30	10.00	20.00
2012	80.84	10.00	20.00
2013	136.03	10.00	20.00
2014	162.32	10.00	20.00
2015	133.20	10.00	20.00
2016	180.30	10.00	20.00
2017	181.17	10.00	20.00
2018	158.93	10.00	20.00

二、基础业务工作

1. 馆藏资源

2018 年,绥宁县图书馆藏图书 13.3 万册,其中地方文献 1563 册,古籍 1117 册,地方非物质文化遗产项目音视频文献 15 个。2009 至 2018 年,平均每年新增文献入藏量约3000 册。馆藏文献依据《中国图书馆分类法(第五版)》进行分类标引,采用《普通图书著录规则》著录。2014 年，绥宁县图书馆与国家图书馆联合编目中心签订协议，加入国家图书馆联合编目中心。

绥宁县图书馆藏书统计表

年份	2009	2010	2011	2012	2013	2014	2015	2016	2017	2018
藏书量（万册）	11	11.3	11.6	11.8	12	32	32.3	32.5	32.8	41.3

注：2014 至 2017 年统计数据包含 20 万册电子图书，2018 年含 28 万册电子图书。

2. 读者服务

2015 年，绥宁县图书馆建立移动图书馆，分别在县图书馆、县委办、财政局安装 1 台歌德电子阅读机。

绥宁县图书馆组织开展读书活动。2010 年，开展"三湘读书月"——少儿 G3 杯"迎世博·迎亚运·讲文明·树新风"文明礼仪知识读书活动。2013 年，开展"三湘读书月——少儿'中国梦·我的梦'"读书活动。2014 年，开展"我的书屋·我的梦"农村少儿阅读征文活动。2015 年，举办"书香湖南——少儿'中国梦·汉语美'"读书活动。2016 年，举办"庆新春，迎元宵佳节"免费放电影活动、"书香湖南——少儿'光荣与梦想'纪念建党 95 周年暨红军长征胜利 80 周年"读书活动、"三湘少年儿童阅读之星"推选活动。2017 年，举办"书香湖南·红星闪闪耀童心"少儿读书活动和"三湘少年儿童阅读之星"推选活动。2018 年，组织"我的书屋·我的梦"农村少儿暑假阅读实践、少儿原创音频大赛、"三湘少年儿童阅读之星"推选活动。

绥宁县图书馆读者服务统计表

年份	借阅册次（万册次）	借阅人次（万人次）
2009	4.13	1.86
2010	4.16	2.34
2011	4.28	2.74
2012	4.55	2.86
2013	6.02	3.35
2014	6.18	3.67
2015	7.26	3.65
2016	7.82	3.74
2017	20.65	4.07
2018	21.26	4.08

3. 现代技术应用

2006 年，绥宁县图书馆引入图书馆自动化集成系统（ILAS Ⅱ），采访、编目、流通、典藏、公共查询、期刊管理实行自动化管理。2009年，建立馆藏书目数据库，更新书目数据库32884条。2013年，改用Interlib图书馆集群管理系统，实行业务办公自动化，通过交换机、路由器、Wi-Fi以及服务器实现网络互通。2016年，试运行读者自助借还系统，购置2台自助还书机。2017年，各外借窗口配备自助借还机。2018年，全馆拥有供读者上网用电脑40台、读者电子查询机12台、超星数字图书借阅机3台、读者自助借阅机3台、读者书目查询机3台、博看电子报刊阅读机等，实现Wi-Fi全覆盖。

2004年，绥宁县启动文化信息资源共享工程，设立电子阅览室。2007年，绥宁县图书馆与农村远程教育办公室联合开展文化共享工程基层网点建设。2008年，绥宁县图书馆与县委组织部共同建立485家文化共享工程与现代远程教育合作站（网）基层点。2015至2018年，绥宁县图书馆建有共享工程和推广工程本地资源库、政府公开信息数据库、地方文献数据库、地方人物数据库，建设绥宁县图书馆网站、公众微信号，实时更新图书馆网页，实现资料服务及信息发布。

4. 志愿者服务

绥宁县图书馆建立文化志愿者服务队伍。2015年，文化志愿者队伍与县文广新局一同送书进军营。2016年，文化志愿者队伍扶贫助教，送书进校园。2018年，"书香湖南"全民阅读志愿者队伍和邵阳市文体广新局一行走进关峡大园村。

三、表彰与奖励

2009年第四次全国县级以上公共图书馆评估、2017年第六次全国县级以上公共图书馆评估中，绥宁县图书馆均被文化部评为"国家三级图书馆"。

城步苗族自治县图书馆

1930年，城步县民众图书馆成立。1940年，县民众图书馆并入县民众教育馆。1950年，成立城步县文化馆，内设图书室。1982年，城步苗族自治县图书馆成立，借用县电影公司的房屋和县孔庙做馆舍，面积290平方米。1986年，馆址迁至儒林镇青年路。

一、基础设施设备和机构、人员、经费

1. 基础设施设备

1986年，城步苗族自治县图书馆在儒林镇青年路30号新建馆舍，占地5亩，阅览楼屋面为琉璃瓦盖，楼廊翘檐，具有民族建筑特色。2006年，扩建馆舍。2018年，馆舍

建筑面积 1850 平方米。2008 年，逐年将木制书架置换为钢制书架 100 组，新型阅览桌椅 120 套，电脑 40 台及电脑桌椅 40 套。2015 年，文化部、财政部配送流动图书 1 辆。

2. 机构

2009 年，城步苗族自治县图书馆设采编室、少儿阅览室、参考咨询室和过刊资料室。2013 年，设办公室、采编室、综合外借室、成人阅览室、少儿阅览室、参考咨询室、过刊资料室和电子阅览室。

3. 人员

从 2001 年起，杨焕月担任城步苗族自治县图书馆馆长一职。

城步苗族自治县图书馆员工情况统计表（单位：人）

年份	员工人数	高中学历	专科及本科学历	初级职称	中级职称
2009	8	3	4	2	1
2010	8	3	4	2	1
2011	8	3	4	2	1
2014	11	7	4	1	2
2017	9	5	4	1	3
2018	8	3	5	1	3

4. 经费

城步苗族自治县图书馆经费统计表（单位：万元）

年份	财政拨款	购书经费	共享工程经费	免费开放经费
2009	131.10	1	3	17
2011	132.18	2	3	17
2013	146.17	3	3	17
2016	148.16	4	3	17
2018	150.19	4	3	20

二、基础业务工作

1. 馆藏资源

城步苗族自治县图书馆由采编室负责文献搜集整理，每年购入图书 2000 册，征订报刊 200 种。馆藏文献依据《中国图书馆分类法（第五版）》进行分类标引。2018 年藏书量为 10 万册。馆藏有《古今图书集成》（共 3999 册）、《湖湘文库》等，还藏有阳盛海捐赠民族民俗文献资料 2000 册。

年份	2009	2010	2011	2012	2013	2014	2015	2016	2017	2018
藏书量（万册）	8.07	8.36	8.56	8.85	9.12	9.33	9.65	9.88	10.11	10.37

2.读者服务

2009 年，城步苗族自治县图书馆每周开放 48 小时。2011 年，每周开放时间 56 小时。2018 年，持证读者达 6000 人。综合外借室与阅览室收藏普通读物为主，实行开架借阅。基本书库收藏大部头著作、地方文献资料和中外文工具书为主，供读者阅览。2017 年，城步苗族自治县图书馆引入图书馆自动管理系统，采访、编目、登记、办证、流通实现自动化管理。建立城步苗族自治县图书馆网站、微信公众号和自助图书馆数字管理系统。2003 年，建立文化信息资源共享工程城步苗族自治县支中心。

城步苗族自治县图书馆读者服务统计表

年份	借阅册次（万册次）	流通人次（万人次）
2009	4.50	4.12
2014	5.00	4.50
2018	5.00	5.60

城步苗族自治县图书馆积极开展读者活动。"同筑中国梦·共度书香年""我们的中国梦·湖湘文化进万家"迎新春、送祝福活动，"我是雷锋家乡人·湖湘文化送春风"文化志愿服务活动，"我的书屋·我的梦"农村少儿阅读活动，"文化惠民·送书下乡"全民阅读推广活动。

三、表彰与奖励

2009 年第四次全国县级以上公共图书馆评估、2013 年第五次全国县级以上公共图书馆评估，城步苗族自治县图书馆均被文化部评为"国家三级图书馆"。

新宁县图书馆

1929 年，新宁县民众图书馆成立。1942 年，县民众图书馆并入县民众教育馆，内设图书室。1944 年，日军侵占新宁县城，县民众图书馆遭受损失而停办。1950 年，新宁县人民教育馆成立。1954 年，改名县文化馆，内设图书室。1980 年，新宁县图书馆独立建制，馆址在解放大道。

一、基础设施设备和机构、人员、经费

1. 基础设施设备

1980年，新宁图书馆以县实物展厅的2座平房为馆舍，占地500平方米。2000年，建成新馆，建筑面积1500平方米。2014年，在原有的馆舍基础上加盖一层，并对馆舍进行装修改造。2018年，新宁县图书馆的馆舍总面积3700平方米，其中总馆面积1500平方米，有阅览座席240个。

2. 机构

2016年，新宁县图书馆设办公室、财务室、采编室、农家书屋办公室、文化信息资源共享工程办公室、读书工程办公室、综合阅览室、少儿阅览室、外借室、电子阅览室、古籍及地方文献室、多媒体室、24小时自助图书馆。

3. 人员

2016年，新宁县图书馆编制定员12人。

新宁县图书馆馆长名录

序号	姓名	任职时间
1	李荣彪	1999年至2009年
2	许晓明	2009年至2016年
3	郑香平	2016年至2018年
4	徐建华	2018年至今

新宁县图书馆员工情况统计表（单位：人）

年份	员工人数	高中学历	专科及本科学历	中级职称
2018	17	2	15	8

注："员工人数"其中5人为聘用员工。

4. 经费

新宁县图书馆经费统计表（单位：万元）

年份	财政拨款	购书经费
2013	114.09	4.00
2014	124.69	4.00
2015	165.52	4.00
2016	182.53	4.00
2017	175.63	6.00
2018	191.11	6.00

二、基础业务工作

1.馆藏资源

新宁县图书馆藏书统计表

年份	2009	2010	2011	2012	2013	2014	2015	2016	2017	2018
藏书量（万册）	8.71	8.92	9.02	9.13	9.36	9.46	9.66	9.81	11.24	11.54

2018年，新宁县图书馆藏书11.54万册，其中地方文献2523册，古籍2016册，藏有《史记》（一百三十卷）、《后汉书》（一百三十卷）、《万有文库》（2237册）以及《孟子》等清代刻本36种，地方非物质文化遗产项目音视频文献13个。2009至2018年，每年新增文献入藏量约3000册。馆藏文献依据《中国图书馆分类法（第五版）》进行分类标引，依据《普通图书著录规则》著录。

2.读者服务

2016年，新宁县图书馆每周开放49小时。

新宁县图书馆读者服务统计表

年份	借阅册次（万册次）	借阅人次（万人次）
2009	4.46	3.45
2010	6.98	3.60
2011	4.78	3.80
2012	4.85	2.64
2013	4.26	3.60
2014	7.36	1.90
2015	6.32	2.81
2016	8.72	2.44
2017	9.00	5.49
2018	9.10	5.83

新宁县图书馆开展多种读者活动。2009年，举办"新中国60周年道德模范故事会"读书征文演讲竞赛。2010年，开展G3杯"迎世博·迎亚运·讲文明·树新风"文明礼仪知识竞赛读书活动。2013年，举办"三湘读书月——少儿'中国梦·我的梦'"读书活动。2014年，开展"我的书屋·我的梦"农村少儿阅读征文活动，2015年，开展少儿"中国梦·汉语美"读书活动。2016年，举办少儿"光荣与梦想——纪念建党95周年暨红军长征胜利80周年"读书活动。2017年，举办"书香湖南·红星闪闪耀童心"少儿读书活动。2018年，开展"我的书屋·我的梦"少儿阅读活动。

2005年，新宁县图书馆办《新宁发现》报纸版。2008年，建设《新宁发现》网络版。2016年，更名为《崀山发现》，发布县域优秀文化信息资源，至2018年共出版报纸120期。

3. 现代技术应用

2014年，新宁县图书馆引入 Interlib 图书馆集群管理系统，采访、编目、流通实现自动化管理。与国家图书馆联合编目中心签订协议，加入国家图书馆联合编目中心。有36台供读者使用的计算机，读者服务区无线网全覆盖，网络带宽10Mbps，存储容量8TB。

2004年，新宁县图书馆实施文化信息资源共享工程，开设电子阅览室。2007年，与农村远程教育办公室联合开展文化共享工程基层网点建设工作。2008年，与县委组织部共同建立485家文化共享工程与现代远程教育合作站（网）基层点，覆盖全县所有行政村和部分农林场。2009年，建设中心机房，配置联想电脑30台、手提电脑、投影仪、服务器4台、多功能扫描仪、复印机、数码相机、摄像机，开通10M光纤。2014年，与省共享工程分中心签订合作协议，从省共享工程分中心提取信息资源。

4. 志愿者服务

新宁县图书馆组织文化志愿者服务。2017年，文化志愿者队伍到清江桥乡文体卫站送书，建立新宁县图书馆流动服务点。2018年，在金石镇四和村、马江村开展"我们的中国梦•湖湘文化进万家"活动。

三、表彰与奖励

在2009年第四次全国县级以上公共图书馆评估、2013年第五次全国县级以上公共图书馆评估、2017年第六次全国县级以上公共图书馆评估中，新宁县图书馆均被文化部评为"国家三级图书馆"。

第十一章 永州市公共图书馆

永州市图书馆

2013年5月，永州市图书馆成立。这所公共图书馆与永州职业技术学院图书馆实行"一套班子、两块牌子、双重管理"的共建共享模式，开展书刊借阅、电子阅览、文献检索、数字资讯、培训讲座等读者服务工作，全面实行对社会公众免费开放。

一、基础设施设备和机构、人员、经费

1. 基础设施设备

永州市图书馆位于零陵区永州大道289号，坐落在永州职业技术学院的校园内。2007年，新馆舍竣工，建筑面积2.1万平方米，其中阅览室7400平方米，书库5000平方米，电子阅览室1400平方米，展厅面积1000平方米，办公及其他面积6200平方米。配置有钢制书架1200米，阅览座席1200个，建有模块化中心机房1间。

2. 机构

2013年，永州市图书馆设办公室、采编部、技术部、流通部、阅览部。2018年设综合科、图书采编借阅科、网络技术科。

3. 人员

从2013年起，蒋洁担任永州市图书馆馆长一职。

永州市图书馆员工情况统计表（单位：人）

年份	员工人数	高中学历	专科及本科学历	初级职称	中级职称	副高职称	正高职称
2018	55	1	54	10	30	11	2

4. 经费

永州市图书馆是地方政府与学校共建共享型图书馆，由永州职业技术学院提供服务场地，负责图书馆的运行经费和员工工资，并负责图书采购，政府每年拨付免费开放经费50万元。2013至2018年，永州市图书馆每年向中央财政申报专项资金共计约450万元，用于图书馆维修、数字资源建设及数字图书馆建设。

永州市图书馆经费统计表（单位：万元）

年份	免费开放经费	专项经费
2013	50	75
2014	50	75
2015	50	75
2016	50	75
2017	50	75
2018	50	75

二、基础业务工作

1. 馆藏资源

2018年，永州市图书馆藏书64.5万册，另有电子图书35万种，数字资源达26TB，音像视频资料1000种。

永州市图书馆开展地方文献收集和整理工作，藏有《永州年鉴》《永州旧事》《零陵地区志》《零陵县志》《永州党史人物传略》《永州儿女在南粤》《柳宗元研究》《柳宗元永州山水散文鉴赏》《柳宗元诗文教与学》《永州史话》《永州府志》《陶铸传》《怀念李达》《永州美食》《中国永州历史回忆录》。

2015年，永州市图书馆通过申报数字资源建设项目，申请专项资金，将中华人民共和国成立以来永州市的地方文献资源全部数字化，包括地方报纸，录制150集地方文化视频资源。

2. 读者服务

永州市图书馆全面实行免费开放，建立免费开放公示制度，在公告栏、展示窗等位置公示免费开放实施方案、服务项目、开放时间、办证须知等内容。永州市图书馆设综合阅览室、电子阅览室、图书借阅处、过刊借阅处、视频资源借阅处、地方文献资源库、展厅、多功能报告厅等服务窗口。2013至2018年，永州市图书馆文献外借量450万册次，接待读者200万人次。

永州市图书馆广泛开展读书活动，如"湖湘文化送春风"文化志愿者三月学雷锋活动，"4·23"世界读书日读书活动中举办知识竞赛、专题讲座、演讲，"五月宣传周"活动；开展读书征文活动和送书下乡活动。2013年，开展少儿"中国梦·我的梦"读书活动。2014年，举办少儿"中国梦·我心中的故事"读书活动。2015年，开展少儿"中国梦·汉语美"读书活动。2016年，举办少儿"光荣与梦想——纪念建党95周年暨红军长征胜利80周年"读书活动。2017年、2018年，开展"书香湖南"少儿读书活动。

3. 现代技术应用

2014年，永州市图书馆引入图书馆自动化集成系统（ILAS Ⅲ），业务工作实行自动化管理。组建永州市数字图书馆中心机房，存储容量 30TB。2013 至 2017 年，购置电子图书借阅机、电子期刊借阅机及音频视频借阅机等自助设备 5 台。2013 年，实现图书馆无线网络全覆盖，网络带宽提速到 1GB。开通永州市图书馆网站、微信公众服务平台。2015 年，与全国文化信息资源共享工程实行互通互联、资源共享，建成电子阅览室和中心机房，配置了 128 台终端服务读者，装配了具有视频会议、点直播系统的多功能报告厅。

2016 年开始，每年完成国家数字图书馆推广工程数字资源联合建设项目的数据采集和加工，建有政府公开信息、地方文献数字资源、公开课等多个数字资源库，自有数字资源达到 26TB。

4. 志愿者服务

2015 年，永州市图书馆成立志愿服务站，登记的志愿者共 170 人，分成 4 个组，即宣传教育组、卫生清洁组、便民服务组和扶贫帮困组，开展志愿服务活动、关爱留守儿童志愿服务行动、关爱老人志愿服务行动和岗位学雷锋志愿服务行动，上门办证、街头服务活动，"清洁家园，共创文明"志愿服务活动，并协助开展各种读书活动。

三、总分馆建设

永州市图书馆由一个总馆和两个分馆组成。总馆坐落在永州职院的院本部，位于零陵区永州大道，分馆位于永州职业技术学院医学校区和冷水滩农学校区内。总分馆通过管理系统实现信息资源共享、通借通还。

四、学术、科研活动及成果

永州市图书馆自 2013 年以来鼓励馆员申报课题，发表论文。共申报省级课题 4 个，市级课题 3 个，发表论文 50 篇。

五、表彰与奖励

2013 年第五次全国县级以上公共图书馆评估，永州市图书馆被文化部评为"国家三级图书馆"；2017 年第六次全国县级以上公共图书馆评估，永州市图书馆被文化部评为"国家二级图书馆"。

零陵区图书馆

1919 年，零陵县（今零陵区）始建图书馆，先后馆名为中山图书室、通俗教育馆。1929 年，零陵县民众图书馆成立。1934 年，县民众图书馆并入县民众教育馆。1950 年，零陵县文化馆成立，内设图书室。1957 年，成立零陵县图书馆。1968 年，零陵县图书馆、县文化馆合并，成立零陵县文化、图书馆革命领导小组。1969 年 2 月，领导小组撤销，并入"零陵县毛泽东思想宣传站"。1971 年，恢复县文化馆。1978 年，恢复零陵县图书馆。1980 年，县图书馆移交永州镇，更名为永州镇图书馆。1982 年，永州镇改市，同年 7 月，永州镇图书馆更名为永州市图书馆。1995 年，零陵地区经国务院批准改为永州市，原永州市更名为永州市芝山区，1996 年永州市图书馆更名为永州市芝山区图书馆。2005 年，永州市芝山区更名为永州市零陵区，永州市芝山区图书馆更名为永州市零陵区图书馆。

一、基础设施设备和机构、人员、经费

1. 基础设施设备

1985 年，永州市图书馆（现零陵区图书馆）新馆对公众开放，馆址位于黄古山中路 32 号，占地面积 3 亩，建筑面积 1360 平方米。1991 年，扩建 4 层 600 平方米书库。2017 年，对馆舍进行提质改造，配备书架 2256 米、阅览桌 60 张、阅览椅 252 张、电子计算机 35 台、复印机 2 台、打印机 3 台、传真机 1 台。配备 100M 专用网络光纤，实行无线网络全覆盖。

2. 机构

2009 年，零陵区图书馆设办公室、综合阅览室、少儿借阅室、综合外借室、过刊借阅室、电子阅览室、多媒体室、地方文献室、研究辅导室。2018 年，设办公室、采编辅导室、服务大厅、综合阅览室、综合借阅室、少儿借阅室、过刊借阅室、地方文献室、电子阅览室、多媒体报告厅、共享工程中心机房。

3. 人员

零陵区图书馆馆长名录

序号	姓名	任职时间
1	夏锦芳	2005 年至 2009 年
2	李向阳	2009 年至今

零陵区图书馆员工情况统计表（单位：人）

年份	员工人数	高中学历	专科及本科学历	初级职称	中级职称
2009	10	1	9	4	1
2018	10	1	9	3	3

4. 经费

零陵区图书馆经费统计表（单位：万元）

年份	财政拨款	专项经费	办公经费	免费开放资金
2009	72.9	5.0	3.0	—
2010	72.8	5.0	3.0	—
2011	80.0	11.0	3.0	—
2012	110.8	11.0	3.0	21.0
2013	150.0	11.0	5.0	21.0
2014	136.4	10.0	5.0	21.0
2015	145.8	11.0	5.5	21.0
2016	146.7	33.0	5.5	21.0
2017	199.6	33.0	5.5	21.0
2018	205.0	33.0	5.5	21.0

注："专项经费"含购书费、古籍保护费、共享工程经费。

二、基础业务工作

1. 馆藏资源

2009年，零陵区图书馆藏书15.2万册，其中文学书籍1.86万册，地方文献799册，工具书1001册，期刊合订本1.13万册，古籍2.67万册。2018年，藏书总量18.11万册。藏有《二十四史》《资治通鉴》《全唐诗》《佩文韵府》《册府元龟》《鲁迅全集》《莎士比亚全集》《湖湘文库》。收藏地方文献有柳宗元、怀素、女书的相关书籍，藏有明嘉靖年修《零陵县志》、清康熙年修《零陵县志》、民国时修《零陵县志》，明隆庆年修《永州府志》、清光绪年修《永州府志》及清光绪年修《湖南通志》。柳学方面的文献有《柳宗元全集》《柳河东集》及永州市举办的两次国际柳学研讨会等资料。

零陵区图书馆的馆藏文献依据《中国图书馆分类法（第五版）》进行分类标引，使用《普通图书著录规则》著录。

零陵区图书馆藏书统计表

年份	2009	2010	2011	2012	2013	2014	2015	2016	2017	2018
藏书量（万册）	15.2	15.36	15.74	16.12	16.5	16.8	17.15	17.59	17.8	18.11

2. 读者服务

2009年，零陵区图书馆阅览室实行全年365天开放，其他借阅室每周开放5天，每天7小时。2011年，公共服务空间设施场地实现"无障碍、零门槛"准入，读者凭身份证办理借书卡，不收取办证费用，凭借阅卡可在任意一个服务窗口使用，实行"一卡式"无偿服务。

2018 年，零陵区图书馆有持证读者 2100 人。

零陵区图书馆读者服务统计表

年份	借阅册次（万册次）	流通人次（万人次）
2009	4.59	11.95
2010	5.02	12.49
2011	4.94	12.49
2012	5.37	13.97
2013	5.97	15.08
2014	6.95	15.87
2015	7.86	19.84
2016	8.38	21.49
2017	9.87	25.49
2018	16.29	41.87

零陵区图书馆开展全民阅读活动，建设"书香零陵"。2009 年与区团委、永州职院理工电子学院联合到梳子卜乡开展图书、医疗下乡活动、举办"新中国 60 周年道德模范故事会"少儿读书竞赛。2010 年，举办 G3 杯"迎世博·迎亚运·讲文明·树新风"文明礼仪知识少儿读书竞赛。2011 年，开展"送文化下乡"活动、举办"辛亥革命 100 周年""改革开放 30 年"主题图片展览。2013 年，举办"中国梦·我的梦"读书活动，组织到黄田铺、菱角塘、接履桥等乡镇开展送书下乡活动。2014 年，举办科普讲座、读者座谈会、公民道德礼仪讲座。2015 年，开展"中国梦·汉语美"少儿读书活动、"我与中华古籍"优秀摄影作品展。2016 年，开展少儿"光荣与梦想——纪念建党 95 周年暨红军长征胜利 80 周年"读书活动。2017 年，举办"书香零陵·红星闪闪耀童心"少儿读书活动。2018 年，开展"书香湖南·共创共享儿童阅读新时代"少年儿童读书活动及"我的书屋我的梦"征文活动。

3. 现代技术应用

2000 年，零陵区图书馆引入图书馆自动化集成系统（ILAS），2013 年，改用 Interlib 图书馆集群管理系统，全面实现图书馆自动化管理。2009 年，建成文化信息资源共享工程零陵区支中心，建立零陵区图书馆官方网站，购置电子期刊阅读机，2014 年，购置电子图书借阅机。2015 年，开通微信公众号。

三、重大文化工程建设

零陵区图书馆实行古籍保护工程，馆藏古籍 2.67 万册。20 世纪 50 年代初，零陵县文化馆从民间收集古籍书万余册。1954 年，湖南省中山图书馆将南岳存放的古籍分送 2 万册给零陵县文化馆，当时因馆舍狭窄，借用零陵镇第二小学（今永州职业技术学院附小）

房屋存放。1966 年，将大部分古籍书转存到零陵县三中（今永州市三中）和零陵师范（今湖南科技学院）。20 世纪 70 年代末，零陵图书馆将存放在零陵师范的古籍收回，进行了登记、分类，共计 8928 册。1989 年，在永州市委、市政府（今零陵区）的协调下，原藏于永州市三中的 2 万册古籍移交芝山区图书馆。1998 年、2014 年湖南图书馆古籍部派专家对部分善本按经、史、子、集进行分类整理。2007 年，零陵区图书馆对馆藏古籍进行全面登记。2012 年，按国家标准进行规范化著录。

四、总分馆建设

2017 年，在永州市区东山广场、保险公司建成 24 小时自助图书馆。

五、表彰与奖励

2009 年第四次全国县级以上公共图书馆评估、2013 年第五次全国县级以上公共图书馆评估，永州市零陵区图书馆均被文化部评为"国家一级图书馆"。2017 年第六次全国县级以上公共图书馆评估，永州市零陵区图书馆被文化部评为"国家三级图书馆"。

冷水滩区图书馆

1984 年，永州市冷水滩区图书馆成立，初名为冷水滩市图书馆。1993 年，在梅湾路536 号修建馆舍。1995 年，零陵地区经国务院批准改为永州市，冷水滩市更名为冷水滩区，冷水滩市图书馆更名为永州市冷水滩区图书馆。

一、基础设施设备和机构、人员、经费

1. 基础设施设备

1993 年，当时的冷水滩市政府在梅湾路划拨土地 3.46 亩，兴建冷水滩市图书馆，建筑面积 2537 平方米。1998 年，馆舍竣工，正式对公众开放。2016 年，对馆舍大楼进行提质改造。2018 年，冷水滩区图书馆共有书架长度 3838 米、阅览桌 71 张、阅览椅 284 张、电脑 37 台、打印机 3 台、复印机和传真机各 1 台。配有 100M 专用网络光纤 1 条，30M 专用网络光纤 5 条，实行无线网络全覆盖。

2. 机构

2017 年，冷水滩区图书馆设办公室、综合阅览室、综合借阅室、过刊借阅室、少儿

借阅活动室、地方文献借阅室、电子阅览室、多媒体报告厅、休闲服务大厅、展览大厅、共享工程中心机房。

3. 人员

冷水滩区图书馆馆长名录

序号	姓名	任职时间
1	杨春秀	2002 年至 2009 年
2	张玉花	2009 年至 2016 年
3	唐勋民	2016 年至今

冷水滩区图书馆员工情况统计表（单位：人）

年份	员工人数	专科及本科学历	初级职称	中级职称
2018	12	12	3	6

4. 经费

冷水滩区图书馆经费统计表（单位：万元）

年份	财政拨款	购书经费	办公经费	免费开放资金	数字资源采购经费
2009	29.4	3.0	—	—	—
2010	35.2	3.0	—	—	—
2011	57.3	3.0	—	20.0	—
2012	77.7	3.0	—	13.0	—
2013	78.2	3.0	—	13.0	—
2014	107.1	3.0	—	13.0	—
2015	114.7	3.0	2.4	13.0	—
2016	237.6	0	2.4	13.0	—
2017	368.7	0	6.0	13.0	—
2018	355.1	30.0	6.0	20.0	8.0

二、基础业务工作

1. 馆藏资源

2016 年，冷水滩区图书馆藏书 3.85 万册，2018 年，馆藏量达 8.23 万册，其中报纸 57 种、期刊 232 种、地方文献 2632 册、数字电子图书 1.2 万册，以及数字电子报刊、视频、绘本等 6000 册，工具书 5000 册。馆藏有《二十四史》《资治通鉴》《全唐诗》《鲁迅全集》《莎士比亚全集》等经典名著。

冷水滩区图书馆藏书统计表

年份	2009	2010	2011	2012	2013	2014	2015	2016	2017	2018
藏书量（万册）	2.37	2.63	2.82	3.01	3.55	3.65	3.75	3.85	6.21	8.23

馆藏文献依据《中国图书馆分类法（第五版）》进行分类标引，使用《普通图书著录规则》著录。设公务分类目录、公务题名目录、读者分类目录和读者题名目录。

2. 读者服务

冷水滩区图书馆实行全面免费开放和一卡通服务。2018 年，为 5014 人。

冷水滩区图书馆开展多种形式的读者活动。2011 年，开展"文化、科技、卫生、教育、法律"五下乡活动。2013 年，举办"我的书屋·我的梦"农村少儿征文活动，2014 年与永州市图书馆、永州市新华书店联合组织"三湘读书月"活动，2017 年"书香湖南"少儿读书活动，2018 年"书香湖南·共创共享儿童阅读新时代"少儿读书活动。

冷水滩区图书馆读者服务统计表

年份	2009	2010	2011	2012	2013	2014	2015	2016	2017	2018
借阅人次（万人次）	2.14	2.68	3.51	3.71	4.01	4.63	5.06	5.74	5.70	41.2

注：2018 年包含 6 个分馆、5 个 24 小时自助图书馆的统计数据。

3. 现代技术应用

2017 年，冷水滩区图书馆引入图书馆管理系统，为读者办证、借还图书实行自助化管理。2011 年，建立全国文化信息资源共享工程冷水滩区支中心，获得全国文化信息资源共享工程配送电脑及卫星接收设备，中心机房有服务器 3 台、电子阅览室电脑 32 台。2017 年，购置 4TB 数字资源，建设门户网站和微信、微博等新媒体。

三、总分馆建设

2017 年至 2018 年，冷水滩区图书馆建成 6 个分馆、5 个 24 小时自助图书馆及 4 个服务点的公共图书馆服务体系。分馆实行统一采购、统一编目、统一借还，互通互联，通借通还。共建有 6 个分馆：珊瑚街道凌云社区分馆、蔡市镇邓家铺村分馆、上岭桥镇仁山村分馆、花桥街镇敏村分馆、岚角山街道楚江圩社区分馆、杨村甸乡黄茶园村分馆。在市体育中心馆、滨江公园市政府馆、滨江公园宋家洲大桥东馆、潇湘公园东大门馆、经开区馆建立 24 小时自助图书馆。建设海航驻岚角山某雷达营、宋家洲派出所、牛角坝镇政府、冷水滩区新希望特殊学校等 4 个流通服务点。

四、表彰与奖励

在 2009 年第四次全国县级以上公共图书馆评估、2013 年第五次全国县级以上公共图书馆评估、2017 年第六次全国县级以上公共图书馆评估中，永州市冷水滩区图书馆均被文化部评为"国家三级图书馆"。

祁阳陶铸图书馆

祁阳最初的公共图书馆于民国初期设在燕窝池畔的文昌阁，1934 年由文昌阁搬至考棚后的崇祯殿。1939 年，考棚被日寇飞机炸成一片瓦砾，剩存图书移交县民众教育馆。1951 年，成立县人民文化馆，内设图书博物组，开展图书外借阅览业务。1977 年，祁阳县图书馆成立。2007 年，在纪念陶铸诞生 100 周年之际，祁阳县委、县政府决定，将祁阳县图书馆更名为祁阳陶铸图书馆。

一、基础设施设备和机构、人员、经费

1. 基础设施设备

1983 年，祁阳县图书馆竣工，馆址在甘泉路 14 号，占地 5.9 亩，建筑面积 1155 平方米。2007 年，在县行政办公中心后面、平安西路与复兴路交汇处兴建新馆舍，省、市、县领导和陶铸的女儿陶斯亮参加了奠基仪式。2012 年，祁阳陶铸图书馆竣工，占地面积 22 亩，建筑面积 6235 平方米。

2. 机构

2018 年，祁阳陶铸图书馆设行政办公室、采编室、综合借阅室、少儿图书外借室、少儿阅览室、保存本阅览室、过报过刊阅览室、电子阅览室、盲人阅览室、少儿活动室、多媒体报告厅、地方文献室、电子图书借阅室。

3. 人员

祁阳陶铸图书馆馆长名录

序号	姓名	任职时间
1	唐华荣	2003 年至 2009 年
2	于天喜	2009 年至今

祁阳陶铸图书馆员工情况统计表（单位：人）

年份	员工人数	高中学历	专科及本科学历	研究生学历	初级职称	中级职称
2009	21	7	1	0	5	1
2016	20	3	17	0	16	4
2018	13	0	12	1	7	3

4. 经费

祁阳陶铸图书馆经费统计表（单位：万元）

年份	财政拨款	购书经费	数字资源采购经费
2009	60.18	14.00	1.00
2010	56.94	20.00	1.00
2011	81.60	22.00	1.00
2012	142.56	30.00	2.00
2013	142.78	30.00	2.00
2014	160.14	35.00	2.00
2015	153.73	35.00	2.00
2016	210.43	35.00	2.00
2017	227.40	40.00	4.00
2018	300.19	40.00	4.00

二、基础业务工作

1. 馆藏资源

2018 年，祁阳陶铸图书馆藏书 17.68 万册，其中古籍 1.23 万册、民国线装本 6163 册、《万有文库》3869 册、地方文献 2300 册、报纸合订本 2.62 万册、期刊合订本 2.83 万册、视听文献 5205 册。

祁阳陶铸图书馆藏书统计表

年份	2009	2010	2011	2012	2013	2014	2015	2016	2017	2018
藏书量（万册）	4.54	4.93	5.45	6.23	8.56	12.38	13.78	14.83	16.53	17.68

古籍其中有明版书 28 种 530 册，如《白氏长庆集》《钝翁类稿》《朱子全书》《古文渊鉴》《新刊簪缨必用翰苑新书前集续集》《二如亭群芳谱》《武备志》，还有《御选古文渊鉴》《陈文肃公遗集》《李蕊遗墨》。古籍书库面积 200 平方米，配备了恒温、恒湿空调、干粉灭火器，消火栓进行防火，24 小时视频监控，不锈钢防盗门两道锁进行防盗，樟脑防虫，使用古籍樟木书柜贮存古籍。

地方文献中有陶铸文献资料 50 册，祁剧文献资料 20 册，地方史志文献资料 1300 册，地方年鉴和统计年鉴 100 册，水文、地质、气象、农业区划、人口普查、工业普查等方面资料 30 册，近代、现代祁阳各界人士的作品 800 册。2018 年，收集各类地方文献 3357 册。

祁阳陶铸图书馆 2017 年藏书分类统计表

类名	类号	数量（册）
马克思主义、列宁主义、毛泽东思想、邓小平理论	A	1734
哲学、宗教	B	4657
社会科学总论	C	2335
政治、法律	D	6277
军事	E	1260
经济	F	3169
文化、科学、教育、体育	G	8684
语言、文字	H	4735
文学	I	49610
艺术	J	6514
历史、地理	K	11544
自然科学总论	N	1427
数理科学和化学	O	1407
天文学、地球科学	P	1378
生物科学	Q	1601
医药、卫生	R	4963
农业科学	S	5709
工业技术	T	6359
交通运输	U	508
航空、航天	V	215
环境科学、安全科学	X	657
综合性图书	Z	3003

2. 读者服务

2009 年至 2018 年，祁阳陶铸图书馆累计办理借书证读者 2.13 万人，每周开馆 56 小时。

祁阳陶铸图书馆读者服务统计表

年份	2013	2014	2015	2016	2017	2018
借阅册次（万册次）	11.28	14.23	18.55	18.71	18.91	19.01

祁阳陶铸图书馆利用"世界读书日""全民阅读活动""三湘读书月""图书馆服务宣传周"开展读者活动。2015年，开展"少儿中国梦·汉语美"阅读活动。2017年，举办"建军90周年"主题连环画图片展、"红星闪闪耀童心·庆祝建军90周年"少儿知识竞赛、"书香祁阳·红星闪闪耀童心"影视展播周活动、主题阅读活动。2018年，开展"书香祁阳·快乐阅读"全民阅读活动和庆"六一"系列少儿活动，少儿活动包括庆"六一"影视展播周活动、少儿百科知识竞赛活动、少儿红色经典图书展活动。

3. 现代技术应用

2013年，祁阳陶铸图书馆引进 Interlib 图书集群管理系统，实现业务工作自动化管理。建成湖南省文化信息资源共享工程祁阳县支中心，全县建有22个乡镇文化站，每个文化站都开设电子阅览室，通过互联网、光盘拷贝、IPTV（交互式网络电视）等方式向基层服务点提供农业专题片讲座、文化遗产、中国戏剧、音乐舞蹈、曲艺杂技、民族文化、少儿文艺、科学普及、医疗卫生、生活常识及电子书刊视频和文字资源。全馆有电脑51台，各类数据库8种，建有图书馆网站，开通了50M的宽带，存储容量6TB，开通 Wi-Fi 上网，数字报刊阅读机，引进电子图书借阅机3台。

4. 志愿者服务

2014年，祁阳陶铸图书馆成立志愿者服务队，招募志愿者80人。志愿者服务队协助工作人员进行书刊加工、整理、上架以及书库、阅览室管理，协助读者借阅、查找书刊、解答咨询，维持图书馆内文明秩序，开展读者宣传工作。

三、总分馆建设

祁阳陶铸图书馆在下马渡镇云盘町小学、茅竹镇中心小学、茅竹镇文化站、白水镇中心小学、尚明教育祁阳公司、光明社区设立馆外流动服务点，定期给读者提供服务，在祁阳陶铸图书馆大门北侧建立"24小时自助图书馆"。

四、表彰与奖励

2014年，谢祁满被国家文化部授予"全国古籍保护工作先进个人"，文静被评为湖南省优秀文化志愿者。

2009年第四次全国县级以上公共图书馆评估中，祁阳陶铸图书馆被文化部评为"国家三级图书馆"。2013年第五次全国县级以上公共图书馆评估、2017年第六次全国县级以上公共图书馆评估中，祁阳陶铸图书馆均被文化部评为"国家一级图书馆"。

东安县图书馆

1912 年，东安县建立图书馆。1929 年，东安县民众图书馆成立。1941 年，县民众图书馆并入县民众教育馆。1950 年，东安县成立人民教育馆。1951 年，东安县人民教育馆更名为东安县文化馆，内设图书室。1968 年，东安县文化馆撤销。1970 年，县文化馆恢复，设有图书室。1976 年，东安县图书馆成立，与县文化馆合署办公。1978 年，东安县图书馆独立建制。1984 年，东安县图书馆修建馆舍。

一、基础设施设备和机构、人员、经费

1. 基础设施设备

2008 年，东安县图书馆搬迁至原东安县体育学校，即白牙市镇沿河路 131 号。县图书馆与县文化局机关、县文化馆、县文物所、县文化市场稽查大队等单位在同一大楼内办公，县图书馆面积 600 平方米。2010 年，建成拥有 30 台电脑的电子阅览室。2014 年、2015 年、2017 年对综合阅览室、电子阅览室、少儿借阅室及走廊进行装修，将木书架、期刊架更换成钢质新书架、期刊架及原木阅览桌椅。2018 年，书架单层长度达 1360 米，阅览座席 112 个。

2. 机构

2018 年，东安县图书馆设办公室、采编室、外借室、综合阅览室、电子阅览室、少儿阅览室、地方文献室、参考文献室及电子文献借阅区。

3. 人员

东安县图书馆馆长名录

序号	姓名	任职时间
1	王雅萍	2005 年至 2012 年
2	雷建林	2012 年至今

东安县图书馆员工情况统计表（单位：人）

年份	员工人数	高中学历	专科及本科学历	初级职称	中级职称	副高职称
2009	10	4	6	0	5	0
2012	11	3	8	1	3	1
2015	11	4	7	1	2	1
2018	11	4	7	1	2	1

4. 经费

东安县图书馆经费统计表（单位：万元）

年份	财政拨款	购书经费	共享工程建设经费	免费开放经费	分馆建设经费
2009	8	8	—	—	—
2010	12	12	—	—	—
2011	39	12	12	15	—
2012	49	12	12	25	—
2013	57	12	12	25	8
2014	57	12	12	25	8
2015	57	12	12	25	8
2016	57	12	12	25	8
2017	67	12	12	25	8
2018	68	12	12	25	8

注："财政拨款"不包括人员工资。

2009年，东安县图书馆除工作人员工资外，东安县财政单列购书经费8万元。2011年，上级补助免费开放经费15万元。2012年，县财政配套免费开放经费10万元。2013年，县财政预算分馆建设经费8万元。2018年，财政拨款增长到68万元。

二、基础业务工作

1. 馆藏资源

2009年，东安县图书馆藏书6.99万册，2016年藏书达11.88万册。2015年，购入电子图书3万册，购电子触摸屏报刊阅读机，每年提供全国各地各类电子期刊1500种、主流媒体报纸200种。2017年7月1日，东安县图书馆遭遇了百年一遇的洪水袭击，县图书馆一楼的书库、地方文献室、文献检索室、古籍室、综合阅览室、外借室全部被龙溪河洪水倒灌浸泡，浸泡水位最高1.3米。据灾后统计评估，损失图书、报刊合订本5万册，文献总藏量下降至5.9万册，自动化管理系统、电子图书借阅机、报刊阅读机、目录查阅机、办公电脑、空调及监控系统等损坏或报废。2018年，逐步恢复馆藏，文献总藏量为6.2万册，其中图书2.83万册、古籍2068册、报刊合订本1600册、电子图书3万册、少儿读物4900册。

东安县图书馆藏书统计表

年份	2009	2010	2011	2012	2013	2014	2015	2016	2017	2018
藏书量（万册）	6.99	7.31	7.41	7.71	8.19	8.42	11.47	11.88	5.90	6.20

东安县图书馆征集了地方文献《东安土话研究》《永州国保》《永州军事志》《瀛桥大盛》《厚德东安》《美食东安》《东安旅游》及东安县各姓氏族谱。2018 年，馆藏地方文献 1600 册。

2. 读者服务

2011 年，东安县图书馆全面向社会免费开放。2014 年，实行全年 365 天开放，节假日不闭馆，并新开设少儿借阅室。

东安县图书馆读者服务统计表

年份	2009	2010	2011	2012	2013	2014	2015	2016	2017	2018
借阅册次（万册次）	3.48	3.12	3.04	3.19	3.26	3.1	3.72	3.89	3.56	6.47
借阅人次（万人次）	1.12	1.28	1.26	1.32	1.56	1.62	1.86	2.55	2.56	2.43

东安县图书馆开展多种读者活动。2009 年，开展"书香东安·悦读你我——东安县图书馆服务推广周"，举办新中国成立 60 周年图片展览。2011 年，开展"三湘读书月"活动。2014 年、2015 年、2017 年、2018 年，均开展"书香永州"读书活动。2015 年，举办少儿"中国梦·汉语美"读书活动。

3. 现代技术应用

2006 年，东安县图书馆引入图书馆自动化集成系统（ILAS），实现业务工作自动化管理。2013 年，改用 Interlib 图创图书馆集群管理系统。2013 年，开通东安县图书馆网站。2014 年，开通"书香湖南·数字阅读"（永州版）公益平台。2015 年，开通微信公众服务平台，新购电子图书借阅机和电子触摸屏报刊阅读机。2018 年，新购自助办证机。

三、总分馆建设

2013 年，东安县图书馆建立 5 个分馆：紫水社区分馆、前进社区分馆、东安监狱分馆、武警中队分馆、茶亭社区分馆。在社区矫正中心、湖塘村、小心田村等建立图书流通点 50 家。2018 年，在和谐广场建立 24 小时自助图书馆。

四、表彰与奖励

2009 年第四次全国县级以上公共图书馆评估、2013 年第五次全国县级以上公共图书馆评估、2017 年第六次全国县级以上公共图书馆评估，东安县图书馆均被文化部评为"国家三级图书馆"。

双牌县图书馆

双牌县原属零陵县。1964 年，成立潇水林区管理局。1969 年，经国务院批准改为双牌县。1973 年，成立双牌县文化馆，馆址在县城关镇新双路 5 号，设有图书室。1976 年，双牌县图书馆与县文化馆分设，隶属于县文化局，馆舍仍在原县文化馆。1987 年，位于城关镇万山路 38 号双牌县图书馆新馆舍落成。

一、基础设施设备和机构、人员、经费

1. 基础设施设备

2006 年，双牌县开工建设县文化活动中心大楼。2012 年，县文化活动中心大楼竣工，分给双牌县图书馆 2100 平方米做馆舍。馆内设有阅览桌 40 张、阅览椅 300 张、书架 130 组、电脑 65 台、打印机 4 台、办公桌 3 张、空调 4 台，并配置有电子报刊阅读机、电子图书借阅机。

2. 机构

2018 年，双牌县图书馆设办公室、档案室、采编室、图书外借室、综合阅览室、少儿阅览室、电子阅览室、多媒体室。

3. 人员

双牌县图书馆馆长名录

序号	姓名	任职时间
1	盘德荣	2004 年至 2018 年
2	龚晓路	2018 年至今

双牌县图书馆员工情况统计表（单位：人）

年份	员工人数	高中学历	专科及本科学历	初级职称	中级职称
2009	8	6	2	2	0
2012	8	6	2	1	0
2013	8	6	2	0	1
2015	7	5	2	0	1
2017	7	4	3	1	1
2018	7	3	4	2	1

4. 经费

双牌县图书馆经费统计表（单位：万元）

年份	财政拨款	购书经费	免费开放经费
2009	39.3	—	—
2011	116.2	10.0	74.4
2013	99.7	10.0	58.0
2016	133.0	16.2	46.3
2018	106.0	5.0	20.2

二、基础业务工作

1. 馆藏资源

2009年，双牌县图书馆藏书8.5万册。2018年，藏书共17.5万册，其中图书1.08万册、报刊6.1万册、电子书刊3500册（件）、地方文献960余册件、视听文献800件、文化信息资源共享数据10TB。馆藏文献依据《中国图书馆分类法（第五版）》进行分类标引，使用《中国文献编目规则》进行著录。

双牌县图书馆藏书统计表

年份	2009	2010	2011	2012	2013	2014	2015	2016	2017	2018
藏书量（万册）	8.5	9.0	11.0	11.5	12.4	12.4	12.5	15.8	17.0	17.5

2. 读者服务

双牌县图书馆在泷泊镇林峰社区、阳明社区分馆、县看守所设立图书服务点，每年3月学雷锋月、"4·23"世界读书日、5月图书馆服务宣传周开展读者活动。节假日组织少儿开展"倡导全民阅读·建设书香双牌"活动。

双牌县图书馆读者服务统计表

年份	借阅册次	借阅人次	持证读者人数
2009	2100	1900	2000
2010	2300	2000	2100
2011	2500	2400	2500
2012	2500	2500	2600
2013	3300	3100	3100
2014	3000	3200	3200
2015	3100	3000	3300
2016	3400	3300	3400

年份	借阅册次	借阅人次	持证读者人数
2017	3700	3500	3500
2018	3700	3800	3800

3. 现代技术应用

2012 年，双牌县图书馆引入图书馆自动化管理系统，实现业务工作自动化管理。2006 年，双牌县图书馆接收全国文化信息资源共享工程赠送卫星接收设备。2008 年，建立全国文化信息资源共享工程双牌县支中心。2012 年，建立双牌县图书馆网站。2018 年，建立网上数字图书馆、微信、微博。

三、表彰与奖励

2009 年第四次全国县级以上公共图书馆评估中，双牌县图书馆被文化部评为"国家三级图书馆"。2013 年第五次全国县级以上公共图书馆评估中，双牌县图书馆被文化部评为"国家二级图书馆"。2017 年第六次全国县级以上公共图书馆评估中，双牌县图书馆被文化部评为"国家三级图书馆"。

道县图书馆

1929 年，道县成立民众图书馆。20 世纪 50 年代初，道县文化馆内设图书室。1981 年，道县图书馆成立。1984 年，在文化路新建馆舍。

一、基础设施设备和机构、人员、经费

1. 基础设施设备

1984 年，道县图书馆在文化路 16 号新建馆舍，建筑面积 1300 平方米。2018 年，有阅览座席 182 个、电脑 35 台，并配备有打印机、复印机、摄像机、照相机、电视机、投影仪、歌德机等。书架单层长 1100 米。2013 年，购置五菱荣光汽车。

2. 机构

2018 年，道县图书馆设办公室、采编室、业务辅导室、图书外借处、少儿阅览室、科技阅览室、综合阅览室。

3. 人员

从 2002 年起，黄进文担任道县图书馆馆长一职。

道县图书馆员工情况统计表（单位：人）

年份	员工人数	高中学历	专科及本科学历	初级职称	中级职称	备注
2009	12	9	3	3	2	
2010	12	9	3	3	2	
2011	21	9	11	4	2	借调商务局6人，宣传部3人
2013	20	9	11	4	2	借调商务局6人，宣传部2人
2014	17	3	14	3	2	借调商务局3人，宣传部2人
2015	18	3	15	3	2	借调商务局3人，宣传部3人
2016	16	3	13	3	2	借调商务局1人，宣传部3人
2018	15	3	12	6	2	借调商务局1人，宣传部3人

4. 经费

道县图书馆人员工资由县财政每月统一发放，政府另外下拨 3 项经费。

道县图书馆经费统计表（单位：万元）

年份	购书经费	免费开放资金	共享工程经费
2011	—	19	6
2012	2	24	9
2015	5	24	9
2016	9	20	9
2018	9	20	9

二、基础业务工作

1. 馆藏资源

2018 年，道县图书馆藏书 8.25 万册，电子书 3.5 万册，报刊年入藏量 80 种，视听文献年入藏量 30 件。

道县图书馆藏书统计表

年份	2009	2010	2011	2012	2013	2014	2015	2016	2017	2018
藏书量（万册）	5.12	5.33	5.68	5.84	6.09	6.35	6.92	7.40	7.89	8.25

2. 读者服务

道县图书馆全年 365 天对外免费开放，实现无障碍、零门槛进入。2009 至 2018 年，年均借阅 4.5 万册次，年均借阅 2.8 万人次。

道县图书馆组织开展各项读者活动。如"我是雷锋家乡人，湖湘文化送春风"3月文化志愿服务活动、"4·23"世界读书日系列读书活动、5月图书馆服务宣传周推广活动、各类专题讲座活动、多样化的少儿读书活动。

道县图书馆读者服务统计表

年份	借阅册次（万册次）	借阅人次（万人次）	持证读者人数（人）
2009	0.98	0.61	652
2010	3.73	0.72	689
2011	2.26	1.25	753
2012	2.89	1.42	818
2013	2.99	1.45	828
2014	2.99	1.45	856
2015	2.75	1.55	1084
2016	3.00	1.56	1244
2017	3.46	1.62	1563
2018	4.47	2.10	1563

3. 现代技术应用

2016年，道县图书馆引入 Interlib 图书馆集群管理系统，采访、编目、流通、书目检索实现自动化管理，安装图书防盗系统。2017年，建立道县图书馆网站，注册微博平台向读者推送文献及服务信息。

2011年，道县图书馆建立文化信息资源共享工程县级支中心，建成电子阅览室，拥有25台电脑，其中办公电脑10台，按照共享工程基础设施建设标准对机房、电子阅览室的场地进行装修，改装电路，并预埋防雷、地线系统等，安装共享工程设备，宽带网络全部接通。

三、总分馆建设

2017年，道县图书馆建立24小时自助图书馆，面积18平方米，藏书3000册。

四、表彰与奖励

在2013年第五次全国县级以上公共图书馆评估、2017年第六次全国县级以上公共图书馆评估中，道县图书馆均被文化部评为"国家三级图书馆"。

新田县图书馆

1930年，新田县成立通俗教育馆，内设图书室。1938年，县通俗教育馆并入县民众教育图书馆。1953年，新田县文化馆成立，设有图书阅览室。1973年，成立新田县图书馆。1988年，新田县图书馆在滨河西路新建馆舍。

一、基础设施设备和机构、人员、经费

1.基础设施设备

1988年，修建新田县图书馆，馆址位于滨河西路29号，占地5亩，建筑面积889.3平方米。2009年，对馆舍进行了全面维修，馆舍外墙贴瓷砖，木门窗换成不锈钢、铝合金门窗，将全馆的木制书架、期刊架更换成钢制书架。2018年，全馆书架单层总长度2126米，设阅览座席120个、电脑40台、打印机2台、ILAS区域图书馆集群管理软件1套，并配备有电子图书借阅机、自助办证机、电视机和24小时自助图书馆。

2.机构

2009年，新田县图书馆设办公室、采编室、综合借阅室、少儿阅览室、期刊阅览室、地方文献室。2018年，设办公室、采编室、2个综合外借室、期刊阅览室、电子阅览室、少儿阅览室、地方文献室、参考文献室及电子文献借阅区。

3.人员

从2004年起，李琳担任新田县图书馆馆长一职。

新田县图书馆员工情况统计表（单位：人）

年份	员工人数	高中学历	专科及本科学历	初级职称	中级职称
2009	9	4	5	1	2
2014	7	1	6	1	2
2018	5	2	3	1	2

4.经费

新田县图书馆经费统计表（单位：万元）

年份	财政拨款	购书经费	办公经费	共享工程经费	免费开放经费
2009	21.00	4.00	1.00	—	
2010	28.00	6.00	1.00	—	
2011	51.62	7.00	1.00	—	10.00
2012	45.14	7.00	1.00	3.00	17.00
2013	50.41	7.00	2.40	4.00	17.00

年份	财政拨款	购书经费	办公经费	共享工程经费	免费开放经费
2014	56.31	8.00	2.30	5.00	17.00
2015	53.30	8.00	1.70	5.00	17.00
2016	60.08	8.00	1.70	5.00	17.00
2017	57.38	8.00	1.40	5.00	17.00
2018	61.89	8.00	4.00	4.50	17.00

二、基础业务工作

1. 馆藏资源

2009 年，新田县图书馆藏书 7.26 万册，2018 年藏书 12.78 万册。县文化信息资源共享工程支中心建成后，国家文化信息资源共享工程中心配发各类电子资源达 8TB，其中电子图书 9.2 万册。2009 年至 2018 年，征集《新田统计年鉴 2010》《新田县三套集成》《南有新田》《新田报》《新田文史》及各姓氏族谱等珍贵地方文献。2018 年馆藏地方文献 428 册。

新田县图书馆藏书统计表

年份	2009	2010	2011	2012	2013	2014	2015	2016	2017	2018
藏书量（万册）	7.26	7.56	7.85	8.15	9.45	10.24	10.97	11.93	12.46	12.78

2. 读者服务

新田县图书馆开展各种读者活动。2009 年至 2018 年，每年组织开展"全民阅读"、"三湘读书月"、"图书馆服务宣传周"、"4·23"世界读书日、"送书下乡"、"送书进社区、进学校、进军营"、"关爱留守儿童"、"书香新田·悦读你我——新田县图书馆服务推广周"等活动，在每年元旦、七一、十一等重要节庆日举办各种图片展。多次与教育部门共同组织"中国梦·我的梦""梦想信封——写给十年后的我""中国梦·汉语美""三湘少年儿童阅读之星"读书活动。在县城和文体中心广场建设 24 小时自助图书馆。

新田县图书馆读者服务统计表

年份	借阅册次（万册次）	借阅人次（万人次）	读者活动次数（次）
2009	0.78	0.70	4
2010	0.80	0.75	4
2011	0.86	0.80	6
2012	0.85	0.8	5
2013	0.84	0.75	6
2014	0.85	0.78	6

年份	借阅册次（万册次）	借阅人次（万人次）	读者活动次数（次）
2015	0.95	0.88	7
2016	1.30	0.90	10
2017	1.08	0.90	12
2018	2.30	0.90	12

3. 现代技术应用

2013 年，新田县图书馆引入三联图书自动化管理系统，采访、编目、流通实现自动化管理。2016 年，三联图书自动化管理系统升级为 ILAS 区域图书馆集群管理系统。2014 年，购置电子书借阅机，每年为读者提供 2000 种电子图书资源，每月更新 100 种。2017 年，设立新田县图书馆网站和微信公众号，与超星公司合作开通手机版的数字移动图书馆。2017 年，新购自助办证机。

三、表彰与奖励

在 2009 年第四次全国县级以上公共图书馆评估、2013 年第五次全国县级以上公共图书馆评估、2017 年第六次全国县级以上公共图书馆评估中，新田县图书馆均被文化部评为"国家三级图书馆"。

宁远县图书馆

1916 年，宁远县建立通俗图书馆。1929 年，宁远县民众图书馆成立，后并入县民众教育馆。1950 年，宁远县成立文化馆，内设图书室。1965 年，宁远县图书馆成立，与县文化馆合署办公。1968 年，县图书馆被撤销。1974 年，恢复宁远县图书馆建制。

一、基础设施设备和机构、人员、经费

1. 基础设施设备

1988 年，宁远县图书馆在九嶷路的新馆舍投入使用，占地 4.1 亩，建筑面积 1563 平方米，设藏书库 3 个、业务用房 11 间。1999 年，通过招商引资方式，临街扩建馆舍 273 平方米。2013 年，图书馆进行室内外装修，购电子读报机、钢木阅览桌 13 张、钢制阅览椅 120 张、钢制报柜 10 组、钢制档案柜 5 组、书架 12 组。2014 年，购置 8 组樟木书柜。2017 年，购置图书流动服务车。

2.机构

2009 年，宁远县图书馆设办公室、采编室、研究辅导室、综合阅览室、少儿阅览室、外借处、地方文献室（古籍特藏室）、过刊借阅室、电子阅览室。2017 年，增设视障阅览室和自修室。

3.人员

从 2002 年起，黄光群担任宁远县图书馆馆长一职。

宁远县图书馆员工情况统计表（单位：人）

年份	员工人数	高中学历	专科及本科学历	初级职称	中级职称	副高职称
2009	16	0	16	7	5	0
2013	22	5	17	7	5	1
2018	22	2	20	8	6	2

4.经费

宁远县图书馆经费统计表

年份	2009	2011	2013	2018
财政拨款（万元）	83.0	96.0	107.0	207.9

二、基础业务工作

1.馆藏资源

2018 年，宁远县图书馆总藏量 10.79 万册，其中报纸 115 种、期刊 200 种，另有电子图书 15 万册。收藏舜文化文献资料 30 册、地方史志 1300 册，另有地方年鉴、统计年鉴、水文、地质、气象、农业区划、人口普查、工业普查等资料及近代、现代宁远各界人士的作品。宁远县图书馆收藏古籍 596 册、民国线装书 2107 册，单独设立古籍书库，购置 8 组全樟木书柜并配备了恒温、恒湿空调、干粉灭火器，并配有消火栓防火用，樟脑丸防虫用。

宁远县图书馆藏书统计表

年份	2009	2013	2018
藏书量（万册）	6.19	10.00	10.79

宁远县图书馆馆藏文献依据《中国图书馆分类法（第五版）》进行分类标引，使用《普通图书著录规则》著录。馆内设有公务分类目录、公务题名目录、读者分类目录和读者题名目录等 4 套检索目录。

2. 读者服务

2009 年，宁远县图书馆借阅册次 6.7 万，借阅人次 4.3 万，持证读者 2331 人，每周开放 49 小时。每年 5 月县图书馆与县科技局、科协开展科技宣传周暨图书馆服务宣传周活动。2003 至 2018 年，县图书馆开展多种少儿读书活动。

宁远县图书馆读者服务统计表

年份	借阅册次（万册次）	借阅人次（万人次）	持证读者人数（人）
2009	6.70	4.30	2331
2010	7.50	5.20	2866
2011	8.45	5.90	3577
2012	9.01	7.20	4084
2013	10.20	7.90	4722
2014	12.40	8.66	5312
2015	12.00	8.75	5214
2016	14.00	9.90	6573
2017	20.10	12.30	7755
2018	71.44	49.27	9317

3. 现代技术应用

2003 年，宁远县图书馆引入图书馆自动化管理系统，业务工作实现自动化管理。2013 年，引入歌德电子书借阅机 5 台、博看报刊一体机、小微图书报刊借阅机 4 台。

2008 年，宁远县图书馆建立全国文化信息资源共享工程县级支中心，获得全国文化信息资源共享工程配发卫星接收设备 1 套，电脑 28 台。通过互联网、光盘拷贝、IPTV（交互式网络电视）等方式向基层服务点提供文化共享工程数字资源，包括农业专题片讲座、文化遗产、中国戏剧、音乐舞蹈、曲艺杂技、民族文化、少儿文艺、科学普及、医疗卫生、生活常识及电子书刊等大量视频和文字资源。2018 年，宁远县图书馆已建设数字资源容量达到 8TB。

4. 志愿者服务

2018 年，宁远县图书馆在册志愿服务者 40 名，他们协助工作人员进行书刊加工、整理、上架以及书库、阅览室管理、维持馆内文明秩序，帮助读者借阅、查找书刊、解答咨询，协助图书馆开展馆办活动、读者宣传和服务工作。

三、总分馆建设

2016 年，宁远县图书馆建设了分馆，整合县域内的公共阅读资源，实现总馆主导下的文献资源统一采购、统一编目、统一配送、通借通还和人员的统一培训。2016至2018年在九亿沿江风光带、县中医医院、印山花园、宁远一中建成4个"24小时自助图书馆"，并免费向公众开放。在县纪委、九嶷工业学校、莲花水泥、福嘉有色、华荣鞋业、湘威鞋业、县社会救助站、县社会福利院设立8个馆外流动服务点，定期给读者提供服务。利用图书流动服务车，每月定期到县城居民相对集中的小区和乡镇街道开展流动服务不少于4次。

四、学术、科研活动及成果

宁远县图书馆员工发表论文一览表

序号	作者	论文著作题名	发表或出版情况	发表或出版时间
1	黄光群	农家书屋工程建设的问题分析与出路探究	《图书馆》	2011年第5期
2	黄光群	永州市公共图书馆建设的现状分析与基本思路	《图书馆》	2012年第4期
3	李晓文	农家书屋后续管理工作的问题及对策	《图书馆工作与研究》	2014年第12期
4	李晓文	欠发达农村全民阅读的突出问题与根本出路	《图书馆工作与研究》	2016年第2期
5	李晓文	灌溪子稿	中国文联出版社	2017年

五、表彰与奖励

2009年第四次全国县级以上公共图书馆评估中，宁远县图书馆被文化部评为"国家三级图书馆"。2013年第五次全国县级以上公共图书馆评估中，宁远县图书馆被文化部评为"国家二级图书馆"。2017年第六次全国县级以上公共图书馆评估中，宁远县图书馆被文化部评为"国家一级图书馆"。

江永县图书馆

1929年，永明县民众图书馆成立。1930年，县民众图书馆并入县民众教育馆。1949年11月，永明县人民文化馆成立，内设图书室。1956年，永明县改名江永县，永明县文化馆更名为江永县文化馆。1976年，江永县图书馆成立，与县文化馆合署办公。1979年，江永县图书馆独立建制。1988年，修建县图书馆新馆舍。

一、基础设施设备和机构、人员、经费

1. 基础设施设备

1988年，江永县图书馆新馆舍竣工，馆址在五一北路7号，建筑面积780平方米。2009年，在原馆舍基础上新建155平方米的电子阅览室。2012年，改建105平方米的禁毒教育基地展厅。2018年，馆舍面积856平方米。

2. 机构

2018年，江永县图书馆设办公室、采编室、综合阅览室、少儿阅览室、电子阅览室、多媒体报告厅、特藏室、综合书库。

3. 人员

江永县图书馆馆长名录

序号	姓名	任职时间
1	毛莉玲	2009年至2012年
2	刘耕	2012年至2014年
3	陈琳	2014年至今

江永县图书馆员工情况统计表（单位：人）

年份	员工人数	高中学历	专科及本科学历
2009	6	3	3
2010	7	3	4
2012	7	2	5
2015	6	1	5
2018	7	1	6

4. 经费

2009至2018年，江永县图书馆员工工资由县财政发放，上级财政每年拨付免费开放经费。

江永县图书馆免费开放经费统计表

年份	2010	2011	2012	2013	2014	2015	2016	2017	2018
经费（万元）	21	21	21	21	21	22	22	22	22

二、基础业务工作

1. 馆藏资源

2009 年，江永县图书馆藏书 2.72 万册，报刊 40 种。2015 年、2018 年永江县图书馆接收上级部门捐赠图书 5000 册。2015 至 2018 年，永江县图书馆每年采购图书 3000 册。2018 年馆藏图书 3.88 万册。

江永县图书馆藏书统计表

年份	2009	2010	2011	2012	2013	2014	2015	2016	2017	2018
藏书量（万册）	2.72	2.78	2.82	2.85	2.89	3.06	3.26	3.46	3.67	3.88

2015 年，建立特藏书库，馆藏有《江永当代书画集》《永明诗词》《永明文化探奇》。地方文献有《女书读本》《瑶乡情》《灵韵永江，我的美丽小城》以及江永地方志、江永党史、江永年鉴。

2. 读者服务

江永县图书馆读者服务统计表

年份	2009	2013	2016	2017	2018
借阅册次（万册次）	—	—	—	1.18	2.26
借阅人次（万人次）	0.10	0.30	0.60	0.70	0.87

2009 年，江永县实行免费服务，电子阅览室免费对外开放。2015 年，使用电子书借阅机。2017 年，使用自助办证机。2018 年，引入数字资源，并开通微信公众号，免费提供移动阅读服务。

江永县图书馆开展多种读者活动。2012 至 2018 年，江永县图书馆联合公安局开展禁毒教育宣传活动。2014 年、2015 年，举办世界读书日阅读推广活动。2016 年，开展"中国梦·汉语美"读书活动、"纪念中国共产党建党 95 周年暨红军长征胜利 80 周年"征文活动。2017 年，举办"感受阅读之美·共创书香江永"阅读推广活动、"书香永州·红星闪闪耀童心"少儿阅读活动。2018 年，举办"九州圆梦·美好生活"摄影征集活动、《公共图书馆法》宣传活动、"推广全民阅读·建设书香江永"送书下乡活动、"书香江永·快乐阅读"全民阅读活动等。

3. 现代技术应用

2016 年，江永县图书馆引入 Interlib 图书馆集群管理系统，实现业务工作自动化管理。2015 年，使用电子书借阅机。2017 年，建立江永县图书馆网站。2018 年，推出微信阅读。江永县的文化信息资源共享工程建设，2009 年，建立电子阅览室。2016 年，完成资源服务器更新。2018 年，采购投影仪和 24 台电脑，用于更换图书馆老旧设备。

4.志愿者服务

江永县图书馆建立了志愿者服务队伍，至社区开展学雷锋文化志愿服务活动、禁毒宣传教育活动。

三、表彰与奖励

2009 年第四次全国县级以上公共图书馆评估、2013 年第五次全国县级以上公共图书馆评估中，江永县图书馆均被文化部评为"国家三级图书馆"。

江华瑶族自治县图书馆

1929 年，始建江华县民众图书馆。1938 年，改名为县民众教育馆，并对外开放。1984 年，江华瑶族自治县图书馆成立。1991 年，兴建图书馆大楼，选址沱江镇寿域路，1996 年投入使用。2009 年，因县政府修建瑶族文化公园，江华瑶族自治县图书馆被拆迁。

一、基础设施设备和机构、人员、经费

1.基础设施设备

1996 年，江华瑶族自治县图书馆大楼竣工，馆址在沱江镇寿域路。2009 年江华瑶族自治县修建瑶族文化公园，县图书馆搬迁至寿域路 8 号一幢民房。

2.机构

2018 年，江华瑶族自治县图书馆设办公室、综合外借室、综合阅览室、少年儿童阅览室、参考咨询室、电子阅览室、业务辅导室。

3.人员

从 2001 年起，黎忠泽担任江华瑶族自治县图书馆馆长一职。

2018 年，江华瑶族自治县图书馆有员工 7 人，均为大专以上学历；中级职称 2 人，初级职称 5 人。

江华瑶族自治县图书馆员工情况统计表（单位：人）

年份	员工人数	专科及本科学历	初级职称	中级职称
2018	7	7	5	2

4. 经费

江华瑶族自治县图书馆经费统计表

年份	2013	2014	2015	2016	2017	2018
财政拨款（万元）	33.30	33.30	39.92	48.73	54.53	200.60

二、基础业务工作

1. 馆藏文献

2018 年，江华瑶族自治县图书馆藏书 7.97 万册，其中图书 6.8 万册、古籍 3300 册、报刊 3000 册、地方文献 1000 册、工具书 800 册、征订报刊 240 份、购置新书 2000 册。2010 至 2018 年，收集家谱 50 套、古籍 100 册、地方文献 1000 余册。

江华瑶族自治县图书馆藏书统计表

年份	2013	2014	2015	2016	2017	2018
藏书量（万册）	6.56	6.63	6.73	6.88	7.20	7.97

江华瑶族自治县图书馆藏图书依据《中国图书馆分类法（第五版）》进行分类标引、依据《普通图书著录规则》著录，设置 3 套目录：公务分类目录、公务题名目录、读者分类目录。2017 年，编制机读目录。

2. 读者服务

2011 年，江华瑶族自治县图书馆对社会公众免费开放，节假日开放电子阅览室。2018 年，持证读者 6100 人。

江华瑶族自治县图书馆读者服务统计表

年份	2013	2014	2015	2016	2017	2018
借阅人次（万人次）	6.50	6.60	6.65	6.70	6.90	7.10

江华瑶族自治县图书馆每年开展"三湘读书月""书香江华""图书馆服务宣传周"等读书活动。2010 至 2018 年，举办活动 500 场，参加活动 35 万人次。每年开展送书、送科技下乡活动，举办科普讲座，编印《致富信息》送往乡镇文化站，每年出动流动图书车 40 次，到村镇、学校、社区、企业、军营等开展流动服务。2017 至 2018 年，开展图书馆"精准服务在行动"图书馆服务活动。2016 年，江华瑶族自治县图书馆成立图书馆志愿者队伍，每年开展各类志愿者服务活动 40 场。

3. 现代技术应用

2016 年，江华瑶族自治县图书馆引入自动化管理软件，实现业务工作自动化管理。2010 年，建立文化信息资源共享工程江华支中心，设立电子阅览室。2014 年，开设江华瑶族自治县图书馆网站，安装无线路由器，馆内无线网络全覆盖，购置自助办证机和自助借还机。2018 年，购置相关软硬件设备：数字资源统一检索平台、移动图书馆 App、微信图书馆、电子图书馆借阅机、少儿阅读一体机、报刊阅读一体机、大数据展示墙、数字资源及应用服务器。

三、总分馆建设

2018 年，江华瑶族自治县图书馆在阳华社区建立一个分馆，在县城中心广场建成一个 24 小时自助图书馆。

四、表彰与奖励

2013 年第五次全国县级以上公共图书馆评估、2017 年第六次全国县级以上公共图书馆评估，江华瑶族自治县图书馆均被文化部评为"国家三级图书馆"。

蓝山县图书馆

1929 年，蓝山县成立民众图书馆，随后县民众图书馆并入县民众教育馆。1951 年，蓝山县成立文化馆，内设图书室。1982 年，蓝山县图书馆成立，1985 年修建馆舍。

一、基础设施设备和机构、人员、经费

1. 基础设施设备

1986 年，蓝山县图书馆修建的新馆舍竣工，占地 3.5 亩，建筑面积 1100 平方米，馆址位于塔峰路，毗邻塔下寺风景区。

2. 机构

2018 年，蓝山县图书馆设办公室、采编室、借阅室、少儿阅览室、报刊阅览室、电子阅览室、多媒体演示厅、藏书楼。

3. 人员

蓝山县图书馆馆长名录

序号	姓名	任职时间
1	廖兰霞	2009 年至 2014 年
2	贺志红	2014 年至今

蓝山县图书馆员工情况统计表（单位：人）

年份	员工人数	初中学历	高中学历	专科及本科学历
2018	8	2	5	1

4. 经费

蓝山县图书馆员工工资由县财政拨发。2009 至 2018 年，县财政每年拨付购书经费 5 万元。

蓝山县图书馆经费统计表

年份	2009	2010	2011	2012	2013	2014	2015	2016	2017	2018
财政拨款（万元）	86	87	89	88	90	91	90	89	90	92

二、基础业务工作

1. 馆藏资源

蓝山县图书馆藏书统计表

年份	2009	2010	2011	2012	2013	2014	2015	2016	2017	2018
藏书量（万册）	4.10	4.31	4.37	4.48	4.54	4.61	4.73	4.88	5.01	5.16

2. 读者服务

2009 至 2018 年，蓝山县图书馆开展读者活动 42 次，讲座展览 36 次，每年元宵节在塔下寺文化公园开展新年文体活动。蓝山县图书馆建有 1 个 24 小时自助图书馆，在县政务中心建有分馆。

蓝山县图书馆读者服务统计表

年份	2009	2010	2011	2012	2013	2014	2015	2016	2017	2018
借阅人次（万人次）	5.47	5.59	5.79	5.98	5.91	5.10	4.86	5.00	5.68	7.49

三、表彰与奖励

在 2009 年第四次全国县级以上公共图书馆评估、2013 年第五次全国县级以上公共图书馆评估中，蓝山县图书馆均被文化部评为"国家三级图书馆"。

第十二章 湘西土家族苗族自治州公共图书馆

湘西土家族苗族自治州图书馆

1956年，湘西苗族自治州图书馆成立。1957年，位于吉首市武陵东路的馆舍竣工对外开放。1957年，撤销湘西苗族自治州，成立湘西土家族苗族自治州后，湘西苗族自治州图书馆遂改名为湘西土家族苗族自治州图书馆。1962年，湘西土家族苗族自治州图书馆与自治州文化馆合并为湘西土家族苗族自治州群众艺术馆。1966年，湘西土家族苗族自治州群众艺术馆与湘西土家族苗族自治州博物馆合并，称湘西土家族苗族自治州革命文化馆。1973年，湘西土家族苗族自治州图书馆恢复单独建制。1986年，在吉首市武陵东路原址上重建一座图书馆。

一、基础设施设备和机构、人员、经费

1. 基础设施设备

1986年，拆除武陵东路原馆舍，重建了一座占地15亩，建筑面积7100平方米的馆舍。2004年，湘西土家族苗族自治州文化局实行政府引导、市场运作、统一规划的原则，采取招商引资、资产置换的方式，对湘西土家族苗族自治州图书馆实施整体搬迁。2009年，馆址迁至乾州新区燕子岩路14号湘西民族文化城内，新馆占地25亩，建筑面积1万平方米，主体建筑有5层，以现代图书馆功能建设为基调，突出民族地方特色，与湘西民族文化城的总体建筑融为一体。

2. 机构

2009年，湘西土家族苗族自治州图书馆设办公室、财务室、采编部、多媒体电子阅览室、外借部、阅览部、计算机部、地方文献部、读者服务部。

2017年，设办公室、财务室、人事部、采编部、多媒体网络部、借阅部、报刊部、数字图书馆建设管理中心、文献信息部、服务活动部。

2018年，设办公室、财务室、人事部、文献采编部、网络与数字资源服务部、特殊人群服务部（中国盲文图书馆湘西土家族苗族自治州支馆）、借阅服务中心、数字图书馆建设管理中心、文献信息部、合作推广部。

3. 人员

湘西土家族苗族自治州图书馆馆长名录

序号	姓名	任职时间
1	钟启和	1994 年至 2015 年
2	田特平	2015 年至 2016 年
3	周 荣	2017 年至今

湘西土家族苗族自治州图书馆员工情况统计表（单位：人）

年份	员工人数	专科及本科学历	初级职称	中级职称	副高职称
2018	28	28	5	19	1

4. 经费

政府除下拨常年办馆经费外，还拨付专项经费，免费开放经费每年 40 万元。

湘西土家族苗族自治州图书馆经费统计表

年份	2012	2013	2014	2015	2016	2017	2018
财政拨款（万元）	243.3	259.2	312.1	490.9	560.7	1007.5	708.9

二、基础业务工作

1. 馆藏资源

2009 年，湘西土家族苗族自治州图书馆迁入新馆后，剔旧注销老旧破损图书。2018 年，全馆藏书 28.35 万册，其中中文图书 21.4 万册，报刊 5.5 万件，古籍 1.05 万册，其他文献资料 4136 件，另有 481 册电子图书。注重湘西土家族苗族自治州地方文献的收藏和利用。工具书较为齐全，如《中文大辞典》《辞海》《辞源》等字典、辞典和各种手册、图表、百科全书等。藏书有中华书局 1980 年影印出版的以梁启超、汤化龙为首办的北京《晨钟》报，1916 年 8 月至 1928 年 6 月影印本共 45 册，有较高的资料价值。还有完整保存的《团结报》。

湘西土家族苗族自治州图书馆地方文献工作，2018 年，馆藏地方文献 1.1 万册，其中地方文献书籍、资料 6200 册，地方视听资料 2800 件，地方期刊 1500 册，地方报纸 300 种，地方老照片 200 张。初步建成具有湘西特色的地方文献体系。较珍贵的有凌纯声、芮逸夫著民国版《湘西苗族调查报告》《湘鄂西、湘鄂川黔革命武装斗争历史资料汇编》《湘西剿匪资料汇编》《湘西革命英烈录》。

湘西土家族苗族自治州图书馆藏书统计表

年份	2012	2013	2014	2015	2016	2017	2018
藏书量（万册）	25.45	25.89	26.25	27.03	27.49	27.74	28.35

湘西土家族苗族自治州图书馆依据《中国图书馆分类法（第五版）》进行分类标引。2008 年卡片式目录停止打印，公务目录取消，仅保留一套卡片式读者目录，设分类目录、题名目录，报刊设题名目录。编有《湘西土家族苗族自治州地方志联合目录》《湘西古籍联合书目》等书本式目录。编有《湘西地方志目录》《实用科技》《土家族研究论文选集》等二次文献。

2. 读者服务

湘西土家族苗族自治州图书馆读者服务统计表

年份	2012	2013	2014	2015	2016	2017	2018
借阅册次（万册次）	2.65	4.98	4.13	6.53	6.57	7.24	7.37
借阅人次（万人次）	1.38	1.48	1.59	4.89	4.96	5.18	5.25

湘西州图书馆借阅服务有以下几种方式：个人外借，读者凭借书证一次外借 1～3 册，借阅期限为 30 天，可续借一次；集体外借：面向签有协议的服务点，采取不定期调换，或送书上门的方式，批量借出图书，供协议单位使用；馆际互借，同各分馆、本地各图书馆（室）长期协作互借，弥补各自书刊不足。读者服务还有预约借书、复印服务、咨询服务、检索服务、专题服务、新书推荐、展览服务等。阅览室分为普通报刊阅览室、科技阅览室、工具书阅览室和地方文献阅览室，报刊阅览室和科技阅览室采取开架阅览方式，工具书阅览室和地方文献阅览室采取半开架阅览方式。服务读者阅读多由借阅中心负责，包括宣传图书和指导阅读，以及指导读者利用图书馆目录和检索工具。2018 年，中国盲文图书馆湘西土家族苗族自治州支馆成立，购置听书机 200 部，盲文图书 500 册，服务视障读者。

2009 年以来开展图书馆服务宣传周、"4·23"世界读书日、"三湘读书月"、阅读推广等活动。定期开展各类讲座、展览，形成"元宵灯谜"和"湘西讲堂"两个文化品牌。

2018 年，举办"马克思诞辰 200 周年馆藏马克思主义著作展"，湘西茶旅茶文融合发展学术研讨会，8 月湘西土家族苗族自治州图书馆举办的"湘西讲堂"正式启动，300 人出席，湘西讲堂启动后，广邀社会知名专家学者做客讲堂，深层次、多视角地宣传、普及、分享传统文化知识和民族特色知识。相继举办"湘西讲堂之陆心海摄影公益讲座"、王跃文"向上向美的文学讲座"、国学公益讲座。

3. 现代技术应用

2002 年，湘西土家族苗族自治州图书馆引入图书馆自动化集成系统（ILAS），实现业务工作自动化管理，回溯建立书目数据库，录制机读目录。2009 年，改用图书馆集群管理系统（Interlib）。2018 年，升级为 Interlib3.0 业务管理系统。

2016 年，配置世纪超星公司研发的歌德读书机 2 台、少儿读书机，开通微信公众号，新浪微博等。2018 年，启动数字图书馆平台建设，配备有 4 台华为服务器及存储系统、防火墙等。整个平台囊括模块化机房、图片采集处理系统、视频采集处理系统、音频采集处理系统、文字书刊扫描系统、综合布线系统及馆舍无线全覆盖。

4. 参考咨询

2009 年，设立科技阅览室，开展参考咨询工作。2017 年，地方文献部更名文献信息部，编辑有《农村科技文摘》《实用科技》。2015 年，湘西土家族苗族自治州图书馆加入湖南省公共图书馆参考咨询联盟，每月 1 日、11 日、21 日、31 日值班，值班时间 8:00—17:30，联合在线咨询平台具有实时咨询功能，由当天值班咨询员在线回复。2016 至 2018 年，湘西土家族苗族自治州图书馆通过湖南省联合在线咨询平台共为读者提供文献远程传递服务 1743 次，其中中文期刊 1193 次，外文期刊 3 次，中文学位论文 418 次，中文会议论文 27 次，中文专利 48 次，中文标准 52 次，读者提问 1 次。

2009 年，"深入苗乡为'扶贫村'提供烤烟产业信息及技术培训"项目、"2007—2008 年全州少年儿童读书活动服务成果"项目均获湖南省公共图书馆第七届服务成果三等奖。

5. 志愿者服务

湘西土家族苗族自治州图书馆制定有《湘西州图书馆志愿者管理制度》，图书馆志愿者分为社会志愿者和馆员志愿者。社会志愿者向社会公开招募。2018 年，成立图书馆志愿者、文化志愿者、学雷锋志愿者、党员志愿者 4 支服务队。主要开展阅读推广、扶贫帮困、文明劝导、法制宣传等服务。

三、重大文化工程建设

1. 数字图书馆推广工程

2015 年起，湘西土家族苗族自治州图书馆精选 83 种 87 册 3.26 万页地方文献书籍，委托上海上业科技进行数字化加工。2017 年，完成第一批地方文献数字化加工。

2. 古籍保护工程

湘西土家族苗族自治州图书馆藏古籍线装书 1.05 万册，其中有明天启五年（1625）刻本《春秋繁露十七卷附录一卷》为善本。2012 年，按照湖南省古籍保护中心要求，再次对所藏古籍进行普查登记，清理出清年龚尧辑《治平胜算全书》等古籍善本。另外还存有部分清刻湘西各地方志、奏议汇抄、湘西人著述。

湘西土家族苗族自治州图书馆古籍采用"五部"分类法，按经、史、子、集、丛分类存放于书柜中。独立书库面积 100 平方米，严格执行古籍书库管理制度，配有专人保管，进出书库有两道门，须 2 人两把钥匙开锁方可进入。库房有大 3 匹柜式空调，有防盗监控设施。

四、总分馆建设

根据湘西土家族苗族自治州图书馆总分馆建设总体规划，2018 年，设立 12 个分馆：吉首市第一中学分馆、吉首大学师范学院附属小学分馆、吉首市第四中学分馆、吉首市消防中队分馆、吉首市民族中学分馆、湘西州文艺职校分馆、湘西州中级人民法院分馆、湘西土家族苗族自治州武警支队教导队分馆、吉首市石家冲派出所分馆、湘西州残联分馆、吉首监狱分馆、湘西土家族苗族自治州荣复医院分馆。分馆藏书由总馆统一采购，统一分类编目，统一配送，开放时间自定。管理人员由各分馆自行调配，接受总馆培训。

五、学会工作

1992 年，湘西土家族苗族自治州图书馆学会成立，时任州文化局副局长夏志禹任理事长，时任湘西土家族苗族自治州图书馆馆长石成金任常务副理事长，湘西土家族自治州图书馆副馆长田特平任秘书长。成员馆分公共图书馆、学校图书馆、科研图书馆和工会图书馆四大系统，共有会员 88 人。2015 年，重新注册成立湘西土家族苗族自治州图书馆学会，注册资金 3 万元。学会开展图书馆学方面的学术研究、知识普及、咨询服务、建言献策、交流培训。2018 年，学会理事会有理事 18 人，常务理事 7 人；设理事长 1 人，副理事长 5 人，副理事长兼秘书长 1 人，副秘书长 4 人，共有会员 195 人。学会印发《湘西图书馆工作》，全年 2 期。

六、学术成果

湘西土家族苗族自治州图书馆学术成果一览表

序号	姓名	论文著作题名	出版、发表或获奖情况	发表或出版时间
1	田特平	凤凰街街巷巷	湖南文艺出版社	2017 年
2	张 赤（合著）	《公共图书馆法》实施推进中贫困地区县级图书馆的跟进与发展——以湘西自治州为例	中国图书馆学会学术研讨会征文一等奖	2018 年
3	刘小琴	数字出版环境下图书馆纸质文献采访面临的困境及路径选择	《赤子》	2018 年 5 月中旬刊总第 454 期
4	唐刘晏	探究图书馆情报无线查询系统实现技术	《科技创新导报》	2018 年第 16 期
5	唐刘晏	图书馆阅读推广探讨	《科技经济导刊》	2018 年第 22 期
6	唐刘晏	浅谈少数民族地区图书馆结合现代技术	《办公室业务》	2018 年 11 月（上）

七、表彰与奖励

2013 年第五次全国县级以上公共图书馆评估、2017 年第六次全国县级以上公共图书馆评估中，湘西土家族苗族自治州图书馆均被文化部评为"国家二级图书馆"。

2017 年，湘西土家族苗族自治州图书馆被湖南省社会科学界联合会评为"湖南省社科普及基地"。

湘西土家族苗族自治州少年儿童图书馆

根据湘西土家族苗族自治州编办〔2017〕16 号文件精神，2017 年 1 月 11 日，湘西土家族苗族自治州少儿图书馆成立，隶属于湘西土家族苗族自治州文化旅游广电局管理的正科级全额拨款事业单位（公益一类）。馆址在吉首市人民北路 103 号（湘西大剧院）4 楼、5 楼。其主要职责为：承担借阅、保存少儿读物和其他文献资料；为湘西土家族苗族自治州少年儿童及少年儿童工作者提供借阅及相关活动服务；开展少年儿童图书馆学研究；组织开展少儿阅读推广活动；承担少儿社会教育与培训以及文化传播。

2017 年，车红担任馆长。全馆设编制 30 名。2018 年在职员工 25 人，其中本科学历 6 人、大专学历 14 人。专业技术人员：副高职称 1 人、中级职称 4 人、初级职称 7 人。

2018 年，湘西土家族苗族自治州少儿图书馆处于筹建之中，藏书体系尚未建成，阅览室和书库均未设立。

湘西土家族苗族自治州少儿图书馆积极开展读者活动。2017 年儿童节，组织人员到龙山县农车镇花桥村参加"传递书香、文化暖心"文化下乡活动，为农车镇九年制学校捐赠价值 6 万元的 3 千册图书。6 月 17 日，在吉首市湘西大剧院举办"如何去爱"千人家长会，邀请北京教育学专家李迎春博士做讲座，主题是如何做成功的父母，如何去爱孩子。7 月 1 日党的生日，联合吉首市第二幼儿园和皇家体智能幼稚园在吉首市湘西大剧院举办"同心汇聚、梦想起航"文艺演出。12 月，主办"爱心红杉树，阅读促成长'红杉杯'才艺大赛"，通过活动，让孩子们爱上读书、坚持读书、养成良好的阅读习惯。

2018 年 3 月，组织人员到湘西州福利院，向孤残儿童捐赠图书 500 本和价值 2000 元的慰问品。"六一"儿童节，组织湘西州少儿图书馆文化志愿者到古丈县毛坪村小学开展送书送教献爱心活动，看望留守儿童，捐赠图书 500 册和价值 3000 多元的生活用品，与留守儿童开展文体活动。7 月 4 日，湘西土家族苗族自治州少儿图书馆在吉首市湘西大剧承办由自治州委宣传部、州文广新局、州文明办主办的湘西大舞台系列活动之"芯梦奇园缘聚未来"少儿文艺汇演活动。9 月 26 日，湘西土家族苗族自治州少儿图书馆承办国家文化和旅游部、中央文明办主办的"春雨工程"——故宫博物院文化志愿者湘西行的活动。活动期间，湘西土家族苗族自治州少儿图书馆和故宫博物院宣教部专家在吉首市、花垣县、凤凰县等学校开展故宫博物院系列教育活动，共有 5000 余名湘西师生参加。湘西州少儿图书馆承办了 2018 年湘西州首届少年儿童"诵读国学经典传承中华文化"朗诵比赛。从 5 月份开始启动，历经 6 个月，在全州各县、市、区掀起了"诵读国学经典、传承中华文化"的学习高潮。11 月 4 日在吉首市湘西大剧院进行决赛，并通过微信直播的方式进行了直播，有 6 万多人在线观看了直播。湘西州少儿图书馆开展"书香湖南·共创共享儿童阅读新时代"全州少年儿童系列读书活动。举办了少儿故事大王、少年儿童原音频大赛、少年儿童数字阅读知识竞赛、三湘少年儿童阅读之星活动的选拔等活动，全州共 2000 多名少年儿童参加，选拔出了 53 名学生，代表湘西土家族苗族自治州参加全省的系列读书活动的比赛。

车红获湖南省文化厅评选的湖南省 2017 年星级文化志愿者称号。

吉首市民族少年儿童图书馆

吉首市民族少年儿童图书馆（简称：吉首市少儿图书馆）建于 1983 年，由原吉首市图书馆改名，馆舍位于吉首市人民北路 33 号，这是湖南省最早独立建制的县级少年儿童图书馆，是全国 2 所成建制的少数民族地区少年儿童图书馆之一。

一、基础设施设备和机构、人员、经费

1. 基础设施设备

2006 年，根据吉首市政府七届三十一次常务会议精神，实施房地产开发，在吉首市少儿图书馆原址拆旧新建，新馆建筑面积 2000 平方米。新馆拟设外借室、阅览室、多媒体电子阅览室、参考咨询室、少儿活动室、地方文献陈列室、古籍特藏室、多功能报告厅等服务窗口。该项目于 2007 年 7 月启动，被列为 2007 年吉首市重点建设项目。2013 年，主体工程建设完工。2015 年，被市政府列为市房地产处理遗留问题项目之一，吉首市少儿图书馆未能迁入新馆。2017 年，吉首市少儿图书馆迁入雅溪罗荣光故居办公。

2. 机构

2018 年，吉首市民族少年儿童图书馆设办公室、少儿报刊阅览室、书库。

3. 人员

从 2007 年起，周晓燕担任吉首市民族少年儿童图书馆馆长一职。

吉首市民族少年儿童图书馆员工情况统计表（单位：人）

年份	员工人数	高中学历	专科及本科学历	初级职称	中级职称
2009	8	2	6	3	3
2011	9	2	7	3	3
2012	9	1	8	5	3
2014	9	0	9	3	3
2018	8	0	8	5	3

4. 经费

吉首市民族少年儿童图书馆经费统计表（单位：万元）

年份	财政拨款	购书经费	专项经费拨款
2009	44.1	6.0	21.6
2010	38.0	6.0	21.6
2011	56.8	6.0	21.6
2012	47.2	6.0	21.6
2013	51.3	6.0	21.6
2014	59.0	6.0	21.6
2015	55.9	6.0	21.6
2016	89.0	6.0	21.6
2017	90.0	6.0	21.6
2018	95.0	6.0	21.6

二、基础业务工作

1. 馆藏资源

2009 年，吉首市少儿图书馆藏书 6.34 万册、年订报刊 140 种。2018 年，馆藏图书 7.92 万册，其中图书 6.54 万册、古籍 874 册、报刊 11632 件、视听文献 120 套、微缩资料 100 套、地方文献 1150 册。

吉首市民族少年儿童图书馆藏书统计表

年份	2009	2010	2011	2012	2013	2014	2015	2016	2017	2018
藏书量（万册）	6.34	6.51	6.67	6.82	6.97	7.12	7.30	7.63	7.83	7.92

吉首市少儿图书馆馆藏文献依据《中国图书馆分类法（未成年人图书馆版）》进行分类标引，设有读者目录、报名目录、期刊目录、特藏目录。

2. 读者服务

2009 至 2018 年，由于新馆在建，服务窗口未能开放，吉首市少儿图书馆坚持开展读者服务，每年组织和参加少儿"红领巾读书、读报活动"，利用民族传统节日、圩场开展送书、送科技资料，举办有奖猜谜活动，为边远山区群众和少数民族地区少年儿童提供丰富的精神食粮。2009 至 2018 年，累计组织各类讲座、展览、培训班 160 次。建立校园流动图书室或分馆 3 个，定期轮换图书。在乡镇设立图书服务点 6 个，定期上门辅导。

2007 年，吉首市少儿图书馆建成全国文化信息资源共享工程县级支中心，拥有 100G 以上本地视频资料（包括电影、电视专题、演艺、戏剧讲座等），并添置投影设备、电脑。2009 年，与省级共享中心签订数字资源使用协议，接受全国文化信息资源共享工程湖南省级分中心辅导，先后参加 6 次湖南省公共数字文化工程图书馆馆长研修班、专技人员培训班。与吉首市委组织部远程教育中心合作，设立村级 109 个文化信息资源共享工程基层服务点，实施数字资源共享。

3. 志愿者服务

吉首市少儿图书馆建立一支由 25 人组成的文化志愿者服务队伍。文化志愿者到学校分馆或班级做好图书导读、阅读服务，引导参与"读好书、好读书"活动，建立爱心图书室，并赠送相关书籍、提供学习用品。

三、总分馆建设

吉首市少儿图书馆在吉大师院附小、吉首市民族谷韵小学、吉首市寨阳希望小学、太平镇太平希望小学合作办分馆。2017 年，建石家冲街道办事处文化站分馆。2018 年，建石家冲街道康养中心分馆、乾元小学分馆。

四、学术成果

吉首市民族少年儿童图书馆学术成果一览表

序号	姓名	论文题名	发表情况	发表时间
1	张昌琴	论图书馆特色服务	《吉首大学学报（社科版）》	2009 年第 5 期
2	张昌琴	农家书屋在湘西	《中国民族》	2010 年第 1 期
3	张昌琴	湘西自治州"农家书屋"可持续发展战略思考	《中国民族》	2010 年第 12 期

五、表彰与奖励

2009 年，"办好农家书屋，服务社会主义新农村"项目获湖南省公共图书馆第七届服务成果二等奖。

凤凰县图书馆

1929年，凤凰县民众图书馆成立。1937年，县民众图书馆并入县民众教育馆，设立图书室。1950年，建立县人民教育馆。1952年，县人民教育馆改为县文化馆，内设图书室。1966年，县文化馆停止开放。1972年，恢复县文化馆图书室。1976年，成立凤凰县图书馆，并修建馆舍。2004年，在文化广场新建图书馆。

一、基础设施设备和机构、人员、经费

1. 基础设施设备

2008年，凤凰县图书馆新馆舍竣工，馆址位于沱江镇西门坡1号，即文化广场。新馆为仿古建筑，3层框架结构，建筑面积2086平方米，设阅览座席300个，可以使用图书馆前4000平方米的文化广场。2013年，在7个读者服务区和2个办公室安装无线网络，馆内无线网覆盖率达100%。

2. 机构

2009年，凤凰县图书馆设行政办公室、采编室、综合借阅室、古籍室及旧书库。2018年，设行政办公室、财务室、采编室、综合借阅室、古籍室及旧书库、多媒体电子阅览室、地方文献室、文化共享工程凤凰支中心办公室、培训室、自习室、过报过刊室及旧书库。

3. 人员

2007年，李慧担任凤凰县图书馆馆长一职。

凤凰县图书馆员工情况统计表（单位：人）

年份	员工人数	高中学历	专科及本科学历	初级职称	中级职称
2009	6	4	2	2	0
2010	10	5	5	3	0
2013	11	2	9	3	1
2014	11	2	9	2	2
2018	11	2	9	4	2

4. 经费

凤凰县图书馆经费统计表

年份	2009	2010	2011	2012	2013	2014	2015	2016	2017	2018
财政拨款（万元）	40	62	92	93	97	104	110	120	160	450

二、基础业务工作

1. 馆藏资源

2018年，凤凰县图书馆藏书21.82万册，其中古籍1.8万册、地方文献2000册、期刊1.5万册、电子图书9.4万册、视听文献390件。

凤凰县图书馆藏书统计表

年份	2009	2010	2011	2012	2013	2014	2015	2016	2017	2018
藏书量（万册）	7.58	7.59	15.83	15.97	19.16	20.03	20.76	21.55	21.67	21.82

2010年，凤凰县图书馆设立地方文献专藏室，专门收集凤凰旅游、凤凰名人、文史资料。2010至2018年，收集地方文献600种1500册。馆藏古籍1.8万册，其中有善本12部、珍本19部，古籍库房120平方米，装有防紫外线的窗帘和恒温空调，配置古籍樟木书柜，防火、防盗、监控设施齐全。2012年，凤凰县图书馆被凤凰县文物局和凤凰县文化广电新闻出版局列为县级文物保护单位。

2. 读者服务

2017年，凤凰县进行棚户区改造，凤凰县广播电视台办公楼拆迁，按照县政府统一安排，2017年1月，凤凰县图书馆借给县广播电视台使用。同时，凤凰县图书馆馆舍进行改建工程，暂时停止图书借阅服务。

凤凰县图书馆读者服务统计表

年份	借阅册次（万册次）	借阅人次（万人次）
2009	0.48	0.48
2010	0.51	0.51
2011	2.58	2.58
2012	6.01	6.01
2013	9.89	6.65
2014	8.10	6.34
2015	6.58	6.01
2016	7.20	6.30

凤凰县图书馆积极开展多种读者活动。如送图书进社区、进乡村、进校园、进军营、图书联展、优秀图书推荐，"三湘读书月"、书香校园，"你读书，我买单"公益活动，"书香湖南·湘西读书月""书与城·城与梦""中国梦·我心中的故事""全民阅读·书香凤凰""书香城市·文化湖南""我的书屋·我的梦""梦想信封·写给十年后的我"抒写梦想、"我

与书的故事"征文比赛、迎国庆"我与中国梦"演讲比赛，本土文学作品推广——作家马蹄声签名售书，共享工程春节演播，数字图书馆推广工程2016年"春雨工程·网络书香边疆行"读书活动，结合帮贫扶困开展了流动书车进苗乡、知识传农户、义务赠送春联、暖冬献爱心、赈灾募捐、春节"三下乡"、关爱老人和留守儿童送温暖、农家书屋业务指导等慰问和阅读推广活动。阅读活动共计开展90场，参加人数达6万人。

凤凰县图书馆联合凤凰县文广新局、摄影协会、书法美术协会、新华书店、卫生局、气象局、人民医院、新知图书公司、吉首大学图书馆等单位，举办非物质文化遗产成果、凤凰本土图书推荐、地方名人宣传图片、中华优秀传统文化教育图书图片、湘西文化遗产普及知识、全民健康知识、饮水卫生安全及传染病的防控、饮食常识、夏季腹泻防治、防洪减灾知识、书法美术、刘壮滔书画、"欢乐潇湘"2015年凤凰人获奖作品书法美术摄影展、2015年中国凤凰摄影双年展、醉美湘西——湘西文化遗产巡展，参观展览人次达3.25万。

3.现代技术应用

2010年，凤凰县图书馆试用Interlib图书管理系统。2012年，引进通用图书馆集成管理系统GLIS9.0版，实现采访、编目、流通、期刊、检索、馆务自动化管理。2013年，建立凤凰县图书馆网站，网页内容包括读者服务、公告通知、数字资源、共享工程、友情链接、在线咨询等。

文化信息资源共享工程凤凰县支中心设在凤凰县图书馆，设有110平方米公共电子阅览室，100平方米多媒体室，机位90个，实行免费开放，提供1.2万余部电影、戏曲、农村种植养殖类视频资源，2万余种有声读物，10万余种电子图书，9000余种学术期刊全文，1500种文化休闲类电子杂志等数字资源。

4.志愿者服务

凤凰县图书馆组建一支120人志愿者服务队伍，他们参与打扫卫生、排架、修补破损图书、接待读者咨询、阅读宣传推广工作。

三、总分馆建设

2013至2018年，凤凰县图书馆先后建立流动服务点17个。2013年，建立古城书吧图书角和魁星文武学校图书室。2018年，凤凰县图书馆堤溪分馆在建，在凤凰县委、体育馆、一中、二中附近建立分馆。

四、学术、科研活动及成果

凤凰县图书馆参与国家社科基金课题"土家族濒危口述史料的征编与研究"、湖南省社科基金课题"明清以来土家族口述历史的挖掘、整理与数字化保护研究"、湖南省图书馆学会中青年人才库项目"原生态文化视角下土家族女红口述历史的挖掘与保护研究"等课题的研究。

五、表彰与奖励

2013 年第五次全国县级以上公共图书馆评估、2017 年第六次全国县级以上公共图书馆评估中，凤凰县图书馆均被文化部评为"国家一级图书馆"。

泸溪县图书馆

1976 年，泸溪县图书馆成立。1996 年，国家重点工程五强溪水电站开发建设，由于泸溪县城是水库淹没区，泸溪县图书馆迁至新县城白沙镇重建。2003 年，新馆舍竣工。2008 年，泸溪县图书馆重新对外开放。

一、基础设施设备和机构、人员、经费

1. 基础设施设备

2003 年，泸溪县图书馆新馆竣工，占地面积 4.5 亩，建筑面积 2760 平方米，为 3 层框混结构，设阅览座席 300 个。

2. 机构

2018 年，泸溪县图书馆设办公室、采编部、业务辅导部、参考咨询室、地方文献室、少儿阅览室、电子阅览室、多媒体讲座厅、综合借阅室。

3. 人员

泸溪县图书馆馆长名录

序号	姓名	任职时间
1	文 劲	1997 年至 2018 年
2	毛 军	2018 年至今

泸溪县图书馆员工情况统计表（单位：人）

年份	员工人数	高中学历	专科及本科学历	初级职称	中级职称	副高职称
2009	8	1	7	2	5	1
2013	8	0	8	3	4	1
2018	11	0	11	5	5	1

注：2018 年在编员工 8 人，临聘员工 3 人。

4. 经费

泸溪县图书馆经费统计表（单位：万元）

年份	财政拨款	购书经费	数字资源采购经费
2009	50.3	5.0	0.5
2010	64.2	6.0	0.6
2011	74.5	8.0	0.8
2012	90.1	9.0	1.0
2013	83.0	7.0	0.5
2014	110.6	10.0	1.0
2015	108.4	7.0	0.5
2016	145.2	10.0	1.0
2017	158.4	10.0	1.0
2018	161.4	10.0	1.0

二、基础业务工作

1. 馆藏资源

2018 年，泸溪县图书馆藏书 15.69 万册，其中纸质文献 8.2 万册、电子图书 2 万册、电子期刊 1.8 万种（册）。2017 至 2018 年，新入藏图书 3.39 万册，其中电子文献 570 种、视听文献 60 种、报刊 509 种。

泸溪县图书馆藏书统计表

年份	2009	2010	2011	2012	2013	2014	2015	2016	2017	2018
藏书量（万册）	9.85	11.26	11.79	12.86	13.1	13.59	14.01	14.64	15.02	15.69

2. 读者服务

2018 年，泸溪县图书馆设综合借阅室、报刊阅览室、电子阅览室、少儿阅览室、参考咨询室、地方文献室、多媒体讲座厅均免费开放，每周开放 56 小时，实行开架借阅，有持证读者 1018 人。

泸溪县图书馆开展多种读者活动，每年"世界读书日""六一"、国庆、中秋、春节等举办讲座、展览、培训、阅读等读者活动。2009 年，开展"三湘读书月"——少儿"新中国 60 周年道德模范故事会"读书竞赛活动。2010 年，举办少儿 G3 杯"迎世博·迎亚运·讲文明·树新风"读书活动。2011 年，开展"三湘读书月"——少儿"纪念中国共产党成立 90 周年"红色经典读书活动。2012 年，举办少儿"学习雷锋好榜样"读书活动。2013 年，开展少儿"中国梦·我的梦"读书活动。2014 年，开展少儿"中国梦·心中的故事"读书活动、暑期"我的书屋·我的梦"农村少儿阅读活动。

2009 年，"为泸溪剪纸、踏虎凿花申报国家级非物质文化遗保护项目名录提供文献服务"项目，获湖南省公共图书馆第七届服务成果三等奖。2016 年，"开展全民阅读，建设书香泸溪"项目获湖南省公共图书馆服务成果三等奖。

泸溪县图书馆读者服务统计表

年份	借阅册次（万册次）	流通人次（万人次）
2009	1.65	1.86
2010	1.84	1.95
2011	1.98	2.04
2012	2.16	2.19
2013	2.23	2.37
2014	2.56	2.66
2015	2.68	2.85
2016	3.95	4.25
2017	4.24	4.58
2018	4.36	4.66

3. 现代技术应用

2009 年，泸溪县图书馆选用金文 IKMS 教育资源信息系统，实现借阅服务自动化管理。完成文化信息资源共享工程泸溪支中心建设，建有中心机房，宽带接入 20Mbps，有计算机 60 台，数字资源存储服务器 4 台，存储电子图书 2.03 万册，电子期刊 1.82 万种（册），后逐年增藏电子文献 570 种，视听文献 60 种，各类图书 5000 余种，数字资源总量 4.15TB。乡镇基层服务点 11 个，村级基层服务点 134 个，农家书屋 134 个，乡镇公共电子阅览室 11 个，社区图书室 16 个。2013 年，建成泸溪图书馆网站，发布图书馆工作动态、特色资源、书目推介等内容，专人负责日常维护和更新。2018 年，与超星公司合作建成文化云平台，发布图书馆、文化馆、踏虎凿花传习所、辰河高腔传习所、非物质文化遗产保护中心、电影放映中心、文物管理局等单位的文化信息、文化资源和工作动态。

4. 志愿者服务

泸溪县图书馆组建一支 100 人的志愿者服务队伍，他们参与图书馆的日常管理，宣传良好阅读习惯，普及图书馆学基本知识，收集读者对图书馆各项服务的意见和建议，对图书、期刊、电子资源等的信息需求及使用评价，做好相应记录并及时反馈，协助图书馆做好读者调查，各种读者服务等相关活动的宣传。

三、总分馆建设

2018 年，泸溪县图书馆在思源实验学校、消防中队、潭溪中学、浦市文化站、潭溪文化站、明志书屋建立分馆。在县图书馆大厅、车站、县政府政务中心、浦市游客中心等公共场所安放 8 台歌德电子阅读机。

四、表彰与奖励

2013 年，吴朝芳获湖南省"农家书屋工程"建设先进个人。2014 年，杨志祥家庭获全国"书香之家"称号。2015 年，达岚镇五德村农家书屋获 2015 年湖南省"示范农家书屋"称号。2015 年，泸溪县图书馆被评为湖南省农家书屋先进单位。2015 年，李发钊家庭、杨涛家庭获湖南省"书香之家"称号。

在 2013 年第五次全国县级以上公共图书馆评估、2017 年第六次全国县级以上公共图书馆评估中，泸溪县图书馆均被文化部评为"国家一级图书馆"。

古丈县图书馆

1930 年，古丈县民众图书馆成立。1932 年，县民众图书馆改为县党部图书馆。1944 年，易名为县民众教育馆。1951 年，在民众教育馆基础上筹建县图书馆。1976 年，古丈县图书馆与县文化馆合署办公。1979 年，古丈县图书馆独立建制，在后街租借一栋 6 间约 100 平方米民房作为馆舍。1984 年，建成 4 层楼房新馆舍。

一、基础设施设备和机构、人员、经费

1. 基础设施设备

1984 年，古丈县图书馆修建馆舍，占地面积 2 亩，建筑面积 1200 平方米，馆址位于广场社区 9 号。2010 年，设立电子阅览室，面积 100 平方米，有电脑 30 台。2018 年，电脑增至 45 台。2013 年，县住建部门鉴定古丈县图书馆为危房，全部拆除。根据古丈县人民政府县长办公会议纪要〔2013〕9 号文件，决定 2013 年 6 月开工重建古丈县图书馆，馆址选定在文苑路。2018 年，古丈县图书馆新馆舍尚未动工。

2. 机构

2013 年，古丈县图书馆设办公室、采编室、社科外借室、自科外借室、成人阅览室、少儿阅览室、地方文献室、过报过刊查阅室、科技图书信息服务中心、电子阅览室、青少年活动室。

3. 人员

从 2009 年起，刘娟担任古丈县图书馆馆长一职。

古丈县图书馆员工情况统计表（单位：人）

年份	员工人数	高中学历	专科及本科学历	初级职称	中级职称
2009	5	1	4	4	1
2018	4	0	4	0	4

4. 经费

古丈县图书馆经费统计表（单位：万元）

年份	财政拨款	购书经费	免费开放经费
2009	1.2	1.0	—
2010	1.2	1.0	—
2011	1.2	2.0	10.0
2012	1.2	2.0	20.0
2013	2.0	2.0	20.0
2014	2.0	2.0	20.0
2015	2.5	2.0	20.0
2016	2.5	2.0	20.0
2017	4.0	2.0	20.0
2018	4.0	2.0	20.0

注："财政拨款"不包括人员工资。

二、基础业务工作

1. 馆藏资源

2009 年，古丈县图书馆藏书 6.44 万册、报刊 1.13 万册、地方文献 1200 册。2018 年，馆藏图书 6.81 万册、报刊 2.2 万册。古丈县图书馆特色馆藏有《万有文库》700 册，苗家刺绣 2 本，《湖湘文库》《古丈坪厅志》影印本 1 套 10 册，《古丈党史》《古丈茶经》《古丈军事志》《中共古丈县历史大事记（1917—2005）》《古丈年鉴》等。

古丈县图书馆藏书统计表

年份	2009	2010	2011	2012	2013	2014	2015	2016	2017	2018
藏书量（万册）	6.44	6.47	6.49	6.53	6.55	6.58	6.62	6.67	6.72	6.81

2. 读者服务

2011 年，古丈县图书馆免费开放。2013 年 6 月，因馆舍拆迁，古丈县图书馆停止借阅书刊。

古丈县图书馆读者服务统计表

年份	借阅册次（万册次）	借阅人次（万人次）	持证读者人数（人）
2009	1.45	1.20	1570
2010	1.82	1.51	1740
2011	1.75	1.64	1720
2012	1.77	1.56	1700
2013	0.69	0.63	1650

古丈县图书馆积极开展读者活动。2011 年，开展"三湘读书月"活动，在双溪乡梳头溪村为农家书屋捐赠图书。2015 年，开展"全民阅读·书香湖南"活动。2017 年，开展"4·23"世界读书日活动"阅读，让我们的世界更精彩"。2018 年，在默戎镇牛角山村农家书屋开展"深入生活·扎根人民"暨"我的书屋·我的梦"农村少儿阅读实践活动。

2009 年，"为古丈毛尖茶手工制作技艺名录服务"项目和"为《古丈茶经》编著提供专题文献信息服务"项目获湖南省公共图书馆第七届服务成果三等奖。

3. 志愿者服务

2017 年，古丈县图书馆组建图书志愿者队伍，有志愿者 5 名，主要义务是协助县图书馆开展培训、讲座和举办各项活动。

三、总分馆建设

2009 年，古丈县图书馆在龙鼻、万岩、树栖柯、毛坪、田家洞等 10 个村寨建农村书屋，购买书架、报架、阅览桌及各类书刊和音像制品。2010 年，建立毛坪村、罗依溪村、坳家湖村、烂泥池村等 50 个农家书屋，每家配备 1500 册图书、15 种报刊、100 种（张）光碟，以及 3 个书柜（架），阅览桌和报架。2016 年，古阳镇石碧村农家书屋被评为省级示范农家书屋。

花垣县图书馆

1929 年，永绥县建立民众图书馆。1937 年，县民众图书馆并入县民众教育馆，内设图书室。1951 年，成立永绥县文化馆。1952 年，永绥县改名为花垣县，永绥县文化馆更名为花垣县文化馆。1969 年，县文化馆撤销。1971 年，恢复县文化馆。1976 年，花垣县图书馆成立。1979 年，县图书馆迁入建设中路 9 号馆舍。2007 年，位于边城公园的新馆舍落成。

一、基础设施设备和机构、人员、经费

1. 基础设施设备

2005 年，花垣县委决定在花垣县边城公园内划拨土地 15 亩，建设花垣县图书馆。2007 年，新馆舍竣工。馆舍建设按照国家一级图书馆标准设计，为 7 层宝塔式仿古裙楼建筑，建筑面积 7080 平方米。这是一座集藏书、借阅、阅览、网络查询、展览展示、会议与学术交流等多功能于一体的现代化图书馆，也是文化信息资源共享工程花垣县支中心及农家书屋工程管理中心，为花垣文化标志性建筑景点之一。

2. 机构

2009 年，花垣县图书馆设办公室、档案室、采编室、图书外借处、少儿图书外借处、社会科学阅览室、自然科学阅览室、少儿阅览室、过刊阅览室、多媒体阅览室、文化信息资源共享阅览室、古籍室、地方文献室、工具书室、参考咨询室、业务辅导室。

2011 年，花垣县图书馆设馆长书记办公室、工会主席和副馆长办公室、办公室、财会室、采编室、研究与辅导部、多媒体电子阅览室、影视厅、学术报告厅、期刊阅览室、过刊阅览室、电脑中心机房、地方文献古籍室、少儿阅览室、图书外借处、咨询室、共享工程花垣县级支中心管理办公室、农家书屋中心管理办公室。

3. 人员

从 2009 年起，彭进军担任花垣县图书馆馆长一职。

花垣县图书馆员工情况统计表（单位：人）

年份	员工人数	高中学历	专科及本科学历	初级职称	中级职称	副高职称
2009	11	1	10	5	3	1
2015	13	1	12	7	3	1
2018	13	1	12	7	3	1

4. 经费

花垣县图书馆经费包括文献购置费、服务经费、运行费、信息化建设、人员培训等专项经费。免费开放经费为每年中央财政 16 万元，地方配套 4 万元。

花垣县图书馆经费统计表（单位：万元）

年份	财政拨款	购书经费	免费开放经费
2011	118.4	5.0	——
2012	138.7	5.0	20.0
2013	171.3	5.0	20.0
2014	150.1	5.0	20.0

年份	财政拨款	购书经费	免费开放经费
2015	119.3	4.0	20.0
2016	189.5	10.0	20.0
2017	200.3	10.0	20.0
2018	259.5	10.0	20.0

二、基础业务工作

1. 馆藏资源

2018年，花垣县图书馆藏书6.87万册。馆藏文献依据《中国图书馆分类法（第五版）》进行分类标引。

花垣县图书馆藏书统计表

年份	2009	2010	2011	2012	2013	2014	2015	2016	2017	2018
藏书量（万册）	5.60	5.80	6.00	6.20	6.30	6.40	6.55	6.60	6.77	6.87

2. 读者服务

花垣县图书馆开展阅读推广活动，如诵读国学经典、助推精准扶贫全民读书活动、"4·23"世界读书日大型读者活动、2015年全民阅读"书香湖南·湘西读书月"活动、花垣县"三湘读书月"活动、花垣县"春雨工程·网络书香"数字图书馆阅读推广活动、迎"六一"亲子阅读朗诵活动等。每年还举办春节灯谜有奖竞猜活动，形成了花垣县图书馆的特色活动。

花垣县图书馆读者服务统计表

年份	借阅册次（万册次）	流通人次（万人次）	持证读者人数（人）
2009	3.88	5.19	630
2010	3.98	5.97	670
2011	4.11	6.81	710
2012	7.30	6.21	800
2013	6.30	6.84	900
2014	7.30	6.10	1000
2015	7.32	6.18	1100
2016	6.80	6.77	1200
2017	7.12	6.90	1300
2018	7.62	7.01	1450

花垣县图书馆举办各类培训讲座，如花垣县农业合作社种植养殖培训、音乐教育家张

远福情趣教学讲座，还与花垣县妇女联合会、花垣县民宗旅文广新局联合举办苗绣培训班。举办各类展览，如"爱我家乡·美丽花垣"书画作品展、花垣县民间民俗人文风光摄影展、纪念抗战 70 周年图片展等。

2009 年，花垣县图书馆成立志愿者服务队，制定《志愿者管理制度》。

3. 现代技术应用

2012 年，花垣县图书馆引入图书馆集群管理系统，业务工作实现自动化管理，配备图书馆防盗检测系统。2008 年，文化信息资源共享工程花垣县支中心在花垣县图书馆建立，下设 7 个镇基层服务中心，190 个村级基层服务点，有电脑 50 台。2016 年，花垣县图书馆建立图书馆网站，开通微信公众号。

三、总分馆建设

花垣县图书馆建立敬老院图书馆分馆、花垣县司法局分馆，还建立双龙镇综合文化站、猫儿乡综合文化站、石栏镇综合文化站、边城镇综合文化站、长乐乡综合文化站、龙潭镇综合文化站等 6 个乡镇分馆。

四、表彰与奖励

2011 年，湖南省委宣传部授予花垣县图书馆"全省服务农民服务基层文化建设先进集体"称号。2012 年，中华全国总工会授予花垣县图书馆全国"职工书屋"称号。2015 年，中宣部、文化部、新闻出版广电总局授予花垣县图书馆"全国服务农民、服务基层文化建设先进集体"称号。

在 2009 年第四次全国县级以上公共图书馆评估、2013 年第五次全国县级以上公共图书馆评估、2017 年第六次全国县级以上公共图书馆评估中，花垣县图书馆均被文化部评为"国家一级图书馆"。

保靖县图书馆

1958 年，保靖县图书馆成立。1961 年，保靖县图书馆被撤销。1976 年，保靖县图书馆恢复建制。1985 年，馆址迁至酉水南路。2008 年，馆址位于迁陵镇梅花路灵台山西南侧，修建新馆舍。

一、基础设施设备和机构、人员、经费

1. 基础设施设备

1985年，保靖县图书馆迁入酉水南路44号（沙水井旁）馆舍。2008年，保靖县图书馆位于迁陵镇梅花路灵台山新馆舍竣工并投入使用，建筑面积1780平方米。

2. 机构

2018年，保靖县图书馆设党建办公室、财务室、采编室、档案室、外借室、综合阅览室、过刊过报室、特藏室、参考咨询室、多媒体阅览室、自修室。

3. 人员

保靖县图书馆馆长名录

序号	姓名	任职时间
1	刘清卿	2008年至2014年
2	彭举胜	2014年至今

保靖县图书馆员工情况统计表（单位：人）

年份	员工人数	专科及本科学历
2009	10	10
2015	11	11
2018	10	10

4. 经费

保靖县图书馆经费统计表（单位：万元）

年份	财政拨款	购书经费	免费开放经费	共享工程经费
2009	28.0	1.5	—	—
2010	28.0	1.5	—	—
2011	29.0	1.5	18.0	0.5
2012	30.0	1.6	20.0	0.5
2013	30.0	1.8	20.0	0.5
2014	30.0	2.0	20.0	0.5
2015	31.0	2.5	20.0	0.5
2016	31.0	2.5	20.0	0.5
2017	35.0	2.5	20.0	0.5
2018	35.0	3.0	20.0	0.5

注："财政拨款"不包括人员工资。

二、基础业务工作

1. 馆藏资源

2009年，保靖县图书馆藏书5.2万册。2018年，馆藏文献6.4万册。馆藏清版《康熙字典》28卷。藏有地方文献200余册，内容包括乡（镇）志、村志、部门行业志、地名录、地图，如同治版《保靖志稿辑要》《保靖县志1986—2005》《保靖县地名录》《袁吉六先生专辑》《毛泽东的国文老师袁仲谦》《酉水考略》《吕洞山苗族风情》《保靖县民族志》《保靖涂乍洞口寨彭氏首修族谱》《武功郡湖南省湘西保靖县猛科槽苏氏首修宗谱》《仕文公后裔湖南省保靖县郑家堡郑氏族谱》《保靖县土家语实录》《陈渠珍在保靖》《保靖民间语言》《保靖往事》《号角声中的湘西》《土家族打镏子》等文献，还有金60年的《团结报》。

保靖县图书馆藏书统计表

年份	2009	2010	2011	2012	2013	2014	2015	2016	2017	2018
藏书量（万册）	5.20	5.32	5.44	5.55	5.69	5.81	5.93	6.05	6.28	6.40

2. 读者服务

保靖县图书馆组织开展各种读者活动。2009年，组织中小学生参加湘西土家族苗族自治州"国庆60周年道德模范故事会"。2010年，开展"书香飘万家"全民读者月暨服务宣传周活动。2011年，开展春节文化活动。2012年，举办"世界读书日"宣传活动、与水银乡小学开展"关爱留守儿童，唱响和谐乡村"读书活动。2013年，举办"图书馆里寻年味"活动。2014年，在大妥乡踏梯小学开展"分享快乐·放飞梦想"庆六一暨图书宣传活动。2015年，举办"我阅读·我快乐"读书宣传暨小读者百科知识竞赛活动、"诵读国学经典·传承中华文化"读书活动。2016年，开展"学雷锋流动图书服务"活动、举办纪念长征胜利80周年知识竞赛暨读书活动。2017年，开展"书润湖湘·见证成长"文化志愿服务活动。2018年，在迁陵镇新码村开展"流动图书服务暨送书下乡"活动、"我的书屋我的梦"农村少儿阅读实践征文活动。

保靖县图书馆建立了一支30人志愿者服务队，配合图书馆组织开展读书活动，协助馆员整理馆藏文献，帮助接待读者1.1万人次。

保靖县图书馆读者服务统计表

年份	借阅册次（万册次）	借阅人次（万人次）
2009	4.50	0.30
2010	4.50	0.30
2011	4.80	0.35

年份	借阅册次（万册次）	借阅人次（万人次）
2012	4.90	0.35
2013	5.00	0.35
2014	5.50	0.40
2015	5.80	0.45
2016	6.50	0.45
2017	6.50	0.50
2018	7.00	0.50

3. 现代技术应用

2009 年，保靖县图书馆开设电子阅览室，读者用计算机终端 35 台，无线网络覆盖整个馆舍，网络带宽 100M，数字资源存储容量 12TB，实现业务管理系统与业务自动化，注册微信公众平台，定期推送图书服务信息。2009 年，保靖县图书馆实现全省文化信息资源共享，全县共建成基层服务网点 160 个，建成有 30 个座位的多媒体阅览室，投影设备 1 套，文化信息资源共享数字机房，馆内设施与全县 160 个基层服务网点已实现数字资源共享。

三、总分馆建设

保靖县图书馆建有 3 个分馆：县武警中队分馆、清水坪分馆、保花桥分馆。

四、表彰与奖励

2013 年第五次全国县级以上公共图书馆评估中，保靖县图书馆被文化部评为"国家二级图书馆"。

永顺县图书馆

1929 年，永顺县民众图书馆成立。1931 年，县民众图书馆停办。1937 年，县民众图书馆的藏书移交县民众教育馆。1951 年，永顺县文化馆建立，内设图书室。1969 年，县文化馆遭火灾，藏书大部分被烧毁。1976 年，永顺县图书馆与县文化馆分立，独立建制，馆舍仍在县文化馆内，面积 160 平方米。1981 年，位于县城南教场坪建设馆舍竣工。1997 年，在原馆旁扩建 4 层综合楼。由于馆址选择不当，县图书馆背靠灵溪河，地势低洼，年年遭受洪水威胁。在 1993 年、1995 年、1998 年、2003 年四次洪灾中，县图书馆均为重灾区，造成无法弥补的损失。2008 年，召开第十五届永顺县人民政府第 15 次常务会议，专题研究县图书馆搬迁工作。2011 年，永顺县图书馆迁入新馆舍。

一、基础设施设备和机构、人员、经费

1.基础设施设备

2009年,永顺县图书馆位于古正街260号的新馆建设开工,主楼5层、建筑面积2000平方米,投资300万元,资金主要来源为:湘潭市援建资金110万元,国家两馆建设补助资金50万元,图书馆老馆舍公开拍卖158.1万元。县图书馆建设工程是湘潭市援建永顺县的文化工程。2011年元旦,永顺县图书馆开馆,馆舍有普通书库2个、特藏书库2个、阅览室4个,并设有阅览座席300个。

2011年,湖南省发改委投入资金20万修建培训楼,建筑面积309平方米。

2.机构

2011年,永顺县图书馆设办公室、采编室、报刊阅览室、图书外借室、少儿阅览室、参考咨询室、少儿阅览室、报刊阅览室、地方文献室、电子阅览室。2016年,增设少儿书香画室、少儿体验室、多功能厅、自学室等。

3.人员

永顺县图书馆馆长名录

序号	姓名	任职时间
1	刘　勇	2008年至2016年
2	侯启高	2016年至今

2018年,永顺县图书馆有员工8人,均为大专以上学历,中级职称7人,初级职称1人。

4.经费

永顺县图书馆经费统计表(单位:万元)

年份	财政拨款	购书经费	免费开放经费	数字资源采购经费	读者活动经费
2009	20.0	2.0	——	——	——
2010	203.0	2.0	——	——	——
2011	53.0	——	20.0	——	——
2012	45.0	——	20.0	——	——
2013	39.0	——	20.0	——	——
2014	47.0	——	20.0	——	——
2015	84.0	——	20.0	——	0.5
2016	82.0	——	20.0	——	0.8
2017	98.0	——	20.0	8.0	3.5
2018	89.0	——	20.0	2.0	5.2

注:2010年"财政拨款"包括基建经费。

二、基础业务工作

1. 馆藏资源

2018 年，永顺县图书馆藏书 23 万册，其中纸质图书 12 万册、电子图书 11 万册、期刊 220 种（含电子期刊），收藏有元末明初刻本《史记》、明刻本《十三经注疏》以及民国时期出版的《四部备要》《万有文库》等古籍线装书 8086 册。地方文献收集了有关土家族民族史料的抄本、金石拓片、地方发展变迁等地方文献 915 册。2009 年，永顺县图书馆对馆藏古籍进行修补和分类，用木柜保管存放，并对古籍书库安装了防盗门、防盗窗、空气机、湿度控制机、摄像头等管控设施设备。

永顺县图书馆藏书统计表

年份	2009	2016	2018
藏书量（万册）	8.65	10.97	23.00

永顺县图书馆藏书依据《中国图书馆分类法（第五版）》和《中国分类主题词表》标引，依据《普通图书著录规则》著录。

2. 读者服务

2018 年，永顺县图书馆设有 7 个服务窗口。2011 年，开始实施无障碍、零门槛进入，全年免费开放，每周开放时间 56 小时。

永顺县图书馆读者服务统计表

年份	借阅册次（万册次）	借阅人次（万人次）	持证读者人数（万人）
2009	2.00	1.00	0.11
2010	3.00	1.50	0.13
2011	3.50	1.80	0.16
2012	5.50	2.80	0.17
2013	5.50	2.90	0.20
2014	6.00	3.20	0.50
2015	6.30	3.50	0.52
2016	6.60	3.80	0.60
2017	8.20	4.50	0.68
2018	8.30	4.80	0.70

永顺县图书馆开展形式多样的读者活动。在每年春节，邀请县书法家协会的书法家们深入到毛坝、塔卧、永茂、颗砂、盐井等乡镇开展送春联、送图书活动，在县城文化休闲广场、三角公园开展"春节百科知识"（谜语）竞猜活动，每次参加谜语竞猜日均达 5200 人次，

成为永顺县图书馆一项特色读者品牌活动。在县图书馆、文化休闲广场、烈士陵园广场、学校组织举办"国学经典诵读"活动，场均参加活动逾2800人次，开展"庆新春"和"我的书屋·我的梦"阅读征文活动，参加活动人次年均达到3万。还举办"4·23"世界读书日活动，少儿"读经典、写心得"阅读推广活动，评选优秀读者，表彰先进集体等系列活动。组织学校、幼儿园、社区的市民和学生，来图书馆参观、阅读、体验。永顺县图书馆开展关爱留守儿童活动，选择荣众学校、抚志小学、硕乐小学、麻岔小学等农村小学作为阅读帮扶示范点，由图书馆组织阅读老师定期为学校的留守儿童开展阅读辅导课程。

永顺县图书馆建立了一支65人的志愿者服务队伍，开展送书下乡、讲座培训、图书导读、读者咨询、读者活动等公益性文化活动。

3. 现代技术应用

2012年，永顺县图书馆引入图书馆自动化管理系统，实现采访、编目、流通、检索自动化管理。馆内局域网建成开通，建立数据库，馆藏图书书目数字化达到98%，并建立地方文献专题数据库。建立了网站、微信平台，便于读者获知永顺县图书馆的各种活动信息，并推出网上阅读、网上查询等服务项目。

2006年，永顺县图书馆建成全国文化信息资源共享工程县级支中心，购置电脑、软件、室外接收器等相关设备。2009年，建立文化信息资源共享工程村级服务点323个，实现全县村级全覆盖。

三、总分馆建设

永顺县图书馆建立武警中队、灵溪三小、荣众留守儿童学校、抚志学校、芙蓉镇易地扶贫安置区、万坪易地扶贫安置区、灵溪镇中学、永顺高速收费站等8个分馆。

四、表彰与奖励

2013年第五次全国县级以上公共图书馆评估，永顺县图书馆被文化部评为"国家二级图书馆"。2017年第六次全国县级以上公共图书馆评估，永顺县图书馆被文化部评为"国家三级图书馆"。

龙山县图书馆

1929年，龙山县成立民众图书馆。1951年，龙山县文化馆成立，内设图书室。1958年，龙山县图书馆成立，与县文化馆合署办公。1962年，龙山县图书馆被撤销建制。1975年，龙山县图书馆恢复重建。2005 年，龙山县图书馆在原址上进行重新扩建。2007 年，新馆竣工投入使用。

一、基础设施设备和机构、人员、经费

1. 基础设施设备

2007 年，龙山县图书馆拆除旧馆舍，兴建新馆舍，馆址位于新建路中段 64 号，建筑面积为 957.4 平方米，有阅览座席 260 个。

2. 机构

2018 年，龙山县图书馆设办公室、采编部、图书外借处、综合借阅室、报刊阅览室、少儿阅览室、参考咨询室、地方文献室、电子阅览室、多媒体厅、自修室、业务辅导室。

3. 人员

龙山县图书馆馆长名录

序号	姓名	任职时间
1	陈忠菊	2007 年 7 月至 2016 年 3 月
2	田水银	2016 年 4 月至 2016 年 7 月
3	彭天英	2016 年 7 月至 2017 年 2 月
4	尚 斌	2017 年 3 月至今

龙山县图书馆员工情况统计表（单位：人）

年份	员工人数	专科及本科学历	初级职称	中级职称
2018	15	15	2	1

注：15 名员工中有 5 名为临聘人员。

4. 经费

龙山县图书馆经费统计表（单位：万元）

年份	财政拨款	购书经费	免费开放经费
2009	38.7	3.0	—
2010	37.1	3.0	20.0
2011	40.2	3.0	20.0
2012	42.5	3.0	20.0
2013	43.8	3.0	20.0
2014	45.1	3.0	20.0
2015	46.3	6.0	20.0
2016	99.6	6.0	20.0

（续表）

年份	财政拨款	购书经费	免费开放经费
2017	140.0	6.0	20.0
2018	163.8	6.0	20.0

二、基础业务工作

1. 馆藏资源

龙山县图书馆藏书统计表

年份	2009	2010	2011	2012	2013	2014	2015	2016	2017	2018
藏书量（万册）	8.02	8.22	8.42	8.72	8.97	9.27	9.66	10.11	10.61	11.21

2018 年，龙山县图书馆藏书 11.21 册，其中电子图书 1.21 万册、电子期刊 1.81 万种（册）。藏有古籍 895 种 9656 册，其中线装古籍 5858 册、《四库全书》1773 册、《四部备要》2025 册。2017 至 2018 年，入藏图书 1.29 万册。

2. 读者服务

龙山县图书馆开设的 9 个服务窗口全部免费开放，每周开放 56 小时，实行开架借阅，2018 年，持证读者达 3595 人。

龙山县图书馆利用图书流动车开展送书上门图书服务。在县图书馆大厅、县政府中心等公共场所安放歌德电子阅读机 3 台。

龙山县图书馆读者服务统计表

年份	借阅册次（万册次）	借阅人次（万人次）
2009	3.88	0.76
2010	3.98	0.79
2011	4.11	0.85
2012	4.22	0.89
2013	4.32	0.92
2014	4.42	1.02
2015	4.51	1.06
2016	4.61	1.14
2017	4.68	1.19
2018	4.78	1.27

龙山县图书馆在世界读书日、儿童节、国庆节、中秋节、春节开展阅读推广活动。常年举办培训、讲座、展览活动。2009 年，开展"三湘读书月"——少儿"新中国 60 周年

道德模范故事会"读书竞赛活动。2010年,举办少儿G3杯"迎世博·迎亚运·讲文明·树新风"文明礼仪知识竞赛活动。2011年,开展"三湘读书月"——少儿"纪念中国共产党成立90周年"红色经典读书活动。2013年,开展"三湘读书月"——少儿"我的梦·中国梦"读书活动,2015年,举办"我的书屋·我的梦"农村少儿阅读活动、"让阅读成为习惯·全民阅读征文比赛活动"。2018年,开展"书香湖南·共创共享儿童阅读新时代"少儿读书活动、"书香湖南·阅行者"阅读推广活动、少儿"诵读国学经典·传承中华文化"朗诵比赛。

龙山县图书馆组建了一支志愿者服务队伍,深入农村、社区、街道、企业、军营、敬老院、学校等场所开展爱国卫生、文艺辅导、安全巡逻、法律法规及党的大政方针宣传、学雷锋志愿服务等活动。

3.现代技术应用

2009年,龙山县图书馆选用金文IKMS教育资源信息系统,实现借阅服务自动化管理。2016年,建成龙山县图书馆门户网站,发布工作动态、特色资源、书目推介。2018年,与超星公司合作建成文化云平台,发布图书馆文化资源和工作动态。

2007年,建成全国文化信息资源共享工程龙山支中心,设有中心机房,宽带接入20M光纤,有计算机30台、数字资源存储服务器4台,存储电子图书2.1万册、电子期刊1.2万种,后逐年增藏电子文献500种、视听文献45种、图书4500种、数字资源总量4.15TB。建成15个基层服务网点,村级基层服务点397个,乡镇公共电子阅览室21个。

三、表彰与奖励

2012年龙山县图书馆被评为湖南省农家书屋工程建设先进单位。

在2009年第四次全国县级以上公共图书馆评估、2013年第五次全国县级以上公共图书馆评估中,龙山县图书馆被文化部评为"国家二级图书馆"。2017年第六次全国县级以上公共图书馆评估,龙山县图书馆被文化部评为"国家三级图书馆"。

第十三章　怀化市公共图书馆

怀化市图书馆

2010 年，怀化市图书馆成立，位于鹤城区湖天南路 328 号，占地 25 亩，馆舍面积 8360 平方米。

一、基础设施设备和机构、人员、经费

1.基础设施设备

2011 年 6 月，怀化市图书馆建成开馆，馆舍建筑面积 8360 平方米，馆舍分为"五室一厅一库"，即报刊阅览室、少儿借阅室、电子阅览室、综合外借室、采编室、多媒体报告厅、书库。

2.机构

2011 年，怀化市图书馆设办公室、综合外借室、报刊阅览室、电子阅览室。2012 年，设办公室、财务室、采编室、综合外借室、少儿借阅室、报刊阅览室、多媒体报告厅、活动部。

3.人员

2010 年起，孙勇担任怀化市图书馆馆长一职。

怀化市图书馆员工情况统计表（单位：人）

年份	员工人数	高中学历	专科及本科学历	研究生学历	初级职称	中级职称	副高职称
2011	9	1	8	0	1	2	1
2012	24	2	18	4	5	6	4
2013	24	2	19	3	5	5	3
2014	23	2	18	3	6	5	3
2017	25	2	21	2	4	6	3
2018	23	3	17	3	4	7	3

4.经费

怀化市图书馆经费统计表（单位：万元）

年份	财政拨款	购书经费	数字资源采购经费
2011	574.0	250.0	—
2012	263.0	50.0	20.0

年份	财政拨款	购书经费	数字资源采购经费
2013	318.0	50.0	0
2014	309.0	50.0	0
2015	339.0	50.0	0
2016	416.0	50.0	0
2017	509.0	50.0	21.0
2018	588.0	50.0	55.5

二、基础业务工作

1. 馆藏资源

2011 年，怀化市图书馆藏书 10 万册。2018 年，藏书 64 万册，其中图书 24 万册、电子图书 20 万册、报刊 1.3 万册。

怀化市图书馆采取征集、购买和接受收集各种地方文献，并设立专架、专柜，建立地方文献数据库，这个数据库反映当地概况、统计数据、招商引资和产业动向、旅游信息，将地方特产、地方名人、风土民情、旅游景观等文献资料进行整理加工，建立地方名优产品数据库、人物资料数据库、风土民情数据库、旅游资料数据库等专题数据库。

2. 读者服务

怀化市图书馆读者服务统计表

年份	借阅册次（万册次）	流通人次（万人次）	活动场次（场）
2012	3.49	2.76	14
2013	5.13	7.55	14
2014	9.54	8.08	19
2015	13.97	15.66	31
2016	15.19	21.02	24
2017	21.65	35.25	20
2018	25.83	38.36	26

怀化市图书馆在馆内、市民服务中心大厅、政府机关设置歌德电子借阅机，所有服务窗口全面实行免费开放。

怀化市图书馆每年开展读书活动。2012 年，开展"学习雷锋好榜样"少儿读书活动。2013 至 2015 年，开展少儿"中国梦·我的梦"读书活动、"中国梦·我心中的故事"读书活动、"中国梦·汉语美"诵读展演活动。2015 年，举办纪念抗战胜利暨反法西斯战争胜利 70 周年"同抒爱国情·共传华夏声"读书征文活动。2016 年，举办"光荣与梦想——纪念建党 95 周年暨红军长征胜利 80 周年"少儿读书活动。2017 年、2018 年，开展"书香湖南·红星闪闪耀童星"少儿读书活动、"书香湖南·共创共享儿童阅读新时代"少儿读书活动。

2016年，"青少年法治文化教育中心"项目获湖南省公共图书馆服务成果三等奖。

3. 现代技术应用

怀化市图书馆使用清大新洋图书馆自动化管理集成系统，实现业务工作自动化管理。馆内设立自助办证机、自助借还机，建有怀化市图书馆门户网站、微信公众号。

4. 志愿者服务

怀化市图书馆建立了志愿者服务队伍，制订《怀化市文化志愿者管理办法》，组织志愿者不定期开展志愿者活动。

三、总分馆建设

2016年，怀化市图书馆启动总分馆建设，在4个社区、老年大学、军营警营建立分馆，在市体育中心设立24小时自助图书馆。

四、学会工作

怀化市图书馆学会于1998年成立，2011年怀化市图书馆承担怀化市图书馆学会的工作。

五、表彰与奖励

2013年第五次全国县级以上公共图书馆评估中，怀化市图书馆被文化部评为"国家二级图书馆"。2017年第六次全国县级以上公共图书馆评估中，怀化市图书馆被文化部评为"国家三级图书馆"。

鹤城区图书馆

怀化市鹤城区图书馆是由怀化镇图书馆、怀化县图书馆、怀化市图书馆演变而来的，始建于1975年。1998年，怀化撤地设市，怀化市图书馆更名为怀化市鹤城区图书馆。从2011年开始实施免费开放服务工作，图书馆内所有公共设施全部向社会免费开放。每周开放54个小时，节假日正常开放。

一、基础设施设备和机构、人员、经费

1. 基础设施设备

1983年，鹤城区图书馆（原名：怀化市图书馆）新馆舍竣工，馆址位于怀化市人民南路225号，为3层楼砖混结构建筑，面积1528平方米。2009年，对馆舍外墙、电子阅览室、多功能报告厅、展厅、图书馆大门、一楼大厅进行装修，并购置相关设备设施。2018年，再次对综合阅览部、电子阅览室、地方文献及古籍部、图书馆绿化等进行维护。2011年，对全馆书架、阅览桌椅进行更换。

2018年，馆内设268个阅览座席，用于服务读者的电脑40台，100M宽带网络全部接通，存储容量达到12TB，Wi-Fi无线网络全馆覆盖。

2. 机构

2018年，鹤城区图书馆设办公室、采编部、综合阅览部、综合外借部、电子阅览部、地方文献及古籍部、读者俱乐部、过刊部、参考咨询部、辅导部。

3. 人员

鹤城区图书馆馆长名录

序号	姓名	任职时间
1	肖守华	2006年至2013年
2	谭宋艳	2014年至今

鹤城区图书馆员工情况统计表（单位：人）

年份	员工人数	高中学历	专科及本科学历	初级职称	中级职称	副高职称
2018	13	1	12	4	8	1

4. 经费

鹤城区图书馆经费统计表（单位：万元）

年份	财政拨款	购书经费	文化共享工程经费	数字资源采购费
2013	15	6	5	—
2018	42	6	5	9

注："财政拨款"不包括人员工资。

二、基础业务工作

1. 馆藏资源

2009年，鹤城区图书馆藏书9万册，报刊145种。2018年，馆藏图书17万册，其中古籍图书156册、报刊122种，另有电子图书7万册、电子期刊1万册。

鹤城区图书馆藏书统计表

年份	2009	2015	2016	2017	2018
藏书量（万册）	9	12	14	15	17

鹤城区图书馆建立地方文献及古籍室，设立鹤城本土作家专柜，如谢伯恩的《最后一战》《土匪世家》《日落雪峰》，龙燕怡的《神秘大湘西：民俗散文撷萃》《古韵新吟》《友声与心声精品集》，易水寒的《人坐秋天》《孤月寒泉》。2018年，馆藏地方文献1200册，涵盖地方志、史料、统计资料、年鉴、文集、名录、资料汇编等。

鹤城区图书馆收藏古籍156册。2012年，完成馆藏古籍的普查。2015年，配合区文物管理所完成了馆藏文献的"可移动文物"普查。2017年，装修地方文献及古籍室，购置古籍樟木书柜10个。2017年，与国家图书馆出版社签订《全国古籍普查登记目录》图书出版合同，将馆藏部分古籍收录至《湖南省古籍普查登记目录（岳阳市•常德市•益阳市•怀化市卷）》。

2. 读者服务

2011年，鹤城区图书馆实施免费开放服务工作，每周开放54小时，节假日照常开放。2016年，取消读者办证押金。开设6个服务窗口：综合阅览室、综合外借室、电子阅览室、读者俱乐部、地方文献及古籍室、过刊室。2018年外借图书13万册次、书刊借阅9万人次、持证读者6669人。

鹤城区图书馆读者服务统计表

年份	2015	2016	2017	2018
借阅册次（万册次）	6	8	9	13

鹤城区图书馆开展读书活动，每年举办"4•23"世界读书日活动、"全民阅读•书香鹤城"、图书馆服务宣传周、送书下乡、智力兴趣大课题、读书分享会、经典诵读、亲子阅读、少儿征文演讲知识竞赛等。2013年，举办"中国梦•我的梦"读书活动。2015年，开展"邻里守望•文化暖心"关爱弱势群体文化志愿服务活动、"书香怀化"——少儿"中国梦•汉语美"读书活动。2016年，开展"光荣与梦想——纪念建党95周年暨红军长征胜利80周年"读书活动、"智力兴趣大课堂"活动。2017年，举办"书香湖南•红星闪闪耀童心"读书活动。

3. 现代技术应用

2002年，鹤城区图书馆引入图书馆自动化管理系统（ILAS），完成书目数据库建设，业务工作实现自动化管理。2016年，改用清大新洋图书馆管理系统。

2017年，鹤城区图书馆建立图书馆网站，开通网上服务平台，读者可以通过网站了解藏书书目数据、新书信息，能享受在线数字阅读。实现自助图书在线预约、续借等服务。鹤城区图书馆还开通微信公众号，读者可以通过微信公众号了解图书馆最新动态、读书活动信息、节假日开放时间及新书推荐信息，在"我的图书馆"栏目开设热门图书、公开课、网络阅读、有声读物、学术视频。读者关注该馆公众号可以浏览观看电子图书、电子期刊、视频、讲座、收听有声读物。

4. 志愿者服务

2013 年，鹤城区图书馆组建文化志愿者服务队。2018 年，网上注册文化志愿者 200 人。所开展的"邻里守望·文化暖心"关爱弱势群体文化志愿服务活动获得文化部"最佳文化志愿服务项目"，举办的"智力兴趣大课堂"活动获得湖南省"基层文化志愿服务示范项目"。

三、总分馆建设

2018 年，开始总分馆建设，第一期建设 19 个分馆，第二期建设 11 个分馆。

四、学术、科研活动及成果

刘化哲撰写的《乡镇图书馆建设刍议》和《县级图书馆为社会主义新农村建设服务》分别发表在《图书馆》2008 年第 1 期、第 4 期。

五、表彰与奖励

2013 年第五次全国县级以上公共图书馆评估，怀化市鹤城区图书馆被文化部评为"国家二级图书馆"。2017 年第六次全国县级以上公共图书馆评估，怀化市鹤城区图书馆被文化部评为"国家三级图书馆"。

鹤城区少年儿童图书馆

怀化市鹤城区少年儿童图书馆位于怀化市人民南路 260 号，其前身为怀化市图书馆少儿分馆。1988 年，怀化市编委〔1988〕4 号文件批复，正式成立怀化市少年儿童图书馆，单独建制。1998 年，怀化撤地设市，怀化市少年儿童图书馆更名为怀化市鹤城区少年儿童图书馆。

一、基础设施设备和机构、人员、经费

1.基础设施设备

鹤城区少年儿童图书馆位于人民南路文化山，建筑面积 431 平方米。1995 年，怀化市政府将人民南路 260 号临街 1.09 亩地划给怀化市鹤城区少儿图书馆建新馆舍。1999 年，新馆舍竣工，建筑面积 1445 平方米，设阅览座席 240 个。

2.机构

2018 年，鹤城区少年儿童图书馆设办公室、采编室、辅导协调部、借阅室、信息部、少儿活动部。

3.人员

鹤城区少年儿童图书馆馆长名录

序号	姓名	任职时间
1	彭英霞	2006 年至 2013 年
2	罗光安	2014 年至今

鹤城区少年儿童图书馆员工情况统计表（单位：人）

年份	员工人数	高中学历	专科及本科学历	初级职称	中级职称
2018	11	1	10	3	5

4.经费

鹤城区少年儿童图书馆经费统计表（单位：万元）

年份	财政拨款	购书经费	免费开放经费
2009	9	4	—
2018	23	7	15

注："财政拨款"不包括员工工资。

二、基础业务工作

1.馆藏资源

2018 年，鹤城区少年儿童图书馆藏书 8.37 万册、期刊 4586 册、低幼读物 6532 册、报纸 95 种。鹤城区少年儿童图书馆先后接收湖南图书馆捐书 2000 册、湖南省少年儿童图书馆捐书 2000 册、深圳市少年儿童图书馆捐书 2000 册、天津市少年儿童图书馆捐书 5000 册。

鹤城区少年儿童图书馆藏书统计表

年份	2009	2010	2011	2012	2013	2014	2015	2016	2017	2018
藏书量（万册）	2.35	3.59	3.90	4.99	5.49	6.35	7.07	7.42	8.05	8.37

鹤城区少年儿童图书馆通过联合区文联、区史志办，征集怀化籍人士系列地方文献，设立地方文献专架。2018年，馆藏地方文献520册，如马蹄声的《凤凰城神话》《古城旧事》《沧桑风云》《屐痕漫记》《崖庐散记》，谢伯恩的《土匪世家》《慈善老板》《长天飞虎》《日落雪峰》，易水寒的《人坐秋天》，程子厚的《风行大地》。

1988年，馆藏图书依据《中国图书馆分类法》进行分类标引，1992年改用《中国图书馆分类法（中小学版、儿童图书馆版）》标引图书。

2. 读者服务

鹤城区少年儿童图书馆每周开放时间为54小时，实行全开架开放式免费服务，全年365天对外开放，节假日无休。

鹤城区少年儿童图书馆每年开展读者活动。2012年，开展少儿"学习雷锋好榜样"读书活动。2013年，举办少儿"中国梦·我的梦"系列读书活动。2014年，开展少儿"中国梦·我心中的故事"读书活动。2015年，举办少儿"中国梦·汉语美"读书活动。2016年，开展"光荣与梦想——纪念建党95周年暨红军长征胜利80周年"读书活动。2018年，举办"书香湖南·共创共享儿童阅读新时代"读书活动。

鹤城区少年儿童图书馆读者服务统计表

年份	借阅册次（万册次）	借阅人次（万人次）	持证读者人数（人）
2009	0.64	0.31	346
2010	1.50	0.70	379
2011	1.91	0.73	418
2012	3.86	2.10	741
2013	7.21	5.24	1299
2014	9.79	7.46	2298
2015	10.96	7.88	3398
2016	12.35	8.04	4490
2017	13.16	8.35	5220
2018	12.56	8.21	6725

3. 现代技术应用

2008年，鹤城区少年儿童图书馆引入图书馆自动化集成系统（ILAS），图书采访、编目、借阅、检索、统计及办公行政工作实现自动化管理，建立馆藏文献书目数据库，实现怀化城区内馆藏文献通借通还。2016年，改为清大新洋图书馆管理系统。2017年，鹤城区少年儿童图书馆建立网站（http://hcqsrtsg.superlib.libsou.com/node/412.jspx），读者可了解书目数据、馆藏新书、馆情动态，能享受3万册电子图书阅读。微信公众号平台也已搭建，读者可以了解图书馆最新动态、读书活动信息、开放时间及新书推荐信息，办证读者可以使用借书证号和密码登录，自由浏览。2016年，购置超星少儿学习一体机。2018年，添置移动图书馆,实现新闻发布、信息推送、培训公告、统计等功能,并整合图书馆电子资源,为读者提供移动设备一站式检索,在线借阅、查询、预约、续借、下载等服务。

4. 志愿者服务

2014年,鹤城区少年儿童图书馆组建一支20人的文化志愿者服务队。每年通过招募50余人的"义务小馆员",组织开展了"文哥教你学剪纸""给特殊儿童一个多彩的世界""童音诵古韵""经典有新声""我是你的眼""给特殊儿童一个多彩的世界""扬国粹、我最行""我的书屋我的梦征文"文化活动。

三、总分馆建设

2014年,鹤城区少年儿童图书馆与怀化市四中、舞水小学签订建立分馆协议书,长期开展借阅服务。

四、表彰与奖励

2012年,沈红获文化部"中国图书馆榜样人物"称号。2014年,瞿海英被湖南省文化厅评为2014年度优秀文化志愿者。2009年"开展少儿特色活动,大力推进素质教育"项目,获湖南省公共图书馆第七届服务成果二等奖。2016年"开展阅读活动,推进素质教育"项目均获湖南省公共图书馆服务成果二等奖。

2013年第五次全国县级以上公共图书馆评估,怀化市鹤城区少年儿童图书馆被文化部评为"国家三级图书馆"。2017年第六次全国县级以上公共图书馆评估,怀化市鹤城区少年儿童图书馆被文化部评为"国家二级图书馆"。

沅陵县图书馆

沅陵县图书馆成立于1962年,与县文化馆合署办公。1978年,沅陵县图书馆独立建制,与县文化馆分立。1986年,沅陵县图书馆迁入新城区新馆舍。

一、基础设施设备和机构、人员、经费

1. 基础设施设备

1986年,沅陵县图书馆在辰州中街56号建新馆舍,建筑面积1500平方米,2003年,扩建馆舍。2018年,沅陵县图书馆有独立馆舍2栋,建筑面积2200平方米,有阅览座席

210 个。新馆建设纳入沅陵县"十三五"发展规划，计划在城南新建一座建筑面积 5000 平方米的图书馆，工程已启动。

2. 机构

沅陵县图书馆与沅陵县少年儿童图书馆合署办公，两块牌子一套人马。设办公室、综合借阅室、未成年人借阅室、电子阅览室（多媒体室）、地方文献资料室、参考咨询室、《湖湘文库》阅览室、多功能活动室、资料室。

3. 人员

沅陵县图书馆馆长名录

序号	姓名	任职时间
1	张小文	1994 年至 2015 年
2	张小华	2015 年至今

沅陵县图书馆员工情况统计表（单位：人）

年份	员工人数	高中学历	专科及本科学历	中级职称	副高职称
2009	14	9	5	3	1
2010	13	7	6	3	1
2012	12	5	7	3	1
2014	11	4	7	3	1
2016	13	3	10	3	1
2017	14	3	11	4	1
2018	12	2	10	4	1

4. 经费

沅陵县图书馆经费统计表

年份	2009	2010	2011	2012	2013	2014	2015	2016	2017	2018
财政拨款（万元）	72.9	82.1	84.5	88.3	95.3	114.1	128.4	145.5	195.6	223.6

二、基础业务工作

1. 馆藏资源

沅陵县图书馆藏书统计表

年份	2009	2010	2011	2012	2013	2014	2015	2016	2017	2018
藏书量（万册）	19.2	19.6	19.9	18.5	18.8	19.4	20.0	20.7	21.1	21.7

2. 读者服务

沅陵县图书馆开设 8 个服务窗口，全面免费开放，馆内 Wi-Fi 全覆盖，每周开放 56

个小时，节假日不闭馆。2018 年，有持证读者 2118 人。

沅陵县图书馆读者服务统计表

年份	2009	2010	2011	2012	2013	2014	2015	2016	2017	2018
借阅册次（万册次）	7.05	7.01	6.96	7.11	7.08	7.09	7.02	6.86	7.10	6.89
流通人次（万人次）	7.06	7.03	7.10	7.12	7.09	6.93	6.94	6.60	6.95	6.99

沅陵县图书馆开展多项读者活动。每年举办各种培训讲座，如农家书屋管理员业务培训、阅读推广讲座等。每年举办展览活动，如科普知识展览、楹联巡展、沅陵县龙舟文化展、送书进军营、"你读书，我买单"活动、"图书馆服务宣传周"活动、"六一"活动、"中国梦·我的梦"读书活动。

沅陵县图书馆建有馆藏 5000 册图书的农家书屋 375 个。在沅陵县消防中队、凤滩武警中队、沅陵县看守所、沅陵县福利院设立图书室。

3. 现代技术应用

2004 年，沅陵县图书馆引入图书馆自动化集成系统（ILAS）小型版，采访、编目、流通、检索、网上读者服务实现自动化管理。2018 年，有供读者使用计算机 35 台、办公计算机 10 台，读者服务区无线网络全覆盖，接入宽带 100M，沅陵县图书馆专用存储设备容量为 12.2TB。全国文化信息资源共享工程建设中，沅陵县图书馆成立全县文化信息资源共享工程建设工作领导小组，制定管理规章制度，配备专职人员管理，定期组织全县各乡镇街道基层服务点技术人员进行业务辅导培训，提高技术人员工作能力，规范共享工程管理工作。

三、表彰与奖励

2009 年第四次全国县级以上公共图书馆评估，沅陵县图书馆被文化部评为"国家一级图书馆"。2013 年第五次全国县级以上公共图书馆评估，沅陵县图书馆被文化部评为"国家二级图书馆"。2017 年第六次全国县级以上公共图书馆评估，沅陵县图书馆被文化部评为"国家三级图书馆"。

辰溪县图书馆

1929 年，辰溪县建立民众图书馆，馆址设在奎星阁。中华人民共和国成立后，辰溪县建立文化馆，内设文博组。1961 年，图书室从文化馆分离出来，建立辰溪县图书馆。1964 年，县图书馆并入县文化馆。1983 年，辰溪县第八届人民代表大会作出修建辰溪县图书馆决议。

一、基础设施设备和机构、人员、经费

1. 基础设施设备

1992年，辰溪县图书馆新馆舍竣工，馆址在先锋中路。2017年，辰溪县委、县政府将县城标志性建筑辰阳楼调拨给辰溪县图书馆，馆址在八一路刘晓公园，政府又对辰阳楼进行改扩建、维修及设备采购。2018年，辰溪县图书馆整体搬迁至新馆，独立4层楼，建筑面积3600平方米，前有600平方米停车坪，后带一个小花园。新馆敞亮、古典、温馨、智能，一楼设综合外借室、文学外借室、爱心阅览区，二楼设综合阅览室、少儿借阅室、地方文献和古籍书库、休闲阅读区以及行政办公区。三楼是多媒体报告厅，四楼设电子阅览室、中心机房、财务室。全馆安装RFID智能化图书集群管理系统，实行自助借阅，有5台文化一体机。

2. 机构

2018年，辰溪县图书馆设办公室、财务室、综合阅览室、文学外借室、少儿室、地方文献室、电子阅览室。

3. 人员

辰溪县图书馆馆长名录

序号	姓名	任职时间
1	米 会	1998年至2011年
2	田 红	2011年至今

辰溪县图书馆员工情况统计表（单位：人）

年份	员工人数	高中学历	专科及本科学历
2009	17	6	11
2010	19	6	13
2013	18	5	13
2014	14	3	11
2015	15	4	11
2018	15	3	12

4. 经费

辰溪县图书馆经费统计表（单位：万元）

年份	财政拨款	购书经费	数字资源采购经费
2009	44.2	2.0	—
2010	81.3	2.0	—
2011	70.1	5.0	—
2012	91.9	7.0	—

年份	财政拨款	购书经费	数字资源采购经费
2013	89.8	7.0	—
2014	102.7	10.0	—
2015	132.6	10.0	3.0
2016	172.9	12.0	3.0
2017	659.0	12.0	3.0
2018	240.2	20.0	10.0

注：2017 年"财政拨款"含馆舍改扩建、设备采购经费。

二、基础业务工作

1. 馆藏资源

2009 年至 2018 年，辰溪县图书馆的总藏量从 3 万册增加到 12.7 万册，其中纸质图书从 3 万册增加到 8.7 万册，报刊总藏量从 14176 件增加到 21376 件，视听文献从 0 件增加至 600 件。每年采购新书约 5000 册，报刊约 150 种，电子资源年均入藏量约 2.6 万册。地方文献入藏量约 2578 种 2780 册。入藏的古籍、线装书 2262 册，民国时期《万有文库》2652 册。每年从县政协、县史志办、县文联、县作协以及民间藏家等机构和个人手中征集地方文献约 50 种，78 册，内容涵盖辰溪本地作家出版物、辰溪县志、怀化年鉴、辰溪年鉴、地方族谱等。

馆藏文献依据《中国图书馆分类法（第五版）》进行分类标引。

辰溪县图书馆藏书统计表

年份	2009	2018
藏书量（万册）	3.00	8.70

2. 读者服务

2018 年，辰溪县图书馆在借阅大厅设咨询服务台、提供文献咨询、网上咨询和回复服务、设立专职人员进行实时咨询回复。综合阅览室设政府信息公开服务专区，为党政机关提供决策信息服务。

辰溪县图书馆读者服务统计表

年份	借阅册次（万册次）	借阅人次（万人次）	持证读者人数（人）
2009	1.5	0.78	289
2018	8.0	12.0	7349

辰溪县图书馆围绕"世界读书日"和春节、五一等重要节日，组织举办各类阅读推广活动。2014年，开展"三湘读书月"——"中国梦·我心中的故事"活动。2015年，举办"书香湖南"——"中国梦·汉语美"少儿诵读展演活动。2017年，举办青少年党史国史主题教育活动。2018年，开展"书香湖南·共创共享儿童阅读新时代"读书活动。2015年起，开办"大酉讲堂"阅读活动，内容涵盖乡贤讲堂、法制讲堂、文学讲堂、艺术讲堂、道德讲堂等。2018年，"大酉讲堂"在湖南省文化艺术节荣获"三湘群星奖"。从2011年开始连续7年举办了"新春闹元宵，有奖猜灯谜"、迎新春纳福送春联。世界读书日期间，公布阅读排行榜，开展了阅读之星评选表彰活动。举办了渔书计划——图书漂流进博雅读书活动，在图书馆网站、微信平台、手机移动图书馆上供读者体验和欣赏。举办了全县少儿故事大奖赛活动，还开展农家书屋读书活动。

辰溪县图书馆组建"悦读"志愿者团队，参加者大多是市民和学生。辰溪县图书馆对志愿者培训，开展多种形式的志愿服务活动。

辰溪县图书馆建有4个分馆："五宝田"耕读所分馆、创艺童画坊分馆、武道馆分馆、华中社区分馆。

3. 现代技术应用

2010年，建成全国文化信息资源共享工程辰溪县支中心，建有一个200平方米的电子阅览室。2017年，辰溪县图书馆在新馆启用图书馆智能设备，如自助借还机、自助办证机，有5台歌德电子阅读机，建立辰溪县图书馆网站、移动图书馆（App）、微信公众号。

三、学术、科研活动及成果

2016年，张丽芬著（合著）《创建信息共享库扩大非物质文化遗产传承渠道——麻阳县非物质文化遗产保护现状的思考和启发》在第七届湖南省社会科学界学术年会征文获一等奖。2016年，张丽芬著（合著）的《创建信息共享库扩大非物质文化遗产传承渠道》在鲁豫皖赣新琼湘鄂图书馆学（协）会学术年会征文获三等奖。

四、表彰与奖励

2011年获湖南省文化厅文化信息资源共享工程"先进集体"。

2013年第五次全国县级以上公共图书馆评估，辰溪县图书馆被文化部评为"国家二级图书馆"。2017年第六次全国县级以上公共图书馆评估，辰溪县图书馆被文化部评为"国家三级图书馆"。

溆浦县图书馆

1929 年，溆浦县成立民众图书馆。1935 年，县民众图书馆并入县民众教育馆，设图书借阅部。1950 年，县人民教育馆接管县民众教育馆的图书，1952 年更名为县文化馆图书室。1964 年，成立溆浦县图书馆。1980 年，溆浦县图书馆搬迁新馆址。

一、基础设施设备和机构、人员、经费

1. 基础设施设备
1980 年，溆浦县图书馆在卢峰镇胜利社区文艺路 223 号修建新馆，建筑面积 1600 平方米，设阅览座席 232 个。

2. 机构
2018 年，溆浦县图书馆设办公室和读者服务部门。

3. 人员
从 2008 年起，张小武担任溆浦县图书馆馆长一职。

溆浦县图书馆员工情况统计表（单位：人）

年份	员工人数	高中学历	专科及本科学历	初级职称	中级职称
2018	15	2	13	7	5

4. 经费
溆浦县图书馆经费统计表（单位：万元）

年份	财政拨款	购书经费	免费开放经费
2009	71	10	—
2010	76	10	—
2011	82	10	15
2012	96	10	15
2013	106	10	15
2014	112	10	15
2015	133	10	15
2016	164	10	15
2017	158	15	15
2018	260	15	15

注：2018 年项目专项经费 90 万元。

二、基础业务工作

1. 馆藏资源

溆浦县图书馆藏书22.5万册。馆藏有《万有文库》《丛书集成初编》《中华民国史料丛稿》《中国大百科全书》《舒新城日记》。2018年，订阅报刊159种、165份。溆浦县图书馆入藏文献依据《中国图书馆分类法（第五版）》进行分类标引，依据《中国机读目录格式使用手册》《普通图书著录规则》著录。溆浦县图书馆与湖南图书馆签订了联合编目协议，参加联合编目。

溆浦县图书馆藏书统计表

年份	2009	2010	2011	2012	2013	2014	2015	2016	2017	2018
藏书量（万册）	17.15	17.64	18.07	18.54	19.47	19.68	20.35	21.1	21.7	22.5

溆浦县图书馆联合县文联、县史志办成立了"溆人书库"小组，负责地方文献征集工作，设立"溆人书库"地方文献专架。2018年，馆藏地方文献6200册，其中馆藏古籍地方文献120册。馆藏地方文献有《溆浦县志》（乾隆版）、《溆浦县志》（同治版）、《洋放辑要》、《苗防备览》、《舒新城日记》（彩色影印本）等。

溆浦县图书馆收藏古籍1.5万册，其中善2200册。2012年，完成馆藏古籍的普查任务，2015年，配合县文物管理所完成了馆藏文献的"可移动文物"普查，购置樟木书柜48个用于保存古籍文献。

2. 读者服务

溆浦县图书馆设服务窗口：外借室、综合阅览室、李秀先生图书室、电子阅览室、溆人书库、参考文献室、多媒体演示厅。每周开放56个小时，节假日不闭馆。2018年，累计办证读者7200人。2018年，建立24小时自助图书馆。2015年，溆浦县图书馆为"千年古县"申遗工作提供地方文献资料，并编辑整理了相关的二次文献。2015年，政协湖南省委来怀化市开展"老字号品牌的传承与创新"和"图书馆数字化建设"专题调研，溆浦县图书馆就全县的图书馆数字化建设做专题汇报，为调研组提供了相关数据和文献。

溆浦县图书馆每年举办"4·23"世界读书日、全民阅读推广、图书馆服务宣传周、"书香湖南"、送书下乡、关爱留守儿童、少儿征文演讲知识竞赛等各种读书活动，每年举办报告会、讲座、展览。2013至2016年，连续4年组织开展少儿读书活动，2018年，参加湖南省第37届少儿读书活动。

溆浦县图书馆组建一支200人的图书馆志愿者服务队伍，开展送图书下乡、雷锋志愿者服务岗等活动。

溆浦县图书馆读者服务统计表

年份	2009	2010	2011	2012	2013	2014	2015	2016	2017	2018
借阅册次（万册次）	16.0	16.5	16.8	17.0	17.4	18.0	18.5	18.0	18.5	17.0
借阅人次（万人次）	11.5	11.7	11.8	12.0	12.6	13.0	13.5	13.0	13.5	14.0

3. 现代技术应用

2002 年，溆浦县图书馆引入图书馆自动化集成系统（ILAS），实现图书馆业务工作自动化管理，建立馆藏书目数据库。2014 年，改用清大新洋图书馆管理系统。2018 年，安装歌德电子图书借阅机。2017 年，开通运行"溆浦县网上图书馆"服务平台，读者通过该网站了解书目数据、新书信息，享受 1000 多种全文在线的数字期刊阅读，内容涵盖时政新闻、文化艺术、科学技术、时尚生活等。开通溆浦县图书馆微信公众号平台，设有最新动态、读书活动、节假日开放时间及新书推荐信息。

2010 年，溆浦县图书馆完成文化信息资源共享工程县级支中心的建设，设有中心机房、电子阅览室、多媒体演示厅。电子阅览室 100 平方米，电脑 30 台。多媒体演示厅 120 平方米，设座席 100 个。溆浦县图书馆与县委组织部远程教育村级基层点合作共建完成全县 522 个村级基层点建设，实现全县共享工程基层点村全覆盖。

三、表彰与奖励

2013 年第五次全国县级以上公共图书馆评估中，溆浦县图书馆被文化部评为"国家二级图书馆"。2017 年第六次全国县级以上公共图书馆评估中，溆浦县图书馆被文化部评为"国家三级图书馆"。

麻阳苗族自治县图书馆

1929 年，麻阳县成立民众图书馆。1938 年，县民众图书馆并入县民众教育馆。1950 年，麻阳县政府接管原县民众教育馆，1951 年更名为县文化馆，内设图书室。1981 年，麻阳苗族自治县图书馆成立，位于高村镇大桥路 98 号，面积 1600 平方米。2009 年，按照麻阳苗族自治县政府市政规划，在高村镇城东开发区建立新馆。2010 年，麻阳苗族自治县图书馆搬迁至新馆，建筑面积 2331 平方米。

一、基础设施设备和机构、人员、经费

1. 基础设施设备

1983 年，麻阳苗族自治县图书馆馆舍竣工，占地 3 亩，建筑面积 1600 平方米。2010 年，

位于高村镇城东开发区的麻阳苗族自治县图书馆新馆竣工，建筑面积 2331 平方米，楼高 6 层，有阅览座席数 325 个，设少儿室、过刊室、地方文献室、电子阅览室、多媒体室、读者服务室、文化信息资源共享工程麻阳苗族自治县支中心，辅助设施新增电梯、停车场。2011 年，修建读者食堂。2015 年，将一楼办公室改建为影视室，办公室搬至二楼与辅导协调室合并为综合借阅部，兼具业务与行政双重功能。2016 年，在二楼增设读者休息区与饮水区。

2. 机构

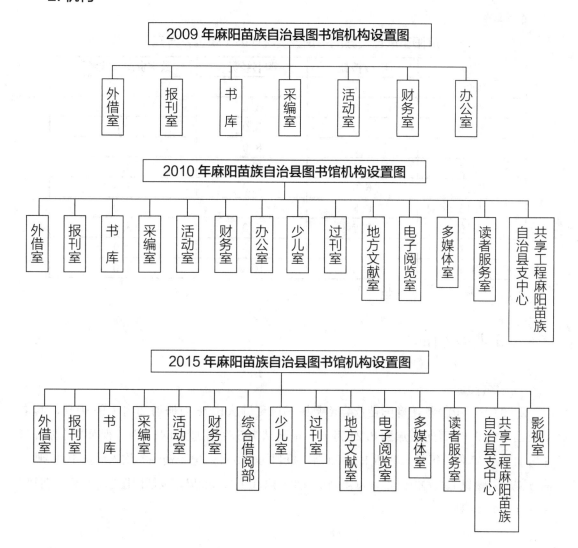

3. 人员

麻阳苗族自治县图书馆馆长名录

序号	姓名	任职时间
1	滕辉明	2008 年至 2015 年
2	陈代广	2015 年至今

麻阳苗族自治县图书馆员工情况统计表（单位：人）

年份	员工人数	专科及本科学历	初级职称	中级职称	副高职称
2009	8	8	1	0	0
2013	9	9	3	1	0
2014	8	8	3	1	0
2016	8	8	1	4	0
2018	9	9	2	4	1

4. 经费

麻阳苗族自治县图书馆经费统计表（单位：万元）

年份	财政拨款	购书经费	数字资源采购经费
2009	4.7	4.0	1.0
2010	4.8	5.0	2.0
2011	5.0	5.0	2.0
2012	5.3	8.0	3.0
2013	5.4	8.0	3.0
2014	6.5	8.0	3.0
2015	6.8	8.0	3.0
2016	7.7	8.0	3.0
2017	9.3	8.0	3.0
2018	11.2	10.0	4.0

注："财政拨款"不包括员工工资。

二、基础业务工作

1. 馆藏资源

2009 年至 2018 年，麻阳苗族自治县图书馆藏量从 6.76 万册增加到 8.98 万册，其中纸质图书从 6.66 万册增加到 8.24 万册，报刊从 765 件增加到 6411 件，视听文献从 136 件增加至 1012 件。每年采购新书 2560 册，报刊约 130 种，电子资源年均入藏量 1000 册。地方文献入藏量 732 种 916 册。每年剔旧文献约 130 种 1568 册，包括旧图书、报纸、期刊，并装订报纸 30 种。

麻阳苗族自治县图书馆藏书数量统计表

年份	2009	2010	2011	2012	2013	2014	2015	2016	2017	2018
藏书量（万册）	6.76	7.35	7.45	7.56	7.67	7.79	7.99	8.19	8.42	8.98

2010 年，麻阳苗族自治县图书馆设立地方文献室，制定地方文献采编条例及细则。

每年从县史志办、县文联、县作协以及民间藏家收集地方文献，内容有麻阳本地作家出版物、麻阳县志、怀化年鉴、麻阳年鉴、地方族谱等。2018年，馆藏地方文献732种916册。

2010年，麻阳苗族自治县图书馆设立特藏室，室内设空调、防盗、防火、除尘、防虫设备，购置古籍专用书柜，用于保存古籍。2011年，成立麻阳苗族自治县古籍保护中心，制定古籍保护制度，编撰古籍入藏登记保护名录，安排专人进行古籍保护和日常管理工作。

2. 读者服务

麻阳苗族自治县图书馆读者服务统计表

年份	借阅册次（万册次）	借阅人次（万人次）	读者活动（次）
2009	2.51	2.29	5
2018	7.09	4.58	18

2009年，麻阳苗族自治县图书馆开展读者活动5次，2018年开展读者活动18次。读者活动内容有知识竞猜、读后感评选、写春联、知识讲座、新书展览、书画展览、亲子阅读、亲子成语竞赛、亲子国学知识竞猜、美文诵读、图书漂流、灯谜竞猜、阅读之星评选、优秀志愿者评选。2009年，开展少儿"新中国60周年道德模范故事会"读书竞赛。2012年，举办少儿"学习雷锋好榜样"读书活动。2013年，开展少儿"我的梦·中国梦"读书活动。2014年，举办少儿"我的梦·我心中的故事"读书活动。2015年，开展少儿"我的梦·汉语美"读书活动。2016年，举办"光荣与梦想——纪念建党95周年暨红军长征胜利80周年"读书活动。

2016年，"'甜橙树'阅读营"项目获湖南省公共图书馆服务成果三等奖。

3. 现代技术应用

2010年，建立全国文化信息资源共享工程麻阳支中心，设公共电子阅览室、多媒体室和中心机房。电子阅览室面积138平方米，10M光纤专线接入，配置电脑55台，安装有空调和监控系统。多媒体室面积166平方米，设110个座席，配置投影设备、音响系统、空调及相关设施。中心机房配置42U机柜，机架式服务器3台、塔式服务器2台，磁盘阵列总容量达到6TB，千兆交换机2台，配备硬件防火墙、内网安全管理软件、UPS电源系统、卫星接收系统等。

2012年，麻阳苗族自治县图书馆启用图书自动化系统，编目和流通实现自动化管理。2011年，建立电子图书、期刊数据库。2013年，建立门户网站，实现图书终端查询服务。2016年，建立地方志资料库。2016年，建立麻阳苗族自治县图书馆公众号。2017年，启用图书自助检索机、歌德电子借阅机，读者查询图书，下载电子图书实现自助化。2017年，建立麻阳读书联盟群。

4. 志愿者服务

2015年，麻阳苗族自治县图书馆面向社会招募志愿者。2017年，设立学雷锋志愿服务岗。2018 年，登记在册志愿者共有 350 名。志愿者引导读者办理借书证、合理使用图书馆资源、解答读者疑问、解释馆内规章制度、维护图书馆秩序等；协助工作人员开展各类阅读活动，并进行现场主持、文明宣传、安全宣传、阅读宣传等，协助工作人员开展图书日常管理，如图书上架、贴书标、条码贴膜、报刊分类及装订等。

三、学术、科研活动及成果

麻阳苗族自治县图书馆学术成果一览表

姓名	题名	发表或获奖情况	发表或获奖时间
陈代广 张丽芬 胡　杰	创建信息共享库扩大非物质文化遗产传承渠道——麻阳县非物质文化遗产保护现状的思考和启发	2016 年第七届湖南省社会科学界学术年会征文一等奖	2016 年
陈代广	发掘图书馆在非物质文化遗产保护中的积极作用	《科技信息》	2017 年第 9 期
陈代广	地域视野下地方文献建设的思考	《当代文化与教育研究》	2018 年第 3 期

四、表彰与奖励

2013 年第五次全国县级以上公共图书馆评估中，麻阳苗族自治县图书馆被文化部评为"国家三级图书馆"。2017 年第六次全国县级以上公共图书馆评估中，麻阳苗族自治县图书馆被文化部评为"国家二级图书馆"。

芷江侗族自治县图书馆

1929 年，芷江县成立民众图书馆。1939 年，县民众图书馆并入县民众教育馆。1951 年，芷江县文化馆成立，内设图书室。1979 年，芷江县图书馆成立。1985 年，芷江县图书馆迁至烈士巷 52 号新馆舍。1986 年，芷江县成立侗族自治县，芷江县图书馆更名为芷江侗族自治县图书馆。

一、基础设施设备和机构、人员、经费

1. 基础设施设备

1984 年，在芷江镇烈士巷修建芷江侗族自治县图书馆，占地面积 500 平方，建筑面积 2400 平方米。2016 年，在潕水路修建新馆，建筑面积 3887 平方米。

2.机构

2018年，芷江侗族自治县图书馆设办公室、采编室、阅览室、外借室、资料室、电子阅览室。

3.人员

从2009年起，刘瑛担任芷江侗族自治县图书馆馆长一职。

芷江侗族自治县图书馆员工情况统计表（单位：人）

年份	员工人数	高中学历	专科及本科学历	初级职称	中级职称	副高职称
2009	10	3	7	4	2	1
2014	11	4	7	4	2	1
2015	9	2	7	3	2	1
2018	9	2	7	4	2	1

4.经费

芷江侗族自治县图书馆经费统计表（单位：万元）

年份	财政拨款	购书经费	数字资源采购经费
2009	34.28	2.00	—
2010	37.57	3.00	0.50
2011	39.62	3.00	0.80
2012	80.81	4.00.	1.00
2013	83.27	4.00	1.00
2014	85.34	6.00	1.50
2015	71.17	6.00	1.80
2016	98.24	9.00	1.80
2017	103.43	9.00	2.00
2018	110.86	9.00	2.00

二、基础业务工作

1.馆藏资源

2018年，芷江侗族自治县图书馆藏书5.75万册，其中古籍2778册，地方文献2125册，电子图书120册，数字资源8TB，期刊98种、1.12万册，报纸130种。

芷江侗族自治县图书馆藏书统计表

年份	2009	2010	2011	2012	2013	2014	2015	2016	2017	2018
藏书量（万册）	3.0	3.1	3.3	3.5	3.9	4.4	4.6	5.2	5.4	5.7

芷江侗族自治县图书馆接受单位团体、作者、收藏者的捐赠图书。地方文献征集人员主动到县委、县人大、县政府、县党史办、县史志办等单位征集有关地方文献。2009年至2018年，收集地方文献436种2125册。

芷江侗族自治县图书馆收藏古籍2778册，均作防腐、防虫处理，设有一个20平方米的古籍线装书库，定制木柜珍藏，安装防火、防盗监控设备和恒温恒湿控制系统，由专人保管。2016年，湖南图书馆古籍保护中心专家来芷江侗族自治县图书馆对古籍进行分类编目整理工作。

2. 读者服务

2011年芷江侗族自治县图书馆实行免费开放，全开架借阅。每年芷江侗族自治县人大、县政协会议期间，芷江侗族自治县图书馆在代表们驻地设有咨询台，为代表提供信息和资料。

芷江侗族自治县图书馆举办各种读者活动。2009年，开展庆祝新中国成立60周年少儿读书知识竞赛及图片展览、"新中国60周年道德模范故事会"读书活动。2010年，举办少年儿童"书香中起飞·阳光下成长"活动、"我的书屋·我的家"农家书屋阅读讲演比赛、G3杯"迎世博·迎亚运·讲文明·树新风"活动。2011年，开展"书香飘万家·亲子读经典"活动、纪念中国共产党成立90周年少儿红色经典展演活动。2012年，开展全民阅读"你来读书·我去买单"读书月活动、少儿"学习雷锋好榜样"读书活动。2013年，开展"中国梦·芷江梦·我的梦"演讲比赛。2014年，举办"我的书屋·我的梦"读书征文活动、少儿"中国梦·我心中的故事"读书活动。2015年，开展少儿"中国梦·汉语美"诵读展演活动，2016年，开展公共图书馆"文化志愿者学雷锋月"流动图书车下基层服务活动，到新店坪镇、公坪镇、岩桥乡、土桥乡、鼓楼社区、东门口小学等地开展活动，并举办"光荣与梦想——纪念建党95周年暨红军长征胜利80周年"少儿读书活动。2017年，开展"我是雷锋家乡人·湖湘文化进社区"雷锋志愿服务活动、"书香湖南·红星闪闪耀童心"读书活动。2018年，举办"我们的中国梦·湖湘文化进万家"文化志愿服务活动、"故事大王"比赛。

芷江侗族自治县图书馆招募了一支志愿者服务队伍，制定《芷江侗族自治县图书馆志愿者服务章程》《芷江侗族自治县图书馆志愿者管理办法》，组织志愿者开展活动。

芷江侗族自治县图书馆读者服务统计表

年份	借阅册次（万册次）	借阅人次（万人次）	持证读者人数（人）
2009	0.39	0.19	163
2010	0.41	0.21	158
2011	0.43	0.21	142
2012	0.49	0.25	159
2013	0.56	0.29	219

年份	借阅册次（万册次）	借阅人次（万人次）	持证读者人数（人）
2014	1.27	0.43	332
2015	1.39	0.54	491
2016	1.37	0.31	250
2017	1.95	0.52	334
2018	1.32	0.34	419

3. 现代技术应用

芷江侗族自治县图书馆引入图书馆自动化管理集成系统，实现业务工作自动化管理，建设芷江侗族自治县图书馆门户网站、微信公众号。全馆用于服务读者的电脑 28 台，办公电脑 8 台，宽带网络全部接通。2009 年，全国文化信息资源共享工程芷江县级支中心启动。

三、表彰与奖励

2013 年第五次全国县级以上公共图书馆评估、2017 年第六次全国县级以上公共图书馆评估，芷江侗族自治县图书馆均被文化部评为"国家三级图书馆"。

新晃侗族自治县图书馆

1929 年，晃县成立民众图书馆，后县民众图书馆并入县民众教育馆。1950 年，在民众教育馆的基础上建立县文化馆，设图书室。1956 年，新晃侗族自治县成立。1980 年，新晃侗族自治县图书馆成立，原"敬仰馆"一部分房屋划拨给县图书馆，面积为 354 平方米。

一、基础设施设备和机构、人员、经费

1. 基础设施设备

1991 年，新晃侗族自治县图书馆新馆舍竣工投入使用，建筑面积为 600 平方米。2016 年，新晃侗族自治县图书馆迁至县行政中心四号楼 A 区六、七层，建筑面积 2628 平方米。

2. 机构

2006 年，新晃侗族自治县图书馆设办公室、采编室、外借处、阅览室、业务辅导室、参考咨询室、少儿外借室、少儿阅览室、财会室等部门。2016 年，搬迁至行政中心 4 号楼 A 区六、七层，设办公室、采编室、报刊阅览室、少儿阅览室、电子阅览室、成人外借室、多媒体报告厅、古籍书库、绘本室。

3. 人员

从 2008 年起，吴晓利担任新晃侗族自治县图书馆馆长一职。

新晃侗族自治县图书馆员工情况统计表（单位：人）

年份	员工人数	高中学历	专科及本科学历	初级职称	中级职称
2009	8	1	7	4	3
2011	10	3	7	2	2
2013	9	2	7	1	4
2014	10	2	7	2	4
2016	9	2	7	2	4
2018	9	1	7	0	4

4. 经费

新晃侗族自治县图书馆经费统计表（单位：万元）

年份	财政拨款	购书经费	数字资源采购经费
2009	65.0	3.0	—
2010	69.2	3.0	—
2011	68.9	3.0	—
2012	95.0	6.0	1.0
2013	106.5	12.0	2.0
2014	134.7	12.0	2.0
2015	147.0	12.0	2.0
2016	177.9	12.0	2.0
2017	251.0	18.0	2.0
2018	193.8	12.0	2.0

二、基础业务工作

1. 馆藏资源

2018 年，新晃侗族自治县图书馆有藏书 8.78 万册，其中图书 6.5 万册、报刊 1.3 万册、电子图书 8500 册。藏有古籍线装书 8931 册，制定《新晃侗族自治县古籍图书征集管理办法》，古籍室配置樟木书柜、空调、除湿机，有专人管理。

新晃侗族自治县图书馆藏书数量统计表

年份	2009	2010	2011	2012	2013	2014	2015	2016	2017	2018
藏书量（万册）	5.34	5.49	5.60	5.92	6.16	6.32	6.83	7.33	8.34	8.78

2. 读者服务

2016年，新晃侗族自治县图书馆迁入新馆后，设报刊阅览室、少儿阅览室、电子阅览室、成人外借室、多媒体报告厅，全面实行免费开放。

新晃侗族自治县图书馆开展多种读书活动。2011年，开展少儿"纪念中国共产党成立90周年"红色经典读书活动。2012年，开展中小学生电脑小报设计比赛、少儿"学习雷锋好榜样"读书展演活动。2013至2015年，连续三年开展少儿"中国梦·我的梦""中国梦·我心中的故事""中国梦·汉语美"读书活动。2017年，举办"解放军叔叔，你好"少儿手绘明信片献给最可爱的人活动。

新晃侗族自治县图书馆建有图书馆志愿者服务队伍，制定《新晃侗族自治县文化志愿者管理办法》，组织志愿者不定期开展志愿者活动。

新晃侗族自治县图书馆读者服务统计表

年份	借阅册次（万册次）	流通人次（万人次）	读者活动（次）	讲座展览（次）
2009	2.49	2.36	5	6
2010	2.69	2.65	8	6
2011	2.66	2.76	7	8
2012	5.49	4.76	10	12
2013	5.39	5.09	8	12
2014	5.28	5.06	11	20
2015	4.60	4.91	20	11
2016	4.52	4.75	12	12
2017	4.62	4.81	10	10
2018	3.87	4.27	12	4

3. 现代技术应用

新晃侗族自治县图书馆引入文津图书馆自动化管理集成系统，实现业务工作自动化管理，后改用清大新洋图书馆自动化管理集成系统。建有图书馆门户网站、微信公众号。2011年，建设文化信息资源共享工程县级支中心，镇、村级服务点270个。每年县级支中心开展多样的活动。

三、表彰与奖励

2013年第五次全国县级以上公共图书馆评估、2017年第六次全国县级以上公共图书馆评估中，新晃侗族自治县图书馆均被文化部评为"国家三级图书馆"。

中方县图书馆

中方原属于县级怀化市的一个乡镇，1997年11月29日，经国务院批准，撤销县级怀化市，分设为鹤城区和中方县。1998年，中方正式建县。2005年，中方县委、县政府立项动工建设县图书馆、县文化馆。2008年，县图书馆大楼竣工，这幢大楼由县文广新局、广电局、县图书馆共同使用，中方县图书馆实际使用面积1000平方米。

一、基础设施设备和机构、人员、经费

2012年，中方县编制委员会批准成立中方县图书馆。2013年8月，中方县图书馆正式对外开放。潘菊英担任中方县图书馆馆长一职。全馆有员工4人，全部具有大专以上学历，其中中级职称1人、初级职称1人。

中方县图书馆经费统计表

年份	2013	2014	2015	2016	2017
财政拨款（万元）	89.03	49.46	60.95	99.07	97.50

二、基础业务工作

1. 馆藏资源

中方县图书馆藏有《中方人》《铜湾事变》《古韵中方》《话说荆坪》《怀化市志》《中方文艺》《许氏家谱》等地方文献50种。

中方县图书馆藏书统计表

年份	2012	2013	2014	2015	2016	2017	2018
藏书量（万册）	0.36	0.51	0.69	1.41	1.72	1.92	5.04

2. 读者服务

中方县图书馆在每年的"4·23"世界读书日和有关节假日开展读者活动，如"书香中国年、猜灯谜"活动，古诗诵读，阅读分享，"送书进校园、进农村，进军营"等活动，引导读者了解图书馆，走进图书馆。中方县图书馆有一支20人组成的志愿者队伍，他们参与图书馆各项服务。

中方县图书馆读者服务统计表

年份	借阅册次（册次）	借阅人次（人次）	持证读者人数（人）
2013	2404	652	529
2014	3027	695	1127
2015	3365	717	1929
2016	3972	973	2786
2017	4386	1063	3180
2018	8624	2221	3749

2018 年，购置移动借阅机 3 台，建立了微信公众平台，移动图书馆、门户网站等，数字资源与湖南图书馆共享。建有 1 个 24 小时图书馆。

三、表彰与奖励

2013 年第五次全国县级以上公共图书馆评估、2017 年第六次全国县级以上公共图书馆评估中，中方县图书馆均被文化部评为"国家三级图书馆"。

洪江市图书馆

洪江市图书馆其前身为原黔阳县图书馆，始建于 1957 年，馆址在黔阳县建华路 81 号。1993 年，馆址迁至黔阳县安江镇公园路 63 号的新馆。2006 年，黔阳县更名洪江市，市政府由黔阳迁至黔城，洪江市图书馆跟随市政府搬迁至黔城。

一、基础设施设备和机构、人员、经费

1. 基础设施设备

2006 年，洪江市图书馆跟随市政府搬迁至黔城后，馆址设在黔城镇株山汽车站对面文化综合大楼三楼、四楼，面积 1000 平方米，阅览座席 120 个。

2. 机构

2018 年，洪江市图书馆设综合办公室、外借阅览室、参考咨询室、报刊室、地方文献室、古籍文献室、电子阅览室、多媒体会议室。

3. 人员

洪江市图书馆馆长名录

序号	姓名	任职时间
1	毛春莲	2006 年至 2014 年
2	蒋艺涵	2014 年至今

洪江市图书馆员工情况统计表（单位：人）

年份	员工人数	高中学历	专科及本科学历	中级职称
2009	10	3	7	4
2011	8	1	7	4
2016	6	0	6	3
2018	6	0	6	3

4. 经费

洪江市图书馆经费统计表（单位：万元）

年份	财政拨款	购书经费	数字资源采购经费
2009	26.40	2.00	0.08
2010	34.70	2.00	0.08
2011	42.50	2.00	0.08
2012	52.00	2.00	0.08
2013	68.50	2.00	0.08
2014	97.00	6.00	0.08
2015	79.80	6.00	0.08
2016	94.50	6.00	1.28
2017	96.90	6.00	4.88
2018	83.20	6.00	0.80

注：2018 年"财政拨款"不包括退休人员养老金。

二、基础业务工作

1. 馆藏资源

2018 年，洪江市图书馆藏书 11.75 万册，其中古籍 4000 册、地方文献 3600 册，年入藏新书 5000 册、报刊 50 种。2016 年，洪江市政府发《关于征集洪江市各级作家、本土作者文集（专著）、民间文史藏书（族谱）、建立洪江市图书馆本土作家、文史文献资料库的通知》，由洪江市图书馆负责征集地方文献，2014 年，开展古籍普查登工作，对古籍进行登记造册。湖南图书馆派人来洪江市图书馆指导古籍图书的整理加工，协助完成馆藏古籍的编目整理工作。

洪江市图书馆藏书统计表

年份	2009	2010	2011	2012	2013	2014	2015	2016	2017	2018
藏书量（万册）	10.58	10.64	10.79	11.06	11.47	10.34	10.7	11.01	11.24	11.75

注：2014年进行一次藏书剔旧。

2. 读者服务

2010年，洪江市图书馆全面实施免费开放，每周开放时间48小时，周六、周日不闭馆，有25台计算机供读者使用，2018年有持证读者2100人。

洪江市图书馆读者服务统计表

年份	借阅册次（万册次）	借阅人次（万人次）	讲座、展览场次（场）
2009	0.68	0.43	8
2010	2.82	1.42	5
2011	0.97	0.75	8
2012	3.93	2.56	6
2013	4.44	2.52	7
2014	5.13	2.35	8
2015	6.10	2.01	7
2016	5.70	2.16	8
2017	5.40	2.30	5
2018	4.28	3.03	7

洪江市图书馆开展读者活动。2011年至2018年，每年开展"4·23"世界读书日活动。2011年，开展少儿"纪念中国共产党成立90周年"红色经典读书活动。2012年，举办少儿"学习雷锋好榜样"读书活动。2013年，开展少儿"中国梦·我的梦"读书活动，宣传《公共图书馆服务规范》暨图书馆服务宣传周活动。2014年，举办少儿"中国梦·我心中的故事"读书活动、"欢乐六一·快乐阅读"亲子读书活动。2015年，开展"书香怀化——少儿'中国梦·汉语美'"读书活动、庆六一国学诵读活动。2016年，开展"光荣与梦想——纪念建党95周年暨红军长征胜利80周年"读书活动。2017年，举办"我听、我读——怀化市少儿读者朗诵大赛"和"我是雷锋家乡人，湖湘文化送春风"文化志愿服务活动。2018年，开展文化科技卫生"三下乡"活动。

2016年，洪江市图书馆成立学雷锋志愿服务队，招募爱心人士加入志愿者行列，建立志愿者档案和服务需求档案。

3. 现代技术应用

2014年，洪江市图书馆引入Interlib图书馆集群管理系统，采访、编目、典藏、流通、期刊、OPAC公共查询实现自动化管理。2016年，开通微信公众平台，开设馆情概况、开馆时间、读者须知、新闻公告、咨询帮助、读书指南、好书推荐、最新活动、在线阅读、电子图书等栏目。2017 年，签约启用北京世纪超星信息技术公司的歌德电子借阅机。设立电子阅览室，有 25 台电脑供读者上网阅读。

三、表彰与奖励

2013 年第五次全国县级以上公共图书馆评估、2017 年第六次全国县级以上公共图书馆评估，洪江市图书馆均被文化部评为"国家三级图书馆"。

洪江区图书馆

1979 年，经洪江市人民政府批准，洪江市文化馆的图书室从市文化馆分离出来，设立洪江市图书馆筹备办。1982 年，成立洪江市图书馆，馆址设在幸福西路 4 号。1998 年，因黔阳县与洪江市合并，洪江市图书馆更名洪江雄溪图书馆。1999 年县市分制，洪江市雄溪图书馆更名怀化市洪江区图书馆。

一、基础设施设备和机构、人员、经费

1. 基础设施设备
1987 年，洪江市图书馆位于幸福西路的新馆舍竣工，建筑面积 1504 平方米。

2. 机构
2018 年，洪江区图书馆设办公室、采编室、综合外借室、报刊阅览室、少儿阅览室、过刊室、资料室、特藏室、多媒体会议室、电子阅览室。

3. 人员

洪江区图书馆馆长名录

序号	姓名	任职时间
1	陈昌艳	2002 年至 2012 年
2	杨雅婷	2012 年至今

洪江区图书馆员工情况统计表（单位：人）

年份	员工人数	专科及本科学历	初级职称	中级职称
2018	5	5	4	1

4. 经费

洪江区图书馆经费统计表（单位：万元）

年份	购书经费	免费开放经费	灯谜活动经费
2010	2	15	1
2011	2	15	1
2012	2	15	1
2013	2	15	1
2014	2	15	1
2015	2	15	1
2016	2	15	1
2017	2	15	1
2018	2	15	1

注：人员工资由洪江区财政全额款付。

二、基础业务工作

1. 馆藏资源

2018 年，洪江区图书馆藏图书 7.8 万册、电子文献 2.1 万册、报刊 47 种。馆藏文献依据《中国图书馆分类法（第五版）》进行分类标引，根据《普通图书著录规则》著录，编辑有工具书目录、期刊目录、洪江市工具书联合目录。

洪江区图书馆收藏地方文献 156 种，有方志、谱牒、地方出版物、内部资料，如《古韵洪江》《洪商史话》《图说古商城》《洪江名人》。2012 年，建成洪商文化数据库，设 12 个栏目，总量 2.8TB，含 2000 幅图片、300 小时视频资源。馆藏古籍残本 324 册，2015 年古籍调查登记时，洪江区第一中学图书室藏古籍 3444 册。

洪江区图书馆藏书统计表

年份	2009	2010	2011	2012	2013	2014	2015	2016	2017	2018
藏书量（万册）	2.15	2.76	3.11	3.29	3.55	3.64	3.75	3.86	7.34	9.01

注：2017 年、2018 年藏书统计包含电子图书。

2. 读者服务

洪江区图书馆设 6 个服务窗口，实行阅览、借阅全开架，每周开放 48 小时。2013 年 5 月至 2018 年通过电子系统统计，到馆读者 40.05 万人次。2010 年 5 月至 2018 年，通过 Interlib 图书馆集群管理系统统计的文献借阅册次达 18.84 万，借阅人次达 1.97 万。

年份	2009	2010	2011	2012	2013	2014	2015	2016	2017	2018
借阅人次（万人次）	5.84	5.79	5.98	6.06	6.06	6.48	6.97	7.47	7.48	7.59

洪江区图书馆开展"4·23"读书日、"三湘读书月"主题阅读活动、闹元宵猜灯谜读者活动、"书香洪江"全民阅读活动、"关爱留守儿童"等多种活动。2009年，开展"新中国60周年道德模范故事会"读书竞赛。2010年，举办G3杯"迎世博·迎亚运·讲文明·树新风"文明礼仪知识读书活动。2011年，开展"纪念中国共产党成立90周年"红色经典读书活动。2013年，举办"中国梦·我的梦"读书活动。2016年，开展"光荣与梦想——纪念建党95周年暨红军长征胜利80周年"读书活动。2017年，举办"书香湖南·红星闪闪耀童心"读书活动。

2016年，洪江区图书馆建立学雷锋志愿站，注册志愿者信息，定期组织志愿者参加读书活动和整理书架、读者服务等工作。

2017年，洪江区图书馆建成15个村级图书服务点，18个社区图书服务点。

3. 现代技术应用

2010年，洪江区图书馆引入Interlib图书馆集群管理系统，采访、编目、图书流通实现自动化管理。2017年，Interlib图书馆集群管理系统升级3.0版本，并把电子图书安装到乡街共39个分点使用。2009年，建成图书馆门户网站。服务读者电脑有29台，10M宽带网络全部接通，存储容量达到8TB，Wi-Fi无线网络全馆覆盖。

三、学术、科研活动及成果

洪江区图书馆学术成果一览表

姓名	题名	发表情况	发表时间
陈昌艳	浅谈公共图书馆特色服务的问题与对策	全国中小型公共图书馆联合会2009年研讨会论文集	2009年
陈昌艳	论公共图书馆的特色服务	《图书情报工作》	2008年第12期
陈昌艳	一个基层图书馆馆长的故事	《图书与情报》	2010年第1期
陈昌艳	开发利用地方文献资源为旅游发展服务	《图书馆》	2010年第6期

四、表彰与奖励

2013年第五次全国县级以上公共图书馆评估、2017年第六次全国县级以上公共图书馆评估，怀化市洪江区图书馆均被文化部评为"国家三级图书馆"。

会同县图书馆

1941 年，会同县成立儿童图书馆。1949 年，会同县人民文化馆接管原民众教育馆，后更名会同县文化馆，内设图书室。1982 年，图书室从县文化馆分出，成立会同县图书馆，没有独立馆舍，会同县图书馆借用县文化馆部分房屋作为馆舍。2007 年，会同县图书馆新馆舍竣工并投入使用。

一、基础设施设备和机构、人员、经费

1. 基础设施设备

2007 年，会同县图书馆搬迁至林城大道与李园路的交会处的新馆舍，建筑面积 3000 平方米。

2. 机构

2009 年，会同县图书馆设外借室、综合阅览室、展览厅、多媒体报告厅。2012 年，增设办公室、采编室、财会室。2018 年，设办公室、采编室、外借室、青少年阅览室、综合阅览室、查询检索室、电子阅览室、文艺自修室、展览厅、书友会活动厅、多媒体报告厅、剔旧书库、过刊书库、报纸收藏书库。

3. 人员

会同县图书馆馆长名录

序号	姓名	任职时间
1	姜　林	1995 年至 2011 年
2	粟志强	2011 年至今

会同县图书馆员工情况统计表（单位：人）

年份	员工人数	高中学历	专科及本科学历	初级职称	中级职称
2009	7	2	2	3	1
2018	7	1	6	2	3

4. 经费

会同县图书馆经费统计表（单位：万元）

年份	财政拨款	购书经费	数字资源采购经费
2009	45.4	2.0	—
2010	48.4	2.0	—
2011	52.4	3.0	—
2012	59.9	4.0	—

年份	财政拨款	购书经费	数字资源采购经费
2013	61.3	4.0	—
2014	82.3	6.0	—
2015	94.9	10.0	—
2016	113.5	6.0	—
2017	115.4	10.0	10.2
2018	91.5	10.0	1.6

二、基础业务工作

1. 馆藏资源

2018 年，会同县图书馆藏书 5.3 万册，电子图书及电子资源 8TB。制订《会同县地方文献征集管理办法》，采取征集、购买和接受赠送等多种形式收集各种出版物和地方文献，设立专架、专柜，建立地方文献数据库。

会同县图书馆藏书统计表

年份	2016	2017	2018
藏书量（万册）	4.81	5.21	5.30

2. 读者服务

会同县图书馆积极开展各种读者活动。2009 年，开展少儿"新中国成立 60 周年道德模范故事会"读书竞赛活动。2013 年，举办少儿"中国梦·我的梦"读书活动。2014 年，开展少儿"中国梦·我心中的故事"读书活动。2015 年，举办少儿"中国梦·汉语美"读书活动。2016 年，开展少儿"光荣与梦想——纪念建党 95 周年暨红军长征胜利 80 周年"读书活动。2017 年，举办"书香湖南·红星闪闪耀童心"少儿读书活动。

2013 年，会同县图书馆成立文化志愿者服务队，注册文化志愿者 49 人，制订《会同县文化志愿者管理办法》，组织文化志愿者每年开展针对留守儿童、贫困户子女"爱心加油站"系列免费辅导、春节期间送春联进万家、"心声·音频馆"为视障人群服务等活动，还不定期开展关爱青少年文化志愿者活动。

会同县图书馆读者服务统计表

年份	借阅册次（万册次）	借阅人次（万人次）	读者活动次数（次）	讲座、展览场次（场）
2009	0.24	0.13	3	5
2010	0.42	0.25	3	8
2011	2.85	1.23	5	2
2012	4.65	2.03	5	10

年份	借阅册次（万册次）	借阅人次（万人次）	读者活动次数（次）	讲座、展览场次（场）
2013	2.74	1.82	17	40
2014	4.93	1.92	16	28
2015	4.93	2.08	19	18
2016	5.76	1.32	30	30
2017	3.37	1.97	19	6
2018	3.87	2.09	30	9

3. 现代技术应用

会同县图书馆有文津图书馆自动化管理集成系统，后改用图创 Interlib 2.0 系统。建有图书馆官网、微信公众号、会同图书馆官方微博。2008 年，建设文化信息资源共享工程会同县级支中心以及镇、村级服务点 365 个。

三、表彰与奖励

2013 年第五次全国县级以上公共图书馆评估中，会同县图书馆被文化部评为"国家二级图书馆"。2017 年第六次全国县级以上公共图书馆评估中，会同县图书馆被文化部评为"国家三级图书馆"。

靖州苗族侗族自治县图书馆

1933 年，靖县始建图书馆。1938 年，县图书馆并入县民众教育馆，设图书室。1950年，靖县人民教育馆成立，后改名为县人民文化馆，接收原民众教育馆的藏书。1983 年，靖县图书馆成立，接收文化馆全部图书，馆址设当铺街忠烈祠内。1989 年，靖县图书馆更名为靖州苗族侗族自治县图书馆。

一、基础设施设备和机构、人员、经费

1. 基础设施设备

1989 年，靖州苗族侗族自治县图书馆在鹤山路建馆舍，占地 1500 平方米，建筑面积1800 平方米。2018 年，在靖州苗族侗族自治县体育路修建图书馆新馆舍，建筑面积 2000平方米，可藏书 10 万册，一楼大厅增设了电子图书和电子期刊一体机，全面实行免费开放。

2. 机构

1999 年，靖州苗族侗族自治县图书馆设办公室、业务辅导研究室、借书室、成人阅览室、

工具书检索室、少儿借阅室、读者活动室、青少年科普活动室、参考咨询室、老人阅报室。2018年，搬迁到新馆舍，设办公室、财会室、采编室、成人阅览区、成人借阅区、少儿借阅区、电子阅览区、多媒体报告厅、书库、古籍库、绘本室。

3. 人员

靖州苗族侗族自治县图书馆馆长名录

序号	姓名	任职时间
1	晏明辉	2005年至2014年
2	储守华	2014年至今

靖州苗族侗族自治县图书馆员工情况统计表（单位：人）

时间	员工人数	专科及本科学历	初级职称	中级职称
2009	7	7	4	3
2018	7	7	4	3

4. 经费

靖州苗族侗族自治县图书馆经费统计表（单位：万元）

年份	财政拨款	购书经费	数字资源采购经费
2009	40.0	2.0	1.6
2010	40.0	2.0	3.5
2012	40.0	6.9	2.5
2013	40.0	10.0	0
2014	70.0	8.0	0
2015	70.0	8.0	0
2016	70.0	10.0	0
2017	70.0	10.0	0
2018	70.0	10.0	0

二、基础业务工作

1. 馆藏资源

2018年，靖州苗族侗族自治县图书馆有藏书11.04万册，其中图书7.6万册，古籍3254册，报刊4598册，过刊2341册，电子图书8万册。靖州苗族侗族自治县图书馆制订《文献征集管理方案》，通过征集、购买和接受赠送等形式收集各种出版物和靖州地方文献，设立专架、专柜，建立地方名优产品数据库、人物资料数据库、风土民情资料数据库、旅游资料数据库等专题数据库。

靖州苗族侗族自治县图书馆藏书数量统计表

年份	2009	2010	2011	2012	2013	2014	2015	2016	2017	2018
藏书量（万册）	5.08	5.40	5.80	6.20	6.70	7.27	7.60	8.19	8.63	11.04

2. 读者服务

靖州苗族侗族自治县图书馆开展多种读者活动。2014 年，开展"三湘少儿阅读之星"竞赛活动。2015 年，举办少儿"中国梦·汉语美"诵读展演活动。2016 年，开展少儿"光荣与梦想——纪念建党 95 周年暨红军长征胜利 80 周年"读书活动。

靖州苗族侗族自治县图书馆读者服务统计表

年份	借阅册次（万册次）	借阅人次（万人次）	读者活动次数（次）
2009	22.36	22.15	3
2010	22.24	22.15	3
2011	22.40	22.37	4
2012	22.67	22.65	4
2013	22.85	22.88	5
2014	23.15	23.09	7
2015	23.59	23.55	8
2016	24.76	24.72	10
2017	26.65	24.70	15
2018	10.00	10.05	8

3. 志愿者服务

靖州苗族侗族自治县图书馆成立图书馆志愿者服务队伍，制定《靖州苗族侗族自治县文化志愿者管理办法》，不定期开展志愿者活动。

4. 现代技术应用

靖州苗族侗族自治县图书馆安装了清大新洋通用图书集成系统（GLIS8.X），建有图书馆门户网站和微信公众号。

三、表彰与奖励

在 2013 年第五次全国县级以上公共图书馆评估、2017 年第六次全国县级以上公共图书馆评估中，靖州苗族侗族自治县图书馆均被文化部评为"国家三级图书馆"。

通道侗族自治县图书馆

1929年，通道县成立民众图书馆。1938年，县民众图书馆并入县民众教育馆。1952年，成立通道县文化馆，内设图书室。1984年，成立通道侗族自治县图书馆。1994年，县图书馆与县文物管理所合并。1998年，县图书馆与县文物管理所分设，恢复通道侗族自治县图书馆独立建制。2004年，通道侗族自治县图书馆新建大楼竣工并投入使用。2011年，全馆实行免费开放。

一、基础设施设备和机构、人员、经费

1. 基础设施设备

1984年，通道侗族自治县图书馆成立之时有一幢木结构馆舍，建筑面积840平方米，有阅览座位24个。2006年，通道侗族自治县图书馆新馆舍竣工投入使用，占地300平方米，建筑面积1576平方米，设阅览室座席200个。

2. 机构

2018年，通道侗族自治县图书馆设办公室、采编室、报刊阅览室、少年儿童阅览室、流通外借室、参考咨询辅导室、地方文献室、电子阅览室、多媒体报告厅、共享工程机房中控中心。

3. 人员

从2007年起，杨少权担任通道侗族自治县图书馆馆长一职。

通道侗族自治县图书馆员工情况统计表（单位：人）

年份	员工人数	高中学历	专科及本科学历	初级职称	中级职称	副高职称
2009	9	2	7	—	—	—
2010	8	2	5	0	0	1
2011	12	2	10	2	0	1
2014	11	0	11	2	0	1
2015	11	0	11	3	1	1
2017	10	0	10	2	1	1
2018	10	0	10	2	1	1

4. 经费

通道侗族自治县图书馆经费统计表（单位：万元）

年份	财政拨款	购书经费	数字资源采购经费	免费开放经费
2009	28	3	—	—

年份	财政拨款	购书经费	数字资源采购经费	免费开放经费
2010	50	3	—	—
2011	56	5	—	17
2012	61	6	—	20
2013	102	7	—	20
2014	84	7	—	20
2015	95	8	—	20
2016	104	8	—	20
2017	128	8	10	20
2018	124	8	15	20

二、基础业务工作

1. 馆藏资源

2018 年，通道侗族自治县图书馆藏书 8.56 万册，其中纸质图书 7.4 万册、报刊 1.17 万册、地方文献 2720 册。电子图书 11.2 万册，其中光盘 1780 盒、视听文献 5.8 万册（件）、图片 520 幅、电影 780 部。收藏的地方志、资料、手稿，以及录像带、录音带、光盘等视听文献资料。内容包括地方党政部门、机关团体及个人编辑的刊物和当地政府机关发布的指示、文件、公告、法规、人事任免、财贸、文教、卫生、体育等。馆藏文献依据《中国图书馆分类法（第五版）》进行分类标引。

通道侗族自治县图书馆藏书统计表

年份	2009	2010	2011	2012	2013	2014	2015	2016	2017	2018
藏书量（万册）	5.70	5.77	5.82	6.19	6.43	6.73	7.13	7.54	7.95	8.56

2. 读者服务

通道侗族自治县图书馆通过图书馆网站开展远程借阅、预约借书服务。2011 年，全馆免费开放，实行无障碍、零门槛进入。

通道侗族自治县图书馆开展多种读者活动。2010 年，开展少儿 G3 杯"迎世博·迎亚运·讲文明·树新风"文明礼仪知识读书活动。2011 年，开展"三湘读书月"——"纪念中国共产党成立 90 周年"红色经典读书活动。2012 年，开展少儿"学习雷锋好榜样"暨第二届"三湘少年儿童阅读之星"读书活动。2013 至 2015 年，连年开展少儿"中国梦·我的梦""中国梦·我心中的故事""中国梦·汉语美"读书活动。2016 年，举办少儿"光荣与梦想——纪念建党 95 周年暨红军长征胜利 80 周年"读书活动。2017 年，举办"书香湖南·红星闪闪耀童心"少儿读书活动。2018 年，开展"书香湖南·共创共享儿童阅读新时代"读书活动。

2017 年，通道侗族自治县图书馆志愿服务队成立，有队员 30 人，所开展志愿服务包括青少年作业辅导、电脑技能培训、影音展播、图书管理实践体验、阅读推广等。

通道侗族自治县图书馆读者服务统计表

年份	借阅人次（人次）	借阅册次（册次）	读者活动（次）	讲座展览（次）
2009	1065	3674	5	2
2010	1102	3860	5	1
2011	1184	3942	4	2
2012	1230	4086	8	3
2013	1385	4238	12	2
2014	1470	4306	10	3
2015	1587	4615	11	4
2016	1756	4826	12	2
2017	2011	5518	9	3
2018	2223	6435	10	3

3. 现代技术应用

2009 年，通道侗族自治县图书馆引入 Interlib 图书馆集群管理系统，采访、编目、典藏、流通工作实现自动化管理。2017 年，改用 AS-NT-H10 图书馆集群自动化管理系统 v2.0。2010 年建立网站，网站栏目有特色馆藏、电子图书、馆容馆貌、赠书留香、新书推荐、地方文献、视频中心、读者论坛、摄影沙龙、文化建设、非物遗产。

2017 年，通道侗族自治县图书馆购置 3 台歌德电子图书借阅一体机、歌德电子少儿触摸服务一体机和歌德报刊借阅机，提供 1.5 万册电子图书和视听、视频影像，每月更新150 册。

2008 年，建立全国文化信息资源共享工程通道侗族自治县支中心，2009 年，共享工程通道侗族自治县支中心正式运行，实现卫星接收文化资源共享，与省中心现有 VOD 系统无缝互连，建立多媒体电子阅览室。

三、表彰与奖励

2013 年第五次全国县级以上公共图书馆评估，通道侗族自治县图书馆被文化部评为"国家二级图书馆"。2017 年第六次全国县级以上公共图书馆评估，通道侗族自治县图书馆被文化部评为"国家三级图书馆"。

第十四章　张家界市公共图书馆

张家界市图书馆

张家界市图书馆机构成立于 2015 年，核定机构编制 3 名。2018 年，在编人员 2 名，均为专科以上学历，唐志超担任张家界市图书馆馆长。2018 年，筹建馆舍，选址于张家界市博物馆西侧，计划按国家二级馆标准建设。2019 年 10 月，开工建设张家界市图书馆新馆舍。

永定区图书馆

1976 年，成立大庸县图书馆。1988 年，大庸县升为地级市，大庸县图书馆更名为大庸市永定区图书馆。1994 年，大庸市改名张家界市，大庸市永定区图书馆更名为张家界市永定区图书馆。2007 年，永定区图书馆修建新馆舍，2012 年，全面实行免费开放。2017 年，完成馆舍提质升级工程，馆内空间布局科学、功能分区明确，建设有综合阅览室、少儿阅览室、地方文献室、电子阅览室、无障碍阅览室、多功能视听会议室、多功能展厅、书库、业务办公区和其他附属设施，整体设计既体现民族特色，又符合张家界建设旅游胜地需求。

一、基础设施设备和机构、人员、经费

1. 基础设施设备

2007 年，永定区图书馆新馆舍竣工，馆址在张家界市永定大道区政府大院内，占地 2.5 亩，建筑面积 3440 平方米。2010 年，永定区图书馆购置书刊防盗系统。2017 年，对图书馆一楼、二楼进行提质改造。2018 年，将图书馆三楼改建成 700 平方米的少儿图书馆。

2. 机构

2012 年，永定区图书馆设办公室、采编室、报刊阅览室、电子阅览室、密集书库、外借室。2013 年，增设湖湘文库、盲文阅览室。2018 年，设办公室、采编室、外借室、少儿阅览室、湖湘文库、盲文阅览、密集书库。

3. 人员

从 2012 年起，赵国兵担任张家界市永定区图书馆馆长一职。

永定区图书馆员工情况统计表（单位：人）

年份	员工人数	专科及本科学历	研究生学历	中级职称	副高职称
2012	7	7	0	1	1
2014	8	8	0	1	1
2016	7	7	0	1	0
2017	7	6	1	2	0
2018	8	7	1	2	0

4. 经费

永定区图书馆经费统计表

年份	2013	2014	2015	2016	2017	2018
财政拨款（万元）	94.00	173.70	75.00	130.00	96.15	341.92

二、基础业务工作

1. 馆藏资源

2018年，永定区图书馆藏书16.11万册。地方文献资料3000册，包括张家界市及永定区各党政机关、社会团体、学校、企事业单位编印的各类地方史志、学报、统计资料、地方年鉴、文集、名录、资料汇编，各党政机关、企事业单位内部刊物，反映张家界市及永定区经济、政治、文化、历史、地理、教育卫生、风土人情、古迹遗址、景观名胜的文献资料，张家界市及永定区各新闻、出版单位公开发行的各种出版物，张家界籍和曾寓居张家界和在张家界的各界人士著述作品、传记及纪念文集，张家界的各类报纸等。

永定区图书馆藏书统计表

年份	2013	2014	2015	2016	2017	2018
藏书量（万册）	10.07	11.16	11.42	12.02	14.60	16.11

2. 读者服务

2012年，永定区图书馆实行免费开放，每天开放时间为8:30-18:00，周二闭馆。2018年，借阅图书2万册次，流通读者5万人次，持证读者4000人。2013至2018年，永定区图书馆举办讲座14场次，各类培训82场次，各类展览24场次，举办各类读书活动168场次。

永定区图书馆在电子阅览室每周推介优秀栏目、名家讲座、生活常识、电影及优秀地方剧目，举办文化讲座、名著赏析。在基层建立5个流动图书服务点，为每个服务点分配图书300册，半年更新流动一次。永定区图书馆与21个乡镇综合文化站图书室、38个社区图书室、20个居委会图书室建立馆际互借关系，与湖南图书馆以及吉首大学图书馆签订数字资源共享协议。2013年、2017年，永定区图书馆开展少儿"中国梦·我的梦"读书活动和"书香湖南·红星闪闪耀童心"少儿读书活动。

3. 现代应用技术

2010年，永定区图书馆引进Interlib图书馆集群自动化系统，采访、编目、流通等业务工作实现自动化管理。建立永定区图书馆门户网站（http://wxfuxing.zhifubaoda-ta.com:8004/），网站栏目有馆内信息、通知公告、活动信息、新闻动态等，并利用新媒体技术，通过微信公众号、阅读推广进行推送。永定区图书馆建有计算机房、电子阅览室、多媒体室，接入100M传输速率以上的网络光纤。2017年，引进RFID自助借还机、博看电子阅览机。

三、总分馆建设

2017年，永定区图书馆建设15个分馆（包括8个24小时自助图书馆）、20个图书流动服务点，统一配备硬件设备，以永定区图书馆为总馆，图书由总馆统一采购、统一编目、统一配送，通借通还。

四、表彰与奖励

2013年第五次全国县级以上公共图书馆评估、2017年第六次全国县级以上公共图书馆评估中，张家界市永定区图书馆均被文化部评为"国家一级图书馆"。

武陵源区图书馆

张家界市武陵源区图书馆、区文化馆为两馆合一的公共文化服务机构，与区人社局、旅游职业中学合建在武陵源区东大门喻家嘴桥南一栋综合大楼内。武陵源区图书馆功能区划分为机房、配送室、藏书区、阅览室、儿童阅览室、电子阅览室、服务台，实行8小时工作制，读者群体主要是机关工作人员、中小学生。

一、基础设施设备和机构、人员、经费

1. 基础设施设备

2008年，武陵源区图书馆开工建设，2012年正式开放，面积1000平方米，馆内配备阅览桌椅23套、电脑21台和投影仪，并设有阅览座席150个。

2. 机构、人员、经费

2018年，武陵源区图书馆设办公室、阅览部、地方文献室。

武陵源区图书馆馆长名录

序号	姓名	任职时间
1	邓秀莉	2010 年至 2013 年
2	雷锦	2013 年至 2016 年
3	朱凤英	2016 年至今

武陵源区图书馆员工情况统计表（单位：人）

年份	员工人数	专科及本科学历
2013	4	4
2015	4	4
2018	4	4

武陵源区图书馆的财务由区文化局统一管理，经费由区文化局支出。

二、基础业务工作

1. 馆藏资源

2018 年，武陵源区图书馆藏书 4.19 万册。收藏地方文献包括反映张家界、武陵源区的政治、经济、文化、地理、历史、旅游、科技、风俗人情、人物生平事迹等图书、音频视频、图片等。

武陵源区图书馆藏书统计表

年份	2013	2014	2015	2016	2017	2018
藏书量（万册）	2.64	3.22	3.63	4.11	4.11	4.19

2. 读者服务

2013 至 2018 年，武陵源区图书馆举办讲座 30 场次、培训 12 场次、展览 12 场次、读书活动 18 场次，参加活动读者 7200 人次。

武陵源区图书馆读者服务统计表

年份	借阅册次（册次）	借阅人次（人次）
2013	6801	2367
2014	7120	2473
2015	7815	2705
2016	8774	3024
2017	9373	3224
2018	9690	3330

2013年,武陵源区图书馆与天子山中心学校联合举办了"读经典学圣贤"主题德育活动,与军地小学联合举办"书韵飘香"课外阅读知识竞赛。2014年,举办武陵源区青少年景区讲解大赛。2015年,举办"廉洁书香"读书征文活动和亲子绘本读书会活动。2016年,与军地小学、天子山居委会、索溪中学联合举办我爱阅读手抄报比赛,并开展"书香祝安康"为老年人送书上门、老年人读书读报活动、"让阅读成为习惯·使书香溢满校园"读书活动、"阅读筑梦·书香人生"农民工读书征文活动、"浸润书香,幸福成长"读书活动等。

3. 现代技术应用

武陵源区图书馆使用科迅图书馆管理系统,可以在网络上存取、共享以及管理信息,为工作站提供文件和备份选项。

三、总分馆建设

武陵源区图书馆建成乡镇(街道)分馆6个、村(社区)图书室40个。分馆包括武陵源区图书馆军地小学分馆、张家界社区分馆、黄河村分馆、武陵源区一中分馆、索溪中心学校分馆、青龙垭村分馆、杨家坪村分馆,以及农家书屋。图书由总馆采用统一编目、统一配送到各分馆。

四、表彰与奖励

2013年第五次全国县级以上公共图书馆评估中,张家界市武陵源区图书馆被文化部评为"国家二级图书馆"。2017年第六次全国县级以上公共图书馆评估中,张家界市武陵源区图书馆被文化部评为"国家三级图书馆"。

慈利县图书馆

1930年,慈利县民众图书馆成立。1950年,慈利县成立文化馆,设图书阅览室。1976年,慈利县图书馆成立,馆址在县城正街,馆舍面积为450平方米。

一、基础设施设备和机构、人员、经费

1. 基础设施设备

1985年,慈利县图书馆在零阳镇文化路5号修建馆舍,占地面积3227平方米,建筑面积2270平方米。2011年10月,慈利县图书馆迁至零阳镇全民健身大楼6楼,馆舍面积1340平方米。

2.机构

2018年，慈利县图书馆设办公室、采编室、外借室、少儿阅览室、电子阅览室、读者服务中心、基层业务辅导部。

3.人员

慈利县图书馆馆长名录

序号	姓名	任职时间
1	冉利群	2000年至2015年
2	郭 辉	2015年至今

2018年，慈利县图书馆有员工8人，都具有专科及以上学历；其中，中级职称2人，初级职称1人。

4.经费

慈利县图书馆经费统计表

年份	2013	2014	2015	2016	2017	2018
财政拨款（万元）	90.40	114.60	118.30	157.47	171.29	153.78

二、基础业务工作

1.馆藏资源

2018年，慈利县图书馆藏书8.33万册、电子书3500种、电子期刊100种、少儿动画资源1000个、视频资源400种、视听文献700个、少儿图书900种、光盘595张、数字资源共4TB。地方文献资料共2000册，包括慈利县各党政机关、社会团体、学校、企事业单位编印的各类地方史志、学报、统计资料、地方年鉴、文集、名录、资料汇编，慈利县各党政机关、企事业单位内部刊物和反映慈利县经济、政治、文化、历史、地理、教育卫生、风土人情、古迹遗址、景观名胜等方面的文献，以及慈利县各新闻、出版单位公开发行的出版物。2012年，天津少儿图书馆慈利分馆累计接收天津少儿图书馆和国家图书馆调拨图书5万册。

慈利县图书馆藏书统计表

年份	2013	2014	2015	2016	2017	2018
藏书量（万册）	4.99	5.31	5.81	6.61	7.58	8.33

2.读者服务

慈利县图书馆阅览室实行节假日轮休，每天开放时间8小时。2013至2018年，举办讲座38场次、培训21场次、展览24场次、读书活动43场次。开展流动图书车送书下乡活动，辅导农家书屋管理员培训。2018年，举办"书香慈利•经典诵读"活动和"书香慈利•共享阅读"主题阅读推广活动。

慈利县图书馆读者服务统计表

年份	借阅册次（万册次）	借阅人次（万人次）
2013	5.34	1.78
2014	6.44	2.16
2015	8.21	2.85
2016	9.01	3.15
2017	9.53	3.29
2018	9.55	3.35

3.现代技术应用

慈利县图书馆引入图书馆自动化集成系统（ILAS），采访、编目、流通、检索、咨询等业务工作实现自动化管理。安装100 Mbps的网络带宽，提供Wi-Fi免费上网，安全门禁系统、自助办证机、智能自助借还书机、标签转换装置。利用文化信息资源共享工程设备，定期进行共享工程优秀影视节目播放活动。

三、总分馆建设

慈利县图书馆在25个乡镇、1个新城区管委会、11个街道办事处建有图书室，建成农家书屋635家。

四、表彰与奖励

2013年第五次全国县级以上公共图书馆评估、2017年第六次全国县级以上公共图书馆评估中，慈利县图书馆均被文化部评为"国家二级图书馆"。

桑植县图书馆

1979年，桑植县图书馆成立。1997年，桑植县政府选址重建图书馆，占地400平方米，馆舍面积1000平方米，藏书量达到3万册。2015年，桑植县图书馆与桑植县一中图书馆合并，进行资源整合。新馆装修整改，新购买书架、书籍、电脑、阅览桌椅。

一、基础设施设备和机构、人员、经费

1. 基础设施设备

桑植县图书馆馆舍建筑面积 5014 平方米，读者服务区为 3200 平方米，设阅览座席 400 个。设阅览大厅、文学、少儿、期刊、电子、地方文献、视障读者等多个阅览室和读者自习室。

2. 机构

桑植县图书馆设办公室、阅览室、文学阅览室、少儿阅览室、期刊阅览室、电子阅览室、地方文献室、视障读者室、自习室。

3. 人员

桑植县图书馆馆长名录

序号	姓名	任职时间
1	王远初	2009 年至 2012 年
2	向书兵	2012 年至今

桑植县图书馆员工情况统计表（单位：人）

年份	员工人数	专科及本科学历	初级职称	中级职称
2009	10	10	8	2
2012	10	10	8	2
2015	9	9	7	2
2017	9	9	7	2
2018	10	10	7	2

4. 经费

桑植县图书馆经费统计表（单位：万元）

年份	2013	2014	2015	2016	2017	2018
财政拨款	276.5	267.5	194.9	550.3	560.5	620.3
购书经费	10.0	12.0	50.0	10.0	10.0	10.0

二、基础业务工作

1. 馆藏资源

2018 年，桑植县图书馆藏书 23.3 万册。设有地方文献室，收藏反映桑植县的政治、经济、文化、地理、历史、旅游、科技、风俗人情、人物生平事迹的地方文献、音频视频、图片共计 2000 册。

桑植县图书馆藏书统计表

年份	2009	2010	2011	2012	2013	2014	2015	2016	2017	2018
藏书量（万册）	11.5	12.1	13.2	14.5	16.0	17.4	19.3	20.3	21.7	23.3

2. 读者服务

2013 年至 2018 年，桑植县图书馆举办讲座 88 场次、培训 40 场次、展览 10 场次、读书活动 38 场次。

桑植县图书馆读者服务统计表

年份	借阅册次（万册次）	借阅人次（万人次）
2009	0.33	0.11
2010	0.37	0.12
2011	0.56	0.19
2012	0.76	0.25
2013	1.35	0.45
2014	1.49	0.49
2015	2.32	0.77
2016	5.95	1.98
2017	5.87	1.96
2018	6.22	2.01

3. 现代技术应用

桑植县图书馆使用酒泉先锋软件有限公司的图书馆管理系统，实现图书馆业务工作自动化管理，并使用杭州海康威视数字技术股份有限公司的防盗检测系统。

三、总分馆建设

桑植县图书馆建有农家书屋 532 个，其中乡镇分馆 23 个、少儿图书馆 1 个。

四、表彰与奖励

2013 年第五次全国县级以上公共图书馆评估、2017 年第六次全国县级以上公共图书馆评估中，桑植县图书馆均被文化部评为"国家二级图书馆"。

第四编

专题图书馆

韶山毛泽东图书馆

韶山毛泽东图书馆自 1996 年建成开馆以来，在征集收藏毛泽东写的书、毛泽东研读的书和研究毛泽东的文献方面取得丰硕成果，在研究毛泽东生平、毛泽东思想和探索新时代图书馆发展方面成效显著，在文化服务、文明传承和数字化建设方面卓有成效。

2018 年藏书 19 万余册，民国时期毛泽东著作版本 8000 余册。出版著作 5 部，在省级及以上刊物发表文章 150 余篇。开展读者服务和阅读推广活动 1000 余场次。建馆以来累计接待读者和游客 700 万人次。其中包括党和国家领导人毛致用、刘云山、马凯等，接待省部级以上领导 50 余人次，接待萨摩亚驻华大使、亚非拉体育代表团等外宾 1 万多人次，为 29 个国家和地区的 4000 多位国外研究者和研究机构提供查阅服务。

一、基础设施设备和机构、人员、经费

1. 基础设施设备

韶山毛泽东图书馆占地面积 1.3 万平方米。主体建筑面积 3080 平方米，共 5 层，其中一楼为服务大厅、借阅部和展览室，展厅陈展《毛泽东读书生活剪影》。二楼为文创产品研发展示区和展厅，设有《馆藏珍品展》。三楼为办公区和书库。四楼和五楼均为基藏书库。现有 24 小时自助借还书系统、电子读报机、歌德阅读机、优谷朗读亭等便民服务设施。

由于馆舍设施设备落后，不能满足广大读者、游客与学者来馆阅览、观瞻与开展学术研究的需要，2013 年，韶山毛泽东图书馆着力推进馆舍提质改造，多次向省韶山管理局、省委办公厅、省委宣传部、省发改委、省财政厅等相关部门汇报，得到了省委、省政府领导的高度重视。2013 年 2 月 23 日，时任湖南省委书记、省人大常委会主任周强一行来到韶山毛泽东图书馆指导工作，在参观毛泽东著作版本库房时，周强看到馆藏珍贵的毛泽东著作版本，表示这些年图书馆发展得不错，征集到了很多珍贵的文献，为党史和毛泽东思

想研究留下了宝贵的历史文献资料，同时也指出，随着时代发展，图书馆有些落后了，一定要科学规划，做好图书馆的提质改造，为弘扬毛泽东思想，宣传党的优良传统作出更大贡献。6月5日，时任省委书记徐守盛来馆现场考察调研，明确指出"图书馆现有设计滞后，相关设施设备缺乏，与周边现有的建筑风格衔接、协调、配套不起来，确实需要进行改造"，要求"不要搞低水平的重复建设，不要小敲小打，要一次性规划建设到位，高质量地建设好"。省领导孙金龙、许又声、盛荣华等专门听取汇报和现场调研。2016年，图书馆提质改造被列入省"十三五"规划项目，正式进入重点工作项目序列。

2015年，韶山毛泽东图书馆组织三次省内专家方案评审会，对概念设计方案进行修改。2016年6月21日，召开概念设计方案国内专家评审会，邀请中国工程院院士、时任中国建筑设计研究院总建筑师崔愷、时任国家图书馆副馆长孙一钢、时任湖南图书馆馆长张勇等专家，与会专家均认为现有概念设计方案的性质定位、建设目标、建设理念、设计原则等十分明确，较为充分、全面，符合实际。8月，由馆领导带队，上门征求崔愷院士关于修改后的概念设计方案的意见。12月5日，经过前后3年15轮的修改、深化，概念设计方案最终定型。设计站在历史伟人、民族英雄的视角，彰显大家风范，充分体现"思想的殿堂、精神的高地、理论的宝库"三大主旨。方案设计秉持"协调、传承、生态、智能"原则，建筑设计尊重本土建筑元素，延续传统建筑文化，顺应山形地势，与自然环境协调，与景区周边建筑协调。改造后满足80万册藏书要求，建筑面积约1.02万平方米。

2017年2月14日和10月19日，时任省委常委、省委宣传部部长蔡振红，时任省委常委、省委秘书长谢建辉先后专程来馆进行了实地考察和调研。

2. 机构

韶山毛泽东图书馆设有办公室、采编部、研究室、读者服务部、数字资源发展部和保安保洁部。

3. 人员

韶山毛泽东图书馆馆长名录

序号	姓名	任职时间
1	张奇俊	2005年至2012年
2	谢锡光	2012年至今

2018年有在编职工27人，合同制员工3人。管理岗位12个，专业技术人员岗位17个，其中高级职称4人、中级职称6人、初级职称5人、研究生学历3人、本科学历18人、专科学历6人。

4. 经费

韶山毛泽东图书馆常年财政经费800余万元，专项购书经费60万元，数字资源采购经费单独申请专项经费。2018年，启动了馆藏1949年前毛泽东文献及其研究成果数字化系统工程，争取财政经费 900 万元。

二、基础业务工作

1. 馆藏资源

2009 年至 2018 年，韶山毛泽东图书馆收藏图书资料 10 万余册（份）。收藏毛泽东选集、文集 504 种，1395 册；毛泽东文选 239 种，553 册；单行著作 2263 种，4626 册；书信集、日记、函电、谈话 42 种，93 册；毛泽东诗词 116 种，1513 册；毛泽东语录 159 种，351 册。毛泽东生平和思想研究方面，毛泽东传记 209 种，482 册；生平事迹、回忆录 2729 种，6969 册；年谱、年表 34 种，90 册；纪念文集 57 种，122 册；阐述、研究文集 333 种，824 册；肖像、照片、画卷、像集 112 种，269 册；纪念地、毛泽东故居、遗物 41 种，86 册。收藏毛泽东著作版本 5000 余种 3 万余册。民国时期出版的《毛泽东选集》21 种基本收齐。其中，1944 年 5 月晋察冀日报社编印的蓝色缎面《毛泽东选集》特种精装本，当时仅仅印有 10 套，它是 1949 年 10 月前流传最早、最广的、也是影响最大的版本。1937 年至 1946 年出版的《毛泽东自传》《毛泽东印象记》等收藏了 73 种。从 2012 年以来，将毛泽东主持编辑出版的 1942 年 10 月初版本《六大以前——党的历史材料》、1943 年 10 月初版本《两条路线》、1941 年的《六大以来选集》全部征集到位。另外，还征集到国外出版的毛泽东著作版本 14 种。

毛主席读过的书达 10 万余册，韶山毛泽东图书馆已收集到 458 种 1034 册，有许多还有他的批注。2013 年以来，先后征集到 2 套毛泽东的私人藏书，一套是延安时期毛泽东亲笔签名的《国学基本丛书简编——宋六十名家词》，此书全套共 5 册，每册封面均有毛泽东亲笔的毛笔签名，同时还盖有蓝色行草"毛泽东"印章。另一套是《绝妙好词笺》，毛泽东对这套书十分钟爱，曾多次批阅，书中还留下了当年批阅的痕迹。

馆藏研究毛泽东的文献有 3372 种，8226 册。包含毛泽东生平、政治、经济、军事、哲学、文艺、书法等方面以及革命史、党史等视角研究毛泽东的各类文献。

2. 读者服务

韶山毛泽东图书馆的服务对象主要有三部分：来韶山参观的游客、来馆进行毛泽东思想与毛泽东著作版本研究的专家学者、韶山当地居民。十年来，累计到馆读者 500 余万人次，借阅书籍 40 余万册次，开展读者服务活动 300 余次。

韶山毛泽东图书馆开展进社区、进景区、进学校、进军营的阅读推广活动。先后在韶山学校、韶山武警中队、韶山宾馆、韶山派出所、韶山管理局老干活动中心建立图书屋。2017 年，在韶山乡韶前村建立了扶贫书屋，先后捐赠各类书籍 2000 余册。近年来，还打造了"4·23"世界读书日及读书沙龙等阅读推广活动。

韶山毛泽东图书馆充分利用资源和地缘优势，推进文化服务进景区、进展览、进校园、进讲座、进网站活动。在韶山核心景区通过赠送传统经典书籍、举办展览和讲座、播放公益宣传片、开展诵读经典比赛、利用朗读亭开展诵读红色诗词、经典篇目等活动，宣传推广中华优秀传统文化。

在核心景区开展"我是小小装帧师""少儿创意绘画活动""快乐暑假快乐阅读""颂祖国、传经典、读金句——《中华传统文化百部经典》推介活动启动仪式暨传统经典、新时代金句诵读"活动，在韶山市开展"与经典同行、享阅读之美"，利用毛泽东经典著作版本，举办毛泽东著作及版本学术研讨会等。先后在韶山毛泽东图书馆、韶山毛泽东广场举办《馆藏毛泽东著作精品展》《毛泽东读书生活剪影》《激活经典、走向大众——〈中华传统文化百部经典〉首批十部典籍推介图文展》，累计接待读者、游客 400 万人次。2017 年策划《馆藏毛泽东著作珍品展》《毛泽东的读书生活》两个陈列内容方案。在韶山市团田学校、镇泰小学、韶山学校等开展"推进全民阅读、共建书香韶山——国学金典诵读进校园"活动。每周末在阅览室举行两场樊登读书讲座和听读沙龙，并邀请湘潭大学周一平教授、时任中国图书馆学会阅读推广委员会杨河源教授来馆进行专题讲座。利用湖南省韶山管理局官方网站"天下韶山网"、韶山毛泽东图书馆网站、微信公众号等线上平台，做到活动收尾不收场，持续进行文化惠民活动。

3. 现代技术应用

韶山毛泽东图书馆通过开发数字图书馆、自建数字资源库、引进数字资源和相关设施设备等举措，初步建立了体系完善、资源丰富的数字化系统。

2002 年，韶山毛泽东图书馆建立毛泽东数字图书馆网站。2010 年，委托红网对平台功能进行重新设计。2014 年，再次进行改版升级，开设毛泽东著作、照片影音资料、毛泽东研究、馆情信息、读者服务、交流平台等 6 个频道以及相关所属 20 余个子栏目。2015 年建成了毛泽东数字图书馆网站移动版。

2003 年以来，韶山毛泽东图书馆已经收集和自建一部分数字资源，初步建成了毛泽东著作数据库（其中收入毛泽东各时期的著作 1232 篇，毛泽东诗词 142 篇和毛泽东手迹 624 篇）、毛泽东研究资料数据库、毛泽东媒体报道资料数据库（其中收入研究毛泽东生平、毛泽东思想的著作 10000 余部，收入报刊、网络媒体有关毛泽东的新闻报道、通讯、文章等 15000 余篇）、毛泽东照片影音资料数据库（其中收入毛泽东照片 1920 张，红色歌曲 145 首，毛泽东相关电视电影 691 部，影音纪录 205 条）等，数据条目共计超过 3 万条。

2017 年，韶山毛泽东图书馆对馆藏 1949 年前毛泽东著作版本进行数字化，对珍本进行 3D 原物呈现，通过先进的互联网及移动互联网技术，开发"云平台+数字内容+专用终端"的多媒体数字传播平台，并通过平台进行持续内容拓展。并且重新搭建毛泽东数字图书馆平台，包含高质量阅读体验的定制化终端、便捷高效的全库搜索引擎系统、功能丰富、资源多样的在线应用网站，以研究、宣传毛泽东思想为中心的涵盖多种形态资源的内容服务、巨大存储空间的存储云平台，通过互联网面向社会开放数字资源。

韶山毛泽东图书馆购买方正 770 本与毛泽东相关的电子图书,人民日报电子版(1946—2011)。引进全国文化信息共享资源:资源服务宝和基层图书馆数字资源 EBook。资源服务宝是文化部全国公共文化发展中心配送的基层数字资源,包含 1TB 优质视频资源,共2260 集,内容涵盖影视、曲艺、文化讲座、健康养生、农业科教、务工培训等 30 余种资源。基层图书馆数字资源 EBook 是全国数字图书馆推广工程推送的资源,内容包括 8000 余册中文图书、200 种中文期刊、6400 余集视频、300 余首音频、5.2 万余张图片以及 3 万条网络资源,涵盖传统文化经典、少儿视频、文津经典诵读、国图公开课、非物质文化遗产、老照片、政府公开信息等多种精品数字资源。

2012 年,韶山毛泽东图书馆购置触摸屏电子读报机,提供全国数百种报纸给读者浏览。2016 年,购置 2 台歌德电子借阅机,提供超过 3000 种电子图书和 100 种期刊,读者可以将相关资源下载至移动设备,进行离线阅读。

2015 年,韶山毛泽东图书馆开通微信公众号服务平台。读者通过微信公众号服务平台,可以实现书目检索、图书预约与续借、书目在馆和借出状态实时查询等功能。韶山毛泽东图书馆共对微信平台服务功能进行了 3 次优化升级,2018 年设置 3 个栏目:服务大厅、互动服务、缅怀伟人。定期推送最新资讯、活动通告、学习教育优质资源、毛泽东著作珍贵版本介绍、毛泽东相关精品文章等讯息,通过文字、图片、影音视频等多种方式优化信息呈现方式,与读者进行全方位沟通和互动。自微信公众号开通以来,累计推送讯息 600 多条,信息浏览量超过 30 万人次,关注人数达 1980 人。2018 年 9 月 9 日,在毛泽东诞辰125 周年之际,结合新引进的朗读亭,开展"缅怀领袖诵读经典——毛泽东诗词朗读比赛"活动。

4. 志愿者服务

2017 年 3 月 13 日,韶山毛泽东图书馆成立"韶山毛泽东图书馆志愿服务队",全馆志愿者注册人数达 90% 以上,制定《韶山毛泽东图书馆志愿者章程及实施细则》。2017 年7 月,建设韶山毛泽东图书馆志愿服务网站,开辟志愿者章程、活动招募、活动资讯、志愿者风采 4 个栏目。

志愿服务队伍组建以来,开展"同心共创文明城市""携手共建大美韶山""文化志愿进军营""志愿服务助力世界读书日""阅览室的小小志愿者"等志愿服务主题活动。累计有万余人次参与阅读推广、文明劝导、义务清扫冰雪等主题鲜明的学雷锋志愿服务活动。2018 年,中南大学、湖南涉外经济学院与韶山毛泽东图书馆共建"红色文化教育实践基地",既为大学生红色文化教育实践提供了教育场所,又为红色文化的研究搭建了交流平台,同时助推志愿服务活动常态化发展。

三、重大文化工程建设

2012 年，选派 1 人参加国家文物局、中国文化遗产研究院举办的三个月的馆藏近现代有机类文物保护与修复培训班（纸质类），初步掌握了中国传统的书画、古籍、文献修复保护技术。2016 年 7 月，组织人员参加湖南图书馆举办的国家古籍修复技艺传习中心湖南传习所培训班，通过"师徒传承，口手相授"的教学模式，巩固提高了修复技艺。

从图书采访、藏书、用书等各个环节采取措施，加大文献保护力度，做好经常性的防尘、除尘工作，每天对库房温湿度进行观测，用现代化手段使温湿度控制在适合图书保存的范围并通过控制温湿度来抑制霉菌和害虫滋生。对特别珍贵的图书另行建库、集中保护，实行 24 小时监控管理，定期排查库房不利图书保存的因素，积极加以改善，确保珍贵图书的保存环境。

加强保护管理规章制度建设，构建古籍保护长效机制。从图书保护角度出发制定和完善《库房管理制度》《图书出入库制度》《文献修复制度》等一系列制度。2016 年采购一批古籍保护修复设备，开辟专门的图书修复室，对破损严重的文献古籍进行科学有效的修复处理。

四、学会工作

2017 年 4 月 20 日，在湖南省图书馆学会第十次会员代表大会上，韶山毛泽东图书馆获评 2012—2016 年度学会先进会员单位，并当选为常务理事单位，谢锡光当选为副理事长和湖南省公共文化服务工作专业委员会副主任。2018 年 3 月，承办湖南省图书馆学会公共文化服务工作专业委员会 2018 年度年会，会议对进一步开展省内联合联动，加强信息与资源共建共享，借助社会公益与志愿者力量，充分发挥图书馆在文化改革和公共文化服务体系建设中的引领作用等问题展开深度讨论。

韶山毛泽东图书馆参加和承办湘潭市图书馆学会组织的各类活动和学会年会，2015 年以来，连续四年荣获湘潭市图书馆学会先进单位称号。

五、学术、科研活动及成果

韶山毛泽东图书馆承办毛泽东思想研究、毛著版本研究与红色文献收藏相关会议，多次派员参加毛泽东论坛、毛泽东哲学思想与当代中国改革开放、毛泽东哲学思想研讨会等各类学术会议。聘请湘潭大学周一平为特聘教授，定期进行学术讲座。2017 年，韶山毛泽东图书馆与湘潭大学国家社科基金重点项目"毛泽东 1949 以前著作版本搜集研究"项目组达成合作协议，承担子课题 8 项，均以学术论文形式结项。成立由朱春飞为负责人，研究室为主体，各部室广泛参与的课题研究小组。课题组在详尽收集新中国成立前毛泽东著作版本基础上，以1951年至1960年毛泽东主持审定的《毛泽东选集》一至四卷，中华人民共和国成立后出版发行的单行本以及1991年版《毛泽东选集》中的篇目与最早公开发表的初版本进行校勘。

2018年12月23日，邀请《求是》杂志社原社长、湘潭大学马克思主义学院院长李捷教授，中央党史和文献研究院对外合作交流局局长杨明伟研究员，中央党校薛广洲教授，中央党校许全兴教授，教育部长江学者、湘潭大学李佑新教授，中国人民解放军军事科学院张树德研究员，中山大学徐俊忠教授，武汉大学宋俭教授，毛泽东思想生平研究分会副会长夏佑新研究员，围绕举办"毛泽东文献版本研讨会"的可行性与必要性举行论证会。

2013年，编辑出版《韶山毛泽东图书馆馆刊》，每年2期。开辟毛泽东生平与思想研究、毛泽东经典文献、著作版本、图书馆学等栏目，至2018年已出版15期。2009年出版《入伍》。2012年9月出版《韶山毛泽东图书馆馆藏书目提要（毛泽东生平卷）》（中央文献出版社），该书收录书目内容涵盖毛泽东的传记、生平事迹、回忆录、年谱、年表、纪念文集、人物研究、肖像、照片、画传、像章、纪念地、故居、遗物等。全篇共收条目993条，配有书影，该书被湘潭市社会科学成果评审委员会授予"湘潭市第九届哲学社会科学优秀成果优秀奖"。2013年10月出版《韶山毛泽东图书馆馆藏书目提要（毛泽东思想卷）》（湘潭大学出版社），该书著录内容包括题名、著者、出版、形态、提要、丛书等项目，收录内容涵盖政治、经济、哲学、历史、文化、军事等各个方面，是一部融学术性、实用性为一体的毛泽东研究工具书。2017年12月出版《韶山毛泽东图书馆馆藏精品图录》（湖南人民出版社），全书分为"毛泽东选集""毛泽东亲自主持编的书""毛泽东读过的书""毛泽东著作单行本""毛泽东著作伪装本""文献资料"六个部分，以图片和文字相结合的方式对每本书的作者、出版时间、出版社、页数、内容等进行了介绍。

2009年至2018年，韶山毛泽东图书馆工作人员在《毛泽东研究》《湘潮》《南方论刊》《新湘评论》《高校图书馆工作》等省级以上刊物发表学术论文60余篇，在《图书馆》《毛泽东思想研究》《党史教学与研究》发表论文7篇，先后有18篇论文获奖。发表在核心刊物的文章有：《抗日战争时期"八路军办事处"建制简述》（《党史研究与教学》2013年第2期）《毛泽东与曾国藩子女读书教育思想对比》（《毛泽东思想研究》2013年第3期）《图书情报领域信息资源管理研究的文献计量分析》（《图书馆》2016年第1期）等。

《一名老韶山的图书馆情愫》获2012年湖南省图书馆学会年会征文获故事类二等奖。《毛泽东与曾国藩子女读书教育思想对比》被湘潭市科学技术协会、湘潭市委组织部、湘潭市人力资源与社会保障局、湘潭市科学技术局、湘潭市财政局评为"2011－2013年湘潭市自然科学优秀学术论文二等奖"等。

2014年6月，韶山毛泽东图书馆推出《毛泽东读书生活剪影》，以图片与实物相结合的陈展方式，展出图片37张、实物资料20余件，其中毛泽东亲笔签名本《国学基本丛书简编——宋六十名家词》、毛泽东主持编辑的 1942 年 10 月出版的《六大以前——党的历史材料》、1943 年 10 月出版的《两条路线》等，均系首次向公众开放，展览已接待 100 万余人。

2017 年 6 月，韶山毛泽东图书馆制定了《馆藏毛泽东著作珍品展》陈列内容方案，陈列以马克思主义文献学的基本要求为指导，实事求是地展示韶山毛泽东图书馆毛泽东著作收藏情况和特色，展示与毛泽东著作相关馆藏精品，向社会各界推介、宣传毛泽东著作出版、发行情况，展示隐藏于著作和文字中的革命传统和红色文化，进一步释放韶山毛泽东图书馆的社会教育功能。

六、表彰与奖励

2011 年被中共湖南省直属机关工会委员会评为第二届"三湘读书月"活动省直十佳书香机关。2011 年被中共湖南省韶山管理局委员会评为先进党支部。2012 年获"湖南省直工会先进单位"称号。2013 年被中共湖南省韶山管理局评为"先进单位"。2017 年在湖南省图书馆学会第十次会员代表大会上，获评"2012—2016 年度学会先进会员单位"。2017 年被中共湖南省韶山管理局委员会评为"先进基层党组织"。2015 年至 2018 年，连续四年获湘潭市图书馆学会"先进单位"称号。

第五编

专题篇

湖南省公共图书馆古籍保护工作

湖湘承屈贾周程朱张之学术，人文荟萃，述作綦详。作为湖南社会和湖湘文化的主要载体，历代湖南文献其内容反映了湖南社会的方方面面，其内涵则彰显了湖湘文化的本质精神，是湖南社会变迁和湖湘文化发展的沉淀和缩影，流传至今，湖南文献仍数量繁多。

湖南省藏有古旧文献约 200 万册（件），主要集中在湖南图书馆、湖南师范大学图书馆、湖南省社会科学院图书馆，湖南省博物馆、湖南大学岳麓书院、邵阳市松坡图书馆、武冈市图书馆、凤凰县图书馆、祁阳县图书馆、溆浦县图书馆、新化县图书馆等单位的古籍数量亦以万计。全省古籍善本达 6000 部，其中宋元刻本约 40 部，明刻本 2000 余部，湖湘名人稿本、信札、家谱等富有地方特色的文献蔚为大观。除古籍线装书外，湖南还是重要的简牍、帛书文献大省。20 世纪 30 年代于长沙出土的战国楚帛书，是中国目前所知最早的帛书。1996 年，长沙市走马楼出土吴简 14 万余枚，数量超过了以往全国各地出土简牍的总和。2002 年，湘西土家族苗族自治州龙山县里耶镇出土秦代竹木简 7 万余枚，学界认为其意义不亚于秦始皇兵马俑。

2009 年至 2018 年，湖南全省古籍保护工作有序开展。湖南省文化厅严格要求各市（州）文化局应切实承担起古籍普查的组织领导和协调工作，争取当地党委、政府的重视和支持。湖南图书馆作为全省古籍保护中心，起到牵头作用，不断加强业务指导，跟各馆进行适时沟通，分配任务，部署普查工作进度，督促做好组织与协调，充分调动各市（州）分中心和社会各方面的积极性，明确古籍保护的指导原则、工作重点和要求，认真实施古籍普查工作。

1. 政府下发文件，成立古籍保护相关机构，推进古籍保护工作

2007 年，国务院办公厅下发《关于进一步加强古籍保护工作的意见》（国办发〔2007〕6 号，湖南省文化厅下发《关于做好古籍普查和保护工作的意见》（湘文社〔2007〕123 号）。2009 年 6 月，湖南省古籍保护中心（以下简称"省中心"）正式成立，

对全省的古籍保护工作进行业务上的统管和协调。2018 年，湖南省文化厅制订《湖南省"十三五"时期古籍保护工作规划（2016—2020 年）》，明确到 2020 年基本摸清全省古籍资源和保存状况，进一步完善《湖南省古籍普查登记目录》，建立《湖南省古籍联合目录》，基本构建起古籍分级保护体系，重点实施一批珍贵古籍修复项目，逐步建立起比较完备的古籍保护标准体系。经过对全省古籍收藏单位的深入调研，详细了解了古籍藏量、古籍书库建设与管理、古籍人才培养、古籍整理与开发、古籍服务、古籍专项经费等情况。

2. 摸清家底，在全省范围内进行古籍普查登记

按照国务院办公厅文件精神，教育、宗教、民族、文物等部门可根据实际情况制订本系统古籍普查实施方案，也可委托湖南图书馆进行古籍普查登记。民间收藏的古籍应到湖南图书馆进行登记、定级、著录。

（1）以评促建，狠抓普查登记工作。湖南省文化厅公共文化处采用以评促建的方式，将各市（州）、县公共图书馆古籍收藏单位的普查登记工作列入该单位年终考核指标，严格考核，督促工作的顺利开展。每年初，在全省市（州）公共图书馆（中心馆）馆长会议上传达国家古籍保护工作精神，解读古籍普查登记要求和实施流程，强调古籍普查工作的重要性和紧迫性。

（2）普查工作全面扎实，家底已基本摸清。至 2018 年，湖南省已有 70 家单位完成了古籍普查工作，提交普查数据 8.1 万条。其中湖南图书馆 3.59 万条，湖南省社会科学院图书馆 5521 条，这 2 家图书馆馆藏古籍普查登记目录已经正式出版。湖南省古籍普查登记工作基本完成。

通过古籍普查，一些珍贵文献得以发现，如明刻本、清精刻本、套印本等，特别是一些以往不为人知的乾隆禁毁书、地方人士著述、地方刻书的发现。如清攸县周作传《独秀轩文集》、酃县（今炎陵县）周士仪《史贯》、湘潭刘授易《损斋诗集》、长沙廖元度《覆巢余笔》、安乡刘之珩《刘钝轩先生格物集》，皆为乾隆禁毁书，分别在湖南图书馆、湘潭市图书馆、澧县图书馆得以发现。清乾隆间宁乡王文清所著《仪礼分节句读》为湘人治《仪礼》最先者，原以为此书已失传，今在湖南师范大学图书馆发现 1 部。邵阳贺金声为清末扶清灭洋军首领，于邵东县图书馆发现其文集抄本一册。湖南大学岳麓书院发现元泰定三年（1326）武溪书院刻《事文类聚》1 部 15 册，湖南省宋元刻本收藏单位增至 3 家。湖南省委党校图书馆藏王夫之《夕堂永日绪论》1 卷、《船山鼓棹》1 卷，乃清康熙四十九年（1710）湘西草堂刻本，为该书最早的版本。凤凰县图书馆藏有清同光间知名人物致贵州提督凤凰田兴恕书信数百页，多有关贵州平苗及教案史料。

普查数据基本完成后，由湖南省中心审校后再递交国家古籍保护中心，进入出版流程。2018 年，湖南省完成全省 55 家单位 2.4 万余条古籍普查数据的审校，提交国家图书馆出版社，将按地区分长沙市·株洲市·湘潭市卷、衡阳市·永州市·郴州市卷、邵阳市·娄底市卷、岳阳市·常德市·益阳市·怀化市卷、湘西土家族苗族自治州卷五册出版，同时

已完成湖南师范大学图书馆古籍普查数据计 8900 条的审校，已提交国家古籍保护中心。

（3）启动《中华古籍总目·湖南卷》的编纂

2010 年 2 月，文化部召开古籍保护工作会议，湖南省中心与国家古籍保护中心就编纂《中华古籍总目·湖南卷》签署任务书。湖南省古籍保护中心制订《湖南省古籍普查工作协议书》《湖南省古籍普查工作委托协议书》，编制《全国古籍普查登记简表》《全国古籍普查登记简表填写说明》等工作文件。2018 年，湖南省古籍保护中心对 70 家单位 8 万余条数据进行分类、排序，为《中华古籍总目·湖南卷》出版做准备工作。

3. 开展珍贵古籍名录和古籍重点保护单位申报工作

2008 年 3 月，国务院批准颁布首批"全国古籍重点保护单位"，湖南图书馆名列其中。第二批至第六批申报工作，湖南省古籍保护中心组织申报工作，全省各公共图书馆、学校图书馆、文博单位乃至民间个人收藏者踊跃参与，尤其是第四批，除了 10 家公立单位外，还有 1 名古籍收藏者也参加申报。至 2018 年，湖南省共有 305 部古籍入选一至五批《国家珍贵古籍名录》，湖南图书馆、湖南师范大学图书馆、湖南社科院图书馆等 3 家古籍收藏单位获"全国古籍保护重点单位"称号，湖南图书馆、湖南省社会科学院图书馆获得"全国古籍保护工作先进单位"称号。湖南图书馆寻霖、衡阳市图书馆王芳慧、永州市祁阳陶铸图书馆谢祁满、湘潭市图书馆张新浏获"全国古籍保护工作先进个人"称号。

湖南省中心对一至四批入选"国家珍贵古籍名录"及未入选名录的 3423 册古籍进行了破损及修复情况评估核实，其中二级破损古籍数量 104 册，三级破损古籍数量 284 册，已完成修复古籍 148 册，待修复古籍 378 册，并填写了《国家珍贵古籍破损及修复情况调查表》。

4. 古籍保护、古籍普查、编目、版本鉴定人才培养效果显著

湖南省中心先后组织全省范围内的古籍从业人员参加全国古籍普查平台应用软件培训班、全国古籍鉴定与保护高级研修班、全国碑帖鉴定与保护研修班、全国古籍修复技术培训班、全国传拓技术培训班、全国珍贵古籍数字化培训班、中华优秀传统文化推广培训班等共百余人次。

（1）至 2018 年，湖南省先后在常德市、湘西土家族苗族自治州、衡阳市、邵阳市、长沙市等地举办了省级和地区性古籍普查与登记培训班，参加单位百余家，培训学员 300 人次，覆盖湖南省 14 个市（州）的公共图书馆系统、高校图书馆系统、文博系统古籍收藏单位。培训期间，湖南省中心实地考察各馆古籍存藏状况，指导普查登记工作。同时在湖南省图书馆学会每年一度的"全省图书馆基础业务培训班"，开设古籍保护方面的固定课程，每年都有来自全省公共图书馆、学校图书馆和专业图书馆的新馆员接触和了解古籍保护知识。2014 年 9 月，湖南省古籍保护中心与湖南省图书馆学会联合举办"2014 年古籍编目与保护培训班"，采用专家授课和实习相结合的形式，来自全省 23 个市、县级公共图书馆及高校图书馆的 32 名学员参加了此次培训。

（2）湖南省古籍保护中心与国家中心合作，承办国家级培训班。2009年7月，国家古籍保护中心与湖南省中心投入近20万元资金，共同举办第九期全国古籍普查培训班。2016年6月，第十五期《全国古籍普查登记目录》审校人员培训班在湖南图书馆举办，复旦大学图书馆研究馆员、全国古籍保护工作专家委员会委员吴格及湖南图书馆文献研究所所长、湖南省古籍保护中心办公室主任寻霖担任指导教师，培训内容包括古籍普查登记目录整理规范、审校要求及审校实践，全省23家古籍收藏单位的32名学员参加了培训。

（3）湖南省中心多次进行实地调研和指导，及时协助古籍收藏单位开展古籍普查和整编工作，先后派人前往湘西土家族苗族自治州图书馆、凤凰县图书馆、衡阳市图书馆、永州市零陵区图书馆、祁阳县图书馆、邵阳市松坡图书馆、武冈市图书馆等进行实地调研，查看古籍保护情况，了解各馆编目工作进展，解决编目中遇到的分类、著录等实际业务问题，指导古籍整理、编目及条目呈报等工作。

5. 培训古籍修复人员，提升修复质量

2012年11月，由湖南省文化厅主办、湖南图书馆承办的湖南省文化厅古籍修复培训班在长沙举行，来自全省25个古籍藏书单位的31名学员参加了学习，培训时间将近1个月。

2016年6月，国家级古籍修复技艺传习中心湖南传习所正式成立，聘请古籍修复专家师玉祥为导师，开展古籍修复师带徒活动。传习所于2016年7月25日和11月举办2期培训班，共招收学徒14人次，包括韶山毛泽东图书馆、耒阳市文物局、凤凰县图书馆等基层单位学徒6名。第一期培训以修复湖南图书馆所藏明万历写本《滩头孔氏族谱》为教案，第二期培训以凤凰县图书馆所藏《致贵州提督田兴恕书信》为教案。

2018年，湖南省开展古籍修复的单位由湖南图书馆一家已扩大为湖南图书馆、湖南师范大学图书馆、湖南省档案馆、耒阳市蔡伦博物馆、韶山毛泽东图书馆等五家单位。

6. 对全省古籍保护提供技术支持

湖南省中心负责对全省古籍收藏机构进行业务指导，是全省古籍保护工作的协调者、指导者，有义务对全省的古籍保护工作展开业务指导、技术外援工作。

2015年，湖南省中心对岳麓书社进行古籍清点普查，其后指导该社新建一恒温恒湿古籍库房，并全程参与该社古籍搬迁、排架等工作。

2016年10月，湘潭大学图书馆收藏的雍正内府铜活字印本《钦定古今图书集成》函套及书脊发生虫蛀现象。经湖南省古籍保护中心现场考察，提出冷冻灭虫方法，确定最好的包裹方式及工作程序后，再推荐实施，最终虫害得到控制。

2017年6月，东安县图书馆因洪水侵入馆舍，200余册古籍线装书被洪水浸泡，部分古籍已经板结成块，有的已有霉变迹象，各种污渍、泥迹，随处可见。浸水古籍送到后，湖南省古籍保护中心及时召开"东安县浸水古籍处理方案研讨会"，古籍修复人员先用冷冻柜将书冷冻起来，采用冷藏干燥、自然干燥、逐页夹吸水纸干燥等方式进行抢救处理，使这批珍贵文献得以保存并恢复。

2018 年 3 月，湖南省中心成功抢救湖南第一师范学院图书馆浸水古籍 407 册，防止古籍破损情况的进一步恶化，保住了其馆藏精华。

2018 年 9 月，针对新邵县中医医院 12 本骨伤科医书的破损状况，湖南省中心制定详实的古籍修复计划。

7. 传播普及典籍文化，宣传古籍保护知识

（1）2011 年至 2018 年，湖南省中心共举办 40 余场公益性馆藏精品主题展览："革命先声红色史迹——馆藏革命文献展""敦煌遗书惊现湖南——湖南图书馆馆藏敦煌写经展览""谁与斯人慷慨同——纪念辛亥革命 100 周年湘籍辛亥人物墨迹展""人民的文艺文艺的人民——纪念毛泽东《在延安文艺座谈会上的讲话》发表七十周年大型展览""天地正气左宗棠——馆藏左宗棠手札墨迹展""寻根谒祖谱牒释疑——湖南图书馆馆藏大型家谱展览""群贤毕至郭园雅集——湖南图书馆藏清末旷代逸才群体老照片展""湖南文化世家：湘潭黎氏——湖南图书馆藏黎氏手迹、信札、文献展""无公则无民国有史必有斯人——湖南图书馆藏黄兴书法手迹、照片、著述展""一寸河山一寸血军民奋战保三湘——纪念抗战胜利 70 周年馆藏抗战文献及抗战名人字画展""册府千华——湖南省藏国家珍贵古籍特展""科举千年•英才荟萃——湖南图书馆藏进士名人著述、信札展""曾国藩的朋友圈——湖南图书馆藏与曾国藩有书信往来的名人信札、著述、碑帖展"。还举办过小型展览 40 场，如"湖南文化世家道州何氏书画真迹鉴赏会""民国四大书法家书法作品真迹鉴赏会""清朝皇室书画及清四大书家作品真迹鉴赏会"等。举办了时任中纪委委员李洪峰、时任省委宣传部部长许又声、时任国家图书馆馆长周和平、时任省政协副主席兼秘书长欧阳斌、时任湖南电视台台长吕焕斌、著名主持人汪涵等各界人士举办专场鉴赏会近 100 次。

展览的同时，还举办讲座，请专家进行现场鉴赏、评说、互动，如邀请湖南知名学者肖永明、王泽应、周建刚、王永胜、黄守愚、寻霖、熊艺朗等举办讲座，对湖湘文化进行多视角、多维度的阐述。

（2）扩大古籍修复的社会影响力，凸显中华传统技艺的深刻魅力

每年湖南省古籍保护中心在全省各地开展 12 次古籍修复演示、拓片制作等宣传体验活动。这一系列活动主要包含了古籍修复演示、古籍常识介绍、拓片制作、雕版印刷演示等内容，活动采用展示和实践相结合的方式。读者在工作人员的指导下，亲自动手操作，体验拓片制作、雕版印刷等各种中华传统技艺的魅力。2016 年 10 月，与民营书店合作，走出图书馆向社会大众演示古籍修复。2017 年，古籍修复组主动走进校园。2018 年，湖南图书馆开展"新春文化庙会雕版印刷体验活动""览湖湘文脉，学雕版印刷——文化和自然遗产日岳麓书院雕版印刷体验活动"。同时省古籍保护中心组织拍摄宣传片《延续文献载体，传承民族文化——湖南图书馆的古籍修复工作》。

湖南卫视、湖南经视、文汇报、潇湘晨报、湖南日报、人民网、光明网等重要媒体对

省古籍保护中心古籍修复活动进行了多次报道，对话古籍修复师，古籍修复这项传统技艺逐步走入大众视野，树立古籍修复工作人员"与时间赛跑""为古籍续命"等良好的社会形象。代表性的报道包括潇湘晨报《湘古籍"良医"重出江湖收徒传艺》、新湖南《破损古籍修复人才少　湖南有了古籍修复传习所》、人民网《国家级古籍修复技艺传习中心湖南传习所揭牌》、湖南卫视《古籍修复师：潜心为受伤古籍"看病"》、湖南卫视经视新闻专题节目《古籍修复师：指尖萦绕间毫米与千年》、湖南公共频道专题报道《古籍修复师施文岚：坚持一生只做一件事》、湖南日报·新湖南《我的国庆：古籍修复师，假日缝补旧时光》、湖南日报社新闻影像中心《当代工匠第 23 期：化朽为奇，唤醒沉睡古书》。

（3）拓宽古籍宣传途径，多维度展示古籍保护的内涵

湖南省古籍保护中心参加由中国图书馆学会和国家古籍保护中心联合主办的"我与中华古籍"创客大赛，提交创意元素 22 个，所拍摄的《传承湖南文化脉络，荟萃三湘文献精华——湖南省珍贵古籍掠影》获多媒体类优秀奖。

湖南图书馆联合湖南人民广播电台 FM106.9 年代音乐台隆重推出《湘图典藏》系列广播节目，播出 60 期，多途径传播古籍故事，有效宣传了馆藏古籍。

湖南省古籍保护中心组织全省古籍从业人员及古籍爱好者参加 2015 年"我与中华古籍"摄影大赛，并在湖南图书馆一楼展厅举办"我与中华古籍"摄影大赛优秀摄影作品成果展，协调湘潭、株洲、邵阳等 6 家基层图书馆开展巡展活动，使公众更直观地学习古籍保护知识、提高古籍保护意识。

8. 推动省级重点古籍整理出版工作

湖南省各古籍收藏单位整理古籍出版，推动学术研究和文化交流。2017 年，《湖南师范大学国家珍贵古籍名录图录》由湖南师范大学出版社出版，共收录了湖南师范大学入选"国家珍贵古籍名录"的善本古籍 59 部，为其所藏书籍之精粹。湖南省社会科学院图书馆编印的《典籍聚珍》对馆藏古籍珍品作了简要介绍；其中，名家稿抄本收录了陶澍、魏源、曾国藩、左宗棠、郭嵩焘、谭嗣同等湖湘名人的手稿、信札、日记，十分珍贵。

9. 民间古籍的古籍保护、抢救、搜集、整理

2018 年，由湖南省图书馆和省民间古籍保护协会联合主办的首届湖南省民间私藏珍稀文献展开展，展出了 10 余位藏家所藏的 100 余种珍稀文献，既有历代珍稀版刻，又有罕见革命文献，尤以湖湘地方文献为最，是湖南民间收藏的一次集中展示。同年，"中国古籍保护协会民间古籍收藏工作委员会成立大会暨民间古籍收藏保护论坛"在湖南图书馆圆满举办。此次会议致力于向公众普及和宣传古籍收藏知识，积极搭建平台，聚拢民间古籍收藏家，促进藏书家之间的信息共享和交流提升，引导民间古籍保护工作有序发展，动员社会各方共同推动古籍保护事业向纵深发展。

湖南省公共图书馆地方文献工作

湖湘文化源远流长，是中华传统文化的重要组成部分，在文化积淀厚重的三湘大地上，孕育产生了许多珍贵的地方文献资料。这些地方文献是湖南省一切自然现象和社会现象的记录，是认识和了解湖湘文化的重要依据，更在服务于湖南政治、经济、文化、社会、生态文明建设中发挥着特殊的、不可替代的作用。

一、机构建设

至 2018 年，湖南全省有公共图书馆 147 个，其中 80% 的公共图书馆设置地方文献工作部门。湖南图书馆在 1984 年成立地方文献部，配备专职人员负责地方文献的采集、整理和开发利用工作。各馆单独设置地方文献借阅室，或建立地方文献专架。

1988 年，湖南图书馆建立湘籍名人文库，1996 年改名为"湖南名人（人物）资料中心"，形成毛泽东著作版本藏阅室、徐特立藏书阅览室、张舜徽先生文库、湖南作家文库、湖南艺术家文库、综合文库等专室以及美学家蔡仪、历史学家吴相湘、先秦诸子楚辞金文专家谭戒甫等多人的专柜。长沙市图书馆辟有长沙人文馆，设立毛泽东专题、曾国藩专题、省作协和市文联作家著作专题、雷锋专题、三湘院士等主题专架。岳阳市图书馆专设历史学家刘大年文库及岳阳作者文库。衡阳市衡东县荣桓图书馆设立罗帅资料研究室，内容涉及罗荣桓元帅有关的书刊、县志、史志、家族谱，传记等资料。临澧县图书馆从 2009 年始相继建立林伯渠藏书室、丁玲文献室、名人文库、雪竹楼书圃 4 个特色馆藏。双峰县图书馆设有曾国藩研究室、蔡和森研究室、蔡畅研究室、湖湘文库研究室。隆回县魏源图书馆设置有魏源资料研究中心。韶山毛泽东图书馆收藏包含毛泽东著作、选集、文集、文选、书信集、日记、诗词、语录、生平事迹、回忆录、纪念文集、研究文集等资料 10 万余册（份），成为"毛泽东思想研究资料中心"。

二、制度建设

1983 年、1995 年，湖南省委办公厅、省人民政府办公厅联合先后下发了《关于征集地方书刊资料的通知》和《关于做好征集地方文献工作的通知》（湘办发〔1995〕33 号），以文件形式确定由湖南图书馆担任全省征集地方文献的具体工作，令全省各地、各单位出版（含非正式出版）的书刊资料都必须缴送给图书馆。湖南省 13 家出版社，对湖南图书馆落实了湘版书一种两册的呈缴制度，以政府名义征集地方文献，使征集地方文献工作有了政策保证。当时的湖南省文化厅相关文件规定市级图书馆每年呈缴地方文献不少于 15 种，县级图书馆每年呈缴地方文献不少于 5 种，并将此项工作纳入各馆工作的考核任务。

湖南图书馆在每年召开的湖南省市（州）公共图书馆馆长联席会议中，对各馆的呈缴工作进行情况通报和工作总结，促进全省地方文献工作的联动推进。

湖南图书馆在"十一五""十二五""十三五"发展规划纲要中，明确指出，要始终加强湖南地方文献资源的建设，给湖南图书馆地方文献资源的建设勾画了蓝图。2010年，制订《湖南图书馆职工采购征集地方文献工作考核奖励办法（试行）》，规定全馆员工人均每年需完成3种以上地方文献的采购或征集指标，并计入年终考核评价。2012年，益阳市委、市政府下发《地方文献征集函》。2016年，怀化市洪江市政府发《关于征集洪江市各级作家、本土作者文集（专著）、民间文史藏书（族谱）、建立洪江市图书馆本土作家、文史文献资料库的通知》，以文件的形式保障地方文献工作的开展。株洲市图书馆采取与县（市）公共图书馆签订征集地方文献责任状等方式来开展地方文献征集工作。华容县图书馆在2013年制订"关于加强地方文献库建设方案"及"爱心捐书活动方案"，发布"向县民和寓外乡友征集地方文献的公告"。会同县图书馆制订《会同县地方文献征集管理办法》。靖州苗族侗族自治县图书馆制订《文献征集管理方案》。

三、资源建设

地方文献资源的建设主要采取采购、征集、接受捐赠的方式。

采购工作方面，2012年，湖南图书馆采购地方文献经费为75万元，2018年这项经费达到110万元。湖南图书馆派员走访各旧书文物市场、密切关注出版社动态，与省内各地书商加强沟通联络，参加各类书展，形成线上线下互为保障的采购模式。2014年，湖南图书馆进入拍卖市场，参加了湖南、北京、上海、天津等地的重要拍卖会，成功竞得湖湘名人书画作品及珍贵古旧文献。每年购书经费的5%用于征集地方文献。2015年，长沙市图书馆申请长沙市财政下拨"地方文献征集和古籍保护"专项经费，保障地方文献资源建设工作。

征集工作方面，湖南图书馆一方面建立及巩固省直各行业系统的地方文献采集网络体系；另一方面每年通过对全省14个市（州）及所属县（市）的走访，建立书商代理制，逐步建立了覆盖全省市（州）、县区域的地方文献采集网络体系。各市（州）、县图书馆逐步深入政府机关、企事业单位、科研院校等单位访录，还走访当地各行各业的领军人物或是有重要影响的人物，在湖湘名人文献方面进行重点征集。

接受捐赠工作方面，湖南图书馆先后收到过徐特立、张舜徽、周德辉、曾未之、琼瑶、李自健、谭盾等湘籍名人捐赠。湘潭市图书馆先后接收李寿冈、颜梅魁、周磊、康咏秋、谷静、鄢光润等湘潭名人手稿93件。汨罗市图书馆接收康濯夫人王勉思捐赠的康老遗书1000册，杨沫后人也多次向汨罗市图书馆捐赠图书。临澧县图书馆的雪竹楼书画是由临澧籍中国科学院院士黄宏嘉捐资100万元建成，收藏了临澧诗人黄道让，法学家、诗人黄右昌和黄宏嘉以及黄氏一脉 13 位专家学者的著作。桂东县图书馆接受邓力群收藏的古典书籍、名人传记、手稿及邓力群参与编写书籍 3000 册。汝城县图书馆、澧县图书馆等还建有捐赠者专库。

湖南省公共图书馆探索利用数字化技术，进行地方数字资源的建设工作。十年来，主要在地方文献资料数字化替代、地方数据库建设、地方网络平台建设等方面开展相关工作。

地方文献的数字化工作方面，湖南图书馆主要从普通地方文献和专题地方文献两个方面开展。普通地方文献的数字化工作主要依托于国家数字推广工程的文献数字化分项目，通过对 1949 年以后的馆藏地方文献摸底，遴选出文史资料、地方志、湖南人物、非物质文化遗产、湖南日报等专题的地方文献进行数字化加工建设。至 2018 年，湖南图书馆累计完成 10 万余页地方图书和 1 万余版地方报纸的数字化加工。专题地方文献数字化建设依次实施了馆藏古籍善本、民国文献及文革资料等专题地方文献的数字化建设项目，累计数字化古籍善本 6 万余页、民国时期地方报纸期刊文献 20 余万拍。基本实现了该类型历史文献数字化格式的永久保存。常德市图书馆 2015 年完成 2000 页地方文献数字化加工；2016 年，完成地方图书数字化 1 万页、地方报纸数字化及片名识别 2 万版、政府公开信息整合 2 万条；2017 年，完成地方图书数字化 1.5 万页、地方报纸数字化及篇名识别 5000 版、政府公开信息 8000 条。郴州市图书馆在 2016 年至 2018 年间完成地方文献资源数字化处理 20 万页、视频资料 20G。永州市图书馆 2015 年通过申报数字资源建设项目，申请专项资金，将中华人民共和国成立以来永州市的地方文献资源全部数字化。

数据库建设方面，湖南图书馆主要从多媒体资源库和专题片两个方向开展相关建设工作，分别建设有《湖南非物质文化遗产资源库》《湖南近代人物数据库》等 6 个特色资源库、还制作了湖南地下党人系列专题片、湖南《一城一街》系列专题片、《匠心守艺》系列微视频、"湖南红色记忆（湖南抗战）"多媒体资源库和微视频等数字资源。长沙市图书馆在 2012 年建设《长沙地方文艺》《长沙非物质文化遗产》《长沙文物》《星城科学讲堂视频资料库》等地方特色数据库。衡阳市图书馆建设有《王船山著作联合目录与文献数据库》等 10 个特色数据库。韶山毛泽东图书馆 2003 年始初步建成了《毛泽东著作数据库》《毛泽东研究资料数据库》《毛泽东媒体报道资料数据库》《毛泽东照片影音资料数据库》等，数据量共计超过 3 万条。益阳市图书馆、常德市图书馆、怀化市图书馆、绥宁县图书馆、永顺县图书馆、靖州苗族侗族自治县图书馆都建有地方特色数据库。

网络平台建设方面，湖南图书馆建设有"天下湖南网"，该网站是湖南图书馆主办的湖湘文化网站，以"荟萃人文经典，传承湖湘文化"为宗旨，依托于湖南图书馆丰富的馆藏文献资源，汇集了大量的湖南地方特色资源，聚集了大批研究湖湘文化的用户，是湖南特色数字资源的集中展示平台。天下湖南网共收录近 30 万篇文档，2018 年访问量达 600 万次；韶山毛泽东图书馆搭建的毛泽东数字图书馆平台，包含高质量阅读体验的定制化终端、便捷高效的全库搜索引擎系统、是功能丰富、资源多样的在线应用网站，通过互联网面向社会开放数字资源。各馆实施的一系列地方文献数字化措施，对湖南特色地方资源的抢救、推广、保护与传承做了大量工作。

四、研究利用

在开展相关工作的同时，各馆也注重地方文献的理论研究、学术交流和人员培训等工作，以服务带动科研，以科研促进服务。

在人员培养方面，湖南图书馆依托省学会、湘鄂赣皖四省公共图书馆联盟等组织，每年举办各类培训班。例如省学会每年举办全省图书馆基础业务培训班，均设有地方文献科目；在 2013 年，还组织地方文献工作专题培训班，邀请浙江大学李超平副教授、南开大学信息资源管理系柯平教授等专家授课。一系列的培训活动为我省培养了一批专业素质过硬、业务能力较强的专业人才队伍。

在课题服务方面，为了活化地方文献资源，让地方文献的价值得到真正体现，各馆尤为重视为各党政机关，企事业单位、社会团体及学术读者的课题研究提供深层次服务。湖南图书馆所开展的智库服务、课题服务、舆情信息服务、"两会"服务、会议服务以及长沙市图书馆开通的"长沙数字资讯中心""政协委员文献信息咨询平台"等多形式，立体化的信息服务，为我省政治、经济、文化、科技等多领域的发展持续助力。各市县图书馆也利用丰富的地方资料为各类研究课题提供文献和智力支持。例如常德市图书馆为常德史志办课题"常德市志""清嘉庆常德府志校注""清同治直隶澧州志校注"提供文献资料100 多万字、历史图片 200 多幅；益阳市图书馆为"为周立波故居建设""益阳古巷拍摄与保存"等项目提供课题服务；衡阳市衡阳县图书馆为衡阳县界牌釉下五彩瓷、渣江春社、石市竹木雕等项目的申遗提供参考资料；株洲市醴陵市图书馆为醴陵市建设"一江两岸"瓷城古韵项目提供地方资料等。一系列的课题服务繁荣了当地的文化事业发展。

科研成果方面，2009—2018 年，各馆除了为各类科研项目提供服务以外，也利用我省丰富的地方文献资料，积极开展学术研究工作，形成了一批学术成果。湖南图书馆共有20 余部研究地方文献的专著出版，如《湖南图书馆稀见方志丛刊》《湖南地方戏剧知识读本》《传承艺术走进经典——"湖南地方戏剧知识进校园"活动纪实》《湖南少数民族文献概论》等。其中从 2008 年到 2015 年，省馆对本省抗战老兵进行口述史的采集，8 年期间，收集了 150 余名老兵的口述史，后在 2013 年和 2015 年，整理出版《湖南抗战老兵口述录》和《湖南抗战亲历者口述录》。2015 年，湖南图书馆出版《湖南文献撷珍》，该书是一部反映湖南文献、湖湘文化发展历程的知识长卷；2016 年出版的《湖南文献概论》主要以湖南文献的生命周期为依据，全面而系统地介绍各个历史时期的湖南文献概况，为湖湘文化的发展和湖南社会的进程提供可靠的史料。韶山毛泽东图书馆与湘潭大学合作完成国家社科基金重点项目"毛泽东 1949 以前著作版本搜集研究"，承担子课题 8 项，并顺利结项；

2012 年出版《韶山毛泽东图书馆馆藏书目提要（毛泽东生平卷）》；2013 年出版《韶山毛泽东图书馆馆藏书目提要（毛泽东思想卷）》；2017 年出版《韶山毛泽东图书馆馆藏精品图录》；岳阳市图书馆也编制了《岳阳市公共图书馆地方文献联合目录》《岳阳作者著述评论索引》《历史学家刘大年教授研究资料汇编》《地方文献工作微议》等著作。湘西土家族苗族自治州图书馆编有《湘西土家族苗族自治州地方志联合目录》《湘西地方志目录》《实用科技》《土家族研究论文选集》等。湘西土家族苗族自治州凤凰县图书馆参与国家社科基金课题"土家族濒危口述史料的征编与研究"、湖南省社科基金课题"明清以来土家族口述历史的挖掘、整理与数字化保护研究"等课题的研究；怀化市溆浦县图书馆为"千年古县"申遗工作提供地方文献资料，并编辑整理了相关的二次文献。一系列的研究成果大大推进了地方文献的理论研究深度，为研究地方文化做出了不懈努力。

地方文献研究专业委员会是中国图书馆学会学术研究委员会下设的专业学术组织，2005 年，由湖南图书馆担任专委会主任馆，湖南图书馆馆长张勇、贺美华先后担任地方文献研究专业委员会主任，副馆长雷树德担任专委会副主任。2016 年，中国图书馆学会第九届学术研究委员会地方文献研究专业委员会成立。自担任专委会主任馆以来，地方文献研究专业委员会先后组织召开 6 次工作会议、16 次学术研讨会、3 次研讨班。在中国图书馆学会年会举办时，申办地方文献分会场，组织论文评审，召开专题会议。2018 年，专委会正式启动编撰《全国地方文献工作与研究》。

地方文献研究专业委员会开展学术活动一览表（2009—2018）

时间	内容	地点
2010 年 7 月	共享与参与——2010 年中国图书馆年会地方文献研究学术分会场	长春
2011 年 6 月	回顾与展望：2011 年地方文献研究与工作会议	烟台
2011 年 10 月	理论拓展与实践延伸——2011 年中国图书馆年会地方文献研究学术分会场	贵阳
2012 年 5 月	全国首届地方文献研究与工作业务骨干研讨班	开封
2012 年 11 月	多元合作与地方文献工作——2012 年中国图书馆年会地方文献研究学术分会场	东莞
2013 年 11 月	地方文献与图书馆核心服务能力——2013 年中国图书馆年会地方文献研究学术分会场	上海
2014 年 5 月	湘鄂赣皖四省图书馆联盟之地方文献整理与研究培训班	长沙
2014 年 8 月	公共图书馆地方文献工作与数据库建设研讨会	长沙
2014 年 10 月	区域文化发展背景下的地方文献工作——2014 年中国图书馆年会地方文献研究学术分会场	北京
2015 年 12 月	地方文献研究及其理论体系建构——2015 年中国图书馆年会地方文献研究学术分会场	广州
2016 年 12 月	现代公共文化服务体系下的地方文献工作研讨会	长沙

时间	内容	地点
2017 年 10 月	图书馆地方文献工作学术交流暨"北京记忆"新版发布会	北京
2018 年 5 月	加强地方文献研究提升区域文化软实力——2018 年中国图书馆年会地方文献研究学术分会场	廊坊
2018 年 9 月	"国际城市记忆"学术研讨会	北京

湖南省公共图书馆阅读推广工作

2009 年至 2018 年是湖南省公共图书馆阅读推广活动迅速发展的十年。湖南省公共图书馆坚持免费向读者开放，通过举办各类阅读推广活动吸引读者走进和利用图书馆，活动场次逐年增加，阅读推广意识不断增强。特别是 2017 年《中华人民共和国公共文化服务保障法》正式实施，全民阅读推广获得了法制上的保障。2009 年，由湖南省少年儿童图书馆策划组织的"三湘读书月——全省少年儿童系列读书活动"纳入"三湘读书月"活动，2013 年，全省有 60% 的公共图书馆开展了主题为"三湘读书月——全省少年儿童'中国梦·我的梦'"系列读书活动，举办活动 1950 场。2015 年"三湘读书月"活动更名为"书香湖南"。据统计，2009 年至 2018 年，全省共计有 800 余万名少年儿童参与了系列读书活动，共评选出 225 名三湘少儿阅读之星及 608 名阅读优秀个人。

一、阅读推广的资源建设

各级公共图书馆的阅读推广资源主要以馆藏文献为基础。2016 年，长沙市图书馆多元文化馆开放，且东亚文化之都文献资源中心成立，长沙市图书馆开展了"走读世界""语言星球""一带一路"特色阅读推广活动。同年，长沙市图书馆推出的"声音图书馆"项目，利用电子阅览室高清影视室、听音室、录音室的设备，开发以"声音"为媒介的文献形态。湖南图书馆、湖南省少年儿童图书馆、长沙市图书馆、株洲市图书馆等在利用网络平台资源宣传阅读推广活动方面做出了有益的尝试，利用传播速度快、传播人群广、交互性强的网站、微博、微信等网络平台并取得了一定的成绩。

二、阅读推广活动服务对象

2009 年至 2018 年，湖南省阅读推广活动的对象总体归纳为以下三种情况：

省级公共图书馆的阅读推广对象为大众型与重点型兼有，具有较强的对象分龄分众的意识，重点关注老年人、视障人员和进城务工人员。湖南图书馆的"湘图讲坛""湘图展览""百姓课堂"主要面向大众型读者，而"少儿图书馆""女子艺术图书馆""外文阅览室"、"老年人图书馆"、"电子阅览室"等针对儿童、老年人、女性、信息弱势群体全面开展分龄分层活动，活动对象类型清晰，活动实效强。湖南省少年儿童图书馆的活动对象相对固定，常年坚持为未成年人策划与组织活动。

市级公共图书馆的阅读推广对象较为大众化，涵盖了成人型、老年型和少儿读者。县、区级公共图书馆的阅读推广对象较为清晰，以少儿类读者为主。近十年来，县域乡镇的人员结构不断发生变化，县、区级馆接待的读者以少儿居多，加上受限于策划与组织活动的经费与能力，主要依靠省级馆如省少年儿童图书馆的统一策划与组织能力，以此提高活动的实效性。

三、阅读推广活动的形式

2009 年至 2018 年，湖南省各级公共图书馆积极开展阅读推广活动，主要借助互联网、新媒体等方便快捷的工具以及传统节庆日、世界读书日、图书馆宣传服务周等节点，不断创新发展活动形式，呈现出内容丰富、形式多样的特点，其中讲座、沙龙、展览、竞赛、书目快报等也成为常见的阅读推广的有效形式。

湖南各级公共图书馆开展讲座工作，其中常态化开展并有一定品牌影响力的有湖南图书馆的"湘图讲坛"、长沙市图书馆的"橘洲讲坛""星城科学讲堂"、株洲市图书馆的"神农大讲坛"、衡阳市图书馆的"雁城市民讲堂"。经常性举办的有郴州市图书馆的"郴图讲座"和"林邑讲坛市民版块"、湘西土家族苗族自治州图书馆成立的"湘西讲堂"、长沙市开福区图书馆的"开福大讲堂"、临湘市图书馆的"岳州讲坛"讲座（2016 年更名为"临湘大讲堂"）、华容县图书馆的"章台讲坛"、岳阳县图书馆的"忧乐论坛"、新化县图书馆的"梅山讲坛"、隆回县魏源图书馆的"隆回文化讲坛"、辰溪县图书馆的"大酉讲堂"等。

以湖南图书馆和长沙市图书馆为代表，展览数量与质量不断提升。长沙市图书馆凭借新馆开放的契机，自 2015 年起，展览活动精彩纷呈，自主办展能力与社会合作能力日益增强，社会影响力节节攀升。影响力较大的有"湘江此去·文脉"特展、长沙历史街区叙事之太平街绘本展、儿童原创艺术展览、湖湘家谱家训纵览、"城堡人生——卢瓦尔河谷"展览等。此外，衡阳市图书馆、郴州市图书馆、常德市图书馆、益阳市图书馆、邵阳松坡图书馆、永州市图书馆、湘西土家族苗族自治州图书馆主要以与各社会机构合作的方式不定期举办各类展览。

全省开展教育培训活动。湖南图书馆的"百姓课堂"、长沙市图书馆的"百师千课"、悦读吧·手工课堂、"新三角创客空间"等项目坚持了多年并较好地发挥公共图书馆的社会教育功能。县、区级图书馆的教育培训类活动因场地、人才与经费的限制，主要结合农家书屋项目、少儿类活动等方式来开展，呈零星状态，未形成规模。

策划与组织大型读者活动。湖南图书馆每年举办"新春文化庙会"、"世界读书日"

及中秋节活动，坚持多年，形成品牌，受到读者喜爱。2017年，湖南图书馆组织策划以"湖湘气派　濂溪一脉"为主题的纪念周敦颐诞辰1000周年系列活动，成为省内公共图书馆面向大众规模最大、持续时间最长、报道数量最多的一次专题活动。湖南省少年儿童图书馆自2011年举办"三湘读书月——全省少年儿童系列读书活动"，开展"三湘少年儿童阅读之星评选"活动，涵盖全省大部分市（州）、县（区）级公共图书馆，受益的少儿群体规模广泛，社会影响力较大。市级图书馆中有代表性的是长沙市图书馆的读者活动，如与中央电视台《朗读者》栏目合作开展"为爱发声"朗读活动，与长沙音乐厅合作开展"侧耳倾听"助盲公益活动，举办"东亚文都·书香长沙"中国图书馆第十一届全民阅读论坛活动，与日本龟尾市图书馆缔结友好图书馆，与长沙市文联、市新华书店、岳麓书社、法国驻武汉领事馆等建立良好合作关系，共同举办"2018我们的节日"新春诗会、"怡起悦读，陪伴成长——百图城市悦读分享会长沙站"、"致敬经典——法语戏剧大赛半决赛"。此外，株洲市图书馆"你读书·我买单"活动，郴州市图书馆"4·23"世界读书少儿阅读节、"春苗书屋"少儿阅读推广项目等均已成为业界有影响力的活动。

四、阅读推广的品牌建设成果

经过十年的建设，我省公共图书馆阅读推广品牌建设取得了一定的成绩，大致形成了省级示范、市级推广和县（区）级效仿的局面。湖南图书馆、湖南省少年儿童图书馆、长沙市图书馆、株洲市图书馆、郴州市图书馆被中国图书馆学会评为全民阅读示范基地。

省级公共图书馆的品牌化建设已趋于成熟，建立了几个在行业内有影响力、在全省有示范性的品牌。湖南图书馆先后被评为中国图书馆学会"全民阅读示范基地"及湖南省科技厅、省委宣传部、省教育厅"湖南省优秀科普基地"，"走进图书馆　过个文化年"春节文化庙会项目获韬奋基金和中国图书馆学会阅读推广委员会全民阅读年会案例一等奖。2012年"城市教室　市民讲坛"获得湖南省"三湘群星奖"项目奖，"追梦育人　湘阅一生——湖南图书馆分龄分众阅读推广服务的创新举措"项目获中国图书馆学会"2016年阅读推广优秀项目"。"三湘读书月"系列活动被原湖南省新闻出版广电局、湖南省文明办评为"书香湖南全民阅读品牌示范项目"。2016年"湘图讲坛"被湖南省新闻出版广电局、湖南省文明办评为"全国示范项目""百姓课堂"获第五届"三湘群星奖"项目类奖，2016年湖南省公共图书馆服务成果三等奖。

省少年儿童图书馆的"三湘读书月——全省少年儿童系列读书活动"坚持数年，社会反响良好。自2009年开始，由省委宣传部、省文明办、省文化厅、省教育厅、省新闻出版局、团省委、省妇联、省关工委八部委联合发文并共同组织开展，全省少儿读书活动纳入每年的"三湘读书月"系列活动。2010年湖南省少年儿童图书馆因此项目获得"全省未成年人思想道德建设先进单位"称号。此项活动获得了国家级与省级各级奖励，如2010年获得国家文化部群星奖，两次获得湖南省"三湘读书月"活动优秀组织奖，2015 年在湖南省新闻出版广电局、湖南省文明办联合开展的首届"书香湖南"全民阅读品牌创建活动中，"书香湖南"全民阅读品牌示范项目获第一名，2016 年获得全省公共图书馆优秀服务成果特等奖。省少儿馆的其他活动如"'童乐'亲子同乐汇——湖南省少年儿童图书馆亲子阅读推广"项目在 2014 年中国图书馆学会举办的全国优秀绘本馆评选表彰中获评"十佳主题绘本推广活动"，在 2017 年获中国图书馆学会颁发的阅读推广优秀项目，并获得了"全国家庭亲子阅读推广活动优秀案例"一等奖。2016 年由深圳少年儿童图书馆发起，湖南、福建、重庆等 14 省市图书馆联合主办"我最喜爱的童书"评选活动中，湖南省少年儿童图书馆获华润怡宝杯"我最喜爱的童书"阅读推广贡献奖。

市级公共图书馆阅读推广活动的品牌化建设工作稳步推进，阅读推广活动逐步走向常态化、品牌化。长沙市图书馆多年坚持品牌建设活动。2014 年设立"新三角创客空间"，该项目 2017 年获文化部文化产业双创服务体系建设资金扶持；2016 年长沙图书馆启动"青苗计划"，2018 年"青苗计划"阅读实践活动获中国图书馆学会"第一届公共图书馆创新创意征集推广活动最佳青年创新奖"，被中国图书馆学会评为"2018 年中图年会'最美故事'风采展示活动优秀服务成果"；2017 年成立"悦享·新知"品牌读书会，获 2018 年出版界图书馆界全民阅读年会优秀案例奖；2017 年东亚文化之都文献资源中心成立，开展"走读世界""语言星球""一带一路"特色阅读推广活动，2018 年该中心被评为"长沙市对外交流示范基地"；"阅读悦成长"项目获第六届湖南艺术节"三湘群星奖"。株洲市图书馆自 2010 年起开展"你读书我买单"活动，受到读者喜爱与媒体关注，2015 年该活动获湖南省群星项目奖；2014 年"神农大讲坛"被省委宣传部评为"湖南省优秀学习载体"。2018 年郴州市图书馆"春苗书屋"荣获中央宣传部、中央文明办等 15 个中央部门联合颁发的学雷锋志愿服务"最佳志愿服务项目"奖。衡阳市图书馆"雁城市民讲堂""雁城市民展厅""雁城市民影院""节庆文化活动""流动图书进军营"等公益服务项目形成"阅读推广＋"做法，产生了较好的社会影响，2009 年获文化部创新奖，2015 年获中国图书馆学会"全民阅读"活动先进单位、"雁城市民讲堂"获湖南省第五届艺术节"三湘群星奖"项目奖。2018 年"雁城市民讲堂、雁城市民展厅、流动图书进军营、雁城市民影院"项目获湖南省文化厅"文化志愿服务示范项目"。衡阳市少年儿童图书馆开展各种少儿读书活动，形成"衡阳市少年儿童读书活动""周末快乐读书活动""童书推荐专栏"3 个少儿阅读推广品牌。2013 年"周末快乐读书活动"获衡阳市文化广电新闻出版工作创新奖，2015 年被文化部评为全国基层文化志愿服务典型案例。2009 年开展"红读活动引导少年儿童课外阅读""延伸服务触角·构建和谐社会"两个项目获湖南省公共图书馆第七届服务成果二等奖。2016 年"周末快乐读书活动""衡阳市少年儿童读书活动"两个项目分别获 2016 年湖南省公共图书馆服务成果二等奖、三等奖。

县、区级图书馆有省、市级品牌建设工作的带领，从单纯组织活动开始注重品牌建设。

2015年辰溪县图书馆开办了"大酉讲堂"阅读活动，2018年在湖南省文化艺术节荣获"三湘群星奖"。祁东县图书馆"牵手贫困地区少年儿童阅读行动"项目和石门县图书馆"开展'4·23'世界读书日活动·联盟打造读书服务品牌"等项目获2016年湖南省公共图书馆服务成果三等奖。总体来说，县、区级公共图书馆的阅读推广活动的品牌建设工作在起步阶段其打造活动品牌的意识有待进一步加强，活动的策划组织能力需要进一步提升。

湖南省公共图书馆文献资源建设

2016年、2017年，《中华人民共和国公共文化服务保障法》《中华人民共和国公共图书馆法》相继颁布实施，文化信息资源共享工程、数字图书馆推广工程、公共电子阅览室计划、古籍保护工程等文化惠民工程进一步推进，湖南省公共图书馆文献资源建设取得新成就。

一、文献资源建设

湖南省公共图书馆藏书总量由2009年的1477万册（件）增加到2018年的3305万册（件），增加了1828万册（件），增幅达123.76%，年均增长182.8万册（件）。

2010年，湖南省公共图书馆文献资源总藏量为1961万册（件），其中图书藏量为1593万册（件），报刊271万册（件），视听文献和缩微制品36万册（件）。2011年，文化部、财政部制定《关于推进全国美术馆、公共图书馆、文化馆(站)免费开放工作的意见》，全面启动所有公益性文化单位的免费开放工作。湖南省公共图书馆加大资金投入，藏书总量达2362万册（件）。2014年，湖南省公共图书馆藏书总量达2422万册（件）。2018年，湖南省公共图书馆文献资源总藏量为3305万册（件），其中图书藏量为2734万册（件），报刊325万册（件），视听文献和缩微制品66万册（件）。

湖南省公共图书馆（2009—2018）献藏量统计表（单位：万册）

年份	2009	2010	2011	2012	2013	2014	2015	2016	2017	2018
省级馆	422.09	439.08	461.91	487.30	512.71	536.37	561.98	583.64	596.49	614.77
长沙	130.36	131.96	147.51	176.05	195.42	213.65	235.32	336.54	368.98	470.01
株洲	83.39	87.09	103.39	128.30	134.80	140.62	149.86	206.28	308.31	327.16
湘潭	64.17	66.37	69.25	75.00	129.57	133.51	137.80	141.89	148.95	156.41
衡阳	72.58	74.60	102.30	122.01	180.17	188.71	196.25	204.05	213.27	239.45
邵阳	132.37	138.48	144.11	149.66	167.45	175.11	180.98	187.80	233.85	264.06

年份	2009	2010	2011	2012	2013	2014	2015	2016	2017	2018
岳阳	57.45	62.68	67.34	74.99	118.81	122.16	123.78	128.81	134.66	142.04
常德	84.78	86.79	90.25	113.15	144.74	152.37	157.05	162.81	170.27	179.05
张家界	11.50	12.10	13.20	14.50	21.49	21.95	23.25	30.65	38.77	40.17
益阳	83.94	65.84	67.56	69.79	107.93	112.17	112.73	117.60	122.23	126.69
郴州	67.93	72.43	77.67	84.52	114.82	126.69	150.94	158.38	144.46	153.63
娄底	54.69	44.39	46.42	61.35	91.33	92.96	94.51	96.87	105.33	107.40
永州	65.99	59.21	63.14	65.89	120.09	150.76	166.35	172.12	179.95	186.43
怀化	87.65	78.58	90.63	82.82	153.42	161.44	167.96	177.07	181.58	190.95
湘西土家族苗族自治州	57.68	51.17	60.64	88.10	89.44	93.72	96.48	98.68	103.05	107.08

注：1. 省级馆藏量指湖南图书馆和湖南省少年儿童图书馆的藏量之和。

2. 各地区的藏量指各市（州）级和县级公共图书馆的藏量之和。

3. 文献藏量数据包括古籍、图书、报刊、音像制品、缩微制品、电子图书的数据之和。

湖南省公共图书馆馆藏图书主要来源于图书馆采购、出版社交存、政府配送、社会捐赠、走访征集等途径。图书馆采购是公共图书馆馆藏图书来源的最主要方式，一般分为政府招标采购和图书馆自主采购。

2009 年，湖南图书馆首次采用招标采购方式，实施图书采购政府招标计划，当年完成中文图书和电子资源等三个项目的招标工作，全年文献购置专项经费为 439.19 万元，采购图书文献 7.85 万种，13.53 万册（件）。2018 年，全省公共图书馆采取政府招标采购，馆藏图书采购得到保障和采购工作更加规范有序。

2018 年，湖南图书馆的古旧文献、家谱、地图、照片、信札、手稿、日记、方志、年鉴、湖湘人物资料等地方文献的入藏均采用自主采购。长沙市图书馆、各市（州）、县图书馆在本地特色文献和地方文献藏书建设方面都保留了自主采购这一有效方式。

2010 年，湖南图书馆收藏文献 361.5 万册（件）。2011 年湖南图书馆藏书量 376.2 万册（件）。2014 年，湖南图书馆藏书量 435.7 万册（件）。2018 年，湖南图书馆投入 710 万元用于藏书建设，馆藏文献总量为 485.5 万册（件），其中图书、报刊 363 万册（件），古旧文献 80 余万册（件），音像制品、缩微制品 20 万册（件）。

湖南图书馆文献（2009—2018）采购一览表

年份	种数（种）	册数（册）
2009	78501	135310
2010	79346	157323
2011	75422	156319

年份	种数（种）	册数（册）
2012	89433	204392
2013	93442	199446
2014	47502	156645
2015	43747	172242
2016	54393	156366
2017	54260	119727
2018	92950	164699

注：数据包括图书、报刊、音像制品、缩微制品、古籍、家谱、地方文献，不含电子图书和数据库。

湖南人民出版社、岳麓书社、湖南教育出版社、湖南文艺出版社、湖南美术出版社、湖南地图出版社、湖南科学技术出版社、湖南少年儿童出版社、中南大学出版社、国防科技大学出版社、湖南大学出版社、湖南师范大学出版社、湘潭大学出版社等13家出版社，均按照有关法规将出版的新书缴送给湖南图书馆。2009年，湖南图书馆接收省内各家出版社交存湘版图书2406种4301册。2018年，湖南图书馆接收省内各家出版社交存湘版图书3412种7157册。2009年至2018年，湖南省13家出版社共向湖南图书馆交存了湘版图书39063种69360册。

2006年，中共湖南省委、湖南省人民政府决定编纂出版大型文化丛书"湖湘文库"，全书分甲、乙两编，共702册。2009年4月16日，时任湖南省副省长郭开朗主持召开"湖湘文库"首发暨赠书仪式，时任湖南省委书记、省人大常委会主任张春贤，时任省委副书记、省长周强，时任省政协主席胡彪，时任省人大常委会副主任陈叔红等领导出席，时任湖南图书馆馆长张勇，湖南图书馆副馆长雷树德参加仪式，并接受赠书。2013年8月，"湖湘文库"出版告竣，全省139家公共图书馆都陆续接收了政府配送的"湖湘文库"丛书。

2013年，邵阳市委、市政府启动文化丛书"邵阳文库"编纂，2016年4月20日，邵阳市举行"邵阳文库"首发式，该丛书共分典籍、"非遗"、文选、风物与研究4大类201种218册。2017年，"邵阳文库"告竣，配送给邵阳市公共图书馆。

湖南图书馆制订《湖南图书馆接受赠送文献的管理办法（草案）》，设立专岗位，负责社会捐赠事宜，设计制作了湖南图书馆捐赠证书、收藏证书、赠书回函，并在湖南图书馆网站开辟"赠书留香"专栏，及时向社会更新捐赠信息。

2018年，湖南图书馆为黄瑞冬、龙立平、何立庠、今关信子举行了捐赠仪式。2009年，湖南图书馆接收社会赠书1005种1480册，2018年接收社会赠书9989种23727册，丰富了馆藏。韶山市图书馆新馆于2012年竣工，接受国家图书馆捐赠图书7390种、天津市少儿图书馆捐赠图书8200种、深圳少儿图书馆捐赠图书7150种。社会捐赠22740种，占馆藏图书种数的89.02%，构成了该馆建馆的基本馆藏。

2013 年，湖南图书馆修订《湖南图书馆文献采选条例》《湖南图书馆文献采选方针（草案）》，成立文献资源采选委员会，定期召开馆藏文献资源采选会议，优化藏书结构，文献资源合理布局，哲学、历史、社科、政治、经济、科技、文学、艺术等门类图书配比更加契合省级公共图书馆的服务功能和发展定位。

长期以来，湖南图书馆在文献资源建设中，坚持以综合性为主，兼顾特色的收藏原则，注重对毛著版本、重点学科文献及特色文献资源建设，形成了古籍、家谱、方志等特色馆藏。2016 年，湖南图书馆召开采访工作会议，提出文献资源建设的三个主题方向：特色文献及数据库、数字资源及电子文献、实体文献（纸质文献），明确实体文献建设四个优先保证：保证地方文献的收藏、保证参考文献品种的需求、保证民间文献实物文献的收藏、保证省级馆读者日常借阅的需求。

湖南省少年儿童图书馆藏书种类齐备，涵盖社会科学、自然科学等 22 类。同时根据少儿馆自身特点，全面系统地采选适合少儿的图书文献、少儿视听资料等，重点采选国内外优秀影视作品、音乐作品、汉语儿童教育资料，形成包括金羽毛世界获奖绘本、国际安徒生大奖绘本、英国凯特·格林纳威大奖绘本、信谊幼儿文学奖绘本、中国风·儿童文学名作绘本、中华原创绘本、中国非物质文化遗产图画书、蒲蒲兰绘本、启发精选绘本、魔法象精选大奖图画书、魔法象严选图画书等国内外各类名家大奖绘本在内的特色绘本系列藏书。2018 年，馆藏图书文献达 129.29 万册（件），其中文学艺术类 72.85 万册（件），在馆藏图书中比重较高，特色明显，占比达 56.35%。

2009 年，长沙市图书馆藏书 44.4 万册（件），同年成立藏书建设领导小组，制订《长沙市图书馆文献资源建设规则》《长沙市文献采访细则》。2018 年，全馆藏书达 165 万册（件）。常德市图书馆购书经费按比例分配为社会科学图书占 50%，自然科学图书占 20%，报刊占 25%，视听文献、电子文献占 5%。到 2018 年，藏书达 50.4 万册（件）。

《中华人民共和国公共图书馆法》第二十四条规定："公共图书馆应当根据办馆宗旨和服务对象的需求，广泛收集文献信息；政府设立的公共图书馆还应当系统收集地方文献信息，保存和传承地方文化。文献信息的收集应当遵守有关法律、行政法规的规定。"

湖南省各级公共图书馆在文献资源建设时，依据本馆办馆宗旨和服务需求，广泛系统收集地方文献信息，保存和传承地方文化，形成特色馆藏。有条件的公共图书馆一般设立有专门的地方文献征集部门，划拨专项经费，专人负责，通过采购、走访征集、鼓励捐赠等多种方式注重收集本区域地方文献。

走访征集文献是公共图书馆文献资源建设的补充。公共图书馆特色文献、地方文献藏书建设，如各市（州）、县的志书、年鉴、文史资料、乡土资料、乡贤著述等，多是非正式出版物，采购不易，需要到当地走访征集。湖南图书馆设立有专门的地方文献征集小组，制定走访征集工作方案，深入政府机关、企事业单位、科研院校等，联系访求地方文献资料及湖湘人士著述，每年不少于 3 次到各市（州）、县走访当地党史办、宣传部、文联、文史委等相关单位，征集地方文献资料。2018年，地方文献征集组分别去湘西土家族苗族自治州、常德、岳阳、娄底等市（州）、县开展征集工作，征集珍贵史志资料90余种。长沙市图书馆设立长沙地方人文馆，专门负责长沙地方文献资料的走访征集，和长沙市属各县（市、区）馆建立走访征集联动机制，扩大征集范围和影响。

2010年，湖南图书馆制订《湖南图书馆职工采购征集地方文献工作考核奖励办法（试行）》，规定全馆员工人均每年需完成3种以上地方文献的采购征集指标。地方文献部设湖南文献工作室，专人负责地方文献征集。2018年，用于地方文献的专项资金达到百余万元，地方文献馆藏数量和质量得到稳步提升，已形成了湖湘人物资料、湘籍名人稿本、湖南方志、湖南家谱等特色馆藏，相继建成了湖湘人物资料中心、湖南省地方文献收藏研究中心、湖南省家谱收藏研究中心等三个省级特色研究中心，引领全省公共图书馆地方文献建设。湖南图书馆是中国图书馆学会学术研究委员会地方文献研究专业委员会的主任馆。

长沙市图书馆每年划拨购书经费的5%用于地方文献征集。2015年，申请长沙市财政"地方文献征集和古籍保护"专项经费，设置专人负责地方文献工作。至2018年，征集地方文献资料1.28万种，内容涵盖地方志、史料、统计资料、年鉴、名录、族谱、期刊、专题资料汇编。株洲市图书馆通过对外发布征集信息、和县（市）公共图书馆签订征集地方文献责任状等方式开展地方文献征集工作。2018年，在株洲日报、株洲晚报上刊登《关于在全市征集地方文献的通知》，征集地方志、年鉴、家谱族谱、名人志等，馆藏地方文献有12.85万册。湘潭市图书馆开设有齐白石、毛泽东、彭德怀专题文库。郴州市图书馆与瀚天云静文化公司开展郴州地方文献征集工作和文库建设。常德市图书馆与市、县文联、党史办、社科联等单位合作，重点采集反映常德市历史、文化、农业、旅游资源、工业化建设的文献。

2010年，湖南省公共图书馆报刊藏量为271万册（件），2018年已达到325万册（件）。湖南图书馆设立专门的报刊阅览室，提供报刊的开架阅览，有种类齐全、内容丰富的中文报刊，还有以英语、日语、德语、俄语、西班牙语等为主的外文报刊。此外，还设立有过刊室，将那些时效性不强的报刊，按年月装订成册，供读者查阅。2009年，湖南图书馆采购中文报刊3552种，外文报刊93种，交换赠送报刊299种。2018年，湖南图书馆采购中文报刊207种，外文报刊96种，交换赠送报刊258种。随着阅读习惯和阅读方式的变化，湖南图书馆采购中文报刊种数有所下降，而增加了视听文献和缩微制品的采购，以及大幅增加了电子图书报刊和数字资源的建设。

二、数字资源建设

2002年4月，全国文化信息资源共享工程实施。2010年，国家图书馆实施了县级数字图书馆推广计划，同年公共电子阅览室计划启动试点。2011年，文化部、财政部共同推出数字图书馆推广工程，2012 年 2 月，文化部、财政部印发《公共电子阅览室建设计划实施方案》。2018 年，湖南全省 14 个市（州）公共电子阅览室数量达 2259 个，计算机设备 5410 台，注册用户 3.02 万。

湖南省公共图书馆实施"公共电子阅览室建设计划"，推广数字图书馆，完善省文化信息资源共享网络，建设数字资源，完善服务设施，增强服务能力。数字资源建设以"合作共建""合理共享"为原则，集中与整合各地区分散异构的资源，建设一批主题明确、特色鲜明、类型丰富、组织有序的先进性、知识性、趣味性为一体的优秀数字资源库，使数字资源建设整体水平跨越式提升。数字资源主要内容涵盖了中文电子图书、电子报刊、地方志、舞台艺术、非物质文化遗产、电影、电视剧、文化讲座、精品文化专题库、少儿动漫、农业技术、科普、医疗卫生、法律法规、生活百科等。

湖南省公共图书馆数字资源建设是对购买的商用数据库、自建的特色数据库、共享的数字资源进行整合重组，构建成湖南省公共图书馆数字资源总库。公共图书馆在数字资源建设中应适应网络化、数字化发展的需要，加强电子出版物、数据库和网络信息资源的采集和保存，提高馆藏文献数字化能力，精心选择特色文献进行数字化，循序渐进，建立特色数据库，扩大数字化出版物的采购馆藏比例，扩大数字资源在全省的覆盖面，提高对基层图书馆的数字资源保障能力。

湖南图书馆在数字资源建设中，参考读者多样化阅读需求，科学采购商用数据库，广泛开展资源共建共享，逐步建立了基于电脑端和移动端，涵盖电子图书、电子期刊、有声服务、报纸资讯、音视频、触摸媒体等多类型数字资源的统一检索平台，为读者提供一站式数字阅读服务。2009 年，湖南图书馆采购 12 个商用数据库，资源总容量 3.67TB。2010 年，湖南图书馆搭建"天下湖南网"主站平台，建设湖南文献网上资源库，全年上传文字数据近 3000 条。在湖南图书馆的 OPAC 中整合购买的商用数字资源和自建特色数据库，使持证读者登录到湖南图书馆网站后，可以在任何地方免费阅读湖南图书馆的全部数字资源。当年，湖南图书馆入藏购买数据库 13 个，数字资源容量 89.6TB，自建数字资源 5.8TB，并将自行采购的和自建的数据库及共享的数字资源加以整合，建成《湖南省公共图书馆数字资源总库》，数字资源总量达 95.4TB。2015 年，采购数据库 21 个，数字资源总量达 134.6TB。2017 年，湖南图书馆推出国内首个"一网读尽"数字阅读平台。至 2018 年，采购商用数据库 52 个，数字资源 382.8TB，采购经费为 1252.52 万元。

湖南省少年儿童图书馆为中国数字图书馆少年儿童湖南分馆。2015 年，按照"国家数字图书馆推广工程"的要求，采购国家图书馆精选的优秀数字资源，内容涵盖传统文化经典、少儿视频、文津经典诵读、国图公开课、非物质文化遗产、老照片、政府公开信息等多种精品数字资源，可供读者阅读的数字资源共享量达 51TB。湖南省少年儿童图书馆每年还购买适合少年儿童特点的数字资源，2018 年，湖南省少儿馆拥有 127 万种电子图书和少量少儿专题数据库，数字资源储量达 36TB，有镜像资源 12TB，可访问阅读的数字资源 302TB；2018 年，长沙市图书馆外购读秀、博看期刊、新语听书、中国知网等优秀数据库 13 个，涵盖 200 多万种电子图书，1 万多种期刊，300 多万篇学术论文等资源，数字资源总量 80.5TB。

湖南省公共图书馆注重数字文献资源建设，筛选具有历史、文化价值的特色文献，结合馆藏优势和用户的知识需求，深度挖掘各类信息资源，有序推进馆藏文献数字化，建成一批体系化、特色化的专题特色资源库。

2009 年至 2018 年，湖南图书馆缩微拍摄民国图书 57 卷、4.19 万拍，缩微拍摄《湖南日报》《长沙晚报》《株洲日报》《湘潭日报》146 卷 7.42 万拍。扫描古旧信札 5380 页，完成名人信札数字化建库。数码拍摄家谱 59.02 万拍。扫描古籍、地方文献等资料 12.07 万页。民国时期的《大公报》《湖南日报》《大刚报》《力报》《长沙日报》缩微胶卷转换数据光盘 450 张。在此基础上，完成 5.45 万条元数据仓储，5.45 万条唯一标识符注册与维护，10.5 万页地方图书数字化、1 万页地方报纸数字化，共 977GB；12.055 万条政府公开信息，共 52GB；600 个网事典藏，共 200GB；2 个专题资源采集，共 82.4GB；165 讲国图公开课，共 242GB；1 个专题资源库即湖南少数民族风情专题库。2018 年，湖南图书馆省级分中心已建成 10 个特色资源库、7 部文化专题片、9 部微视频、1 部音频资源，其数字资源累计达 35.68TB，形成了一批具有湖湘特色和一定影响力的资源建设成果。湖南图书馆建成 6 个特色资源库：湖南地方戏剧资源库、湖南红色记忆资源库、湖南近代人物资源库、湖南古村镇古民居资源库、湖南非物质文化遗产资源库、湖南少数民族风情资源库。

2018 年，湖南省少年儿童图书馆拥有自建资源 32TB，包括数字图书馆总馆、视频库、美术馆、科普馆、连环画馆、外语馆、小小故事、音乐人生、童话王国、环境保护、报刊荟萃、自创动画、读书活动、文化讲座等。其制作的"小星星漫游纳米世界""小星星漫游过去与未来""民国时期少年儿童漫画形象""民国时期动漫画谱资源""清末民初新闻漫画知识库"资源成为国家图书馆数字资源征集项目。

长沙市图书馆数字资源建设起步于 20 世纪 90 年代。2012 年，建设长沙地方文艺、长沙非物质文化遗产、长沙文物、星城科学讲堂视频资料库等地方特色数据库。2014 年至 2018 年，向"数字图书馆推广工程"申报"政府公开信息加工"项目，完成政府公开信息加工 3.5 万条；开展口述长沙数据库建设及新东方数据库推广、"带您发现不一样的CNKI"等数字阅读推广活动。向"数字图书馆推广工程"申报"星城旧影·长沙老照片专题资源库""地方报纸数字化"，完成 7000 张老照片的征集、整理和数字化工作。至 2018 年，全馆自建数据库 6 个，数字资源存储量 80.5TB。长沙市雨花区图书馆根据自身优势建设书目型数据库，如《馆藏中文图书书目数据库》《馆藏中文期刊书目数据库》，建成全文型数据库《湖湘人物库》《湖南地方志》《长沙年鉴》《非遗数据库》以及多媒体型资源库《雨花区视频数据库》《雨花区图片库》，总数据量达到 18.5G。株洲市图书馆建成醴陵陶瓷、醴陵烟花、株洲名人、炎帝文化数据库，建设株洲历史上的今天、株洲地方音频等自建数字资源 5TB，购买及自建数字资源共建成 37.5TB，开通在线数据库 30 多个。湘潭市图书馆建设地方特色数据库，包括《齐白石文献研究专题资源库》《湘潭地区人物数据库》《湘潭文化讲坛以及湘潭地方文献数据库》。岳阳市图书馆建有 5 个特色资源库：《地方图书数字资源库》《地方报纸数字资源库》《政府信息公开资源库》《网事典藏资源库》《图书馆公开课资源库》。2009 年至 2018 年，衡阳市图书馆建成《王船山著作联合目录与文献数据库》《衡阳抗战文献数据库》《衡阳古籍图书联合目录》《衡阳历史文化数据库》《衡阳名人·名人与衡阳数据库》《南岳历史文化数据库》《地方资源数据建设》《公开课（雁城市民讲堂）数据库》《政府公开信息数据库》《口述衡图历史数据库》。2015 年，南县图书馆申请国家级非物质文化遗产保护项目——"南县地花鼓专题片"、南县厂窖惨案专题片，获全国文化信息资源共享工程 2015 年度地方资源建设立项，2016 年完成项目的拍摄制作工作，整理出高清素材时长共计 109 多小时，容量 2TB。隆回县魏源图书馆拍摄隆回县国家级非遗项目专题片。湘西土家族苗族自治州文化广电新闻出版局承建"湘西民族民间文化"多媒体资源库，湘西土家族苗族自治州图书馆拍摄《神秘湘西》文化专题片。郴州市图书馆承建抗战老兵口述资源及视频资源专题数据库。怀化市图书馆建立地方文献数据库，反映当地概况、统计数据、招商引资和产业动向、旅游信息，将地方特产、地方名人、风土民情、旅游景观等文献资料进行整理加工，建立《地方名优产品数据库》《人物资料数据库》《风土民情数据库》《旅游资料数据库等专题数据库》。

三、文献整理

2011 年，湖南图书馆升级 ILAS Ⅱ 为 Interlib 第三代图书馆集群管理系统，集采访、编目、典藏、流通于一体，使图书馆业务管理趋于自动化。2013 年，全国图书馆联合编目中心湖南分中心成立。经过 5 年实践，湖南分中心队伍发展用户 109 家，用户遍布湖南省各地，形成了一个包括湖南分中心馆藏信息记录的网上书目库。湖南分中心成立后，湖南图书馆按照全国图书馆联合编目中心制定的各项标准规范，利用第三代图书馆集群管理系统，做好编目数据，保证湘版图书、湖南年鉴、地方志、家谱等各类地方文献能及时上传到全国图书馆联合编目中心，提高了数据的时效性。至 2018 年，湖南省县级以上公共图书馆均采用了第三代图书馆集群管理系统，进行计算机编目，废除了卡片目录，大大提升了图书整理编目的效能。湖南分中心向国家图书馆全国联编中心上传以湖南地方文献为主的编目数据 39091 条。湖南省公共图书馆馆藏文献的整理编目使用《中图图书馆分类法（第五版）》和《中国分类主题词表》标引，根据《中国文献编目规则》著录。上传或下载按照国家图书馆出版社出版《CNMARC 书目数据编制方法及操作实例》《新版中国机读目录格式使用手册》的要求进行书目记录。湖南图书馆古籍采用"五部"分类法，既经、史、子、集、丛五类，编制《湖南图书馆古籍著录条例》《湖南图书馆古籍暂行分类表》，旧平装书采用《中国人民大学图书馆图书分类法》分编。

湖南省少年儿童图书馆开架图书依据《中国图书馆分类法》（儿童图书馆、中小学图书馆版）分类排架。期刊先根据期刊名称按四角号码排列，然后再按种类和年份进行排架、上架，报纸先根据报名按四角号码排列，然后再按种类和年份进行排架、上架，声像资料采用拼音字母进行分类。长沙市图书馆古籍据《四库全书总目》分类法按经、史、子、集、丛书、民国书、单幅文献、期刊 8 大类进行分类。

湖南省公共图书馆学术研究与交流

随着国家对公共文化服务事业重视度的提升，湖南省公共图书馆获得的财政拨款有了显著提高。2011 年，《关于推进全国美术馆公共图书馆文化馆（站）免费开放工作的意见》正式颁布后，财政对公共图书馆的拨款有较大幅度的上升。再加近年高等教育事业的迅速发展，越来越多受过高等教育的毕业生进入各级公共图书馆，优化了图书馆行业的从业人员结构，提升了图书馆行业的整体学术研究能力。在湖南省公共图书馆事业取得飞跃发展的同时，湖南省公共图书馆学术研究也达到新的高度。

2009 年至 2018 年，伴随着湖南省公共图书馆事业的迅速发展，湖南省公共图书馆学术研究也取得了显著的成果，学术激励和学术管理制度更加健全合理，学术交流活动更加频繁，从业人员整体知识修养和学术研究水平不断提升，出版的专著、发表的论文无论在数量还是质量上都有很大程度的上升，学术研究对事业发展的促进作用也日益明显。

一、学术研究

（一）学术制度的制定和完善

2009 年，湖南省图书馆学会建立"青年人才基金"，奖励和资助在学术、科研工作中做出贡献的人员，并制定了《湖南省图书馆学会"青年人才基金"方案（试行）》。为了充分调动省内图书情报事业的人力资源，扩展图书情报人才的培养空间，促进湖南省图书情报事业的可持续发展，湖南省图书馆学会决定设立"湖南省图书馆学会中青年人才库"，定向指导、扶持和推动界内有为中青年的学术研究，促进中青年学术人才的成长，制定了《湖南省图书馆学会中青年人才库评选方案》，对中青年人才的评选标准和机制进行了明确规定，并于 2011 年、2013 年进行了修订。为加强湖南省图书馆学会中青年人才库管理，促进人才库的健康发展，制定《湖南省图书馆学会中青年人才库管理办法（试行）》。2009 年，《湖南省图书馆学会立项课题管理办法（试行）》发布，对立项课题的总体要求、工作机制、课题申报、课题结项等都进行了规范，2016 年，又对此办法进行了修订。

湖南图书馆加强了学术制度的制定和优化，为全省公共图书馆学术研究管理起到引领和示范作用。2012年，《湖南图书馆学术研究课题及成果管理办法》《湖南图书馆课题研究指南》相继发布，对科研管理进行了制度规范。2013年，修订《湖南图书馆学术研究课题及成果管理办法》。2014年，湖南图书馆组织编写《图书馆制度研究与案例分析》，由国家图书馆出版社出版，其中有一章专门论述学术研究制度，从学术组织机构、学术研究项目管理制度、学术研究考核制度、学术研究激励制度等几个方面对学术制度进行了较为全面的论述，也为系统化建立、优化学术制度提供了理论方面的指导和案例借鉴。2017年，《湖南图书馆国家社科基金管理办法（试行）》出台，对国家社科基金的使用和管理进行了相应规范，使课题基金的管理和使用进一步制度化、规范化、标准化。在学术激励方面，湖南图书馆制定了一系列制度，对课题、专著、论文、工作项目等，按重要程度给予不同额度的配套资助或奖励。

其他如郴州市图书馆，也在2012年制定了《科研奖励办法》，鼓励员工进行学术研究。

（二）学术人才的发现和培养

湖南省公共图书馆为了发现和培养学术人才，在制度设计、工作安排、学习培训等方面做了各方面的探索。湖南图书馆为了营造学术研究氛围，提升员工学术研究能力，发现优秀学术研究人才，从2012年开始，每年举办青年学术论坛，要求40岁（后调整为35岁）以下员工必须参加。青年学术论坛每年有100余篇论文产生，馆方从中评出30%左右优秀论文予以奖励，并组织优秀论文作者进行学术交流。2012年至2018年，通过连续七届青年学术论坛的举办，发现了一批具有学术潜质的优秀人才，也产生了一大批具有较高学术水平的优秀论文。湖南图书馆还设置了馆立项课题，并给予一定的配套资助，鼓励员工积极申报，通过做课题提升员工的学术研究能力。此外，如湖南省少年儿童图书馆也有相关文件鼓励和支持学术人才的成长。长沙市图书馆则给发表学术论文的员工提供优先参加学界学术交流的机会。

通过中国图书馆学会每年的学术征文平台，每年也有不少具有较强学术研究能力的人才脱颖而出。2009年至2018年，湖南省公共图书馆界一批作者在中国图书馆学会组织的学术征文中获奖，并有作者被邀请作会议发言。如湖南图书馆在此期间有14篇论文在中国图书馆学会年度征文中获得一等奖，刘小花、夏雨雨、程倩倩等3人在学会年会上作了学术发言。

通过业界的一些学术交流活动，如2013年中南、西南省（市、自治区）公共图书馆业务协作研讨会征文、全国地方文献研究与工作研讨会等，也发掘了一些具有较强学术研究能力的人才。通过多年的训练、积累，一批公共图书馆界学术新人不断成长、成才。

湖南省图书馆学会通过青年人才库平台和学术成果奖评奖活动，也发掘了一大批图书馆学研究人才。2009年，湖南省图书馆界中青年人才库评选中，湖南图书馆王旭明、李月明、陈瑛，衡阳市图书馆刘忠平，岳阳市图书馆秦利群，冷水江市图书馆谢晓波等入选。2010年湖南省图书馆界中青年人才库评选中，湖南图书馆蔡璐，长沙市图书馆李怡梅，冷水江市图书馆唐思京入选。2013年湖南省图书馆界中青年人才库评选中，湖南图书馆王隽、刘雪平、徐志入选。2014年湖南省图书馆界中青年人才库评选中，株洲市图书馆黄小平入选。2015年湖南省图书馆界中青年人才库评选中，湖南图书馆宁阳、许莉、姚舜入选。2018年湖南省图书馆界中青年人才库评选中，湖南图书馆王兰伟、许志云、邓文池，韶山毛泽东图书馆王健入选。

（三）学术研究内容

1. 课题研究

2009年至2018年，湖南图书馆主持、参与国家级课题7项，省部级课题17项，厅局级课题3项，社会团体课题5项。2009年，完成国家课题"《中国图书馆分类法（第五版）》中TM、TN、TP三类的修订审校"和"公共图书馆文献资源建设法律保障研究"之子课题"全国公共图书馆文献资源建设情况统计分析报告"。2010年，承担文化部课题"公共图书馆法"立法项目子课题。2012年，参与国家社科规划办课题"我国公共图书馆体系政策保障研究"。2016年，张勇主持申报的国家哲学社会科学立项课题"内源驱动的基层图书馆可持续发展机制研究"正式立项，打破了此前湖南图书馆主持申报的国家哲学社会科学课题立项为零的纪录。在省部级课题立项方面，2011年"湖南省公共图书馆参与乡村传播的机制研究"获得湖南省哲学社会科学基金重点项目立项，"基于知识地图的湖南近代人物特色数据库构建研究"入选一般项目。2013年，"湖南地方戏剧数据库建设与开发利用研究"被省社科规划办立项。2014年，"湖南历代私家藏书文化的探索与研究"被省社科规划办立项。2017年，"'互联网+'环境下我省公民信息素养提升策略研究"和"社会力量参与全民阅读推广机制研究"获得省社科规划办青年项目立项资助。成果鉴定方面，2010年湖南省哲学社会科学立项课题"湖南省公共图书馆事业志"结项，被鉴定为"优秀"。2014年，"湖南近代图书馆史""湖南抗战老兵口述录"被省社科联鉴定为"省内先进水平"。湖南图书馆还获得一些厅局级立项课题，如2011年"湖南省图书馆服务标准"获得湖南省质量技术监督局批准立项。此外，湖南图书馆还设置了馆立项课题，并设专岗进行课题立项、结项等管理。2009年至2018年，湖南图书馆立项课题计26项，如"省级公共图书馆立法决策信息服务研究""区域文化与区域文献研究""全媒体时代的图书馆阅读推广研究""公共文化服务体系下省级公共图书馆的功能与定位研究""统一云管理视图模式下网络公共文化空间的构建与实践研究""跨界合作对公共图书馆服务成效提升的理论与实证研究""湖南文献史略"等。

湖南省少年儿童图书馆在课题研究方面也取得进展。2011年，参与省部级课题"全国少年儿童阅读推广服务平台"。2012年，承担国家级课题"公共图书馆少年儿童服务规范"，后由国家市场监督管理总局、中国国家标准化管理委员会发布正式发布（GB/T36720—2018）。2014年，承担厅局级课题"未成年人科普特色活动"。

韶山毛泽东图书馆2017年承担国家社科基金重点项目"毛泽东1949年以前著作版本搜集研究"子课题8项。凤凰县图书馆则参与了国家社科基金课题"土家族濒危口述史料的征编与研究"，省社科规划办课题"明清以来土家族口述历史的挖掘、整理与数字化保护研究"，湖南省图书馆学会中青年人才库项目"原生态文化视角下土家族女红口述历史的挖掘与保护研究"。

2. 学术专著

2009年至2018年，湖南省公共图书馆界出版了一批学术专著，涵盖古籍整理与研究、目录学著作、湖南藏书刻书研究、图书馆史、口述史、网络信息研究、图书馆制度研究、图书馆法研究、读者活动研究、阅读推广、图书馆资源建设等诸多领域。

古籍整理与研究。湖南省公共图书馆界古籍藏量丰富，丰富的古籍馆藏资源成为开展学术研究的不竭宝库。湖南图书馆作为省内古籍存量最多的馆，开展的研究也最多，而且取得了丰硕的成果。在此期间，古籍整理与研究方面的著作主要有：《清风画韵》（湖南人民出版社2009年版），《湖南氏族迁徙源流》（岳麓书社2010年版），《湖南图书馆藏近现代名人手札》（岳麓书社2010年版），《湘人著述表》（岳麓书社2010年版），《湖南图书馆民国图书期刊报纸目录》（线装书局2011年版），《湖南近现代藏书家题跋选》（岳麓书社2011年版），《湖南古旧地方文献书目》（岳麓书社2011年版），《湖南家谱知见录》（湖南教育出版社2011年版），《湖南历代名人楹联墨迹》（亚洲传媒出版社2012年版）《湖南古旧文献目录附编》（线装书局2013年版），《湖南单幅文献目录》（线装书局2013年版），《湖南刻书史略》（岳麓书社2013年版），《湖南文献撷珍》（湖南人民出版社2015年版）《湖南图书馆古籍普查登记目录》（国家图书馆出版社2015年版），《湖南文献概论》（岳麓书社2016年版）。岳阳市图书馆出版的古籍研究方面的学术专著有《岳阳市图书馆馆藏古籍图录》（延边大学出版社2014年版）。

图书馆学研究。2009年至2018年，图书馆学基础理论、图书馆史、图书馆服务研究、图书馆资源建设、图书馆数字化、图书馆阅读推广、图书馆宣传研究等，都取得了新的进展。湖南省公共图书馆界这一时期也产生了一批研究专著。

湖南图书馆的研究专著主要有：《图书馆网站建设》（中南大学出版社2009年版），《湖南省公共图书馆事业志》（湖南人民出版社2010年版），《湖南近代图书馆史》（岳麓书社2013年版），《图书馆制度研究与案例分析》（国家图书馆出版社2015年版），《网络信息开发与利用》（国家图书馆出版社2015年版），《中华人民共和国公共图书馆法——导读·阐释·践行》（国家图书馆出版社2018年版）。

湖南省少年儿童图书馆出版的图书馆学研究方面的专著主要有：《全国少年儿童阅读调查报告》（海南出版社2011年版），《少年儿童图书馆员专业知识与技能研究》（海南出版社 2012 年版），《公共图书馆儿童读者活动理论与实务》（湖南大学出版社 2017 年版）。此外，还承担了一些书的部分章节，如《中国图书馆事业发展报告少年儿童卷（第四章）》（国家图书馆出版社 2017 年版），《第六次全国县级以上公共图书馆评估定级知识问答汇编（第四部分第三章）》（《中国学术期刊》电子杂志有限公司 2017 年版）。

长沙市图书馆出版的学术专著有：《区域图书馆资源共建共享模式研究——以长沙地区为例》（知识产权出版社 2014 年版），《区域图书馆系统一体化建设研究——以长株潭为例》（沈阳万卷出版公司 2017 年版），《星城科学讲堂讲座精选》（知识产权出版社 2017 年版）。

岳阳市图书馆出版的图书馆学研究专著有：《地方文献工作微议》（中国戏剧出版社 2009 年版）。

图书馆人其他作品集。湖南图书馆在此期间还出版了《图不掉的记忆》（湖南人民出版社 2009 年版），《图不掉的记忆Ⅱ》（湖南人民出版社 2015 年版），内收湖南图书馆员工的散文、随笔等作品，反映了图书馆人的精神、文化、生活面貌。

3. 学术论文

2009 年至 2018 年，湖南省公共图书馆界比例最大的学术成果当数学术论文，湖南图书馆这一阶段发表学术论文 580 篇；湖南省少年儿童图书馆发表学术论文 86 篇，在各级各类征文活动中有 45 篇论文获奖；长沙市图书馆发表学术论文 100 篇；其他市县图书馆在此期间也有大量学术论文发表。这些论文的研究内容，涵盖图书馆学理论研究、公共文化服务、阅读推广、资源建设、数字图书馆建设、古籍整理和研究等众多领域。

图书馆学理论研究。代表性论文主要有：《社会选择图书馆若干基本认识的分析研究》（张勇）、《公共图书馆的职业尊严与职业使命——从二级图书馆办出一级幼儿园说起》（邹序明）、《美国图书馆对我国图书馆事业的借鉴意义》（邹序明）、《论我国公共图书馆职业范式转换》（邹序明）、《大学精神与图书馆精神的相互彰显》（邹序明）、《十年图书馆学回顾与思考——关于学术史的对话》（韩继章）、《图书馆与现代性散思》（韩继章）、《图书馆学本土化散思》（韩继章）、《十年磨一剑，如何》（韩继章）、《期刊、学术及其他》（韩继章）、《价值观散议》（韩继章）、《从知识节点到文化阵地——谈互联网时代的公共图书馆角色》（王兰伟）《新儒学视域下的图书馆功能新论》（王兰伟）、《史学视野下图书馆社会教育职能的形成、演变及发展》（邓文池）、《从生存走向自尊——欠发达地区公共图书馆自我发展能力构建》（廖雯玲、王旭明、刘小花）、《移动互联网时代图书馆核心能力的再认识》（宁阳）等。

图书馆事业发展。代表性论文主要有：《湖南省衡阳市公共图书馆的五年之变——对"回访调研"所获数据的分析》（李月明）、《对衡阳公共图书馆公共资源使用问题的思考》（陈瑛）、《从衡阳样本看基层公共图书馆发展的助力分析》（王旭明、王茜）、《回顾·展望·提升——中部地区公共图书馆事业的发展分析与思考》（刘小花、邹序明）、《2005—

2015年衡阳市公共图书馆事业发展概况——"衡阳调研"十周年回访调研报告》（刘忠平、颜素华）、《内源发展："中部洼地"的思考与再突破》（刘小花）、《实现我国公共图书馆事业均衡发展的新任务——基于内源发展理论的中部洼地现象填补之策》（刘小花）、《常德市图书馆监狱分馆建设实践》（杨明英）、《基层公共图书馆生态管理模式研究》（刘朝晖）、《公共图书馆生态管理策略生成模式研究》（刘朝晖）等。

阅读推广研究。代表性论文主要有：《长沙市小学生课外阅读状况调查报告》（杨柳）、《公共图书馆少儿阅读服务趋势探析》（杨柳）、《未成年人阅读推广活动运动机制研究》（杨柳）、《关于城乡少年儿童阅读状况的比较与思考——基于湖南少年儿童阅读调查报告》（薛天）、《公共文化服务视域下图书馆儿童阅读活动产品化趋向研究》（薛天）、《以现代服务新理念构建全民阅读新生态》（王自洋）、《基于图书馆联盟的公共图书馆全民阅读推广研究》（刘雪花）、《全民阅读立法与公共图书馆的社会责任》（刘雪花）、《公共文化服务体系中儿童阅读推广研究》（刘雪花）、《阅读立法视野下社会力量参与全民阅读推广研究》（刘雪花）、《社会力量参与全民阅读的主体、方式和内容》（刘雪花）、《数字时代"听书"视阈下图书馆阅读推广服务研究》（魏海燕、姚照丰）、《基层图书馆阅读推广探析》（李奕）、《发展公共图书馆读者队伍之我见》（杨明英）、《我国中小学生阅读研究》（黄俐萍）、《女性阅读与图书馆应对》（曹漫枝）等。

文献信息资源建设。代表性论文主要有：《儿童图书馆连环画的收藏与利用》（郭坚）、《湖南地方戏剧数据库的设计与实现》（李月明、杨敏）、《边缘化趋势下的连环画收藏研究——以湖南图书馆为例》（徐志、张勇）、《浅议图书馆数字信息资源建设中存在的问题及对策》（张文勇）、《湖南省文化共享工程信息资源建设与服务体系研究》（张文勇）、《基于区域文献理念的特色数据库共建共享探索》（王兰伟）、《全媒体时代图书馆信息资源建设工作初探》（许莉）、《互联网＋特色视频资源——对湘鄂赣皖四省数据的调研与启示》（王彬）、《公共图书馆自建数字资源库的发展路径分析》（丑楚）等。

信息服务。代表性论文主要有：《文化信息资源数字化建设与服务初论》（李月明）、《公共图书馆为党政机关服务的实践和思考》（李月明、邹序明、刘小花）、《图书馆立法决策信息服务文献研究综述》（陈炎、李月明）、《图书馆立法决策信息服务用户定位探析》（陈炎）、《图书馆立法决策信息服务的问题及对策探析》（陈炎）等。

图书馆与现代技术。代表性论文主要有：《浅谈人物数据库网站的核心表现——以湖南近代人物资源库建设为例》（蔡璐）、《图书馆存储及扩展方案——以湖南图书馆为例》（黄凯、蔡璐、黄浩）、《数据挖掘技术在特色资源库中的应用》（蔡璐）、《云计算时代谈 OPAC 功能改进》（姚舜）、《关联规则算法在图书自动推荐系统中的应用》（姚舜）、《公共图书馆网站监测与优化》（姚舜）、《图书馆微信借书系统的设计与实现》（姚舜）、《应用 Xunsearch 实现自建数据库全文检索》（姚舜）、《基于 BM25 模型与借阅预测模型的书目检索排序算法研究》（姚舜）等。

图书馆业务研究。代表性论文主要有：《图书馆口述历史工作探索与思考——〈寻访抗日老兵〉案例分析》（赵惠、刘芳、蔡璐）、《理论与实践——图书馆口述历史工作探索》（王兰伟）、《口述历史人物访谈工作实践——以湖南图书馆抗战老兵口述历史工作为例》（夏雨雨）、《新形势下图书馆员在口述历史工作中的角色定位——以湖南图书馆开展口述历史工作为例》（夏勉）、《图书馆公共文化服务在提升居民幸福感方面的重要作用》（李婷）、《现代公共文化服务体系建设视野下的图书馆志愿者服务》（徐志）、《泛在学习环境下的自助图书馆服务》（徐志）、《图书馆文创工作现状分析及发展思考》（蔡璐）、《公共图书馆微信公众平台运营推广研究》（张钰梅）、《基于 WCI 的图书馆微信公众号内容营销策略研究》（张钰梅）、《基于借阅数据的阅读现状分析及图书馆的立场和对策研究——以湖南图书馆为例》（廖雯玲）、《中部地区公共图书馆发展中一般性问题研究——以湖南省公共图书馆为样本》（廖雯玲）、《公共图书馆为农民工服务之探讨》（熊再华）、《农家书屋工程建设的问题分析与出路探究》（黄光群）等。

地方文献研究。代表性论文主要有：《地方公共图书馆传承地方文化的途径与策略研究——以"图书馆核心价值研究"为例》（许志云）、《区域文化背景下的当代湖南文献发展特色》（许志云）、《公共图书馆地方文献建设的现状与变革》（许志云）、《蜕变的尴尬：地方文献研究定位与服务的再探索——基于 CNKI 核心期刊文献计量及可视化分析》（王彬）、《镜头背后的新契机——图书馆地方特色文化专题片拍摄及其应用研究》（王彬）、《长沙市图书馆地方文献工作现状及发展思路》（李怡梅）、《开发利用地方文献资源为旅游发展服务》（陈昌艳）、《地域视野下地方文献建设的思考》（陈代广）等。

图书馆科研管理研究。代表性论文主要有：《公共图书馆科研工作的体制与机制建设研究》（宁阳）、《公共图书馆科研工作奖励制度建设研究》（宁阳）、《公共图书馆科研管理策略研究——以湖南图书馆为例》（宁阳）、《公共图书馆科研支持服务建设研究》（宁阳）、《图书馆学术人才现状及建设策略研究》（宁阳）、《公共图书馆学术研究工作考核制度的设计与思考》（宁阳）、《转变认识·搭建平台·创新机制·营造氛围——论当代青年图书馆员学术研究的突围路径》（邓文池）。

图书馆史研究。代表性论文主要有：《民国视野下的湖南地方图书馆事业（1912—1949）》（沈小丁）、《民国时期湖南大学图书馆发展演变》（沈小丁）、《湖南图书馆创设的历史机缘》（沈小丁）、《南岳中正图书馆历史演变》（沈小丁）、《王云五研究四十年：回顾与述评》（邓文池）、《民国出版界与图书馆界的互动及影响——以出版人王云五的图书馆事业为中心考察》（邓文池）等。

古籍整理与研究。代表性论文主要有：《中文兵书文献管理现状调研报告》（寻霖）、《王夫之与衡阳刘氏之交往及佚文》（寻霖）、《清代湖南官书局刻书》（寻霖）、《湖南刻书概述》（寻霖）、《湖南文献史概述》（寻霖）、《周敦颐著述及版本述录》（寻霖）、《康和声对王船山著述的整理与研究》（寻霖）、《苏舆致杨树达信札两通》（刘雪平）、

《近代湖南私家藏书综述》（刘雪平）、《湖南省图书馆藏敦煌写经叙录》（刘雪平）、《磨镜台高不染尘——湖南图书馆馆藏南岳佛僧文献述略》（刘雪平）、《湖南近代私家藏书文化刍议》（刘雪平）、《顾颉刚致罗根泽信札十通》（刘雪平）、《陶澍致李星沅信札考释》（许莉）、《〈湖南近现代藏书家题跋选〉述评》（许莉）、《民国时期湖南文献特色初探》（许莉）、《历修〈湘潭县志〉及失传版本查考》（文鸣）、《王闿运纂〈湘潭县志〉版本校辨》（文鸣、沈艾飞）、《石鼓书院被毁时间考证》（丁民）。

二、学术交流

（一）学术活动和学术会议

2009 年至 2018 年，湖南省公共图书馆事业取得了长足的发展，同时也和各界进行了内容丰富的学术交流活动，举办了形式多样的学术会议。广泛的学术交流和多样的学术会议，促进了湖南省公共图书馆事业的发展，培养了从业人员的业务素质，开阔了视野，提高了研究能力和研究水平。

2009 年 12 月，湖南省图书馆学情报学首届"研究生论坛"在湖南图书馆举办。

2011 年 5 月，"2011 中美图书馆员专业交流项目·湖南省图书馆馆长高级研讨班"在长沙举行，研讨班由中华人民共和国文化部、美国博物馆及图书馆服务机构（署）主办，中国图书馆学会、湖南图书馆、湖南省图书馆学会、美国伊利诺伊大学厄本那香槟校区图书馆、美国华人图书馆员协会承办。7 位美国图书馆学专家为来自全省公共图书馆、高校图书馆和科研图书馆的 240 余位代表授课。

2012 年 12 月 9 日，湖南省图书馆学会 2012 年会在长沙举行，200 人参加。时任上海图书馆馆长吴建中作了题为"图书馆转型与超越"的学术报告。

2014 年 10 月，湖南省图书馆学会与美国青树教育基金会和中国青树乡村图书馆服务中心联合主办的"第六届信息技术与教育国际学术研讨会"在长沙召开，研讨会主题为"图书馆与口述历史及地方文化"，来自美国、英国、塞尔维亚、新加坡等国家以及中国台湾、香港地区的 30 位口述史专家和国内口述史、图书馆界学者 300 人进行交流与探讨。11 月，由中国图书馆学会学术研究委员会少数民族图书馆专业委员会、民族文化宫、中国民族图书馆联合主办，湖南省图书馆学会、湖南图书馆协办，吉首大学、吉首大学图书馆承办的"第十三次全国民族地区图书馆学术研讨会"在吉首市召开，会议主题为"民族地方文献保护与研究"。

2015 年 11 月，由湖南省图书馆学会与北京超星数图信息技术公司联合举办的"互联网+"时代下图书馆资源建设学术研讨会在长沙举行，200 人参加会议。

2016 年 9 月，全国"中部地区公共图书馆事业发展论坛"在长沙召开，会议由湖南省文化厅主办，湘鄂赣皖四省公共图书馆联盟协办，湖南图书馆和湖南省图书馆学会承办。

来自江西、河南、湖南、湖北、安徽等中部地区公共图书馆领导、图书情报界和期刊界的百余人参加会议。11月，由中国图书馆学会学术研究委员会地方文献研究专业委员会主办，湖南图书馆、湖南省图书馆学会承办的"现代公共文化服务体系下的地方文献工作研讨会"在长沙召开，全国300人参加了会议。

2018年4月，由湖南省图书馆学会、湖南图书馆、吉首大学联合主办的"2018图书情报武陵山高峰论坛"在吉首大学张家界校区举办。湖南图书馆馆长贺美华发表致辞并主持研讨会。南开大学、南京大学、中国人民大学、武汉大学的5位"长江学者"以及全国各地图书馆馆长200人参加会议。

（二）学术阵地《图书馆》

《图书馆》作为湖南图书馆、湖南省图书馆学会主办的图书馆学情报学档案学类学术期刊，2009年至2018年继续保持了较高的学术影响力，连续入选全国中文核心期刊、CSSCI来源期刊、中国图书馆学优秀期刊、RCCSE中国核心学术期刊。2012年，《图书馆》获评第二届湖湘优秀出版物（期刊类）二等奖、第七届全国图书馆学优秀期刊、2012年度湖南省社科联优秀会刊。2014年，《图书馆》栏目"新理念、新思潮、新视野论坛"获第四届湖南省期刊优秀栏目奖。2015年，《图书馆》获评湖南省社科类社会组织期刊检查评估"最佳会刊"。2018年，《图书馆》入选人大报刊复印资料重要来源期刊。

2009年至2018年，《图书馆》策划推出"青年图书馆学家论坛""新理念、新思潮、新视野论坛""探讨与争鸣""图书馆史""基层图书馆工作""国外图书馆""书林清话""今日观察：衡阳公共图书馆再聚焦""今日观察：聚焦公共图书馆免费开放""阅读文化研究""公共图书馆'十三五'规划""大学图书馆公共性研究""中部地区公共图书馆事业发展""美国图书馆学教育研究""文化扶贫""公共文化服务研究""地域文化与阅读推广""工作研究""公共图书馆法解读""图书馆学基础理论研究""口述历史""乡村文化振兴""图书馆空间再造""图书馆智慧服务研究""情报研究""政府开放数据研究""国外图书馆法""图书馆文创产品开发"等诸多专题。

《图书馆》长期坚持人文关怀，关注技术进步，聚焦学术前沿，注重图书馆学基础理论研究，重视学术研究对事业发展的促进作用，就公共图书馆和高校图书馆事业发展、图书馆学学科发展、图书馆学教育问题、图书馆法治建设、基层图书馆发展、图书馆空间再造等诸多问题，刊发了大量优秀作者的论文。图书馆界、情报界著名学者王子舟、肖希明、柯平、王世伟、吴建中、蒋永福、吴稌年、黄如花、司莉等在《图书馆》发表大量研究成果。湖南省图情界代表学者李后卿、胡德华、文庭孝、龚蛟腾等，湖南省公共图书馆界研究人员张勇、雷树德、邹序明、王旭明、韩继章、陈瑛、李月明、蔡璐、杨柳、郭坚、刘忠平等，也在《图书馆》上发表了研究文章。

湖南省文化信息资源共享工程、数字图书馆推广工程和公共电子阅览室建设计划

为适应信息化、数字化、网络化的发展要求，加强公共数字文化建设，提高公共文化服务能力，推动覆盖城乡的公共文化服务体系建设，切实保障人民群众的基本文化权益，提高公民的思想道德素质和科学文化素质，文化部、财政部自2002年4月以来，相继创新实施了全国文化信息资源共享工程、数字图书馆推广工程和公共电子阅览室建设计划（简称"三大工程"）。十年来，湖南图书馆全面提升我省公共图书馆的文献保障水平和信息服务能力，拓展服务渠道，丰富服务手段，进一步加强资源共享，扩大资源总量，形成规模效益，成为我省的资源建设整合中心、数据交换中心、资源管理中心和对外服务中心，为读者提供多层次、多样化、专业化、个性化的数字图书馆服务。

一、工程建设过程

根据《文化部、财政部关于实施全国文化信息资源共享工程的通知》（文社图发〔2002〕14号），湖南省于2002年启动文化信息资源共享工程建设。经过多年来的建设，至2018年，全省共建成1个省级分中心、14个市（州）支中心、123个县级支中心和2241个乡镇基层服务点，远程教育工程合作共建基层服务点达47090个，参与单位包括省、市（州）、县级图书馆以及省、市级文化（群艺）馆，其中省级分中心设在湖南图书馆，各市级、县级支中心分别设在相应的市（州）、县级图书馆，基层服务网点主要建设在乡镇（街道）和村（社区），同时覆盖了部分学校、军营、企事业单位等，基本形成了覆盖全省的省、市（州）、县、乡镇和村五级文化共享工程服务网络。

2011年5月，文化部、财政部联合下发了《关于实施"数字图书馆推广工程"的通知》，这作为文化部实施的重大文化惠民工程，推动基本公共文化服务标准化、均等化，坚持保障基层群众与特殊群体的文化权益，推动新媒体、新技术在图书馆建设与服务中的应用，以创新跟进时代脉搏，用科技助力图书馆事业发展，将更便捷、更丰富、更智能、更高效的数字图书馆产品和服务，带到全国图书馆用户身边。

2011年，湖南省正式实施数字图书馆推广工程。2012年，推广工程覆盖范围逐步扩大。除娄底市、张家界市因无市级图书馆没有参与工程外，其他12个市（州）图书馆均实现与湖南图书馆和国家图书馆的网络对接，其中湖南图书馆对上实现与国家图书馆通过专线连接，对下实现与市（州）图书馆通过虚拟专用网连接，初步建成全省数字图书馆骨干网络。

2012年，文化部、财政部下发关于印发《"公共电子阅览室建设计划"实施方案》的通知（文

社文发〔2012〕5 号），全国启动"公共电子阅览室建设计划"，湖南省文化厅制定《湖南省文化厅关于抓好乡镇、街道、社区公共电子阅览室建设的意见》《湖南省公共电子阅览室技术平台总体建设方案》。硬件建设方面，根据电子阅览室建设标准，从 2011 年至 2013 年，分别对全省 2241 个乡镇、1227 个社区文化站、199 个街道文化活动室进行了设备补充。省级分中心于 2013 年 8 月实施完成项目第一期建设任务，与全国公共文化发展中心实现对接，分别接通了长沙市支中心和长沙县支中心。在软件建设方面，加快"公共电子阅览室管理信息系统"安装进度，2016 年 3 月在张家界慈利县专门召开全省专项工作部署现场推进会议，下发《关于全省公共电子阅览室管理信息平台建设工作的情况通报》。至 2018 年，湖南省已建成公共电子阅览室 1526 个，安装计算机设备 4471 台，提供上机服务 8.1 万人次，注册用户 2.56 万人，网址访问 278.38 万条，平均开放时长为 9.3 小时。

为保障数字资源服务更好地稳定运行，湖南图书馆搭建了全省数字图书馆硬件支撑平台，并多次全面提质升级，至 2018 年，有实体服务器 32 台，虚拟服务器 51 台，硬盘存储容量 350T，电信联通双线网络带宽 300M，基本满足全省数字图书馆工作和使用的需要。数字文化资源建设形成规模，湖南图书馆自建了"湖南地方戏剧资源库""湖南红色记忆资源库""湖南非物质文化遗产资源库""湖南古村镇古民居资源库""湖南少数民族风情资源库"地方特色数据库，购买了 CNKI 知网、读秀等 10 多种不同类型资源数据库，拥有数字资源总量 174TB，其中自建资源 62TB，外购资源 112TB，累积整合 4000 万篇社科与自然科学论文，150 多万篇全文电子图书，4 万多有声读物，1 万多部视频节目，50 多万篇法律文章。

2009 年至 2018 年，湖南图书馆先后制定《湖南图书馆数字图书馆推广工程管理办法》《湖南图书馆数字图书馆推广工程培训工作管理办法》《湖南图书馆数字图书馆推广工程培训工作考评办法》《湖南图书馆数字图书馆推广工程人员管理办法》《湖南图书馆数字图书馆推广工程设备管理办法》《湖南图书馆数字图书馆推广工程硬件设施管理制度》。

为了促进市（州）、县公共图书馆充分利用数字资源开展服务，从 2009 年开始，湖南图书馆与市（州）、县公共图书馆签订《全省公共图书馆数字资源共享协议》。2015 年，数字资源的使用已成常态，共享协议取消。

湖南省数字图书馆推广工程经费统计表

年份	金额（万元）	经费来源	经费用途
2011	1050	中央财政补助资金	市级图书馆硬件平台建设
2013	150	中央财政补助资金	省级平台建设
2014	230	中央补财政资金	省级平台建设升级
2015	666	中央财政补助资金	全省数字资源建设和服务推广
2016	827.2	中央财政补助资金	全省数字资源建设和服务推广
2017	721	中央财政补助资金	全省数字资源建设和服务推广
2018	683	中央财政补助资金	全省数字资源建设和服务推广

二、平台建设

（一）公共电子阅览室管理平台

2012 年 2 月，根据《文化部、财政部关于印发"公共电子阅览室建设计划"实施方案》（文社文发〔2012〕5 号），2013 年，湖南省制定《湖南省文化厅关于抓好乡镇、街道、社区公共电子阅览室建设的意见》，明确全省需要加快公共电子阅览室技术平台建设，实现全省各省市县乡镇、街道、社区各级，层层互联互通目标。

（二）中西部贫困地区公共数字文化服务提档升级项目

2016 年至 2018 年，中央财政按照乡镇综合文化站 5 万元，配备资源浏览／下载一体机、平板电脑、摄像机、互动体验播出终端；数字文化驿站 2.5 万元，配备资源浏览／下载一体机、平板电脑、互动体验播出终端。2018 年，已覆盖全省 136 个乡镇、377 个村级服务点。

（三）文化共享工程"进村入户"项目

2017 年至 2018 年，中央财政下拨专项建设资金，旨在打通公共文化服务体系面向基层的数字资源传输渠道，以"入站"模式提高文化共享工程资源入户率和基层公共文化服务效能。项目配送公共文化一体机与网络电视互动播出终端等设备，同时开展地方特色推广活动。

2017 年至 2018 年，文化共享工程项目向长沙县、韶山市、醴陵市、攸县、临湘市配送 290 套公共文化一体机和互动播出终端到 140 个基层服务点。

（四）公共文化服务云平台建设

2015 年至 2017 年，中央财政拨款专项经费用于省级分中心实施公共文化服务云平台建设。通过数字资源加载、大数据采集和云服务推广，建成并运营"湖南公共文旅云"PC 端和移动端。2018 年 12 月，微信公众号粉丝数量达 2.07 万。

（五）数字图书馆虚拟网建设（VPN）

2012 年，启动数字图书馆推广工程建设，2014 年实现国家图书馆与湖南省内所有市（州）级图书馆的网络对接。其中，国家图书馆与省级图书馆通过联通 150M 专线连接，省级图书馆与全省所有市（州）级公共图书馆以及湖南省、湘潭、邵阳、衡阳少年儿童图书馆共 17 家图书馆实现了 VPN 连接，并完成了平台建设。

（六）基层图书馆互联互通

基层图书馆互联互通即通过网络专线建设将县级图书馆接入国家数字图书馆网络体

系。2016年，湖南启动基层图书馆互联互通建设项目。2018年，将长沙县图书馆、浏阳市图书馆、湘潭县图书馆、涟源市图书馆、华容县图书馆、南县图书馆、茶陵县图书馆、桃江县图书馆、湘乡市图书馆、衡阳县图书馆、资兴市图书馆接入国家数字图书馆网络体系，打通推广工程资源服务"最后一公里"。

（七）大数据整合平台

2018年，按国家图书馆要求，湖南启动统一用户登录平台建设，部署长沙市图书馆、株洲市图书馆、衡阳市图书馆、湘西土家族苗族自治州图书馆的平台，实现与国家图书馆的大数据整合。

三、资源项目建设

（一）地方特色文化专题资源和红色历史文化资源建设

2009年至2018年，湖南省地方特色文化专题资源和红色历史文化资源建设总计获得中央财政补助资金2335万元。具体如下表：

湖南地方特色文化专题资源和红色历史文化资源建设一览表

年份	立项项目	经费（万元）	承建单位
2013	湖南古村镇古民居建筑多媒体资源库	200	湖南图书馆
	湖南红色记忆多媒体资源库（第三期）	152	
	湖南地方戏剧多媒体资源库（第五期）	100	
2014	《湖南地方戏剧多媒体资源库》之"湖南戏剧名家"系列专题片	100	湖南图书馆
	《湖南古村镇古民居建筑多媒体资源库》之"一城一街"系列专题片	84	
	湖南红色记忆多媒体资源库之"湖南地下党人"系列专题片	84	
	"湖南抗战老兵口述录"素材片	120	
2015	《湖南少数民族风情》系列专题片之白族	60	湖南图书馆
	《湖南少数民族风情》系列专题片之侗族	65	
	"湖南地方戏剧"多媒体资源库之湖南戏曲动漫	300	
	《南县厂窖惨案》专题片	48	南县图书馆
	《南县地花鼓》专题片	48	
	《隆回县国家级非遗项目》专题片	39	隆回县图书馆

年份	立项项目	经费（万元）	承建单位
2016	戏曲动漫——湖南篇	300	湖南图书馆
	"湘西民族民间文化"多媒体资源库	100	湘西土家族苗族自治州图书馆
2017	"湖南地方戏剧"多媒体资源库（第六期）	50	湖南图书馆
	"匠心守艺"（或名湖湘工匠）系列微视频	72	
	"湖南红色记忆"多媒体资源库（第五期）	50	
	口述长沙	12	长沙市图书馆
	抗战老兵口述资源及视频资源	21	郴州市图书馆
	《神秘湘西》文化专题片	60	湘西土家族苗族自治州图书馆
2018	《湖南地方戏剧之湘剧》微视频	60	湖南图书馆
	《湖南少数民族风情之苗族》微视频	30	
	《湖南少数民族风情之土家族》微视频	30	
	中国儿童书法动漫	150	

（二）动漫资源建设

2015 年，"戏曲动漫·少儿篇"获中央财政专项建设资金 300 万元。省级分中心制作了 24 集动漫视频，共 144 分钟。2016 年，"中国戏曲经典动漫·湖南篇"获中央财政专项建设资金 300 万元。2017 年 12 月，省级分中心制作了 21 集动漫视频，共 210 分钟。2018 年，"中国儿童书法动漫"（一期）获中央财政专项建设资金 150 万元。

（三）地方特色资源建设

2015 年至 2018 年，湖南共建设完成 18.7 万条元数据仓储，14.1 万条唯一标注册与维护，111.99 万页地方图书和地方报纸数字化，43.68 万条政府公开信息，3300 个网事典藏，1945 节国图公开课，8 个专题资源库即白族和侗族专题资源库、湘潭地区人物数据库、常德人物专题资源数据库、株洲名人文化专题资源库、长沙老照片专题资源库、湘西苗族专题资源库、湘西土家族专题资源库。

（四）服务推广与培训

湖南省文化共享工程、数字图书馆推广工程开展特色活动一览表

年份	活动主题	活动范围
2012	文化共享传统文化进校园	长沙市
2012	文化共享 惠泽三湘	长沙、衡阳、岳阳
2016	大众美育馆——"小画笔，画世界"少年儿童图文创作征集	全省各级图书馆

年份	活动主题	活动范围
2008—2017	传承经典　共享文化——文化共享工程公共电子阅览室暨传统文化进校园行动	湖南图书馆
2017	湖南省青少年党史国史主题教育活动	全省各级图书馆
2018	公共文化服务云平台基层应用推广活动	湘西、宁远、韶山
2018	湖南省公共文化服务"进村入户"惠民工程设备配送仪式	长沙县
2018	文化进高墙·知识促改造	湖南女子监狱
2018	美好生活·群众原创作品征集	全省各级图书馆

（五）线上线下开展形式多样的培训班

为了进一步提高全民信息素养，增强民众使用数字资源的知识技能，推行"信息素养培训计划"，湖南省各级图书馆面向各级政府机关和行政部门、企事业单位、学校、街道（社区）等单位或个人开展信息素养培训。至 2018 年，通过展览、现场讲座等方式进行信息素养培训 2560 场（次），培训 12 万人次。省级分中心和市（州）、县级支中心采取主动服务的方式，面向基层开展上门服务活动，如开展"心系子弟兵，送书到军营""送书下乡"，到乡镇、村级基层服务点送资源，到城市街道、社区举办现场展览等上门服务活动，每年培训从业人员 2 万人次，群众文化培训活动（含展览）近 100 万人次。"文化共享　惠泽三湘""共享工程进校园""戏曲动漫进校园"等服务品牌在全省甚至全国形成影响力。

湖南图书馆在国家公共数字文化支撑建设计划的框架内打造了健康、活泼、互动、友好网络文化平台"湖南弘文知识社区"，推进全民阅读和文化素质的提升。湖南图书馆制作了一批群众喜闻乐见的地方特色文化资源，让基层群众可随时就近在服务网点登录湖南文化信息资源网上服务平台申请账号，免费享用电影、戏曲、讲座、电子图书和期刊。该馆携手省内 100 多个公共图书馆制定《全省公共图书馆数字资源共享协议》，提高了信息资源的使用率，实现了资源的共知共建共享。2016 年，湖南数字资源网站访问量 2400 余万，数字资源访问量 1283 余万。全省各级公共图书馆、文化馆均开通了网上服务平台，基本实现了网上咨询、艺术欣赏、培训辅导、活动等功能，数字化服务能力明显增强。

2014 年至 2018 年，湖南省公共图书馆参加国家图书馆举办的数字图书馆推广工程相关培训共 26 人次。

湖南省文化共享工程、数字图书馆推广工程线下培训班一览表

年份	培训班名称	人数	举办单位
2015	湖南省公共电子阅览室管理信息系统学习培训班	230	湖南图书馆
	基层图书馆数字资源提升活动	220	湖南图书馆
	基层服务点文化专干和志愿者技术培训	150	湖南图书馆
2016	小学幼儿园音乐教师传统戏曲素养培训班	200	湖南图书馆

年份	培训班名称	人数	举办单位
2017	网络书香·数字图书馆建设与服务系列活动——图书馆馆长及业务骨干培训班	180	湖南图书馆
	湖南省公共数字文化工程馆长培训班	130	湖南图书馆
2018	湖南省公共数字文化工程业务培训班	150	湖南图书馆
	湖南省公共数字文化工程图书馆馆长研修班	110	湖南图书馆
	湖南省公共数字文化建设与服务培训班	120	湖南图书馆

湖南省文化共享工程、数字图书馆推广工程线上培训班一览表

年份	课程名称	办班次数（次）	培训人数（人）	培训范围
2015	公共文化空中大课堂	6	8160	湖南省文化系统单位
	共享工程网络培训	5	4500	湖南省公共图书馆
	网络书香讲坛	6	4800	湖南省公共图书馆
2016	公共文化空中大课堂	6	3500	湖南省文化系统各级
	共享工程网络培训	5	3100	湖南省公共图书馆
	网络书香讲坛	6	2380	湖南省公共图书馆
2017	公共文化空中大课堂	6	6210	湖南省文化系统单位
	共享工程网络培训	5	2410	湖南省公共图书馆
2018	公共文化空中大课堂	6	6280	湖南省文化系统单位
	全国文化信息资源共享工程"数字学习港"	5	2460	湖南省文化系统单位

湖南省公共图书馆人才培养与员工队伍建设

2009 年至 2018 年，湖南省公共图书馆实施"人才兴馆""人才强馆"战略，从业人员结构有所优化，整体素质得到提升，图书馆的人力资源结构正在向高学历、多学科方向发展，图书馆员队伍稳步走向知识化、专业化。

一、湖南省公共图书馆人才队伍概况

2009 年至 2018 年，湖南省公共图书馆机构和从业人员总量基本稳定。2018 年，湖南省公共图书馆从业人员总数 2110 人，其中专业技术人员 1503 人，高级职称 152 人（正高级职称 10 人，副高级职称 142 人），中级职称 762 人。

湖南省公共图书馆机构、人员统计表（2009—2018 年）

年份	公共图书馆（个）	从业人员总数	高级职称人数	中级职称人数
2009	120	1927	123	699
2010	124	1993	139	724
2011	130	2032	126	702
2012	136	2080	129	763
2013	136	2143	169	735
2014	136	2106	153	739
2015	137	2092	154	765
2016	137	2094	142	747
2017	139	2149	145	771
2018	140	2110	152	762

湖南省公共图书馆从业人员统计表（2018 年）

省、市（州）	公共图书馆（个）	从业人员（人）	专业技术人员（人）	正高级职称	副高级职称	中级职称
湖南省	140	2110	1503	10	142	762
湖南省本级	2	286	267	4	43	126
长沙市	10	221	118	1	13	43
株洲市	8	104	79	0	10	35
湘潭市	7	93	48	1	3	28
衡阳市	14	193	159	0	11	73
邵阳市	14	168	102	0	4	60
岳阳市	11	161	99	1	14	57
常德市	9	113	88	0	5	46
张家界市	4	24	9	0	0	5
益阳市	7	101	94	0	5	64
郴州市	11	108	71	0	6	36
永州市	12	167	111	3	12	50
怀化市	15	160	108	0	7	59
娄底市	6	82	63	0	6	30
湘西土家族苗族自治州	10	129	87	0	3	50

二、湖南省公共图书馆人才队伍建设

2009 年至 2018 年，湖南省公共图书馆创新发展方式，通过多种方式发现人才、培育人才、配置人才，造就一支思想新、业务精、能力强的复合型人才队伍，以人才来兴文化、办文化、管文化。

（一）改革人事制度，优化用人机制

湖南图书馆实行全员聘任制。推行公开选拔、竞争上岗的用人机制，建立新的岗位管理制度，探索和完善多种形式的激励机制，确立了全新的人事管理体制。湖南省少年儿童图书馆在 2009、2010、2012、2017 年 4 次公开招聘中，共招聘 20 名本科及以上储备人才，其中专业技术岗位 17 人，管理岗位 3 人。2009 年，湖南省少年儿童图书馆进行了机构和人员调整，按照按需设岗、按岗聘用、竞争上岗的原则，进行了岗位设置，对人员的聘任条件、考核办法与分配激励制度以及各部门职责、目标管理等都有具体的考核考量标准。采取自愿报名、资格审查、演讲答辩、民主测评、组织考察等严格的程序择优上岗。

（二）发展多渠道培训方式，实施人才培训工程

湖南省公共图书馆鼓励员工参加更高层次的学历教育，通过脱产学习、在职学习等各种形式获取学历，进一步优化学历结构，力争培养图书馆学和其他专业的复合型专业人才。2009 年至 2018 年，湖南省少年儿童图书馆在职员工有 1 人获得博士学位、3 人取得硕士学位、3 人取得学士学位。常德市图书馆鼓励在职员工通过函授、远程教育、脱产学习、在职学习等各种形式获取学历，先后有 16 人取得学士学位，2 人取得硕士学位。长沙市图书馆共有 8 名职工参加在职学历教育。湘西土家族苗族自治州图书馆 1 人参加成人教育，取得学士学位。

在员工培训方面做到有计划、有步骤地采用馆内集中学习、专家讲座、短期进修、技术培训、学历深造、交流考察等方式提升员工的技能和素质，使人才的使用、培养、引进、管理机制得到进一步完善。湖南图书馆加强员工继续教育，计划构筑图书馆员终身教育的培训体系，形成具有自身特色的教育培训基地。株洲市图书馆不定期举办员工业务培训、继续教育，将每周二定为全馆业务学习时间，学习、研究、探讨图书馆的相关业务工作，如新形势下图书馆的转型和发展、图书馆总分馆建设、数字图书馆发展等。永州市图书馆每年组织员工参加政治学习，强化宗旨意识和服务意识，加强业务培训，提高员工业务素质和服务水平。

（三）建立有效的管理和激励机制，优化人才发展环境

2012 年，湖南图书馆制订《湖南图书馆学术研究课题及成果管理办法》《湖南图书馆课题研究指南》，对科研管理进行了制度规范。2013 年，修订《湖南图书馆学术研究课题及成果管理办法》。2017 年，制订《湖南图书馆国家社科基金管理办法（试行）》，对国家社科基金的使用和管理进行了相应规范，使课题基金的管理和使用进一步制度化、规范化、标准化。在学术激励方面，湖南图书馆制定了一系列制度，对课题、专著、论文、工作项目等，按重要程度给予不同额度的配套资助或奖励。

湖南图书馆建立有序、高效的人才管理机制：以管理为基础，对岗位和任务进行细化和量化分析；健全以品德、能力和业绩为重点的人才评价机制；建立先进的测评体系，借助现代化测评方法和评价手段，公平评价人才和使用人才；建立职责权利相结合的原则，定期监督考核、奖罚分明，化"管"为"用"。

（四）建立健全科研管理体制

2011年，湖南图书馆成立第二届学术委员会，拟定《学术委员会组织条例》；2012年草拟《湖南图书馆学术研究课题及成果管理办法》《湖南图书馆课题研究指南》。2013年，修订了《湖南图书馆学术研究课题与成果管理办法》。2017年制订《湖南图书馆国家社科基金管理办法（试行）》。2012年郴州市图书馆制订了《科研奖励办法》。2012年开始，湖南图书馆举办"青年论坛"，共计征文800余篇，240余篇论文获得奖励。

（五）建立图书馆志愿者服务队伍

2013年，湖南图书馆文化志愿者服务支队正式成立，归属于湖南省文化厅志愿者服务队旗下。至2018年，累计文化志愿者总人数30余万人。其中注册志愿者2.7万余人（含团队人数），累计服务时长120余万小时；阅读推广文化志愿者3000人，服务时长3.3万小时，参加馆内外文化活动2万余场。

湖南省少年儿童图书馆志愿工作始于2006年，至2018年，共有注册志愿者256名，累计培育中小学生志愿者2万余名。

2009年，衡阳市图书馆建立"蓝天使"志愿者服务队，开展文化志愿服务活动。2013年，衡阳市文化志愿服务支队图书分队正式成立，开展了一系列文化志愿服务活动。

2011年，常德市图书馆面向社会招募志愿者，组建了一支40人的图书馆志愿队伍。图书馆选派专人进行管理，建立起相应的管理制度，志愿者参与常德市图书馆的各项业务工作。2012年，株洲市图书馆组建图书馆志愿者团队，2018年注册志愿者2000多人，志愿者服务团队14个，每年开展活动200多场，服务人次突破10万人，被中宣部评为2018年度"学雷锋示范基地"。

2012年，益阳市图书馆发动湖南城市学院、益阳医专和企业、社区各界人士350多人参加文化志愿服务，成立了益阳市图书馆文化志愿服务分队，每年开展文化志愿服务活动20多次，免费为社会各类人群提供文化志愿服务。

2013年，湘潭市图书馆志愿服务队成立。有注册长期志愿者53人，均由湘潭市图书馆职工构成；大学生志愿者168名，其中湖南科技大学学生124名、湘潭大学学生44名，中小学社会实践活动体验者千余人。

2014年，炎陵县图书馆成立"文化志愿服务组织机构"，招募58名文化志愿者。2015年，招聘150名文化志愿者，200名志愿者在湖南志愿服务网上进行注册。

2015 年，永州市图书馆成立了志愿服务站，造册登记的志愿者共 170 人，根据志愿者个人意愿和特长分成了 4 个组，即宣传教育组、卫生清洁组、便民服务组和扶贫帮困组。

湘西土家族苗族自治州图书馆制定有《湘西土家族苗族自治州图书馆志愿者管理制度》，图书馆志愿者分为社会志愿和馆员志愿者。社会志愿者，向社会公开招募，利用自己的时间、知识、技能，自愿、无偿为图书馆提供服务，主要协助整理书籍、参与馆办活动以及负责接待咨询等。馆员志愿者，是本馆员工利用业余时间，通过参与上级和图书馆志愿服务项目服务社会、服务读者。

湖南省图书馆学会工作

湖南省图书馆学会是全省图书馆界及其相关行业或机构科技工作者自愿结合、依法登记成立的全省性、公益性、学术性、非营利性群众团体，是党和政府联系图书馆工作者的桥梁和纽带，是引导图书馆行业科学管理、推动科技进步、发展湖南省图书馆事业的重要社会力量。湖南省图书馆学会成立于 1979 年，1992 年在湖南省民政厅登记注册。2018 年，省学会有理事单位 121 个，会员 1200 人。自成立以来，在组织建设、党建工作、学术研究、人才培养、活动创新、调查研究、承接政府职能转移等方面做了大量的工作，进一步提升了全省全民阅读工作的层次和水平，

一、湖南省图书馆学会组织建设

2006 年 5 月 23 日，湖南省图书馆学会第八次会员代表大会在长沙召开，来自全省图书馆代表 120 人参加会议。会议通过了《湖南省图书馆学会第七届理事会工作报告》《关于〈湖南省图书馆学会章程〉修改草案的说明》。张勇当选为第八届理事会理事长，刘春林、伍艺、陈能华、肖雪葵、张曾荣、郑章飞、罗建国、罗益群当选副理事长，雷树德当选学会秘书长。

2011 年 9 月 28 日，湖南省图书馆学会第九次会员代表大会暨九届一次理事会议在长沙召开，来自全省图书馆代表近 200 人参加会议。会议审议通过了《2006—2011 年度湖南省图书馆学会第八届理事会工作报告》《关于〈湖南省图书馆学会章程〉修改草案的说明》《湖南省图书馆学会第八届会费收支情况报告》《湖南省图书馆学会会员会费标准及管理办法》《湖南省图书馆学会第九届理事候选人组成说明及理事选举办法》，会议选举产生湖南省图书馆学会第九届理事，张勇当选为第九届理事会理事长，郑章飞、肖雪葵、罗益群、刘春林、朱建军、李宏斌、唐晓应、王自洋、邹序明当选副理事长，邹序明担任学会秘书长。2015 年，增补周玉波、侯峻为副理事长。2016 年，增补金铁龙为副理事长。

2011年9月，湖南省图书馆学会召开九届一次理事会议同意组成7个专业委员会，分别为学术委员会、企业图书情报工作专业委员会、高职院校图书馆工作专业委员会、图书馆公共文化服务工作专业委员会、少年儿童图书馆工作专业委员会、文献信息资源共建共享工作专业委员会。

2017年4月，湖南省图书馆学会第十次会员代表大会在长沙召开。第九届理事会全体理事以及来自湖南图书馆、湖南省图书馆学会各分支机构代表，近200人出席会议。会议通过了《2012—2016度湖南省图书馆学会工作报告》《关于〈湖南省图书馆学会章程〉修改草案的说明》《湖南省图书馆学会〈财务收支情况报告〉》。会议选举产生了湖南省图书馆学会第十届理事。在随后的省学会十届一次理事会议上，张勇当选为理事长，郑章飞、朱建军、刘春林、唐晓应、金铁龙、王自洋、周玉波、周斌、谢锡光、邹序明当选为副理事长，邹序明当选为秘书长。

2017年6月，湖南省图书馆学会召开十届一次理事长会议，同意组成7个专业委员会，分别为学术委员会、高校图书馆工作专业委员会、高职院校图书馆工作专业委员会、未成年人图书馆服务专业委员会、图书馆公共文化服务工作专业委员会、企业情报工作专业委员会；文献信息资源共建共享工作专业委员会。

2018年9月，湖南省图书馆学会十届二次理事大会在湖南图书馆召开。湖南省图书馆学会第十届理事会105名理事参加大会，大会进行了湖南省图书馆学会第十届理事长及法人代表、秘书长、常务理事和部分理事选举更换工作，通过全体理事无记名投票，邹序明当选为湖南省图书馆第十届理事会理事长，段蓓虹当选为秘书长。

2018年11月14日，召开第十届学术委员会全体委员会议，推荐郑章飞担任学术委员会主任。

二、湖南省图书馆学会成立党支部

根据《关于加强和改进省级社科类社会组织党建工作的通知》（湘社党发〔2013〕4号）文件精神，以及湖南省级社科类社会组织建立党组织责任书要求，湖南省图书馆学会于2013年10月24日召开全省理事会议，会议通过表决，成立了湖南省图书馆学会党支部。邹序明为支部书记，副书记由陈希担任，支部委员由许明金、文庭孝、段蓓虹组成。湖南省图书馆学会党支部申请挂靠湖南图书馆党委，同时接受湖南省社科联党组织的监督和管理，以"五好"为目标，围绕社会组织中心工作开展党的活动。2017年6月，湖南省图书馆学会党支部进行换届改选工作，邹序明为支部书记，副书记由陈希担任，支部委员由许明金、段蓓虹、朱明松组成。

三、湖南省图书馆学会学术交流活动

2009 年 10 月，由上海图书馆上海科学技术情报研究所主办、湖南省图书馆学会和湖南省高校图工委协办的网络环境下的特色数字资源建设与服务暨第十届《全国报刊索引》学术研讨会在长沙召开，张勇、李月明参加会议。

2009 年 12 月，湖南省图书馆学情报学"研究生论坛"在湖南图书馆举办。白毅、张勇、郑章飞、罗益群、邹序明、敬卿、刘昆雄，以及中南大学、湘潭大学图书情报学专业的 50 余名研究生参加论坛，论坛由中南大学湘雅医学院信息系主任李后卿主持。

2011 年 5 月，"2011 中美图书馆员专业交流项目·湖南省图书馆馆长高级研讨班"在湖南图书馆举行。"2011 中美图书馆员专业交流项目"由中华人民共和国文化部、美国博物馆及图书馆服务机构（署）主办，中国图书馆学会、湖南图书馆、湖南省图书馆学会、美国伊利诺伊大学厄本那香槟校区图书馆、美国华人图书馆员协会承办。研讨班邀请了 7 位美国图书馆学专家为代表们授课，来自全省公共图书馆、高校图书馆和科研图书馆的 240 余位代表参加研讨班。

2012 年 12 月，湖南省图书馆学会 2012 年会在湖南图书馆举行。湖南省图书馆学会会员、中青年人才库成员及省学会 2012 年年会征文获者 200 余人参加。大会对湖南省图书馆第十一届学术成果奖及 2009—2011 年度优秀中青年人才奖、学会 2012 年会征文奖及组织奖等获奖单位及个人进行表彰，并颁发了证书。时任上海图书馆馆长吴建中在年会上作了题为"图书馆转型与超越"的学术报告。

2012 年 8 月，湖南省图书馆学会组织全省市、县公共图书馆代表共 54 人组成湖南省图书馆学会考察团，参加由湖南省归国华侨联合会、湖南省文化厅在泰国联合举办的"亲情中华·魅力湖南"2012 泰国湖南民间文化艺术节。代表们参观了香港中文图书馆、泰国国家图书馆，参加了"亲情中华·魅力湖南"——2012 泰国湖南民间文化艺术节开幕式。该活动有利于深入了解香港及泰国公共图书馆的发展现状，促进了湖南图书馆学会与香港及泰国图书馆界的交流与合作，拓展了对外合作的领域，对我省图书馆事业的发展起到积极的促进作用。

2014 年 10 月，湖南省图书馆学会与美国青树教育基金会和中国青树乡村图书馆服务中心联合主办的"第六届信息技术与教育国际学术研讨会"在湖南图书馆召开，研讨会主题为"图书馆与口述历史及地方文化"，来自美国、英国、塞尔维亚、新加坡等国家和地区的 30 余位口述史专家和国内口述史、文化领域专家、口述历史项目团队、图书馆界学者 300 余人就口述历史工作进行了交流与探讨。

2014 年 11 月，由新华书店总店、图书馆报、湖南图书馆、湖南省图书馆学会承办的出版界图书馆界全民阅读年会在长沙举行，会议主题为"全媒体时代下，各界合作共促阅读"，来自全国图书馆界、出版界的 300 名代表参加会议。韬奋基金会代表全国出版界向湖南省 47 家公共图书馆捐赠 504 万码洋图书。会议评选表彰全民阅读年会征文与案例评选获奖者和全国优秀绘本馆。

2014 年 11 月，由中国图书馆学会学术研究委员会少数民族图书馆专业委员会、民族文化宫、中国民族图书馆联合主办，湖南省图书馆学会、湖南图书馆协办，吉首大学、吉首大学图书馆承办的"第十三次全国民族地区图书馆学术研讨会"在吉首召开。会议主题为"民族地方文献保护与研究"，来自全国 14 个省、自治区、直辖市 64 个图书馆，16 个民族成分的 120 余人参加会议。会议共收到论文 183 篇，评选出 57 篇获奖论文，其中一等奖 12 篇、二等奖 19 篇、三等奖 26 篇，入选论文集《民族图书馆学研究（七）》共 123 篇。

2015 年 11 月，由湖南省图书馆学会与北京超星数图信息技术有限公司联合举办的"互联网＋"时代下图书馆资源建设学术研讨会在长沙举行，来自湖南全省 14 个市、州及下辖区、县公共图书馆代表 200 余人参加了会议。

2016 年 9 月，全国"中部地区公共图书馆事业发展论坛"在湖南图书馆召开，会议由湖南省文化厅主办，湘鄂赣皖四省公共图书馆联盟协办；湖南图书馆和湖南省图书馆学会承办，并得到《图书馆》杂志支持。来自江西、河南、湖南、湖北、安徽等中部地区公共图书馆领导、图书情报界和期刊界的百余位专家学者代表参加会议。论坛以"中部地区公共图书馆事业发展"为主题，共同探讨促进中部地区公共图书馆发展的相关事宜，会议分为报告发布、圆桌论坛、专题发言三部分，为图书情报界的专家学者们搭建了沟通交流的平台，进一步拓展、深化了中部图书馆事业发展的途径和方式。

2016 年 11 月，由中国图书馆学会学术研究委员会地方文献研究专业委员会主办，湖南图书馆、湖南省图书馆学会承办的"现代公共文化服务体系下的地方文献工作研讨会"在长沙召开，全国地方文献专业委员会委员以及来自全国各级图书馆的 300 余位专家学者参加了会议。时任湖南省文化厅党组副书记、副厅长禹新荣，中国图书馆学会学术委员会副主任柯平，时任全国地方文献研究专业委员会主任张勇开幕式致辞，时任全国地方文献研究专业委员会副主任雷树德主持。

2018 年 4 月，由湖南省图书馆学会、湖南图书馆、吉首大学联合主办的"2018 图书情报武陵山高峰论坛"，在吉首大学张家界校区举办。湖南图书馆馆长贺美华发表致辞并主持研讨会。来自南开大学、南京大学、中国人民大学、武汉大学等高校的 5 位"长江学者"、国内知名院校教授以及全国各图书馆主要负责人近 200 人参加了会议。会上，特聘柯平、苏新宁、卢小宾等三位"长江学者"为湖南图书馆事业发展顾问，贺美华为专家颁发聘书。

四、湖南省图书馆学会人才库建立和学术评奖活动

2009 年，湖南省图书馆学会设立中青年人才库，制定《湖南省图书馆学会中青年人才库评选方案》，确定了 37 名入库人选，设立青年人才基金，开展课题立项工作。2018 年，

人才库成员为 69 人。

2009 年 12 月，湖南省图书馆学会首届中青年人才座谈会在长沙召开，会议由陈能华和伍艺主持。张勇、郑章飞、邹序明、韩继章以及湖南省图书馆学会首批青年人才库 28 位成员出席会议。

2009 年，湖南省图书馆学会制定《湖南省图书馆学会立项课题管理办法》，完善课题项目发布、评审、立项、验收和奖励制度。至 2018 年，共立项课题 53 项，其中重点课题 12 项，一般课题 41 项，有 35 项课题完成结题。

2009 年，湖南省图书馆学会开展第十届学术成果评奖活动，评审范围为 2007 年至 2008 年公开出版的著作、发表的论文、市级以上学会组织的学术研讨会提交的论文、市级以上已结题的科研课题和项目，共收到来自全省 56 家单位、300 余名作者申报的 255 项学术成果。共评出著作类一等奖 4 项，二等奖 5 项，三等奖 4 项；项目和课题类一等奖 2 项，二等奖 1 项，三等奖 1 项；论文类一等奖 7 项，二等奖 43 项，三等奖 70 项。

2012 年，湖南省图书馆学会开展第十一届学术成果评奖活动。共收到来自全省 143 名作者（单位）申报的 232 项学术成果，均系 2009 年至 2011 年公开出版的著作、公开发表的论文、市级以上已结题的科研课题和项目。共评出著作类一等奖 1 项，二等奖 3 项，三等奖 3 项；项目和课题类一等奖、二等奖、三等奖各 1 项；论文类一等奖 12 项，二等奖 30 项，三等奖 57 项。

五、公共图书馆联盟的建立

2012 年 7 月 27 日，湖南、江西、湖北文化发展战略合作框架协议暨三省公共图书馆联盟协议签约仪式在武汉举行。时任湖南省文化厅厅长周用金、时任湖北省文化厅厅长杜建国、时任江西省文化厅副厅长王晓庆和三省公共图书馆馆长参加活动。三省文化厅共同签署了《湖南、江西、湖北三省文化发展战略合作框架协议》，公布了《湖南、江西、湖北三省文化合作 2012—2013 年行动计划》，三省图书馆签订了《湘鄂赣三省公共图书馆联盟协议》，开通三省公共图书馆联盟网站。三省公共图书馆代表审议并通过了《湖南、江西、湖北三省公共图书馆联盟倡议书》等五个文件，确定联盟近期主要工作是设立湘鄂赣图书馆高峰论坛，进一步加强三省公共图书馆网站建设以及开展馆际间人才交流培训等工作。

2013 年 5 月 10 日，湘鄂赣公共图书馆联盟第二次会议在武汉召开。安徽省图书馆加入联盟。会议探讨"中三角"图书馆联盟多角度的深入合作，审议并通过了"'中三角'（湘鄂赣皖）公共图书馆联盟成立倡议书（修订稿）"，"'中三角'（湘鄂赣皖）公共图书馆联盟宣言（修订稿）"，"'中三角'（湘鄂赣皖）公共图书馆联盟章程（修订稿）"等五个文件。

2014 年 5 月，"湘鄂赣皖四省图书馆联盟之地方文献整理与研究培训班"在湖南图书馆举行，来自湖南、湖北、江西、安徽四地省馆的 20 名学员参加了培训。培训班分别围绕图书馆管理、地方文献与地方文化、地方文献资源建设，以及湖南方志与地方文献等内容为学员们授课。

2018 年 9 月，由湖南省图书馆学会承办的"湘鄂赣皖四省公共图书馆联盟培训班"在湖南韶山举办。来自湘鄂赣皖四省各级公共图书馆馆长，及业务骨干共 50 人参加了此次培训。培训班以"公共图书馆联盟合作与资源共享"为主题，采用专题教学、案例教学、现场教学和学员交流等多种形式相结合。邀请肖希明、谢春枝等专家，分别作了题为"新信息环境下图书馆联盟的资源共建与共享""公共图书馆联盟运行模式探索与服务创新"的专题授课。

2015 年 5 月 28 日，全省市（州）公共图书馆（中心馆）馆长联席会议暨湖南省公共图书馆讲座联盟、湖南省公共图书馆参考咨询联盟成立大会在召开，邹序明代表湖南图书馆与 14 市（州）图书馆签订联盟合作协议书，宣告联盟成立。

六、公共图书馆评估工作

2009 年 5 月，根据文化部办公厅关于开展县以上公共图书馆第四次评估定级工作的通知（文化部办公厅文件办社文发〔2009〕8 号），湖南省文化厅制定湖南省评估工作计划，评估工作全面开展。湖南省文化厅成立全省公共图书馆评估定级工作领导小组，领导小组下设办公室，湖南省图书馆学会协助省文化厅做好全省评估定级的工作。第四次全国县级以上公共图书馆评估湖南省共评出一级馆 24 个，二级馆 22 个，三级馆 34 个。

2013 年 3 月，文化部公共文化司发布开展"全国县以上公共图书馆第五次评估定级工作通知"。湖南省文化厅举办了"全省公共图书馆第五次评估定级工作培训班"，来自全省各地市州文广新局、图书馆相关负责同志共 50 余人参加了会议。湖南省图书馆学会根据评估工作具体要求，协助省文化厅组织全省各市（州）、县（区）级公共图书馆做好迎检工作。第五次全国县级以上公共图书馆评估湖南省共评出一级馆 44 个，二级馆 43 个，三级馆 41 个。

根据文化部办公厅《关于开展第六次全国县级以上公共图书馆评估定级工作的通知》（办公共函〔2017〕5 号）文件精神，文化部于 2017 年度开展第六次全国县级以上公共图书馆评估定级工作。湖南省图书馆学会承担了组织全省评估定级相关工作。湖南省文化厅成立了以时任副厅长禹新荣同志任组长的全省公共图书馆评估定级工作领导小组，领导小组下设办公室和专家评估组，组织实施全省公共图书馆评估定级工作。评估定级工作以文化部制定的省级（含副省级）、地市级、县级公共图书馆（少年儿童图书馆）评估标准为依据，评估数据主要采用 2013 年至 2016 年评估期数据。此次全省参加评估的公共图书馆共有 138 个，其中，省级图书馆 2 个，市（州）级图书馆 16 个，县级图书馆 120 个。

2017 年 7 月 15 日至 8 月 15 日，省级评估各专家小组对所负责的市（州）级和县（市、区）级公共图书馆进行网上评估，完成初评打分。8 月 16 日至 26 日，省级评估专家小组专家进行实地评估，开展群众满意度测评，对网上初评情况进行核实，完成复评打分。第六次全国县级以上公共图书馆评估湖南省共评出一级馆 35 个，二级馆 32 个，三级馆 63 个。

七、湖南省公共图书馆事业调研活动

2005 年 7 月，由北京大学信息传播研究所和湖南图书馆、衡阳市图书馆组成调研组，开展了"衡阳市公共图书馆调研"，撰写出一组调研报告和学术论文，供政府有关主管部门作为制定公共图书馆发展政策的依据，以及为图书馆学理论研究提供实际数据和第一手资料。

2010 年 4 月，湖南省图书馆学会与中国图书馆学会等单位共同组织了"湖南省衡阳市公共图书馆回访调研"工作。回访调研组成员包括北京大学教授、中国图书馆学会学术研究委员会常务副主任李国新，湖南图书馆副馆长邹序明，国家图书馆研究院副研究员、《中国图书馆学报》副主编卓连营，衡阳市图书馆馆长刘忠平，时任湘潭大学知识资源管理系主任文庭孝，时任《图书馆》执行主编陈瑛，湖南图书馆合作协调部主任李月明和衡阳市图书馆书记申国亮，回访调研还特邀了《人民日报》记者朱基钗全程参加。调研走访衡阳地区 11 个基层图书馆（室），形成"今日观察：衡阳公共图书馆再聚集"系列调研报告，并在专业刊物上公开发表。

2015 年 10 月，湘鄂赣皖四省公共图书馆联盟开展四省公共图书馆服务情况调研活动，调研组由来自四省联盟馆的 13 名业务骨干组成；通过实地考察、座谈会等形式对湖南图书馆、株洲市图书馆、衡阳市图书馆、韶山市图书馆、攸县图书馆、炎陵县图书馆、衡阳县图书馆、衡南县图书馆的基本情况、服务工作、资源利用及公共图书馆服务标准化、均等化建设进行了重点调研，为调研报告获得了数据等相关资料，并为当地图书馆建设提出了意见与建议。

随后，调研组与"衡阳调研"十年回访组会合。文化部国家公共文化服务体系建设专家委员会主任、文化部"十三五"时期文化改革发展规划专家委员会委员、北京大学信息管理系教授、博士生导师李国新、《中国图书馆学报》常务副主编、国家图书馆研究馆员卓连营、时任湖南图书馆馆长张勇及《人民日报》、《中国文化报》记者加入调研组，对衡阳县和衡南县图书馆进行了重点考察，并在衡阳市图书馆召开了"衡阳调研"十年回访和湘鄂赣皖四省公共图书馆联盟联合调研的座谈会。

两个调研活动的同时举行提高了此次调研活动的规格，创新了调研方式。在湖南图书馆召开的调研总结会上，四省联盟成员和专家对两个调研活动给予了高度评价，调研进一步探索推进了基本公共文化服务标准化的模式、路径和方法，对提升公共文化服务效能、全面了解掌握中部地区公共图书馆服务状况、总结"十二五"期间公共图书馆建设经验及制定"十三五"公共图书馆发展规划意义非凡。

八、湖南省图书馆学会开展培训活动

2009 年至 2018 年，举办图书馆基础业务培训班，参加培训人员共计 1500 余人次。

2013 年 9 月，湖南省图书馆活动策划培训班在湖南图书馆开班，来自全省 48 家公共图书馆以及 9 家高校、高职图书馆员工共 104 人参加培训。培训班邀请了浙江大学李超平副教授、湖南广电资深制片人吴滔、著名媒体专家王伟分别作了题为"图书馆宣传与推广""用闭环控制策划流程""读者活动组织与策划"的专题讲座。

同年 9 月，湖南省地方文献工作与研究培训班在湖南图书馆开班。来自全省 42 家图书馆的 66 名学员参加了此次培训。培训班邀请了柯平教授作了"地方文献理论研究"，湖南省地方志编纂委员会处副主任李跃龙研究员作了"湖南方志与湖南地方文献"，湖南师范大学历史文化学院教授、博士生导师周秋光作了"湖湘文化宏观研究"；湖南图书馆副馆长、研究馆员雷树德作了"地方文献资源建设"、湖南图书馆文献研究所所长、研究馆员寻霖作了"地方文献工作"专题报告。

2014 年 9 月，由湖南图书馆、湖南省图书馆学会举办的 2014 年古籍编目与保护培训班开课。参加培训的 32 名学员来自全省 23 个市、县级公共图书馆和高校图书馆，培训班采用专家授课和实习相结合的形式，邀请了湖南师范大学历史文化学院教授、博士生导师周秋光，湖南图书馆研究馆员寻霖等老师授课并开设了古籍文献的编目与著录的实习课程。

2015 年 5 月，由湖南省文化厅主办，湖南图书馆、湖南省图书馆学会承办的湖南省"三区"人才支持计划公共图书馆馆长研修班在湖南图书馆开班。湖南省"三区"受援县的 40 名县级公共图书馆馆长出席开班典礼。研修班为期 2 个月，开设图书馆基础业务知识、古籍知识、共享工程、数字图书馆等课程。授课老师有国家图书馆、文化共享工程国家中心、北京大学、南开大学、武汉大学等专家学者，以及省内公共图书馆专业人员。教学方式采用课堂教学、专题讲座、研讨、现场教学、观摩学习相结合的形式，全面提高办班效益。

2016 年 11 月，"2016 年湖南县级以上公共图书馆第六次评估定级培训班"在长沙开班。培训班由湖南省文化厅主办、湖南图书馆与湖南省图书馆学会承办，全省县级以上公共图书馆 200 多名代表参加了培训。中国图书馆学会学术研究委员会副主任、第六次全国县级以上公共图书馆评估定级标准研制专家组组长柯平对新修订的《第六次全国县级以上公共图书馆评估定级〈评估标准〉》进行了解读；中国图书馆学会未成年人服务委员会副主任、深圳少年儿童图书馆馆长宋卫对《评估标准》的少儿图书馆部分进行解读；中国索引协会副理事长叶艳鸣作了"评估定级与数字图书馆建设"的专题报告。

2017年8月和2018年8月，湖南省图书馆学会举办了2期"专业技术人员公需科目培训班"，参加培训人员400人，培训内容分别以保密意识、保密常识教育和加快开放强省建设为主题，邀请相关领域专家为学员作专题辅导。还组织学员们到湖南省保密局、长沙高新区展示馆、华凯创意等创新科技园区参观学习。

2018年5月，湖南省公共图书馆发展趋势与管理实务研修班在北京中央文化管理干部学院举办，研修班为期11天，来自全省各级公共图书馆的42位主要负责人参加培训。研修班在课程设置、师资选择、流程安排、研讨主题甄选等方面，都做了扎实的工作，既有理论，又有实践；既有专家讲课，又有小组研讨；既有课堂教学，又有现场观摩和交流。课程设置注重学员理念的创新，注重对学员们业务水平和管理能力的培养。这是党的十九大以来，湖南省公共图书馆系统第一次走出省域，举办如此高规格、高质量的研修班。

2018年10月，由湖南省公共图书馆讲座联盟、湖南省图书馆学会、湖南图书馆联合主办的"湖南省公共图书馆讲座联盟业务培训班暨工作会议"在湖南图书馆顺利召开，来自全省各地市（州）公共图书馆馆主要负责人及讲座业务骨干共32人参加培训。培训班邀请了湖南省人民广播电台主持人、当当梅溪书院品牌文化主理人刘海蒂主讲"文化空间的策划与品牌构架"，湖南广播电视台广播传媒中心"音乐之声"资深活动策划人刘俊先讲"活动策划基础要素"。在湖南省公共图书馆讲座联盟工作会议中，湖南图书馆馆长贺美华、副馆长邹序明与各市（州）馆长和讲座负责人进行座谈，并分别介绍了讲座工作现状，畅谈了面临的机遇和挑战，结合培训分享了自己的心得体会。

九、湖南省图书馆学会开展多种活动

2010年11月，由湖南省图书馆学会主办，省高校图工委、省科技情报学会、省高职院校图书馆管理研究会协办，湖南图书馆承办的"湖南省图书馆界服务知识与技能竞赛"在湖南图书馆举行。竞赛分为预赛和决赛两部分。全省48个理事单位、公共图书馆、高校图书馆、科研图书馆、专业图书馆的144名队员参加预赛，确定了湖南省少年儿童图书馆、吉首大学图书馆、衡阳市图书馆、郴州市图书馆、中南大学医学图书馆、中南大学湘雅医学院医药信息系、湘南学院图书馆、湘潭大学图书馆等8支队伍进入决赛。最终吉首大学图书馆获得团体冠军，湖南省少年儿童图书馆获得亚军，郴州市图书馆和中南大学医学图书馆获得季军，湘潭大学图书馆、衡阳市图书馆、中南大学湘雅医学院医药信息系、湘南学院图书馆获得优胜奖，湖南图书馆获特别奖。根据个人笔试成绩评出了湖南省少年儿童图书馆高雨乔等4人获得个人一等奖，湖南图书馆张婷等8人获得个人二等奖，湘南学院图书馆青志敏等12人获得个人三等奖。

2013年10月，由湖南省文化厅主办，湖南省图书馆学会承办，湖南省高校图工委、湖南省科学技术情报学会、湖南省高职教育图书馆管理研究会协办的"2013年全省图书馆业务知识竞赛团体赛"在湖南图书馆举行，共16支参赛队伍的48名选手参赛。湖南图书馆代表队夺得团体一等奖，长沙市和衡阳市代表队同获团体二等奖，湖南省少年儿童图书馆代表队、中南大学图书馆代表队、湖南第一师范学院图书馆代表队、湖南理工学院图书馆代表队、张家界航空职业技术学院图书馆代表队获团体三等奖。

2016年7月至10月，中国图书馆学会面向全国各级各类图书馆举办"信息时代数字未来——2016年数字图书馆业务技能竞赛"。湖南省图书馆学会组织全省图书情报75家单位参加，参与答题人数达到550名，位列全国第三；55人晋级复赛并获得"2016年数字图书馆业务技能能手"，最后湖南省3名选手与河南省的2名选手组队代表华中地区参加全国的决赛，获得三等奖。湖南省图书馆学会获得竞赛组织奖。

2018年5月，由湖南省图书馆学会主办，郴州市图书馆承办的"公共图书馆法制新时代——湖南省学习《公共图书馆法》知识竞赛"在郴州举行，通过网络初赛，从全省各级公共图书馆从业人员中选拔产生16支队伍48名选手参赛。郴州市图书馆夺得团体一等奖，长沙市图书馆和永州市图书馆获团体二等奖，湖南图书馆、湖南省少年儿童图书馆、湘潭市图书馆、娄底市图书馆、岳阳市图书馆获团体三等奖，衡阳市图书馆等6家图书馆获优秀组织奖，郭华丽等9名选手获优秀个人。

湖南省图书馆学会承接社科联学术活动及开展科普宣传活动。

2010年5月11日，湖南省图书馆学会以"知识改变命运、学习成就未来"为主题，积极参加由省社科联组织的社科普及宣传活动启动仪式和科普展览。启动仪式上，省委常委、宣传部部长路建平向活动主办单位代表授旗。

2012年9月，由湖南省图书馆学会、湖南图书馆共同承办的"走进数字图书馆——数字图书馆推广工程宣传推广活动湖南站"活动在湖南图书馆举行。活动面向图书馆、读者和公众进行数字图书馆的体验、展览、培训、讲座、视频播放、资料发放、留言、问卷调查等。

2012年11月27日，由湖南省图书馆学会承办的湖南省社会科学界第三届学术年会"湖湘文化与创新湖南"文化专场在湖南图书馆举行，报告会由时任湖南省社科联副主席黄建华主持，长沙理工大学教授成松柳，湖南省委党校、湖南行政学院教授、硕士研究生导师曹山河，湖南图书馆副馆长、研究馆员雷树德，湖南图书馆副馆长、副研究馆员邹序明，分别做了专题演讲。

2014年10月11日，由湖南省社会科学界联合会主办，湖南图书馆和湖南省图书馆学会承办的2014年第五届湖南省社会科学界学术年会暨"为改革攻坚献策"社科研究行动——文化体制改革专场交流会在湖南图书馆举行。时任湖南省社科联副主席郑升主持会议，湖南图书馆馆长张勇出席交流会并致欢迎辞。

2018年7月，由湖南省社会科学界联合会主办、湖南省图书馆学会承办的"2018年省级社科类社会组织学术交流活动"在浏阳市举行，活动主题为"坚定文化自信，发挥社会组织新型智库职能"。湖南省社科联副巡视员丁宇以及省图书馆学会等社会组织的专家和工作人员 40 人参加活动。

十、湖南省各市、州图书馆学会

湖南省各市（州）图书馆学会一览表

学会名称	成立年份	首任理事长	理事长（2018年）	建立党支部时间	支部书记	备注
衡阳市图书馆学会	1987	尹海清	刘忠平	2017 年	刘忠平	
株洲市图书馆学会	1987	李忠祥	黄小平			
湘潭市图书馆学会	1988	舒俊杰	李翠平	2013 年	李翠平	
益阳市图书馆学会	1989	贾竹安	胡 勇			
常德市图书馆学会	1990	吴雄甫	诸冰花			
永州市图书馆学会	1990	丁步宁				已撤销
邵阳市图书馆学会	1987	金如心	金国辉	2017 年	夏建华	
湘西土家族苗族自治州图书馆学会	1992	夏志禹	田特平	2017 年	杨志刚	
郴州市图书馆学会	1994	袁锷基				已撤销
岳阳市图书馆学会	1995	李松寒				已撤销
怀化市图书馆学会	1998	张家国	孙 勇			
张家界市图书馆学会	2012	卢 云	徐限峰	2017 年	王新荣	
长沙市图书馆学会	2015	王自洋	王自洋			

湖南省图书馆学会第九届理事会理事长、秘书长名单（2011—2016）

理 事 长：张 勇

副理事长：郑章飞、肖雪葵、罗益群、刘春林、朱建军、李宏斌、唐晓应（女）、王自洋（女）、邹序明

秘 书 长：邹序明

增补说明：2015 年 6 月 24 日增补副理事长周玉波、侯峻；2016 年 11 月 26 日增补副理事长金铁龙

湖南省图书馆学会第九届理事会分支机构（2012 年 2 月）

机构名称	学术委员会					
主任	张 勇					
副主任	郑章飞					
委员	文庭孝	邓 彦	刘泳洁	许明金	寻 霖	李后卿
	何 琳	张建中	陈 瑛	罗爱静	龚蛟腾	敬 卿

机构名称	高校图书馆工作专业委员会					
主任	郑章飞					
副主任	罗益群					
委员	王友胜	龙　方	成松柳	朱建军	刘泳洁	刘春林
	肖时占	张元钟	张日清	周　勇	郑长成	
机构名称	企业图书情报工作委员会					
主任	肖雪葵					
副主任	史　敏					
委员	朱　皖	刘志宇	刘启静	刘顺祥	李后卿	邹凯
	张汉文	陈述明	罗爱静	黄宁山	彭新德	
机构名称	高职院校图书馆工作专业委员会					
主任	唐晓应					
副主任	仲建萍					
委员	白长城	李乐群	李宏平	肖秀阳	周承华	周眺峰
	胡　萍	唐旭君	彭星辉	曾德良	颜泽玲	
机构名称	图书馆公共文化服务工作专业委员会					
主任	金铁龙					
副主任	王自洋					
委员	邓　镰	刘庆云	刘忠平	孙　勇	李鹏举	陈寿祺
	金国辉	钟启和	袁宁波	黄小平	雷树德	蔡　璐
机构名称	少年儿童图书馆工作专业委员会					
主任	李宏斌					
常务副主任	杨　柳					
副主任	李赛虹					
委员	冉立群	李维石	肖雨滋	罗慧蓉	周任飞	郭　坚
	诸冰花	彭英霞	薛　天	薛蓉		
机构名称	文献信息资源共建共享工作专业委员会					
主任	邹序明					
委员	朱幸辉	刘海萍	许明金	李月明	张建中	陈　希
	郭湘洪	龚晓林	敬　卿	谢伟涛		

湖南省图书馆学会第十届理事会理事长、秘书长名单
（2017年4月至2022年）

理 事 长：张　勇

副理事长：郑章飞、朱建军、刘春林、唐晓应（女）、金铁龙、王自洋（女）、周玉波、
　　　　　周　斌、谢锡光、邹序明

秘 书 长：邹序明

2018年9月13日十届二次理事会议

理 事 长：邹序明

副理事长：郑章飞、朱建军、唐晓应（女）、金铁龙、王自洋（女）、周玉波、周　斌、
谢锡光、谢永强

秘 书 长：段蓓虹（女）

湖南省图书馆学会第十届理事会分支机构（2017年6月）

机构名称	学术委员会（挂靠单位：湖南图书馆）					
主任	张　勇					
副主任	郑章飞					
委员	邓　彦	敬　卿	金铁龙	李后卿	李亮先	刘泳洁
	毛太田	王旭明	唐晓应	王自洋	文庭孝	寻　霖
	贺和初	邹　凯				
机构名称	高校图书馆工作专业委员会（挂靠单位：湖南大学图书馆）					
主任	郑章飞					
副主任	朱建军	周玉波				
委员	陈寿祺	邓　彦	谷遇春	李本贵	刘安吾	谢永强
	刘雨芳	龙　方	谢伟涛	张红艳		
机构名称	高职院校图书馆工作专业委员会（挂靠单位：长沙商贸旅游职业技术学院图书馆）					
主任	唐晓应					
副主任	仲建萍					
委员	刘铁祥	李翠莲	刘高明	彭　勇	唐旭君	颜泽玲
	曾德良	朱岳坤	朱明松			
机构名称	未成年人图书馆服务专业委员会（挂靠单位：湖南省少年儿童图书馆）					
主任	金铁龙					
副主任	李翠平	李赛虹				
委员	邓　镰	黄光群	罗光安	罗慧蓉	文媛满	周任飞
	朱艳红	赵国兵	薛　蓉	张　军		
机构名称	图书馆公共文化服务工作专业委员会（挂靠单位：长沙市图书馆）					
主任	王自洋					
副主任	谢锡光					
委员	陈寿祺	陈　柳	郭　坚	黄小平	金国辉	李鹏举
	刘忠平	孙　勇	王　茜	王智慧	胡　勇	周　荣
	杨　勇	朱明松				

机构名称	企业图书情报工作委员会（挂靠单位：湖南科技信息研究所）					
主任	周　斌					
副主任	许明金					
委员	邓　平	侯小波	李月明	雷　夫	刘群欣	刘顺祥
	罗　立	徐宏谋	吴　劼	曾德超	张跃丽	
机构名称	文献信息资源共建共享工作专业委员会（挂靠单位：湖南图书馆）					
主任	邹序明					
副主任	刘春林					
委员	陈寿祺	陈　希	龚晓林	李亮先	龙耀华	谢永强
	谢伟涛	许明金	吴　笑	周治淼	朱春飞	

湖南省公共文化服务体系建设与免费开放工作

2011 年 2 月，国家文化部、财政部联合下发了《关于推进全国美术馆公共图书馆文化馆（站）免费开放工作的意见》（文财务发〔2011〕5 号），明确了公共图书馆等公共文化场馆免费开放的指导思想、工作原则和主要目标。根据全省推进美术馆、公共图书馆、文化馆（站）免费开放工作计划，湖南省文化厅下辖的湖南图书馆、省少年儿童图书馆、湖南省群众艺术馆等省直"三馆"自 2011 年 7 月 1 日起，实行免费开放。全省各市（州）、县（市、区）公共图书馆、文化馆、群众艺术馆，均要在 2011 年 10 月 1 日前实行无障碍、零门槛进入，公共空间设施场地全部免费开放，所提供的基本服务项目全部免费。

2011 年，湖南省财政厅对全省公共文化服务单位实行年度清单管理，免费开放是其中一项重要目标管理内容。如湖南省《2015 年全省基本公共服务清单》要求，"2015 年全省公共图书馆、文化馆（站）公共空间设施场地免费开放。省市县三级公共图书馆、文化馆、美术馆免费开放 275 个，乡镇文化站免费开放 2238 个"。

2017 年至 2018 年，《中华人民共和国公共文化服务保障法》《中华人民共和国公共图书馆法》颁布，湖南省公共图书馆从机构、人员、经费、基础设施、服务内容、免费开放等方面，对公共图书馆建设、管理和服务，提供了法律依据。

2009 年至 2018 年，湖南省的公共图书馆服务体系建设，主要基于三种途径：总分馆网点覆盖、区域图书馆联盟协作、基于"两大国家工程"平台的信息资源和服务共享。"两大国家工程"即全国文化信息资源共享工程和公共电子阅览室建设计划。2009 年至 2017 年，湖南省各级公共图书馆在省、市各级图书馆学会的协作协调下，探索建立了一批分馆、流动服务网点、自助图书馆、爱心书屋等。省级馆、市级中心馆服务体系建设较为有力，县（区）馆服务体系建设力度不均。2010 年，长沙市、永州市、岳阳市创建国家公共文化示范区，公共图书馆服务体系建设作为其中一项重要内容，获得政策和财政资金支持。

一、省级公共图书馆免费开放情况

湖南图书馆开展免费政策和服务宣传，吸引更多读者走进图书馆享受资源和服务。推进图书馆公共服务标准化、规范化建设，切实践行《公共图书馆服务宣言》，强化服务礼仪培训和服务态度巡视督察。2011 年 7 月，湖南图书馆办证工本费、存包柜使用、课题服务等服务停止收费，同时在原红孩子俱乐部的基础上成立了湖南图书馆少年儿童分馆。2012 年 4 月，湖南图书馆开通 24 小时自助图书馆。2012 年，湖南图书馆形成了一系列特色鲜明的文化服务品牌，如"湘图百姓课堂"、少年儿童分馆"开心故事会""阅读越开心"系列活动、女子图书馆"阅读越美丽""真人图书馆"系列活动、老年图书馆"阅读越健康"系列活动、外文借阅室"E 路前行——外国语文献阅读与分享计划"、电子阅览室"信息素养公开课"。2012 年 1 月，湖南图书馆进驻湖南省"两会"现场提供驻地服务，为后来湖南图书馆深入开展党政决策服务、智库服务奠定了基础。2013 年 4 月，湖南图书馆"女子图书馆""老年图书馆"开放。

2009 年至 2018 年，湖南省少年儿童图书馆响应和贯彻国家免费开放政策，多方争取资源，陆续启动了馆舍、设施设备、自动化建设等方面的提质改造工作，免费开放场地，读者服务环境有了显著改善。2016 年 6 月 1 日，湖南省少年儿童图书馆儿童绘本阅读学习馆对外开放，其使用面积 600 平方米，藏书 6000 册，功能分为亲子阅览区、英文绘本专区。2018 年，改造阅览大楼露台和室内环境，借阅和活动布局全新调整，室外加盖钢结构玻璃屋顶，服务面积增加近 2800 平方米，服务坐席增加近 1 倍；还建立了体验式的阅创空间，探索沉浸式、体验式、研学式阅读服务新路径；针对幼儿园、小学、中学不同年龄阶段的读者开展形式各异的服务，形成少儿阅读服务品牌。

二、湖南省市（州）、县级公共图书馆免费开放和服务体系建设

（一）长沙市

2010 年，长沙市图书馆启动总分馆建设。2011 年，长沙市被列入全国首批公共文化示范区建设试点城市。2013 年 11 月，长沙市成为首批国家公共文化服务体系示范区，初步构建起"主城区和县（市）城区 10 分钟，中心镇和特色镇 15 分钟，一般村镇 30 分钟"的公共文化服务圈。长沙市图书馆创建市、县图书馆建立总分馆制等多种模式的服务体系，实施"书香星城 211 工程"，初步形成了以长沙市图书馆为总中心馆、区县（市）图书馆为中心馆、19 家图书馆共同参与的服务网络。2013 年，长沙市政府办公厅下发《长沙市图书馆总分馆建设实施方案》（长政办函〔2013〕53 号），进一步明确了总分馆运行模式、经费配套、申建标准等。2015 年 12 月，长沙市图书馆新馆全面开放。新馆办馆条件和服务环境显著改善，充分发挥对全市公共图书馆服务体系建设的示范拉动作用。至 2017 年 6

月，长沙市图书馆服务体系内实现资源共享及图书通借通还的图书馆共 111 个，其中区县中心馆 10 个、分馆 101 个，由长沙市图书馆直接服务与管理的流动图书车服务点 25 个、自助图书馆 7 个。

（二）株洲市

株洲市公共图书馆服务体系的总分馆模式实现了十统一，即统一平台、统一管理、统一服务、统一身份证借阅、统一借还期限、统一借阅规则、统一编目、统一配送、统一免押金、统一自助借还。至 2017 年，株洲市已建成"中心馆＋各县总馆＋分馆＋24 小时智能书屋"的通借通还服务体系，包含 1 个中心馆、5 个总馆、51 个分馆（流通点）、12 处 24 小时智能书屋。全株洲地区范围内的公共图书馆、机关、学校、企业、小区、农家书屋等各类型图书馆都实行通借通还，实现了真正意义上的总分馆制度。2015 年，株洲市图书馆 24 小时智能书屋获得了专利证书。

株洲市公共图书馆与社会力量合作，线上线下沟通互动，开展多项品牌活动。株洲市图书馆推出市民网上购书，图书馆买单的"E 线送书"服务。该馆与新华书店连续合作 7 年，推动"你读书我买单"活动常态化开展。茶陵县图书馆连续 8 年举办的"文化大赶集"活动，获 2013 年全国社区乡镇阅读推广活动优秀案例。

（三）湘潭市

湘潭市图书馆建立了区域内总分馆联系、协同推进的服务格局。文献信息资源建设、流通、服务网络全面覆盖，均等便捷。2018 年，建成总馆 1 个，分馆 9 个，"流动图书点"80 多个，24 小时街区自助图书馆 2 个。服务体系内文献资源协同采购和配送，文献编目工作统一规范和标准，文献通借通还，有效提升了文献资源使用效率和服务效能。

湘潭市图书馆统筹举办阅读推广等活动，推进资源共享和服务协同。湘潭市持续开展"书香湘潭"全民阅读活动，每年确定读书活动主题，由湘潭市图书馆牵头制订方案，组织，各县（市）区图书馆协调配合，面向社会各阶层开展丰富多彩的阅读指导、经典图书推介和读书交流活动；倡导、鼓励志愿者、企业及相关机构等社会资源支持、参与活动；评选、推介、表彰了一批阅读活动先进个人和优秀组织单位，营造书香阅读的浓厚氛围。

（四）岳阳市

2015 年，岳阳市在创建国家公共文化服务体系示范区规划中制订了以县市区图书馆为中心馆的总分馆制建设方案。岳阳市图书馆制订《岳阳市公共图书馆总分馆建设方案》。2017 年 6 月，建成以岳阳市图书馆为总馆，各乡镇、村、社区图书馆为分馆的服务网络。岳阳市图书馆建成 4 家分馆，分别为岳阳楼区分馆、洞庭分馆、枫树新村分馆、望岳分馆，总面积达 570 平方米，统一使用 Interlib 系统，统一进行图书配送，实现通借通还和一卡通管理。临湘市图书馆建有 5 个分馆。汨罗市图书馆先后将长乐等 14 家分馆纳入总分馆建设。华容县图书馆于 2016 年建立起"1+5"的县域总分馆体系，实现了资源共享、协同采编、统一检索、一卡通用、覆盖城乡的服务目标。平江县图书馆构建了完善的"县、乡、村"三级图书服务网络，激活了图书馆室、农家书屋之间的阅读资源交流，牵头建设完成了 850 个村级、社区、乡镇及街道农家书屋及图书室。

岳阳市图书馆还在社区、监狱、企业、学校等地先后建立了 45 家爱心图书室，也将其纳入总分馆体系管理。2015 年 7 月，岳阳市图书馆牵头建立了岳阳图书馆联盟，联盟成员包括湖南理工学院等高校图书馆，以"资源共享、优势互补、服务大众、共谋发展"的原则，各联盟馆成员单位共同签订了《岳阳图书馆联盟协议》。

（五）衡阳市

2015 年，衡阳市图书馆投资建成公共电子阅览室和多媒体演示厅，并对多功能报告厅进行提质改造。2016 年，启动图书自助借阅服务，添置自助存包柜，增设安防设备。2017 年，建成少儿图书借阅室和 24 小时自助书屋。

2014 年，衡阳市图书馆启动"流动图书馆进军营"服务。衡阳市馆与各"军营流动图书馆"签订服务协议，为其提供图书服务；各"军营流动图书馆"下辖若干图书服务点，各点配备 150 册图书作为基本图书，各部队安排专人负责图书借阅管理和书刊更换工作。当部队官兵有特殊文献需求，服务点无法满足时，衡阳市图书馆通过与国内同行开展业务协作，为其代借，或通过各种采购渠道专门购买。截至 2016 年 6 月，衡阳市图书馆已建立"军营流动图书馆" 4 个，图书服务点 20 个，累计提供文献借阅 8 万册次。

（六）郴州市

2011 年 3 月，郴州市图书馆完善规章制度，确保免费开放政策落到实处。馆内所有对外服务窗口、公共空间均零门槛免费开放。馆区全年开放，每周开放 68 小时。2009 年，郴州市图书馆建成对外开放以来，秉承"读者至上、贴心服务"的理念，致力于推进服务体系建设。至 2017 年 6 月，郴州市图书馆有效持证读者 4 万余人，年均到馆读者约 86 万人次，年文献外借文献 132 万册次。郴州市图书馆在社区、部队、拘留所、学校等场所设立 20 多个流通服务站，年服务量达 5 万人次。

（七）常德市

常德市公共图书馆均向读者免费开放，免费提供文献资源借阅、检索咨询，基层辅导培训、馆外流动服务等基本文化服务项目和办证、验证、存包、饮水等辅助性服务。各馆均设有政府公开信息查询专区，提供可公开的纸质文件和材料；同时在图书馆门户网站上提供政府网政务公开的链接，方便读者进行电子查询；设有专职导读岗，负责策划组织阅读活动，指导社会阅读，大力宣传公共图书馆免费开放政策和内容，使广大读者进一步了解公共图书馆免费开放的内容，充分利用公共图书馆的资源。

澧县图书馆建成3个分馆，实行资源共享、通借通还，利用图书流动车开展流动服务，建有流通服务点22个，在镇（村）建成文化共享工程基层服务点512个，农家书屋478家。汉寿县图书馆建立了罐头嘴镇"万民书馆"等5个分馆，实行通借通还。石门县图书馆建成南峰社区等2个分馆，配备了流动图书车，实现资源共享、通借通还。

（八）益阳市

2011年，益阳市各公共图书馆所有对外服务窗口无障碍，零门槛免费服务。各馆均制定了免费开放实施方案，每周开放时间均在48小时以上，节假日无休。安化县图书馆周开放时间达60小时，沅江市图书馆便民阅报室全年365天开放。各馆还开通了网站和微信、微博，读者可通过手机、电脑实现图书借阅、预约和掌上阅读。

2011年，益阳市图书馆通过开展"一城一书·万家共读"活动，将馆藏书盘活，以图书漂流包的形式进社区、进家庭、进学校，并与咖啡馆、休闲会所合作，探索总分馆制建设。为学校、社区、乡镇、企业、建筑工地的读者送书、送讲座、送电影等服务推广活动丰富多彩。桃江县流动图书馆活动点多面广，至2016年，已挂牌52个流动图书馆基层服务点，签订了分馆协议10个，服务网络初步形成。

（九）娄底市

娄底市公共图书馆全部免费开放，每周开放时间63小时以上，并建立了馆外流动服务点和专门的参考咨询服务项目，举办展览、讲座、培训等形式多样的读书活动。

（十）邵阳市

邵阳市公共图书馆2011年免费开放以来，各馆公共空间设施场地全部免费开放，周开放时间达63小时以上。邵阳市松坡图书馆周开放时间为70小时。2009年至2018年间，邵阳市数字图书馆服务体系不断完善，数字化建设加快推进，数字文化网、图书馆门户网站、移动图书馆、全国文化信息资源共享工程县级中心等线上服务平台实现全覆盖。邵阳市各县市区均建立了数量不同的分馆，至2017年，共建成10个24小时自助图书馆。

（十一）湘西土家族苗族自治州

湘西土家族苗族自治州共有9个公共图书馆，全面实行免费开放，建立了统筹协调、密切配合、分工协作的工作机制，实现无障碍、零门槛进入。馆内各书库、借阅室、报告厅、培训室、自习室等公共空间设施场地全面免费开放，检索与咨询、讲座和展览、基层辅导、流动服务、辅助性服务如办证、验证及存包等基本服务项目全部免费。

湘西土家族苗族自治州图书馆在吉首市区域内设立了9个分馆。泸溪县图书馆建立分馆5个，图书馆服务网点21个。花垣县图书馆创建馆外流动服务点5个。凤凰县图书馆先后发展了17个馆外流动服务点。永顺县图书馆创建了馆外流动服务点5个。古丈县图书馆设有栖凤湖分馆。吉首市民族少年儿童图书馆建设分馆共4个。龙山县图书馆设立分馆、农家书屋30个，流动服务点3个。保靖县图书馆设立分馆2个。各馆积极推进数字化建设，建立了数字文化网、图书馆门户网站和移动图书馆，开通了微博、微信公众平台，设立了电子阅览室、多媒体报告厅等，推动"互联网＋"环境下公共图书馆服务。

（十二）怀化市

怀化市公共图书馆全部免费对外开放。怀化市区拥有1个市级图书馆总馆，4个分馆，即"96832"部队分馆、老年大学分馆、武警中队分馆、莲花池社区分馆。总分馆采用"一卡通"管理方式，实现了通借通还，总馆定期对分馆图书进行轮换。

湖南省少年儿童读书活动

湖南省少年儿童读书活动由湖南省少年儿童图书馆负责组织实施，自1982年举办"红领巾读书读报奖章活动"以来，每年围绕一个主题，推荐一批好书，开展读书与阅读辅导，举办征文、阅读笔记、演讲、才艺展示、诵读、故事会等竞赛活动，促使少年儿童亲近图书、热爱读书，对少儿图书馆事业起到了重要的推进作用。

2009年，湖南将每年的11月定为"三湘读书月"。2015年，"三湘读书月"活动更名为"书香湖南"活动，湖南省少儿读书活动被纳入每年的"书香湖南"系列活动中。自2009年始，湖南省少年儿童读书活动由省委宣传部、省文明办、省文化厅、省教育厅、省新闻出版局、团省委、省妇联、省关工委八部委联合发文并共同组织开展，由湖南省少年儿童图书馆具体承办，并下设湖南省少儿读书活动领导小组办公室。

湖南省少儿读书活动领导小组办公室下发文件通知后，全省14个市（州）相关部委转发文件到各县市区，依托当地文广新局和图书馆、少儿图书馆，成立读书活动领导小组办公室，部署开展内容丰富、形式多样的读书活动。全省各市（州）图书馆、少儿馆深入学校、社区、家庭进行活动宣传，组织少年儿童参加活动，选拔优秀的节目作品组织排练、利用手机二维码、电脑、iPad开展网络答题、遴选优秀征文报送省活动办公室。读书活动主题鲜明，内容丰富，倡导社会主义核心价值观，突出了时代性、教育性和知识性，与社会教育、学校教育、家庭教育紧密结合，不仅得到了学校的大力配合，也得到了社会各界的关注和家长的鼎力支持。在各方的努力和协同下，呈现出以点带面、辐射全省的局面。

各市（州）利用当地图书馆的阵地资源进行读书活动的宣传推介。一是在当地图书馆设立读书活动专题书架，并发布推荐书目。二是利用馆内的视频资源进行主题影片的展播和读书活动信息的发布，以更直观生动的方式进行宣传。各市（州）充分利用网络、电视、报纸等媒体宣传报道读书活动，并通过悬挂宣传横幅、印发宣传资料、深入学校联系、协调的方式宣传读书活动。这些多渠道、立体式的宣传造势，营造出良好的活动氛围，带动了少年儿童参与活动的热情，激发了他们的阅读兴趣。

各市（州）、县（市、区）图书馆、少年儿童图书馆为贫困山区及偏远农村的学校、社区开展送书服务。坚持平等的服务理念，努力构建文化资源共享平台是每个图书馆的宗旨和追求。让每个人都有机会享受和利用图书馆资源，将广大读者的阅读需求作为工作的出发点和落脚点，这不仅仅是提高图书馆资源利用率，推进文化大繁荣、大发展的需要，同时更是促进社会公平、构建社会主义和谐社会的需要。

读书活动采用联合全省市（州）、县（市、区）公共图书馆和少儿图书馆共同开展的组织方法，一方面提高了读书活动的覆盖面，使全省少年儿童都能享受到公共文化服务；一方面充分利用了全省各公共图书馆的多种资源，使全省图书馆的资源达到了共享。

湖南省少年儿童读书活动一览表（2009—2018）

年份	活动名称	活动内容	规模及人数	成效
2009	"新中国60周年道德模范故事会"读书知识竞赛活动	1. 读道德模范书籍 2. 讲道德模范故事、学道德模范精神	全省有110多个县（市、区）55万少年儿童参加活动	举办活动400场次，收到自创篇目2300篇。"新中国60周年道德模范故事会"现场竞赛活动评出金奖4名，银奖10名
2010	G3杯"迎世博·迎亚运·讲文明·树新风"文明礼仪知识读书活动	1. 文明礼仪知识网上答题 2. 现场文明礼仪知识展演	106余万名少年儿童参加了此次活动	收到网上答卷40万份，举办文明礼仪知识读书活动展演100场。文明礼仪知识现场展演活动评出金奖4名，银奖10名
2011	"纪念中国共产党成立90周年"红色经典读书活动暨"三湘少年儿童阅读之星"评选活动	1. 红色经典读书展演活动 2. "三湘少年儿童阅读之星"评选活动	110多万少年儿童参加了此次读书活动。读书活动200场，征得创意作品3000篇	红色经典读书展演活动评出金奖4名，银奖10名。"三湘少年儿童阅读之星"网上投票1100万，评选出13名"三湘少年儿童阅读之星"、53名"三湘少年儿童阅读先进个人"

年份	活动名称	活动内容	规模及人数	成效
2012	"学习雷锋好榜样"读书活动暨"第二届三湘少年儿童阅读之星"评选活动	1. 学雷锋情景剧网上展播 2. 现场展演 3. 第二届"三湘少年儿童阅读之星"评选 4. 送书下乡	开展读书活动1200场，110余万少年儿童参加活动	阅读之星网上投票2800万次。现场展演活动评出金奖节目8个，银奖节目16个。"三湘少年儿童阅读之星"14名，"三湘少年儿童阅读优秀个人"54名
2013	全省少年儿童"中国梦·我的梦"系列读书活动	1. "我有一个梦"网络征文活动 2. "梦想信封·写给十年后的我"抒写梦想活动 3. 第三届"三湘少年儿童阅读之星"评选活动颁奖典礼	全省120个县（市、区）50万少年儿童参加此次读书活动，开展阅读推广活动1950场，网络征文1.2万篇	网络征文活动评选一等奖30篇，二等奖58篇，三等奖102篇，优胜奖1011篇，优秀指导奖29名。阅读之星投票1639.6万，"三湘少年儿童阅读之星"14名。网络征文投票1078.9万张，梦想信封收到8500封
2014	"三湘读书月"——全省少年儿童"中国梦·我心中的故事"系列读书活动	1. 主题书籍阅读 2. 故事创作编写 3. 故事讲述 4. 第四届"三湘少年儿童阅读之星"评选 5. 送书下乡	53万少年儿童参加了此次活动，开展活动340场，收到网络征文1000篇，网络投票总数88.8万	"中国梦·我心中的故事"读书活动故事讲述竞赛活动评选出金奖4名，银奖9名。评选出"三湘少年儿童阅读之星"14名，"三湘少年儿童阅读优秀个人"53名
2015	"书香湖南之2015年全省少年儿童'中国梦·汉语美'"系列读书活动	1. 主题推荐书籍读后感撰写 2. 诵读节目网络展播 3. 第五届"三湘少年儿童阅读之星"评选 4. 送书下乡 5. 诵读展演	62.7万余名少年儿童参加活动，开展主题读书活动2360场，收到征文871篇	主题读书活动评出小学组、中学组共一等奖28篇，二等奖38篇，三等奖55篇。评选出"三湘少年儿童阅读之星"20名，"三湘少年儿童阅读优秀个人"79名
2016	"书香湖南"之全省少年儿童"光荣与梦想——纪念建党95周年暨红军长征胜利80周年"系列读书活动	1. 主题阅读活动 2. 网络答题活动 3. 知识竞赛现场竞答活动 4. 第六届"三湘少年儿童阅读之星"评选 5. 主题书籍捐赠活动	79.8万余名少年儿童参加了此次活动。开展主题读书活动3200场	评选出"三湘少年儿童阅读之星"20名，"三湘少年儿童阅读优秀个人"58名。知识竞赛现场竞答活动评出金奖2个，银奖4个，优胜奖6个。网络答题活动全省132个县（市、区）参与，提交答卷6.18万份

年份	活动名称	活动内容	规模及人数	成效
2017	"书香湖南"之"红星闪闪耀童心"——2017年全省少儿系列读书活动	1. 主题阅读活动 2. 手绘明信片活动 3. 暑期阅读活动 4. 中国人民解放军军史连环画展览 5. 第七届"三湘少年儿童阅读之星"评选	14个市（州），120多个县（市、区）的少年儿童参加，开展主题活动3400场	收到儿童创作明信片1100张，阅读活动评出一等奖114件，二等奖180件。阅读笔记527份，评出"阅读笔记达人"146个。评选出"三湘少儿阅读之星"30名，"阅读先进个人"58名。8个组织奖，21个阅读活动奖，60个优秀指导个人奖
2018	"书香湖南"之"共创共享儿童阅读新时代"——第37届全省少年儿童系列读书活动	1. 少年儿童阅读服务特色品牌活动：阅天下·青苗在旅图，"少儿故事大王"大奖赛，少年儿童原创音频大赛，少年儿童数字阅读知识竞赛；少年儿童"书中人物化妆表演活动 2. 少年儿童阅读服务典型案例征集活动 3. 少年儿童阅读服务主题培训活动 4. 第八届"三湘少年儿童阅读之星"推选活动 5. 2018年全省少年儿童系列读书活动表彰与展示	全省14个市（州）参与。阅读之星推选活动： 1. 网络阅读答题分中学组与小学组，每组题库300题，60222人，其中小学4.36万、中学1.66万人直接参加，覆盖上千所学校。 2. 1172名少年儿童参加原创音频大赛复试，14个市（州）、37个考点、125个考场	第八届"三湘少年儿童阅读之星"推选活动评出100位三湘少年儿童阅读之星，200位三湘少年儿童阅读优秀个人。21所学校获组织奖，47名老师获优秀指导奖； 全省活动评出组织奖32家单位，阅读活动奖26家单位，优秀指导奖79名个人； "阅天下"发出游学护照5000本，参与人数达2万人； 故事大王全省9个市（州）的85支代表队参加； 音频大赛收到200多件作品； 数字阅读竞赛12436份网络答卷； 书中人物化妆表演全省11个代表队参加； 案例征集收到74家单位和组织提交的105个案例

湖南省少年儿童读书活动得到了各级政府及相关部门的高度重视和支持，并多次获得国家级、省级奖项。如：2010年获得国家文化部群星奖；两次获得湖南省"三湘读书月"活动优秀组织奖；2015年在湖南省新闻出版广电局、湖南省文明办联合开展的首届"书香湖南"全民阅读品牌创建活动中，全省少儿系列读书活动荣获首届"书香湖南"全民阅读品牌示范项目第一名；2016年获得全省公共图书馆优秀服务成果特等奖；2017年获中国图书馆学会阅读推广优秀项目；2018年"三湘少年儿童阅读之星"推选活动获第六届湖南艺术节"三湘群星奖"。

"书香湖南"全省少年儿童读书活动在各级政府的领导和关注下，以素质教育为突破口，向少年儿童进行以爱祖国、爱人民、爱劳动、爱科学、爱社会主义为基本内容的思想品德教育，用社会主义先进文化浇灌少年儿童的心田。"星星之火，可以燎原"，少年儿童读书活动以其蓬勃、顽强的生命力，必将激励更多的少年儿童参与，实现以书育人、以活动育人的目的，充分发挥少年儿童图书馆在加强和改进未成年人思想道德建设中的重要作用。

湖南省公共图书馆服务成果评奖

　　2009年，湖南省文化厅组织湖南省公共图书馆第七届服务成果评奖活动，申报项目是2006年至2008年公共图书馆取得的服务成果。这次活动共有76项成果获奖，其中一等奖14项，二等奖29项，三等奖33项。

　　2016年，湖南省文化厅下发《关于开展湖南省公共图书馆服务成果评奖活动的通知》（湘文公共〔2016〕85号），并组织湖南省公共图书馆服务成果评奖活动，申报项目是公共图书馆2012年5月至2016年5月取得的服务成果。这次评奖活动共有62项成果获奖，其中特等奖2项，一等奖10项，二等奖18项，三等奖32项，另有组织奖8项。

湖南省公共图书馆第七届服务成果评奖获奖目录（2006—2008）

奖次	项目名称	获奖单位	项目负责人	项目合作人
一等奖	建设基于全省共享的数字文化信息资源服务体系	湖南图书馆	伍 艺 李月明	张文勇、蔡 璐、杨 丹、罗晓初、赵小琴、杨 敏、杨 东、王旭明、赵 慧、胡诗漠、曾 莉
一等奖	满足读者多方位需求，开创读者服务工作新局面	湖南图书馆	雷树德 姜 进	任晓东、刘 萍、曾 莉、王旭明、李智刚
一等奖	读行论坛——搭建网络交流平台服务社会	湖南图书馆	陈 瑛	邹序明、罗晓初、王 茜、张珏梅、李海波、李月明、张文勇、蔡 语、罗东波、刘雪平、欧 红
一等奖	全省少年儿童读书活动	湖南省少年儿童图书馆	王启福 薛 天	薛 蓉、吉文涛
一等奖	立足群众学习需求发展社会教育功能	长沙市天心区图书馆	刘湘俊	周 琼、李 姣
一等奖	株洲市图书馆"文化园讲坛"社会服务	株洲市图书馆	周琼芳	姚奇志
一等奖	湘潭市图书馆为齐白石国际文化艺术节服务	湘潭市图书馆（少儿图书馆）	文 鸣 李翠平 龚文南	刘 军、肖 健、沈艾飞、姚建平、胡惠平、陈安平、成小军

奖次	项目名称	获奖单位	项目负责人	项目合作人
一等奖	努力营造青少年健康成长的良好社会环境	常德市图书馆	刘学著	龙　敏、黄　亚、杨腊梅
一等奖	农家书屋建设	常德市鼎城区图书馆	朱　敏	周建华
一等奖	为中国图书馆学会首届志愿者行动服务	衡阳市图书馆	刘忠平	颜素华
一等奖	三管齐下倾力服务新农村建设	衡阳县图书馆	熊　茗	
一等奖	编辑《历史学家刘大年教授研究资料汇编》	岳阳市图书馆	管莉萌　向　群	陈　柳、罗慧容、谭　萍、胡小莉
一等奖	发展楠竹产业建设竹业强市	临湘市图书馆	沈旭曦　吴介世	胡晶莹、吴浩宇、王宏强
一等奖	为土家族梯玛神歌、哭嫁歌、过赶年等申报国家级、省级、州级非物质文化遗产代表作名录提供服务	永顺县图书馆	张　镛　郁　红　刘　艺	宋　波
二等奖	为党政机关提供信息服务	湖南图书馆	邹序明　杨学锋	欧　红、陈　瑛、罗东波、蔡　语、陈笑莹、姚　梅
二等奖	寻找城市记忆活动	湖南图书馆	赵　惠	邹序明、伍　艺、蔡　璐、王　隽、张珏梅、刘　芹、程　霓、陈　湘、廖治文、黄昭华、杨　丹、王旭明、李　婷、王晓峰
二等奖	积极开展文化共享工程培训强化全省专业技术队伍素质	湖南图书馆	李月明	张文勇、蔡　璐、杨　丹、罗晓初、胡诗漠、曾　莉、王　隽、姚　舜、周　浪
二等奖	城市教育市民讲坛——湖南图书馆"湘图讲坛"	湖南图书馆	李　婷	戴丽亚、陈韶华、周卓
二等奖	长沙市小学生阅读调查	湖南省少年儿童图书馆	杨　柳　薛　天	成　俊、王文波
二等奖	儿童交通安全常识参与式培训项目	湖南省少年儿童图书馆	邓　镰	吉文涛
二等奖	儿童文学作品阅读推广活动	湖南省少年儿童图书馆	薛　天　肖　煊　吴湘宏　黄雅雅	邓　镰、汤　蕾、周丽丽、胡亚玲、王文波、吴湘宏、黄雅雅、肖　煊
二等奖	全面推进共享工程建设，强化公共图书馆服务功能	长沙市图书馆	王自洋　陈冀宏	肖雨滋、李怡梅

奖次	项目名称	获奖单位	项目负责人	项目合作人
二等奖	广泛深入开展少儿读书活动，为未成年人思想道德建设服务	长沙市图书馆	孙　晖	肖雨滋、黄　兵、张　军、陈　茵
二等奖	流动共享工程流进老百姓心中——记茶陵县共享工程、流动图书室、农家书屋共建共享、努力提升农村整体公共文化服务能力	茶陵县图书馆	刘敏强 陈佳林	肖力敏
二等奖	书籍带我飞翔——记茶陵县图书馆系列少儿活动	茶陵县图书馆	陈佳林 刘敏强	陈喜平
二等奖	《新农村信息工作》《新农村文化简报》乡村信息资料在新农村建设中产生的作用及影响	湘潭市图书馆（少儿图书馆）	李翠平 刘　军 张新浏	聂　帅、成小军、陈心宇、冯　蛟、颜　开
二等奖	湘潭市未成年人绿色网吧的建立及社会效益	湘潭市图书馆（少儿图书馆）	龚文南 李维石 聂　帅	成小军、左明军、冯　蛟、陈心宇、颜　开
二等奖	在救助贫困农家先天性心脏病儿童过程中的图书馆跟踪服务	常德市图书馆	刘　杰 罗欣伟	刘朝晖
二等奖	为"超级杂交油菜沈油杂202选育"提供信息服务	临澧县图书馆	刘昌大	严怀林、蓝　晖
二等奖	为重修石鼓书院服务	衡阳市图书馆	申国亮	
二等奖	开展"红读活动"引导青少年儿童课外阅读	衡阳市少年儿童图书馆	李赛虹	李　翀
二等奖	"延伸服务触角，构建和谐社会"服务	衡阳市少年儿童图书馆	闵　巧	李赛虹
二等奖	为衡东县建县四十周年暨第二届土菜文化节系列活动服务项目	衡东县荣桓图书馆	王　翔 罗　瑾	曹湘平、陈红艳、高艳华
二等奖	收集零散地方资料编著《岳阳民间传说集锦》	岳阳市图书馆	管莉萌	
二等奖	遍查史料访民秘服务"申非"注深情	临湘市图书馆	胡晶莹	余金香、谌春芳、黄菊花、汪丽华

奖次	项目名称	获奖单位	项目负责人	项目合作人
二等奖	为《湘西苗族民歌》申报国家级非物质文化遗产名录项目提供文献信息和多媒体技术服务	湘西土家族苗族自治州图书馆	周　荣	吴晓玲、钟启和
二等奖	办好农家书屋服务社会主义新农村	吉首市民族少年儿童图书馆	周晓燕	张昌琴、曾宪民
二等奖	开展读书活动，实现以读书育人	邵阳市少年儿童图书馆	文海钰夏建华	
二等奖	为"周立波故居建设"提供专题服务	益阳市图书馆	郭正繁彭　灿	曹漫枝、黄赛军
二等奖	养牛技术服务	桂东县图书馆	黄招平	钟爱珠、扶　群
二等奖	全国首届会同炎帝故里文化研讨会——跟踪服务档案	会同县图书馆	姜　林粟志强	莫海娟
二等奖	开展少儿特色活动大力推进素质教育	怀化市鹤城区少年儿童图书馆	彭英霞罗光安	
二等奖	开展少年儿童读书征文竞赛活动	怀化市洪江区图书馆	陈昌艳	向　芷、易　星
三等奖	以故事为载体创新教育模式全力打造低龄儿童素质教育平台	湖南图书馆	任晓东	姜　进、曾　莉、夏坤瑶、刘　芹
三等奖	"让书回家"还书免责大型公益活动	湖南图书馆	王旭明	李　婷、苏蓉晖，王　隽、喻　乐
三等奖	关心弱势群体，创建和谐社会，为弱势群体做好文化服务	湖南图书馆	王晓峰	程　霓、喻　乐、颜　胜
三等奖	湖南图书馆网数字资源的整合与服务	湖南图书馆	蔡　璐	赵　惠、杨　丹、姚　舜、黄昭华、廖治文、黄　浩、陈　湘
三等奖	育英计划	湖南省少年儿童图书馆	周丽丽	黎　戈、薛　蓉、郭　旭、李昭曦、李艳萍
三等奖	书香校园	湖南省少年儿童图书馆	薛　天王文波	黄雅雅、肖　煊、吴湘宏
三等奖	发挥共享工程优势，为基层提供信息服务	望城县雷锋图书馆	袁　健	龙景霞、罗怀江等全馆干部职工
三等奖	为"李铎图书馆"建设项目服务	醴陵市图书馆	谢跃先	屈继元、李　奕
三等奖	致富能手巾帼之星	茶陵县图书馆	陈佳林肖力敏	陈　玲

奖次	项目名称	获奖单位	项目负责人	项目合作人
三等奖	炎陵黄桃种植业科技跟踪服务	炎陵县图书馆	陈 列 邓春霞	
三等奖	挖掘利用地方文献，为史志研究服务	常德市图书馆	简小宜	杨明英、彭小莉
三等奖	2006—2008 开展少年儿童读书活动跟踪服务项目	津市市图书馆	许 娟	陈玉华
三等奖	图书馆为政协编辑地方文献研究丛书《神奇石门》服务	石门县图书馆	唐月华	江 玲
三等奖	为弘扬衡阳历史文化服务	衡阳市图书馆	卢向阳	丁 民、刘朝辉
三等奖	衡东县荣桓图书馆开展少儿课外读书活动服务	衡东县荣桓图书馆	陈红艳 陈 洁 刘艳华	曹湘平、高艳华
三等奖	为祁东县黄土铺镇薯粉加工产业快速发展服务	祁东县图书馆	李 康	肖艳丽、李金元
三等奖	为常宁油茶产业提供服务	常宁市图书馆	张昌荣	胡 倩、曾祥文、陈 兰
三等奖	传承华夏文明，弘扬经典文化	耒阳市图书馆	王延芝	
三等奖	心系少年儿童，关注健康成长	衡阳市南岳区图书馆	周华平	
三等奖	2007 年全市少年儿童"我心中的社会主义新农村"征文竞赛和"文明家庭亲子读书乐"比赛活动·2008 年全市少年儿童"和谐汨罗"美文诵读及征文竞赛活动	汨罗市图书馆	陈 涓	刘 轩、毛 徽、何晓懿
三等奖	湘西土家族苗族自治州图书馆 2007—2008 年全州少年儿童读书活动服务成果材料	湘西土家族苗族自治州图书馆	康朝晖 陈新风	向一凡、钟启和
三等奖	深入苗乡为"扶贫村"提供烤烟产业信息及技术培训	湘西土家族苗族自治州图书馆	张 赤 章小萍	钟启和

奖次	项目名称	获奖单位	项目负责人	项目合作人
三等奖	为泸溪剪纸、踏虎凿花申报国家级非物质文化遗产保护项目名录提供文献服务	泸溪县图书馆	吴朝芳	文 劲
三等奖	为古丈毛尖茶手工制作技艺名录项目申报和《古丈茶经》编著提供专题文献信息服务	古丈县图书馆	刘 娟 向秋媛	罗晓东、刘小晶、许家杰、姚东芳
三等奖	土家族山歌申报省级非物质文化遗产代表作	保靖县图书馆	王焕英	刘清卿、王月艳、石远阳
三等奖	为花垣县民族民间文化和非物质文化保护项目申报提供文献资料服务	花垣县图书馆	彭进军 简隆军	李 强、全运松
三等奖	"中国知青运动史"课题研究跟踪服务	邵阳市松坡图书馆	杨亦农	姚 桃、李 洁
三等奖	发挥自身优势，竭诚为读者提供科学养殖、学术研究便捷服务	桃江县图书馆	薛 芳 姜淑纯	高玉辉、邓述红等
三等奖	用地方文化和现代休闲方式打造特色"农家乐"	宜章县图书馆	吴海怒	曾祥武
三等奖	扩展服务外延跟踪农家书屋	双峰县图书馆	蔡素玮 王卫钢	罗晓兰
三等奖	全国文化信息资源共享工程冷水江支中心建设	冷水江市图书馆	唐思京 谢晓波	阳 琦
三等奖	搞好"作家、文艺家生活体验创作基地"延伸服务，为作家、文艺家、读者搭建桥梁，为社会教育、人才培养、当地精神文明建设服务	涟源市图书馆	梁海涛 陈子君	谭文忠
三等奖	扎根乡村服务农民通道构筑"农家书屋"民心工程	通道县图书馆	向 京	杨少权、付春爱

湖南省公共图书馆服务成果获奖目录（2012 年 5 月至 2016 年 5 月）

奖次	项目名称	获奖单位	主要参与人
特等奖	基于党政决策的图书馆信息服务	湖南图书馆	李月明、陈 炎、许 莉、陈思文、喻 乐、张钰梅、李青远、刘海迪、许 冰、刘雪花
特等奖	全省少年儿童读书活动	湖南省少年儿童图书馆	薛 蓉、蒋 韧、朱 雨、胡亚玲、卓 洪、汤 蕾、易 娟、王振兴、周丽丽、刘 芹、黄雅雅、王星胜、吴湘宏
一等奖	创新服务，打造品牌——湖南图书馆外国语文献阅读与分享计划	湖南图书馆	李华艳、徐 玲、杨学锋、刘雪平、陈 晴、廖 莎、武 为
一等奖	与社会广泛合作开展"阅读推广+"精准服务	长沙市图书馆	张 军、陈冀宏、文 炜、陈 炼、李 波、李 屹
一等奖	书香星沙	长沙县图书馆	刘宇田，杨桂湘
一等奖	开启公共文化定制化服务模式——株洲市图书馆定制化服务案例	株洲市图书馆	张孝蕾、黄小平、邹一坚、马 合
一等奖	为复原清末民初常德沿河古街场景打造文化旅游亮点服务	常德市图书馆	刘学著、龙 敏、宋少刚、刘朝晖
一等奖	推进农家书屋建设，福泽泸溪广大民众	泸溪县图书馆	文 劲、吴朝芳
一等奖	流动图书进军营	衡阳市图书馆	黄俊琦、李 仁、罗 马、黄 毅、谭涛文、胡从启
一等奖	"欢聚 16 点"知识竞赛	衡阳县图书馆	邓小毛、欧阳腊梅
一等奖	郴州市未成年人图书借阅服务体系建设项目	郴州市图书馆	李鹏举、李 星、王成东
一等奖	湘潭市少年儿童主题读书活动	湘潭市图书馆（少儿馆）	李翠平、沈艾飞、欧丹杨、彭立新、赵 茜、成小军、龚文南、罗志纯、朱 安、唐 圆、李 奕、沈 婧、颜 开
二等奖	锻造服务品牌，深化分龄分众——湖南图书馆阅读推广活动的发展与创新	湖南图书馆	姜 进、蔡家意、黄媛媛、廖 源、张 妍、薛文南
二等奖	"童乐"亲子同乐汇系列活动	湖南省少年儿童图书馆	朱 雨、黄雅雅、刘幸来、肖 煊
二等奖	用心，点亮他们的世界	长沙市图书馆	王岳平、徐 佳、李林慧、肖 婷、李玉婷

奖次	项目名称	获奖单位	主要参与人
二等奖	悦读尚学，书香浏阳——浏阳市机关读书月	浏阳市图书馆	刘　炜、梁　丽、戴文强、黄　薇、张运荣、邵　莹
二等奖	开展阅读活动，推进素质教育	怀化市鹤城区少年儿童图书馆	罗光安、瞿海英
二等奖	书香通道——少年儿童"中国梦"系列读书竞赛活动	通道县图书馆	吴练爱、杨少权、向　京、傅玉虹、王　霞
二等奖	依托社会资源，开展"小豌豆"公益系列活动	株洲市图书馆	黄小平、马　合、陈　静、张孝蕾
二等奖	公共文化服务体系中的县级图书馆总分馆建设	炎陵县图书馆	陈　列、刘晓明
二等奖	精准扶贫——留守儿童阅读扶贫计划	冷水江市图书馆	马　俊、谢晓波、彭　宁
二等奖	益阳古巷拍摄与保存	益阳市图书馆	陈玉萍、袁宁波、张　亮、罗赛峰、张　征、黄赛军
二等奖	致力公共图书馆事业助推"全民阅读"蓬勃开展	常德市图书馆	刘　杰、郑　芹、黄　亚、杨　晖、张立艳
二等奖	"快乐周末读书"活动	衡阳市少年儿童图书馆	李赛虹、刘京京
二等奖	为南岳抗战文化研究专题服务	南岳区图书馆	周华平
二等奖	耒阳市"种太阳公益书屋"少儿阅读推广项目	耒阳市图书馆	刘洪琼、黄慧芳、陈　飞、郭国成、蔡　丰
二等奖	七彩蝶亲子阅读俱乐部	资兴市图书馆	陈　辉、石　宏、曹　瑾、王丽萍
二等奖	构建现代公共文化服务体系，开展文化志愿服务	岳阳市图书馆	秦利群、刘庆云、谭　蓉、段乐清
二等奖	湘潭文化讲坛	湘潭市图书馆（少儿馆）	李翠平、沈艾飞、欧丹杨、彭立新、成小军、龚文南、罗志纯、冯　蛟、唐　圆、李　奕、朱　安、颜　开
二等奖	"家长学堂"系列公益心理讲座	邵阳市松坡图书馆	伍伟伟、刘湛涛、金国辉、夏建华、李　洁、袁　丰
三等奖	湖南图书馆微信公众号——搭建新媒体平台服务社会	湖南图书馆	张钰梅、李月明、王　婷、姜　进、蔡家意
三等奖	加强知识援助，提高信息素养，展公共文化服务风采	湖南图书馆	王晓峰、陈　炎、于明娟、张　婷、李青远、郭幺彦、彭奇夫
三等奖	长沙市小小"馆"理员假期实践活动	湖南省少年儿童图书馆	周丽丽、王振兴、朱　雨、周　帆、刘燕平、王　力
三等奖	长沙人"云馆藏"阅读推广服务实践	长沙市图书馆	龙耀华、邱　会、罗倩倩

奖次	项目名称	获奖单位	主要参与人
三等奖	"书香雨花"读书节	长沙市雨花区图书馆	王　琳、陈　珊、董玲玲、汤海清
三等奖	青少年法治文化教育中心	怀化市图书馆	郭　燕，黄莉萍，向玉琦，邓长群
三等奖	流动图书室建立	鹤城区图书馆	谭宋艳、谢　昕
三等奖	"甜橙树"阅读营（少儿与阅读品牌）	麻阳苗族自治县图书馆	陈代广、郑阳汉、胡　杰、张　宇、滕松丽
三等奖	书香悦全城	株洲市图书馆	胡立洁、程　序、陈　静、孙　凡
三等奖	"文化大赶集"全民阅读推广活动	茶陵县图书馆	肖力敏、韩　冰
三等奖	我的家族故事演讲大赛	醴陵市图书馆	朱发雄、罗　景
三等奖	为蔡和森同志诞辰120周年纪念活动服务	双峰县图书馆	王卫钢、罗晓兰、蔡素玮
三等奖	少儿书画现场表演公益活动	沅江市图书馆	晏毅刚、邓晓慧、徐　艳、李　庆
三等奖	"三湘读书月"之"中国梦·我心中的故事"系列活动	桃江县图书馆	高玉辉、薛　芳、熊　伟、姜淑纯、罗爱民、詹红梅等全馆工作人员
三等奖	"传递书香见证成长"少儿读书服务	益阳市资阳区图书馆	周　理、杨珍连、郭雅琳
三等奖	提升活动空间，打造留守儿童之家	益阳市赫山区图书馆	罗尚源、何容斌、周　浪
三等奖	开展"4·23"读书月活动联盟打造服务品牌	石门县图书馆	唐月华、舒永忠、江　玲、杨建华、王　玉
三等奖	倡导全民阅读共建书香临澧	临澧县图书馆	张　民、严怀林
三等奖	津市市"车胤读书节"全民阅读推广系列活动	津市市图书馆	唐　禹、罗　莉、唐　惠、鲍明亮、刘　詹
三等奖	践行精准扶贫精神，为花垣县苗绣、织锦培训基地提供文献资料服务	花垣县图书馆	黄尔晖、彭泽茜、彭进军、张应晖、石　松、贾　盼
三等奖	创新民族地区留守儿童阅读推广服务	凤凰县图书馆	李　慧、杨　洪、张律叶
三等奖	开展全民阅读，建设书香泸溪	泸溪县图书馆	文　劲、吴朝芳
三等奖	文化志愿服务	衡阳市图书馆	谭宇昊、李双至、罗　马、黄　文、尹　静
三等奖	衡阳市少年儿童读书活动	衡阳市少年儿童图书馆	谢珂珂、何岳林
三等奖	"书香飘社区"阅读推广活动	衡阳市珠晖区图书馆	王利华、李艳凤、唐胖芝、徐玉霞
三等奖	共享书香乐——阅读推广大舞台	衡阳县图书馆	刘向阳、黄晓娟
三等奖	牵手贫困地区少年儿童阅读行动	祁东县图书馆	周小科、李　康、肖艳丽

奖次	项目名称	获奖单位	主要参与人
三等奖	为白莲村扶文化富脑袋精准扶贫项目服务	衡东县荣桓图书馆	曹湘平、陈红艳、单福华
三等奖	免费休闲书吧	永兴县图书馆	县委县政府
三等奖	为山区养羊提供信息咨询服务	桂东县图书馆	黄招平、扶　群、何莎莎
三等奖	构建文化服务体系，延伸社会服务功能——松坡图书馆服务点体系建设	邵阳市松坡图书馆	夏建华、刘湛涛、金国辉、伍伟伟、李　洁、袁　丰
三等奖	为大屋乡坪江村扶贫工作提供决策咨询	洞口县图书馆	申春平、尹传许

组织奖：长沙市文广新局、株洲市文体广新局、衡阳市文体广新局、益阳市文体广新局、常德市文体广新局、湘西土家族苗族自治州文体广新局、郴州市文体广新局、怀化市文体广新局。

第六编

文件辑存

中共湖南省委、湖南省人民政府关于印发《湖南省文化强省战略实施纲要（2010—2015 年）》的通知

湘发〔2010〕4 号

各市州、县市区委，各市州、县市区人民政府，省直机关各单位：

现将《湖南省文化强省战略实施纲要（2010—2015 年）》印发给你们，请结合实际认真贯彻落实。

中共湖南省委

湖南省人民政府

2010 年 2 月 11 日

湖南省文化强省战略实施纲要（2010—2015 年）

为贯彻落实党的十七大精神，加快实施文化强省战略，推动湖南文化大发展大繁荣，促进全省经济社会又好又快发展，根据《中共中央国务院关于深化文化体制改革的若干意见》（中发〔2005〕14 号）、国务院《文化产业振兴规划》和《中共湖南省委湖南省人民政府关于深化文化体制改革、加快文化事业和文化产业发展的若干意见》（湘发〔2007〕17 号）等文件精神，制定本纲要。

一、总体目标

高举中国特色社会主义伟大旗帜，坚持以邓小平理论和"三个代表"重要思想为指导，深入贯彻落实科学发展观，全面落实党的十七大关于推动社会主义文化大发展大繁荣的战

略任务，围绕富民强省的目标，积极推动文化大省向文化强省迈进，努力打造湖南文化高地，形成强大的文化凝聚力、文化创新力、文化传播力、文化保障力和文化竞争力，为全省经济社会发展提供良好的思想保证、精神动力、舆论氛围和文化条件。争取到"十二五"期末，实现以下目标：

——文化凝聚力。党的创新理论深入人心，社会主义核心价值体系建设不断深入，民族精神和时代精神进一步弘扬，公民思想道德建设全面推进，湖湘文化内涵日益丰富，群众认同感、民族凝聚力不断增强，形成知荣辱、讲正气、树新风、促和谐的社会文明风尚，为富民强省提供强大的精神力量。建成全国文明城市1—2个，创建一批全国文明村镇、一批全国文明单位。

——文化创新力。充满活力的文化创新体制进一步完善，敢为人先的文化发展环境有效形成，文化产业发展活力明显增强。数字、网络技术在文化领域各个环节广泛应用，文化科技含量大幅提升。原创首发、形式新颖、影响广泛的文化创意成果总量和质量位居全国前列。文化领域的中国驰名商标突破5个，湖南著名商标达30个以上，一批全国领先、国际知名的自主文化品牌集群基本形成，文化产品和服务的核心竞争力全面提升。

——文化传播力。广播电视网、出版发行网、电影院线、文艺演出院线等现代文化传播网络良性运行，全省统一、开放、竞争、有序的文化市场体系基本形成。传统舆论阵地进一步巩固，新兴舆论阵地的话语权有效掌控。一批骨干文化企业跨区域、跨媒体、跨所有制、跨国界发展，大批文化精品力作走向全国，出口境外。

——文化保障力。文化基础设施、基础工作不断完善，设施先进、网络健全、运行高效、惠及基层的公共文化服务体系全面形成，人民群众的基本文化权益得到充分保障。建设10个以上投资过10亿元的标志性文化工程。

——文化竞争力。全省文化产业增加值保持年均20％以上的增速，到2015年总产值达到3500亿元，实现增加值1900亿元，占GDP的比重达8％以上，文化产业成为我省国民经济的重要支柱产业。形成一批骨干文化企业集群，年产值过10亿元的大型文化企业发展到20家以上，销售收入、总资产突破100亿元的旗舰文化企业集团发展到3—5家，文化上市公司5家以上，市值过200亿元的突破2家。60％的县市成为全国、全省文化建设先进县市。

二、主要任务

（一）建设社会主义核心价值体系

1. 发展先进文化。把社会主义核心价值体系体现到干部教育、学校教育中，体现到人民群众日常生活和工作中，体现到企业文化、校园文化、社区文化和农村文化建设中，体现到各项政策的制定和落实中。针对当前人们关注的热点和难点问题，列出一批社科基金重点项目，增强理论说服力度，坚持用社会主义核心价值体系引领多样化的社会思潮。大力繁荣哲学社会科学，推出一批引领先进文化方向、反映时代精神、具有一流水准的精品力作。

2. 弘扬湖湘文化。继承发扬湖湘文化精神，强化精神支柱，建设精神家园。做好《湖湘文库》等重要文化典籍的整理出版工作。构建民族文化、文物和非物质文化遗产"大保护、大利用"的长效机制，整体规划建设湘西文化生态保护区。到 2015 年，国家级重点文物保护单位突破 100 处、省级发展到 600 处，国家级非物质文化遗产保护项目突破 100 项、省级发展到 400 项，实现我省世界文化遗产零的突破。

（二）建设理论学习服务体系

1. 健全各级党委中心组学习制度。加强县处级以上党员领导干部的学习，开展学习督查活动，召开领导干部学习经验交流会和建设学习型党组织工作经验交流会，以党员领导干部和各级党组织的率先垂范推动全社会的学习。重点学习中国特色社会主义理论体系、党的路线方针政策和国家法律法规，学习党的历史，学习富民强省所需要的经济、政治、文化、科技、社会和国际等各方面知识。

2. 推出一批重大理论研究成果。坚持以我省经济社会发展中的重大理论和实践问题为主攻方向，推出一批有价值、有分量的研究成果，继续编写好《科学发展观在湖南的认识与实践》《热点问题谈心录》，努力把认识成果转化为实践成果。

3. 推进学习型湖南建设。办好省委机关刊《新湘评论》和湘潮讲坛、为民论坛、宁炬评论等一批理论宣传品牌，在新闻媒体开办栏目和专题节目，介绍学习体会和转化应用的好做法好经验。认真组织好"三湘读书月"、社会科学普及宣传月等活动，在全省营造浓厚的学习氛围。

（三）建设现代文化传播体系

1. 壮大主流媒体。发挥主流媒体在文化传播中的主阵地作用，进一步加大投入，完善扶持政策，加快发展湖南日报、湖南广播电视台等新闻媒体，扩大主流媒体的覆盖面，壮大总体实力，提高核心竞争力。

2. 发展新兴媒体。发挥新兴媒体在文化传播中的生力军作用，高度重视互联网的运用和管理，加强网络文化建设，抓好红网、华声在线等重点新闻网站建设。

（四）建设群众性精神文明创建体系

1. 深入开展文明创建。力争到"十二五"期末，全省文明城市创建覆盖面达到 90% 左右，文明村镇创建覆盖面达到 70% 左右，文明行业创建覆盖面达 80% 左右。广泛开展中国公民旅游文明素质行动计划、湖南城乡社会志愿服务活动以及军民、警民共建等各具特色的创建活动。

2. 切实加强思想道德建设。深入开展社会公德、职业道德、家庭美德、个人品德建设，加强社会主义荣辱观教育，加强诚信湖南建设，提高社会文明程度和劳动者文明素质。加强思想政治工作，加强爱国主义和民族团结教育，切实抓好未成年人思想道德建设。大力宣传一批体现民族精神和时代精神、作出突出贡献的先进典型。建设好爱国主义教育基地。深入开展网络网吧、荧屏声频、校园周边环境和出版物市场专项整治活动，净化社会文化环境。

（五）建设公共文化服务体系

1. 加强公共文化设施建设。继续完善韶山一号工程，兴建红军标语博物馆、长沙铜官窑遗址公园等一批爱国主义教育基地。2015年前，完成湖南省博物馆、湖南图书馆、湖南艺术职业学院改扩建工程，完成省文化艺术中心、省美术馆、省少数民族文化园等省级标志性公益文化项目建设。大力支持湖南大众传媒职业技术学院"国际汉语传播基地"建设。到2015年，各市州全面完成图书馆、艺术馆、博物馆、影剧院和文化广场等基本公共文化设施的建设；各县市区全面完成图书馆、文化馆、影剧院和群众文化活动场所的建设；全省95%的乡镇、街道完成综合文化站的建设，平均面积在300平方米以上，并配送必要的设施设备；90%的行政村、社区完成文化活动室的建设。

2. 推进公共文化服务工程建设。加大广播电视村村通、文化信息资源共享、农村电影放映、乡镇综合文化站和基层文化阵地建设、农家书屋建设等重大公共文化服务工程实施力度，切实保障人民群众看电影电视、听广播、读书看报、鉴赏高雅艺术、参加大众文化活动等基本文化权益。到2015年，基本实现全省农村广播电视户户通；全面建成覆盖城乡的文化信息资源共享工程服务网络，与农村远程教育网络实现共建共享；为每个县配备一台流动电影放映车、每30个行政村配备一套数字电影放映设备，每个行政村每月免费放映一场数字电影；农家书屋基本覆盖全省每个行政村，建成百台新华汽车书店；为优秀剧团配备和更新流动舞台车，开展送戏下乡与演艺惠民活动，省、市、县三级政府采购和补贴文艺演出10000场，其中省级1000场、市级2800场、县级6200场。

3. 创新公共文化服务运行机制。引入竞争机制，对重要公共文化产品、重大公共文化服务项目和公益性文化活动，采取政府采购、项目补贴、定向资助、贷款贴息等形式，扩大服务范围，增强服务效益。加强图书馆、文化馆、博物馆、影剧院和党报党刊等公益性文化单位的功能建设，完善服务内容，增强服务能力。继续实施博物馆、纪念馆免费开放，到"十二五"期末，全省公共图书馆、文化馆、艺术馆、科技馆免费向社会开放，乡镇综合文化站、农家书屋、村和社区文化活动室免费向辖区群众开放，让广大人民群众共享文化发展成果。积极培育、扶持群众文艺团体，广泛组织开展群众性文艺活动。

（六）建设文化市场体系

1. 优化文化产业布局。以长株潭为核心文化增长极，以大湘西为新的文化增长极，带动全省文化产业全面、协调发展。把文化产业作为长株潭"两型社会"试验区建设的重点产业来规划和布局，在"绿心"地带打造国家级"湘江论坛"，集群建设文化创意产业园区和文化休闲基地等。到"十二五"期末，长株潭文化产业增加值占全省比重达50％以上，占长株潭GDP总量的10％以上。跨区域联合开发，打造大湘西文化旅游产业带，到2015年，大湘西文化产业增加值占全省比重提高到10％以上。连接大湘南与湘东地区，突出打造名人、名居、名胜品牌，大力发展历史文化、民族文化和红色文化相结合的文化发展基地。努力打造"湖湘文化"品牌与"名片"，通过优化文化产业布局，构建全省"品"字型的文化发展格局，促进区域文化协调发展。

2. 调整文化产业结构。以内容创新为核心，以结构调整为主线，以文化创意、影视制作、出版发行、演艺娱乐、动漫游戏、文化旅游、印刷复制、数字内容、文化会展等为重点，推动文化产业结构调整升级。巩固和发挥已有品牌优势，使广电、出版、动漫、演艺等优势产业继续走在全国前列。提升电影、电视剧和电视节目生产能力，扩大影视制作、发行、放映和后产品开发，满足多种媒体、多种终端对影视数字内容的需求。加快出版物由主要依赖传统介质向多种介质转型，建设一批有影响的数字出版平台和数字出版工程。抢抓3G商用和产业融合的重大机遇，整合红网、拓维信息等技术平台和广电、出版、动漫等内容资源，加快发展移动多媒体、手机广播电视，开展移动文化信息服务、数字娱乐产品等增值业务，为各种便携显示终端提供内容服务。加快广播电视传播和电影放映数字化进程，积极推进下一代广播电视网建设。抓住印刷产业加速向内地转移的机遇，发展高新技术印刷、特色印刷，积极培育长沙印刷科技产业园等印刷复制产业基地。整合省内动漫资源，打造大型动漫产业集团，创新动漫产业价值链，不断提高动漫产业赢利能力。培育发展青少年职业体验、卡通动漫主题公园、互动式影视基地、大型实景文艺演出等文化互动体验新业态。加快文化与观光旅游、体育健身、艺术培训等产业的融合和互动，推动文化服务业快速、协调、健康发展。

3. 完善文化要素市场。加强文化产品市场渠道建设，加快构建以湖南有线电视网络集团为龙头的数字电视传输网络，以新华书店为龙头的文化产品营销物流网络，以湖南日报发行有限公司为龙头的党报党刊发行网络。大力发展现代文化流通组织，推进出版物、互联网服务营业场所、电影院线和文娱演出场所的连锁经营，积极发展文化电子商务。重视培育和开拓农村文化市场，扶持发展农村文化生产和服务网络。办好张家界国际乡村音乐周、中国映山红民间戏剧节、金鹰电视艺术节、红色旅游文化节、手机动漫游戏大赛、湖南艺术节、长沙车展等有影响的文化节会，搭建文化展示和交易平台，繁荣文化市场，引导文化消费。大力发展文化生产要素市场，重点培育文化人才市场、金融市场、产权市场和版权交易市场，发展文化市场经纪、代理、评估、鉴定、拍卖等中介机构和行业组织，提高文化产品和服务的市场化程度和专业化水平。加快建设和完善各类文化协会和文化商会，发挥其在文化建设中的积极作用。

4. 加快文化"走出去"步伐。大力推动政府间的文化交流，鼓励优势文化企业跨区域发展。支持文化企业研发"湖湘特色、中国风格、国际气派"的外向型文化产品，通过国际合作、委托代理、发展出口基地和境外直接投资等多种形式，积极参与国际国内文化市场竞争。扶持一批外向型文化企业，积极拓展出版物、影视节目、文艺演出、动漫游戏、工艺美术等文化产品出口和服务贸易。

5. 建设重大文化工程。实施重大项目带动战略，形成文化产业密集区。到 2015 年，重点推进完成湖南文化创意产业园、金鹰卡通产业科技园、中南数字出版基地、泊富国际创意中心、湖南日报传媒大厦、麓山文化国际广场、湖南华强文化科技产业基地、湖南艺术大厦、湖南文化广场、网络科技文化产业园、长沙印刷科技产业园、张家界自然历史博物苑等标志性文化工程建设，打造 10 个以上国家级文化产业示范基地，总投资过 100 亿元。各市州规划建设 1—2 个有特色、上规模的标志性文化工程项目。

三、保障措施

（一）切实加强建设文化强省工作的组织领导

各级党委、政府要树立新的文化发展理念，从中国特色社会主义事业总体布局的战略高度，充分认识建设文化强省的重大意义，把建设文化强省工作摆在更加突出的位置，纳入重要议事日程，纳入经济社会发展总体规划，纳入科学发展考核评价体系。要建立健全党委统一领导、宣传思想文化部门主要负责、党政各部门齐抓共管、社会各方面共同参与的工作体制和工作格局。宣传思想文化部门要在党委统一领导下，切实履行职责，发挥主力军作用，同时主动加强与各方面的联系，争取各方面的配合与支持。发展改革、财政、社保、税务、工商等与建设文化强省密切相关的部门，要切实担负起涉及文化强省建设和管理的相关职责，积极提供支持和保障。调整充实省文化体制改革和文化产业发展领导小组，加强对建设文化强省工作的领导协调。各市州、县市区要设立相应的领导协调机构。

（二）深化文化体制改革

进一步健全党委领导、政府管理、行业自律、企事业单位依法运营的文化管理体制和富有活力的文化产品生产经营机制。理顺文化管理部门的职责分工，强化政策调节、市场监管、社会管理、公共服务的职能。完善国有文化资产监管体制，建立国有文化资产经营管理绩效考评机制。加快推进出版发行、文艺院团、影视制作发行放映、非时政类报刊等经营性文化单位的转企改制，培育自主经营、富有活力的市场主体。支持改革到位的优势国有文化企业跨地区、跨领域、跨所有制兼并重组，做大做强。进一步深化公益性文化事业单位内部劳动人事、收入分配和社会保障制度改革。贯彻落实中央宣传部、中央编办、文化部、广电总局、新闻出版总署《关于加快推进文化市场综合执法改革工作的意见》（中宣发〔2009〕25号），2010年内完成长沙、张家界、岳阳、常德等市文化行政管理体制改革试点任务，整合文化行政主管部门的管理和执法职能，合并文化局、广播电视局、新闻出版局，组建新的文化广电新闻出版局及文化市场综合行政执法机构；合并市州、县市区广播电台、电视台，组建新的广播电视台，实现管办分离。在试点基础上，在全省其他市州全面推开文化行政管理体制改革。

（三）完善建设文化强省的政策法规体系

认真贯彻落实中央对文化事业和文化产业的财税优惠政策，进一步完善支持文化强省建设的配套政策。落实《中共中央办公厅国务院办公厅关于加强公共文化服务体系建设的若干意见》（中办发〔2007〕21号），把社区文化中心建设纳入城市规划，从城市住房开发投资中提取1%用于社区公共文化设施建设，同时注意合理布局、综合利用。文化体制改革试点单位使用的原划拨土地，改制前可继续以划拨方式使用；改制后，土地用途符合《划拨用地目录》的，经所在地县级以上人民政府批准，可仍以划拨方式使用；不符合《划拨用地目录》的，应依法办理土地有偿使用手续，经评估确认后，以作价出资（入股）等方式，转增国家资本金。对重点文化建设项目需要新增建设用地的，各级政府要在土地利用年度计划中优先安排。出台金融机构支持文化强省建设政策，创新文化无形资产质押担保制度，畅通文化产业"绿色贷款通道"，完善文化投融资服务平台。完善文化事业单位转企改制社会保障政策。出台文化领域高新技术企业认定办法，鼓励运用现代科技手段改造传统文化产业。出台《湖南省非物质文化遗产保护条例》《湖南省文化体育设施管理办法》《湖南省印刷业管理办法》等法规规章，加强文化法制建设。

（四）加大建设文化强省的投入

各级政府要增加文化事业产业投入规模，各级财政对文化建设的投入增幅不低于同级财政经常性收入的增幅。省财政每年安排文化产业引导资金1亿元，从2010年起设立文化事业发展资金。各市州、县市区财政要安排并逐步提高文化事业和文化产业发展引导资金，出台使用和管理办法。进一步加大财政对主流媒体的投入。加大对基层文化单位的投入，切实加强农村和社区公共文化设施建设。积极探索和拓宽文化产业投融资渠道，引导社会资金进入文化产业。鼓励我省优势文化企业充分对接境内外资本市场，通过上市、私募、发行债券等方式融资发展。设立湖南文化产业投资基金（公司），完善和落实鼓励单位和个人捐赠、兴办公益文化事业的各项经济政策。

（五）加大建设文化强省的人才保障

把培养一流文化人才作为文化强省建设的第一战略。实施宣传文化系统"五个一批"人才培养工程，在文化事业建设费中设立文化人才培养专项资金，定期遴选、引进、培训文化创作、经营管理、科技创新和理论研究等领域的领军人才。创新引进高层次文化人才的特殊政策，实行"一事一议"制度，在户籍、住房、职称、薪酬待遇、家属随迁等方面给予倾斜，使湖南成为集聚国内外优秀文化人才的"洼地"。高度重视基层文化队伍建设，切实解决基层文化工作者的具体困难和问题，确保乡镇综合文化站队伍稳定、待遇落实。出台民间文化人才职称评聘特殊政策，鼓励民间技艺大师收徒授业，传承民族优秀文化。健全文化人才市场化配置机制，加大优秀文化人才的激励力度，对文化强省建设有突出贡献的按照行政奖励的有关规定给予奖励。创新激励机制，扩大资本、知识产权、技术、管理等要素参与分配的范围和额度，激发文化工作者的积极性和创造力。设立文化领域的政府荣誉制度，表彰有杰出贡献的文化工作者，营造尊重创造、尊重文化、尊重文化工作者的良好社会环境。

各级党委、政府要按照本纲要要求，结合实际，制定具体的实施方案。各职能部门要各司其职，通力合作，完善服务，积极创造条件，切实抓好本纲要的贯彻落实。

文化部、财政部关于推进全国美术馆公共图书馆文化馆（站）免费开放工作的意见

文财务发〔2011〕5号

各省、自治区、直辖市文化厅（局）、财政厅（局），新疆生产建设兵团文化广播电视局、财政局：

为贯彻落实党的十七届五中全会、胡锦涛总书记在中央政治局第22次集体学习时的重要讲话精神和全国文化体制改革工作会议精神，落实温家宝总理在《2010年政府工作报告》中提出的"推进美术馆、图书馆、文化馆、博物馆免费开放，丰富人民群众的精神文化生活"的要求，充分发挥美术馆、公共图书馆、文化馆（站）保障公民基本文化权益、提高公民鉴赏能力的重要作用，加强公共文化服务体系建设和公民思想道德建设，现就各级文化行政部门归口管理的美术馆、公共图书馆、文化馆（站）进一步向社会免费开放提出以下意见：

一、美术馆、公共图书馆、文化馆（站）免费开放的重要意义

美术馆、公共图书馆、文化馆（站）是政府举办的公益性文化事业单位，是开展公共文化服务的重要场所，是保障人民群众基本文化权益的重要阵地。推动美术馆、公共图书馆、文化馆（站）免费开放是党的十七大关于社会主义文化大发展大繁荣的具体实践，是加强社会主义核心价值体系建设和公民思想道德建设的有效手段，是进一步提高政府为全社会提供公共文化服务水平的重要举措，是实现和保障人民群众基本文化权益的积极行动，对于提高广大人民群众思想道德和科学文化素质，保障广大人民群众基本权益、促进社会和谐稳定具有重要意义。

要统一思想，提高认识，积极行动，切实把免费开放工作做实、做细、做好，为公众提供更多、更好的公共文化产品和服务。

二、美术馆、公共图书馆、文化馆（站）免费开放的指导思想、工作原则和主要目标

（一）指导思想

以邓小平理论和"三个代表"重要思想为指导，深入贯彻落实科学发展观和党的十七届五中全会精神，进一步推进公益性文化事业单位改革，着眼于保障公民基本文化权益，促进基本公共文化服务均等化，着眼于发挥公共文化机构的基本职能作用，着眼于增强公共文化服务能力和管理水平，以健全和增强服务项目、服务能力为重点，与建立公共文化服务体系经费保障机制相结合，努力实现美术馆、公共图书馆、文化馆（站）设施免费开放，与其职能相应的基本文化服务项目健全，免费向群众提供，公共文化服务能力明显增强。

（二）工作原则

1. 全面推开，逐步完善。贯彻落实中央关于公共文化机构免费开放的要求，全面推动美术馆、公共图书馆、文化馆（站）免费开放。在推进免费开放的过程中，建立与其职能任务相适应的基本文化服务内容和方式，加强管理，深化改革，提升服务能力。

2. 坚持公益，保障基本。免费开放作为政府的重要文化民生项目，免费提供的是与美术馆、公共图书馆、文化馆（站）职能相适应的基本公共文化服务，应由政府予以保障落实。同时，对于基本公共文化服务以外的文化服务项目，要坚持公益性，降低收费标准，不得以营利为目的。

3. 科学设计，注重实效。紧紧结合美术馆、图书馆、文化馆（站）基本职能，研究确定基本服务项目和内容；以免费开放为契机，加强规范化建设，实现美术馆、公共图书馆、文化馆（站）规章制度健全，职责任务清晰，服务内容明确，公共文化设施的利用率明显

提高，免费开放落到实处，切实保障人民群众基本文化权益。

4. 扩大宣传，树立形象。免费开放的根本目的是让广大人民群众就近方便地参与文化活动，保护群众的基本文化权益。要加强免费开放的宣传工作，通过形式多样的宣传，让更多的群众了解美术馆、公共图书馆、文化馆（站）的功能和作用，吸引广大群众走进文化设施，享受政府提供的公共文化服务，同时树立美术馆、公共图书馆、文化馆（站）的良好社会形象。

（三）总体目标

到 2012 年底，与深化文化体制改革、提升公共文化服务能力相结合，实现美术馆、公共图书馆、文化馆（站）规章制度健全，职责任务清晰，服务内容明确，保障机制完善，健全与其职能相适应的基本文化服务项目并免费向群众提供，设施利用率明显提高，使免费服务成为政府的重要民生项目和公共文化服务品牌。

三、美术馆、公共图书馆、文化馆（站）免费开放的基本内容和实施步骤

（一）美术馆免费开放的基本内容

美术馆基本展览实行免费参观。对于少数特殊展览，可根据实际情况实行低票价。

（二）公共图书馆、文化馆（站）免费开放的基本内容

公共图书馆、文化馆（站）免费开放包括两个方面：一是指公共空间设施场地的免费开放，二是指与其职能相适应的基本公共文化服务项目健全并免费向群众提供。基本公共文化服务项目将随着社会的不断发展、政府财力的增长和人民群众精神文化需求的不断增长而发展变化。

1. 公共图书馆免费开放主要包括：一般阅览室、少年儿童阅览室、多媒体阅览室（电子阅览室）、报告厅（培训室、综合活动室）、自修室等公共空间设施场地免费开放；文献资源借阅、检索与咨询、公益性讲座和展览、基层辅导、流动服务等基本文化服务项目健全并免费提供；为保障基本职能实现的一些辅助性服务如办证、验证及存包等全部免费。

2. 文化馆免费开放主要包括：多功能厅、展览厅（陈列厅）、宣传廊、辅导培训教室、计算机与网络教室、舞蹈（综合）排练室、独立学习室（音乐、书法、美术、曲艺等）、娱乐活动室等公共空间设施场地的免费开放；普及性的文化艺术辅导培训、时政法制科普教育、公益性群众文化活动、公益性展览展示、培训基层队伍和业余文艺骨干、指导群众文艺作品创作等基本文化服务项目健全并免费提供；为保障基本职能实现的一些辅助性服务如办证、存包等全部免费。

3. 文化站免费开放主要包括：多功能厅、展览厅（陈列厅）、辅导培训教室、计算机与网络教室等公共空间设施场地的免费开放；书报刊借阅、时政法制科普教育、群众文艺

演出活动、数字文化信息服务、公共文化资源配送和流动服务、体育健身、青少年校外活动等服务项目健全并免费提供；为保障基本职能实现的一些辅助性服务如办证、存包等全部免费。

（三）美术馆、公共图书馆、文化馆（站）免费开放的实施步骤

1. 美术馆免费开放的具体实施步骤分为两个阶段：

第一阶段：在2011年年底之前国家级、省级美术馆全部向公众免费开放。

第二阶段：在2012年年底之前各级美术馆全部向公众免费开放。

2. 公共图书馆、文化馆（站）免费开放的具体实施步骤分两个阶段：

第一阶段：到2011年底，全国所有公共图书馆、文化馆（站）实现无障碍、零门槛进入，公共空间设施场地全部免费开放，所提供的基本服务项目全部免费。

第二阶段：到2012年底，全国所有一级馆、省级馆、省会城市馆、东部地区馆站免费提供的基本公共文化服务质量和水平不断提升，形成2个以上服务品牌。其他图书馆、文化馆站实现基本公共文化服务项目健全，并免费提供。

四、推进美术馆、公共图书馆、文化馆（站）免费开放的具体举措

（一）取消原有部分收费项目

取消美术馆门票收费，取消公共图书馆办证费、验证费、自修室使用费、电子阅览室上网费，取消公共图书馆、文化馆（站）存包费，限期取消文化馆（站）群众文化艺术辅导和培训费，业余文艺骨干培训费，公益性讲座、展览收费。

（二）限期收回出租设施

要严格执行《公共文化体育设施条例》和中央《关于加强公共文化服务体系建设的若干意见》、《关于进一步加强农村文化建设的意见》，维护好美术馆、公共图书馆、文化馆（站）的公益性质，不得以拍卖、租赁等任何形式改变公共文化设施用途，已挪作他用的限期收回。

（三）降低非基本服务收费

公共图书馆、文化馆（站）除基本公共服务外，为满足广大基层群众多层次、多样化的需求，开展了多种多样的公益性服务。如公共图书馆深度参考咨询服务（为读者收集专题信息，编写参考资料，或者进行代查、代译、复印书刊资料等服务）、赔偿性收费和文化馆（站）的高端艺术培训服务等，可以收取合理的费用。在财政经费保障机制建立的前提下，各级公共图书馆、文化馆（站）应把主要精力用于开展基本公共文化服务。基本公

共文化服务以外的公益性服务，要与市场价格有所区分，降低收费标准，按照成本价格为群众提供服务。

（四）完善免费开放公示制度

美术馆、公共图书馆、文化馆（站）要公示免费开放内容，在窗口接待、场所引导、资料提供以及内容讲解等方面创造良好的服务环境，增强吸引力。

（五）制定应急预案

美术馆、公共图书馆、文化馆（站）要切实做好免费开放的前期准备，充分考虑免费开放后可能遇到的各种情况和问题，制定切实可行、严谨细致的免费开放工作方案。要制定突发事件的应急预案，完善应急处置机制，确保免费开放后的公众安全、资源安全、设施设备安全。

（六）加强免费开放的宣传

要开展形式多样的宣传活动，扩大免费开放的公众知晓率，吸引广大群众走进文化设施，最大限度地发挥美术馆、公共图书馆、文化馆（站）功能作用。

五、美术馆、公共图书馆、文化馆免费开放的保障机制

免费开放是实施民生工程的重要内容，是保障广大人民群众基本文化权益、提高公民鉴赏能力的重要举措。各级文化、财政部门要高度重视，加强领导，采取措施，加强管理和创新，保证这一惠民措施真正落到实处。

（一）加强组织保障

各级文化、财政部门要加强对免费开放工作的组织领导，将免费开放作为公共文化服务体系建设的重点工作，纳入文化建设总体规划，纳入重要议事日程，纳入财政预算。要建立统筹协调、密切配合、分工协作的工作机制，加强免费开放工作的组织和领导。要充分依靠专家，加强对免费开放工作方案的制度设计和科学研究，保证免费开放工作科学有序地开展。

（二）建立经费保障机制

各级财政部门要进一步明确美术馆、公共图书馆、文化馆（站）公益性文化单位性质，按照"增加投入、转换机制、增强活力、改善服务"的原则，建立免费开放经费保障机制，保证免费开放后正常运转并提供基本公共文化服务。中央财政安排专项资金，重点对中西

部地区美术馆、公共图书馆、文化馆（站）开展基本公共文化服务项目所需经费予以补助，对东部地区予以适当奖励。要逐步提高经费保障水平，不断健全美术馆、公共图书馆、文化馆（站）免费提供的基本公共文化服务项目，提升服务质量。探索建立公共文化多元化投入机制，鼓励社会力量对美术馆、公共图书馆、文化馆（站）进行捐赠和投入，拓宽经费来源渠道。

（三）深化改革，增强发展活力

要按照中央关于深化文化体制改革的总体部署，推动公共文化服务体制机制创新，优化组织结构，改进内部管理，创新服务方式，提高运营效率。进一步深化公益性文化单位内部机制改革，在人事、分配制度等方面大胆创新，形成讲实绩、重贡献、向优秀人才和关键岗位倾斜的分配机制。建立健全各项规章制度，以制度管人、以制度管事，增强发展活力。

（四）加强管理，拓展服务领域

要根据群众的需求，结合公共文化事业特点和本地本单位实际，整合业务流程，合理调配资源，改善服务效能。不断拓展服务领域、方式和手段，提供更加人性化的服务设施和服务项目，努力强化文化的感染力和辐射力，最大限度地缓解因免费开放带来的供需矛盾。要尊重和贴近服务对象的文化需求，在实现均等普惠的公共服务基础上，逐步增设多样化服务，重点增加对未成年人、老年人、农民工等特殊人群的对象化服务。

（五）加强监管，建立评估体系

在各级党委、政府的领导下，各级文化、财政部门要指导、督促各地做好免费开放工作，并对各单位实施情况进行督促检查和考评，对开放中出现的问题和困难及时沟通、协调，切实帮助解决免费开放中遇到的困难和问题。各级文化行政部门要发挥行业管理作用，加快完善美术馆、公共图书馆、文化馆（站）业务规范化建设，开展评估定级，加强分类指导，不断提高管理水平和服务能力。要加强宣传，扩大免费开放的社会影响，让更多群众了解美术馆、公共图书馆、文化馆（站）的功能作用，吸引广大群众走进文化设施，共享改革开放带来的文化发展成果。

各地要按照本通知要求，结合本地实际，尽快制订本地区推进美术馆、公共图书馆、文化馆（站）免费开放工作的实施方案，于2011年3月1日前报送文化部、财政部。

湖南省图书资料系列高级评审条件（试行）

湘职改办〔2006〕5号

第一章　总则

第一条　为认真贯彻《中共中央、国务院关于进一步加强人才工作的决定》，建立以能力与业绩为导向的科学、公正的人才评价机制，根据文化部《全国图书、资料专业职务试行条例》及国家和省有关文件规定，制定《湖南省图书、资料系列高级专业技术职务任职资格评审条件（试行）》。

第二条　本条件适用于从事图书、资料专业的中外文书刊采编、借阅、参考咨询、文献开发、图书馆学研究与辅导、技术开发与服务、业务管理等工作、申报评审图书、资料系列研究馆员或副研究馆员任职资格的专业技术人员。

第二章　申报条件

第三条　遵守国家法律、法规，热爱祖国，拥护中国共产党的领导，热爱图书、资料事业。

第四条　有良好的职业道德和敬业精神，认真履行岗位职责，服从单位安排，按要求完成工作任务。任现职5年以来，年度考核等次为称职以上，破格申报还须有1年考核为优秀。

第五条　学历、资历条件

（一）正常申报要求

1. 研究馆员

大学本科以上学历（学士以上学位），担任副研究馆员5年以上；

2. 副研究馆员

博士学位获得者担任馆员2年以上；大学本科以上学历（学士以上学位）担任馆员5年以上；

（二）破格申报要求

破格申报指申报人员不具备本条件规定的学历、资历要求的情形；破格申报研究馆员、副研究馆员至少要求具备大学专科学历并至少任下一级职务3年；学历、资历不得同时破格；破格人员还须进行破格答辩。

1. 研究馆员

破格申报研究馆员必须同时具备以下成果业绩和专著论文要求：

（1）成果及业绩满足以下条件之一：

国家有突出贡献的优秀中青年专家、享受国务院政府特殊津贴者；获得国家级二等以上科技、社会科学成果奖；获得国家级三等、省（部）级二等科技、社会科学成果奖的前5名。

（2）专著论文满足以下条件：

任现职以来正式出版过本专业有很高学术价值的专著（主著或主编）2 部以上，并在国家级刊物或本专业核心期刊上发表或国家级专业学会年会、国家级重大课题研讨会交流过（评上等级）本专业有很高学术价值的论文（第一作者）5 篇以上。

2. 副研究馆员

破格申报副研究馆员必须同时具备以下成果业绩和专著论文要求：

（1）成果及业绩满足以下条件之一：

获得国家级以上或省（部）级二等以上科技、社会科学成果奖；获得省（部）级三等以上科技、社会科学成果奖的前 5 名；1977 年恢复高考制度以前入校、在县以上企事业单位工作的，大专毕业累计从事本专业工作 25 年，任中级职务满 5 年，并主持、承担过省部级以上重大科研课题或高深文献研究任务，通过省（部）级以上业务主管部门鉴定，达到省内先进水平或在任职期间获得国家一级图书馆（全国文明图书馆）称号的主要业务负责人。

（2）专著论义满足以下条件：

正式出版过本专业有较高学术价值的专著（主著或主编）1 部以上，并在国家级刊物或本专业核心期刊、国家级专业学会年会、国家重大课题研讨会上发表或交流过（评上等级）本专业论文（第一作者）1 篇，并在省级刊物、省级学会年会、省级重点课题研讨会上发表或交流过（评上等级）本专业有较高学术价值的论文（第一作者）2 篇以上。

第六条　语言能力要求

申报副研究馆员应掌握一门外语或古汉语、少数民族语言，申报研究馆员应熟练掌握一门外语或古汉语、少数民族语言，参加全国或全省统一组织的考试达到合格分数线。免试要求按国家及省有关规定执行。

第七条　计算机应用能力要求

具备运用计算机进行信息收集、处理和分析的能力，1955 年 1 月 1 日以后出生的人员应按规定参加计算机知识考试并达到合格水平。免试要求按国家及省有关规定执行。

第八条　继续教育要求

任现职以来，参加本专业脱产培训、学习年均 12 天以上。

第三章　评审条件

第九条　专业理论水平

研究馆员

具有广博的科学文化知识，精通图书馆学、情报学基础理论和专业技能，及时跟踪国内外图书、资料专业的发展动态；在本行业中有较大的影响和较高的威望，是图书馆学及图书馆工作某一领域的学术带头人。

副研究馆员

具有较广博的文化知识，系统掌握图书馆学、情报学基础理论和专业技能，掌握国内外图书、资料专业的发展动态。

第十条　工作能力

研究馆员

具有很强的科研能力和丰富的专业工作经验，能运用新技术传播、开发和提供文献信息，在重大业务建设的理论与实践上有创见；具有承担本专业高深研究任务的能力，或全面指导、主持业务学习和科研工作的能力，并能提出、解决本专业范围内的重大业务问题，主持完成高难度的科研课题或工作项目，成效显著。

副研究馆员

具有较强的科研能力和丰富的专业工作经验，能运用新技术传播、开发和提供文献信息，在业务建设的理论与实践上有创见；具有承担本专业较深研究任务的能力，能提出并解决本专业范围内较重大的业务问题，主持完成较高难度的科研课题或工作项目，成效明显。

第十一条　专业业绩、成果

（一）晋升研究馆员，须在任现职期内同时具备下列条件之4项：

（1）根据有关政策及社会需求，把握文献信息开发方向，主持开发有关专题文献信息，效益显著；

（2）了解和掌握文献信息资源分布（包括纸本与网络资源），能准确分析、判断文献信息价值及其优劣，独立进行信息加工整理；

（3）主持大型书目索引编制工作，撰写有较高质量的提要、文摘、注释和综述；

（4）主持制定、修订文献资料采访工作条例或规章，在文献类型结构、入藏品种及其比例、复本数量等的科学测定工作中发挥重要作用；

（5）熟练运用分类法、主题法、编目法、排检法等各种工具及其方法，主持或参与专业规范的编制工作；

（6）熟悉图书采访、分编工作全过程，担负文献分编总审校；

（7）全面主持或指导某项读者服务工作；

（8）熟练运用中外文工具书及各种文献检索方法（含传统手工方法和机器检索方法），主持各类参考咨询服务或用户辅导工作，成绩显著；

（9）主持1项以上重大服务项目，或指导过1名以上胜任参考咨询工作的业务骨干；

（10）参与缩微、音像、计算机、多媒体等技术工作，承担较大系统工程可行性分析、总体方案设计和组织实施；

（11）主持解决重大技术难题，组织指导技术人员进行程序设计和系统维护；

（12）国家、省（部）级科研课题、成果三等奖以上获奖项目的主要完成人。

（二）晋升副研究馆员，须在任现职期内同时具备下列条件之4项：

（1）参与文献信息开发选题、内容分析及实际开发，在一些重要专题开发中发挥骨干作用；

（2）参与文献信息编辑工作，撰写提要、文摘、题录和一般性文献信息专题综述；

（3）熟悉信息产品营销，积极推广传播文献信息；

（4）熟悉藏书和出版发行情况，参与制定、修订文献资料采访工作规章；

（5）了解分类法、主题法、编目法、排检法等各种工具及其方法，熟悉分编工作全过程，在文献形态描述和内容标引方面起骨干作用；

（6）指导运用计算机进行文献整理和审校工作；

（7）主持借阅服务工作，胜任参考咨询工作；

（8）承担读者调研任务，分析阅读倾向，开展优质服务；

（9）熟练运用中外文工具书及文献书目检索方法（含传统手工方法和机器检索方法），熟练运用计算机进行读者服务工作；

（10）参与制定或实施本部门技术工作总体方案；

（11）了解缩微、音像、计算机、多媒体等技术，并熟练运用其中一项技能；

（12）解决一般性技术问题，承担程序设计和系统维护；

（13）组织开展有关社会活动；

（14）获市级科研课题、成果三等奖以上奖励的获奖项目的主要完成人。

第十二条　专著、论文要求

（一）晋升研究馆员，须具备下列条件之一：

（1）正式出版的专著（主著或主编）2部，并在国家级刊物或本专业核心期刊、国家级专业学会年会、国家重大课题研讨会上发表或交流过（评上等级）本专业论文（第一作者）2篇；

（2）正式出版的专著（主著或主编）1部，并在国家级刊物或本专业核心期刊、国家级专业学会年会、国家重大课题研讨会上发表或交流过（评上等级）本专业论文（第一作者）4篇；

（二）晋升副研究馆员须具备任现职以来的下列条件之一：

（1）正式出版的专著（主著或主编）1部；

（2）在国家级刊物或本专业核心期刊、国家级专业学会年会、国家重大课题研讨会上发表或交流过（评上等级）本专业论文（第一作者）2篇；

（3）省（部）级刊物、省级学会年会、省级重点课题研讨会上发表或交流过（评上等级）本专业论文（第一作者）3篇以上。

第四章　附则

第十三条　对符合条件同时申报多个系列专业技术职务任职资格的人员，可不经转评直接申报。

第十四条　机关分流人员从分流之日算起，三年内可比照同等学力人员正常申报，对任职台阶可不作要求，同时可免考职称外语。

第十五条　县及县以下专业技术人员申报副研究馆员的职称外语、论文及学历要求，按省职称改革工作领导小组、省人事厅《关于进一步完善我省职称工作有关政策的通知》（湘职改〔2005〕1号）中的有关规定执行。

第十六条　对申报过程中弄虚作假行为，一经查实，实行"一票否决"，并按有关规定严肃查处。

第十七条　本规定由省职改办、省文化厅职改办负责解释。

中共湖南省委办公厅、湖南省人民政府办公厅关于加快构建现代公共文化服务体系的意见

湘办发〔2015〕39号

近年来，我省公共文化服务体系建设取得显著成效，呈现出整体推进、重点突破、全面提升的良好发展态势。但与当前经济社会发展水平和人民群众日益增长的精神文化需求相比，还存在差距。根据《中共中央办公厅国务院办公厅印发〈关于加快构建现代公共文化服务体系的意见〉的通知》（中办发〔2015〕2号）精神，结合我省实际，经省委、省人民政府同意，现就加快构建我省现代公共文化服务体系提出如下实施意见。

一、总体要求

（一）指导思想

以邓小平理论、"三个代表"重要思想、科学发展观为指导，贯彻落实党的十八大和十八届三中、四中全会精神，贯彻落实习近平总书记系列重要讲话精神，按照全面建成小康社会的总体要求，牢固树立以人民为中心的工作导向，以改革创新为动力，以基层为重点，构建体现时代发展趋势、适应社会主义初级阶段基本国情和市场经济要求、符合文化发展规律、体现中国特色和具有湖南特点的现代公共文化服务体系，促进基本公共文化服务标准化、均等化，推动社会主义文化大发展大繁荣，提高全民族文化素质，增强民族凝聚力，为推进全省经济社会发展提供强大的精神动力和文化支撑。

（二）基本原则

坚持正确导向。以人民为中心，以社会主义核心价值观为引领，发展先进文化，创新

传统文化，扶持通俗文化，引导流行文化，改造落后文化，抵制有害文化，巩固基层文化阵地，促进在全社会形成积极向上的精神追求和健康文明的生活方式。

坚持政府主导。从省情出发，认真研究人民群众的精神文化需求，因地制宜，科学规划，分类指导，按照一定标准推动实现基本公共文化服务均等化，切实保障人民群众基本文化权益，促进实现社会公平。

坚持社会参与。简政放权，减少行政审批项目，引入市场机制，激发各类社会主体参与公共文化服务的积极性，提供多样化的产品和服务，增强发展活力，积极培育和引导群众文化消费需求。

坚持共建共享。加强统筹管理，建立协同机制，明确责任。优化配置各方资源，做到物尽其用、人尽其才，发挥整体优势，提升综合效益。

坚持改革创新。加快转变政府职能，完善管理体制机制，创新公共文化服务内容和形式，促进文化与科技深度融合，推动文化事业和文化产业协调发展。

（三）主要目标

根据中办发〔2015〕2号文件提出的"到2020年，基本建成覆盖城乡、便捷高效、保基本、促公平的现代公共文化服务体系"的总体目标和省委、省政府关于分类指导加快推进全面建成小康社会的战略部署，从现在起到2017年，全省要以县为单位达到基本公共文化服务实施标准要求，同时，以县为单位开展创建省级现代公共文化服务体系示范区活动。到2020年，全省要全面达到中办发〔2015〕2号文件提出的构建现代公共文化服务体系的总体目标，实现公共文化设施网络全面覆盖、互联互通，公共文化服务的内容和手段更加丰富，服务质量显著提升，公共文化管理、运行和保障机制进一步完善，政府、市场、社会共同参与公共文化服务体系建设的格局逐步形成，人民群众基本文化权益得到更好保障，基本公共文化服务均等化水平稳步提高。

二、统筹推进公共文化服务均衡发展

（四）促进城乡基本公共文化服务均等化

把促进城乡基本公共文化服务均等化纳入国民经济和社会发展总体规划及城乡规划，统筹城乡公共文化设施布局、服务提供、队伍建设、资金保障，均衡配置公共文化资源。把公共文化服务体系建设与新农村、和谐社区建设有机结合起来，实行城乡同治，建设美丽社区和村庄。拓展重大文化惠民项目服务"三农"内容，推进"三农"出版物出版发行、广播电视涉农节目制作和农村题材文艺作品创作。完善农家书屋、职工书屋出版物补充更新机制，将入选全国农家书屋年度重点出版物推荐目录的省内图书、报刊和电子音像制品纳入政府定点采购范围，实行定期配送。统筹推进农村地区广播电视用户接收设备配备工作，鼓励建设农村广播电视维修服务网点。大力开展公共文化流动服务和数字服务，推进公共数字文化服务"进村入户"，打通公共文化服务"最后一公里"。建立公共文化服务城乡联动机制，以县级文化馆、图书馆为中心推进总分馆制建设，加强对农家书屋、职工书屋的统筹管理使用，实现农村、城市社区公共文化服务资源整合和互联互通。加大对农村民间文化艺术的扶持力度，让民间文化和乡土文化焕发生机。推进城乡"结对子、种文化"，加强城市对农村文化建设的帮扶，形成常态化工作机制。

（五）推动革命老区、民族地区、贫困地区公共文化建设实现跨越式发展

编制革命老区、民族地区和武陵山片区、罗霄山片区等贫困地区公共文化服务体系建设发展规划纲要。明确革命老区、民族地区、贫困地区公共文化服务和资源缺口，在公共文化建设项目和资金安排上进行倾斜。以广播影视服务网络、数字文化服务、乡土人才培养、流动文化服务、农村留守妇女儿童文化帮扶等为重点，集中实施一批文化扶贫项目。支持革命老区、民族地区、贫困地区挖掘、开发、利用民族民间文化资源，充实公共文化服务内容。力争在较短时间内使革命老区、民族地区、贫困地区公共文化服务能力和水平有明显改善。

（六）保障特殊群体基本文化权益

将老年人、未成年人、残疾人、农民工、农村留守妇女儿童、生活困难群众作为公共文化服务的重点对象。鼓励组建票友协会、开办老年艺术大学，利用文化馆、图书馆、科技馆等公共文化设施积极开展面向困难人群、老年人、未成年人的文化活动、公益性文化艺术培训服务、展演和科普活动。开展学龄前儿童基础阅读促进工作和向中小学生推荐优秀出版物、影片、戏曲工作。指导互联网网站、互联网文化企业等开发制作有利于青少年身心健康的优秀作品。将中小学生定期参观博物馆、美术馆、纪念馆、科技馆及科普基地纳入中小学教育教学活动计划。加强乡村学校少年宫建设。实施青少年体育活动促进计划。加强对残疾人文化艺术的扶持力度，公共文化服务机构要为残疾人提供无障碍设施。实施盲文出版项目，开发视听读物，建设有声图书馆，鼓励和支持有条件的电视台增加手语节目或加配字幕。加快将农民工文化建设纳入常住地公共文化服务体系，满足农民工群体尤其是新生代农民工的基本文化需求。加强农民文化协会建设和农村科普示范基地建设，广泛开展农村广场文化和科普教育培训活动，丰富留守人群文化生活。通过政府购买服务方式，对生活困难群众减免收看有线电视、观看电影等费用。

（七）建立和完善基本公共文化服务标准体系

围绕看电视、听广播、读书看报、参加公共文化活动等群众基本文化权益，根据经济社会发展水平和供给能力明确基本公共文化服务的内容、种类、数量和水平，以及应具备的公

共文化服务基本条件和各级政府的保障责任，确立与我省经济社会发展水平相适应、具有我省特色的基本公共文化服务实施标准，明确政府保障底线，做到保障基本、统一规范。标准以县为基本单位推进落实。建立基本公共文化服务实施标准动态调整机制。

（八）提升公共文化设施建设、管理和服务水平

按照城乡人口发展和分布，坚持均衡配置、严格预留、规模适当、功能优先、经济适用、节能环保的原则，合理规划建设各级各类公共文化设施。充分利用现有城乡公共设施，统筹建设集宣传文化、党员教育、科技普及、普法教育、体育健身等多功能于一体的基层公共文化服务中心，配套建设群众文体活动场地。统筹规划建设高新区、开发区等务工人员集中区域的公共文化设施。按有关规定支持县级以上工人文化宫、青少年宫、妇女儿童活动中心、科技馆、体育健身中心的建设、改造和升级，充分发挥其公共文化服务作用。坚持设施建设和运行管理并重，健全公共文化设施运行管理和服务标准体系，规范各级各类公共文化机构服务项目和服务流程。推进全省现代公共文化服务体系示范区创建。探索村（社区）公共文化建设模式，做好村（社区）公共文化建设模式创新与示范推广。

三、增强公共文化服务发展动力

（九）培育和促进文化消费

积极举办文化艺术展会，繁荣文化艺术品市场，提高群众文化欣赏水平。鼓励有条件的公共文化机构挖掘特色资源，加强文化创意产品研发，创新文化产品和服务内容。完善公益性演出补贴制度，通过票价补贴、剧场运营补贴等方式，支持艺术表演团体提供公益性演出。鼓励在商业演出和电影放映中安排低价场次或门票，鼓励网络文化运营商开发更多低收费业务，推动经营性文化设施、非物质文化遗产传习场所和传统民俗文化活动场所等向公众提供优惠或免费的公益性文化服务。积极发展与公共文化服务相关联的教育培训、体育健身、演艺会展、旅游休闲等产业，引导和支持各类文化企业开发公共文化产品和服务。

（十）鼓励和引导社会力量参与

建立健全政府向社会力量购买公共文化服务机制，将政府购买公共文化服务资金纳入财政预算。促进公共文化服务提供主体和提供方式多元化，采取政府购买、项目补贴、定向资助、贷款贴息等政策措施，支持包括文化企业在内的社会各类文化机构参与提供公共文化服务。鼓励和支持社会力量通过投资或捐助设施设备、兴办实体、资助项目、赞助活动、提供产品和服务等方式参与公共文化服务体系建设。探索在互联网上网服务营业场所、演出院线等经营性文化场所提供公共文化服务。推动建立健全公开透明的社会捐赠管理制度。纳税人捐助公益文化体育事业，符合国家税法有关规定的，可向税务部门申报，相应扣除

企业所得税或个人所得税的应纳税所得额。捐助人单独捐建或主要由捐助人出资兴建的公共文化体育设施，捐助人要求留名纪念的，可根据《中华人民共和国公益事业捐赠法》等有关规定，经文化或体育等部门同意后，报县级以上人民政府批准，由捐助人提出设施名称。创新管理模式，稳步推进公共文化设施社会化运营，采取委托或招投标等方式吸引有实力的社会组织和企业，参与公共文化设施的运营。

（十一）培育和规范文化类社会组织

加强对文化类行业协会、基金会、民办非企业单位等社会组织的引导、扶持和管理，促进规范有序发展。规范和完善文化艺术类基金会管理制度，建立健全资金筹措机制，提高社会公信度和项目申报透明度。鼓励各类公共文化服务机构发起成立行业协会，发挥其在行业自律、行业管理、行业交流等方面的重要作用。鼓励创办民办非企业公共文化服务机构。鼓励符合登记条件的乡镇（街道）、村（社区）文化服务队伍按照城乡社区服务类社会组织进行登记并开展活动。加快推进文化行业协会与行政机关脱钩，将适合由社会组织提供的公共文化服务事项交由社会组织承担。支持公益性文化事业单位为文化类社会组织提供专业指导等服务。加强政府管理和社会监督，严格执行社会组织年检制度和信息公开制度，开展社会组织等级评估，实现依法管理、依法运营。

（十二）大力推进文化志愿服务

巩固专业文化志愿服务队伍，扩大社会各界文化志愿服务队伍，优先发展基层社区文化志愿服务队伍，探索具有湖南特色的文化志愿服务模式。县级公共图书馆、文化馆、公共博物馆每馆可成立1支登记注册、管理规范的文化志愿者队伍。积极开展"春雨工程"——文化志愿者边疆行和"大地情深"——专业艺术院团志愿服务走基层等文化志愿服务示范品牌活动。充分发挥科普志愿者特别是"科普传播大师"的作用，大力开展科普志愿服务活动。完善文化志愿者注册招募、服务记录、管理评价和激励保障机制。动员组织专家学者、艺术家、优秀运动员等社会知名人士参加志愿服务，提高社会影响力。推动专业艺术院团、体育运动队和艺术体育院校等到基层教、学、帮、带，建立志愿服务下基层制度。加强对文化志愿队伍的培训，提升文化志愿者的服务意识、服务能力和服务水平。

四、加强公共文化产品和服务供给

（十三）提升公共文化服务效能

完善公共文化设施免费开放的保障机制。深入推进公共图书馆、博物馆、文化馆、纪念馆、美术馆等免费开放工作，大型体育场馆（体育场、体育馆、游泳馆）免费或低收费向社会开放，科技馆、工人文化宫、青少年宫、妇女儿童活动中心以及青少年校外活动场所免费提供基本公共文化服务项目。鼓励党政机关、国有企事业单位和学校的各类文体科普设施，在特定时段向社会免费或优惠开放。建立群众文化需求反馈机制，及时准确了解和掌握群众文化需求，制定公共文化服务提供目录，开展"菜单式""订单式"服务。加强公共文化服务品牌建设，推动形成具有鲜明特色和社会影响力的服务项目。加大对跨部门、跨行业、跨地域公共文化资源的整合力度。以行业联盟等形式，开展馆际合作，推进公共文化机构互联互通，开展文化服务"一卡通"、公共文化巡展巡讲巡演等服务，实现区域文化共建共享。加强基层广播电视播出机构服务能力建设。充分利用广播、电视、网络双向互动功能，为各级政府部门便民服务提供窗口和平台。

（十四）丰富优秀公共文化产品供给

鼓励本土文化艺术工作者从现实生活中采集素材，创作地方特色浓郁、人民群众喜闻乐见的文化产品。加强戏曲等优秀文化艺术的普及推广工作。制定《2015—2020年湖南文化艺术创作规划》，大力开展"中国梦"主题创作和展示活动，认真做好"深入生活、扎根人民"主题实践活动，精心组织精神文明建设"五个一工程"，抓好重点图书、广播、电影、电视和剧目的创作、生产与演出。推进送戏、送书、送电影下乡等项目和优秀出版物推荐活动。继续支持广电、出版、演艺、动漫等优势文化产业做大做强，为公共文化服务提供坚实的产业支撑。提高网络文化产品和服务供给能力，促进优秀传统文化瑰宝和当代文化精品网络传播。完善少数民族语言文字文化服务。加强知识产权审核和版权保护，防止侵权或盗版产品进入公共文化服务供给体系。大力发展社会主义核心价值观教育、法制教育、国防教育等主题内容公益广告，有效推广全民终身学习和公益慈善理念。

（十五）推进湖湘文化传承与发展

挖掘湖湘文化精华，建立传统文化传承和发展体系。进一步宣传和阐释"忠诚、担当、求是、图强"的湖南精神。弘扬湖湘廉政文化，发展地方文化和特色文化，扶持民族民间文化艺术。加强历史文化名城、名镇、名村的保护工作，实施全国重点文物保护单位和省级文物保护单位集中连片的传统村落整体保护利用工程。加强民族文化生态保护区建设。推进"湖南省民间文化艺术之乡"建设。传承和发展民族民间传统体育，广泛开展形式多样的群众性体育活动。办好民族节会文化活动。推动非物质文化遗产进学校、进市场、进文艺演出，逐步建立省级以上各类非遗项目传承基地，推进非遗展示馆（中心）、重点项目传习所和非物质文化遗产生产性保护示范基地建设。大力推进《湖湘文库》数字化编纂出版工作。加强古籍整理出版和数字化工作。推进对湖湘文化经典的学习和研究。

（十六）丰富群众文化生活

深入开展"书香湖南·全民阅读"和科学普及活动，推动全民阅读进机关、进校园、进企业、进农村、进社区、进家庭、进军营。积极开展全民艺术普及、全民健身、全民科普和群众性法治文化、廉政文化活动。组织开展"欢乐潇湘"群众文化活动和"雅韵三湘"高雅艺术普及活动，打造"文化湖湘"公共文化服务平台。实施基层特色文化品牌建设项目，力争一市（州）一项品牌文化活动，一县（市区）一项特色文化活动，吸引更多群众参与。引导广场文化活动健康、规范、有序开展。以"我们的节日"为主题，组织开展群众性节日民俗文化活动。鼓励群众自办文化，支持成立各类群众文化团队，为民间文化队伍提供展示交流的平台。推进红色文化、社区文化、乡土文化、校园文化、企业文化、军旅文化、科普文化、家庭文化、乡贤文化建设，培育积极健康、多姿多彩的社会文化形态。加强群众性文化活动的国际交流，形成多层次的对外文化交流格局。实现公共文化体育机构免费指导群众文体活动常态化。

五、推动公共文化服务与科技融合发展

（十七）加大文化科技融合创新力度

围绕公共文化服务体系建设的重大科技需求，发挥文化和科技相互促进的作用，将公共文化科技融合创新纳入科技发展专项规划，深入实施文化科技创新工程。鼓励高校和科研院所开展重要文化科技融合课题研究及专用装备、软件、系统的关键技术研发应用，推进公共文化服务创新手段、提高效能。发挥我省计算机和网络技术的优势，促进公共文化与"互联网＋"的融合发展。加强科技成果转化应用，支持公共文化机构、科研院所、高科技企业合作开展各类关键技术研究，建立一批文化科技融合示范基地，实施一批公共文化服务科技创新应用示范项目，加速科技成果转化，推进文化科技产业发展。

（十八）加快推进公共文化服务数字化建设

开展示范性数字文化馆建设，统筹实施全省文化信息资源共享、数字图书馆博物馆和科技馆、直播卫星广播电视公共服务、农村数字电影放映、数字农家书屋、城乡电子阅报屏等项目建设，构建标准统一、互联互通的公共数字文化服务网络，在基层实现共建共管共享。以湖南图书馆、省博物馆、省科技馆和省地质博物馆为中心，逐步建成全省各图书馆、文化馆、博物馆、美术馆、科技馆等分工合作的数字资源协作加工平台和数字资源服务平台。加快推进数字文化资源在智能社区中的应用，实现"一站式"服务。支持数字版权公共服务平台建设，实现公共数字文化资源有效保护。加强公共文化大数据采集、存储和分析处理，推动县级以上公共文化机构网站建设，鼓励在公共文化设施内免费提供无线上网服务。

（十九）提升公共文化服务现代传播能力

灵活运用宽带互联网、移动互联网、广播电视网、卫星网络等手段，拓宽公共文化资

源传输渠道。发展基于手机终端软件（App）、微信、微博等新媒体的公共文化服务形式。大力推进"三网融合"，促进高清电视、互动电视、交互式网络电视（IPTV）、手机电视等新业务发展，推广数字智能终端、移动终端等新型载体。推进数字出版，构建数字出版物传播平台。加强广播电视台、发射台（站）、监测台（站）建设，继续实施广播电视高山无线发射台站建设工程。积极推进有线电视网络建设和数字化双向化改造，加快推进直播卫星和地面数字电视覆盖建设。实施国家和地方应急广播工程，完善应急广播覆盖网络，打造基层政务信息发布、政策宣讲和灾害预警应急指挥平台。

六、创新公共文化管理体制和运行机制

（二十）建立公共文化服务体系建设协调机制

完善党委领导、政府管理、部门协同、权责明确、统筹推进的公共文化服务体系建设管理制度，明确政府在构建现代公共文化服务体系中的主导作用。完善省公共文化服务体系建设协调机制，由省文化厅牵头，充分发挥各部门职能作用和资源优势，在规划编制、政策衔接、标准制定和组织实施、考核评价等方面加强统筹、整体设计、协调推进。各地要根据实际，建立相应的协调机制。发挥基层党委和政府作用，建立统一的基层公共文化服务平台，加强各类重大文化项目的统筹实施，探索整合基层公共文化服务资源的方式和途径，实现共建共享，提升综合效益。

（二十一）加大公益性文化事业单位改革力度

探索管办分离的有效形式，理顺政府和公益性文化事业单位之间的关系，进一步落实公益性文化事业单位法人自主权，强化公共服务功能，增强发展活力。全面推进文化事业单位人事制度、收入分配制度、社会保障、经费保障制度改革。创新运行机制，建立事业单位法人治理结构，推动公共图书馆、博物馆、文化馆、科技馆等组建理事会。完善年度报告和信息披露、公众监督等基本制度。加强和改进公益性文化事业单位党组织建设，充分发挥基层党组织的战斗堡垒作用和共产党员的先锋模范作用。

（二十二）创新基层公共文化管理机制

发挥城乡基层群众性自治组织的作用，推动开展公共文化服务参与式管理，推广居民、村民评议等行之有效的做法，健全民意表达和监督机制，引导城市社区居民和村民参与公共文化服务项目规划、建设、管理和监督，维护群众的文化选择权、参与权和自主权。调动驻村（社区）单位、企业和社会组织等多方面力量，统筹资源，共同参与基层文化的管理和服务，形成多元联动格局。推进将公共文化服务纳入基层社区服务网格进行管理，培育城乡社区互助文化，营造社区和谐环境。

（二十三）严格考核评价

制定政府公共文化服务考核指标，作为考核评价领导班子和领导干部政绩的重要内容，纳入科学发展考核体系。建立公共文化机构绩效考评制度，考评结果作为确定预算、收入分配与负责人奖惩的重要依据。加强对重大文化项目资金使用、实施效果、服务效能等方面的监督和评估。完善服务质量监测体系，研究制定公众满意度指标，建立群众评价和反馈机制。探索建立公共文化服务第三方评价机制，增强公共文化服务评价的客观性和科学性。

七、加大公共文化服务的保障力度

（二十四）加强组织领导

各级党委、政府要将构建现代公共文化服务体系纳入本地区国民经济和社会发展总体规划，纳入重要议事日程，并结合实际制定实施方案、规划或专项行动计划，明确责任和时间表、路线图，集中力量推进工作落实。做好宣传和舆论引导工作，形成全社会支持和参与现代公共文化服务体系建设的良好氛围。

（二十五）加大财税支持力度

合理划分各级政府基本公共文化服务支出责任，建立健全公共文化服务财政保障机制，按照我省基本公共文化服务实施标准，落实提供基本公共文化服务项目所必需的资金，保障公共文化服务体系建设和运行。进一步完善转移支付体制，加大省级财政转移支付力度，重点向革命老区、民族地区和贫困地区倾斜，着力支持农村和城市社区基层公共文化服务设施建设，保障基层城乡居民公平享有基本公共文化服务。进一步拓展资金来源渠道，加大政府性基金与一般公共预算的统筹力度，落实从城市住房开发投资中提取1%用于社区公共文化设施建设的规定。鼓励社会资金建立乡镇（街道）、村（社区）文化活动基金。落实国家对文化事业和文化产业的税收优惠政策。加强对公共文化服务资金管理使用情况的监督和审计，开展绩效评价。

（二十六）加强基层文化队伍建设

按照控制总量、盘活存量、优化结构、有减有增的要求以及国家出台的公共文化机构人员编制标准，结合我省实际和财力，适时研究制定我省相关实施意见，并根据业务发展状况，就公共文化机构人员编制进行动态调整。对实行免费开放后工作量大量增加、现有机构编制难以满足工作需要的公益性文化事业单位，要结合实际和财力，合理增加机构编制。理顺乡镇综合文化站（中心）与县文化主管部门的关系。加强对农村文化队伍的管理和使用，在现有编制总量内，落实每个乡镇综合文化站（中心）编制配备不少于1至2名的要求，规模较大的乡镇适当增加。在村（社区）设立城乡基层公共文化服务岗位，配置由公共财政补贴的工作人员。将公共文化服务专业人才培养纳入国民教育体系。建立公共文化机构从业人员培训上岗制度，全面提高从业人员素质。加强省级文化人才培训基地建设。完善基层公共文化服务人才激励和保障机制。加强基层乡土文化人才建设。发展壮大社会体育指导员队伍。完善革命老区、民族地区、贫困地区文化人才支持工作机制。

（二十七）加强法治建设

建立健全公共文化法规制度，依法保障公民的文化权利得到有效落实。加快出台现代公共文化服务保障相关法规，加强公共文化立法与文化体制改革重大政策的衔接，提高公共文化服务领域法治化水平。

湖南省现代公共文化服务体系示范区创建工作方案

湘政办发〔2015〕56号

为加快推进现代公共文化服务体系建设，根据《中共中央办公厅国务院办公厅印发〈关于加快构建现代公共文化服务体系的意见〉的通知》（中办发〔2015〕2号）和《中共湖南省委贯彻落实〈中共中央关于全面深化改革若干重大问题的决定〉的实施意见》（湘发〔2014〕5号）要求，我省决定开展现代公共文化服务体系示范区创建工作。现制定如下工作方案：

一、总体要求

（一）指导思想

认真贯彻落实党中央、国务院关于构建现代公共文化服务体系的战略部署，充分发挥示范区创建地政府的主导作用，深化公共文化服务体制机制改革，率先在示范区建成覆盖城乡、便捷高效、保基本、促公平的现代公共文化服务体系，促进公共文化服务标准化、均等化发展，把示范区建设成构建现代公共文化服务体系的先行区、公共文化服务体制机制改革的创新实践区，为全省现代公共文化服务体系构建探索路径、积累经验、提供示范。

（二）目标任务

推动示范区创建地区有效落实中央和省委、省政府关于构建现代公共文化服务体系的决策部署，全面完成创建标准规定的各项任务，率先建成现代公共文化服务体系，提供公共文化服务标准化、均等化建设的典型经验，引领带动全省现代公共文化服务体系建设科学发展。重点是贯彻落实《中共中央办公厅国务院办公厅印发〈关于加快构建现代公共文化服务体系的意见〉的通知》（中办发〔2015〕2号）和《国家基本公共文化服务指导标准》要求，达到《湖南省现代公共文化服务体系示范区创建标准》。

二、基本原则

政府主导、社会参与。充分发挥示范区创建地区政府的主导作用，有效落实政府主体责任，调动社会力量积极参与，形成政府主导、社会广泛参与的工作格局，协同推进示范区现代公共文化服务体系建设。

科学规划、突出重点。按照中央和省委、省政府要求，进行科学合理的规划，既有长远发展目标，又有近期实施方案和具体措施，既有整体规划，又有重点攻关，集中力量解决现代公共文化服务体系建设中的重点、难点问题。

改革创新、示范引领。创新体制机制，建立符合社会主义市场经济体制要求、符合文化自身发展规律的现代公共文化服务体系建设模式，形成具有推广价值的典型经验，持续发挥引领示范作用。

统筹协调、共建共享。按照政府组织、专家指导、公众参与、多方兴办的方式，实行多部门协调联动和政策配套，统筹推进不同地区示范区创建工作，促进联动和交流，实现共建共享。

三、创建方法

（一）主要做法

1. 按照创建标准，培育一批具有典型示范意义的县市区，推动解决制约现代公共文化服务体系建设的突出矛盾和问题，探索不同类型地区的公共文化服务体系建设模式，以及文化与经济、社会协调发展的机制和模式。根据《中共湖南省委湖南省人民政府关于分类指导加快推进全面建成小康社会的意见》（湘发〔2013〕6号）精神，因地制宜，分类创建，针对三类地区分别制定不同的创建标准。第一类为中心城市城区（城镇化率75%以上）和长株潭经济强县市，第二类为城乡复合发展县市区，第三类为扶贫开发县市区。

2. 依托示范区创建地区开展公共文化服务体系协调机制建设、公共文化服务标准化建设、公共文化机构法人治理结构建设、基层综合性文化服务中心建设等试点工作，推进公共文化服务体制机制改革，统一工作标准，强化督查指导，提供具有普遍示范价值的做法和经验。

3. 鼓励示范区创建地区针对突出矛盾和问题，开展制度设计研究，提出政策建议和工作方案，形成长效机制，为构建现代公共文化服务体系提供理论指导和政策支持。

4. 充分发挥示范区创建地区引领带动作用，促进示范区创建地区之间的联动和交流，总结、宣传、推广典型经验。

（二）申报主体及基本条件

1. 申报主体：县市区人民政府。

2. 申报基本条件：县市区政府积极性高；文化工作基础较好；公共文化服务体系建设取得突出成绩；制度设计研究取得一定成果；在全省产生较大影响，具有较强的综合示范带动作用。

（三）创建周期

创建周期为二年，在全省范围内创建14个示范区。申报、创建时间为2015年至2017年。

（四）创建资格评定程序

县市区人民政府主动申报，经市州人民政府同意后，上报省现代公共文化服务体系示范区创建工作办公室（设在省文化厅）。经专家委员会评审和公示后，报省人民政府批准获得创建资格。

申报创建工作的具体事项，由省现代公共文化服务体系示范区创建工作办公室另行文。

（五）中期督查和后期验收

创建周期内，组织相关部门和专家对各地示范区创建工作进行中期督查。创建周期结束后，对示范区创建地区进行检查和验收。验收不合格，取消命名和授牌。

（六）激励机制

通过验收的示范区创建地区，命名为"湖南省构建现代公共文化服务体系示范区"并授牌。省财政对通过验收的示范区创建地区给予补助和奖励。

附件:

湖南省现代公共文化服务体系示范区创建标准

一、公共文化设施建设

项目	一类	二类	三类
县市区骨干性文体设施	1. 人均拥有公共文化体育设施面积≥3平方米。 2. 公共图书馆、文化馆、博物馆、美术馆、剧院等公共文化设施完善,达到部颁二级以上标准。 3. 每千人占有公共文化服务设施面积达到本省的先进水平。	1. 人均拥有公共文化体育设施面积≥2平方米。 2. 公共图书馆、文化馆、博物馆、美术馆、剧院等公共文化设施完善,达到部颁二级以上标准。 3. 每千人占有公共文化服务设施面积达到本省的平均水平。	1. 人均拥有公共文化体育设施面积≥1平方米。 2. 公共图书馆、文化馆、博物馆、美术馆、剧院等公共文化设施完善,达到部颁三级以上标准。 3. 每千人占有公共文化服务设施面积达到本省的平均水平。
乡镇(街道)综合文化站	1. 乡镇(街道)建有独立设置的综合文化站,设施建设、设备配置、人员配备、管理服务等达到国家发展改革委、住房和城乡建设部制定的《乡镇综合文化站建设标准》和文化部制定的《乡镇综合文化站管理办法》等文件的要求,达到部颁二级以上标准。 2. 综合文化站室内应具备文体活动、书刊阅览、教育培训、网络信息、科普宣传和广播影视服务等功能。	1. 乡镇(街道)建有独立设置的综合文化站,设施建设、设备配置、人员配备、管理服务等达到国家发展改革委、住房和城乡建设部制定的《乡镇综合文化站建设标准》和文化部制定的《乡镇综合文化站管理办法》等文件的要求,达到部颁二级以上标准。 2. 综合文化站室内应具备文体活动、书刊阅览、教育培训、网络信息、科普宣传和广播影视服务等功能。	1. 乡镇(街道)建有独立设置的综合文化站,设施建设、设备配置、人员配备、管理服务等达到国家发展改革委、住房和城乡建设部制定的《乡镇综合文化站建设标准》和文化部制定的《乡镇综合文化站管理办法》等文件的要求,达到部颁三级以上标准。 2. 综合文化站室内应具文体活动、书刊阅览、教育培训、网络信息、科普宣传和广播影视服务等功能。
村(社区)文化活动中心	70%的村(社区)统筹建有集宣传文化、党员教育、科技普及、普法教育等多功能于一体的基层综合性文化服务中心,建筑面积不少于200平方米,配套建设群众文化活动广场。配有标准的公共电子阅览室、书刊阅读室、多功能活动室和广播室。可供借阅的实用图书不少于1600种、2000册,报纸期刊不少于5种,电子音像制品不少于100种。年新增图书不少于60种。	60%的村(社区)统筹建有集宣传文化、党员教育、科技普及、普法教育等多功能于一体的基层综合性文化服务中心,建筑面积不少于200平方米,配套建设群众文化活动广场。配有标准的公共电子阅览室、书刊阅读室、多功能活动室和广播室。可供借阅的实用图书不少于1600种、2000册,报纸期刊不少于5种,电子音像制品不少于100种。年新增图书不少于60种。	50%的村(社区)统筹建有集宣传文化、党员教育、科技普及、普法教育等多功能于一体的基层综合性文化服务中心,建筑面积不少于200平方米,配套建设群众文化活动广场。配有标准的公共电子阅览室、书刊阅读室、多功能活动室和广播室。可供借阅的实用图书不少于1600种、2000册,报纸期刊不少于5种,电子音像制品不少于100种。年新增图书不少于60种。

项目	一类	二类	三类
公共文化服务圈	纳入城乡一体化建设范围的小城市、中心镇、特色镇综合文化服务中心建有数字电影放映点、文化体育广场、综合文化服务中心，构筑城区步行10分钟、农村中心镇和特色镇步行15分钟、农村一般村镇步行20分钟的公共文化服务圈。	纳入城乡一体化建设范围的小城市、中心镇、特色镇综合文化服务中心建有数字电影放映点、文化体育广场、综合文化服务中心，构筑城区步行10分钟、农村中心镇和特色镇步行15分钟、农村一般村镇步行20分钟的公共文化服务圈。	纳入城乡一体化建设范围的小城市、中心镇、特色镇综合文化服务中心建有数字电影放映点、文化体育广场、综合文化服务中心，构筑城区步行10分钟、农村中心镇和特色镇步行15分钟、农村一般村镇步行30分钟的公共文化服务圈。
流动服务设施	1. 在交通便利、人口集中、需求旺盛的街区建有24小时自助图书馆。 2. 公共图书馆、文化馆均配备1台流动文化服务车。图书馆每年下基层的流动服务次数不低于40次，文化馆每年组织流动演出10场以上，流动展览8场以上。探索县图书馆及乡镇（街道）、村（社区）以总分馆等多种形式形成服务体系，实现通借通还。县图书馆、文化馆具有数字资源提供能力和远程服务能力。	1. 在交通便利、人口集中、需求旺盛的街区可设24小时自助图书馆。 2. 公共图书馆、文化馆均配备1台流动文化服务车。图书馆每年下基层的流动服务次数不低于30次，文化馆每年组织流动演出10场以上，流动展览6场以上。探索县图书馆及乡镇（街道）、村（社区）以总分馆等多种形式形成服务体系，实现通借通还。县图书馆、文化馆具有数字资源提供能力和远程服务能力。	公共图书馆、文化馆均配备1台流动文化服务车。图书馆每年下基层的流动服务次数不低于20次，文化馆每年组织流动演出8场以上，流动展览5场以上。探索县图书馆及乡镇（街道）、村（社区）以总分馆等多种形式形成服务体系，实现通借通还。县图书馆、文化馆具有数字资源提供能力和远程服务能力。
辅助设施	公共文化设施为残障人士配备无障碍设施，有条件的公共文化设施配备安全检查设备。	公共文化设施为残障人士配备无障碍设施，有条件的公共文化设施配备安全检查设备。	公共文化设施为残障人士配备无障碍设施，有条件的公共文化设施配备安全检查设备。

二、公共文化服务供给

项目	一类	二类	三类
免费开放	公共图书馆、文化馆（站）、博物馆（纪念馆）、美术馆、乡镇（街道）综合文化站、村（社区）文化活动室（中心）、农家书屋等公共文化场馆基本公共文化服务项目健全并全部实施免费开放，错时开放时间不低于开放时间的三分之一；县级图书馆周开放时间不少于56小时；文化馆、博物馆每年开放时间不少于10个月。	公共图书馆、文化馆（站）、博物馆（纪念馆）、美术馆、乡镇（街道）综合文化站、村（社区）文化活动室（中心）、农家书屋等公共文化场馆基本公共文化服务项目健全并全部实施免费开放，错时开放时间不低于开放时间的三分之一；县级图书馆周开放时间不少于56小时；文化馆、博物馆每年开放时间不少于10个月。	公共图书馆、文化馆（站）、博物馆（纪念馆）、美术馆、乡镇（街道）综合文化站、村（社区）文化活动室（中心）、农家书屋等公共文化场馆基本公共文化服务项目健全并全部实施免费开放，错时开放时间不低于开放时间的三分之一；县级图书馆周开放时间不少于56小时；文化馆、博物馆每年开放时间不少于10个月。
文化活动	每个乡镇（街道）每年可以免费观看地方戏曲等文艺演出不少于5场。每个城乡居民每年可以参加的群众文体活动不少于6次，公益性艺术培训不少于3次，观看公益性专题文化艺术展览不少于3次。	每个乡镇（街道）每年可以免费观看地方戏曲等文艺演出不少于5场。每个城乡居民每年可以参加的群众文体活动不少于5次，公益性艺术培训不少于3次，观看公益性专题文化艺术展览不少于2次。	每个乡镇（街道）每年可以免费观看地方戏曲等文艺演出不少于4场。每个城乡居民每年可以参加的群众文体活动不少于4次，公益性艺术培训不少于3次，观看公益性专题文化艺术展览不少于2次。
广播影视	保证每村每月放映1场电影，其中国产影片（院线上映不超过两年）比例不少于三分之一，中小学生每学期免费观看2部爱国主义教育影片。	保证每村每月放映1场电影，其中国产影片（院线上映不超过两年）比例不少于三分之一，中小学生每学期免费观看2部爱国主义教育影片。	保证每村每月放映1场电影，其中国产影片（院线上映不超过两年）比例不少于三分之一，中小学生每学期免费观看2部爱国主义教育影片。
阅读服务	1. 县级公共图书馆人均占有藏书0.8册以上，平均每册藏书年流通率0.8次以上，人均年增新书0.05册以上，人均到馆0.4次以上。 2. 公共场所阅报栏免费为群众提供阅读服务，至少提供五类报纸（党报类、"三农"类、科普类、文化生活类、健康文摘类），每天更新不少于2份报纸。 3. 每年至少举办一次大型全民阅读推广活动和科普知识竞赛。	1. 县级公共图书馆人均占有藏书0.8册以上，平均每册藏书年流通率0.8次以上，人均年增新书0.05册以上，人均到馆0.4次以上。 2. 公共场所阅报栏免费为群众提供阅读服务，至少提供五类报纸（党报类、"三农"类、科普类、文化生活类、健康文摘类），每天更新不少于2份报纸。 3. 每年至少举办一次大型全民阅读推广活动和科普知识竞赛。	1. 县级公共图书馆人均占有藏书0.6册以上，平均每册藏书年流通率0.6次以上，人均年增新书0.05册以上，人均到馆0.3次以上。 2. 公共场所阅报栏免费为群众提供阅读服务，至少提供五类报纸（党报类、"三农"类、科普类、文化生活类、健康文摘类），每天更新不少于1份报纸。 3. 每年至少举办一次大型全民阅读推广活动和科普知识竞赛。

项目	一类	二类	三类
数字文化服务	1. 县级公共文化机构建有面向群众的网站，免费提供Wi-Fi无线上网服务。县级图书馆可用数字资源不低于3TB。 2. 乡镇（街道）、村（社区）公共文化服务场所配备数字文化设施，具备数字文化服务能力，基层群众可以通过固定上网终端、网络电视、手机等多种方式使用文化共享工程数字服务产品，以及图书馆、文化馆、博物馆、美术馆等的数字服务资源。构建标准统一、互联互通的公共数字文化服务平台，在基层实现共建共享。	1. 县级公共文化机构建有面向群众的网站，免费提供Wi-Fi无线上网服务。县级图书馆可用数字资源不低于3TB。 2. 乡镇（街道）、村（社区）公共文化服务场所配备数字文化设施，具备数字文化服务能力，基层群众可以通过固定上网终端、网络电视、手机等多种方式使用文化共享工程数字服务产品，以及图书馆、文化馆、博物馆、美术馆等的数字服务资源。构建标准统一、互联互通的公共数字文化服务平台，在基层实现共建共享。	1. 县级公共文化机构建有面向群众的网站，免费提供Wi-Fi无线上网服务。县级图书馆可用数字资源不低于3TB。 2. 乡镇（街道）、村（社区）公共文化服务场所配备数字文化设施，具备数字文化服务能力，基层群众可以通过固定上网终端、网络电视、手机等多种方式使用文化共享工程数字服务产品，以及图书馆、文化馆、博物馆、美术馆等的数字服务资源。构建标准统一、互联互通的公共数字文化服务平台，在基层实现共建共享。
特殊群体服务	保障特殊群体公共文化服务。设有针对老年人、未成年人、残疾人、农民工、农村留守妇女儿童、生活困难群众的公共文化服务项目。将农民工文化建设纳入本地公共文化服务体系，以公共文化机构、社区和用工企业为实施主体，满足农民工群体尤其是新生代农民工的基本文化需求。	保障特殊群体公共文化服务。设有针对老年人、未成年人、残疾人、农民工、农村留守妇女儿童、生活困难群众的公共文化服务项目。将农民工文化建设纳入本地公共文化服务体系，以公共文化机构、社区和用工企业为实施主体，满足农民工群体尤其是新生代农民工的基本文化需求。	保障特殊群体公共文化服务。设有针对老年人、未成年人、残疾人、农民工、农村留守妇女儿童、生活困难群众的公共文化服务项目。将农民工文化建设纳入本地公共文化服务体系，以公共文化机构、社区和用工企业为实施主体，满足农民工群体尤其是新生代农民工的基本文化需求。

三、公共文化服务保障

项目	一类	二类	三类
组织保障	建立由政府主要领导牵头、相关职能部门参与的公共文化服务体系建设协调机制，在规划编制、政策衔接、标准制定和实施等方面加强统筹，整体设计，协调推进。发挥本地基层政府作用，建立统一的基层公共文化服务平台，加强各类重大文化项目的统筹实施，实现共建共享，提升综合效益。	建立由政府主要领导牵头、相关职能部门参与的公共文化服务体系建设协调机制，在规划编制、政策衔接、标准制定和实施等方面加强统筹，整体设计，协调推进。发挥本地基层政府作用，建立统一的基层公共文化服务平台，加强各类重大文化项目的统筹实施，实现共建共享，提升综合效益。	建立由政府主要领导牵头、相关职能部门参与的公共文化服务体系建设协调机制，在规划编制、政策衔接、标准制定和实施等方面加强统筹，整体设计，协调推进。发挥本地基层政府作用，建立统一的基层公共文化服务平台，加强各类重大文化项目的统筹实施，实现共建共享，提升综合效益。
经费保障	建立健全县、乡两级公共文化服务财政保障机制，落实提供基本公共文化服务项目所必需的资金。人均文化事业费（按常住人口计算）处于本省领先水平。建立县、乡两级政府主导、社会资金参与的乡镇（街道）、村（社区）文化活动基金。	建立健全县、乡两级公共文化服务财政保障机制，落实提供基本公共文化服务项目所必需的资金。人均文化事业费（按常住人口计算）高于本省平均水平。建立县、乡两级政府主导、社会资金参与的乡镇（街道）、村（社区）文化活动基金。	建立健全县、乡两级公共文化服务财政保障机制，落实提供基本公共文化服务项目所必需的资金。人均文化事业费（按常住人口计算）达到本省平均水平。建立县、乡两级政府主导、社会资金参与的乡镇（街道）、村（社区）文化活动基金。

项目	一类	二类	三类
人才保障	1. 县级公益性文化事业单位业务人员占职工总数比例不低于80%。 2. 乡镇（街道）综合文化站每站配备有编制人员1至2人，规模较大的乡镇适当增加；村（社区）公共服务中心设有由政府购买的公益文化岗位。 3. 加强业余文化骨干、文化志愿者队伍建设，每个村（社区）业余文艺团队不少于2支。 4. 把公共文化服务内容纳入干部培训计划和当地党校、行政学院、干部学院教学体系。县级公益性文化单位在职员工参加脱产培训时间每年不少于15天，乡镇（街道）、村（社区）基层文化专兼职人员参加集中培训时间每年不少于5天。县、乡、村基层文化专兼职人员参加全国基层文化队伍远程网络培训时间每年不少于50课时。	1. 县级公益性文化事业单位业务人员占职工总数比例不低于80%。 2. 乡镇（街道）综合文化站每站配备有编制人员1至2人，规模较大的乡镇适当增加；村（社区）公共服务中心设有由政府购买的公益文化岗位。 3. 加强业余文化骨干、文化志愿者队伍建设，每个村（社区）业余文艺团队不少于2支。 4. 把公共文化服务内容纳入干部培训计划和当地党校、行政学院、干部学院教学体系。县级公益性文化单位在职员工参加脱产培训时间每年不少于15天，乡镇（街道）、村（社区）基层文化专兼职人员参加集中培训时间每年不少于5天。县、乡、村基层文化专兼职人员参加全国基层文化队伍远程网络培训时间每年不少于50课时。	1. 县级公益性文化事业单位业务人员占职工总数比例不低于80%。 2. 乡镇（街道）综合文化站每站配备有编制人员1至2人，规模较大的乡镇适当增加；村（社区）公共服务中心设有由政府购买的公益文化岗位。 3. 加强业余文化骨干、文化志愿者队伍建设，每个村（社区）业余文艺团队不少于2支。 4. 把公共文化服务内容纳入干部培训计划和当地党校、行政学院、干部学院教学体系。县级公益性文化单位在职员工参加脱产培训时间每年不少于15天，乡镇（街道）、村（社区）基层文化专兼职人员参加集中培训时间每年不少于5天。县、乡、村基层文化专兼职人员参加全国基层文化队伍远程网络培训时间每年不少于50课时。

四、公共文化服务体制机制建设（三类地区相同）

项目	一、二、三类
社会化建设	1. 建立健全政府向社会力量购买公共文化服务机制，逐步将政府购买公共文化服务资金纳入本地财政预算，促进公共文化服务提供主体和提供方式多元化。鼓励和支持社会力量通过投资或捐助设施设备、兴办实体、资助项目、赞助活动、提供产品和服务等方式参与公共文化服务体系建设。 2. 发展文化志愿服务，结合本地实际，建立和完善文化志愿者注册招募、服务记录、管理评价和激励保障机制。创新服务内容、工作方式和活动载体，探索具有地方或行业特色的文化志愿服务模式。 3. 培育和促进文化消费，通过票价补贴、剧场运营补贴等方式，支持艺术表演团体提供公益性演出。鼓励在商业演出和电影放映中安排低价场次或门票。 4. 培育和发展文化类社会组织，实施群众文化团队扶持项目，探索群众文化团队建设运行长效机制，建立群众文化活动交流平台。
运行管理	1. 坚持设施建设和运行管理并重，健全公共文化设施运行管理和服务标准体系，规范本地公共文化机构服务项目和服务流程，完善内部管理制度，提高服务水平。 2. 建立事业单位法人治理结构，推动公共图书馆、博物馆、文化馆、科技馆等组建理事会，吸纳有关方面代表、专业人士、各界群众参与管理，健全决策、执行和监督机制。
绩效考评	1. 以效能为导向，制定政府公共文化服务考核指标，作为考核评价当地领导班子和领导干部政绩的重要内容，纳入科学发展考核体系。 2. 建立公共文化机构绩效考评制度，考评结果作为确定预算、收入分配与负责人奖惩的重要依据。 3. 对重大文化项目资金使用、实施效果、服务效能等实行监督和评估。 4. 研究制定公众满意度指标，建立群众评价和反馈机制，探索引进公共文化服务第三方评价机制。

说明：1. 涉及新闻出版广播电视、体育等部门的工作内容，按照部门要求达到相应标准。

2. 涉及工会、共青团、妇联、科协、教育等部门的工作内容，达到中央和省关于公共文化服务体系建设的相关政策要求。

文化部 新闻出版广电总局 体育总局 发展改革委 财政部关于印发 《关于推进县级文化馆图书馆总分馆制建设的指导意见》的通知

文公共发〔2016〕38号

各省、自治区、直辖市文化厅（局）、新闻出版广电局、体育局、发展改革委、财政厅（局），新疆生产建设兵团文化广播电视局、新闻出版局、体育局、发展改革委、财务局：

经国务院同意，现将《关于推进县级文化馆图书馆总分馆制建设的指导意见》印发给你们，请结合实际认真贯彻执行。

特此通知。

文化部 新闻出版广电总局 体育总局 发展改革委 财政部

2016 年 12 月 29 日

关于推进县级文化馆图书馆总分馆制建设的指导意见

推进以县级文化馆、图书馆为中心的总分馆制建设，是构建现代公共文化服务体系的重要任务，对于有效整合公共文化资源、提高公共文化服务效能、促进优质资源向基层倾斜和延伸具有重要的推动作用。近年来，地方各级人民政府和有关部门加大政策支持和资金投入力度，文化馆（站）、公共图书馆（室）设施网络不断完善，服务条件显著改善，但仍存在县级馆服务能力不强、县域内公共文化资源缺乏整合、城乡公共文化服务发展不均衡等突出问题。为推进县域公共文化资源共建共享和服务效能提升，促进县级文化馆、图书馆总分馆制建设，经国务院同意，现提出如下意见。

一、指导思想

全面贯彻落实党的十八大和十八届三中、四中、五中、六中全会精神，深入贯彻习近平总书记系列重要讲话精神和治国理政新理念新思想新战略，认真落实党中央、国务院决策部署，坚持以社会主义核心价值观为引领，坚持以人民为中心，以县为基本单位，以乡村为重点，以统筹发展、提高效能、促进均等为原则，推动具备条件的地方因地制宜推进县级文化馆、图书馆总分馆制建设，发挥县级总馆在县域公共文化建设中的中枢作用，通过分馆把优质公共文化服务延伸到基层农村，增加公共文化产品和服务供给，为更好地满足广大群众基本文化需求创造良好条件，提供有力保障。

二、基本原则

政府主导，统筹实施。发挥县级人民政府在总分馆制建设规划、组织和推进方面的统筹作用，优化县域公共文化资源配置，完善配套措施，鼓励社会参与，确保有序推进。

改革创新，提升效能。围绕建、管、用等关键环节，创新管理体制和运行机制，实现文化资源在县域内联动共享，做到物尽其用、人尽其才，发挥整体优势，提升综合效益。

强化基层，促进均等。以乡村两级为重点，以需求为导向，促进公共文化资源向基层特别是农村倾斜，增加基层公共文化资源总量，保障城乡群众普遍均等地享有基本公共文化服务。

实事求是，分类推进。坚持因地制宜、试点先行，根据东中西地区实际，稳步推进、分类指导，及时总结建设经验，发挥典型示范作用，探索具有不同区域特点的总分馆制。

三、工作目标

到2020年，全国具备条件的地区因地制宜建立起上下联通、服务优质、有效覆盖的县级文化馆、图书馆总分馆制，广大基层群众享受的基本公共文化服务内容更加丰富，途径更加便捷，质量显著提升，均等化水平稳步提高。

四、主要措施

（一）把总分馆制建设纳入现代公共文化服务体系。坚持政府主导，科学规划，由省级文化行政部门牵头，有关部门参与，统筹制定本地实施方案和建设规划，由县级人民政府具体组织实施。各地根据实际，综合考虑当地经济社会发展水平、自然条件、人口分布和文化基础等因素，合理确定总分馆的布局、规模和标准。已经实施总分馆制的地方，重在总结经验、完善制度和宣传推广；尚未实施但具备条件的地方，要借鉴成功经验，坚持试点先行，积极探索和选择适合本地实际的总分馆建设模式；暂不具备建设条件的地方，要采取有力措施，尽快达到建设总分馆制的基本要求。

（二）明确功能与运行机制。通过县级文化馆总分馆制，整合县域内群众文化艺术资源，加强对县域内文化活动、文艺创作、文艺辅导、送戏下乡、队伍培训以及演出器材设备调配等方面的统筹。通过县级图书馆总分馆制，整合县域内的公共阅读资源，实行总馆主导下的文献资源统一采购、统一编目、统一配送、通借通还和人员的统一培训。总馆对分馆的管理重在业务指导和资源调配。分馆按照总馆的工作安排和服务标准，面向基层群众提供与总馆水平相当的基本服务。有条件的地方可以探索总馆统一管理或参与管理各分馆人财物。

（三）因地制宜推进总分馆制建设。根据地方实际情况，在试点的基础上积极稳妥推进，主要依托县级文化馆、图书馆和乡镇（街道）综合文化站、村（社区）综合性文化服务中心等进行建设，符合条件的县级馆为总馆，在乡村两级基层综合性文化服务中心设置分馆。推动农家书屋与县级图书馆资源整合和互联互通，符合条件的农家书屋成为图书馆分馆。没有成为分馆的其他基层公共文化设施可以设立基层服务点，作为总分馆服务的补充和延伸。

（四）创新服务方式和手段。总馆和分馆要积极畅通群众文化需求反馈渠道，采取"订单"服务方式，实现供需有效对接。充分发挥互联网等现代信息技术优势，利用国家公共数字文化工程和资源，打造县域公共数字文化服务平台。充分利用流动舞台车、流动图书车等设施和手段，广泛开展流动文化服务，扩大公共文化服务的有效覆盖。

（五）引导社会力量参与总分馆制建设。鼓励具备条件的学校、科研机构、企业等的图书馆（室）、职工书屋、文化室等根据自身职能特点，在自愿原则下成为县级文化馆或图书馆的分馆。鼓励符合条件、具有资质的上网服务场所成为总分馆的基层服务点。鼓励企业、社会组织和其他社会力量，通过直接投资、赞助活动、提供产品和服务，以及采取公益创投、公益众筹等方式，依法依规有序参与总分馆制建设。有条件的地方可探索引入社会专业机构，采取委托管理或连锁运营的方式，通过专业化服务、科学化管理，做好总分馆日常管理运行。大力推进文化志愿服务，动员社会专业人士参与总分馆制管理运行。

（六）进一步健全城乡基层公共文化设施网络。按照填平补齐原则，继续推进县、乡、村三级公共文化设施网络建设。没有县级文化馆、图书馆或设施未达标的县级人民政府，根据实际需要进行必要的新建或改扩建，鼓励充分利用现有设施和资源进行改造。基层综合性文化服务中心建设和运营管理，要主动纳入县级文化馆、图书馆总分馆制统筹推进，优化资源配置，提高服务效能，推动县域内公共文化设施实现有效联通和全覆盖。

五、组织保障

（一）明确工作责任。各地要把建立县级文化馆、图书馆总分馆制作为加快构建现代公共文化服务体系的重要内容，纳入政府重要议事日程，明确时间表、路线图，加快推进实施。各级文化行政部门要加强与有关部门的统筹协调，推动工作开展，形成工作合力。各有关部门要积极配合，加强基层文化资源的共建共享。省级和设区的市级文化馆、图书馆要大力支持县级文化馆、图书馆总分馆制建设，加强业务指导。

（二）提供投入保障。各地要对本地区基本的公共文化设施建设给予支持，完善设施网络，为实施总分馆制提供必要的基础设施条件。地方各级财政部门要通过现有资金渠道，为总分馆制建设和运营中属于公共财政支持范围的事项提供必要的资金支持。鼓励县级文化馆、图书馆总馆在符合有关规定前提下，统筹利用有关资金渠道，按照规划目标统一采购、调配资源。各省（区、市）要对率先开展试点工作并取得积极成果的县（市、区）给予一定支持。

（三）加强队伍建设。各有关部门要在现有编制总量内，落实《国家基本公共文化服务指导标准》（2015—2020年）规定的乡镇（街道）综合文化站编制政策。根据总分馆的规模、服务人口和服务方式，统筹总馆、分馆的人员配置。加强对总分馆工作人员的培训、考核、管理。有条件的地区可通过政府购买服务方式，解决总分馆人员不足的问题。

（四）完善评估机制。地方各级人民政府要把县级文化馆、图书馆总分馆制建设情况纳入公共文化服务考核指标。县级文化行政部门负责对本县总分馆制建设和运行情况进行日常评估和考核,并积极推动考核结果与相关单位预算安排、收入分配和负责人奖惩挂钩。有条件的地方可引入第三方对总分馆服务效能开展公众满意度测评。

促进中部地区公共图书馆事业发展长沙共识

2016 年 9 月 22—24 日,"中部地区公共图书馆事业发展论坛"在湖南长沙召开。论坛肯定了近十年来我国中部地区公共图书馆事业取得的成就,分析了近年来公共图书馆事业发展出现的"中部洼地"现象,探讨了实现公共图书馆事业"中部崛起"的路径方法与重点任务,达成以下共识:

一、公共图书馆事业均衡发展是全面建成小康社会的必然要求,是实现公共文化服务均等化的重要标志。"十二五"以来,我国公共图书馆事业传统的东中西梯度发展格局发生变化,总体发展态势表现为东部最好、西部次之、中部最低,突出表现是中部地区公共图书馆事业均等化水平与东西部形成明显落差。与会代表认为,对于公共图书馆事业发展出现"中部洼地"现象,各级政府应予高度重视,并采取有效措施迅速扭转。

二、"中部洼地"现象形成的主要原因是投入不足,具体表现是政府事权和支出责任不清晰,中央财政资助力度不足,地方政府主体责任落实不到位,以服务人口为依据的均等化、常态化经费保障机制不健全。与会代表呼吁,国家要对促进公共图书事业发展的扶持政策作出适当调整,加大对中部地区的支持力度;地方政府应按照中办国办《关于加快构建现代公共文化服务体系的意见》和《国家基本公共文化服务指导标准》以及地方实施标准的要求,切实履行政府承诺,强化主体意识和责任意识,强化对公共图书馆事业的保障力度,多措并举,促进中部地区公共图书馆事业与全国同步均衡发展。

与会代表呼吁加快《公共文化服务保障法》和《公共图书馆法》立法进程,加强相关配套规章和政策措施制定,将公共图书馆事业纳入各级政府的目标管理责任,依法保障公共图书馆事业持续稳定健康发展。

三、提升服务效能是突破"中部洼地"的重要标志。与会代表认为,必须充分认识提高公共图书馆服务效能的重要性和紧迫性,各级政府和公共图书馆要切实解决制约服务效能提升的关键要素和关键环节,真正落实以人民为中心的理念,加强内容建设,优化资源配置,改革体制机制,激发创新活力,提高服务质量。目前阶段,要重点加强县域公共图书馆总分馆体系建设,改革和创新服务方式和业务流程,促进资源和服务与需求有效对接,建立起能有效改善和提升公共图书馆服务均等化水平的服务体系。要加大国家重大数字文化工程在中部地区实施的力度,加大对中部地区地方特色数字资源建设的支持力度,实现数字服务全覆盖,打通"最后一公里",创造以网络化、数字化助推公共图书馆事业"中部崛起"的新路径。

四、进一步加大政府引导和鼓励的力度，吸引更多的社会资源、社会力量参与公共图书馆服务，是实现公共图书馆事业"中部崛起"的重要动力。与会代表认识到，立足中部地区经济社会和公共图书馆事业发展的实际，在资源配置和服务提供上，要进一步加强政府购买，引入竞争机制，降低服务成本，提高服务效益，形成政府、社会、市场共同参与公共图书馆服务体系建设的新格局。

五、与会代表清醒地认识到，公共图书馆应积极履行好社会及时代赋予的使命，在促进地域文化繁荣、弘扬优秀民族文化、普及科学文化知识、散播现代文明成果、提升民众道德品质、推动社会和谐进步中发挥应有的作用。服务是公共图书馆赖以生存与发展的前提，中部地区公共图书馆当不忘初心、不辱使命，全体同仁应发扬"先天下之忧而忧、后天下之乐而乐"的担当精神，迎难而上、积极进取、勉尽职守、奋发图强，为推动中部地区公共图书馆事业崛起贡献力量。

关于推进县级文化馆图书馆总分馆制建设的实施意见

湘文公共发〔2017〕63号

根据文化部、新闻出版广电总局、体育总局、国家发展改革委、财政部《关于印发〈关于推进县级文化馆图书馆总分馆制建设的指导意见〉的通知》（文公共发〔2016〕38号）精神，为推进县域公共文化资源共建共享和服务效能提升，促进县级文化馆、图书馆总分馆制建设，经省人民政府同意，提出如下实施意见。

一、总体要求

（一）指导思想

全面贯彻落实党的十八大和十八届三中、四中、五中、六中全会精神，深入贯彻习近平总书记系列重要讲话精神和治国理政新理念新思想新战略，认真落实党中央、国务院决策部署，坚持以社会主义核心价值观为引领，坚持以人民为中心，以县为基本单位，以乡村为重点，以统筹发展、提高效能、促进均等为原则，因地制宜推进县级文化馆、图书馆总分馆制建设，发挥县级总馆在县域公共文化建设中的中枢作用，通过分馆把优质公共文化服务延伸到基层农村，增加公共文化产品和服务供给，为更好地满足广大群众基本文化需求创造良好条件，为建设富饶美丽幸福新湖南提供强大的精神动力和文化支撑。

（二）基本原则

政府主导，统筹实施。发挥县级人民政府在总分馆制建设规划、组织和推进方面的统筹作用，优化县域公共文化资源配置，完善配套措施，鼓励社会参与，确保有序推进。

改革创新，提升效能。围绕建、管、用等关键环节，创新管理体制和运行机制，实现文化资源在县域内联动共享，做到物尽其用、人尽其才，发挥整体优势，提升综合效益。

强化基层，促进均等。以乡镇（街道）、村（社区）两级为重点，以需求为导向，促进公共文化资源向基层特别是农村倾斜，增加基层公共文化资源总量，保障城乡群众普遍均等地享有基本公共文化服务。

实事求是，分类推进。根据各地实际，坚持试点先行、稳步推进、分类指导，及时总结建设经验，发挥典型示范作用，探索具有不同地域特点的总分馆制。

（三）目标任务

与全面建成小康社会文化指标相衔接，到2020年，全省基本建立起上下联通、服务优质、有效覆盖的县级文化馆图书馆总分馆制，广大基层群众享受的基本公共文化服务内容更加丰富，途径更加便捷，质量显著提升，均等化水平稳步提高。

二、主要建设内容

（一）扎实推进总分馆制建设。各地根据实际，综合考虑当地经济社会发展水平、自然条件、人口分布和文化基础等因素，合理确定总分馆的布局、规模和标准。要在试点的基础上积极稳妥推进总分馆制，主要依托县级文化馆、图书馆和乡镇（街道）综合文化站、村（社区）综合性文化服务中心等进行建设，以县级馆为总馆，在乡村两级基层综合性文化服务中心设置分馆。推动农家书屋与县级图书馆资源整合和互联互通，使农家书屋成为图书馆分馆。没有成为分馆的其他基层公共文化设施可以设立基层服务点，作为总分馆服务的补充和延伸。

（二）明确功能与运行机制。通过县级文化馆总分馆制，整合县域内群众文化艺术资源，加强对县域内文化活动、文艺创作、文艺辅导、送戏下乡、队伍培训以及演出器材设备调配等方面的统筹。通过县级图书馆总分馆制，整合县域内的公共阅读资源，实行总馆主导下的文献资源统一采购、统一编目、统一配送、通借通还和人员的统一培训。总馆对分馆的管理重在业务指导和资源调配。分馆按照总馆的工作安排和服务标准，面向基层群众提供与总馆水平相当的基本服务。有条件的地方可以探索总馆统一管理或参与管理各分馆人财物。

（三）创新服务方式和手段。总馆和分馆要积极畅通群众文化需求反馈渠道，采取"订单"服务方式，实现供需有效对接。充分发挥互联网等现代信息技术优势，利用国家公共数字文化工程和资源，打造县域公共数字文化服务平台。充分利用流动舞台车、流动图书车等设施和手段，广泛开展流动文化服务，扩大公共文化服务的有效覆盖。

（四）加快健全城乡基层公共文化设施网络。按照填平补齐原则，继续推进县、乡、村三级公共文化设施网络建设。没有县级文化馆、图书馆或设施未达标的县级人民政府，根据实际需要进行必要的新建或改扩建，鼓励充分利用现有设施和资源进行改造。基层综合性文化服务中心建设和运营管理，要主动纳入县级文化馆、图书馆总分馆制统筹推进，优化资源配置，提高服务效能，推动县域内公共文化设施实现有效联通和全覆盖。

（五）积极引导社会力量参与总分馆制建设。鼓励具备条件的学校、科研机构、企业等的图书馆（室）、职工书屋、文化室等根据自身职能特点，在自愿原则下成为县级文化馆或图书馆的分馆。鼓励符合条件、具有资质的上网服务场所成为总分馆的基层服务点。鼓励企业、社会组织和其他社会力量，通过直接投资、赞助活动、提供产品和服务，以及采取公益创投、公益众筹等方式，依法依规有序参与总分馆制建设。有条件的地方可探索引入社会专业机构，采取委托管理或连锁运营的方式，通过专业化服务、科学化管理，做好总分馆日常管理运行。大力推进文化志愿服务，动员社会专业人士参与总分馆制管理运行。

三、实施步骤

（一）制订方案阶段（2017年5月底前）。县级人民政府要结合基层综合性文化服务中心建设、农村社区建设、扶贫开发、美丽乡村建设，以及贫困地区公共文化服务体系建设等工作，积极筹措资金，明确工作责任，制定具体落实措施。各市州、县级文化行政部门要抓紧制定本级实施方案和建设规划。各市州在制定具体落实方案过程中，同时要明确对贫困县、贫困村的支持和倾斜政策。

（二）试点建设阶段（2017年12月底前）。各市州要确定2个以上基础条件较好的县市区（其中省级现代公共文化服务体系示范区为必选试点单位）进行试点，因地制宜探索符合本地实际、具有推广价值的总分馆建设发展模式，为全面推广实施奠定基础。长沙市宁乡市、株洲市炎陵县、永州市宁远县等已经实施总分馆制试点的县市区，重在总结经验、完善制度和宣传推广。暂未实施试点的县市区，要采取有力措施，尽快达到建设总分馆制的基本要求。

（三）全面推广阶段（2018年12月底前）。以县为单位，总结总分馆建设试点经验，选择适合本地实际的总分馆建设模式，全面推进总分馆建设。国家公共文化服务体系示范区（长沙市、岳阳市）、国家公共文化服务体系示范区创建城市（株洲市）和省级现代公共文化服务体系示范创建区要把实施总分馆建设纳入创建内容，作为重点任务，加大建设力度，在2018年前率先完成建设目标。

（四）基本建成阶段（2020年12月底前）。加强配套建设，进一步健全总分馆运行机制，完善考核评价机制，到2020年，全省基本建立起上下联通、服务优质、有效覆盖的县级文化馆、图书馆总分馆制。

四、组织保障

（一）明确工作责任。各地要把建立县级文化馆、图书馆总分馆制作为加快构建现代公共文化服务体系的重要内容，坚持政府主导，科学规划，由省、市州文化行政部门牵头，有关部门参与，统筹制定本级实施方案和建设规划，由县级人民政府具体组织实施。县级人民政府要把推进总分馆制纳入重要议事日程，明确时间表、路线图，加快推进实施。各级文化行政部门要加强与有关部门的统筹协调，推动工作开展，形成工作合力。各有关部门要积极配合，加强基层文化资源的共建共享，共同推动工作落实。省级、市州级文化馆、图书馆要大力支持县级文化馆、图书馆总分馆制建设，加强业务指导。

（二）加大投入保障。各地要对本地区基本的公共文化设施建设给予支持，完善设施网络，为实施总分馆制提供必要的基础设施条件。各级财政部门要通过现有资金渠道，为总分馆制建设和运营中属于公共财政支持范围的事项提供必要的资金支持。鼓励县级文化馆、图书馆总馆在符合有关规定前提下，统筹利用有关资金渠道，按照规划目标统一采购、调配资源。省、市州对率先开展试点工作并取得积极成果的县市区给予一定支持。

（三）加强队伍建设。各有关部门要在现有编制总量内，落实《湖南省基本公共文化服务实施标准（2015—2020年）》和《湖南省人民政府办公厅关于推进基层综合性文化服务中心建设的实施意见》（湘政办发〔2016〕48号）规定的乡镇（街道）综合文化站、村（社区）综合性文化服务中心工作人员编制政策。根据总分馆的规模、服务人口和服务方式，统筹总馆、分馆的人员配置。加强对总分馆工作人员的培训、考核、管理。有条件的地区可通过政府购买服务方式，解决总分馆人员不足的问题。

（四）开展检查评估。各级人民政府要把县级文化馆、图书馆总分馆制建设情况纳入公共文化服务考核指标。县级文化行政部门负责对本县总分馆制建设和运行情况进行日常评估和考核，并积极推动考核结果与相关单位预算安排、收入分配和负责人奖惩挂钩。省、市州文化行政部门会同本级有关部门建立绩效评价机制，对各地总分馆制建设和运行情况进行督促检查，及时协调解决工作中的各种问题。同时，引入第三方对总分馆服务效能开展公众满意度测评。

湖南省文化厅办公室
2017年5月17日印发

湖南省图书馆学会章程

第一章　总则

第一条　本团体的名称是湖南省图书馆学会（以下简称本学会）。英文译名为Library Science Society of Hunan Province，缩写名为LSSHN。

第二条　本学会是湖南省图书馆界及其相关行业或机构工作者自愿结合、依法登记成立的全省性、学术性、非营利性群众团体，是党和政府联系图书馆工作者的重要桥梁和纽带之一，在引导图书馆行业、推动科技进步、建设创新型国家中发挥重要作用，是发展湖南省图书馆事业的重要社会力量。

第三条　本学会遵守宪法、法律、法规和国家政策，遵守社会道德，发展社会主义先进文化，认真贯彻执行国家发展文化、教育和科学技术工作的基本方针，弘扬"尊重知识、尊重人才"的风尚，倡导奉献、创新、求实、协作的精神，坚持"百花齐放，百家争鸣"的方针，充分发挥学会组织在建设现代公共文化服务体系、构建社会主义和谐社会中的作用，团结广大图书馆工作者，为建设社会主义物质文明、精神文明、政治文明、社会文明和生态文明做出贡献。

第四条　本学会接受湖南省文化厅、湖南省社会科学界联合会、中国图书馆学会和湖南省民政厅的业务指导和监督管理。

第五条　本学会挂靠湖南图书馆，办公室设在长沙市韶山北路169号湖南图书馆内（邮政编码：410011）。

第二章　业务范围

第六条　本学会的业务范围：

（一）组织开展学术研究国内外、省内外学术交流活动；

（二）介绍、评定和推广图书馆学科研成果；

（三）编辑出版图书馆学文献资料，促进学科发展；

（四）普及图书馆学、信息科学和信息技术基础知识，提高社会公众的图书馆意识；

（五）为湖南省文化、教育、科技发展和经济建设中的重大决策，以及湖南省图书馆事业的法规政策的制定提供咨询服务；

（六）传播推广先进技术和经验，为各类型图书馆建设提供咨询服务；

（七）参与国家有关图书馆行业标准、规范和准则的制定，参与图书馆员职业资格认证制度的研究与实施；

（八）对图书馆事业建设积极主动地提出合理化建议，向有关部门反映图书馆工作的意见和呼声；

（九）组织对会员和图书馆工作者的继续教育和职业培训工作；

（十）建立和维护本学会网站，搭建新媒体交流平台；

（十一）发现并举荐人才，表彰、奖励在学术活动和图书馆工作中取得优异成绩的会员和图书馆学会工作者；

（十二）加强学会工作人员队伍建设，使其适应工作的需要和学会的发展；

（十三）开展与图书馆业务相关的其他活动。

第三章　会员

第七条　本学会设团体会员和个人会员。

第八条　凡拥护并同意遵守本学会章程，并符合以下会员条件之一者，均可申请入会，经本学会批准后成为会员。入会条件：

（一）个人会员

1. 取得助理馆员或相当职称的图书馆工作者；

2. 具有大学本科及以上学历，或从事图书情报工作五年以上者；

3. 对图书馆学具有一定研究能力和学术水平者；

4. 热心学会工作并积极支持学会活动的图书馆和有关部门的领导干部；

5. 从事其他专业工作，但积极支持图书馆事业的发展，热心图书馆学研究且有成绩者。

（二）团体会员

凡愿意参加本学会活动，支持本学会工作的科研、教学、生产、设计等各级各类型图书馆或信息、情报机构以及相关企业、事业单位和依法成立的学术性群众团体。

第九条　会员入会程序：

（一）提交入会申请表；

（二）经理事会授权的机构——学会办审核通过；

（三）理事会授权机构——学会办颁发会员证。

第十条　会员的权利：

（一）个人会员

1. 有本学会的选举权、被选举权和表决权；

2. 对本学会工作有批评、建议权和监督权；

3. 优先参加本学会举办的有关学会会议和学术活动；

4. 入会自愿，退会自由。

（二）团体会员

1. 优先参加本学会有关活动；

2. 可要求本学会优先给予技术咨询；

3. 可请求本学会协助举办培训班；

4. 入会自愿，退会自由。

第十一条　会员的义务：

（一）个人会员

1. 遵守会章，执行本学会的决议；

2. 自觉维护本学会合法权益；

3. 积极参加本学会各项活动，完成本学会交办的工作；

4. 向本学会反映有关情况，提供有关信息。

5. 按规定交纳会费。

（二）团体会员

1. 遵守会章，执行本学会的决议；

2. 自觉维护本学会合法权益；

3. 积极参加本学会各项活动，协助开展有关的学术和科普活动；

4. 向本学会反映有关情况，提供有关信息；

5. 按规定交纳会费。

第十二条　会员退会应书面通知本学会，并交回会员证。会员不按规定交纳会费者，经本学会提示后，仍不缴纳会费和不参加活动者，视为自动退会，交回会员证。

第十三条　在图书馆学方面有创造性科研成果或特殊贡献的会员，本会给予表彰和奖励。凡触犯刑律和严重违反本学会章程的会员，经理事会或常务理事会表决通过，予以除名。

第四章　组织机构

第十四条　本学会的最高权力机构是会员代表大会，会员代表大会的职权是：

（一）制定和修改章程；

（二）选举和罢免理事；

（三）审议理事会的工作报告和财务报告；

（四）决定学会的工作方针和任务；

（五）制定和修改会费标准；

（六）决定终止事宜；

（七）决定其他重大事宜。

第十五条　全省会员代表大会须有2/3以上的会员代表出席方能召开，其决议须经到会会员代表半数以上表决通过方能生效。

第十六条　会员代表大会每五年召开一次，因特殊情况可以提前或推迟，但须由理事会表决通过，报业务主管单位审查并经社团登记管理机关批准同意。延期换届不得超过一年。

第十七条　理事会理事应通过充分酝酿、协商，由会员代表大会采用无记名投票方式选举产生。

第十八条　理事会是会员代表大会的执行机构，在闭会期间领导本学会开展日常工作，对会员代表大会负责年理事会的职权是：

（一）执行会员代表大会的决议；

（二）选举和罢免理事长、副理事长；

（三）筹备召开会员代表大会，向会员代表大会报告工作和财务状况；

（四）决定会员的吸收或除名；

（五）决定设立办事机构、分支机构、代表机构和实体机构，领导所属各机构开展工作；

（六）决定秘书长、各机构主要负责人的聘任；

（七）制定内部管理制度；

（八）进行表彰和奖励活动；

（九）决定其他重大事项。

第十九条　理事会须有 2/3 以上理事出席方能召开，其决议须经到会理事 2/3 以上表决通过方能生效。

第二十条　理事会每年至少召开一次会议，特殊情况，可以采取通信方式召开。

第二十一条　本学会设立常务理事会，常务理事会由理事会选举产生，常务理事由正副理事长和秘书长及其常务理事若干人组成。在理事会闭会期间行使第十八条（一）（三）（四）（五）（六）（七）（八）（九）款。

第二十二条　常务理事会须有 2/3 以上常务理事出席方能召开，其决议须经到会常务理事 2/3 以上表决通过方能生效。

第二十三条　本学会定期召开理事长会议，理事长会议在常务理事会闭会期间执行常务理事会议产生的决定，研究决定学会的重要日常工作等。

第二十四条　常务理事会至少每半年召开一次，特殊情况可采用通信方式召开。

第二十五条　本学会的理事长、副理事长、秘书长须具备下列条件：

（一）坚持党的路线、方针、政策、政治素质好；

（二）在本学会业务领域内有较大影响；

（三）理事长、副理事长、秘书长最高任职年龄不超过 65 岁；

（四）身体健康，能坚持正常工作；

（五）未受过剥夺政治权利的刑事处罚；

（六）具有完全民事行为能力。

第二十六条　本学会理事长、副理事长、秘书长如超过最高任职年龄的，须经理事会表决通过，报业务主管单位审查并经社团登记机关批准同意后，方可任职。

第二十七条　本学会理事长、秘书长每期任期五年。可连选连任。

第二十八条　本学会理事长为社团法定代表人。因特殊情况需由副理事长或秘书长担任法定代表人，应由理事长委托，报业务主管单位审查并经社团登记管理机关批准同意后方可担任。本学会法定代表人不兼任其他团体的法定代表人。

第二十九条　本学会理事长行使下列职权：

（一）召集和主持理事会、常务理事会；

（二）检查会员代表大会、理事会、常务理事会决议的落实情况；

（三）代表本学会签署有关重要文件。

第三十条　本学会秘书长行使下列职权：

（一）主持理事会日常工作，组织实施年度工作计划；

（二）协调各分支机构、代表机构、实体机构开展工作；

（三）提名副秘书长及各办事机构、分支机构、代表机构和实体机构主要负责人，交理事会或常务理事会决定；

（四）决定办事机构、代表机构、实体机构专职人员的聘任；

（五）处理其他日常事务。

第五章　资产管理和使用原则

第三十一条　本学会经费来源：

（一）会费；

（二）捐赠；

（三）政府资助；

（四）在核准的业务范围内开展活动或服务的收入；

（五）利息；

（六）其他合法收入。

（七）项目、课题经费

第三十二条　本学会按照国家有关规定收取会费。

第三十三条　本学会经费必须用于本章程规定的业务范围和事业的发展，不得在会员中分发。

第三十四条　本学会建立严格的财务管理制度，保证会计资料合法、真实、准确、完整。严格遵守《会计法》《民间非营利组织会议制度》《湖南省社团财务管理办法》，自觉接受业务主管部门、社团登记管理机关的监督管理，坚持开支合理、勤俭节约的原则，切实管好、用好各项经费。

第三十五条　本学会配备具有专业资格的会计和出纳。会计不得兼任出纳。会计人员必须进行会计核算，实行会计监督。会计人员调动工作或离职时，必须与接管人员办理交接手续。

第三十六条　本学会的资产管理必须执行国家规定的财务管理制度，接受会员代表大会和财政部门的监督。资产来源属于国家拨款或社会捐赠、资助的，必须接受审计机关的监督，并将有关情况以适当的方式向社会公布。

第三十七条　本学会换届或更换法定代表人之前必须接受社团登记管理机关和业务主管单位组织的财务审计。

第三十八条　本学会的资产，任何单位、个人不得侵占、私分和挪用。

第三十九条　本学会专（兼）职工作人员的工资、劳务和保险福利待遇等，参照国家有关规定执行。

第六章　章程的修改程序

第四十条　对本学会章程的修改，须经理事会表决通过后报会员代表大会审议。

第四十一条　本学会修改的章程，须在会员代表大会通过后15日内，经业务主管单位审查同意，并报社团登记管理机关核准后生效。

第七章　终止程序及终止后的财产处理

第四十二条　本学会完成宗旨或自行解散或由于分立、合并等原因需要注销的，由理事会或常务理事会提出终止动议。

第四十三条　本学会终止动议须经会员代表大会表决通过，并报业务主管单位审查同意。

第四十四条　本学会终止前，须在业务主管单位及有关机构指导下成立结算组织，清理债务，处理善后事宜。结算期间，不开展结算以外的活动。

第四十五条　本学会经社团登记机关办理注销登记手续后即为终止。

第四十六条　本学会终止后的剩余财产，在业务主管单位和社团登记机关的监督下，按国家有关规定，用于发展与本团体宗旨相关的事业。

第八章　附则

第四十七条　本章程经2017年4月21日全省会员代表大会表决通过。

第四十八条　本章程的解释权属本会理事会。

第四十九条　本章程自社团登记机关核准之日起生效。

"十三五"时期湖南省公共图书馆事业发展规划

为推动"十三五"时期公共图书馆事业科学发展，加快构建现代公共文化服务体系，更好地保障人民群众基本文化权益，根据《中华人民共和国公共文化服务保障法》、《中华人民共和国公共图书馆法》和《"十三五"时期全国公共图书馆事业发展规划》、《中共湖南省委办公厅　湖南省人民政府办公厅关于加快构建现代公共文化服务体系的实施意见》、《湖南省文化厅"十三五"时期文化发展改革规划》等法律和文件有关精神，特制定本规划。

一、指导思想

深入贯彻落实习近平总书记系列重要讲话精神和治国理政新理念新思想新战略，围绕中央和省委、省政府关于加快构建现代公共文化服务体系的决策部署，按照公益性、基本性、均等性、便利性要求，以完善设施网络为基础，以丰富服务内容、强化资源整合、提高服务效能为重点，努力构建覆盖城乡、服务高效、惠及全民的公共图书馆服务网络，进一步推进全民阅读，坚定文化自信，提高人民群众文化素养和信息素养，为建设富饶美丽幸福新湖南提供强大的精神动力、智力支撑和文化保障。

二、基本原则

坚持导向，服务大局。坚持和加强党对公共图书馆事业发展的领导，以人民为中心，坚持以社会主义核心价值观为引领，坚持社会主义先进文化的前进方向，牢固树立阵地意识，传播先进文化，促进在全社会形成积极向上的精神追求，助推全面建成小康社会目标实现。

政府主导，社会参与。将公共图书馆事业发展纳入全省现代公共文化服务体系，加强组织领导、政策支持和监督管理，落实基本公共文化服务标准。鼓励和引导社会力量参与公共图书馆的建设、管理和服务。

统筹实施，创新发展。立足实际，加强指导，统筹推进区域之间和城乡之间公共图书馆均衡发展，建立上下联通、服务优质、有效覆盖的公共图书馆服务体系，创新管理体制和运行机制，进一步增强发展活力。

服务基层，提升效能。增加资源总量，加强资源整合，坚持重心下移、资源下移、服务下移，把优质公共文化服务向城乡基层延伸，完善群众评价和反馈机制，提升服务的针对性和有效性，促进供需有效对接。

三、主要目标

与全面建成小康社会文化指标相衔接，到开展全省第七次公共图书馆评估定级时，全省公共图书馆设施网络进一步完善，文献资源保障能力明显增强，县级公共图书馆总分馆制基本建立，公共图书馆服务标准化、均等化水平显著提高，信息网络等新技术应用更加普及，法人治理结构建设积极推进，人才队伍建设有效加强，政策法律保障更加有力，社会力量广泛参与，人民群众对公共图书馆服务的满意度持续提升。

"十三五"时期全省公共图书馆事业发展主要指标

类 别	指 标		第六次评估	第七次评估
设施网络	公共图书馆达标率（部颁三级以上）		94%	98%
	每万人公共图书馆建筑面积（平方米）		63.1	70.0
	阅览室座席数（万个）		4.6	7.0
文献资源	人均公共图书馆藏书量（册）		0.58	1.00
	人均公共图书馆年新增图书藏量（册）		0.065	0.080
	人均公共图书馆购书经费（元）		0.726	1.300
	公共图书馆数字资源（TB）	省级	80	100
		市州级	20	25
		县级	3	5
服务效能	有效读者总人数（万人）		165	210
	年流通人次（亿人次）		0.39	0.50
	文献外借册次（亿册次）		1.5621	1.8000
队伍建设	专业技术人员比例	高级职称	6.8%	8.0%
		中级职称	35.7%	40.0%

四、重点任务

（一）完善公共图书馆设施服务网络

1. 加强公共图书馆设施建设。加强对公共图书馆布局的统筹规划，在"十二五"建设的基础上，按照均衡配置、规模适当、经济适用、节能环保等要求，根据城乡发展和人口分布，推动各市州特别是贫困地区建成比较完备的公共图书馆设施网络，对设施空白或不达标的地市级和县级公共图书馆进行新建、改建和扩建。

2. 推进乡镇（街道）、村（社区）图书室建设。根据《湖南省人民政府办公厅关于推进基层综合性文化服务中心建设的实施意见》（湘政办发〔2016〕48号）要求，积极推动基层综合性文化服务中心建设，按照相关建设标准和要求分别设立图书馆分馆、图书室（村级图书室可与农家书屋整合），开辟图书阅览区，配备相应的器材设备，完善管理制度。

3. 加快推进县级图书馆总分馆制建设。落实我省《关于推进县级文化馆图书馆总分馆制建设的实施意见》（湘文公共〔2017〕63号）要求，因地制宜建立以县级图书馆为总馆，乡镇（街道）综合文化站为分馆，村（社区）综合性文化服务中心为基层服务点，上下联通、资源共享、有效覆盖的总分馆体系。通过总分馆制，整合县域内的公共阅读资源，实现总馆主导下的文献资源统一采购、统一编目、统一配送、通借通还和人员的统一培训。鼓励符合条件、具有资质的上网服务场所成为总分馆的基层服务点。

4. 加强数字服务设施与流动服务设施建设。依托文化信息资源共享工程、公共电子阅览室建设计划、数字图书馆推广工程，加强公共图书馆数字服务设施建设，并配置相应器材设备。积极争取资金，重点为国家扶贫开发工作重点县和集中连片特困地区县的基层综合性文化服务中心配备数字服务设施设备。鼓励有条件的地方为公共图书馆配置流动图书车或具有借阅功能的流动文化车，合理设置服务网点及营运路线，根据基层群众需要，开展图书借阅、流动办证、流动展览、流动讲座、数字资源流动下载等多种形式的服务，有效拓展服务半径。

专栏1　公共图书馆设施网络建设

项目1：公共图书馆设施建设

对设施空白或不达标的地市级和县级公共图书馆进行新建、改建和扩建。重点推进湖南图书馆新馆、岳阳市图书馆新馆、衡阳市图书馆新馆、株洲市图书馆新馆、湘潭市图书馆新馆、益阳市图书馆新馆、永州市图书馆新馆、张家界市图书馆、娄底市图书馆建设，完成郴州市图书馆改扩建、岳阳市少年儿童图书馆改扩建、常德市图书馆各功能区划建设等。

项目2：城市24小时阅读服务空间

鼓励地方采取与社会力量合作等方式，建设自助图书服务空间，因地制宜设置自助图书设备，开展办证、阅览、外借等24小时图书馆服务；科学规划自助图书服务空间和设备的布点，与各级各类图书馆相辅相成，打造百姓身边的公共阅读场所；加强资源更新、用户辅导和设备维护。

项目3：盲人数字阅读推广项目

以盲人阅览室为服务阵地，以面向盲人免费外借智能听书机为工作抓手，持续开展适合广大盲人的各类知识文化服务。为13个省、市公共图书馆配置5000台"智能听书机"。

（二）加强文献信息资源保障能力建设

1. 推进公共图书馆文献信息资源体系建设。加大文献资源建设经费投入，确保文献资源达到一定规模并持续更新，通过整体布局、协调采购、分工入藏、分散采集等方式，以省级公共图书馆为全省资源保障中心，建立若干总量丰富、各具特色的市州级文献资源保障中心，扩大文献资源规模。落实新增藏量指标，优化文献资源结构，建立涵盖纸本文献、缩微文献、数字资源、网络资源等各种资源类型的公共图书馆信息资源体系。

2. 加强文献信息资源采集。完善文献信息资源购置标准，加强对采集规模、类型、更新率及复本量等方面的科学安排。省级公共图书馆兼顾文献覆盖面和文献专深度，丰富本省出版或内容涉及本省的文献采集收藏，逐步形成涵盖广泛、富有特色的省级文献资源体系；市、县级公共图书馆加强对内容涉及本地文献、本地编印文献以及与当地群众文化需求相适应的出版物采集。在总分馆体系中承担总馆职能的县级图书馆，根据本地实际需要，统筹分馆文献资源建设。尚未建立总分馆制的地方，由县级公共图书馆指导乡镇（街道）和村（社区）图书室文献资源采集。各级公共图书馆要适应文献载体形态的发展变化，加强数字资源等新兴载体资源的采集入藏，推进新媒体终端适用资源建设。

3. 完善文献资源协调与共享机制。充分发挥省级公共图书馆作为地区性文献资源保障中心的作用，联合本地区各级公共图书馆共同开展地方文献资源的建设与服务。加强各级公共图书馆与其他系统图书馆之间的资源共建共享，实现分工协作、优势互补。加强各级公共图书馆联合馆藏建设，完善国家文献信息资源总目，实现文献信息资源在统一平台上的共享利用。

专栏 2　文献信息资源保障能力建设

项目 4：湖湘文献收藏、开发及研究项目

在全面持续搜集出版图书的同时，注重民间非正式出版物、网络信息资源、口头信息资源等搜集。继续加强湖湘古旧地方文献资源建设，坚持湖南家谱、湘人著述、单幅文献收藏等馆藏特色化路线，开辟新主题、新品种的特色专藏。加大开发、研究力度，提升地方特色数据库的建设水平，加强地方文献研究出版工作，注重协调区域地方文献信息资源建设，探索地方文献建设的共建共享模式。

项目 5：湖湘特色文化数字资源总库建设工程

以湖南特色文化及馆藏特色资源为重点，着力建设国民口述历史数据库、湖南少数民族风情数据库，不断完善湖南地方戏剧数据库、湖南近代人物数据库、湖南古村镇古民居建筑数据库、湖南非物质文化遗产数据库等自建特色资源库，整合自建、自行采购及共享的数字资源，构建湖南特色文化数字资源总库。鼓励有条件的市州建设本地特色文化数字资源库，为建成分级分布、共建共享的湖湘特色文化数字资源建设体系奠定基础。

（三）提高服务效能，推进公共图书馆服务均等化建设

1. 提升免费开放工作水平。落实《国家基本公共文化服务指导标准（2015—2020 年）》和《湖南省基本公共文化服务实施标准（2015—2020 年）》，推动各级公共图书馆健全免费开放项目，打造免费开放服务品牌，完善规章制度，创新服务手段，优化阅读环境，提升设施空间利用效率；完善信息公开制度，及时向社会公示公共图书馆基本服务项目和开放时间，有条件的公共图书馆应当根据当地群众实际需要，实行错时开放；完善免费开放工作监督评价机制，推动免费开放经费投入与服务效能挂钩。

2. 深入开展全民阅读。各级公共图书馆根据职责制订阅读推广计划，围绕世界读书日、图书馆服务宣传周、全民读书月、"书香湖南·全民阅读"以及中华传统节日、重要节假日和重大节庆活动，深入开展系列阅读推广活动；完善针对不同读者群体的优秀读物推荐机制；鼓励基层群众依托公共图书馆，兴办读书社、阅读兴趣小组等，开展阅读活动，进行读书交流；发挥省图书馆学会等行业组织的作用，指导各级公共图书馆探索形成符合本地实际的阅读推广模式。

3. 提高专业化服务能力。各级公共图书馆要积极开展专业化服务，通过定题检索、文

献查证、委托课题、信息推送等方式，为各级党委政府科学决策提供咨询服务，为企业和教育科研机构提供专题服务，为社会公众创新创业提供文献支撑和信息服务。省、市州两级公共图书馆要加强对本行政区域内基层图书馆（室）的业务指导。配合"一带一部"等重大区域发展战略，建设区域图书馆联盟，提供联合服务。推动公共图书馆与博物馆、文化馆等其他公共文化机构的互联互通，加强跨部门、跨行业、跨地域的公共文化资源整合。

4. 加强特殊群体服务。加强老年人、未成年人、残疾人、农民工和农村留守妇女儿童等特殊群体适用资源建设和设施配备，有针对性地开展新技术应用培训、阅读辅导、送书上门、网络服务等，为其更好地融入社会提供帮助。政府设立的公共图书馆应当设置少年儿童阅览区域，根据少年儿童的特点配备相应的专业人员，加强对少年儿童的阅读指导和社会教育活动，开展面向农村留守儿童的基础阅读促进工作。推进公共图书馆与独立建制少儿图书馆的阅读资源共享，为中小学图书馆开展阅读活动和其他有关课外活动提供资源保障和业务支持。有条件的地区可以单独设立少年儿童图书馆。

专栏 3　公共图书馆阅读服务

项目 6：图书馆阅读推广活动

落实国务院"促进全民阅读，建设书香社会"的要求，开展"世界读书日""三湘读书月"等阅读推广活动，各级公共图书馆结合各地实际，设置主题，通过专家讲座、读书征文、荐书送书、座谈交流、网上交流等多种形式，借助书展、读书节、图书博览会等现有阅读平台和载体，开展丰富多彩的全民阅读活动，打造一批省级和地方阅读品牌活动，倡导"让阅读成为一种生活方式"理念，推动全民阅读的常态化。

项目 7：全省少年儿童经典阅读推广工程

深化"书香湖南——全省少年儿童读书活动"等系列主题活动，打造"三湘少年儿童阅读之星"评选活动品牌，开展学龄前儿童经典阅读促进工作，向青少年推荐湖湘文化经典，开展湖湘文化经典作品展示展演，将经典阅读活动与未成年人思想道德教育有机结合。依托各级各类图书馆和图书馆学会、协会组织，为全省少年儿童阅读提供服务和指导，评选优秀少儿读物。深入推进全省少年儿童阅读研究，编制少儿阅读指导书目，发布少儿阅读调查报告，为少年儿童阅读服务和图书出版提供科学依据。

（四）加强新技术应用，提升数字化服务能力

1. 加强图书馆数字化建设。深入实施数字图书馆推广工程，提高各地公共图书馆数字化服务能力，构建标准统一、覆盖城乡、互联互通、便捷高效的公共数字文化服务网络，县级以上公共图书馆全部具备提供互联网服务和移动终端服务的能力。加强公共图书馆数字资源的整合利用，丰富资源类型，提升资源适应性，满足不同终端、不同人群的实际需求。

2. 加强新技术研发和应用。结合国家重大信息工程建设，加强先进技术研究转化和应用，利用云计算、大数据等信息技术，推动图书馆信息化装备和系统软件的研发应用，促进图书馆数字服务手段升级换代，提升公共图书馆的现代化服务水平。通过互联网等新技

术手段，深入开展用户需求数据分析，推广线上线下互动的服务模式。

3. 推进基层公共数字文化综合服务平台建设。依托文化信息资源共享工程和数字图书馆推广工程，逐步建立集信息报送、网络监测、统计分析、数据发布、绩效评价等功能于一体的基层公共数字文化综合服务平台，引导优质公共数字文化资源向基层传输，通过开展"菜单式""订单式"服务，促进供需有效对接。

专栏4　数字图书馆建设

项目8：数字图书馆推广工程

依托国家数字图书馆建设成果，提高基层公共图书馆数字化服务水平；建设优质数字文化资源库群，促进对数字资源的整合与共享，加强大数据分析与知识挖掘，提升资源建设和使用效能；构建面向移动终端、贯通线上线下的服务模式，为社会公众提供基于全媒体的资源与服务。

项目9：公共图书馆互联网服务覆盖项目

推动公共图书馆利用互联网开展图书借阅、数字阅读、信息推送、终身教育等服务，在有条件的公共图书馆开通微信公众号、微博等新媒体服务，实现图书馆资源和服务上线；积极与其他社会化服务平台进行服务对接，让图书馆服务融入群众日常生活环境。

（五）充分利用馆藏资源，传承和弘扬湖湘优秀传统文化

1. 深入开展中华古籍和民国时期文献的普查与保护工作。做好与可移动文物普查工作的对接，到"十三五"末，全面完成全省古籍及民国时期文献普查工作。推进古籍和民国时期文献保存保护的研究与实践，加强文献修复技艺传承和培训，加快濒危文献抢救性修复保护，有序推进古籍和民国时期文献再生性保护，推动各级公共图书馆按照国家标准和行业标准建设一批标准化书库。

2. 推进传统文献典籍的整理推广和开发利用。深入推进专题文献整理出版和专题特色资源库建设，重点加强对地方特色资源、优秀传统文化资源、少数民族文化资源的挖掘整理。依托国家重大文化工程和地方文化建设项目，加大对传统文化典籍的整理阐释与宣传推广。推动有条件的图书馆建立湖湘优秀传统文化实践基地，开展丰富多彩的社会教育活动。

3. 文化创意产品开发。把文化创意产品开发纳入公共图书馆评估定级标准。推动各级公共图书馆利用古籍善本、图书报刊和数字文化资源等开发文化创意产品，挖掘地方传统文献资源，开发一批弘扬湖湘优秀传统文化、反映时代精神、符合群众实际需求的文化创意产品。举办文化创意产品开发培训班，培训图书馆领域创意开发和营销推广人才。

项目 10：中华古籍保护计划

全面完成对全省公藏单位及重点私人所藏古籍收藏和保护状况的普查工作，彻底摸清全省古籍家底，不断完善全省《古籍普查登记目录》。在全省《古籍普查登记目录》基础上，争取在全国率先完成《中华古籍总目·湖南卷》的编纂工作。

项目 11：古籍保护数字化标准化建设

开展古籍数字化工程，由湖南图书馆牵头，将我省入选国家级、省级"珍贵古籍名录"的古籍及珍贵地方文献扫描上网，建立"湖南省国家古籍珍本数据库"，供读者免费使用。建立全省古籍书目数据库，实现古籍普查数据开放共享。加强古籍保护标准化建设，制定《湖南省古籍保护与服务规范规范》。制定省级"古籍重点保护单位"及"珍贵古籍名录"入选标准，建立达标评估体系，实行国家级、省级古籍分级保护制度。公布全省各单位国家级、省级"珍贵古籍名录"及地方善本书目录。

项目 12：湖湘古籍文献典籍开发利用计划

加强与科研院所、出版机构、高等院校的合作，充分挖掘我省深厚的文化资源，对湖湘古籍文献进行研究、开发及出版工作。通过开展湖湘古籍讲座、展览、修复演示等活动，普及古籍保护知识，展示传统历史典籍的文化魅力，引导全社会关心、支持、参与古籍保护工作。有效利用纸质媒体、网络媒体、电视媒体、广播媒体等资源，采用微博、微信等传播形式，实现湖湘古籍宣传工作的多样化。

项目 13：文化创意产品开发工作

坚持社会效益第一，积极推动建立公共图书馆文化创意产品开发联盟，依托古籍和民国文献、图书报刊、老照片、数字文化资源等馆藏资源，探索开发一批弘扬湖湘优秀传统文化、反映时代精神、符合群众实际需求、具有图书馆特色的文化创意产品。

（六）加强政策理论研究，完善相关法律法规和行业标准

1. 强化法律和政策保障。贯彻落实《中华人民共和国公共文化服务保障法》《中华人民共和国公共图书馆法》，积极推动出台地方性图书馆法律法规。

2. 完善标准规范体系。加强图书馆标准化研究，推进图书馆相关标准的制（修）订和宣传贯彻工作。制定出台各级公共图书馆业务规范，建立涵盖图书馆业务、技术、管理和服务等主要领域的较为完善的标准体系，推动一批重点领域国际标准的本土化研究和应用。

3. 加强理论研究。围绕公共图书馆建设、管理和服务等关键环节，策划一批重点理论研究课题。依托省级公共图书馆，以及相关高校、科研机构等，加强图书馆理论研究队伍建设，建立一批各具特色的研究基地。加强图书馆领域关键技术的研发应用，推动公共图书馆事业与科学技术融合发展。

专栏 6　图书馆理论研究

项目 14：落实公共图书馆法相关制度研究

推进公共图书馆法出台后的贯彻实施工作，开展制度设计和调查研究，针对公共图书馆资源建设、运行管理、服务内容、经费保障、捐赠制度、总分馆制建设、法人治理结构建设、社会力量参与图书馆建设、基层公共文化资源整合等重点问题，形成具体的制度设计成果，促进地方公共图书馆立法工作。

项目 15：图书馆标准规范体系建设

进一步加强图书馆领域标准化建设，健全政府主管部门、标准化技术委员会与行业协会组织共同参与、相互配合的标准化工作机制；结合我省图书馆事业发展需求及标准化工作现状，开展图书馆设施、资源、管理、服务及技术等主要领域的标准规范制定工作，重点推进一批图书馆基础业务指导标准和基本服务保障标准的研制和应用；积极适应图书馆新技术、新业务、新服务的发展变化，探索建立图书馆标准规范体系的动态调整机制。

（七）创新管理体制机制，促进社会化发展

1. 深入推进公共图书馆法人治理结构改革。以湖南图书馆法人治理结构改革试点为契机，推动市州级规模较大、面向社会提供公益服务的公共图书馆，基本建立以理事会为主要形式的法人治理结构，吸纳有关方面代表、专业人员、各界群众参与，落实法人自主权，健全决策、执行和监督机制，进一步提升公共图书馆管理水平和服务效能。

2. 加强行业组织建设。按照中央关于文化领域行业组织建设的有关要求，加强省、市州图书馆学会等相关行业组织的建设和管理，确保正确发展方向；强化行业组织自身能力建设，完善内部管理制度，促进其在服务行业发展、开展行业自律、制定相关标准、维护会员权益等方面发挥积极作用；鼓励和支持具备条件的行业组织依法承担政府相关转移职能。

3. 支持社会力量参与公共图书馆建设。鼓励和支持公民、企事业单位、社会团体以及其他组织兴建、捐建或与政府部门合作建设公共图书馆，或者通过捐资、捐赠、捐建等方式参与公共图书馆建设、管理和服务。健全政府向社会力量购买公共文化服务的工作机制，将公益性图书服务纳入政府购买的指导性目录。有条件的公共图书馆可探索引入社会专业机构，进行委托经营，或将公共图书馆的信息采集、书刊编目等业务外包，推动公共图书馆专业化、社会化发展。

4. 广泛开展文化志愿服务。弘扬志愿服务精神，坚持志愿服务与政府服务、市场服务相衔接，鼓励和支持公共图书馆开展参与广泛、内容丰富、形式多样的文化志愿服务，探索具有图书馆特色的文化志愿服务模式，打造一批公共图书馆志愿服务品牌。完善公共图书馆志愿者注册招募、服务记录、管理评价和激励机制。各级文化行政部门对公共图书馆志愿服务给予必要的指导和支持。

（八）参与国际交流与合作，进一步提升湖湘文化影响力

落实中华文化"走出去"战略部署，积极参与图书馆界国际交流活动，加强与国际图书馆协会联合会等国际图书馆行业组织，以及国外图书馆界的联系与合作。围绕典籍展览展示、文献保护利用、资源共建共享、人才培养交流等领域，有针对性地参与或组织策划国际业务合作和学术交流项目，宣传介绍我省图书馆事业发展成就。

五、保障措施

（一）加强组织领导。各地要根据本规划，制订相关工作计划和落实方案，明确责任，统筹实施。要推动将公共图书馆建设纳入本地国民经济和社会发展总体规划，纳入政府议事日程和领导班子绩效考核。各级文化行政部门要始终把导向意识贯穿到工作全过程。各级公共图书馆也要根据规划，细化目标任务，采取有力措施，抓好工作落实。

（二）完善经费保障。县级以上人民政府应根据《中华人民共和国公共图书馆法》规定，加大对政府设立的公共图书馆的投入，将所需经费列入本级政府预算，并及时、足额拨付。支持公共图书馆免费开放工作，重点向革命老区、民族地区、贫困地区倾斜。支持农村和城市社区的公共图书馆（室）建设。鼓励公民、法人和其他组织自筹资金设立公共图书馆。县级以上人民政府应当积极调动社会力量参与公共图书馆建设，并按照国家有关规定给予政策扶持。

（三）加强队伍建设。各级公共图书馆应根据其功能、馆藏规模、馆舍面积、服务范围及服务人口等因素配备相应的工作人员，重点推动贫困地区公共图书馆人员编制落实。要完善选人用人机制，培养一支具有现代意识、创新意识和专业水准的公共图书馆从业人员队伍。加强分级分类培训，重点加强对基层公共图书馆从业人员培训，力争在"十三五"期间对县级以上公共图书馆从业人员轮训一遍。

（四）健全监督管理。完善公共图书馆绩效考评制度，健全图书馆领域重大文化惠民工程综合绩效评估制度。加强用户评价和反馈，探索建立第三方评价机制，开展群众满意度调查，增强评价的客观性和科学性。考核结果将向社会公布，并作为对公共图书馆给予补贴或者奖励等的依据。

"十三五"时期湖南省古籍保护工作规划

为贯彻落实中央关于传承和弘扬中华优秀传统文化的重要决策部署，深入做好"十三五"时期全省古籍保护工作，根据《中华人民共和国公共文化服务保障法》《中华人民共和国公共图书馆法》《中华人民共和国文物保护法》《中共中央办公厅 国务院办公厅关于实施中华优秀传统文化传承发展工程的意见》《国家"十三五"时期文化发展改革规划纲要》《文化部"十三五"时期文化发展改革规划》《"十三五"时期全国古籍保护工作规划》和《湖南省文化厅"十三五"时期文化发展规划》有关精神，特制定本规划。

一、总体要求

（一）指导思想

全面贯彻党的十九大，十九届二中、三中全会精神，深入贯彻落实习近平总书记系列重要讲话精神和治国理政新理念新思想新战略，围绕中央关于传承和弘扬中华优秀传统文化的部署要求，坚持以社会主义核心价值观为引领，坚持"保护为主、抢救第一、合理利用、加强管理"的工作方针，以普查登记为基础，以分级保护和揭示利用为重点，不断提升古籍保护水平，切实发挥古籍传承中华优秀传统文化的重要作用，真正让"书写在古籍里的文字活起来"。

（二）基本原则

1. 坚持保护为主。始终把古籍保护作为工作重心，遵循古籍保护工作规律，坚持依法保护和科学保护，把古籍的抢救性保护与预防性保护有机结合，加大对珍贵古籍的保护力度，建立科学有效的古籍保护长效机制。

2. 坚持抢救第一。把握古籍具有易损性、不可再生性等特点，重点加强对濒危珍贵古籍的抢救，加大古籍保护技术的研发和应用，培育古籍修复人才，改善古籍存藏条件，提升古籍修复能力。

3. 坚持合理利用。推动湖湘优秀传统文化的创造性转化和创新性发展，通过开展书目揭示、展览展示、数字化服务、影印出版和文化创意产品开发等多种方式，加强对古籍的揭示和利用，发挥古籍的文化价值和社会服务功能。

4. 坚持加强管理。加强古籍保护相关职能部门之间的沟通与协调，进一步完善古籍保护工作制度，加强古籍保护单位管理，建立古籍标准化体系，实施严格的古籍保护责任制度和责任追究制度，促进古籍保护工作科学化规范化。

（三）发展目标

到 2020 年，全省古籍资源和保存状况基本摸清，进一步完善《湖南省古籍普查登记目录》，建立《湖南省古籍联合目录》；基本构建起古籍分级保护体系，国家级、省级珍贵古籍保护状况明显改善；重点实施一批珍贵古籍修复项目，珍贵古籍缩微复制和数字化成果显著；编制完成《湖南省古籍保护与服务规范》，逐步建立起比较完备的古籍保护标准体系；继续组织开展国家级、省级古籍名录的评审与推荐工作，对入选的国家级、省级"古籍重点保护单位"进行达标评估；古籍保护人才队伍结构不断优化、专业水平明显提升；古籍公共文化服务功能和社会教育的作用更加彰显，社会参与的广度和深度不断拓展，古籍传承文明、服务社会的能力进一步提升。

"十三五"时期湖南省古籍保护工作主要指标

类别	指标	2017 年	2020 年
普查登记	完成古籍普查登记的古籍收藏机构的数量（家）	60	62
	出版《普查登记目录》的古籍收藏机构的数量（家）	2	61
	古籍普查数据的发布量（万条）	4.1	7.5
保护修复	珍贵古籍修复数量（万）	1.0	1.5
资源利用	完成古籍数字资源（部）	100	150
	发布数字化古籍资源（部）		100
	影印出版古籍数量（部）	10	15
队伍建设	培训古籍收藏单位从业人员数量（人次）	300	400
标准规范	制定出台古籍定级、存藏、修复、数字化等专业技术标准数量（部）	—	1

二、重点任务

（一）基本完成全省古籍普查登记工作

1. 完善古籍普查登记管理机制。进一步提高古籍普查登记质量，明确各级人民政府及文化、教育、民族、宗教、文物等部门对本地、本系统古籍普查登记的职责。健全各级古籍普查登记机构，实现古籍登记管理常态化。

2. 加大全省古籍普查登记力度。省古籍保护中心要加强对本系统古籍收藏机构普查登记工作的指导督促，完成对全省公藏单位及重点私藏古籍的普查工作，彻底摸清全省古籍资源，将宗教活动场所藏书、雕版等纳入普查范围。统一普查数据格式，依托省级古籍普查登记平台，对各地各单位报送的数据进行汇总和核校，完善鉴定著录，确保普查准确规范。

鼓励民间古籍收藏机构按照规定登记所藏古籍。

3. 加强古籍普查登记目录建设。依托省级古籍普查登记平台，建立古籍普查登记编号及信息库，形成全省收藏单位古籍普查登记目录档案。在各古籍收藏单位对本地本单位普查登记信息的审校和编纂工作的基础上，由省古籍保护中心汇总完善《湖南省古籍普查登记目录》。争取在全国率先完成《中华古籍总目·湖南卷》的编纂工作。

4. 促进古籍普查数据开放共享。省古籍保护中心要加强与文物系统的协调合作，共同做好古籍普查与全省可移动文物普查的数据对接工作，及时进行数据交换。建立全省古籍综合信息数据库，及时将各古籍保护机构的普查数据输入数据库，并完善导入和导出功能，加快建设全省古籍联合书目通用检索系统，及时公布普查成果，实现古籍普查数据的开放共享。

专栏1　全省古籍普查登记项目

《全省古籍普查登记目录》项目。加快古籍普查进度，各古籍收藏单位在完成普查登记的基础上，汇总整理形成古籍普查登记目录。"十三五"期间，完成不少于62家收藏单位的古籍普查登记目录。

《中华古籍总目·湖南卷》编纂项目。在《全省古籍普查登记目录》基础上，由省古籍保护中心牵头组织，主要采取省级分卷的形式，编纂出版《中华古籍总目·湖南卷》。

（二）切实加大古籍保护力度

5. 构建古籍分级保护体系。研究制定省级珍贵古籍名录和古籍重点保护单位入选标准，馆藏古籍日常养护技术标准和管理规范，设置达标评估量值，推进国家级、省级古籍分级保护。公布全省国家级、省级珍贵古籍名录及地方善本书目录。

6. 拓宽珍贵古籍保护路径。继续开展国家级、省级珍贵古籍名录及古籍重点保护单位的申报评审。根据《图书馆古籍书库基本要求》，做好各级古籍收藏机构的库房新建和改扩建工作。对国家级、省级珍贵古籍实施专库或专架管理，确保珍贵古籍实体安全。各级古籍保护机构根据实际做好珍贵古籍装具配置工作。加强古籍预防性保护，按照行业标准开展古籍保存库房达标建设和珍贵古籍保存柜架及无酸、函套配置工作。推动建设一批符合省级标准的古籍寄存书库，为不具备存藏条件的单位提供寄存服务。

7. 继续开展古籍征集工作。支持各公藏单位对流散古籍、古籍刻书版片，特别是湖南古旧地方文献、湖南人物著述、湖南历代刻书的征集工作。鼓励社会力量参与古籍收藏、保护工作。

专栏2　珍贵古籍保护项目

国家级和省级珍贵古籍名录、古籍重点保护单位申报评审。建立健全省级申报、评审制度并开展相关工作。配合开展第六批国家珍贵古籍名录和全国古籍重点保护单位的申报评审工作。

（三）全面提升古籍修复能力

8. 加强珍贵古籍修复。重点抓好列入《国家珍贵古籍名录》和濒危古籍的修复工作。完善省级古籍修复中心申报制度、评审标准和退出机制，协助开展第二批国家级古籍修复中心的申报评审工作。鼓励图书馆、博物馆、档案馆等古籍收藏机构合作开展古籍修复工作。

9. 促进古籍修复技艺传承发展。发挥古籍修复专家的传帮带作用，采取古籍修复基础研究与古籍修复项目相结合的方式，传承古籍修复技艺，提高古籍修复水平。充分发挥"国家级古籍修复技艺传习中心湖南传习所"的作用，培养古籍修复人才，免费修复各公藏单位所藏珍贵且亟待修补的古籍，对具备建立古籍修复室条件的单位予以技术、设备支持。加大对古籍修复等非物质文化遗产代表性传承人的扶持力度，支持开展收徒、教学等传承活动。学习借鉴国家古籍保护中心在古籍用纸定制生产等方面的做法和经验，扶持古籍修复用纸传统工艺传承与发展。

10. 加强古籍保护技术研究及新技术应用。推进古籍保护机构和存藏单位与其他公共文化单位、高等院校、科研院所、中等职业学校、高科技企业等领域的深度合作，开展古籍修复的理论和技术研究。借鉴国外、省外先进修复技术，创新我省古籍修复的工艺和方法。在具备条件的公共图书馆、博物馆、高校以及科研机构设立高水平文献保护重点实验室，开展古籍保护技术的研究和实验。

专栏3　国家级古籍修复技艺传习中心湖南传习所和古籍保护实验室建设项目
依托国家级古籍修复技艺传习中心湖南传习所，开展古籍修复工作和科学研究。加强省级古籍保护实验室建设，完善管理制度，推动硬件升级，逐步开展古籍保护科研工作。

（四）加强古籍整理出版和数字化建设

11. 积极推动古籍整理出版工作。加强与科研院所、出版机构、高等院校的合作，充分挖掘我省深厚的文化资源，推动一批省级重点古籍影印和整理出版项目实施。研究制定古籍影印出版管理制度，对重点出版项目进行绩效评估，提高古籍影印和整理出版项目专项资金的监管水平和使用效益。

12. 加快推进珍贵古籍缩微复制保存。继续开展珍贵古籍缩微化工作，依据全省古籍普查登记情况，对尚未拍摄的珍贵古籍文献，有计划地开展缩微工作。充分发挥缩微技术有利于长期保存的优势，依托数转模技术，以珍贵古籍数字化项目成果为基础，开展珍贵古籍数字资源转换缩微胶片，逐步实现全部珍贵古籍缩微化长期保存。

13. 不断加强古籍数字化工作。鼓励和支持各古籍收藏单位加快古籍数字化步伐，借助互联网、大数据、云服务等高新技术，率先对馆藏特色文献和珍贵古籍进行数字化，加快建立湖南古籍数字资源库和湖南古籍综合信息数据管理平台，扩大古籍数字资源开放，促进资源共享，提高利用效率。

　　"湖南古籍数字资源库"建设项目。以国家级和省级珍贵古籍数字化为带动,加强各古籍收藏单位之间的合作,通过利用现有资源以及向社会购买资源等方式,建立"湖南古籍数字资源库"。按照边建设、边服务的原则,及时发布古籍影像信息资源,免费为专家学者和社会大众提供便捷优质的阅览服务。

　　"湖南古籍综合信息数据管理平台"建设项目。建立集古籍普查登记、修复保护、宣传推广、人才培养等多功能于一体的综合信息管理平台,通过大数据收集、整理和统计,对全省古籍保护相关信息进行分析研判和动态监测。同时,依托管理平台,建立综合信息数据年报制度,全面掌握古籍保护年度工作情况,便于进行数据对比和信息查询。

（五）利用古籍传承和弘扬湖湘优秀传统文化

　　14. 深入挖掘古籍的深厚文化内涵。推进湖湘传统文化典籍整理项目,依托哲学、历史、文学、宗教等多个领域的专家学者,对优秀湖湘典籍进行诠释和解读,深入阐发湖湘优秀传统文化精髓,研究湖湘文化的历史渊源、发展脉络和基本走向,进一步激发湖湘优秀传统文化的生机与活力。

　　15. 组织开展古籍宣传推广活动。建立湖湘优秀古籍的宣传推广机制,运用数字化、信息化、网络化等现代技术手段,采取线上线下相结合的方式,加强对湖湘优秀古籍多媒体、多渠道、多终端传播。通过开展古籍讲座、展览、修复演示等活动,普及古籍保护知识,展示传统历史典籍的文化魅力,引导全社会关心、支持和参与古籍保护工作。推动湖湘优秀传统文化的传承和发展。

　　16. 加强古籍文化创意产品开发。坚持社会效益第一,鼓励符合条件的古籍收藏机构发挥古籍资源丰富的优势,依托全国公共图书馆文化创意产品开发联盟等平台,依法通过委托、与文化企事业单位合作等多种方式,开发一批弘扬湖湘优秀传统文化、反映时代精神、符合群众实际需求的古籍类文化创意产品。

（六）加强古籍保护制度、法规和标准建设

　　17. 完善古籍保护工作机制。充分发挥省公共文化服务体系建设联席会议的平台作用,进一步完善统筹规划、分类指导、部门协同、权责明确的古籍保护工作制度。由各级文化行政部门牵头,各相关部门发挥职能和资源优势,在规划编制、政策衔接、标准制定和项目实施等方面加强沟通协作,形成工作合力。

　　18. 加强古籍保护标准化建设。依托省内各系统各层级古籍保护机构、高等院校、科研院所等,充分运用各学科研究成果,围绕古籍装具、古籍修复用品、古籍传拓技艺、古籍数字化等方面,开展古籍保护科学研究,编制《湖南省古籍保护与服务规范》,并在全省予以宣传推广,逐步建立起比较完备的古籍保护标准体系。

　　19. 建立湖南古籍保护工作专家委员会。成立由相关领域专家组成的湖南省古籍保护工作专家委员会,充分发挥专家在古籍保护、研究、修复等方面的作用,推进全省古籍保

护工作的科学开展。

三、保障措施

（一）加强领导，完善工作机制。省古籍保护中心在省文化厅领导下，具体负责协调全省古籍保护工作。各级文化行政部门要发挥牵头作用，会同古籍保护工作相关部门，加强对古籍保护工作的组织领导，推动古籍保护工作纳入本地经济社会发展总体规划，纳入公共文化服务体系建设整体安排，结合实际制定具体的工作计划和落实方案，明确责任，统筹实施。各级古籍收藏机构也要根据规划，细化目标任务，采取有力措施，抓好工作落实。加快古籍保护法规和标准建设，建立健全古籍保护责任制和责任追究制。

（二）统筹安排，推进队伍建设。各级文化行政部门要将古籍保护人才队伍建设纳入全省基层文化队伍培训计划，统筹开展分类分层培训。发挥古籍保护人才培训基地作用，持续开展在职培训，多层次、多渠道培养古籍人才队伍。发挥高校古籍教学科研人才较多的优势，利用高等院校古籍人才培养及整理研究专项基金，加强对古籍保护研究型人才培养。

（三）协同监管，开展监督评价。各级文化行政部门和省古籍保护中心要加强古籍保护工作过程管理和动态监测，建立健全面向各类古籍保护主体、项目的绩效评价指标体系、评价制度、问责机制和信息公开制度，切实加强古籍保护工作的日常监管、定期督查和年度考评，并将考核结果与相关单位收入分配和人员奖惩等挂钩，推动古籍保护工作持续高效开展。

湖南省文化厅

2018 年 5 月 28 号

湖南省文化厅印发《关于开展县级文化馆图书馆总分馆制建设试点工作的实施方案》的通知

湘文公共发〔2018〕65 号

各市州文（体）广新局，各县级文化馆图书馆总分馆制建设试点县市区文化行政部门，湖南图书馆，省少年儿童图书馆，省文化馆：

现将《关于开展县级文化馆图书馆总分馆制建设试点工作的实施方案》印发你们，请认真遵照执行。

特此通知。

湖南省文化厅

2018 年 6 月 19 日

关于开展县级文化馆图书馆总分馆制
建设试点工作的实施方案

根据《中共中央办公厅国务院办公厅印发〈关于加快构建现代公共文化服务体系的意见〉的通知》（中办发〔2015〕2 号）、《文化部新闻出版广电总局体育总局国家发展改革委财政部关于印发〈关于推进县级文化馆图书馆总分馆制建设的指导意见〉的通知》（文公共发〔2016〕38 号）和《湖南省文化厅湖南省新闻出版广电局湖南省体育局湖南省发展和改革委员会湖南省财政厅〈关于推进县级文化馆图书馆总分馆制建设的实施意见〉》（湘文公共发〔2017〕63 号）等文件要求，为加快推进我省县级文化馆图书馆总分馆制建设，有效实现县域公共文化资源共建共享和服务效能提升，省文化厅决定开展县级文化馆图书馆总分馆制建设试点工作。现制定工作方案如下：

一、指导思想

全面贯彻党的十九大精神，坚持以习近平新时代中国特色社会主义思想为指导，按照党中央、国务院和省委省政府关于构建现代公共文化服务体系的部署要求，以县为基本单位，以乡村为重点，以统筹发展、提高效能、促进均等为原则，因地制宜推进县级文化馆图书馆总分馆制建设，更好地满足广大群众基本文化需求，为建设富饶美丽幸福新湖南提供强大的精神动力和文化支撑。

二、目标任务

到 2019 年底前，各试点县市区率先基本建立起上下联通、服务优质、有效覆盖的县级文化馆图书馆总分馆制，为推进全省县级文化馆图书馆总分馆制建设探索路径、积累经验、提供示范。

三、试点建设主要内容

（一）合理规划建设布局。根据实际，以人口规模和服务半径为主导，合理确定县域内总分馆的布局、规模和标准，原则上乡镇（街道）综合文化站设置分馆的比例应在 80%以上，行政村（社区）综合文化服务中心设置服务点的比例分别为 60%（一类地区）、50%（二类地区）、40%（三类地区）以上，服务点必须要有流动服务车正常运行。具备条件的村级综合文化服务中心可设置分馆。

（二）分步构建上下联通的一站式服务平台。充分发挥网络信息技术的作用，对接省级公共数字文化服务综合平台，构建县级一站式公共数字文化服务平台，打造形成"县级一站式服务平台+文化馆总分馆+图书馆总分馆"模式。在县级图书馆总分馆体系，总馆和分馆要采用同一业务管理系统，实现技术统管，保证图书馆总分馆网络间数据流、读者流和各项业务工作无缝对接。在县级文化馆总分馆体系，总馆、分馆要相应配备公共数字文化服务设备和资源，并实现互联互通。

（三）实现资源共建共享。在县级图书馆总分馆体系，整合县域内的公共阅读资源，实行总馆主导下的文献资源统一采购、统一编目、统一配送、通借通还和人员的统一培训，图书实现通借通还。在县级文化馆总分馆体系，整合县域内群众文化艺术资源，加强对县域内文化活动、文艺创作、文艺辅导、送戏下乡、队伍培训以及演出器材设备调配等方面的统筹。通过建立县级总分馆体系，实现总馆、分馆之间的互联互通、资源共享。

（四）创新管理和运行机制。在不改变现有行政隶属、人事和财政关系的情况下，总馆对分馆的管理重在业务指导和资源调配，分馆按照总馆的工作安排和服务标准，面向基层群众提供与总馆水平相当的基本服务；有条件的地方可以探索总馆统一管理或参与管理各分馆人财物。在县级图书馆总分馆体系，总馆负责统筹规划县域内文献资源的采编、分类、标引、加工，统一审校总分馆书目数据，负责图书采编加工、书目数据上传，指导和协调所属分馆（服务点）开展阅读服务推广工作；乡镇、村级分馆（服务点）负责开展阅读服务推广工作，配合做好图书采编加工、书目数据上传等工作。在县级文化馆总分馆体系，总馆负责统筹规划县域内文化馆站业务活动；乡镇级分馆负责落实总馆部署的任务，策划、组织本地特色工作，做好基层文化资源配送工作，指导和协调所属村级分馆（服务点）开展公共文化服务活动；村级分馆（服务点）主要负责本级公共文化设施管理，配合做好基层文化资源配送工作。

（五）创新服务手段和方式。总馆和分馆要积极畅通群众文化需求反馈渠道，采取"订单"服务方式，实现供需有效对接。充分发挥县级公共数字文化服务平台作用，充分利用各级公共数字文化工程和资源，有效扩大公共文化服务的有效覆盖。积极引导社会力量参与总分馆制建设，鼓励具备条件的学校、科研机构、企业等的图书馆（室）、职工书屋、文化室、上网服务场所等，在自愿原则下成为分馆或基层服务点；有条件的地方可探索引入社会专业机构，采取委托管理或连锁运营的方式，通过专业化服务、科学化管理，做好总分馆日常管理运行。

四、实施步骤

（一）制订方案阶段（2018年7月）。各试点县市区文化行政部门要深入调研、科学论证，抓紧制定试点工作具体实施方案，明确工作责任、推进步骤和具体落实措施。各试点县市区的实施方案于2018年7月10日前报省文化厅审定，待审定通过后再稳妥推进。

（二）实施建设阶段（2018年7月至2019年11月）。各试点县市区要结合全省现代公共文化服务体系达标建设、基层综合性文化服务中心建设等工作，积极筹措资金，继续推进县、乡、村三级公共文化设施网络建设。各县级文化行政部门结合本地实际，因地制宜开展试点工作，探索具有推广价值的总分馆建设发展模式。建设周期内，省文化厅将组织相关部门和专家对各试点县市区工作进行中期督查。

（三）评估验收阶段（2019年12月底前）。各试点县市区按《湖南省县级文化馆图书馆总分馆制建设标准》要求进行自查自评，形成试点建设总结报告。市州文（体）广新局会同财政等部门对所属试点县市区试点工作进行初评。省文化厅组织专家评估组对试点工作进行实地验收，同时委托专业机构，调查公众对各地试点建设的知晓度、参与度和满意度。验收不合格，取消命名和授牌。

五、工作要求

（一）明确工作责任。各试点县市区要把推进县级文化馆图书馆总分馆制建设作为加快构建现代公共文化服务体系的重要内容，明确时间表、路线图，加快推进实施。湖南图书馆、省少年儿童图书馆、省文化馆、各市州文（体）广新局及市州级文化馆、图书馆要结合各自工作实际，大力支持县级文化馆图书馆总分馆制试点建设，加强业务培训和指导。县级文化行政部门要明确一名局领导为试点工作联络员，并将联络员名单随实施方案一并上报省文化厅。

（二）加大投入保障。各试点县市区要规范使用好省级财政项目补助资金，同时在符合有关规定前提下，多渠道筹措资金，为总分馆制建设和运营提供经费保障。各试点县市区应配备专业标准的流动图书车和流动文化车，并由县财政保障流动服务车运行经费。

（三）加强队伍建设。各试点县市区要根据总分馆的规模、服务人口和服务方式，统筹总馆、分馆的人员配置。加强对总分馆工作人员的培训、考核、管理。有条件的县市区可通过政府购买服务方式，解决总分馆人员不足的问题。

（四）开展检查评估。各市州文（体）广新局、各试点县市区要把县级文化馆图书馆总分馆制建设情况纳入本级公共文化服务考核指标。县级文化行政部门负责对本地总分馆制建设和运行情况进行日常评估和考核，并将考核结果与相关单位预算安排、收入分配和负责人奖惩挂钩。市州文（体）广新局要建立绩效评价机制，加强督促检查，及时协调解决工作中的各种问题。

湖南省公共图书馆大事记（2009—2018）

2009 年

1 月 9 日　　　　湖南省文献信息资源共建共享协作网办公室成员暨咨询员会议在湖南
　　　　　　　　省科学技术信息研究所召开。湖南图书馆邹序明、欧红等出席会议。

2 月 11 日至 15 日　时任湖南图书馆馆长张勇等至张家界参加"地方版文献联合采编作网
　　　　　　　　（CRLNet）2008—2009 年会"。张勇当选为第五届协作网管委会主任，
　　　　　　　　任期 2 年。

2 月 23 日至 25 日　张勇、韩继章赴北京参加古籍保护条例、公共图书馆立法专题研究项
　　　　　　　　目第一次工作会议。

2 月 27 日　　　　湖南省图书馆学会八届十一次理事长会议暨湖南省文献信息资源共建
　　　　　　　　共享协作网管委会会议在长沙召开。

3 月 10 日　　　　衡阳市图书馆馆舍维修改造工程动工，全面闭馆。

3 月 31 日　　　　湖南省文献信息资源共建共享协作网成员暨咨询员 2009 年第一季度
　　　　　　　　工作会议在湖南图书馆召开。

3 月　　　　　　美国犹他州家谱学会亚洲部负责人钱正民与湖南图书馆签订家谱缩微
　　　　　　　　拍摄协议书。

　　　　　　　　长沙市"三馆一厅"开放运行筹备办公室成立，办公地点设长沙简牍
　　　　　　　　博物馆。

4 月 3 日　　　　湖南省图书馆学会八届十二次理事长会议在长沙召开。

4 月 7 日至 17 日　2009 年度全省图书馆员业务培训班在湖南图书馆举行。

4 月 17 日　　　　湖南图书馆出版的《农村科技文摘》被省新闻出版局评定为 2008 年
　　　　　　　　度"优秀等次连续性内部资料"。

4 月 22 日至 23 日　衡南县图书馆新馆举行开馆仪式。

4月23日	第十四个世界读书日，望城县星城镇马桥河村女青年李芳向温家宝总理发出捐书邀请信。5月8日温家宝在李芳的信上作出批示，并签名赠送一本《现代汉语词典》。
5月5日	湖南省文献信息资源共建共享协作网成员单位网上参考咨询员，在湖南图书馆参加分布式联合参考咨询系统（UCDRS）的学习培训。
5月13日	全省少年儿童阅读调查工作联席会议在长沙召开，全省14个市（州）图书馆、少儿图书馆的馆长及相关部门主任参加。
5月27日	全省少年儿童读书活动专题会议在长沙召开，全省14个市（州）图书馆、少儿图书馆的馆长及文化局社文科科长参加。
5月28日	常德市鼎城区图书馆闭馆，整体改造工程开始动工。
5月20日至6月2日	湖南省图书馆学会开展"书香湖南悦读你我——湖南省图书馆界服务推广活动周活动"。
6月1日	由湖南图书馆志愿者服务队和中国"麦田计划"湖南社共同发起的"把爱传递到远方 建立边远贫困地区学校图书室启动仪式"在湖南图书馆举行。
6月13日至7月3日	湖南图书馆甄选4部入选第二批国家珍贵古籍名录的藏品，参加由国家图书馆举办的"国家珍贵古籍特展"。
6月16日	湖南省少年儿童图书馆启动"三湘读书月"——湖南省少年儿童"新中国60周年道德模范故事会"读书知识竞赛活动。
6月20日	岳阳市图书馆学会向岳阳市社科联、市民政局递交了关于《申请注销"岳阳市图书馆学会"社团组织的请示》，获得批准。
6月27日至28日	全国公共图书馆法课题研究——文献资源建设子课题组工作会议在长沙召开。
6月30日	湖南省文献信息资源共建共享协作网2009年第二季度工作会议在中南大学图书馆召开。
	《图书馆》在《中国学术期刊评价研究报告》（2009—2010）中被评为"RCCSE中国核心学术期刊"。
7月6日至8日	中国图书馆学会第八次全国会员代表大会在北京召开，时任湖南图书馆馆长张勇当选为常务理事，时任湖南省少年儿童图书馆馆长罗建国当选为理事。
7月16日至30日	湖南图书馆与国家古籍保护中心在长沙联合举办第九期全国古籍普查培训班。
7月20日	在湖南省文化资源共享工程宣传工作评比中，常德市图书馆被评为"共享工程先进单位"。

7月21日至22日	2009年全省市（州）公共图书馆（中心馆）馆长会议在长沙召开。
8月2日	新成立的郴州市图书馆对外开放。
8月30日	耿飚同志亲属向湖南图书馆捐赠一套共80函850册的线装《毛泽东评点二十四史》及《耿飚回忆录》。
8月	南县图书馆网站建立。
9月1日	桃江县图书馆正式启用Interlib图书馆集群管理系统，实现采访、编目、流通自动化管理。
9月9日	常德市图书馆组织代表队参加"文化共享杯"全省文化信息共享工程网上知识竞赛，获得组织奖。
9月18日	湖南图书馆与浏阳永安景明电力器材有限公司合办的"湖南图书馆景明农民工图书室"在该公司成立。
9月21日	湖南省图书馆学会八届十三次理事长扩大会议暨首届中青年人才库评审会议在长沙召开。
9月22日	由中国图书馆学会主办的第八届学术研究委员会成立大会暨2009全国图书馆论坛在上海召开。少年儿童图书馆专业委员会更名为未成年人图书馆服务专业委员会，湖南省少年儿童图书馆被中国图书馆学会聘为主任馆。
9月27日	衡阳市图书馆、常德市图书馆、益阳市图书馆、沅江市图书馆获得湖南省图书馆学会2009年"湖南省图书馆界服务推广周"活动先进单位优秀奖。
10月10日至15日	湖南省文化厅组成专家组开展全省市州公共图书馆评估定级检查工作。
10月20日	湖南图书馆被湖南省科学技术厅授予"湖南省科学技术情报（信息）工作先进集体"。
10月20日至23日	由上海图书馆、上海科学技术情报研究所主办，湖南省图书馆学会和湖南省高校图工委协办的网络环境下的特色数字资源建设与服务暨第十届《全国报刊索引》学术研讨会在长沙召开。
10月21日	湖南图书馆开通网上预约借阅服务（除读者俱乐部文献外）。
10月23日至25日	湖南图书馆邹序明、张文勇、张媛艳代表文化信息资源共享工程湖南分中心至全国文化信息资源共享工程培训基地——浙江省杭州市萧山区支中心参加"文化共享杯——全国文化信息资源共享工程知识与技能竞赛"，获"精神文明奖"。
10月26日至11月26日	湖南图书馆伍涛、王旭明至云南省图书馆进行中层干部交流活动。

11月7日	湖南省首届"三湘读书月"活动启动仪式在岳麓书院举行，邹序明参加仪式。
11月15日	中共湖南省委宣传部、湖南省文明办、湖南省文化厅、湖南省教育厅、共青团湖南省委、湖南省妇女联合会主办，湖南省少年儿童图书馆承办"三湘读书月"之2009年全省少年儿童"新中国60周年道德模范故事会"读书知识竞赛展演活动，评出一等奖4个，二等奖10个，组织奖39个。
11月19日	湖南图书馆和湖南人民广播电台新闻频道发起援建的红色书屋在浏阳中和镇旸谷完小落成。
11月24日	人力资源和社会保障部、文化部在北京人民大会堂召开全国文化先进单位、全国文化系统先进集体和先进工作者表彰大会，时任湖南省少年儿童图书馆馆长罗建国获"全国文化系统先进工作者"称号。
11月27日至28日	文化部第四次全国公共图书馆评估暨文化共享工程督导组一行5人，对湖南图书馆、湖南省少年儿童图书馆及文化共享工程湖南省分中心进行实地评估督导。
12月2日	湖南图书馆与岳阳市残疾人联合会、岳阳市图书馆合作建设的盲人图书室在岳阳市残疾人康复就业综合服务中心大楼正式对外开放。
12月3日	国家古籍保护中心为湖南图书馆配备了Bsj-2006A型纸浆补书机及配套的晾纸架。
12月11日	湖南图书馆在长沙市芙蓉广场举行"湖南图书馆信息素养培训基地"授牌仪式。
12月12日	2009年湖南省图书馆学会八届十四次理事长会议在湘潭大学召开。
12月17日	湖南省图书馆学会成立三十周年纪念大会在湖南图书馆召开。 湖南省图书馆学会成立三十周年座谈会在长沙召开。 湖南省图书馆学情报学首届"研究生论坛"在长沙举行。 湖南省图书馆学会首届中青年人才座谈会在长沙举行。
12月18日	湖南省文化厅、湖南省教育厅主办，全国文化信息资源共享工程湖南省级分中心、湖南省图书馆学会、湖南省高校图工委联合举办的"文化共享进高校"活动启动仪式在长沙举行。湖南大学、中南大学、湖南师范大学、国防科技大学、长沙商贸旅游职业技术学院等16所高校被授予湖南省首批"文化共享工程进高校服务站"。 湖南省图书馆学会八届四次理事会议在湖南图书馆召开，会议通过了《关于更换秘书长、副秘书长、理事、常务理事的议案》，

由湖南图书馆邹序明任理事、常务理事兼秘书长，李月明任理事兼副秘书长。

2009 年 2 月　　邵阳市大祥区图书馆成立。

2010 年

1 月 1 日　　"湖南图书馆麦田图书室"在浏阳丰裕完小成立。

1 月 8 日　　湖南图书馆获"2009 年度全市内部治安保卫工作集体嘉奖"。

1 月 12 日　　长沙市公共图书馆馆长联席会议在望城县靖港镇召开，长沙市文化局俞小玲副局长及社文处、望城县文体局领导、各区县（市）图书馆馆长参加了会议。

1 月 20 日　　湖南省文献信息资源共建共享协作网工作委员会会议 2009 年协作网工作总结会议在长沙召开。

1 月　　湖南图书馆《"图"不掉的记忆　读行论坛 2005—2009》文集由湖南人民出版社正式出版。

2 月 1 日至 2 日　　全国文化信息资源共享工程督导和公共图书馆评估工作总结会议暨古籍保护工作会议在北京召开，会议公布湖南图书馆、湖南省少年儿童图书馆在 2009 年第四次全国县级以上公共图书馆评估定级工作中获"国家一级图书馆"称号。

2 月 2 日至 28 日　　湖南图书馆与潇湘晨报开展"走进图书馆，过个文化年——大型新春文化庙会"系列活动。

3 月 4 日　　湖南省图书馆学会 2009—2010 年度课题评审会议在长沙召开。

3 月 5 日　　湖南图书馆第二届学术委员会召开工作会议。

3 月 17 日　　由湖南图书馆承建的全国文化信息资源共享工程 2007 年度试点资源建设项目"湖南近代人物资源库"专家评审会在长沙召开。

3 月　　湖南图书馆、湖南省少年儿童图书馆获评中国图书馆学会"全民阅读先进单位"。

4 月 15 日至 17 日　　益阳市图书馆学会在安化召开全市学会理事暨馆长会议，选举产生新一届理事成员及理事长、副理事长。

4 月 20 日　　湖南省文献信息资源共建共享协作网增补湖南农业大学、湘潭大学、长沙学院图书馆成员工作会议在长沙举行。协作网与三家新成员单位签署了信息资源共建共享合作协议。

平江县图书馆建立益书共享俱乐部。

4 月 21 日至 28 日　　湖南图书馆、中国图书馆学会、北京大学信息传播研究所、衡阳市图书馆、湘潭大学知识资源管理系共同组织对湖南省衡阳市 13 家公共图书馆的五年回访调研活动，人民日报记者应邀全程参加。

4 月 23 日	长沙星城科学讲堂暨世界读书日系列活动在长沙市雨花区政府举行，中科院院士何继善为"长沙市科普阅读示范基地"授牌，"长沙市科普阅读示范基地展览"开展。 株洲市图书馆开展"你读书，我买单"活动。
4 月 24 日至 27 日	洞庭湖区图书馆工作协作委员会第八届年会在岳阳召开，时任湖南省少年儿童图书馆馆长罗建国、湖南图书馆副馆长雷树德参加会议。
5 月 15 日	岳阳市君山区图书馆成立。
5 月 27 日	湖南省精神文明建设委员会在长沙召开全省未成年人思想道德建设经验交流会。湖南省少年儿童图书馆获"全省未成年人思想道德建设先进单位"。湘潭市图书馆被评为"湖南省未成年人思想道德先进活动基地"。
5 月	湖南图书馆主编，湖湘文库课题之一的"湖南氏族迁徙源流"由岳麓书社出版。 湖南图书馆组织的"开心故事会"活动被湖南省精神文明建设指导委员会评为"全省未成年人思想道德建设创新案例奖"。6 月 1 日起，此活动改版为"开心周末"。 《图书馆》杂志被湖南省社会科学界联合会评为"2009 年度优秀会刊"。
6 月 11 日至 7 月 3 日	时任湖南图书馆馆长张勇至美国参加"中美图书馆员图书馆学教育专题交流互访"活动。
6 月	湖南省少年儿童图书馆报送的"快乐阅读健康成长 湖南省少年儿童大型读书活动"项目，获全国第十五届"群星奖"（项目类）。
7 月 13 日	湖南图书馆与湖南师范大学人民武装学院携手援建的"春华图书室"在龙山县洗车河镇中学举行揭牌仪式。
7 月 17 日	衡阳市少年儿童图书馆迁至雁峰区先锋路 49 号，对外开放。
7 月 28 日	衡阳市图书馆维修改造完工，恢复全面开放。
8 月 5 日	"湖南省公共图书馆事业志"研究项目，通过湖南省哲学社会科学规划基金办公室组织的专家鉴定，同意结项，并被鉴定为"优秀"等次。
8 月 5 日至 6 日	湖南图书馆组织召开全省市（州）公共图书馆（中心馆）馆长会议。
8 月 16 日	时任长沙市政府副市长何寄华、副秘书长刘秋成到"三馆一厅"工地和长沙市图书馆调研。

8月22日至23日	湖南省少年儿童图书馆作为中国图书馆学会未成年人图书馆服务专业委员会主任馆，组织大陆图书馆工作人员赴台湾省台中市参加第八届海峡两岸儿童图书馆与中小学图书馆学术研讨会。
8月30日	邵阳市北塔区政府常务会做出建立北塔区图书馆的决定。
9月7日	湖南图书馆向湖南省文化厅报送湖南图书馆扩建工程可行性分析报告及申请扩建工程专项启动资金200万元的报告。
9月8日	由文化信息资源共享工程湖南省级分中心举办的"2010年湖南省文化信息资源共享工程少年网页设计竞赛"评审结果公布，共评选出组织奖11个，一等奖4个，二等奖8个，三等奖12个，优胜奖39个，优秀指导奖若干。
9月21日	湖南省图书馆学会八届十七次理事长扩大会议暨2010年度中青年人才库评审会议在长沙召开。
9月	湖南省少年儿童图书馆获评湖南省"三湘读书月"活动先进单位。
10月10日	麻阳苗族自治县图书馆搬迁至新馆。
10月21日	接湖南省文化厅批转，时任湖南省委书记周强提出关于"抓紧启动省图书馆改造工程，切实做好珍藏古文献保护工作"的指示，湖南图书馆成立扩改建规划领导小组及办公室。
10月25日	永兴县图书馆迁至人民公园内对外开放。
10月30日	湖南图书馆就扩改建工程项目组织省内建筑师召开座谈会。
10月	湖南图书馆编著的《湖南图书馆藏近现代名人手札》由岳麓书社出版。
11月2日	澧县图书馆读者协会恢复成立。
11月14日	常德市图书馆获"2010年度全国未成年人思想道德建设测评迎检工作先进单位"。
11月21日	在"三湘读书月"之2010年湖南省少年儿童"G3杯迎世博迎亚运讲文明树新风"文明礼仪知识读书活动中，常德市代表队获银奖第一名，常德市图书馆获组织奖。
11月22日至24日	湖南省图书馆学会主办，省高校图工委、省科技情报学会、省高职院校图书馆管理研究会协办，湖南图书馆承办的"湖南省图书馆界服务知识与技能竞赛"在长沙举行。吉首大学图书馆获团体冠军，湖南省少年儿童图书馆获亚军，郴州市图书馆和中南大学医学图书馆获季军，湖南图书馆获特别奖。
11月24日	岳阳市云溪区图书馆成立。
11月23日	湖南省图书馆学会八届五次理事会在长沙召开。
11月	湖南图书馆编著《湖南省公共图书馆事业志》由湖南人民出版社出版。

12月2日	张舜徽先生的女儿张安、张屏女士向湖南图书馆捐赠张舜徽先生的著作《张舜徽壮议轩日记》《张舜徽集》等10种11册，并参观、翻阅张舜徽先生的专室文献。
12月25日	怀化市图书馆成立。
12月30日	湖南图书馆扩改建工程方案上报湖南省文化厅审阅。

2011年

1月1日	永顺县图书馆迁入新馆舍开馆。
1月16日	湖南图书馆共青团与湘雅二医院第九支部举办，借阅一部承办的"年轻的朋友来相会 湘图携手白衣天使联谊会"在湖南图书馆举行。
1月25日	湖南省委宣传部副部长蒋祖烜向湖南图书馆赠送一批地方文献书籍、画册和影像资料。
1月	李宏斌担任湖南省少年儿童图书馆馆长。
1月至2月	湖南图书馆主办了以"走进图书馆，过个文化年"为主题的系列公益读书活动。
3月11日至13日	文化部全国文化信息资源共享工程督导组来湖南省检查指导工作。
4月1日	长沙市图书馆取消办证工本费。
4月2日	湖南省文化厅党组同意蔡菊英任湖南省少年儿童图书馆党总支书记。
4月15日	益阳市赫山区图书馆与江苏省昆山市图书馆建立友好图书馆。
4月18日	花垣县图书馆、汝城县图书馆、衡阳县图书馆被湖南省委宣传部、省委农村工作部、省文化厅等五部委授予"服务农民·服务基层"文化建设先进集体称号。
4月22日	湖南图书馆、湖南省图书馆学会在长沙举办为期为12天的"全省图书馆员业务培训班"。
5月8日	中国图书馆学会未成年人图书馆服务专业委员会工作会议暨《中国图书馆分类法（未成年人图书馆版）》第三届编委会成立会在合肥召开，会议由湖南省少年儿童图书馆主持。
5月17日至19日	"2011中美图书馆员专业交流项目·湖南省图书馆馆长高级研讨班"在长沙举行。
5月21日	湖南省市（州）、县（市、区）公共图书馆馆长会议在长沙召开。
5月27日	衡阳市图书馆学会第六次会员代表大会在衡阳召开，刘忠平当选为理事长，刘朝辉当选为副理事长，丁民当选为秘书长。
6月1日	在全国文化信息资源共享工程"阳光少年热爱党"电脑小报设计竞赛活动中，湖南省分中心共选送100余幅作品参赛。

6月12日	"湖南非物质文化遗产资源库"专家评审会在湖南图书馆召开。
6月25日	湖南图书馆创办的市民文化沙龙艺术课堂开课。
6月27日	怀化市图书馆新馆落成开馆典礼。
7月1日	湖南省少年儿童图书馆在"湖南省群众艺术馆、湖南图书馆、湖南省少年儿童图书馆免费开放启动式"上宣布了免费开放新举措，郑重承诺公众零门槛、无障碍享受文化大餐。
7月	株洲市芦淞区图书馆成立。
8月2日至3日	湖南图书馆副馆长雷树德赴北京参加《古籍保护条例》暨古籍保护人才培养工作座谈会。
8月9日	湖南图书馆吴平祥、吕宇新、童蕾参加湖南省文化厅厅直系统首届"文化杯"羽毛球比赛，分获男单冠亚军、女单季军。
8月20日	长沙市图书馆实行全面免费开放。
8月	湖南图书馆红孩子读书俱乐部更名为湖南图书馆少年儿童分馆。
9月2日	湖南省图书馆学会八届二十一次理事长会议在长沙举行。
9月3日	湖南图书馆与长沙市第一社会福利院联合举办残疾儿童绘画展活动。
9月7日	湖南图书馆新一届学术委员会组成并召开第一次会议。
9月27日	衡阳市"三馆一站"免费开放启动仪式在衡阳举行。
9月28日	湖南省图书馆学会第九次会员代表大会暨九届一次理事会议在湖南图书馆召开。
9月29日	常德市文广新局在市图书馆举行三馆（图书馆、文化馆、博物馆）免费开放启动仪式。各区县市三馆馆长50余人参加了启动仪式。
9月30日	桃源县图书馆举行免费开放启动仪式。
9月	衡阳县图书馆获中国图书馆学会"读书知识竞赛活动推广奖"。
10月10日至15日	湖南图书馆副馆长邹序明带领湖南图书馆黄浩、常德市图书馆李森芒、衡阳市图书馆谢珂珂组成的湖南代表队赴杭州参加第二届"文化共享杯——全国文化信息资源共享工程知识与技能竞赛"，代表队进16强，并获得组织奖、优秀选手奖。
10月12日	湖南省服刑人员改造积极分子第九次代表大会在长沙召开，常德市图书馆获"社会帮教工作先进集体"荣誉称号。
10月18日	邵阳市双清区图书馆迁至塔北小学内对外开放。
10月25日	湖南图书馆获中国图书馆学会"全民阅读示范基地"称号。
10月28日	慈利县图书馆迁至零阳镇全民健身大楼六楼。
10月	株洲市图书馆采用 Interlib 图书馆集群管理系统，实现工作流程自动化。

11月1日	湖南省"三湘读书月"活动领导小组办公室主办、湖南图书馆承办的"三湘读书月·大众文化讲坛"读书报告会在长沙举行。
11月8日至9日	湖南省古籍保护中心与常德市图书馆学会在常德联合开办古籍普查和编目培训班。
11月10日	湖南图书馆"湘图百姓课堂"开课。
11月11日	湖南图书开通WAP网站http://wap.library.hn.cn/。
11月25日	衡阳市图书馆举行建馆90周年庆祝大会。
11月27日	"三湘读书月"之湖南省少年儿童"纪念中国共产党成立九十周年"红色经典读书展演、"三湘少年儿童阅读之星"颁奖典礼暨湖南省少年儿童图书馆建馆三十周年庆典活动在长沙举行。
11月30日	"湖南图书馆为省政协委员履职服务平台"启动仪式在湖南图书馆举行。
	长沙市图书馆八方分馆对外开放,标志着长沙市图书馆总分馆制正式实施。
12月10日至13日	文化部全国文化信息资源共享工程督导组来湘检查指导工作。
12月15日	湖南图书馆馆训、馆歌歌词征集作品评选工作顺利完成。
12月21日	韶山毛泽东图书馆被中共湖南省直属机关工会委员会评为第二届"三湘读书月"活动省直十佳书香机关。
12月	湖南图书馆编纂《湖南图书馆民国图书期刊报纸目录》由线装书局出版。
2011年	衡阳市石鼓区图书馆成立。

2012年

1月16日	湖南图书馆、湖南省少年儿童图书馆被评为"省文化厅系统2011年度先进单位"。
2月1日	湖南图书馆停办读者俱乐部、少年儿童分馆借阅证,并自3月1日起对原借阅证进行调整,原普通证更名为借阅A证,押金100元,最大借阅册次4册;增设借阅B证,押金300元,最大借阅册次16册,原读者俱乐部、少年儿童分馆借阅证、悦读证调整为借阅B证权限,有效期至原借阅证到期日为止。
2月21日至24日	时任湖南图书馆馆长张勇赴北京参加中国图书馆学会八届十次常务理事会议暨八届六次理事会和全国省级图书馆馆长座谈会。
2月27日至29日	湖南图书馆在阅览楼大楼二楼南向增设音像借阅室,同时对原俱乐部文献重新分配馆藏和完成搬迁布局。

3月1日始	湖南图书馆伍涛至武冈市参加扶贫工作,为期一年。
3月	衡阳市雁峰区图书馆成立。
4月6日至7日	全省市(州)图书馆(中心馆)馆长会议在长沙召开。
4月12日	湖南省文献信息资源共建共享会议暨省图书馆学会文献资源共建共享工作委员会成立大会在长沙举行。
4月20日	湖南图书馆制定并公布湖南图书馆群众满意服务标准。
4月22日	湖南图书馆举办以"阅读无限书韵潇湘"为主题开展"4·23"世界读书日系列活动。
	湖南图书馆24小时自助图书馆启动仪式暨"雷锋爱心书屋"捐书仪式在知识广场举行。
4月23日	株洲市图书馆在株洲市中央商场广场建设的24小时街区自助图书馆投入使用。
4月24日	国家图书馆主办、湖南图书馆协办的湖南省数字图书馆推广工程理念普及培训班在长沙举行。
4月	浏阳市图书馆获湖南省"服务农民,服务基层文化建设先进集体"称号。
5月7日至9日	中国图书馆学会未成年人图书馆服务委员会主办,湖南省少年儿童图书馆、兰州市少年儿童图书馆承办的未成年人图书馆服务专业委员会(扩大)工作会议在兰州召开。
5月16日	"2012年全省社会科学普及宣传活动启动式"在株洲市炎帝广场举办。
	湖南图书馆被评为湖南省"社科普及宣传基地"。
5月21日	岳阳市岳阳楼区图书馆成立。
5月23日至26日	时任湖南图书馆馆长张勇、副馆长雷树德等赴开封参加全国"地方文献研究与工作业务骨干研讨班"。
5月26日	衡阳市图书馆"雁城市民讲堂"举行启动仪式。
5月28日	桃源县图书馆新馆开工。
5月29日	韶山市图书馆新馆舍对公众开放。
5月	湖南省少年儿童图书馆获湖南省科技厅、湖南省委宣传部、湖南省教育厅、湖南省科协颁发的"湖南省优秀科普基地"称号并成功申报"全国科普基地"。
6月6日至26日	湖南图书馆副馆长邹序明赴美国参加文化部组织的2012年中美图书馆员专业交流"图书馆服务专题交流项目"。
6月11日	湖南省图书馆学会学术委员会在长沙召开第十一届学术成果评审会议。
6月13日	怀化市中方县编制委员会批准成立中方县图书馆。
6月18日	中华全国总工会授予花垣县图书馆全国"职工书屋"称号。

6月19日	湖南省文化厅同意聘任薛天为湖南省少年儿童图书馆副馆长。
7月27日	湖南、江西、湖北文化发展战略合作框架协议暨三省公共图书馆联盟协议签约仪式在武汉举行。
7月	湖南图书馆编撰的《湖南古旧地方文献书目》出版，该书为"湖湘文库"丛书之一。
8月9日	湖南图书馆调整借阅证证种并发布新办证须知和文献外借须知，读者一次可借5册书。
8月17日	湖南图书馆在新浪微博平台开通湖南图书馆官方微博，并制定了微博日常管理方案（试行）。
8月30日至9月5日	湖南省图书馆学会组织由全省市、县公共图书馆代表共54人组成的考察团，参加了在泰国举办的"亲情中华·魅力湖南——2012泰国湖南民间文化艺术节"活动。
9月12日	"湖南红色记忆多媒体资源库"专家论证会在湖南图书馆举行。
9月13日	"数字图书馆推广工程（湖南站）宣传推广活动"启动仪式在湖南图书馆举行。
9月13日至14日	国家图书馆、中国图书馆学会主办，湖南省图书馆学会、湖南省少年儿童图书馆承办的2012"全国图书馆未成年人服务提升计划"（湖南站）首轮巡讲在长沙举办。来自湖南省各市（州）、县（市、区）图书馆的200余名馆长、业务骨干和图书馆员参加了此次巡讲活动。
9月21日	石门县图书馆学会经县民政局审批注销。
9月	韶山毛泽东图书馆编撰《韶山毛泽东图书馆馆藏书目提要（毛泽东生平卷）》由中央文献出版社出版。
	中国图书馆学会授予湖南省少年儿童图书馆"全国图书馆未成年人服务提升计划"示范基地。
10月12日	张家界市武陵源区图书馆开放。
10月23日	湖南省书协欧阳询书法研究委员会、湖南图书馆联合主办的"纪念楷圣欧阳询座谈会"在长沙举行。
10月23日	"卓越联盟图书馆知识共享平台联合开通仪式"在湖南大学图书馆举行。
10月29日	湖南图书馆"城市教育市民讲坛——湖南图书馆'湘图讲坛'"获第四届湖南艺术节群众文化艺术活动"三湘群星奖"。

11月18日至12月14日	湖南省文化厅主办,湖南图书馆承办的湖南省文化厅古籍修复培训班在长沙开班。
11月25日	湖南省委宣传部、省文明办、省文化厅等八部委主办,湖南省少年儿童图书馆承办的"三湘读书月"之全省少年儿童"学习雷锋好榜样"读书活动展演、第二届"三湘少年儿童阅读之星"颁奖典礼在长沙举行。
11月30日	常德市图书馆学会第五次会员代表大会在常德师范学校图书馆召开。会议选举产生了新一届图书馆学会理事会。
11月	中国图书馆学会授予湖南省少年儿童图书馆"全民阅读示范基地"称号。
12月3日	湖南图书馆被评为"全国人文社会科学普及基地"。
12月9日	湖南省图书馆学会年会在长沙举行。
12月26日	韶山毛泽东图书馆获"湖南省直工会先进单位"称号。
12月	中共湖南省直属机关工作委员会授予湖南省少年儿童图书馆"省直机关文明单位"称号。
	衡阳县图书馆获文化部"全国文化信息资源共享工程·公共电子阅览室示范点"称号。
2012年	祁阳陶铸图书馆新馆舍竣工。

2013年

1月23日至2月1日	湖南省"两会"期间,湖南图书馆派出8个信息服务小组,分赴人大和政协会议驻地,向参会代表、委员提供文献信息服务。时任湖南省委书记周强称赞"湖南图书馆工作做得很好"。
2月25日至3月1日	湖南图书馆自动化管理系统暂停对外服务,自动化集成系统ILAS II 2.0更换为图书馆集群自动化管理系统Interlib。
3月7日	湘潭市岳塘区图书馆成立。
3月13日	长沙市人民政府办公厅印发《长沙图书馆总分馆建设实施方案》。
3月14日	根据湖南省文化厅湘文党〔2013〕11号文件,杨柳同志任湖南省少年儿童图书馆党总支书记。
3月25日	湖南省文化厅主办,湖南图书馆和湖南艺术职业学院全国基层文化队伍培训基地承办的全省公共图书馆第五次评估定级工作培训班开班仪式在长沙举行。
3月28日	时任湖南省副省长李友志召开专题会议,研究湖南图书馆改扩

建工作,提出了在芙蓉南路省文化艺术中心扩建新馆舍的建设思路,并在《湖南省文化厅〈关于湖南图书馆改扩建工程工作情况的请示〉》中作批示。

4月23日	"阅读圆梦·湖南图书馆'世界读书日'"系列活动在湖南图书馆举行。湖南图书馆和湖南交通频道联合举办"梦的种子,从这里出发"大型公益活动。
4月25日	湖南省文献信息资源共建共享协作网工作会议暨湖南省图书馆学会文献信息资源共建共享工作委员会会议在长沙市图书馆召开。
5月3日	永州市图书馆成立,与永州职业技术学院图书馆实行"一套班子、两块牌子、双重管理"的共建共享模式。
5月10日	湘鄂赣公共图书馆联盟第二次会议在武汉召开。会上,安徽省图书馆加入湘鄂赣三省联盟,共同组建湘鄂赣皖四省公共图书馆联盟。
5月12日	湘、鄂、赣、皖四省公共图书馆联盟主办的"湘鄂赣皖历史文化名人解读"巡回讲座在长沙举行。
5月15日	衡阳市图书馆获"湖南省社科普及工作先进集体"称号。
5月27日	文化部第五次全国公共图书馆评估定级暨重点文化工程督导湖南省汇报会在长沙举行。
5月27日	湖南省文化厅发布湘文人〔2013〕144号文件,任命伍涛为湖南图书馆副馆长。
5月28日	文化部第五次全国公共图书馆评估定级暨重点文化工程督导湖南省意见反馈会在长沙举行。
8月30日	中方县图书馆正式对外开放。
9月8日至10日	湖南图书馆与省图书馆学会联合举办湖南省图书馆活动策划培训班。
9月11日至13日	湖南图书馆与省图书馆学会联合举办湖南省地方文献工作与研究培训班。
9月14日至18日	湖南图书馆与省"三湘读书月"活动领导小组、长沙市文明办、长沙晚报社联合主办第16届全国推广普通话宣传周系列活动。
9月30日	湖南图书馆少年儿童图书馆分馆搬迁至阅览大楼负一楼。
10月24日至25日	2013年全省图书馆业务知识竞赛团体赛初赛和决赛在长沙举行。省图书馆学会理事会成员及来自全省各系统图书馆的近200名从业人员观摩了比赛。
10月	《韶山毛泽东图书馆馆藏书目提要(毛泽东思想卷)》出版。
10月	常德市图书馆举办了庆祝建馆110周年暨新馆落成25周年庆典活动。
11月18日	岳阳市云溪区图书馆开馆。

11月25日	临澧县图书馆完成古籍9600余册的普查登录审核工作。
11月30日	"三湘读书月"之湖南省少年儿童"中国梦我的梦"读书活动总结表彰大会在长沙举行，益阳市图书馆获优秀组织奖。
11月	衡阳县图书馆获中宣传部、文化部、国家新闻出版广电总局"第五届全国服务农民、服务基层文化建设先进集体"奖。
12月11日至13日	时任湖南图书馆馆长张勇至北京参加国家图书馆举办的第十四届全国省、自治区、直辖市、较大城市图书馆馆长联席会议。
12月28日	湖南图书馆艺术图书馆挂牌成立。

2014 年

1月20日	长沙市图书馆推出数字图书馆移动阅读平台。
2月14日	湖南图书馆携手新浪乐居成功举办了"中西合璧闹元宵猜谜联谊乐湘图"系列活动。
3月3日至7日	湖南图书馆视频工作组深入湘中地区，完成对城步苗族自治县内渡溪、田心、桥头、车田4个寨子组成的古建筑群视频拍摄工作，同时寻访了娄底及武冈的4位抗战老兵。
3月18日	湖南图书馆策划的全国公共图书馆馆长摄影作品湖南巡展在双峰县图书馆首展。
3月25日	省社科联副主席郑升、学会工作处处长李吉初，副调研员陈晓季，助理研究员李凤琦等来湖南图书馆，调研湖南省图书馆学会党建工作开展情况。
3月28日	湖南图书馆召开全国文化共享工程地方资源建设项目"湖南抗战老兵口述录视频素材库"专家论证会。
3月	湖南图书馆在多家媒体报纸刊登"纪念湖南图书馆110周年物件、故事征集函"，面向社会征集与湖南图书馆有关的物件、书籍、照片、故事等。
4月14日	湘阴县图书馆新馆建设项目正式启动。
4月17日	长沙市文化广电新闻出版局和长沙市轨道交通集团有限公司签署"书香地铁"战略合作协议，合作打造的长沙市图书馆芙蓉广场、五一广场地铁自助图书馆对外开放。
4月18日	临湘市图书馆开展"岳州讲坛"活动。
4月23日	2014年"世界读书日"系列活动暨"纪念湖南图书馆110周年物件、故事征集活动"启动仪式在湖南图书馆举行。
4月23日至26日	湖南省少年儿童图书馆承办《中国图书馆分类法（未成年人图书馆版）》

（第四版）培训班之长沙站培训活动。来自全国 27 个省、直辖市、自治区的 200 余名图书馆工作者参加培训。

4 月 25 日至 26 日	湖南图书馆主办，株洲市图书馆承办的"2014 年全省市（州）公共图书馆（中心馆）馆长联席会议"在株洲召开。
5 月 10 日	"高山仰止 湘鄂赣皖名山文化解读"湘鄂赣皖四省公共图书馆联盟巡回讲座首站在湖南图书馆开讲。
5 月 13 日至 16 日	湘鄂赣皖四省公共图书馆联盟之地方文献整理与研究培训班在长沙举办。
5 月 23 日	郴州市图书馆、常德市图书馆、衡南县图书馆被中国图书馆学会授予 2013 年度"全民阅读"先进单位。
5 月 30 日	湖南省少年儿童图书馆酷贝拉分馆开馆。
6 月 7 日	宁乡市图书馆整体搬迁至宁乡市文化体育活动中心。
6 月 8 日	湖南省文化厅主办"筑梦星城·图书换绿植"公益活动在湖南图书馆举行启动仪式。
6 月 10 日	湖南省人大召开国家公共文化服务保障法草案座谈会，湖南图书馆张勇、王兰伟参加。
7 月 23 日	津市市图书馆由凤凰路 57 号市粮食局院内，整体搬迁至孟姜女大道 739 号，并对外开放。
7 月 30 日至 8 月 2 日	"全国绘本阅读推广高峰论坛"在安徽举行，时任湖南省少年儿童图书馆党总支书记杨柳、副馆长薛天参加会议。
8 月 6 日至 8 日	湖南图书馆与中国图书馆学会地方文献研究专业委员会联合主办，全国公共图书馆地方文献工作与数据库建设研讨会在长沙举行。
8 月 24 日	"幸福的种子·湖南首届少年儿童绘本创作大赛"闭幕式在湖南省少年儿童图书馆举行。
8 月	株洲市图书馆"神农大讲坛"被湖南省委宣传部评为"湖南省优秀学习载体"。
9 月 23 日至 26 日	湖南图书馆与湖南省图书馆学会联合举办 2014 年古籍编目与保护培训班。
10 月 8 日	王首道同志亲属向湖南图书馆捐赠由王首道孙女王乃馨执笔的《道弈人生 我的爷爷王首道》400 套。
10 月 11 日	湖南图书馆与省图书馆学会承办的 2014 年第五届湖南省社会科学界学术年会暨"为改革攻坚献策"社科研究行动 文化体制改革专场交流会在长沙举行。
10 月 27 日至 28 日	湖南图书馆联合青树教育基金会、湖南省图书馆学会和中国青树

	乡村图书馆服务中心举办的"第六届信息技术与教育国际学术研讨会"在长沙举行，会议主题为"图书馆与口述历史及地方文化"。
10月30日	湖南图书馆开通"天下湖南网"网上展厅。
10月	株洲市图书馆被文化部和人社部评为"全国文化系统先进集体"。
	湖南省少年儿童图书馆在"2014全国少年儿童阅读年"系列读书活动获"全国图书馆员绘本讲读大赛"优秀组织奖；选送的绘本作品在"全国少年儿童绘本创作大赛"中获一等奖2名、二等奖3名、三等奖3名；荣获"全国少年儿童故事达人大赛"优秀组织奖，优秀奖6名。
11月5日	因棚户区改造，新邵县图书馆被拆除，县馆迁至新邵体育馆二楼，继续正常开放。
11月11日至13日	湖南图书馆与新华书店总店、《图书馆报》、湖南省图书馆学会联合承办的出版界图书馆界全民阅读年会（2014）在长沙举行，会议主题为"全媒体时代下，各界合作共促阅读"。
11月21日	湖南省文化厅在汝城举办2014年全省"文化志愿服务推进年"经验交流表彰会，湖南图书馆被评为"全省文化志愿服务工作优秀单位"。
11月23日	省委宣传部、省文明办、省文化厅等八部委联合主办，湖南省少年儿童图书馆承办的"三湘读书月之2014年湖南省少年儿童'中国梦·我心中的故事'"读书活动故事讲述竞赛暨第四届"三湘少年儿童阅读之星"颁奖仪式在长沙举行。
11月25日	湖南图书馆举办建馆110周年纪念会。
11月30日至12月1日	湖南图书馆举办湘鄂赣皖四省公共图书馆联盟工作研讨会，会议总结了四省联盟2014年工作，讨论2015年工作计划。
12月18日	全国文化先进单位、全国文化系统先进集体、先进工作者和劳动模范表彰大会在北京召开，湖南图书馆获"全国文化系统先进集体"称号。
12月30日	衡阳市图书馆获2014年度全市文化广电新闻出版系统目标管理考核先进单位。
12月	湖南图书馆编纂《湖南图书馆藏稀见方志丛刊》，全套68册，由国家图书馆出版社出版。
	郴州市图书馆"春苗书屋阅读推广项目"被文化部评为"文化志愿服务示范项目"。

2015 年

1 月 12 日至 18 日	湖南图书馆与广西壮族自治区图书馆联合主办了"广西壮族自治区'三区'人才综合素质提高班"。
1 月 13 日	时任长沙市市长胡衡华主持召开市长办公会，专题研究滨江文化园三馆一厅后续专业建设及开放筹备工作，副市长姚英杰、夏建平出席。
1 月 15 日	冷水江市图书馆申报的"'锑都道德讲堂'志愿者讲师联盟"项目在文化部"文化志愿服务推进年"系列活动中评为示范项目。
1 月 22 日	《图书馆》被评为第六届湖南省"十佳社科期刊"。
1 月 23 日	湖南图书馆当选为中国古籍保护协会理事馆。
1 月 28 日	湖南图书馆获"2014 年度湖南自媒体／商业微信十强"称号。
2 月	湖南省少年儿童图书馆获湖南省文化厅系统 2014 年度"目标管理考核优胜单位"。
3 月 10 日	衡阳市图书馆成立数字服务部，建成电子阅览室、多媒体演示厅并免费向市民开放，网络从原来的 20 兆提速至 100 兆光纤。
3 月 13 日	益阳市图书馆图书分馆在天心阅读文化公司建立。
3 月 17 日	中共湖南图书馆党委被评为"省直机关第四批基层党的建设示范点"。
3 月 20 日	湖南图书馆 24 小时自助图书馆重新扩建装修后对外开放。
3 月 27 日	长沙市图书馆开通省政协流通服务点。
3 月 31 日	湖南省公共文化事业单位理事会——湖南图书馆理事会成立，并召开了第一次理事会议，审议并通过了《湖南图书馆（理事会）章程（草案）》。
3 月	长沙市图书馆被评为 2014 年"湖南省文明单位"。
4 月 8 日	湖南省少年儿童图书馆成立内部审计机构，对内部维修改造工程进行审核。
4 月 8 日至 10 日	湖南省图书馆学会组成代表赴北京参加中国图书馆学会第九次全国会员代表大会，张勇当选为中国图书馆学会常务理事，郑章飞、杨柳、李后卿当选为理事。
	湖南图书馆通过竞拍的方式收购清光绪年间石印本《新宁刘宫保七旬赐寿图》。
4 月 21 日	湖南图书馆工作人员与志愿者走进宁乡县贫困山区黄材镇月山完全小学，举办"传递温暖·爱心圆梦"活动。
5 月 1 日	株洲市图书馆使用身份证代替借阅证的方式，取消了读者保证金。
5 月 8 日	衡阳市图书馆启用文华 DLibs 数字图书馆技术与应用平台，开通超星电子图书移动阅读分站、维普中文科技期刊、博看电子期刊阅览室及中文在线电子图书借阅服务。

5月19日	"书香长沙"星城科学讲堂讲座在长沙市会议中心举行。
5月21日	湖南省文化厅主办，湖南图书馆、湖南省图书馆学会承办的湖南省"三区"人才支持计划公共图书馆馆长研修班举行开班仪式。培训班为期两个月，湖南省"三区"受援县的40名县级公共图书馆馆长参加培训。
5月27日	长沙市图书馆开通省纪委流通服务点。
5月29日至30日	2015年湖南省市（州）公共图书馆（中心馆）馆长联席会议暨湖南省公共图书馆讲座联盟、湖南省公共图书馆参考咨询联盟成立大会在邵阳举行。
6月2日	长沙市图书馆新馆标识设计方案征集活动评选结果公布，范春宏等五位作者的设计作品最终获奖，并确定采用来自云南瑞丽的范春宏设计的作品"文化长图"作为长沙市图书馆新馆标识。
6月10日	国家古籍保护中心、中国图书馆学会、中国古籍保护协会、湖南省文化厅联合主办，湖南图书馆（湖南省古籍保护中心）、湖南省图书馆学会承办的"我与中华古籍"摄影大赛优秀作品湖南巡展在湖南图书馆举行。
6月30日	株洲市图书馆被中国图书馆学会授予"全民阅读示范基地"称号。岳阳市图书馆被中国图书馆学会授予2014年度"全民阅读优秀组织奖"。常德市图书馆、郴州市图书馆、衡阳市图书馆、长沙市图书馆被中国图书馆学会授予2014年度"全民阅读先进单位奖"。
7月7日	衡阳市图书馆"雁城市民讲堂"项目获湖南省文化厅"三湘群星奖"项目奖。
8月14日	湖南图书馆编著的《湖南抗战老兵口述录》被湖南省委宣传部、省新闻出版局和省社科联联合评选为"第五届湖南省优秀社科普及读物"。
8月24日	张家界市图书馆成立。
9月7日	《图书馆》在2015年度省社科类社会组织期刊检查评估中被评为"最佳会刊"。
9月24日	湖南图书馆通过电话委托竞拍的方式参加上海博古斋2015年季拍第二期艺术品拍卖会书画文玩专场拍卖，竞得《章士钊行书册页》。
9月30日	长沙市图书馆新馆举行试开放仪式暨长沙市全民阅读体系建设现场推进会，时任长沙市副市长何寄华等出席仪式，并与联席会议成员单位领导、市属各区县分管副区长、文体局长、分管副局长、图书馆馆长等200人一同参观新图书馆，体验自助办证机、自助借还书机、智能阅读终端等智能化服务。
9月	韶山毛泽东图书馆建成了毛泽东数字图书馆网站移动版。

10 月 12 日至 19 日	2015 年湘鄂赣皖四省公共图书馆服务情况调研活动在湖南展开。13 名来自四省联盟馆的业务骨干通过实地考察、座谈会等形式，对湖南省 6 个基层公共图书馆进行了重点调研。16 日调研组与"衡阳调研"十年回访组会合联合调研，对衡阳县和衡南县图书馆进行重点调研，在衡阳市图书馆召开了"衡阳调研"十年回访和湘鄂赣皖四省公共图书馆联盟联合调研座谈会。
10 月 13 日至 15 日	湘西土家族苗族自治州图书馆学会召开成立大会，通过选举产生了新一届学会理事会，选举田特平为湘西土家族苗族自治州学会理事长。
11 月 1 日	衡阳市图书馆实施图书自助借还服务。
11 月 11 日	株洲市图书馆首创的"E 线送书"服务启动。
11 月 18 日	湖南省图书馆学会学术委员会全体会议在长沙召开。
11 月 19 日	长沙市图书馆学会注册成立。
11 月 20 日	湖南图书馆主办的"基层图书馆数字资源提升活动"培训在长沙举行。
11 月 25 日	湖南省图书馆学会主办，衡阳市图书馆学会承办的"衡阳市公共图书馆业务培训班"开班。
11 月 29 日	"书香湖南之 2015 年全省少年儿童'中国梦·汉语美'"诵读展演活动暨第五届"三湘少年儿童阅读之星颁奖仪式"在湖南音乐厅举行。
11 月 30 日	岳阳市图书馆新馆立项。
12 月 10 日	株洲市图书馆"E 线送书"项目被评为"湖南省群星项目奖"。
12 月 21 日	中宣部、文化部、新闻出版广电总局授予花垣县图书馆"全国服务农民、服务基层文化建设先进集体"称号。
12 月 27 日	湖南图书馆编《湖南文献撷珍》由湖南人民出版社出版。
12 月 28 日	长沙市图书馆新馆全面开放。
12 月 29 日	湖南省图书馆学会九届八次理事长会议在中南大学图书馆召开。
12 月	桑植县图书馆与桑植县一中图书馆合并。

2016 年

1 月 4 日	长沙市图书馆新三角创客空间免费向公众开放。
1 月 5 日	株洲市图书馆成为湖南省法人治理结构改革试点单位，成立株洲市图书馆理事会，市社科联主席周文杰为首任理事长。
1 月 6 日	衡阳市图书馆"书润湖湘·见证成长"关爱特殊群体文化志愿服

务项目获文化部"基层文化志愿服务活动"典型案例。

韶山毛泽东图书馆提质改造被列入省"十三五"规划项目。

1月7日　湖南图书馆图书查询服务在微信"城市服务"板块上线。

1月14日　在湖南省期刊协会2016年工作会议上，《图书馆》获"第四届湖南省优秀期刊社长总编奖"。

1月30日　湖南诗词馆在长沙市图书馆举行开馆揭牌仪式。

1月　湖南省少年儿童图书馆获湖南省文化厅系统2015年度"宣传信息工作先进单位"。

3月1日　衡阳市蒸湘区图书馆对外开放。

3月2日　湖南图书馆与湖南智库联盟签署合作协议，成为湖南智库联盟成员单位。

衡阳市文化志愿服务图书分队被省文明委评为"学雷锋志愿服务百强社团"。

3月12日　长沙市图书馆启动"青苗计划"。

3月16日　湖南图书馆在湖南省人民政府、省文化厅等党政机关大楼安装电子书刊借阅机。

3月18日　浏阳市人民政府第三十八次常务会议议定规划展览馆、博物馆、图书馆合建项目。

3月25日　泸溪县图书馆被评为"2015年度湖南省农家书屋先进单位"。

3月　桑植县图书馆对外开放。

4月19日　中国图书馆学会九届一次常务理事会和九届三次常务理事会审议，同意成立第九届理事会未成年人图书馆分会，杨柳任副主任，薛天任秘书长。

5月9日　"2016年湖南省社科普及主题活动周启动式"在常德举行。湖南图书馆编著的《湖南抗战老兵口述录》获"全国优秀社会科学普及作品"奖项。

5月16日　邵阳市少年儿童图书馆被湖南省社科联评为"社会科学普及基地"。

5月19日　长沙市芙蓉区发改局对长沙市芙蓉区图书馆新馆建设立项。

5月26日　醴陵市政府立项建设图书馆新馆，建筑面积7000平方米。

5月30日　岳阳市云溪区政府在大汉新城开泰路建设"三馆一厅"。

6月8日　长沙县图书馆新馆开馆试运行。

6月10日　因沅水过江隧道建设，常德市鼎城区图书馆整体征拆。

6月14日　至17日湖南图书馆举办"全省公共图书馆参考咨询培训班暨全省公共图书馆参考咨询联盟工作会议"。

6月15日　茶陵县图书馆新馆动工。

6月22日　美国驻武汉总领事馆和湖南图书馆联合主办，美国子午线国际中心协办的"通向和谐之路：中美交往史（1784—1979年）图片展"，在长沙举行开幕仪式。

6月24日　湘潭市图书馆学会举行换届选举大会。

6月26日　在湖南省文化厅直属机关党委主办，湖南省文化馆承办的"颂歌献给党"湖南省文化厅系统庆祝建党 95 周年合唱比赛中，湖南图书馆获二等奖，湖南省少年儿童图书馆获三等奖。

6 月 29 日　株洲市图书馆学会六届一次会议暨株洲市图书馆联盟成立大会，在株洲市图书馆举行。

6 月　国务院公布第五批《国家珍贵古籍名录》，湖南省 23 部入选，其中湖南图书馆 20 部入选。

时任湖南图书馆馆长张勇主持的课题"内源驱动的基层图书馆可持续发展机制研究"获 2016 年国家哲学家社科基金项目立项。

7 月 25 日　国家级古籍修复技术传习中心湖南传习所第一期培训班在长沙开班。

7 月 27 日　益阳市图书馆被湖南省宣传部、省社科联等六部委授予第三批"湖南省社会科学普及基地"称号。

7 月　湖南省少年儿童图书馆与湖南师范大学教育科学院社联"三下乡"实践队签订合作协议，联合在武冈市荆竹镇朱溪中学建立图书流通点，送去图书 1000 册。

湖南省少年儿童图书馆获得"省直文明机关单位"称号。

8 月 4 日　湖南省文化厅成立湖南图书馆新馆建设工程领导小组，李晖任组长，禹新荣任常务副组长。小组下设办公室，张勇为领导小组成员兼办公室主任，伍涛、汪北松任办公室副主任。

8 月　湖南省图书馆学会组织全省中国图书馆学会会员参加"信息时代数字未来 2016 年数字图书馆业务技术竞赛"初赛，湖南省有 551 人参与答题。

9 月 1 日　长沙市图书馆、郴州市图书馆被中国图书馆学会授予"全民阅读示范基地"。

衡阳市图书馆被中国图书馆学会授予"2015 年全民阅读先进单位"

9 月 23 日　湖南省文化厅主办，湖南图书馆、湖南省图书馆学会承办，湘鄂赣皖四省公共图书馆联盟协办的"全国中部地区公共图书馆事业发展论坛"在长沙召开。

9 月 26 日　新晃县图书馆迁至县行政中心四号楼 A 区六、七层。

10 月 13 日　金铁龙任湖南省少年儿童图书馆馆长。

10 月 14 日　湖南省文化厅主办，湖南省图书馆学会承办的"全省公共图书馆服务成果评奖活动"评审会议在湖南图书馆召开，会议评审出特等奖 2 项，一等奖 10 项，二等奖 18 项，三等奖 32 项，组织奖 8 个。

10 月 26 日　在 2016 年中国图书馆年会上，涟源市图书馆获"2016 年最美基层图书馆"称号。

10 月　在第六届湖南艺术节项目类评选活动中，湖南省少年儿童图书馆报送的"三湘少年儿童阅读之星推选活动"获"三湘群星奖"。

1月至10月	湖南省少年儿童图书馆与深圳少年儿童图书馆等十四省市图书馆联合主办了华润怡宝杯2016"我最喜爱的童书"评选活动。湖南省少年儿童图书馆获华润怡宝杯2016"我最喜爱的童书"阅读推广贡献奖。
11月8日	长沙县图书馆获中国图书馆学会"书香城市"称号。
11月19日至20日	湖南省文化厅厅直机关党委、厅系统工会举办的2016干部职工羽毛球比赛中，湖南图书馆代表队获团体季军，湖南省少年儿童图书馆代表队获得"努力拼搏奖"。
11月25日	湖南省文化厅主办，湖南图书馆、湖南省图书馆学会承办的2016年湖南县级以上公共图书馆第六次评估定级培训班在长沙开班。全省县级以上公共图书馆200多名代表参加了培训。
11月26日	中国图书馆学会学术研究委员会地方文献研究专业委员会主办，湖南图书馆、湖南省图书馆学会承办的"现代公共文化服务体系下的地方文献工作研讨会"在长沙召开，地方文献专业委员会委员以及来自全国的300余位专家学者参加了会议。
	湖南省图书馆学会九届五次理事会议在长沙召开。
11月27日	2016年湖南省市（州）公共图书馆（中心馆）馆长联席会在长沙召开。
12月4日	省委宣传部、省文明办、省文化厅、省教育厅、省新闻出版广电局、团省委、省妇联、省关工委联合主办，湖南省少年儿童图书馆承办的"书香湖南"之2016年全省少年儿童"光荣与梦想——纪念建党95周年、红军长征胜利80周年"知识竞答决赛暨系列读书活动颁奖仪式在长沙举行。这次活动，2支队伍获得金奖，4支队伍获得银奖，7支队伍获得优胜奖。评选出"三湘少年儿童阅读之星"20名，"三湘少年儿童阅读优秀个人"58名。
12月8日	芷江图书馆在芷江县潕水路动工修建新馆。
	中共湖南省少年儿童图书馆总支委员会召开换届选举会，中共湖南省少年儿童图书馆总支委员会由杨柳、金铁龙、郭坚、邓镰、薛天组成，杨柳任书记，金铁龙任副书记，郭坚任组织委员、邓镰任纪检委员，薛天任宣传委员。
12月29日	益阳市图书馆新馆动工建设。

2017年

1月9日	湖南省少年儿童图书馆"小小文化志愿者'馆'理员假期实践项目"获"2016年度文化志愿服务示范项目"。

1月11日	根据湘西土家族苗族自治州编办〔2017〕16号文件精神，成立湘西土家族苗族自治州少年儿童图书馆。任命车红为党支部书记、馆长。在岗编制30名。馆址位于湘西吉首市人民北路103号（湘西大剧院）4楼、5楼。
1月14日	湖南图书馆举行大型现场互动活动"寻找最美家书"暨"2017年湖南图书馆第十一届新春文化庙会"开幕式。
2月25日至26日	时任湖南图书馆馆长张勇、副馆长邹序明一行赴道县、汝城为开展纪念周敦颐诞辰1000周年活动进行调研。
3月5日	长沙市图书馆推出图书架位导航服务。
3月25日	湖南图书馆、湖南省图书馆学会、湖南省湖湘文化研究会、湖南省濂溪学研究会联合主办的"湖湘一派濂溪一脉"——纪念周敦颐诞辰1000周年系列活动启动仪式，暨"千年一脉话濂溪"纪念周敦颐诞辰1000周年学术论坛在长沙举行。
4月12日	中国图书馆学会主办，湖南省少年儿童图书馆、株洲市图书馆共同承办的"2017全国少年儿童阅读年"系列活动启动仪式暨"株洲读书月"十年庆典仪式在株洲举行。
4月17日至20日	由中国图书馆学会、湖南省文化厅、中共长沙市委、长沙市人民政府、湖南大学主办，中国图书馆学会阅读推广委员会、湖南省图书馆学会、中共长沙市委宣传部、长沙市文化广电新闻出版局、湖南大学中国全民阅读研究中心承办，长沙市图书馆、长沙市图书馆学会执行承办的"东亚文都•书香长沙"中国图书馆第十一届全民阅读论坛在长沙举行，文化部公共文化司副司长白雪华、国家图书馆副馆长陈力、中山大学图书馆馆长程焕文等领导和1200余名专家学者、图书馆界同仁参加。
4月20日	湖南省图书馆学会第十次会员代表大会在长沙召开，张勇当选为湖南省图书馆学会第十届理事会理事长，郑章飞等10人当选为省学会副理事长，邹序明当选为学会秘书长。会议授予衡阳市图书馆等16家单位"2012—2016年先进单位"称号；授予刘忠平等6位"优秀学会工作者"；授予蔡素玮等47位"优秀会员"。
4月20日	吉首市民族少年儿童图书馆迁入雅溪罗荣光故居办公。
4月23日	湖南图书馆、湖南省图书馆学会、湖南省湖湘文化研究会、湖南省濂溪学研究会联合主办的"道南正脉壬年纪"纪念周敦颐诞辰1000周年"4•23世界读书日"广场活动在长沙举行。
5月1日	常德市图书馆"读者自助借还系统"全面推广运行。
5月10日	双峰县图书馆开设湖湘文库研究室，设座席350个。

5月10日至14日	中央电视台朗读亭首季暨长沙之行在长沙市图书馆启动。
5月13日	长沙市图书馆举办"青苗计划"周年庆活动，青苗国学馆正式开馆。
5月15日	"千年之约 圣迹之旅"——纪念周敦颐诞辰1000周年第一场游学活动在常宁市西岭镇平安村展开。
5月15日至17日	省社科联授予湖南图书馆"优秀社科普及基地"称号，衡阳市图书馆评为"湖南省社会科学普及基地"。
5月17日至22日	由湖南图书馆党委书记伍艺带队一行4人，赴日本进行访问交流，重点访问了湖南图书馆友好馆日本滋贺县立图书馆，并参观了日本国立国会图书馆、滋贺县琵琶湖博物馆、美秀美术馆等公共文化机构。
5月23日至24日	"千年之约 圣迹之旅"——纪念周敦颐诞辰1000周年第二场游学活动"先贤寻踪"篇，在永州市及道县展开。
5月25日	"探中华文肪赏册府珍藏 周敦颐诞辰1000周年文献精品展览"在湖南图书馆展山。
6月13日至14日	湖南省图书馆学会十届一次理事长会议在韶山召开。同时省学会党支部组织支部党员在韶山开展"不忘初心、坚定信念"党性教育活动。
6月16日	长沙市图书馆召开理事会成立大会，向15名理事代表颁发聘书。
6月17日	岳阳市图书馆新馆建设开工。
6月22日	醴陵市图书馆新馆建设动工。
7月11日	长沙市芙蓉区图书馆设立独立法定代表人。
7月16日	湖南省图书馆学会第十届学术委员会成立会暨第一次工作会议在长沙举行。
7月21日	湖南省图书馆学会第十届公共文化服务工作专业委员会成立大会在长沙召开，长沙市图书馆馆长王自洋任委员会主任。
7月27日	湖南图书馆新馆建设选址论证会在湖南湘江新区管委会举行，湖南省文化厅、长沙市人民政府、湘江新区管委会等相关领导，及时任湖南图书馆馆长张勇、党委书记伍艺、副馆长伍涛参加会议。
8月1日	时任湖南省委常委、省委宣传部部长蔡振红，省委宣传部副部长杨金鸢，省文化厅党组书记、厅长禹新荣到湖南省少年儿童图书馆，调研公共文化服务体系建设工作。
8月15日至26日	湖南省图书馆学会牵头组织，开展对全省县级以上公共图书馆的评估定级工作。评估工作分为网络评估和实地评估，湖南图书馆党委书记伍艺、副馆长雷树德、邹序明，湖南省少年儿童图书馆馆长金铁龙分别带队赴全省15家市、县公共图书馆进行了实地评估。副馆长邹序明还参加了江西省部分市县的评估工作。

9月12日至15日	2017年全国中小型公共图书馆联合研讨会在株洲召开。
9月21日至30日	湖南图书馆新馆建设选址向社会公开征集意见。
9月28日	邵阳市松坡图书馆搬迁至邵阳大道,向公众开放。
10月10日	长沙县图书馆被中国图书馆学会授予"2016年度全民阅读先进单位"。
10月12日	贺美华任湖南图书馆馆长。
10月15日	"湘鄂赣皖四省名家谈湖南特色旅游"巡回讲座在湖南图书馆举办。
10月18日	嘉禾县六馆一中心主体工程建成,嘉禾县图书馆新馆面积为3590平方米。
10月19日	长沙市雨花区丰园社区、开福区左岸社区、衡阳市牛角巷社区获中国图书馆学会"书香社区"称号。
10月20日至22日	湖南图书馆、湖南省图书馆学会联合承办,《图书馆》协办的"全国图书馆学基础理论研讨会"在湘潭大学召开。
10月25日	湖南图书馆成立"湖南图书馆新馆建设重点项目办",贺美华、伍涛、张文勇、黄浩、吕宇新、陈炎为组成人员。
10月26日	湖南图书馆新馆建设重点项目办召开第一次工作会议。
10月27日	邵阳市松坡图书馆红旗路前栋馆舍划归邵阳市少年儿童图书馆管理。
11月7日	湘潭市图书馆获"湖南省青少年党史国史主题教育活动先进集体"。
11月13日	湘乡市图书馆新馆对外开放。
	邵阳县图书馆因棚户改造,搬迁至振羽广场附近一幢民房继续开放。
11月19日	长沙市图书馆馆长王自洋赴日本京都参加"东亚文化之都·日本京都"活动年闭幕式。
11月29日	长沙市社科联认定长沙市雨花区图书馆为"社会科学普及示范基地"。
11月30日至12月2日	"2017年全省市(州)公共图书馆(中心馆)馆长联席会",及"湖南省公共图书馆绩效评价暨数字图书馆建设研讨会"在吉首举行。
11月	常德市图书馆、长沙县图书馆、衡阳县图书馆被湖南省关工委、省文明办、省文化厅、省文化厅关工委授予2017年"湖南省青少年党史国史主题教育活动先进集体"荣誉称号。
12月4日	湖南省2017年文化志愿服务工作总结表彰会暨2018年文化志

愿服务活动启动仪式在湘潭召开。湖南省少年儿童图书馆文化志愿服务支队获得 2017 年度"优秀文化志愿服务团队"荣誉称号；衡阳市文化志愿服务图书分队荣获"文化志愿服务先进团队"称号，雁城市民讲堂荣获"文化志愿服务示范项目"称号。

12 月 7 日	鲁伟任湖南省少年儿童图书馆副馆长。
12 月 7 日至 9 日	文化部第六次全国副省级以上公共图书馆评估第七评估组一行 5 人来到湖南，先后对湖南图书馆、湖南省少年儿童图书馆等多家公共图书馆开展实地评估。
12 月 11 日	湖南省图书馆学会文献信息资源共建设共享工作专业委员会成立大会暨湖南省文献信息资源共建共享协作网工作会议在长沙召开。
12 月 13 日	长沙市芙蓉区公安消防大队对湖南图书馆消防安全隐患整改工程进行消防验收，12 月 19 日下达重大火灾隐患销案通知书。
12 月 16 日	湖南省委宣传部、省文明办、省文化厅、省教育厅、省新闻出版广电局、团省委、省妇联、省关工委联合主办，湖南省少年儿童图书馆承办的"书香湖南"之"红星闪闪耀童心"2017 年全省少年儿童系列读书活动，颁奖典礼和阅读成果展示在长沙举行。活动共评出一等奖 114 件，二等奖 180 件；阅读笔记 527 份，"阅读笔记达人"146 个；"三湘少儿阅读之星"30 名，"阅读先进个人"58 名；28 个组织奖，21 个阅读活动奖，60 个优秀指导个人奖。
12 月 26 日	长沙市芙蓉区图书馆挂牌"湖南农业大学青年志愿者协会社会实践基地"。
12 月 28 日	湖南图书馆新馆奠基仪式在梅溪湖二期中央景观轴边新馆选址地块举行。时任湖南省委常委、省委宣传部部长蔡振红，时任省政协副主席欧阳斌等领导出席仪式，并为新馆培土奠基。
12 月	长沙县图书馆"书润湖湘　见证成长"项目被湖南省文化厅评为"2017 年度文化志愿服务示范项目"。
	韶山毛泽东图书馆所编撰《韶山毛泽东图书馆馆藏精品图录》由湖南人民出版社出版。

2018 年

1 月 1 日至 5 日	衡阳市图书馆实施"两会图书馆"服务项目。
1 月 9 日	湖南图书馆湖南省国税局分馆开馆。
	株洲市天元区图书馆对外开放。
	湖南省图书馆学会未成年人图书馆服务专业委员会成立暨 2018 年

工作研讨会在长沙召开。

1 月 12 日	北京大学教授、国家公共文化服务体系建设专家委员会主任委员李国新教授主讲的"解读《公共图书馆法》"专题讲座在湖南图书馆举行。讲座通过国家公共文化云、湖南图书馆官方网站向全国全程直播。
1 月 16 日	辰溪县图书馆整体搬迁至新馆并开放。
1 月 25 日	临武县图书馆搬迁至县文体中心。
1 月	长沙县图书馆被中共中央宣传部、文化部、国家新闻出版广电总局授予"第七届全国服务农民、服务基层文化建设先进集体"称号。
	株洲市图书馆成立株洲市阅读联合会。
2 月 8 日	湖南图书馆消防安全隐患整改(一期)工程经专题会议审定通过验收。
2 月 14 日	娄底市文化旅游广电体育局成立娄底市图书馆筹建办公室。
2 月	长沙县图书馆获评文化部 2017 年"文化志愿服务典型"。
3 月 8 日至 9 日	湘鄂赣皖四省公共图书馆联盟 2018 年工作会议在武汉召开,湖南图书馆馆长贺美华、副馆长邹序明参加会议。
3 月 9 日	湖南图书馆获"2017 年度全省政府系统政务信息工作目标管理先进单位"称号。
3 月 15 日至 16 日	湖南省图书馆学会公共文化服务工作专业委员会 2018 年工作会议在韶山召开。
3 月 23 日	湖南图书馆和湖南省女子监狱联合开展"文化进高墙知识促改进"文化志愿者服务系列活动在省女子监狱拉开帷幕。
3 月	长沙市开福区捞刀河街道白霞村农家书屋被评为 2018 年"长沙市示范性农家书屋"。长沙市开福区左岸图书分馆(新中新儿童发展中心)被评为 2018 年"长沙市第三批十佳书香民营企业"。
	长沙市望城区雷锋图书馆被评为 2017 年度"总分馆规范服务先进单位"。
	长沙市望城区雷锋图书馆行政中心分馆被长沙市图书馆总分馆建设领导小组评为 2017 年度"优秀分馆"。
	株洲市图书馆被中宣部评为"全国学雷锋活动示范点"。
4 月 2 日	金铁龙任湖南省少年儿童图书馆党总支书记。
4 月 18 日至 21 日	湖南省图书馆学会、湖南图书馆、湖南省少年儿童图书馆、吉首大学联合主办的"2018 图书情报武陵山高峰论坛"在张家界召开。会议期间,柯平、卢小宾、苏新宁受聘为湖南图书馆事业发展顾问,湖南图书馆馆长贺美华为三位专家颁发聘书。

4月21日	长沙市图书馆发起，中国图书馆学会阅读推广委员会主办，全国各地图书馆共同参与的"阅天下·邂逅图书馆之美"游学活动启动，全国108家图书馆参与；同期启动"阅天下·青苗在旅图"未成年人游学活动；长沙市图书馆共发放游学护照2784本。
	长沙市图书馆新时代学习空间开放。
4月	长沙市图书馆被全国妇联家庭和儿童工作部评为"全国家庭亲子阅读体验基地"。
5月1日	湘阴县图书馆新馆投入使用。
	靖州苗族侗族自治县图书馆闭馆搬迁至靖州县体育路修建图书馆新馆舍。
5月4日	湖南省公共图书馆发展趋势及管理实务研修班在北京开班，研修班为期11天，全省市、县公共图书馆馆长40人参加学习。
5月15日至16日	湖南图书馆、湖南省图书馆学会主办，郴州市图书馆承办的"公共图书馆法制新时代——湖南省学习《公共图书馆法》知识竞赛"在郴州举行。全省市、县级公共图书馆通过全国文化信息共享工程国家文化云直播平台收看决赛。郴州市图书馆获团体一等奖；郭华丽、王昕晗等9人获优秀个人奖；长沙市图书馆、郴州市图书馆、衡阳市图书馆、怀化市图书馆、湘西土家族苗族自治州图书馆、益阳市图书馆等六家单位获组织奖。
5月15日	2018年湖南省市（州）公共图书馆馆长联席会议在郴州召开。
5月20日	中国盲文图书馆湘西土家族苗族自治州支馆成立。
6月22日	湖南省少年儿童图书馆加入湖南省学习文化建设促进会成员副会长单位。
6月23日	长沙市图书馆公益讲师团成立。
6月29日	湖南省少年儿童图书馆党总支被省文化厅评为"2016—2017先进基层党组织"。
7月1日	长沙市共享图书馆"和+共享图书馆"开馆。
7月12日至13日	湖南省社会科学界联合会主办，湖南省图书馆学会承办的2018年省级社科类社会组织学术交流活动在浏阳举行。
7月14日	长沙县图书馆设立李维汉、黄兴、徐特立、许光达、杨开慧等长沙县名人图书专柜。
7月24日至25日	湖南图书馆、湖南省图书馆学会、常德市文体广新局联合主办，常德市图书馆承办的"2018常德市文化艺术人才培训——图书馆业务培训班"在常德开班。

7月28日	湘西土家族苗族自治州图书馆启动"湘西讲堂"活动。
8月2日	经中国图书馆学会九届八次常务理事会审议，通过了《未成年人图书馆分会关于更换副主任和委员的请示》，金铁龙担任中国图书馆学会未成年人图书馆分会副主任。
	醴陵市图书馆主体工程完成。
8月8日	湖南图书馆阅览大楼安检系统正式投入运行。
8月13日	文化和旅游部公布第六次全国县级以上公共图书馆评估定级上等级名单，湖南图书馆、湖南省少年儿童图书馆评为"国家一级图书馆"。全省一级馆 35 个，二级馆 32 个，三级馆 63 个。
9月3日	时任湖南省副省长吴桂英一行至湖南图书馆梅溪湖新馆馆址调研。
9月3日	"湖南省少年儿童图书馆长郡雨花外国语学校分馆""长郡雨花外国语学校书香校园研学基地"举行授牌仪式，校长张国军、馆长金铁龙代表各自校、馆互相授牌。
9月13日	湖南省图书馆学会十届二次理事大会在湖南图书馆召开。经大会研究表决，同意张勇同志辞去湖南省图书馆学会理事长、法定代表人。选举邹序明同志为第十届湖南省图书馆学会理事长，法定代表人。
9月14日	湘潭市图书馆被评为"湖南省科普教育基地"。
9月20日	湖南图书馆被评为"全国图书馆联合编目中心 2017—2018 年度中心数据基地"。
9月18日至21日	湘鄂赣皖四省公共图书馆联盟主办，湖南图书馆、湖南省图书馆学会承办的"湘鄂赣皖四省公共图书馆联盟培训班"在韶山开班，来自四省各级公共图书馆馆长及业务骨干共 50 余人参加培训。
9月30日	"湘楚墨韵·难得湖图——湖南图书馆馆藏字画暨衍生艺术品展"开幕式在长沙举行。
9月	株洲市图书馆朗诵艺术团和株洲少儿朗诵团成立。
	湖南省少年儿童图书馆牵头负责，联合国家图书馆、天津市少年儿童图书馆共同完成的国家标准《公共图书馆少年儿童服务规范》（GB/T36720—2018）正式发布，2019 年 4 月 1 日实施。
10月11日至12日	在第六届湖南艺术节上，湖南图书馆"难得湖图"创意征集活动启动。
10月16日	株洲市石峰区图书馆开放。
10月17日	湘潭大学公共管理学院与湖南图书馆签订联合开展图书馆学研究生创新培训基地建设合作协议。
10月28日	在华润怡宝杯 2018 "我最喜爱的童书"阅读推广活动颁奖典礼上，湖南省少年儿童图书馆获"阅读推广贡献奖"。

10月29日	湖南省少年儿童图书馆选送的"三湘少年儿童阅读之星"推选活动获第六届湖南艺术节"三湘群星奖"。
10月30日至31日	湖南省公共图书馆讲座联盟工作会议暨讲座工作培训班在长沙举行。
11月11日	日本作家今关信子女士、滋贺县国际协会会长山田督先生、滋贺县观光交流局副局长松田千春先生及日本县民友好代表团成员一行10人来湖南图书馆参观交流。今关信子女士专门向湖南图书馆和湖南贫困山区学校捐赠其创作的图书。
11月12日	湖南省图书馆学会第十届学术委员会会议暨省学会中青年人才库评审会议在长沙召开。
11月14日	安仁县图书馆获湖南省2018年"基层文化志愿服务示范项目"。
11月19日	湖南图书馆获"社会主义核心价值观建设示范点"。
11月22日	在"2018年文化全省文化志愿服务工作总结表彰大会上,湖南图书馆文化志愿者故事爸妈团队荣获"2018年文化志愿服务优秀团队";"湘阅一生"综合阅读活动推广项目荣获"2018年基层文化志愿服务示范项目";益阳市图书馆、岳阳市图书馆被湖南省文化厅评为"文化志愿服务工作先进单位"。
11月30日	湖南省委宣传部、省文明办、省文化厅、省新闻出版广电局、团省委、省妇联、省关工委联合主办,湖南省少年儿童图书馆承办的2018年"书香湖南·共创共享儿童阅读新时代"——第37届全省少年儿童系列读书活动暨"第八届阅读之星评选活动"颁奖仪式在长沙举行,活动共评选出100位"阅读之星"和200位"阅读优秀个人"。
12月1日	桂阳县图书馆新馆开始试运营。 桃源县图书馆新馆投入使用。
12月4日	长沙县图书馆被中国图书馆学会授予"2017年度全民阅读先进单位"。湖南省少年儿童图书馆的"书香湖南·红星闪闪耀童心"读书活动被中国图书馆学会评为"2017年阅读推广优秀项目"。
12月5日	湖南图书馆获"最美公益普法集体"称号。
12月7日	湖南图书馆举办的"公共文化惠少年"社科普及活动被遴选为2018年湖南省社科普及进基层特色活动;"约童年、阅三湘"主题活动获二等奖。
12月12日	衡阳市图书馆获湖南省十三届运动会、第十届残疾人运动会"贡献单位"奖。
12月26日	衡阳市图书馆学会第七次会员代表大会在衡阳市图书馆召开,刘忠平当选为理事长,丁民当选为秘书长。

12 月 27 日	湖南图书馆、衡阳市图书馆、常宁市图书馆联合共建的"平安村分馆"举行开馆仪式。
12 月	株洲市少年儿童图书馆对外开放。
	株洲市图书馆首次组织开展"两会"信息服务工作。
	株洲市图书馆被湖南省文明办评为"湖南省文明窗口单位"。
	湖南省少年儿童图书馆申报的《绘本阅读体系建设与创新服务》项目，获中国图书馆学会"全国公共图书馆未成年人服务案例征集评选活动"一等奖。
	湖南省少年儿童图书馆获得由中国图书馆学会颁发的"全国少儿阅读年系列活动优秀组织奖"。

后　记

　　《湖南省图书情报事业十年志（2009—2018）（公共图书馆篇）》立足于图书馆事业发展的新趋势，以公共文化服务体系建设为主线，系统呈现2009—2018年湖南省公共图书馆事业发展的现实背景、发展历程、重点工作和理论成果。

　　全书按照省、市（州）、县（区）图书馆和韶山毛泽东图书馆的顺序，以"基础设施设备和机构、人员、经费""基础业务工作""重大文化工程建设""文创开发""总分馆建设""学会工作""学术、科研活动及成果""表彰与奖励"为主要内容，介绍了湖南省公共图书馆在建设中的探索和实践，在发展中的经验和成就。

　　湖南省文化和旅游厅党组成员、副厅长，湖南图书馆理事会理事长尚斌对于这部志书高度重视，亲自撰写序言。湖南省文旅厅机关有关处室，各地市州文化（体育）广电新闻出版局对这部志书编写给予了大力支持和热心帮助。湖南省图书馆学会和湖南图书馆具体承担这部志书的编写组织工作。

　　为《湖南省图书情报事业十年志（2009—2018）（公共图书馆篇）》提供稿件的省、市（州）、县（区）图书馆和韶山毛泽东图书馆的各界人士及团体，都为这部志书的编辑出版付出了辛勤劳动，在此一并致谢。

二〇二一年四月